기독교문서선교회 (Christian Literature Center: 약칭 CLC)는 1941년 영국 콜체스터에서 켄 아담스에 의해 시작되었으며 국제 본부는 미국 필라델피아에 있습니다.
국제 CLC는 약 650여 명의 선교사들이 59개 나라에서 180개의 서점을 운영하며 이동 도서 차량 40대를 이용하여 문서 보급에 힘쓰고 있으며 이메일 주문을 통해 130여 국으로 책을 공급하고 있는 국제적 문서선교 기관입니다.

추천사 1

나용화 박사
전(前) 개신대학원대학교 총장

하나님께서 귀히 쓰시는 오수영 박사가 브라이언 몰리의 『현대 변증학 방법론』을 번역하여 그동안 잘 알려진 변증학자들의 변증학을 비교하여 소개했다.

반틸과 프레임으로 대표되는 전제주의(기독교의 진리를 증명하기보다는 전제해야 한다는 입장), 앨빈 플랜팅가로 대표되는 개혁주의 인식론(기독교 신앙은 신적 은혜로 말미암는 직관에 의존한다는 입장), 카넬과 루이스와 쉐퍼로 대표되는 조합주의(고전적 유신론증과 인간의 경험을 결합하는 입장), 윌리와 크레이그와 가이슬러로 대표되는 고전적 유신론증(하나님의 존재를 합리적으로 증명하려는 입장) 그리고 몽고메리와 하버마스로 대표되는 증거주의(전제주의와 반대로 성경의 사실들에 근거하여 기독교 진리를 입증하려는 입장) 등을 소개함으로써 변증학의 대중화를 시도하였다.

본서가 다양한 변증학 방법론을 통해 기독교 진리를 널리 확산시키려고 노력했기에 주의 깊게 정독할 것을 추천한다.

추천사 2

존 워윅 몽고메리(John Warwick Montgomery)
위스콘신 콘코디아대학교의 철학 연구교수, 국제변증학회 이사

『현대 기독교 변증학』은 현재까지 나의 전체적인 변증 방법에 대한 가장 완전한, 최고의 분석을 제공한다.

...

존 프레임(John Frame)
리폼드신학대학교 조직신학·철학 교수

브라이언 몰리는 자질과 함축성뿐 아니라, 나의 변증 방법의 세부 사항을 완전히 이해하고 있음을 보여준다.

...

게리 R. 하버마스(Gary R. Habermas)
리버티대학교, 침례신학대학교 명예 연구교수, 철학과 학과장

『현대 기독교 변증학』에서 브라이언 몰리는 독자들이 기독교 신앙을 방어하기 위한 여러 유용한 변증 방법에 관한 개관과 검사를 제공한다. 브라이언 몰리가 일반적으로 언급된 다른 자료들을 단지 반복하는 것으로 만족했다면 매우 부정확했을 것인데, 그는 몇 번이고 반복해서 세심한 차이를 만들었다는 점에서 깊은 인상을 주었다. 그런 흔한 함정을 조심스럽게 피한 덕분에 나는 그의 처리 방법에 감사의 마음을 가질 수 있었다.

제임스 N. 앤더슨(James N. anderson)
리폼드신학대학교 신학, 철학 부교수, www.vantil.info 창립자

브라이언 몰리 박사는 기독교 변증학에 대한 주요 접근 방식에 대한 탁월한 개관을 제공해 준다.

『현대 기독교 변증학』은 정보가 풍부하고 공평하며 관대하다. '성도에게 단번에 주신' 믿음을 위해 어떻게 싸워야 하는지에 관한 중요한 문제를 통해 사고하고자 하는 기독교인들에게 매우 유용한 자료가 될 것이다.

...

짐 베일비(Jim Beilby)
베델대학교 조직신학·철학 교수, *Thinking About Christian Apologetics*의 저자

기독교 변증학에 관한 많은 연구가 기독교 신앙을 위한 주장을 발전시키는 사람의 특정한 가정, 관점, 신학과 분리하는 실수를 범한다. 이러한 분리의 해결책으로, 브라이언 몰리는 기독교 변증학의 관점들의 유용한 범위를 논의하고 각각의 관점이 어떻게, 왜 저마다의 방식대로 논증하는지 밝혀낸다.

우리는 다양한 중요한 변증론자에 관해 배울 뿐 아니라-그 자체로 가치 있는 작업이다-우리 신학의 뿌리가 어떻게 다양한 부류의 변증적 논증과 연결되어, 이를 발전시키는지에 관한 강력하고 구체적인 예를 보게 된다.

스스로 기독교 변증가라고 생각하는 사람이라면 몰리의 중요한 저서를 읽고 그로부터 유익을 얻을 수 있을 것이다.

마크 M. 한나(Mark M. Hanna)
베리타스신학대학교 철학 교수, *Biblical Christianity: Truth or Delusion?*의 저자

몰리 박사는 성실한 연구와 수고로운 분석을 하는 신중한 학자다. 기독교를 옹호하는 다양한 접근 방식이 오해를 받고 잘못 표현되는 시대에 이렇게 꼭 필요한 책에서 그의 오랜 변증학 교육 경험이 빛난다.

그는 1차 자료들을 성실하게 조사하고, 가능한 경우 자신이 기술하고 있는 관점의 변증가들에게 자문을 구함으로써 설명의 정확성을 직접 확인했다.

이 저작은 변증학 분야에서의 최근의 발전된 내용들에 대한 이해를 높이려는 교사, 학생은 물론 모든 기독교인에게 매우 귀중한 자료가 될 것이다.

· · ·

폴 R. 도셀(Paul R. Thorsell)
체다빌대학교 신학 연구교수

『현대 기독교 변증학』에서 브라이언 몰리는 현재 가장 영향력 있는 변증 방법들에 대해 놀랍도록 읽기 쉬운 개관을 제공하고자 한다. 그리고 놀랍게도 그 목표를 이루었다.

그의 분석은 각각의 대표적인 변증가의 핵심 사상을 그대로 드러내 준다. 방법들은 서술되고 비평을 받는다. 그러나 브라이언은 자신의 시도에서 각자에게 공정하고 정확을 기하려고 비상한 노력을 기울인다. 그의 평가는 간결하고 평화적이다.

이 책은 기술적인 전문 용어를 최소한으로 사용하려고 애쓰며, 대체로 성공한다. 기술적인 용어가 필요한 경우, 그 용어들을 본문과 각 장 말미에서 주의 깊게 설명하고 있다.

이 책은 오늘날 현존하는 다양한 변증 방법을 이해하고자 하는 학부생과 대학원생들에게 도움이 될 것이다.

현대 기독교 변증학

Mapping Apologetics
Written by Brian K. Morley
Translated by Soo Young Oh

Originally published by InterVarsity Press
as Mapping Apologetics by Brian K. Morley.
©2015 by Brian K. Morley.
Translated and printed by permission of InterVarsity Press,
P.O. Box 1400,
Downers Grove, IL 60515, USA.
www.ivpress.com. All rights reserved.

Korean Edition Copyright © 2025 by Christian Literature Center, Seoul, Korea.

현대 기독교 변증학

2025년 2월 19일 초판 발행

지은이	|	브라이언 몰리
옮긴이	|	오수영

편　집	|	이신영
디자인	|	박성준, 소신애
펴낸곳	|	(사)기독교문서선교회
등　록	|	제16-25호(1980.1.18)
주　소	|	서울특별시 서초구 방배로 68
전　화	|	02-586-8761~3(본사)031-942-8761(영업부)
팩　스	|	02-523-0131(본사)031-942-8763(영업부)
이메일	|	clckor@gmail.com
홈페이지	|	www.clcbook.com
일련번호	|	2025-19

ISBN 978-89-341-2791-8 (93230)

이 한국어판 저작권은 InterVarsity Press와 독점 계약한 (사)기독교문서선교회가 소유합니다.
신저작권법에 의하여 한국 내에서 보호를 받는 저작물이므로 무단 전재와 무단 복제를 금합니다.

CLC 변증학 시리즈 ⑨

현대 기독교 변증학

Mapping Apologetics

브라이언 몰리 지음

오수영 옮김

CLC

목차

추천사 1 나용화 박사 | 전(前) 개신대학원대학교 총장   1

추천사 2 존 워윅 몽고메리 박사 | 위스콘신 콘코디아대학교 철학 연구교수 외 6명   2

역자 서문   10

서론   14

제1부 근본 쟁점들

제1장 성경의 변증학   36

제2장 변증학의 역사   48
    조망

제2부 변증 방법론

전제주의 (Presuppositionalism)

제1장 코넬리우스 반틸   71
    기독교는 우리에게 없어서는 안 될 지적인 헌신이다

제2장 존 프레임   110
    우리는 한 가지 이상의 관점으로부터 궁극적 진리를 본다

개혁주의 인식론 (Reformed Epistemology)

제3장 앨빈 플랜팅가   145
    하나님에 대한 믿음은 직접적인 인식이고,
    기독교에 대한 믿음은 하나님의 선물이다

조합주의 (Combinationalism)

제4장 카넬, 고든 루이스, 프란시스 쉐퍼   183
기독교는 논리적이고 사실적이며 생명력이 있다

고전적 변증학 (Classical Apologetics)

제5장 고전적 변증학 서론   231
유신론을 증명한 후에, 기독교를 증명하라

제6장 리처드 스윈번   237
유신론과 기독교는 매우 개연적이다

제7장 윌리엄 레인 크레이그   273
하나님은 유신론적 논증에 의해 증명되고,
기독교는 증거에 의해 증명된다

제8장 노르만 가이슬러   321
유신론은 부정할 수 없는 것에 의해 증명되고,
기독교는 증거를 통해 알려진다

증거주의 (Evidentialism)

제9장 존 워윅 몽고메리   370
사실은 해석을 가리키고 비판적 사실은 기독교를 가리킨다

제10장 게리 하버마스   422
기독교는 광범위하게 수용되는 결정적인 사실들에
의해 증명될 수 있다

결론 종합   444

역자 서문

오수영 박사
지구촌선교교회 담임목사

  기독교 진리는 오늘날에도 여전히 합리적으로 받아들여질 수 있는가?
이런 질문에 답하려는 움직임은 초대 교회부터 오늘날까지 계속 이어져 왔다. 기독교의 진리는 처음부터 교회적, 교육적, 선교적 필요에 의해 "변증적" 성격을 지니고 있었다. 성도들과 후대의 교육을 위해, 기독교에 대한 핍박 상황과 선교 현장에서 제기되는 질문들에 대해서 답할 필요가 있었다.
  그래서 사도 베드로는 "너희 마음에 그리스도를 주로 삼아 거룩하게 하고 너희 속에 있는 소망에 관한 이유를 묻는 자에게는 대답할 것을 항상 준비하되 온유와 두려움으로…"(벧전 3:15) 하라고 한다.
  기독교는 진공 상태에서 선포되는 진리가 아니라, 교회를 향한 세상의 질문에 답하기 위해 세상의 한복판에서 선포될 뿐 아니라, 설명되고 합리적으로 해명되어야 하는 "진리"다.
  예수 그리스도의 성육신으로 하나님께서 우리 가운데, 우리 눈높이로 찾아 오셔서 당신을 계시하심으로 진리가 '육화' 되었듯이, 복음의 진리는 언제나 세상 속에서, 세상에 대해 답변할 준비가 되어 있어야 한다. 이런 점에서 기독교 변증과 그것을 말하는 변증학은 언제나 필요하다.
  브리이언 몰리의 『현대 기독교 변증학』은 이 시대에 기독교에 제기되는 진리 문제에 답하려는 현대 변증학을 대표하는 변증학자들의 변증 이론과 방식들을 체계적으로 제시하고 있다. 다양한 변증 방식을 간결하게 정리하고 주요한 주장과 쟁점을 보여주는 이 책은 코넬리우스 반틸을 중심으로 한 전제주의, 플랜팅가의 개혁주의 인식론, 카넬의 조합주의, 윌리엄 크레이그와 노르만 가이슬러의 고전적 변증학, 워윅 몽고메리와 게리 하버마스의 증거주의 등을 일

목요연하게 정리해고 있다. 몰리는 변증학의 이런 점을 고려해서 어려운 용어 사용을 가급적 피하면서 독자들이 쉽게 읽을 수 있도록 해 주고자 했다.

그러나 변증학 자체가 진리의 변호를 위해 논리적인 변증들을 사용한다는 점에서 대체로 어렵다는 느낌을 주는 것도 부인할 수 없다. 특히, 본서에 나오는 철학, 과학, 문학, 역사 등 각 분야에서 사용되는 용어들이 다양할 뿐 아니라 설명을 요하는 것들이 더러 있음을 고려해서 필요한 경우 역주를 통해 의미를 설명했다.

이 책의 장점은 "변증학 지도"라는 본래 제목에서 시사하듯이, 현대 변증학의 다양한 이론의 변증학에서의 위치를 정확하게 보여주고, 어느 한쪽에 치우치기보다는 각 방법론이 가진 요소들에 대해 통합적 시각을 제시하는 데 있다.

앞서 밝혔듯이 변증학 자체가 접근이 쉽지 않으며, 공부하는 데도 노력이 필요한 점을 고려하면 다양한 변증 방식을 익히는 일은 용이하지 않다. 그런 점에서 이 책은 그러한 수고를 많이 덜어줄 수 있다고 하겠다. 몰리는 변증학의 내용들을 장황하지 않게, 그렇다고 아쉬움을 느낄 정도로 간단하지도 않게 적절한 분량으로 내용을 잘 제시한다. 지면의 한계상 각각의 접근 방식이 심층적으로 상세하게 전개하기는 어렵지만, 그렇다고 절대 가볍지 않으며, 현시대에 논의되고 있는 여러 변증 방식에 관한 명확한 조망을 제공한다.

몰리는 또한 각각의 변증 방식들을 단순히 전달하는 것에 그치지 않고, 그 특성의 상호 비교를 통해 현대 기독교 변증학에서의 그 위치를 파악할 수 있도록 돕는다. 몰리는 각각의 변증학 방식을 다음과 같이 요약, 평가한다.

첫째, 반틸, 반센, 프레임으로 대표되는 전제주의적 변증학은 선험적 논증을 통해, 증거에 의해 입증될 수 없는 전제들을 출발점으로 삼는다. 몰리는 전제주의 변증학이 신앙주의(Fedeism)와 유사하며 선험적 논증으로는 기독교의 하나님을 입증할 수 없다고 평가한다.

둘째, 앨빈 플랜팅가의 개혁주의 인식론(Reformed Epistemology)은 기독교 신앙은 입증의 대상이 아닌 하나님의 선물이며, 그것은 추론적 지식이 아닌, 직접적(직관적) 인식이라고 주장한다. 그러나 이와는 다른 종류의 믿음이 있음을 배제할 수 없다고 평가한다.

셋째, 카넬, 루이스, 프란시스 쉐퍼로 대표되는 조합주의(Combinationalism)는 기독교를 검증되어야 할 가설로 이해하며, '합리적', '경험적' '실존적'이어야 한다는 삼중적 검사를 주장한다. 그러나 몰리는 그런 검사법이 현실적으로 시행 가능하지 않다고 평가한다.

넷째, 노르만 가이슬러, 윌리엄 크레이그, 리처드 스윈번 등으로 대표되는 고전적 변증학은 유신론을 입증하고 나서 기독교를 입증할 것을 주장한다. 특히 우주론적 논증, 목적론적 논증, 도덕적 논증 등 유신론적 논증을 활용하여 신 존재를 증명한다. 이에 대한 주 비평가는 전제주의자들로, 그들은 불신자와는 어떤 공통 기반도 없다는 점을 들어 고전적 변증학을 비판한다.

다섯째, 존 워윅 몽고메리와 게리 하버마스로 대표되는 증거주의(Evidentialism)는 유신론적 논증은 필요하지만, 꼭 필요한 것은 아니며, 증거가 기독교를 가리킨다고 주장한다. 이들은 보편적으로 받아들이는 사실들을 사용하여 기독교를 입증한다. 그러한 사실들은 가장 좋은 해석을 가리키며, 예언과 부활은 성경을 입증한다. 그러나 몰리는 사실들은 '해석을 가리키는 것'이 아니라, '해석되어야' 한다고 주장하면서 그 한계점을 지적한다.

브라이언 몰리는 각각의 변증 방식에 대하여 존중을 표하면서도 그 한계점들을 제시하면서 각각의 방식에서 보이는 네 가지의 불일치 영역에 관해 몇 가지를 제안하는 것으로 책을 마친다. 곧 믿음과 증거의 관계, 귀납 사용의 가능성, 사실과 이론의 관계(특히, 사실로부터 이론을 추론할 수 있는지 여부)와 타락한 마음의 합리적 능력 등에 대해서다.

이 책은 점점 복잡해지고 AI(인공지능)가 보편화되는 시대에 기독교 진리의 참됨을 묻는 현대인들에게 그 대답을 제시하기 위한 변증의 작업이 어떤 방식으로 이루어져야 하는지를 보여주며, 어느 때보다 기독교의 진리에 대한 도전이 거세지는 시대적 상황에서 여전히 기독교 복음과 신앙은 세상 한복판에서 선포될 만한 진리성과 합리성 및 가치가 있음을 확인하게 하는 데 도움을 준다. 따라서, 변증학을 전공하려는 전공생과 일반 신학도는 물론, 신학에 관심 있는 평신도들도 읽어볼 가치가 있는 책이라고 판단된다.

이 책을 번역하는 동안 역자는 중증 코로나에 감염되어 중환자실에서 수개월간 사경을 헤매는 중에 하나님 은혜로 극적으로 회복될 수 있었고, 퇴원 후 상당 기간의 재활 기간을 거쳐 건강이 회복되면서 번역과 수정을 마칠 수 있었다.

그 과정에서 출판이 지연되는 문제를 기꺼이 감수하고 해외 출판사와의 연장 계약을 하면서까지 번역 작업과 수정 작업을 거쳐 책이 출간될 수 있도록 기회를 주신 기독교문서선교회 박영호 사장님께 깊은 감사를 드리며, 촉박한 시간에 출판을 위해 편집과 수정의 수고를 아끼지 아니한 직원들께 감사를 드린다. 무엇보다 추천서를 써주신 나용화 박사님께 깊은 감사를 드린다.

  번역에 대한 책임은 온전히 역자의 몫이다.

  모쪼록 이 책이 많은 도전 앞에 직면해 있는 한국 교회를 더욱 견고히 세우는 데 일익을 담당할 수 있다면 그보다 큰 기쁨이 없을 것이다.

2024. 12. 31

서론

　1974년 3월 9일, 일본군 중위 히루 오노다는 필리핀의 어느 외딴 섬의 정글 밖으로 나와서야 비로소 제2차 세계 대전이 끝났음을 알게 되었다-전쟁이 끝난 지 29년 뒤였다. 게릴라 전투에서 정보 장교로 훈련 받았던 그는 갖은 어려움을 이겨내고 살아남은 것으로 알려졌다. 그의 상관들은 어떤 일이 있더라도 그를 찾아내려고 했다.

　1944년, 그가 섬에 도착하고 단 수개월 만에 연합군은 일본군의 방어 시설들을 궤멸시켰고, 다섯 명의 히루의 부대원들은 깊은 정글 속으로 피하여, 먹거리를 찾아 생존했다.

　전쟁이 끝났을 때 남아 있던 군인들을 찾아내려고 했고, 그들을 안심시켜 나오도록 하려는 많은 시도가 있었다. 전단지와 함께 그들을 찾는 신문들과 친척들의 편지들이 남겨졌다.

　그러나 전쟁이 어떻게 그렇게 신속하게 끝날 수 있었을까?

　그 전단지들에 오자(誤字)가 있는 이유는 무엇일까?

　히루의 친형제가 와서 확성기를 통해 그와 대화를 시도하기도 했다. 부대원들은 각 증거물을 살펴보고는, 적이 자신들을 속이려 한다고 결론을 내렸다. 그들은 하나씩 죽었고, 은신한 지 27년이 지난 후 마지막 한 사람까지 죽고, 히루 한 사람만 남게 되었다.

　마침내 한 일본 학생이 히루를 추적하여 그의 친구가 되어 주었다. 히루는 그의 상관이 항복하라고 명령을 내리기 전에는 항복할 수 없었다고 말했다. 그 학생은 일본으로 돌아왔고, 정부는 지금은 서점 주인이 된 히루의 상관을 찾아냈다. 그는 낡은 제복을 입고 돌아와서 직접 명령을 내렸다. 히루는 여전히 제복을 입고 옆구리엔 검을 차고 작동이 가능한 소총을 손에 든 채, 복무를 해제 받고는 눈물을 흘렸다.

페르디난드 마르코스 필리핀 대통령은 그 기간 동안 약 30명의 사람을 살해한 것에 대해 사면을 해 주었는데, 이는 그가 여전히 전쟁 중이라고 믿었기 때문이었다. 히루가 돌아왔을 때 세계는 크게 변해 있었고, 그는 자신의 신념이 거의 30년 동안이나 완전히 틀렸다는 것을 알게 되었다.

히루의 사례는 믿음의 문제, 곧 무엇을 증거로 수용하고 타당한 설명으로 수용해야 하는지 그리고 가설들을 어떻게 평가해야 하는지를 분명히 보여준다.

우리는 사소한 믿음의 문제만 아니라 중요한 믿음의 문제들에 관해 매우 복합적인 결정을 내린다. 그리고 우리 모두는 실존에 관한 가장 중요한 믿음의 문제, 곧 세계관에 이르게 된다. 세계관은 하나님을 믿어야 하는지, 어떻게 살아야 하는지, 혹시 있다면 내세에 관하여는 어떻게 해야 하는지를 포함한다.

무엇을 믿어야 하는지, 어떻게 결정해야 하는가보다 중요한 질문은 없다.

그것이 이 책의 주제다.

1. 범위

곧 보겠지만 서로 충돌하는 많은 접근 방식이 있다. 어떤 접근 방식은 광범위한 다양한 세계관을 지지하는 데 사용되었고, 어떤 것은 오직 기독교의 맥락에서만 개발되고 사용되어 왔다.

나는 오늘날 가장 많이 논의되는 것을 선택했는데, 그것들은 논리정연한 견해들로써 논의들을 형성하는 데 중요한 역할을 했던 사람들에 의해 표명된 것들이다.

몇몇의 경우 선택하기 어려웠으나, 다른 것들은 비교적 쉽게 선택이 이루어졌다. 각각의 주요 범주에 있어서 보다 많은 변증가의 저작을 망라해서 훨씬 더 많은 것을 쓰고 싶었지만, 그랬더라면 이 책이 분량이 늘어났을 것이다.

나는 그들이 기술하고자 한 그대로, 각 사상가를 공정하게 설명하고자 했다. 나는 (고[故] 그렉 반센[Greg Bahnsen]을 포함하여) 그들에 관해 썼던 많은 사람을 만나 대화하는 특권을 가질 수 있었고, 개인 면담이든 저작을 통해서든 전 생애에 걸쳐 이러한 복잡한 문제들을 성실하게 연구해 온 매우 탁월한 정신의 소유자들과 접촉할 수 있어서 기뻤다. 매우 바쁜 일정에도 불구하고 자신들에 관해 나의 글을 재검토하고 몇몇 조언을 해 주었던 분들께 감사드린다.

존 프레임(John Frame), 앨빈 플랜팅가(Alvin Plantinga), 마크 한나(Mark Hana), 고든 루이스(Gordon Lewis 자신과 E.J 카넬의 견해와 관련하여), 노르만 가이슬러(Normn Gaisler), 리처드 스윈번(Richard Swinburne), 존 위윅 몽고메리(John Warwick Montgomery, 그는 결론과 관련하여 유용한 조언을 제공했다), 게리 하버마스(Gary Habermas) 등에게 감사하고 싶다.

특히, 제임스 N. 앤더슨(James N. Anderson)[1]은 친절하게도 코넬리우스 반틸(Cornelius Vantil)에 관한 글을 점검하고 몇몇 유익한 조언을 해 주었다. 그들의 조언은 소중할 뿐 아니라 자신감을 찾게 해 주고 용기도 갖게 해 주었다. 상세하고 사려 깊은 조언을 해 준 인터바시티출판사의 익명의 검토 위원들께도 감사를 드린다.

나는 공정할 뿐 아니라 명확하게 하려고 했는데, 그것은 변증적 방법론에 대한 아무런 특별한 배경이 없는 독자들도 읽을 수 있도록 하기 위해서였다. 그런 목적을 위해 용어들을 설명했고, 전문화된 용어들은 최소한으로 했다. 독자들이 쉽게 읽을 수 있도록 전문적인 학술 용어들은 가급적 피했다(어떤 경우엔 보다 전문적인 자료를 언급하는 것을 자제했다). 참고로, 이따금씩 의도가 분명한 곳에서는 사람을 지칭하는 남성 대명사를 사용했고, 때로 그것을 명백히 하려고 남성과 여성 대명사("그" 또는 "그녀")를 모두 사용했다. 어색하지 않은 경우엔, "그들의"를 사용했다. 성경 인용문들은 NASB(*New America Standard Bible*)에서 가져왔다.

몇 가지 사항을 간략하게 반복할 것이므로 독자들은 앞부분으로 돌아가서 찾아볼 필요가 없을 것이고, 책을 빠른 속도로 읽지 않는 독자들을 돕기 위하여 각 장들은 오히려 독립적으로 구성하였다.

각 장의 구조는 동일하지 않다. 어떤 장은 변증적 방법론들을 비교하지 않을 것이고, 다른 장에서는 그 비평들을 검토하는 데 시간을 더 할애할 것이다.

책의 주제와 관련된 배경에 대해 도움을 주기 위해 그리고 전문적인 독자들의 만족을 위해, 대부분 다음과 같은 쟁점과 관련이 있는 철학적인 관점들이 나뉘는, 보다 심층적인, 근저에 놓인 쟁점들을 어디서 끌어올 수 있는지를 탐구했다.

우리는 어떻게 알 수 있는가?

---

1 James N. Anderson은 노스캐롤라이나주 샬럿에 있는 리폼드신학교의 신학, 철학 부교수이며 www.vantil.info/를 운영하고 있다.

어떻게 확실성을 가질 수 있는가?(그리고 어떻게 확신할 수 있는가?)

믿음과 증거의 관계, 연역법과 귀납법과 귀추법(abduction)에 의한 추론 가능성들, 가정과 전제의 역할들, 증거와 세계관의 관계, 앎의 방식으로서의 직관의 타당성과 그 적절한 신적 기원, 우리가 알고 있는 어떤 사실로부터 그들을 추론하지 않고도 무언가를 알 수 있는지 여부(즉, 기초주의) 등.

이 모든 것을 통해 쟁점들을 보다 날카롭게 고찰함으로써 변증적 방법론들의 주제에 관한 건설적인 대화를 고무시키고자 한다.

이 책의 초점은 각 이론을 이해하고, 그들이 어떻게 서로를 이해하는지에 있다. 그래서 나의 견해를 최소한으로 유지했고, 나의 결론과 건설적인 통찰들은 마지막 장에 첨부했다(그것들을 한 권의 책으로 확장시킬 기회가 있을 것이다).

나의 간략한 첨언이 저명한 변증가들의 견해에 관한 오해를 발생시킬 수 있는 경우엔 통상적으로, "우리는 … 라고 첨언할 수 있다"와 같은 말로 미리 밝혀둘 것이다. 몇몇 곳에서 저명한 변증가들에 관한 자료들에 다른 학자들의 생각을 첨부함으로써 독자들의 지식을 다소 확장하고자 했다(증거주의를 다루는 장에서 기적에 관한 절이 가장 길게 첨부되었다). 저명한 변증가들의 사유를 개진하는 몇몇 절에서 다른 학자들의 간략한 비평을 포함시킴으로써, 독자들로 하여금 비평하는 절로 돌아가서 비평과 그 변증가들의 견해를 연결하는 수고를 덜었다.

25년간의 교수 경력 덕분에 용어 목록과 토론을 위한 질문들과 심화된 읽을거리들을 제공할 수 있었다. 또한, 교수 경험으로 복잡한 쟁점들을 다른 각도에서 볼 때, 가장 잘 이해할 수 있음을 알게 되었는데, 한 번뿐 아니라 여러 번 그랬다. 그런 접근 방식들이 어디로 이끄는지 이해를 돕기 위해, 각각의 접근 방식이 제공하는 최고의 통찰에 초점을 맞추어서, 그들이 실제로 사용될 수 있는 방법 중, 중요한 내용을 포함시켰다.

몇몇 접근 방식은 변증가가 무엇을 하고 있는지 그리고 그것이 어떻게 그들의 방법과 완전하게 부합되는지 보여주기 위해서는 어느 정도 상세한 내용을 필요로 한다. 예를 들어, 진리에 대한 올바른 기준을 선별하는 노르만 가이슬러의 근거를 요약하고, 세계관을 선별하는 그의 규준들을 검토하고, 끝으로 어떻게 이런 방법을 적용해서 유신론에 이르게 되는지 보여준다. 그 접근 방식의 체계적인 특성과 엄격함을 이해하려면, 어느 정도 상세한 내용을 필요로 한다. 그래서 이 책의 말미에서 독자들은 이론들뿐 아니라 적용점을 얻게 될 것이다.

서론을 시작하면서 말했듯이, 현시대에 영향력 있는 사람들에 초점을 맞추었는데, 이것이 내가 아브라함 카이퍼 대신 반틸을 선택한 이유다. 또 그 분야의 저작들 중 지속적이고 독창적이며 광범위하게 인용되는 학자들에 초점을 맞췄다. 예를 들어, (그 때문에 비록 인기 있는 저자로서 조시 맥도웰이 지대한 영향력을 가졌다 하더라도), 맥도웰 대신 게리 하버마스를 선택하게 되었다.

유일하게 후회하는 점은 이 책의 목적과 길이의 제한 때문에, 고든 클락, C. S. 루이스 그리고 보다 최근의 학자인 존 파인버그(John Pineberg), 고(故) 폴 파인버그와 더글라스 그로타이스(Douglas Groothuis), 라비 자카리어스(Ravi Zacharias), K. 올리핀트(K. Scott Oliphint) 같은, 과거에 많은 귀중한 공헌을 한 이들에게 더 많은 관심을 기울이지 못하고, 단지 소수만 거명했다는 점이다.

또 유감스럽게도 프란시스 쉐퍼(Francis Schaeffer)에 대해 단지 몇 페이지만 할애할 수 있었다. 당시에 그는 엄청난 영향을 미쳤지만, 오늘날 젊은 사람들에게는 잘 알려져 있지 않다. 쉐퍼는 변증 이론에 대한 토론을 기피했으며, 그와 적극적으로 대화하기를 원했던 반틸과의 토론을 특별히 피했다.

각 변증가는 독특할 수 있지만, 어떤 면에서는 다른 접근 방식을 대표하는 사람의 특성과 유사할 수도 있다. 예를 들어, 윌리엄 크레이그는 하나님에 대한 인격적이고 내향적인 인식을 강조한다는 점에서 앨빈 플랜팅가와 멀리 있지 않다. 그런데도, 그는 자신의 주장이 정당함을 입증하는 방법에 있어서는 고전적이다. 충실한 증거주의자인 존 워윅 몽고메리는 C. S. 루이스를 멘토처럼 존중한다. 그들은 복음을 전달하기 위해 문학을 사용하는 일을 선도한다는 점에서 관심의 폭이 비슷하고, 인품에서도 닮은 것처럼 보인다.[2]

나의 희망사항 중 하나는, 보다 많은 사람이 이런 핵심적인 변증적 방법론에 관해 잘 이해할 수 있게 되는 것이다. 그 주제를 배울 때 보통은 한 가지 접근 방식만 제시되기 때문에 학생들은 다른 접근 방식에 대해서는 거의 아는 것이 없거나 전혀 알지 못한 상태로 남게 된다. 그들이 수용해서 사용한다고 생각하는 접근 방식도 사실은 전혀 알지 못한다. 강의실 밖에서 그 논점들에 대해 소개 받는 사람들은 자신들이 속한 진영의 변증가들만 읽게 되기 쉽다.

이처럼 중요한 주제에 대해서 진전이 이루어지려면, 진지한 연구에 관심을 기울이는 새로운 세대의 사람들이 필요하다. 현대에 그 분야에 힘쓰고 있는 대부분의 사람은 막 은퇴했거나 과거에 은퇴했거나, 이미 세상을 떠났다. 나는

---

2 두 사람 모두 표현력이 풍부하고 창의적이며 삶의 모든 가능성에 관심이 있어 보인다.

이 책이 어떤 사람에게 이 작업에 대한 동기를 부여해서, 그것을 진척시키도록 도움을 주기를 진심으로 바란다.

책의 진행 속도를 크게 늦추는 맹렬한 도전의 상황들과 사투하고 있을 때 큰 인내심과 격려를 보여준 IVP(특히, 앤디 르 퓨[Andy Le Peau]와 알 흐스[Al Hsu])에게 감사를 다 표할 수 없다. 이보다 더 좋은 출판사를 상상하기 어렵고, 그들이 이 책을 출판하게 되어 영광이다.

또 내가 신학생이었을 때, 처음으로 나에게 이 주제를 소개해 주었던 마크 한나에게도 감사드린다. 그는 항상 친절하게 격려를 해 주었을 뿐 아니라, 변증학에 관련된 모든 것에 대한 그의 폭넓은 이해는 언제나 영감을 불어넣어 주었다.

이 책과 『그림자 속의 하나님: 하나님이 만드신 세계의 악』(*God in shadows: Evil in God's World*)[3]을 계속 집필할 수 있도록 시간을 허락해 준 안식년위원회에 감사드린다. 자신의 책들을 연구하고 저술하는 과정에서 절제와 열정을 보여주었을 뿐 아니라 지속적으로 나를 지지해 준 멋진 아내, 돈나(Donna)에게 감사를 전하고 싶다.

2. 개관

이 책은 이 주제를 25년간 가르치면서 매우 자주 사용해 온, 아래 도표에 나타나는 도식을 따라 구성되었는데, 완전하지는 않지만 여러 관점 간의 관계를 이해하는데 도움이 된다는 것을 알게 되었다.

맨 왼쪽에 신앙주의("신앙"이라는 라틴어에서 유래)가 있는데, 이에 따르면 신앙은 어떤 종류의 증거로도 뒷받침될 수 없거나, 뒷받침되어서도 안 된다. 이 관점에서 보면, 신앙과 이성은 서로 겹치지 않는 별개의 영역에 있다. 신앙을 갖고 있다면 믿기 위해 어떤 이성도 가질 필요가 없으며, 반대로 믿기 위해 이성을 가져야 한다면 신앙을 가질 필요가 없다. 어떤 사람은 신앙의 본성에 관한 그러한 확신 때문에 신앙주의자다. 다른 사람들은 타락한 지성은 이성을 처리할 수 없다거나, 그 주제는 지성의 한계를 넘는다고 믿는다. 이 견해는 신앙은 전적으로 하나님이 주시는 선물이어야 한다는 것으로 귀결된다. (하나님은 구원

---

3 Brian Morley, *God in the Shadows: Evil in God's World* (Geanies House, Fearn, Ross-shire, Scotland: Christian Focus, 2006).

받을 개인을 예정했다는) 칼빈주의적 구원관으로 기우는 신앙주의자들은 지성의 활동을 부적합한 것으로 간주할 것이다. 그들에 의하면 신앙의 궁극적 원인은 하나님의 선택이기 때문에, 하나님은 지성을 무시한다. 결국, 변증학에 대한 부정이라는 점에서 신앙주의는 다른 견해들과 구별된다.

오른쪽의 모든 견해는 믿음과 이성 사이에 최소한 어떤 공통 영역이 있다고 주장하는데, 어떤 종류의 믿음을 갖는 데는 이유가 있다는 것이다. 도표 맨 오른쪽에 믿음에 대한 완전한 증명을 주장하는 합리주의가 있다. 대표적 사례가 종교개혁의 혼란스러운 여파 속에 살았던 르네 데카르트(1596-1650)다. 당시 유럽 대륙은 종교적 신념으로 분열되어 있었다. 그는 더 이상 의심할 수 없는 무언가로부터 출발함으로써 확실성을 추구하였고, 그로부터 전개되는 전제를 받아들인다면, 결론은 참임을 보증하는 추론 형식인 연역법을 사용했다. 그의 독창적인 접근 방식과 철저한 노력에도 불구하고 실제로 오늘날 모든 사람은 그가 제시했던 확실성의 수준을 제공하기엔 결함이 있다고 생각한다.

맨 좌측은 맨 우측과 정반대다. 신앙은 아무런 지지도 받을 필요가 없는데, 이는 신앙은 스스로 완전한 지지를 받고 있기 때문이다. 신앙주의의 바로 오른쪽에 전제주의가 있다. 그것은 하나님이든 기독교에 대해서든 어떠한 직접적인 증명도 갖지 못한다고 말할 수 있으며, 신앙주의와 함께 비순환적 논증 형식의 결론을 가질 수 없음을 뜻한다. 전통적으로 논증에서 전제들은 결론과 상관없이 알려지고, 결론을 위한 근거로 제시된다. 전제주의의 창시자인 코넬리우스 반틸은 이것의 문제는 아무것도 하나님 없이는 알려질 수 없다는 데 있다고 말한다. 진리는 하나님이 말씀하신 대로이기 때문이다. 하나님은 하나님 없이 독자적으로 존재하는 실재를 "알지" 못한다. 어떤 실재도 하나님 없이 존재할 수 없는데, 이는 하나님께서 그런 실재를 스스로 결정하시기 때문이다. 하나님은 방 안에 전등이 켜져 있다는 것을 아신다. 이는 그가 전등이 켜지도록 결정했기 때문이다. 아담은 하나님으로부터 독립하려고 하다가 타락했고, 무엇이 참이고 도덕적으로 옳은 것인지 스스로 결정하고자 했다. 타락한 인류의 문제는 단지 무지가 아니라 반역이었다.

불신자들은 자신의 세계관에 단지 몇몇 사실을 더할 것이 아니라, 자신의 세계관을 철저히 무너뜨리고 하나님을 모든 사실의 근원이자 보증자로 만드는 세계관을 재구성할 필요가 있다. 그래서 하나님 없이도 전제를 알고 진리를 결정할 수 있다고 생각하도록 불신자들을 고무시키는 것은 문제를 악화시킨다.

더욱이 그런 과정이 성경을 하나님 말씀이라고 주장하게 만든다 해도, 그는 사실상 하나님을 판단하는 것이며, 그때 하나님은 틀림없이 그를 판단하실 것이다. 또 보다 숭고하고 궁극적인 무언가를 사용함으로써 사물들이 검사될 수 있겠지만, 아무것도 하나님의 말씀보다 궁극적일 수는 없다.

이 모든 것에도 불구하고 전제주의자는 하나님이 존재하신다면 기독교의 하나님에 대한 절대적 증명이 가능하다고 말한다. 하나님이 존재하실 때에만 우리는 어떤 것이든 하나님에 대해서 알 수 있기 때문이다. 오직 기독교의 하나님이 존재하시고, 모든 것을 아시며, 모든 것을 결정하실 때, 어떤 것에 관한 지식이 가능할 것이다. 다른 모든 견해는 실패할 것인데 그것들은 참되다고 주장하지만, 우리가 어떻게 알게 되는지에 관하여는 설명할 수 없기 때문이다.

기독교를 옹호하는 어떠한 직접적인 증명은 없다. 그러나 절대적으로 확실한 간접적인 증명은 있다. 기독교는 하나의 전제로서, 그것이 없다면 우리는 아무것도 할 수 없다. 사람들은 기독교를 논박하는 시도들조차 그것이 참임을 가정해야 한다고 주장한다. 그러므로 우리는 기독교를 선험적인 것으로, 곧 하나의 필수적인 가정이라고 말할 수 있을 것이다. 그뿐만 아니라, 성경은 스스로 증명한다. 하나님의 양은 (목자이신) 그분의 목소리를 듣는다(요 10:27). 이러한 견해는 독자적으로 알려지기보다는 어떤 전제에 기반한 지식에 근거하고 있기 때문에 (대략적으로 말해서, 근본 가정에 대한 신뢰) 신앙주의와 유사하다.

전제주의를 지지하는 사람들은 자신의 견해를 지식에 관한 절대적 확실성을 제공하는 합리주의와 유사한 것으로 간주한다. 그러나 많은 비평가는 그것을 신앙주의에 가까운 것으로 간주하는데, 이는 전제주의가 직접적으로 증명하기보다는 어떤 것을 전제함으로써 그 작업을 수행하기 때문이다.

전제주의자들 중에는 그렉 반슨(Greg Bahnsen)과 같이 거의 또는 조금도 수정하지 않고 반틸을 그대로 따르는 사람들로부터, 존 프레임 같이 그 견해를 상당히 수정한 사람들에 이르기까지 폭넓은 견해가 있다는 점에 유의해야 한다. 귀납의 일부 사용 승인, 간접적 증명뿐 아니라 직접적 증명으로서 초월적 논증의 수용, 논증의 누적된 힘의 수용 등 프레임의 일부 수정은 그를 도표 오른쪽에 위치시킬 것이다. 한편, 전통적이고 직접적인 논증에 대한 반틸의 거부를 강조하면서도, 그의 간접적 증명에는 거의 혹은 전혀 관련을 맺고 싶어 하지 않는 전제주의라는 명칭을 사용하는 사람들도 있다. 내가 알던 어떤 교수는 자신을 전제주의자인 동시에 "성경적 신앙주의자"라고 불렀다.

그림1. 변증적 접근 방식 도표

접근 방식	신앙주의 (Fideism)	전제주의 (Presuppositionalism)	개혁주의 인식론 (Reformed epistemology)	경험주의 (Experientialism)	실용주의 (Pragmatism)
	→ 객관적이고 독자적으로 존재하는 증거에 대한 점증적 강조 →				
특성	· 입증되지 않은 믿음 · 믿음과 이성은 겹치지 않는다. · 또는 이성은 알려질 수 없다. · 또는 마음은 너무 타락했다.	· 출발점은 독자적 증거에 의해 입증될 수 없는 필연적인 전제들 · 독자적으로 알려질 수 있는 어떤 사실도 없다 · 차용한 자산 · 자율성이 문제다. · 어떤 공통 "개념"도 없다. · 기독교에서 유래하는 추론은 순환적이고 연역적이며 간접적이다. · 선험적 논증 · 전제주의자의 범위: 반틸에서 프레임까지	· 신에 대한 인식(신의식)은 우리가 어떻게 만들어지는지 그리고 어떻게 시작되는지에 근거한다. · 기독교 신앙은 선물이다. · 고전적 기초주의는 지나치게 협소하다. · 하나님은 완전히 기초적이다. · 믿음은 이성을 능가할 수 있다.	*경험으로만 *경험은 우리가 가질 수 있는 유일한 증거이거나, 우리가 필요로 하는 유일한 증거다.	*효과적인 것을 받아들인다. *다양한 형태가 있다.
지지자	· (파스칼) · 키르케고르 · 바르트	· 반틸 · 반센 · 프레임 (수정된 핵심 개념)	· 앨빈 플랜팅가	-	· C.S 퍼스 · 윌리엄 제임스 · 존 듀이 · 리처드 로티
비판	· 주관적 · 비성경적	· 신앙주의와 유사 · 선험적 논증은 기독교의 하나님을 입증할 수 없음.	· 위대한 호박(the Great Pumpkin)같이 다른 믿음들을 배제할 수 없음.	· 경험은 해석되야 함.	*효과적인 것이 진리는 아니다. *무엇이 효과가 있는지 모호함.
인식론적 출발점	믿음	전제주의	직접적 인식	경험	실행 가능성
요약	어떤 근거도 확실성도 없다; 철저히 주관적이고 주의적이다.	이유와 같은 어떤 독자적인 사실도 없다.	직관 + 보조적인 근거들	한 유형의 경험이지만, 주관적이다.	내적인 것, 외적인 것을 연계시키는 어떤 유형의 증거

진실주의 (Veridicalism)	조합주의 (Combinationalism)	고전적 변증학 (Classical apologetics)	증거주의 (Evidentialism)	합리주의 (Rationalism)
→ 객관적이고, 독자적으로 존재하는 증거에 대한 점증적 강조 → 축적적인 사례, 공통 기반					
· 기정 사실(givens) + 확증적 사실 · 기정 사실은 직관적으로 확실하게 알려지고 확증될 수 있다. · 보편적인 기정 사실은 모든 사람에게 알려져 있고, 인지적으로 중립적인 근거를 구성한다. · 하나님은 보편적인 기정 사실이다. · 특별한 기정 사실은 기독교인들에 의해 알려진다. · 공통점: 인간의 필요, 공통의 경험 · 영적으로 어떤 중립적인 근거도 없다. · 8 종류의 "보기"(seeing)	· 기독교는 검증되어야 할 가설이다. · 삼중적 검사 ① 합리적: 일관성 있어야 ② 경험적: 관련 사실에 부합해야 ③ 실존적: 생존할 수 있어야	· 유신론을 입증하고 기독교를 입증한다. · 유신론적 논증을 활용해 유신론을 증명한다: 우주론적 논증, 목적론적 논증, 도적 논증 · 기독교를 증명한다 (증거주의자와 동일)	*증거는 기독교를 가리킨다. *유신론적 논증은 유용하지만 꼭 필요한 것은 아니다. *사실들은 가장 좋은 해석을 가리킨다. *예언과 부활은 성경을 입증한다. *보편적으로 받아들여지는 사실들을 사용한다(하버마스).	· 절대적 확실성 · 의심의 여지 없는 사실에서 시작한다. · 연역법을 사용해 추론한다. · 세계관으로 확대된다.
· 마크 한나	· E.J 카넬 · 고든 루이스 · 프란시스 쉐퍼	· 노르만 가이슬러 · 윌리엄 L. 크레이그 · R. C. 스프롤 · 리처드 스윈번	*존 워윅 몽고메리 *조시 맥도웰 *게리 하버마스	· 데카르트
· 기정 사실은 믿음을 합리적으로 근거 지을 수 없다.	· 세 개의 검사법이 시행가능하지 않다.	· 주요 비평가는 전제주의자들이다. · 어떤 공통 기반도 없다. · 기독교로부터 추론해야 한다.	*사실들은 해석되어야 한다. *사실들은 그들의 해석을 가리킬 수 없다.	· 의심의 여지가 없는 출발점은 그 과정에서 내용을 추가하지 않고는 세계관에 이를 수 없다.
기정 사실과 확증된 사실	삼중적 검사법	2단계 논증	해석을 가리키는 사실들	확실한 출발점으로부터 연역
내적인 기정 사실과 확증된 객관적 사실		우주와 질서를 사용하여 해석틀(유신론)을 입증하고, 역사적 사실들을 사용	객관적이고, 독자적으로 존재하는 많은 사실을 사용해 기독교를 입증함	확실성은 절대적이다. 아무것도 주관적이거나 주의적이지 않음

그러므로 도표에서 전제주의의 왼편은 신앙주의에 가깝고, 오른편에는 다른 종류의 논증을 위한 강력한 역할을 보여주는 견해가 있다. 반틸과 반센은 그 중간쯤 있을 것이다. 프레임은 맨 오른쪽에 있을 것인데, 이상적으로 말하자면 도표의 오른쪽까지 뻗은 선상에 있을 것이다. 실제의 선은 시각적으로 혼란을 줄 수 있을 것이기 때문에, 그것은 하나의 화살표로 나타내는 것이 가장 좋을 것이다.

고든 클락과 칼 헨리는 보다 연역적인 전제주의 형태를 나타내는데, 전제주의에 따르면 성경은 참된 것으로 받아들여지며, 그것으로부터 연역될 수 있는 것 역시 참이다. 반틸이나 반센과 달리, 그들은 기독교의 전제들을 선험적으로, 곧 이성의 유일한 근거로서 정당화하려고 하지 않는다. 헤르만 도이예베르트(Herman Dooyeweerd, 1837-1920)는 반틸과는 다른 방향에서 아브라함 카이퍼(Abraham Kuyper, 1837-1920)에 의해 제시된 몇몇 근거를 채택했다.

존 프레임은 반틸의 핵심적 통찰들을 충실하게 추구하면서도, 그의 접근 방식에서 중요한 측면들을 수정했다. 그는 사실들은 독자적으로 존재하는 실제들이 아니기 때문에 우리는 어떤 해석이 가장 잘 부합되는지 알 수 없으며, 독자적으로 그 해석들을 사용하여, 하나의 해석으로 결정할 수 없고(증거주의의 견해), 어떠한 중립적인 근거도 있을 수 없다는 그의 앞선 스승들의 확신을 지지한다. 그는 그것이 실제로 해석과 별개가 아닌 사실의 진술이라는 중요한 함축된 의미들을 강조한다.

프레임은 하나의 논증에서 전제들을 결론으로 이끌기 때문에, 그들이 미리 전제하고 있는 것으로 이끌어서, 그 전제들을 결론이 되게 한다고 말한다. 전제들은 우리의 다른 신념들을 결정하는 약속들이다. 정반대의 전제가 채택되지 않는 한, 그것들은 그 자체로서는 폐기될 수 없다(증거와 논증에 의해서 무효화할 수 없다). 모든 사유가 모든 논증을 가능하게 하는 하나님께 의존하기 때문에 불신자에게 달리 생각하도록 고무시켜서는 안 된다.

반틸과는 반대로, 프레임은 신자와 불신자 간의 실제적인 합의가 가능하다고 믿는다. 서론은 변증학에서 수용할 수 있으며, 선험적 접근 방식은 총체적인 목표이며, 선험적 접근 방식은 단 하나의 논증이 아니다. 그리고 누군가가 무언가를 이해하고 그것에 대해 말하기 위해 기독교의 사랑, 정의, 오래 참음, 지혜의 하나님이 전제되어야 하는 것은 결코 아니다. 그는 또한 직접적 추론과 간접적 추론 사이에는 어떤 본질적인 차이도 없다고 믿는다.

따라서, 전제주의적 변증학과 전통적 변증학 사이의 중요한 차이는 하나님을 왕으로 그리고 모든 의미와 지성과 합리성의 원천으로, 즉 인간 사유를 위한 궁극적 권위로 인정하려는 변증가의 의도일 것이다.

프레임은 해석은 사실에 근거하여 입증될 수 있다는, 극단적으로 중요한 규정을 덧붙인다. 즉, 우리는 마음의 데이터와 외부 세계의 데이터를 비교할 수 있다. 해석은 그들과 사실들을 비교함으로써 입증될 수 있고, 사실들은 그들과 해석을 비교함으로써 입증될 수 있다. 둘 모두 맹목적이고 다루기 힘든 기준은 아니다.[4]

이들 및 다른 변형된 것들은 전제주의를 전통적 변증학에 훨씬 더 가까워지게 하며, 그것으로 하여금 많은 수의 보다 전통적인 논증에 대해 접근할 수 있도록 해 준다. 프레임은 그 자신의 매우 건설적인 혁신적 내용들을 덧붙이고, 모든 것을 다 알고 있지 않은 존재인 우리는 동시적이고 중첩적이기도 한, 각각 다른 것을 포함하는 서로 다른 관점들로 사물을 이해할 수 있다고 주장한다. 예를 들어, 지식은 감각 경험, 이성 그리고 감정의 문제다.

전제주의 우측에 앨빈 플랜팅가의 개혁주의 인식론이 있다. 그는 신앙은 증거에 비례해야 하고, 입증할 수 있는 만큼만 정당하게 믿을 수 있다는 생각에 이의를 제기한다. 그 점과 관련해서 그는 사람들이 흔히 그리고 그들이 입증하기 어려운 많은 것을 믿는다는 점을 지적하는 것은 정당하다고 한다. 이를테면, 세계는 단지 몇 분 전 누구나 알 수 있는 시기에 창조된 것이 아니며, 사람들은 우리와 같은 마음을 갖고 있으며, 단지 명민하게 설계된 로봇이 아니라는 것이다. 그래서 하나님을 믿는 것은 증명할 수 있는 것보다 훨씬 너 큰 정도로 합리적이다.

기독교처럼 중요한 믿음을 정당화하려고 할 때, 요구되는 증명의 수준은 매우 높을 것이며, 우리는 사실상 그 정도의 어떠한 철학적 믿음은 없다는 것을 안다. 하나님에 관한 지식은 내면의 지식의 결과인데, 그것은 칼빈이 신의식(sensus divinitatis)이라고 불렀던 것으로, 우리가 그렇게 창조되었기 때문에 우리 안에서 생겨난다. 그 지식의 촉매제는 사람들마다 다르며, 아마도 산의 웅장함이나 별이 빛나는 하늘 등도 포함될 것이다.

기독교의 지식은 성령의 특별한 선물인 내면의 지식에 의해 생겨난다. 하나

---

4 프레임(Frame)과의 개인적 서신 교환, Aug. 24, 2013.

님과 기독교의 내적 지식 모두 하나의 결론을 위한 증거가 아니라, (통증이 있다거나 '우리가 존재한다'라는 것을 아는 것처럼) 하나의 직접적인 지식이다. 플랜팅가는 논증들의 가치를 주장하지만, 그것들만으로는 하나님과 기독교에 대한 신앙을 진정으로 정당화하는 데 충분하다는 보증을 해 줄 수 없다고 하였다.

개혁주의 인식론은 독자적인 증거들의 역할을 주장하기 때문에 전제주의의 우측에 위치하지만, 신앙을 근거 지우는 하나의 직관의 유형이기 때문에 도표 좌측에 놓인다.

그 옆에 하나님이 존재한다거나 기독교가 참되다는 근거로서 특별히 경험을 받아들이는 실존주의가 있다. 이러한 유형에서 경험은 결론을 위한 증거다. 이때의 경험은 응답 받은 기도의 경험, 섭리적인 돌보심, 혹은 하나님이 살아 계신다는 결론을 뒷받침하는 근거인 하나님에 관한 깨달음 등과 같은 것들을 포함한다. 독특한 것은 그러한 경험이 신앙의 유일한 근거라는 것이다.

그 우측에 있는 다른 방법들은 경험을 여러 증거의 하나로 받아들인다. 그 견해의 좌측에 있는 신앙주의는 어떤 증거도 받아들이지 않으며, 전제주의는 경험을 하나님 혹은 기독교에 대한 적절한 증거로 간주하지 않는다. 그리고 개혁주의 인식론은 경험을 직접적인 지식으로 간주하기는 하지만, 결론을 뒷받침할 증거로는 간주하지 않는다.

따라서, 도표의 좌측에서 시작할 때, 실존주의는 신앙을 정당화하기 위한 독자적인 근거로서 무언가를 받아들이는 첫 번째 견해가 된다.

하나님이나 기독교 신앙을 정당화하는 실존주의 방법을 받아들이는 사람들을 만나 보았지만, 그 견해를 지지하는 모든 책을 찾아내기란 어려운 일이다. 그 견해를 받아들이는 사람들은 대체로 경험을 자신들의 신앙을 정당화하는 데 적합한 것으로만 간주하고, 자신들의 경험에 관한 단순한 기록이 다른 사람들에게도 충분하리라고 기대하지는 않는다. 다른 사람들은 그들만의 경험을 필요로 할 것이다. 그래서 다른 사람들을 설득하는 방법으로 자신들의 경험을 글로 쓰는 데 가치를 두는 사람이 거의 없는 이유를 찾는 것은 어렵지 않다. 이 책은 그 접근 방식에 관한 내용을 담고 있지 않지만, 노르만 가이슬러의 간략한 비평을 담고 있다.

실존주의의 문제는 경험이 해석되어야 한다는 점에 있다. 한 사람이 어떤 경험을 할 수 있지만, 그것은 우리가 그것을 액면 그대로 받아들여야 한다거나 받아들일 수 있음을 의미하지는 않는다. 죽은 조상이 나타나는 경험은 누군가가 힌두교의 신인 시바(Shiva)를 경험하듯이, 여러 가지 방식으로 해석될 수 있을 것이다. 그러한 것들이 실제적인 것으로, 상상 속의 것으로, 악마의 유령으로, 아니면 우리가 참되다고 믿는 다른 신앙에 의존하는 그 무엇으로 해석되든지 그렇다.

더욱이 그러한 경험들의 충돌을 어떻게 해결할 수 있을까?

그러므로 경험은 비록 그것이 전형적으로 변증 방법론의 한 유형의 증거로서 도표의 우측에 나타난다 하더라도, 증명의 유일한 수단으로서는 불충분하다는 사실이 사람들 사이에서 널리 받아들여진다.

그 다음에 실용주의를 언급하게 되는데, 그것은 본질적으로 하나의 정당화의 원천, 유용성이라는 원천을 제공한다. 이 견해에는 단순한 형태와 정교한 형태 둘 다 있지만, 핵심은 이 관점이 통한다면, 믿음은 어느 정도 점증된 것으로 받아들일 수 있다는 것이다.

유용성이 진리에 해당한다는 (보다 급진적인) 주장과 진리의 지표로서의 유용성과 대조적인 의미에서 진리가 뜻하는 바 사이에는 차이가 있다. 후자의 견해는 도표상에서 실용주의 우측에 있는 견해들 중 가능성 있는 정당화 방법들의 조합에 포함된다.

나는 실용주의를 상술하는 데 지면을 할애하지 않기로 했는데, 그것은 기독교를 탐구하거나 정당화하고자 하는 사람들에게서 유신론이나 다른 접근 방식들만큼 대중적이지 않기 때문이었다. 그 견해는 C. S. 퍼스(C. S. Peirce, 퍼스 Purse로 발음됨, 1839-1914), 윌리엄 제임스(William James, 1842-1910), 최근에는 신실용주의자인 리처드 로티(Richard Rorty, 1931-2007)에 의해 발전되었다. 나는 노르만 가이슬러에 의해 제기된 실용주의에 대한 간단한 비평을 포함시켰다.

도표의 우측에 진실주의가 있다. 마크 한나[5](Mark Hanna)에 의해 개발된 진실주의는 지식을 이미 주어진 가설들(givens) 안에 근거된 것으로 간주한다. 가설들은 직관적으로 확실하게 알려지는 것으로, 우리가 알고 있는 다른 것들로부터 추론되지 않는다. 모든 인간은 보편적으로 가설들로부터 수혜를 입는다. 어떤 가설들은, 이를테면 우리의 실존은 논리적으로 부정될 수 없는데, 그들을 부정하는 것은 그들을 가정할 것을 먼저 요구하기 때문이다(비모순율).

---

5 "말 그대로 의식적으로, 비명제적으로, 비담론적으로 파악할 수 있는 것은 무엇이든 주어진다. 그리고 그것이 원칙적으로 모든 인간에 의해 파악될 수 있다면 그것은 보편적으로 주어진 것이다." Mark M. Hanna, *Crucial Questions in Apologetics* (Grand Rapids: Baker Book House, 1981), p. 117.

유신론에서 말하는 하나님의 실존에 관한 의식은 보편적인 가설이다. 게다가 기독교인은 하나님이 자신들을 돌보시며, 성경은 (믿는 자들에게만 입증되는[6]) 하나님의 말씀이고, 자신은 구원 받았다는 깨달음을 포함하여 특별한 가설들의 혜택을 받는다. 보편적인 가설들은 하나의 세계관과 관계없이 알려질 수 있으며, 어떤 세계관 안에서도 알려질 수 있기 때문에, 그들은 인식적으로 중립적인 근거를 형성한다. 그러나 모든 사람은 하나님에 관하여 보편적으로 알려질 수 있는 것을 수용하거나 거부하기 때문에, 영적으로 중립적인 어떠한 근거도 존재하지 않는다.[7]

사유와 행위의 문화적 유형들뿐 아니라, 죄와 고독 같은 인간의 욕구 등으로 구성되는 공통의 근거가 있다.[8] 즉시 알려지더라도, 가설들은 여러 가지 방식, 이를테면 반성에 의해 그리고 다른 가설들과의 연계에 의해 확증될 수 있다.[9] 어떤 것들은 그들이 부정할 수 없기 때문에 알려지고, 다른 것들은 증거와 추론에 의해 지지될 수 있다.

유신론에 대한 몇몇 논증은 이슬람 신학의 우주론적 증명과 생명체를 위한 우주의 미세 조정에 기인하는 목적론적 논증처럼 귀납적으로 유력하다.[10] 모든 면에서 하나님이 가장 좋은 설명이라는 사실을 알 수 있다.

기독교에 관한 사례도 있다. 기독교의 핵심적인 신조들은 입증될 수 있는 가설들이다. 그것들은 비신학적인 자료들이나 전제들로부터 도출되지 않는다.[11] 어떤 사람들은 "보지 않고도" 본다는 그리스도의 말씀(마 13:13)을 인용한다.

한나는 여덟 종류의 "보는 것"(seeing)을 밝히고 있는데, 그중 하나만 물리적이다. 각각은 두 개의 극을 갖는데, 그 실재와 관계하고(형이상학적) 그 가지성(可知性, 인식론적)과 관계한다. 그들은 물리적, 지성적, 내관적, 간주관적(다른 사람들 및 그들과 관계하는 어떤 사람의 깨달음), 도덕적, (객관적인 미를 파악할 수 있는) 심미적이고, (모든 인류에게 공통적인 하나의 양식과 기독교인에게만 독특한 다른 양식) 영적이다. 어떤 형태의 '보는 것'(seeing)은 중첩되며 상호 작용을 한다. 예를 들

---

6 Ibid., p. 103.
7 Ibid., p. 105.
8 Ibid.
9 Ibid., p. 101.
10 Mark Hanna와의 전화 통화, Oct. 16, 2013.
11 Hanna, Crucial Questions, p. 121.

어, 영적인 시각은 어느 정도 지성적 시각을 필요로 한다. 그는 (곧 출간될 책에서) 성경적 유신론은 여덟 가지 양상의 보는 것과 객관적으로 상호 관계된 것들에 관해 유일하게 적절히 설명한다고 주장한다.

그 다음은 조합주의로 불리는 견해다.[12] 카넬과 고든 루이스의 조합주의에 따르면 신의 존재에 대한 전통적 증명들은 그들이 암묵적으로 근거하고 있는 경험주의가 부적절한 것과 동일한 이유로 부적절하다. 그리고 당신은 유한한 것으로부터 불변적이고 보편적이며 필연적인 것에 결코 도달할 수 없다.

만약 경험으로부터 하나님께 도달할 수 없다면, 검증될 수 있는 가설의 형태로 하나님을 경험할 수 있도록 해야 한다. 그렇다고 해서 우리 믿음이 약하다거나 잠정적이라는 것은 아니며, 단지 그럴 때에만 지적으로 정직하게 된다는 의미인데, 이는 마치 하나님이 우리를 존재하게 하시는 것처럼 최소한 원리적으로 우리 신앙에 있어서 합리적이어야 한다는 것이다.

이런 의미에서 우리는 기독교를 하나의 가설로 취급하며, 그것은 여느 가설들처럼 모순적이어서는 안 된다. 모순적인 것은 결코 참일 수 없으며 오직 비모순적인 것만이 참일 수 있다. 그것이 참임을 알려면, 모든 연관된 사실로써 그것을 검사해야 하고, 가설과 사실 간의 모순을 찾아야 한다. 가설들은 그것이 모순 없이 실행될 수 있다는 의미에서 생활에 적용 가능해야 한다. 신자와 불신자 간에는 이를테면 비모순율, 가치, 윤리학 및 사랑의 욕구 등으로 이루어지는 공통의 근거가 있다. 그뿐만 아니라, 세계관들은 대개 비인격적이거나 비형이상학적인 영역에서는 중첩된다. 적절히 수행된다면 과학조차도 신자와 불신자 간에서 실행될 수 있다.

그러나 세계관은 궁극적인 의미와 목적에 관한 물음이 생겨나자마자 나뉜다. 우리는 기독교가 어떤 실제 세계에 관한 신념이 참이라는 것을 입증하는 정도로, 곧 매우 개연적으로 참이라는 것을 입증할 수 있다. 그럼에도 우리는 완벽한 내적인 보증, 곧 그것이 참이라는 "확신"을 가질 수 있다.

조합주의는 그것이 객관적인 기준, 곧 일관성이라는 기준을 사용하여 신념을 검사하기 때문에 도표상 실용주의의 오른편에 위치한다. 하나의 가설은 자체가 일관적이어야 하고 사실들에 부합하며 지속해서 실행될 수 있어야 한다.

---

12   이 이름은 카넬이 선택한 것이 아니라 널리 읽히는 노르만 가이슬러의 『기독교 변증』(*Christian Apologetics*), 2nd ed. (Grand Rapids: Baker Books, 2013)에 사용되었다.

다음 칸에 고전적 변증학이 있는데, 그것은 C. S. 루이스, 윌리엄 레인 크레이그, J. P. 모어랜드, R. C. 스프롤, 존 게스트너, 노르만 가이슬러와 같이 다양한 사람들에 의해 실행되고 있다. 이런 접근 방법은, 이를테면 신은 전능하고 전지하며 편재하고 거룩한 창조자이며 우주의 보존자라는 보편적 믿음인 유신론을 입증하는 것을 첫 목표로 삼는다. 만약 유신론이 먼저 입증되지 않는다면, 부활에 대한 증명은 불신자들에 의해 반드시 유신론적으로 해석되지는 않을 것이다. 물론, 불신자들이 이미 유신론을 받아들인다면 그것을 입증하는 것은 불필요할 것이다. 고전적 변증가들은 (비록 그것들 또한 다른 방법을 사용하는 몇몇 변증론자에 의해 사용된다 하더라도) 유신론적 논증을 사용한다. 각각 수많은 변형이 있다는 점에서, 그들은 논증의 유형 혹은 집단이다.

우주론적 논증은 본질적으로 우주의 존재로부터 창조주까지 추론해 간다. 그중 한 형태는 하나님은 필연적 존재이며 그는 모든 가능한 세계에 존재해야 한다고 주장한다. 또 다른 논증은 모든 것은 적절한 원인을 필요로 하며, 따라서 우주는 적절한 원인을 필요로 하고, 그 원인이 바로 하나님이라고 주장한다(그는 하나의 사물이 아니며, 무언가로부터 야기되지 않는다).

목적론적 논증은 우주의 설계로부터 설계자로 추론해 간다. 이를테면, 현대 과학은 디엔에이(DNA)에서 복잡한 구조를 발견했다. 우리는 또한 우주가 생명체를 허용할 만큼 놀라울 정도로 미세 조정되었다는 것도 알고 있다.

우주론적 논증이나 목적론적 논증만큼 널리 사용되지는 않는 도덕적 논증은 객관적인 도덕적 의무로부터 그와 같은 도덕률의 근거를 제공하는 보다 높은 도덕적 존재까지 논증한다.

노르만 가이슬러는 하나의 세계관 내의 진리와 대조적으로, 하나의 세계관의 진리를 입증하기 위해 다른 접근 방식을 사용해야 한다고 주장한다. 그는 부정할 수 없는 실재에 대한 여섯 가지 원리를 사용하는데, 그들을 부정하려는 어떠한 시도도 (한나의 관점과 비슷하게) 그것들을 사용하지 않으면 안 되기 때문이다. 우리는 그것들을 입증할 필요는 없고, 다만 그들이 일단 우리가 그들을 이해하기만 하면 참이라는 사실을 "알게 될" 뿐이다.

(비공식적으로 진술된) 첫 번째 원리는 "처음부터 무언가가 존재한다"는 것이다. 그것을 부인하려는 사람은 누구든지 그들이 존재한다는 것을 인정한다. 다른 하나는 비모순율인데, 그것은 그것을 부인하려고 하는 사람들이 가정해야 하는 전제다. 일단 다른 대안들이 제거되고 유신론이 입증된 후, 가이슬러

는 기독교가 가장 일관적인 방법으로 알려진 모든 사실을 설명한다는 것을 보여준다.

고전적 변증학 오른쪽에 그리고 (제일 오른쪽) 합리주의의 바로 왼쪽에 증거주의가 최근 10년간, 존 워윅 몽고메리에게 영향 받은 조시 맥도웰에 의해 대중화되었다. 게리 하버마스 역시 매우 영향력이 있는 사람으로 알려졌다. 그 견해는 유신론이 먼저 입증되어야 할 것을 요구하지 않는다. 대부분의 증거주의자가 유신론적 논증을 받아들이고 그것들을 사용하지만, 그들은 유신론을 먼저 입증하는 것이 꼭 필요하다고 믿지는 않는다.

고전적 변증가들과 달리, 증거주의자들은 최소한 어느 정도 사실이 그들의 적절한 해석을 가리킨다고 믿는다. 그래서 그들은 전형적으로 성경의 진실성을 지지하거나(예. 존 워윅 몽고메리), 최소한 매우 널리 받아들여지는 결정적인 사실들의 신빙성을 지지한(예. 게리 하버마스) 후에, 부활을 증명하려 한다. 증거주의자들에 의해 사용되는 많은 동일한 사실과 접근 방식은 기독교를 증명하고자 힘쓰는 그들의 두 번째 단계에서, 고전적 변증가들에 의해 사용되고 있다.

이번에는 조금 더 간략하게 도표를 다시 살펴보도록 하자.

신앙주의에서는 어떤 증명도 있을 수 없으며 계시에 대한 믿음으로부터 확실성이 생겨난다. 전제주의의 경우 기독교에 대한 어떠한 직접적인 증명도 없지만, 우리는 그것을 전제해야 한다. 개략적으로 말하자면 확신과 필요에 의해 그것을 가정해야 한다. 그럴 경우, 궁극적으로 순환 논증이 될 수밖에 없다. 계시는 그 자체의 권위에 의해 알려진다. 그러나 그것이 전제되어야 하기 때문에 우리는 증거를 가질 수 있다는 것이다.

개혁주의 인식론의 경우, 비순환적 논증이 원리적으로 받아들여지고 발전될 수 있지만, 종교적 신념 같은 결정적인 어떤 것을 근거 짓는 데 적합하지는 않다. 하나님께 대한 믿음은 우리가 창조된 그 원리 때문에 우리 안에서 생겨날 수 있는 깨달음이며, 기독교 신앙은 신적인 은혜다.

오른쪽으로 이동해서, 경험주의는 기독교가 참되다는 결론에 대한 결정적이고 독자적인 증거를 수용한 첫 번째 견해다. 증거는 내적이고 주관적이다. 실용주의는 경험의 보다 객관적인 형태인 유용성을 다루며, 따라서 경험주의의 오른쪽에 놓인다. "작동한다"라는 말은 사람마다 다르게 정의될 수 있다는 점에 유의하라.

더 오른쪽으로 (그러나 제일 오른쪽의 합리주의나 결합주의를 포함하지 않는) 이동해서, 우리는 귀납법을 종교적 믿음에 대한 증명을 위한 중요하고 효과적인 방법으로 받아들이는 견해를 갖게 된다. 조합주의를 포함해서 그들은 또한 축적적 논거, 즉 증거의 층들이 전체적으로 더 강력한 논거를 형성하게 되는 것을 받아들인다. 종교적 경험과 생활 속에서의 유용성(삶에 의미를 제공하는 것을 포함) 또한 대체로 모든 경우에서 지지하는 역할을 한다. 반면, 경험주의에서는 경험만이 유일한 증거다.

진실주의는 직관적으로 알려지고 부정할 수 없는 가설과 증거와 이성을 통한 효과적인 확증을 받아들인다. 모든 사람은 하나님에 관한 직접적인 깨달음을 가질 수 있으며, 기독교인은 기독교의 몇몇 본질적인 것에 관한 추가적인 깨달음을 가질 수 있다. 직접적인 깨달음을 강조한다는 점에서 개혁주의 인식론과 같지만, 진실주의에서는 증거를 입증하는 것이 강력하고 결정적일 수 있다.

그리하여 왼쪽에 있는 개혁주의 인식론과 같이 직관을 위한 여지가 있지만, 오른쪽의 견해들처럼 증거에 근거한 설득력 있는 논거를 위한 여지도 있다.

오른쪽으로 움직이면, 전제주의를 위한 "자증적인 것"과 비슷한 직관은 거의 역할이 없으며, 신념에 대한 근거로서 독자적으로 존재하는 객관적인 증거에 관한 더 많은 강조가 이루어진다.[13] 그뿐만 아니라, 보다 많은 객관적인 기준이 있고 마침내 개별적 사실들의 다수성에 호소하는 증거주의에 이르게 된다.

조합주의는 하나의 가설의 기준으로서 적합성(livability)을 받아들이기는 하지만, 일관성의 세 가지 측면 중 하나로서만 받아들인다. 반면에 왼쪽의 실용주의는 적합성을 중요한 기준으로 간주하고, 조합주의 오른쪽에서는 적합성이 모든 경우에서 수많은 요소 중 하나로 간주될 뿐이다.

전통적 변증학은 일반적으로 전제주의와 같이 세계관은 사실들의 해석을 결정한다고 주장하면서, 유신론과 기독교를 위한 증명을 받아들인다. 그러나 도표의 오른쪽에 있는 견해들처럼 그 세계관은 하나의 필요한 가정이 아닌 다른 것에 의해 확립된다. 가이슬러의 경우, 그것은 부정될 수 없는 제일원리들이지만, 전제주의와 달리 그들은 모든 세계관에서 필수적이다(한나와 비교해 보라).

---

13 전제주의자들은 초월적 논증이 객관적인 증거를 제공한다고 이야기하지만, 신과 무관하게 존재하는 사실은 없기 때문에 초월적 논증이 "독립적으로 존재한다"라고 말하지는 않을 것이다.

증거주의는 전제주의의 거의 완전한 반대이며, 사실들은 그것을 해석하는 견해들에 독립적으로 알려질 수 있고 사실들은 심지어 정확한 해석을 가리킬 수 있다고 주장한다.

나는 그렉 반센에게 이 도표를 보여주었는데, 그는 당연히 신앙에 대한 절대적으로 확실한 증거를 제공하고 있으므로, 전제주의가 오른쪽에 있어야 하고, 그 옆에 합리주의가 있어야 한다고 말했다. 나는 그에 대한 대답으로 확실성은 두 번째이며, 그 도표에서 최우선적인 것은 결론을 위한 독자적 증거에 호소하는 것이라는 점을 밝혔다.

신앙주의는 어떤 독자적인 증거에도 호소하지 않는다. 전제주의는 하나의 전제에 호소하지만 믿음에 대한 근거로서 독자적인 증거에 호소하지는 않는다(즉, 어떤 직접적인 증거도 없다). 개혁주의 인식론은 직관에 호소한다. 경험주의는 결론을 위한 증거로서 하나의 주관적 기준에 호소한다. 실용주의는 하나의 외적 기준에 호소한다. 그것은 가설뿐 아니라, 외적이고 독자적인 증거에 호소한다.

그 다음에 있는 조합주의는 가설의 일관성과 사실에 부합할 뿐 아니라 적합성에 호소한다. 다음으로 고전적 변증학은 유신론과 기독교에 대한 독자적인 증거에 호소한다. 끝으로 증거주의는 많은 독자적인 사실에 호소하며, 어떠한 독자적인 사실도 없는 전제주의와 정반대다. 반센은 잠시 생각하고는 "그렇다면 가능하지…그렇다면 가능하지"라고 말했다.[14]

그런 뒤에 나는 항상 내게 배우는 학생들에게 전제주의자들은 자신들의 견해가, 그 둘 모두 확실성을 제공한다는 점에서는 합리주의에 가깝다고 말한다. 게다가 그들은 전제주의를 독사적인 증거를 사용하는 합리주의의 방법과는 다른 것으로 간주한다(이를테면, 그 자신의 유명한 사유로부터 출발하는 데카르트는 진리의 기준으로 하나님으로부터 시작하는 전제주의와 정반대다).

시각적으로 지나치게 복잡하지만 않다면, 도표에서 신앙주의, 전제주의, 합리주의를 삼각형의 다른 지점에 각각 배치하여, 전제주의는 신앙주의의 신앙과 합리주의의 절대적 증명에서 같은 거리에 있으면서도 고유하게 보이게 할 수 있다. 그러나 수년에 걸쳐 학생들은, 그것은 너무 복잡해서 도움이 되지 않는다고 주장해 왔다.

---

14 1993년 가을, 캘리포니아 뉴홀에서 석사 과정 변증학 수업에 반센이 초청 연사로 온 후 개인적으로 나눈 대화.

시작하기 전에, 변증학의 합법성에 도전하는 신앙주의가 성경적으로 부적합한 이유를 간단히 재고해 보는 일은 가치가 있을 것이다. 신앙을 증명하는 성경적 이유에 대해 단지 몇몇 사례가 있다.

모세는 백성에게 자신이 신적인 권위를 가졌음을 보여주기 위해 하나님께 표적을 구한다(출 4:1). 하나님은 그것을 용인하시고, 나중에는 바로와의 만남에서 풍부한 표적을 용인하신다(출 7-11장). 광야에서 하나님은 초자연적으로 그의 현존과 그의 백성을 위한 공급과 모세의 지도력에 대한 배경이 되는 것을 용인하신다. 약속하신 땅을 정복할 때, 하나님은 요단을 가르시며(수 3:17), 오만한 힘들을 정복하며(수 1:4-9; 3:10-17), 태양을 멈추신다(수 10:12-14).

하나님은 기드온의 기적(삿 7:16-22)과 삼손의 기적(삿 14:6, 19; 15:13; 16:3)과 다른 기적 요청을 받아들이신다. 엘리야 같은 선지자들은 사건들을 예측하고, 기적들을 수행한다. 예수의 생애는 수많은 예언을 성취하며, 기적들에 의해 입증된다. 그는 그것들(역주: 기적들)을 신앙의 근거라고 강조한다(눅 24:27; 요 10:37-38). 세례 요한이 의심하자, 예수님께서는 예언에 합치되는 증거를 가리키셨다(마 11:4-5; 사 29:18과 비교하라). 예수님께서는 도마의 의심에 증거를 가지고 대처하셨다(요 20:27). 부활 후에 그분은 "많은 확실한 증거"를 보여주셨다(행 1:3; 눅 24:39과 비교하라).

요한은 구원에 이르는 믿음을 고취시키는 예수님의 초자연적 행위들 중 일부를 이야기했다. 칠십 인의 제자(눅 10:17)와 사도들의(고후 12:12) 초자연적 권위는 기적들에 의해 확증된다. 바울은 성경으로부터 그리스도가 고난 당하시고 다시 살아나셔야(행 17:2-3) 할 것을 주장하고, 부활을 "모든 사람을 위한 증거"(행 17:3, 롬 1:4와 비교하라)로 간주한다.

일부 사람은 기적 때문에 믿는다(요 12:11; 행 9:42; 13:12). 위에서 언급한 것처럼, 기적과 예언에 대한 호소가 문제되지 않는다고 해서, 오늘날 그것이 가능하다는 것을 보여주는 것은 아니다. 다만, 성경은 믿음을 지지하는 데 이성을 사용한다는 것을 보여준다.

제1부

근본 쟁점들

제1장 성경의 변증학

제2장 변증학의 역사: 조망

제1장

성경의 변증학

어떤 사람은 성경에는 어떤 변증학도 포함되고 있지 않으며, 하나님의 존재를 증명하려는 우리의 시도는 헛된 것이라고 주장한다.

성경은 참으로 하나님의 존재를 전제하는 바, 우리도 그래야 한다.

그러나 이러한 견해는 성경이 불신자들을 위해서가 아니라, 주로 신자들의 유익을 위하여 쓰였다는 사실을 간과한다. 그리고 무신론자들-이스라엘에는 거의 없으며 고대 세계에도 많지 않았다-을 향한 대답을 추구하면서 신자들이 시대의 도전을 다루는 방식도 간과한다.

구약에 반영된 고대 시대의 중요한 질문은 하나님의 존재 여부가 아니라, '어떻게 하나님께 복종하고 그분을 섬겨야 하는가'였다. 그리고 신약의 주요 주제는 '그리스도라는 인물은 누구인가'였다.

1. 구약성경

성경, 특히 구약성경에서 변증학 주제에 관해 훨씬 더 많은 작업이 이루어질 필요가 있다. 그러나 우리는 몇몇 일반적인 주제를 확정할 수는 있을 것이다.

하나님의 행동 능력은 구약성경 전체를 통해서 그를 믿고 신뢰할 이유로 제시된다. 그는 자기가 행동할 것을 확신을 갖고 기대하면서 순종하고 영광을 돌리고 신뢰하는 사람들을 도우신다(예. 사 49:23). 그는 또한 그들을 돕고 인도하며, 보호하고, 그들의 후손까지 돌보신다(신 28:1-4). 그는 수많은 방법으로 자기를 거스르는 사람들을 대적하신다(삼상 2:30; 시 18:26).

욥과 같은 예외적인 경우들이 있기는 하지만, 일반적으로 하나님을 사랑하고 경외하는 사람들은 행복을 누리며, 그를 거스르는 사람들은 그렇지 못하다.

둘 사이에는 분명한 차이가 있다. 비록 사람들이 그것을 확증을 위한 원천으로 생각하지 않았을지라도, 여호와에 대한 개인적·국가적 충성, 과거와 현재 행복의 관계와 미래의 인과 관계에 대한 주장은 어느 정도 타당성이 있다. 역으로 여호와께 대한 충성의 결여는 과거와 현재와 미래의 고난 사이의 관계를 설명한다.

하나님의 행위가 그것을 목격한 고대인들에게 보다 변증적인 영향을 미쳤다는 것과 이스라엘이 그것에 관한 기억을 후대에 전달한 것은 당연하다. 예를 들어, 이스라엘이 강력한 적들을 물리치는 것을 보았던 사람들은 여호와의 실재를 확신하게 되었다(수 2:9-11).

사건들로부터 그 배후에 있는 하나님에게로 논증해 가는 것은 성경에 대한 의심이 많은 오늘의 상황에는 설득력이 떨어지는데, 이는 그것이 성경을 하나의 정확한 역사적 기록으로 받아들이는 것을 전제하기 때문이다. 성경의 역사적 신빙성에 대하여 수 세기 동안 이어져 온 공격 때문에 많은 불신자는 그 역사적 정확성을 의심하고 있다(그런 의심에 대해서 기독교인은 어떻게 해야 하는지가 부분적으로 이 책의 주제다).

이사야서는 구약성경의 변증학 추론의 중요한 유형을 예시한다. 그것을 생생하게 하기 위해, 여호와는 증거와 증언을 가진 법정 소송 절차를 제시하고, 반대자들에 도전한다.

> 너희 우상들은 소송하라 너희는 확실한 증거를 보이라(비교. 사 41:21; 43:26; 45:21).

소송 절차는 참된 하나님이신 여호와를 장인들이 금붙이로 만든 우상들과 비교하는 것으로 시작된다(사 41:6-7; 44:9-20; 49:18-20). 우상들은 구원할 수 없지만, 여호와는 우상들을 정복하고(사 41:11-12), 생명을 보존하며(사 41:17-18), 땅에 열매를 주신다(사 41:19). 그는 그것을 질서 있게 행하신다.

> 무리가 보고 여호와의 손이 지으신 바요 이스라엘의 거룩한 이가 이것을 창조하신 바인 줄 알며 함께 헤아리며 깨달으리라(사 41:20).

우상들은 응답도 못하며 구원도 못하는(사 46:7; 45:20), 단지 "바람이요, 공허한 것"(사 41:20) 뿐이다. 실제로 우상들은 잡혀갔다(사 46:2).

유사한 추론에서 시편 기자는 우상은 단지 "사람이 손으로 만든 것"일 뿐이라고 말한다. 그들은 말하지 못하고, 보지 못하고, 듣지 못하고, 냄새 맡지 못하고, 느끼거나 움직일 수도 없다. 그들을 만들고 의지하는 자들은 "다 그와 같이 될 것이다"(시 115:4-8; 시 135:15-18).

하박국 또한 하나님 외에 사람이 만든 것에 의지하는 것을 반대한다(합 2:18). 예레미야는 유일하신 참된 하나님은 우상이 아니시며, 비를 주심으로 사막이 살아나게 하시는데(렘 14:22), 이것은 엘리야가 극적으로 거짓 선지자들과 그 우상들과의 마지막 결전에서 보여주었던 부분이다(왕상 17-18장).

다른 고대인들은 이런 유형의 추론을 잘 이해하고 있었다. 앗수르인들이 이스라엘을 공격하였을 때, 그 대변인은 히스기야에게 여호와가 그들을 구원할 것이라고 믿는 것은 헛되다고 말했다. 어떤 다른 신도 앗수르로부터 자신들의 백성을 구원하지 못했고, 여호와 역시 결코 다르지 않을 것이다. 그러나 히스기야는 우상보다 강하심을 보여 달라고 하나님께 기도했고, 하나님께서는 응답하셔서 그들에게 승리를 주셨다(사 37장). 구릉 지대로 침략해 이스라엘에게 패한 시리아 사람들은 여호와가 산의 신이기 때문이라고 생각했다. 만약 평지에서 싸운다면 자신의 신이 더 강해서 이스라엘을 패배시킬 수 있다고 생각했다. 하지만, 여호와는 자신이 만유의 주임을 보이기 위해 시리아인들이 평지에서도 패배할 것임을 확실히 한다(왕상 20:23, 28).

고대 사회에는 많은 가상의 신과 그들을 위해서 말하는 예언자들이 있었다. 때로 이스라엘에도 주의 이름으로 그릇되게 말하는 예언자들뿐 아니라 다른 신들을 대표하는 예언자들이 있었다. 참된 하나님의 참된 예언자들은 때로 기적을 행함으로써 그들의 권위를 인정 받았다. 사르밧 여인은 엘리야가 그녀의 아들을 일으켰을 때 이 점을 깨달았다.

> 내가 이제야 당신은 하나님의 사람이시요 당신의 입에 있는 여호와의 말씀이 진실한 줄 아노라 하니라(왕상 17:24).

구약성경에서 가장 극적인 기적 중 하나는 갈멜산에서 벌어진 엘리야와 거짓 선지자들과의 최후 결판이다. 그때 그들의 신은 희생제물을 즉시 태울 수 없었지만, 엘리야의 하나님은 태울 수 있었다.

> 모든 백성이 보고 엎드려 말하되 여호와 그는 하나님이시로다 여호와 그는 하나님이시로다 하니(왕상 18:39).

그뿐만 아니라, 이스라엘 역사에서 가장 기념할 만한 사건 중 하나는 그들을 하나의 민족으로 규정하는 출애굽의 기적이다. 구약성경 전체를 통해서 반복되는 분명한 주장은 그들의 하나님이 실재하는 경우에만, 그들은 애굽에서 나올 수 있었을 것이라는 점이다.

구약성경에서 미래를 예언하는 능력은 하나님 자신의 참되심에 대한 분명한 표시였다. 이사야서의 "내가 시초부터 종말을 알리며"(사 46:10)라는 구절처럼, 여호와만이 미래를 예언할 수 있다고 선포한다(사 41:23).

하나님은 그를 위해 말하는 자와 그를 위해 말하지 않는 자를 분별하심으로써 이러한 능력을 명백하게 알아보신다.

> 네가 마음속으로 이르기를 그 말이 여호와께서 이르신 말씀인지 우리가 어떻게 알리요 하리라 만일 선지자가 있어 여호와의 이름으로 말한 일에 증험도 없고 성취함도 없으면 이는 여호와께서 말씀하신 것이 아니요 그 선지자가 제 마음대로 한 말이니 너는 그를 두려워하지 말지니라(신 18:21-22).

검증된 예언자 전통에 의하면, 각각의 예언자가 전한 메시지가 내용상 서로 일치하는 점에서 하나의 전체적인 내용으로 연결되었다. 여러 경우에 그들은 동시대 사람들을 알았고, 그들의 메시지를 승명하기까지 했다(예. 엘리사에게 전달된 엘리야의 외투, 왕하 2:13).

2. 신약성경

신약성경은 구약성경에서 발견된 중요한 변증적 주제들을 반영한다. 예를 들어, 그리스도는 분명하게 반복해서 자신이 참된 하나님이심을 보여주기 위해 예언에 호소하신다. 그는 자신에 관한 예언의 성취를 위해 오셨다.

그리스도는 또한 자신이 살아 계신 하나님을 대신하여 말한다는 것을 보여주는 보조적인 방법으로 기적을 사용하신다.

> 만일 내가 내 아버지의 일을 행하지 아니하거든 나를 믿지 말려니와 내가 행하거든 나를 믿지 아니할지라도 그 일은 믿으라 그러면 너희가 아버지께서 내 안에 계시고 내가 아버지 안에 있음을 깨달아 알리라 하시니(요 10:37-38).

니고데모는 그리스도가 행하시는 기적의 의미를 분명하게 파악한 사람이다.

> 랍비여 우리가 당신은 하나님께로부터 오신 선생인 줄 아나이다 하나님이 함께 하시지 아니하시면 당신이 행하시는 이 표적을 아무도 할 수 없음이니이다(요 3:2).

요한은 사람들이 예수님을 믿고 구원 받게 할 목적으로 예수님의 기적들 중 몇몇을 기록했다고 말함으로써 그의 복음서를 마무리한다(요 20:30-31).

사도행전 역시 사도들에 의해 또는 사도들을 대신하여 일어난 수많은 기적 사건을 기록한다(행 3:7; 14:10 등). 하나님의 신임장으로서의 기적은 요한계시록 11장 5-6절의 두 증인에 의해 다시 사용된다.

기적이 사람의 마음을 결코 변화시킬 수 없다는 말을 흔히 들을 수 있다. 그런 말은 단지 신자들의 믿음을 확증하고, 불신자들의 불신을 강화시킬 뿐이라는 것이다. 하지만, 이런 주장은 전혀 성경적이지 않다. 예수께서 나사로를 일으키셨을 때, "마리아에게 와서 예수께서 하신 일을 본 많은 유대인이 그를 믿었으나"(요 11:45). 바리새인들은 예수께서 그런 기적을 계속 행하신다면, "모든 사람이 그를 믿을 것"(요11:48)이라고 걱정했다.

베드로가 애니아를 일으켰을 때, "룻다와 사론에 사는 사람들이 다 그를 보고 주께로 돌아오니라"(행 9:35). 베드로가 다비다를 일으켰을 때, "온 욥바 사람이 알고 많은 사람이 주를 믿더라"(행 9:42). 베드로가 마술사 엘루마의 눈을 멀게 했을 때, "이에 총독이 그렇게 된 것을 보고 믿으며 주의 가르치심을 놀랍게 여기니라"(행 13:12)..

예수님께서는 기적이 사람들에게 확신을 줄 것을 기대하셨고, 기적에 반응을 보이지 않는 고라와 벳새다와 가버나움을 저주하셨다(마 11:21, 23[이는 오늘날에도 성경의 기적을 인용하는 것이 성경이 기록될 당시와 동일한 변증적 효과를 가짐을 뜻하지는 않는다. 그 이유에 관해서는 데이비드 흄을 논의할 때 간단히 언급할 것이다]).

어떤 사람에게는 기적에 대한 반응이 단지 그들의 마음의 근본 상태를 드러낸 것일 수도 있다는 느낌이 있다. 즉, 마음이 열린 사람들은 기적과 메시지에 반응했지만, 이미 굳어진 사람들은 거부했다. 그러나 그것은 항상 기적 자체와는 구분되며, 단지 사람들의 신앙을 확증시키거나, 불신앙을 굳게 하여 결코 확신시킬 수 없게 한다.

예수께서도 성경의 논증들을 가지고 자신의 메시지를 정당화하신다. 예를 들어, 메시야는 다윗의 자손이지만, 다윗 역시 그를 "주"라 부를 것(막 12:35-37)이라는 사실을 가지고 적대자들을 논박한다. 그리고 그는 자신의 메시지를 논리적으로 정당화한다. 적대자들이 사탄의 힘을 빌려 귀신을 쫓아냈다고 주장할 때, 예수께서는 사탄이 자신의 군대와 싸운다는 생각이 얼마나 엉터리인지 지적하신다. 그것은 논리학에서 귀류법이라고 부르는 방법으로, 반대자들의 주장이 모순에 빠진 것을 보여준다(마 12:25-26; 막 12:26; 눅 11:17-18).

사도들 역시 사람들에게 진리를 확신시키려고 한다. 오순절 설교에서, 베드로는 예수님의 기적들(행 2:22)과 부활(행 2:24)에 호소함으로써, 성경을 근거로 유대 청중들을 설득한다. 바울은 관례를 따라 회당으로 가서 "증거를 설명하고 제시하면서, 성경을 가지고 강론하였다"(행 17:2-3; 18:4,19; 19:8).

사도행전은 복음의 진리를 옹호하고, 반대 의견들을 논박하는 데 강력했던 사람들을 칭찬한다(스데반, 행 6:10; 바울, 행 9:22; 아볼로, 행 18:28). 바울은 건전한 교리를 부정하는 불신자들을 논박하는 능력을 장로가 되기 위한 조건에 포함시킨다(딛 1:9; 불신자들, 딛 1:10-16과 비교하라).

갈라디아서에서 바울은 의심의 여지없이 몇몇 유대인이 제기한 반대에 대해 답변했다.

예수님이 십자가에 달려 죽었다면, 어떻게 그가 메시아가 될 수 있으며 하나님께 보내심을 받을 수 있을까?

바울은 누구든지 십자가에 달린 자마다 저주를 받았다는 것을 알고 있었다. 그러나 그리스도는 인류의 죄를 위한 대리적 죽음, 곧 우리 죄로 인한 저주를 스스로 짊어지고 죽으신 것이라고 설명한다(갈 3:13; 신 21:23을 보라). 그는 또한 공로에 의지하려는 유대인과 유대화하려는 흐름에 반대하면서 은혜를 인하여 믿음으로 말미암는 구원을 주장한다(갈 3:6-12).

비유대인 청중에게 말할 때 바울은 접근 방법을 바꾼다. 루스드라에서 한 사람을 치유한 후, 사람늘이 그리스 신들에게 드리는 제사와 마주하고 이렇게 말했다.

자기를 증언하지 아니하신 것이 아니니 곧 여러분에게 하늘로부터 비를 내리시며 결실기를 주시는 선한 일을 하사 음식과 기쁨으로 여러분의 마음에 만족하게 하셨느니라(행 14:17).

그동안 하나님은 섭리적 돌보심과 자연의 선한 질서를 통해 그분의 참된 본성을 보여주셨다. 이것은 시편 19편 말씀을 반영한다.

하늘이 하나님의 영광을 선포하고 궁창이 그의 손으로 하신 일을 나타내는도다(시 19:1).

우주의 질서(시 19:2: "날은 날에게", "밤은 밤에게")는 "온 땅에"(시 19:4) 통하는 분명히 비언어적인 증언(시 19:3: "언어도 없고 말씀도 없으며")을 제공한다.

이방인을 향해 가장 광범위하게 기록된 바울의 설명은 당시 몇몇 지식인에게 행한 사도행전 17장의 탁월한 설교다. 설교에 대한 변론 그 자체로 한 장을 채울 수 있다. 바울은 먼저 사람들의 주목을 받았고(행 17:22-23), 그들의 견해에 동의해서 몇 가지를 이야기했다(행 17:24-29). 그리고 계속해서 그들의 견해를 부정하는 논쟁을 벌였다(행 17:30-31).

헬라 철학을 잘 알지 못하는 사람들에게는 바울이 처음부터 끝까지 그들과 대립하는 것처럼 보일 것이다. 그러나 사실상 바울은 어떤 점에서는 그들과 같은 생각을 가지고 있었다. 의심할 나위 없이, 그는 스토아학파에 꽤 익숙했는데, 그것은 부분적으로 그의 고향 다소가 스토아학파의 중심지였다는 점에 기인한다.

스토아학파는 하나님은 신전과 우상에 제한 받지 않으며(행 17:24), 무언가를 필요로 하는 상상 속의 신이 아니라고 주장한다(행 17:25). 그는 그것들(행 17:29, 금이나 은이나 돌에다 사람의 기술과 고안으로 새긴 것들)보다 훨씬 더 위대하시다. 그는 세계에 내재하신다(행 17:27). 더욱이 헬라의 문화적 배타주의와 대조적으로 스토아학파는 인류는 하나라[1]고 주장한다(행 17:27-28).

그런데 청중이 환호하는 바로 그때, 바울은 헬라 철학과 전혀 다른 복음의 진리들을 가지고 스토아주의와 에피쿠로스주의에 정면으로 맞선다. 그는 그리스도를 통한 심판과 부활을 언급했다(행 17:31). 하지만, 그리스인들은 신체가

---

1 Michelle V. Lee, *Paul, the Stoics, and the Body of Christ* (Cambridge: Cambridge University Press, 2008), 88-95.

영혼을 가두는 감옥과 같기 때문에, 사후에 영혼이 신체와 재결합한다는 사상은 거짓이라고 주장한다. 그리고 그때 모임이 끝났다(행 17:32).

어떤 그리스도인은 바울이 사도행전 17장에서 잘못 설명했다고 생각한다. 또 다른 사람들은 고린도전서 2장 1-5절을 바울의 고백 진술로 간주하면서, 그가 다시는 철학적 강론에 빠져들지 않고, 대신 복음을 직접적으로 제시하기로 결심한 것으로 간주한다.

그러나 사도행전 17장의 설교가 바울의 다른 복음적인 강론들만큼이나 모범적이라고 주장하는 사람들은 바울이 아덴의 강론에 관해 어떻게 생각하는지에 관하여 고린도 교인들에게 어떤 암시도 주지 않았다는 점에 주목한다. 또한, 각 구절이 반드시 충돌하는 것도 아니다. 바울은 고린도 교인들을 향하여 그들에게 믿음이 사람의 지혜보다 하나님의 능력에 의지하기를 원한다고 말하면서 그리스도에 초점을 맞춘다. 그리고 믿지 않는 아덴 사람들에게는 그들의 견해와 기독교를 비교, 대조하면서 그리스도에 관해 말한다. 두 맥락 모두에서 바울이 잘못을 저질렀다는 어떤 암시도 없다.

아덴의 강론은 너무 중요하기 때문에 누가가 어떤 부분을 생략했다고 상상하기는 어렵다. 그것은 사도와 이방인과의 만남에 관한 가장 상세한 기록이며, 고대 세계의 사상 중심지였던 다름 아닌 아테네다.

또한, 루스드라에서 행한 바울의 짧은 강론에도 약점들이 있어 보인다(행 15:15-17). 그는 어떤 성경 구절도 인용하지 않았고, 메시아이신 예수께 초점을 맞추지도 않았다(그는 또한 하나님의 오래 참으심을 언급했다. 행 14:16; 14:17과 비교하라). 그가 자연계시에 호소한 것은 바로 여기서다(선한 질서, 행 14:17).

그러므로 만일 바울이 사도행전 17장에서 잘못을 범했다 하더라도, 그중 어떤 맥락도 그가 잘못했다는 점을 나타내지 않는다. 누가는 그런 결과를 가지고 그 강연에 대한 설명을 마친다. 어떤 사람은 그 메시지를 거절했고 어떤 사람은 더 듣기를 원했다.

> 몇 사람이 그를 가까이하여 믿었다(행 17:34).

개종자 중 한 사람은 초대 교회의 중요한 사람이 되었다고 전통적으로 알려진 아레오바고의 디오니소스에 못지않게 중요한 인물이다. 그러므로 그 강론이 실패한 것 같지만, 놀라운 효과가 있었다. 자연계시에 호소하면서 어떤 성경도 인용하지 않았지만, 바울은 성경적인 사고를 보여주었다. 그는 성경과 동떨어져 사는 사람들에게 무언가를 명확하게 해 주고 싶었던 것처럼 보이는데, 그것은 로마서 1장에서 말하는 것과도 부합한다.

거기서 바울은 하나님에 관한 기본적인 지식과 도덕적인 법을 가질 수 있으므로, 책임은 인간에게 있고, 따라서 변명할 수 없다고 설명한다(롬 1:19, 32; 롬 2:14-15과 비교하라).

> 창세로부터 그의 보이지 아니하는 것들 곧 그의 영원하신 능력과 신성이 그가 만드신 만물에 분명히 보여 알려졌나니 그러므로 그들이 핑계하지 못할지니라(롬 1:20).

그는 상세히 논하지 않으며, 모든 사람이 하나님의 존재를 쉽게 추론할 수 있는 것처럼 보인다. 사람들은 피조물을 통하여 "그의 보이지 아니하는 것들 곧 그의 영원하신 능력과 신성"(롬 1:20)을 쉽게 알 수 있게 된다. 하나님을 모독하고 우상 숭배하는 사람들(롬 1:21, 23)은 모든 사람이 근본적으로 하나님을 알 수 있음을 부인한다.

로마서에서 바울이 비추론적이거나 비논증적인 하나님에 관한 의식(awareness)을 언급하고 있다는 다른 견해가 있는데, 곧 논증 없이도 우리가 정말 하나님을 알게 된다는 것이다(앞으로 보겠지만, 이런 견해는 앨빈 플랜팅가가 주장하고, 윌리엄 크레이그에 의해 가능한 것으로 간주된다).

자연계시나 직관적인 신의식(awareness of God)은 복음을 결여하고 있기 때문에 하나님에 관한 참된 지식을 전하기에는 부족하다. 바울에 의하면 복음은 사람이 말이나 글로 전하지 않으면 안 된다.

> 전파하는 자가 없이 어찌 들으리요(롬 10:14).

누가는 1세기 상황에 응답하였으므로, 그것이 현대 독자들에 의해 거의 그대로 인식될 수 없다고 하더라도, 그는 자신의 저술로 기독교를 변호한다. 기독교는 종종 갈등, 폭동, 투옥과 연루되기 때문에, 문제투성이의 종교처럼 보였다. 그 창시자조차 일반 범죄자처럼 처형 당했다.

로마의 역사가인 타키투스는 그리스도를 처형한 뒤에 이렇게 말했다.

잠시 억제되어 있던 가장 해로운 미신이 다시금 악의 제일의 원천인 유대에서 뿐 아니라, 로마에서까지 생겨났다. 세계의 각지에서 온 가증하고 혐오스러운 모든 것들이 자신들의 중심지를 찾았고 대중화되었다.[2]

이에 대응하여, 누가는 예수님을 반대하는 소송이 얼마나 불법적인가를 상세히 기록했다.[3] 예수께서는 공정한 법정에서 유죄 판결을 받지 않았다. 빌라도는 그의 무죄를 세 번씩이나 선언했고(눅 23:4, 14, 22), 십자가에 못 박는 일에 참여했던 로마 백부장도 그랬다(눅 23:47; 마태조차 예수의 무죄에 관한 빌라도 아내의 진술을 포함했다[마 27:19]).

누가는 이렇게 무죄하고 대중이 좋아하는 사람에 대한 적개심이 시기심 많고 위선적인 종교 지도자들로부터 생겨났다는 사실을 포함한다. '인자가 어떻게 교활한 사람들에 의한 희생물이 될 수 있었는지'에 관한 대답은 '그는 단순한 희생물이 아니었다는 사실', '모든 일은 하나님의 계획을 따른 사실'이라는 것이다. 요한조차 한 명의 제자를 배반자로 택할 수 있었는지에 관한 예언적 설명을 포함한다(요 13:18; 시 41:9을 보라).[4] 복음서들은 예수께서 시험과 십자가 못 박힘 속에서 확신을 갖고 복종하는 모습을 보여준다.

사도행전에서 누가는 그리스도의 제자들이 겪은 괴로움의 대부분이 시기심 많은 종교 지도자들에 의해서 생겨난 것임을 보여준다(예를 들어, 행 13:45; 14:2, 19; 17:5, 13; 21:27). 그들에 대항하기 위해, 누가는 얼마나 많은 관리가 제자들에게 호의적이었는지를 기록했다. 한 총독은 호의적이었고 예수님을 믿기까지 했다(행 13:7, 12). 빌립보의 고위 관리들은 불법적으로 공중 앞에서 때린 것에 대해 바울과 실라에게 사과했다(행 16:37-38). 아가야의 총독은 바울에 대한 고소가 단지 유대교 내부의 일로, 그들은 정부에 관한 한 아무런 잘못도 없다고 판결했다(행 18:12-13).

에베소의 시민 지도자들은 바울에게 우호적이었고, 공개적으로 바울의 잘못

---

2 Tacitus, Annals 15:44. *Complete Works of Tacitus*, trans. Alfred John Church, William Jackson Brodribb and Sara Bryant (New York: Random House, 1942), edited for Perseus Digital Library, http://www.perseus.tufts.edu/hopper/text?doc=Perseus%3Atext%3A1999.02.0078%3A-book%3D15%3Achapter%3D44.

3 F. F. Bruce, *The Defense of Gospel in the New Testament*, rv. Ed. (Grand Rapids: Erdmans, 1977). 누가가 포함시킨 다양한 요소를 가리키는 데 있어서 나는 브루스에게 빚졌다.

4 Avery Dulles, *A History of Apologetics* (1971; repr., Eugene, OR: Wipf & Stock, 1999), 5.

을 사면해 주었다(행 19:13-14). 예루살렘의 로마인 천부장 글라우디오 루시아는 총독 벨릭스에게 바울을 죽이거나 결박할 만한 아무 사유도 발견하지 못했노라고 보고했다(행 23:29). 바울의 소송을 들은 후, 벨릭스는 뇌물을 받을 요량으로 그를 상당 기간 감옥에 가두었고(행 24:25-27), 유대인의 비위를 맞추고자 했다(행 24:25-27). 베스도와 아그립바는 바울의 소송 소식을 듣고는 그가 죽이거나 결박할 만한 아무 사유가 없다고 선언했다(베스도: 행 25:25-27; 아그립바: 행 26:31-32). 누가는 또한 바울의 죄가 자비롭게 간과되는 것으로 끝나는, 바울에 관한 불법적인 소송을 기록했다(행 16:23-40; 22:24-29). 사도행전은 경비병의 감시하에 감옥에서 이루어진 바울의 최고의 선교 활동과 함께 마무리된다. 불법적인 것이 하나라도 있었더라면, 그의 사역이 중단되었을 것이 확실했다.

유대인들이 그를 거절하였으므로 예수께서 메시아일 수 없을 것이라는 논증에 관해, 누가는 스데반의 연설을 자세히 기록했다. 그에 따르면 이스라엘은 선지자들을 거절한 오랜 역사를 갖고 있으며, 이것 역시 다를 게 없다(행 7:51-52). 마가도 이스라엘이 하나님과 그의 선지자들을 거역했음을 밝힌다(막 4:12에 나타난 사 6: 9; 막 7: 6-7에 나타난 사 29:13; 막 12:10-11에 나타난 시 118:22). 실제로 하나님이 능력으로 (바로의 마음을 완고하게 하셨듯이) 사람들을 완고하게 하신다는 주제가 사복음서(마 13:14-15; 눅 8:10; 요 12:40)와 사도행전(행 28:26-27)에 나타난다. 바울은 하나님의 오묘한 작정과 관련하여 유대인들의 완고함을 사용해 이방인들을 구원 계획 속으로 들어오게 하신다는 주제를 발전시킨다(롬 11:8-10, 25). 이스라엘이 진리를 거역한다는 주제는 마가와 누가가 AD 70년에 성취된 성전 파괴(막13:2; 눅 19:44)에 관한 놀라운 예언을 기록했을 때, 의미를 갖게 되었다.

또 초대 교회는 부활을 증거하는 것으로 시작했다. 마태는 풍문으로 떠돌던, 제자들이 예수의 시체를 훔쳐갔다는 비난에 대답했다. 그는 그 이야기는 군인들의 협조를 받은 대제사장들이 꾸며낸 것이라고 설명했다(마 28:11-15). 바울은 베드로, 열두 제자, 야고보, "모든 사도" 그리고 500명의 사람들과 자신의 목격담을 제시한다(고전 15:5-8).

누가는 권력자들 앞에서 행한 바울의 변증을 기록했는데, 거기서 바울은 부활하신 그리스도와의 만남(행 9:3-6)을 자신의 획기적인 회심의 이유로 제시했다. 마태는 예수가 비판한 당시 유대교의 결함들에 대한 철저한 폭로를 포함했고, 그 때문에 그와 제자들은 큰 어려움을 겪게 되었다.

사도행전 23장은 한편으로는 내적으로는 불경건하고 의로운 삶의 진정한 본질은 간과하며, 진정으로 하나님을 섬기는 사람들을 박해하면서도 외적인 복종에 집착하고 이목을 끌고 싶은 욕망에 집착하는 지도자들을 책망한다. 하나님을 기쁘시게 하는 것과는 동떨어진 채, 그들은 하나님의 진노를 쌓고 자신들의 추종자들을 파멸의 길로 인도한다. 누가는 그들이 결코 천국에 들어갈 수 없을 거라고 말한다(행 23:13; 행 5:20과 비교하라).

철학적인 도전은 초기 형태의 영지주의로 보이는 것이 등장하기 시작한 1세기 후반에 생겨난 것으로 보인다. 골로새서에서 바울은 초기 형태의 영지주의에 반대하는 것으로 보인다. 아시아인의 사고 체계에 나타나는 중요한 주제들과 조화를 이루면서, 영지주의는 육체적 영역은 악하고 영적인 영역은 선하다고 주장했다. 그러므로 당연히 그리스도는 실제로 육체를 가질 수 없으며, 그의 성육신은 외견상 그런 것처럼 보였을 뿐이라는 것이다.

> 태초부터 있는 생명의 말씀에 관하여는 우리가 들은 바요 눈으로 본 바요 자세히 보고 우리의 손으로 **만진** 바라(요일 1:1 [부가된 강조]).

이렇듯 문맥상으로 볼 때, 성경에는 변증적 내용이 풍부하다.

또 증거의 중요성을 드러내 보이는 구절들도 있다. 도마가 요청한 부활의 증거를 주신 후에, 그리스도는 "보지 못하고 믿는 자들은 복되도다"(요 20:29)라고 하셨다. 바울은 고린도 교인들에게 사람들의 믿음이 "인간의 지혜"에 있지 않도록 하기 위해(고전 2:4-5; 고전 1:17; 2:1과 비교하라), "설득의 말"을 사용하기를 원치 않는다고 말한다.

변증학에 대한 다양한 접근 방식을 통해 이들과 성경의 다른 구절들에 관한 일관성 있는 설명을 제공하고자 한다.

제2장

변증학의 역사
조망

1. 조망

변증학은 지난 2천 년간의 수많은 지성적·문화적 변화 및 대변동과 상호 작용하면서 길고 구불구불한 길을 따라왔다. 변증학의 역사 자체로 상세한 연구를 만들어낼 수 있겠지만, 가장 중요한 몇몇 부분과 흐름을 개괄함으로써 현대에 제시된 변증학의 접근 방식들을 이해하기 위한 배경을 얻게 될 것이다.[1] 언제나 그렇듯이, 과거를 이해하는 것은 미래를 준비하는 데 도움을 줄 수 있다.

1) 초대 교회

기독교는 유대교 안에서 하나의 운동으로 탄생되었다. 그래서 기독교의 초기의 초점은 유대인들의 반대에 맞춰졌으며, 바울은 이방인 문제를 다루었다. AD 70년에 로마는 국가적·문화적 권력을 사용하여 유대교에 타격을 가했다.

그 후 기독교는 대부분 고전적인 세계와 교류하게 되었다. 거의 처음부터 그리스도의 추종자들은 유대교에 받아들여지지 못했다. 기독교인들은 로마가 공인된 종교들에 주었던 승인을 얻지 못했고, 그 결과 2세기 동안 핍박을 받았다.

기독교인들은 가이사가 아닌 그리스도께 최고의 충성을 바치고, 부도덕함과 이교 숭배를 수반하는 외설적인 대중 축제, 피 흘리는 검투사 경기, 군복무를 거절함으로써 의심을 샀고, 이 때문에 로마가 공인된 종교들에게 해 주던 승인

---

[1] 다음은 완벽한 개관이 아닌 일련의 간략하고 시사적인 가장 중요한 부분들로서 많은 중요한 개인이 생략되었다.

을 얻지 못했다. 이런 이유로 그들은 인류의 적으로 간주되었다.[2] 그리고 그들의 하나님은 우상들의 경우처럼 눈으로 볼 수 없었기 때문에 그들은 무신론자라는 오해를 받았다.

"애찬", 심지어 다른 사람의 배우자에게 "형제", "자매라는 말을 사용하는 것(이는 근친상간처럼 들렸다), 그리고 성찬식에서 그리스도의 몸과 피를 "먹는 것"에 대한 이야기 등, 기독교 예식에 대한 무지한 소문들이 생겨났다. 기독교인들은 신들을 숭배하는 일을 무시함으로써 신들을 노하게 했으므로 로마제국에 많은 문제를 발생하게 했다는 비난을 받았는데, 그런 견해는 우상 제작자들, 신전 건축자들, 제사장들과 점쟁이들에 의해 조성된 것이었다(행 19:24-29).[3] 어떤 감옥은 기독교인들로 가득 차서, 일부는 처형도 되기 전에 질식해서 죽을 정도였다.[4]

그러는 동안에 하층 계급들은 계급 의식을 없애고 모든 사람을 하나님의 사랑 앞에서 동등하게 대하는 기독교로 몰려들었다.

2세기까지 새로운 개종자들뿐 아니라, 교회를 위한 시민적 정의를 얻기 위한 변증가들도 일어났다. 그들은 다른 사람들에 비해 기적에 관심을 덜 기울였는데, 아마 그들의 설명이 이교의 이야기들과 혼동되는 것을 원치 않았기 때문이었을 것이다. 하나의 예외적인 기록으로, 콰드라투스는 예수께 치유를 받은 어떤 사람이 그가 살던 당시까지 생존하고 있었다고 AD 125년에 기록했다.[5]

보석이나 금으로 만들어진 이방 우상들이 도난 당하지 않도록 경비가 세워져야 한다면, 필요시에 어떻게 그들이 보호해 줄 수 있다는 것인지를 지적하는

---

2 타키투스에 따르면 네로는 자신이 방화했다는 소문을 잠재우기 위해 희생양이 필요했으므로 로마 대화재를 기독교인 탓으로 돌렸다. "비록 화재 자체 때문이 아니라 인간에 대한 혐오 때문이었을지라도", "그들의 혐오스러움 때문에 미움을 받는" 기독교인들이 체포되고 유죄 판결을 받았다. Annals, trans. *Cynthia Damon*(New York: Penguin Classics, 2013), 15-44.
3 비두니아의 총독 플리니는 AD 112년 이방 신전들이 황폐화되고, 희생 짐승들을 매매하던 사람들이 빈곤하게 된 것에 대해 트리야누스 황제에게 불만을 터뜨렸다.
4 Justo L. Gonzalez, *The Story of Christianity* (1984; repr., two vols. in onem Peabody, MA: Prince Press, 1999), 1:46-47. 이런 사실은 리용과 가울의 비엔나에 있는 교회들로부터 프리기아와 소아시아의 믿는 신자들에게 보내진 편지를 통해 알려졌다.
5 Eusebius, *History of Church* 4.3.1-2, Avery Dulles의 *A History of Apologetics*(1971; repr., Eugene., OR: Wipf and Stock, 1999), 25에서 인용. 그의 저작은 유세비우스의 저서에 단 한 줄이 남아 있을 뿐이다.

것은 변증가들에게 흔한 일이었다.[6]

사람이 우상을 만들었다면, 어떻게 그(것)들이 사람보다 우위에 있을 수 있는가?

많은 사람이 기독교의 도덕적·지성적 우월성을 주장한다. 아테네의 아리스티디스(Apoloy, AD ca. 125)는 기독교의 우월성을 주장했다. 그에 따르면 야만인들은 보다 높은 신들에 의해 움직여야 하는 대상들을 숭배하고, 이집트인들은 식물이나 파충류 같은 하등한 것들을 숭배하며, 헬라의 신들은 부도덕하다. 그런 신들은 사람들이 자유롭게 즐길 수 있도록 만들어졌다. 그는 유대인들은 한 분 하나님을 섬겨야 하는데도, 그것을 우상과 혼합하고, 신이 희생을 필요로 한다는 사상과 혼합한다고 말했다. 그러나 기독교인들은 한 분 하나님을 섬기며, 원수를 사랑할 정도로 도덕적인 삶을 위해 분투한다.[7]

헬라 철학에서 기독교로 전향한 순교자 저스틴(ca.100-ca.167)은 기독교를 "유일하고 참된 철학"이라고 믿었다. 그는 철학자들이 로고스(요 1:9)에 의해 계몽되었다고 말했는데, 그 용어는 헤라클레이토스(BC 500)까지 거슬러 올라가는 헬라 철학에서 처음 등장한 것으로 사도 요한에 의해 사용되었다. 그는 황제에게 말했을 뿐 아니라, 광범위한 청중을 갖기도 했다. 그는 기독교인들은 도덕적이며, 그 생애를 통해 예언을 성취했던 도덕의 창시자를 따른다고 말한다. 그는 유대인 "트리포와의 대화"(Dialogue with Trypho)에서 율법과 복음을 비교하고, 메시야이신 그리스도를 증거하기 위해 예언을 사용한다.

저스틴의 제자인 타이티안(Titian: Addree to the Greeks)은 당시의 평화주의적인 변증학을 거부하고, 이교의 신들의 비도덕적인 행위를 조롱했다. 그리고 그는 헬라 문화의 긍정적인 측면들이 다른 문화로부터 차용된 것이라고 말하면서, 심지어 헬라인들이 애착을 갖는 헬라어는 야만족으로부터 파생된 것으로 추정되고, 헬라의 다양한 지역에서 각각 다르게 말해진다는 점을 지적했다. 그는 기독교가 우월성을 보여줌으로써 기독교에 관한 관용을 얻기를 바랐다.

아테나고라스(Athenagoras, Plea for Christians, ca. 177)는 제국이 광범위하고 다양한 종교적 견해를 이미 수용했으며, 기독교는 낙태, 유아 살해, 검투사 경기들을 비난하는 높은 도덕을 갖고 있다는 이유를 들어 관용을 주장했다.

---

6 Gonzalez, *Story of Christianity*, 1:56.
7 Dulles, *History of Apologetics*, p. 25.

총괄하면 기독교인들은 결코 제국에 어떤 위협적인 요소가 아닐 뿐만 아니라, 오히려 정부를 위해서 기도했다.

기독교가 문화적 비난들에 답하는 동안, 영지주의는 2세기 중엽까지 하나의 온전한 세계관으로 성장했다. 영지주의는 최고의 존재는 순수한 하나님이며, 그로부터 연속적으로 점점 적은 수의 존재가 생겨나며, 각각은 점점 더 큰 양의 질료를 갖는다고 가르친다.

한 견해에 따르면, 구약성경의 하나님은 악에 대해 책임이 있고 신뢰할 만하지 않은 반면, 그 높으신 신에 관해서는 알려질 만한 것이 거의 없었다. 그는 결코 저급한 물질로 성육신할 수 없을 것이다. 그리스도는 유령 같았거나, 세례 때 예수께 오셨다가 십자가에서 떠나셨다. 추정컨대 그리스도는 측근 그룹에게만, 글로 기록되지 않고 대신 구두로 전달했을 비밀 지식을 가르쳤을 것이다. 그 지식을 소유할 때 구원을 받게 된다.

이에 대하여, 이레니우스(Irenaeus, ca. 130-ca. 200; Against Heresies, ca. 85)는 "알려질 수 없는" 신에 관한 지식을 제공한다는 점에서 영지주의는 모순이라고 했다. 그 생애가 속사도 시대와 겹치는 폴리캅(Policarp)의 지도 아래 있었기 때문에 이레니우스는 권위를 가지고, 사도들로부터 전해 내려오는 어떤 비밀스러운 교훈도 없다고 말할 수 있었다. 그는 교회의 통일성과 사도들로부터 전해진 교회의 가르침을 강조했다. 그는 영지주의에 답하면서 삼위일체와 그리스도의 본성에 관한, 상대적으로 세련된 사상들을 발전시켰다.

기독교는 특별히 이집트의 알렉산드리아에서 자체의 세계관을 성장시켜 오고 있었는데, 그곳에는 클레멘트(Clement, 150-ca. 215)가 무슬림의 정복 때까지 운영한 학교가 있었다. 그는 헬라 사람들이 구약성경에서 진리를 차용해 왔으며, 모든 진리는 하나님으로부터 온 것이기 때문에 기독교인들은 그것을 사용할 수 있다고 가르쳤다.

변증가 터툴리안(Tertullian, ca. 160-225)은 기독교인들이 박해를 받았지만, 그들을 수사하기 위한 조사에 착수하지 않는 정책에 이의를 제기했다. 터툴리안은 만약 그들이 범죄자라면 당연히 조사해야 하고, 그렇지 않다면 그들에게 무죄가 선언되어야 한다고 말했다. 신들을 공경하지 않음으로써 제국을 약화시켰다는 측면에서 볼 때, 로마는 신들에게 헌신하기 전에도 위대했으며, 정복당한 민족들에게서 신들을 빼앗아갔다. 누구도 그 신들이 실존한다는 것을 증명할 수 없었다.

하지만, 성경의 하나님은 예언에 의해 증명될 수 있는데, 유대인들이 만약 하나님께 불충성한다면 괴로움을 당하게 될 것이라는 했던 예언대로 실제로 그들은 유랑하게 되었다.

기독교인들은 황제를 숭배하지 않지만, 대신 황제를 위해 기도하고 법률에 복종한다.

도대체 누가 강요된 숭배를 원하겠는가?

터툴리안은 "(순교한) 그리스도인의 피는 (교회의) 씨앗이기"(*Apology* 50) 때문에, 핍박은 신앙을 중단시킬 수 없을 것이라고 말했으며, 유대인공동체를 향해 그리스도가 율법을 성취하고 대체했을 뿐 아니라 예언을 성취했다고 말했다(*Against the Jews*). 초기의 변증가들이 고전 철학을 이용한 것과는 달리, 그는 고전 철학이 계시와 동등한 진리의 원천으로 간주되는 것을 거부했다.

오리겐(ca. 185-ca. 254; *Contra Celsum*)은 클레멘트의 제자였고, 클레멘트를 이어 학교의 교장이 되었다. 그는 기독교 최초의 완전한 반격이었던 500페이지의 분량의 글을 통해 켈수스(Celsus)의 반기독교적인 주장을 반박했다. 그는 그리스도는 그분의 고상한 도덕적 성품 때문에 자신의 동정녀 탄생에 관한 이야기를 지어내지 않았을 것이며, 그리스도와 그의 추종자들은 속임수를 위해 죽지 않았을 것이라고 주장했다. 그는 켈수스가 어떤 성경 구절에 자의적으로 의존하고, 다른 구절은 신화로 간주하고, 성경의 역사를 불가능한 기준이라고 주장함으로써, 트로이 전쟁처럼 모든 사람이 역사적인 것으로 간주하는 사건을 제거해 버린 것을 지적했다. 그리스도가 배신과 죽음을 예견할 수 없었는지와 관련해서, 그리스도는 막지 않기로 한 사건들을 예견할 수 있었고 그것은 소크라테스와 그렇게 다르지 않았다고 하였다.

오리겐은 예언과 기적과 기독교공동체 내에 계속해서 나타나는 하나님의 능력을 통해 그리스도를 적극적으로 옹호하는 견해를 제시한다. 기독교는 하나님과 윤리에 관한 견해에서 이교 신앙보다 도덕적으로 우월하며, 기독교로 개종하는 사람들은 도덕적으로 변화된다고 하였다.

기독교인들은 또한 새로운 사건들에 호소했다. 최악의 박해에 대해 책임이 있는 로마의 통치자 갈레리우스(Galerius)는 몹시 고통스럽고 역겨운 질병에 걸렸다. 이는 그가 311년에 기독교인들을 사면하고, 그 대가로 제국을 위해서 기도해 줄 것을 요청하게 만들었다. 그는 며칠 후에 죽었다.

얼마 지나지 않아, 콘스탄틴 대제는 그리스도 이름으로 제국을 정복했고, 마침내 기독교는 제국의 종교가 되었다.

락탄티우스(Lactantius, 240-ca. 320)는 갈레리우스의 회개가 너무 늦어서 하나님의 심판을 피할 수 없었다고 말함으로써 이들 사건을 변증적으로 해석했다. 스토아학파의 견해와는 반대로 하나님은 인간사에 개입하신다. 이교 신앙이 모순으로 가득차 있는 반면, 기독교는 예언에 의해 증명될 수 있으며 그 계시는 궁극적인 진리를 제공한다.

유세비우스(Eusebius, ca. 260-339)는 예언, 기적, 사도들의 신실함을 통해서 뿐 아니라 역사를 근거로 기독교를 옹호했다. 하나님은 복음 전파를 위하여 제국의 통일을 주관하셨고, 콘스탄틴 대제를 통해 역사하셨다.

아타나시우스(Athanasius, ca. 293-373)는 지칠 줄 모르는 노력으로 그리스도는 피조물이라고 주장한 아리우스의 교리를 무너뜨리는 데 도움을 주었으며, 역사적 사건들을 근거로 한 주장을 펼쳤다. 그는 기독교 진리는 어디서나 승리하고 있으며, 그리스도의 증거는 그가 세상에서 행하는 일에서 찾을 수 있다고 말했다.

크리소스톰(Chrysostom, 347-407) 역시 기독교의 부흥과 도덕성을 일종의 증거로 간주했다. 하지만, 그는 유대인과의 논쟁에서 신랄했으며, 이는 불행한 선례를 남겼다.

때때로 끔찍했던 박해에도 불구하고, 기독교는 살아남았고 성장했다.

기독교는 부분적으로 이단이라고 결정한 것에 대한 대응으로 신학의 핵심적인 내용들을 정의했다. 변증적 응답은 신학을 훨씬 넘어서, 법적·사회적·윤리적·역사적·철학적인 문제들을 포함했다. 신생한 교회의 폭넓은 사고와 유연성은 변증적 과제가 신학적이고 철학적인 것을 넘어서며, 궁극적으로 도전에 의해 결정되어야 함을 상기시켜 준다(C. S. 루이스와 존 워윅 몽고메리의 변증학에서 발견되는 문화와의 광범위한 유대를 통해서 공명되는 특성).

반응의 효과가 무엇이든지 간에, 그것은 왜곡과 증오와 폭력에 사랑과 용서로 대응했던 교회의 도덕적 증언에 의해 뒷받침되었다. 그리고 그것은 돌보시고 용서하시는 하나님에 대한 교회의 메시지를 신뢰할 수 있도록 만들었다. 처음에는 미움과 억압의 대상이었지만, 결국 기독교는 존경과 인기를 얻었고, 마침내 제국 내에서 지배적인 종교 세력이 되었다.

이런 사실은 배후에 계신 하나님이 기독교를 겨자씨에서 열매가 풍성한 나무로 성장하게 하셨다는 증거로 사용되곤 했다(마13:31-32).

2) 어거스틴

기독교가 여전히 이교도와 어느 정도 경쟁 관계에 있던 시대에, 어거스틴 (Augustine, 354-430)은 바울 이후 가장 영향력 있는 글을 쓴 목회자로 등장했고, 그의 저작들은 1600년이 지난 지금까지 남아 있다.

그는 젊은 시절, 어머니의 독실한 기독교 신앙을 떠나 방황했고, 악의 문제와도 씨름했다. 갑작스러운 회심 이후, 그는 악은 사물 속에 내재하는 것이 아니라, 도덕적 존재가 사물을 어떻게 사용하느냐에 따라 생겨나는 문제라는 생각을 발전시켰다.[8]

악은 하나님에 의해 생겨난 것이 아니다. 그러므로 하나님은 아무 잘못이 없다. 눈 먼 것이 시각의 결여이듯, 악은 어떤 의미에서 선의 부재다. 은혜는 하나님이 거저 주시는 선물이기 때문에, 그것을 주지 않았다고 해서 하나님을 비난할 수는 없다. 은혜는 정의상 과분한 것이기 때문이다. 비겁함이 용기의 결여이듯, 죄는 덕의 결여다. 그러나 과실은 선행에 실패하는 사람의 의지에서 비롯된다. 하나님은 자유의지를 가진 피조물을 창조하심으로써 선을 행하셨다. 따라서, 자유의지를 오용한 책임은 오직 우리에게 있다.

회의주의자들에 반대해서, 어거스틴은 비모순율(간단히 말해, 하나의 명제와 그 부정은 동시에 참일 수 없다는 것) 같은 많은 것에 관해 확신을 갖고 있다고 지적했다. 우리는 또한 우리가 존재한다는 것을 알며, 심지어 우리가 의심을 갖고 있다는 사실도 확신할 수 있는데, 그것은 나중에 르네 데카르트에 의해 확장된 논제였다. 그러므로 역설적으로 회의주의는 실제로 일종의 은밀한 지식 주장이다. 마크 한나의 진실주의와 노만 가이슬러의 고전적 변증학은 우리가 볼 수 있듯이 확실한 직접적인 앎을 이용한다.

어거스틴에 따르면, 일반적으로 우리의 지식은 물질적인 것과 비물질적인 것에 관한 것이다. 물질적인 것에 관한 지식은 사물들이 변하고 우리의 감각도 변하기 때문에 덜 확실하다.[9] 그러나 비물질적인 것에 관한 지식은 마음에서부

---

8 Augustine, *On the Morals of the Manichaeans* 8; 그 장은 "악은 실체가 아니고, 실체에 적대적인 불일치다"라는 제목으로 되어 있다. www.newadvent.org/fathers/1402.htm. 어거스틴은 전갈의 독은 전갈에게는 해롭지 않지만, 인간에게는 해롭다는 비유를 사용한다.
9 많은 사람이 이와 같은 견해 속에서 어거스틴이 젊은 시절에 따랐던 플라톤주의의 흔적을 발견한다.

터 생겨나며, 하나님께서 사람의 마음에 영원한 진리를 알 수 있는 능력을 주신다(조명).

우리의 유한한 마음이 영원한 진리를 파악할 수 있다는 사실은 이것을 가능하게 하시는 하나님의 존재를 가리키는데, 하나님과 우리의 지식은 모두 영원하고 참되기 때문이다(우리는 앨빈 플랜팅가가 하나님의 창조가 무신론적 진화보다 진리를 파악하는 사람의 마음을 더 잘 설명한다고 어떻게 주장하는지 보게 될 것이다). 생명체와 같은 감각 대상들 역시, 그들이 스스로를 창조할 수 없다는 점에서 하나님을 가리킨다. 더욱이 유한한 것들은 그들이 어떻게 생겨났는지를 설명하기 위해 영구적인 어떤 존재를 필요로 한다.

410년 로마가 고트족에 의해 약탈 당했을 때, 기독교인들은 자신들을 보호해 주던 신에게서 이탈했다는 이유로 비난을 받았다. 어거스틴은 그의 첫 번째 역사철학인 『하나님의 도성』을 통해 길게 답했다. 불행은 모든 사람에게 생겨나며,[10] 로마의 패배는 이교 신들을 공경하지 못한 데서가 아닌, 전쟁의 역학에 의해 설명될 수 있었다. 제국은 이교 신들을 널리 숭배하는 동안[11] 패배했으며, 제국이 급격히 약화된 것은 그 사악함 때문이었다. 고대의 로마는 덕이 있었기 때문에 이교 숭배에도 불구하고 하나님은 로마를 벌하지 않으셨다.[12]

로마를 완전한 파멸에서 구해낸 것은 기독교인들의 영향이었고, 하나님의 섭리로 침략자들은 교회들을 살려주었다. 어거스틴은 세계는 영적으로 하나님을 사랑하고 그분의 영광을 구하는 사람들로 구성된 하늘의 도성과 자기를 사랑하고 세상의 모든 것을 높이는 것으로 지배되는 지상의 도성으로 나뉜다고 말했다.[13] 두 도성인간이 타락한 이래로 싸워 왔으며, 하늘의 것만이 영원하나.

어거스틴은 일반적인 지식과 과학이 아닌, 영성과 도덕에 초점을 맞췄다. 비밀을 캐내고 교만해지는 것보다, 무지하지만 겸손한 것이 낫다.[14] 신앙과 이성의 관계와 관련하여, 우리가 믿는 것을 이해하기 위해서는 이성이 필요하다.

어거스틴에게서 기독교 사상과 고전 사상의 차이가 시작되었다. 그리스인들은 자연과 인간성 그리고 좋은 사회를 형성하는 방법을 이해하는 데 초점을 맞

---

10 Augustine, *The City of God,* 1.
11 Ibid., 2.
12 Ibid., 5.
13 Ibid., 14-28. "Of Nature of Two Cities, The Earthly and the Heavenly."
14 W. T. Jones, *A History of Western Philosophy* (New York: Harcourt, Brace, & World, 1952), 386.

추었다. 그들에 의하면 악이란 단지 선에 대한 무지일 뿐이었다. 반면에 기독교인들은 하나님과 그분의 도덕적 요구에 초점을 맞추고, 악은 지성이 아닌 의지의 문제라고 믿었다.

3) 중세

중세, 소위 암흑기에는 변증학의 방법에서 발전이 거의 없었다. 그러나 이 시기가 끝날 무렵 등장한 캔터베리의 대주교 안셀름(Anselm, 1033-1109)은 논란의 여지가 다분한 하나님의 존재에 관한 존재론적 논증을 고안했다.[15]

하나님은 가능한 존재 중 가장 위대한 존재다. 만약 하나님이 마음속에만 존재한다면, (마음 외부에 존재하는 무언가는 마음속에만 존재하는 단순한 개념보다 더 클 것이기 때문에) 그는 가능한 존재 중 가장 위대하지 않을 것이다. 그러므로 하나님은 마음속에만 아니라 현실 속에도 존재해야 한다. 최근 앨빈 플랜팅가는 그것을 현대의 혁신적인 양상 논리로 표현함으로써 존재론적 논증을 강화했다.

12세기 중반까지 새로운 번역물들을 통하여 다시 도입된 아리스토텔리스(Aristotle)가 지성 세계를 휩쓸었다. 세계는 영원하고, 하나님은 자신만을 인식하며, 죄는 무지라는 그의 견해는 중세의 해석가들에게 특별한 관심을 끌었다.

토마스 아퀴나스(Thomas Aquinas, 1225-1274)는 교리와 모순된 사유의 요소들을 거부하면서도, 할 수만 있으면 아리스토텔레스와 기독교의 조화를 이루고자 했다. 그에 따르면, 결과들로부터 그 원인이 되는 것을 알 수 있으므로, 우리는 세계로부터 하나님에 관한 것을 알 수 있다. 그는 다섯 가지 논증들 속에서 일련의 추론을 개발했다.

그러나 이런 지식은 모호하며, 그것은 계시로 채워져야 한다. 마치 우리가 세계를 통해 하나님에 관한 어떤 일반적인 것들을 알게 되는 것처럼, 어떤 것은 이성을 통해서만 알려질 수 있고(예. 세계에 관한 특수한 사실들), 어떤 것은 계시를 통해서만 알려질 수 있으며(예. 삼위일체), 어떤 것들은 둘 다에 의해 알려질 수 있다.

어거스틴은 세상의 것과 하늘의 것을 대조했다. 플라톤은 보이는 영역과 보

---

15 그것은 후천적 논증에 반대되는 것으로 선천적 논증이다. 후천적 논증은 어떤 식으로든 세계에 대한 우리의 지식을 반성하는 것에 의존한다. 그러나 선천적인 논증은 그렇지 않다.

이지 않는 영역, 곧 하나님과 형상들의 자리를 대조했다. 아퀴나스는 아리스토텔레스가 했던 것처럼 (예를 들어, 그는 형상과 대상을 결합했다) 영역들을 결합했다. 아퀴나스에게 하나님은 창조주요 성경의 저자이기 때문에 둘은 조화를 이룬다. 과학과 성경 사이에 존재하는 모든 갈등은 과학이나 주해 과정에서의 오류에서 기인한 것으로, 단지 표면적인 것에 불과했다. 무지가 문제다. 하나님이 우리에게 원하시는 것보다 더 많은 지식을 원하는 것이 문제가 아니다.

어거스틴은 지식을 신성의 능력의 산물로 만들었고(조명), 신성한 지혜와 인간의 지혜를 분리했다. 아퀴나스는 마음이 본질을 파악할 수 있다는 아리스토텔레스의 견해를 따라 마음은 사물들을 직접적으로 파악할 수 있다고 주장했다. 마음속의 모든 내용은 감각을 통해 생겨나며, 이는 일반적으로 경험론자들이 주장하는 것이다.

아퀴나스는 철학은 감각을 통해 주어진 정보를 바탕으로 추론하는 반면, 신학은 계시를 바탕으로 하며 신앙에 기반을 둔다고 주장했다. 이성은 교리를 입증할 수도 반증할 수도 없다. 다른 모든 분야와 마찬가지로, 철학과 신학은 증명될 수는 없으나 가정해야 하는 제일원리들에 근거되어 있다.

우리는 어떤 변증적 방법을 구분하는 주요 문제는 가정과 증명의 관계임을 보게 될 것이다. 이와 대조적으로 플라톤 같은 합리주의자들은 중요한 지식은 정신이 진리(일반적으로 영원한 진리들)를 파악하는 데서 비롯되며, 감각들은 개연적으로 참일 수 있는 것만을 말해 줄 수 있다고 주장한다. 경험론자들은 합리주의자들이 현실과 동떨어진 개념을 가질 위험이 있다고 생각한다.

믿음과 이성을 그렇게 가깝게 만드는 것에 모든 사람이 열광한 것은 아니었다. 마이스터 엑크하르트(Meister Eckhart, 1260-1308)는 하나님은 우리의 개념과 범주를 포함하는 합리성을 초월한다고 주장했고, 신성한 것과의 신비적이고 초합리적인 연결을 주장했다.

둔스 스코투스(John Duns Scotus, 1265-1308)는 매우 어려운 도전을 했다.

아퀴나스에서 정점에 이른, 지식에 대한 중세적 종합은 합리적인 하나님이 세계를 만드셨기 때문에, 이성적으로 사유함으로써 진리를 알 수 있다는 확신에 의존했다. 그가 우리의 마음을 이성적 능력을 갖추도록 창조하셨다는 것은 우리의 지식을 보증한다. 선호하는 추론 방법은 연역적인데, 만일 전제가 참이고, 논증이 타당하다면, 결론은 필연적으로 참이 된다. 결론이 전제를 넘어설 수 없기 때문이다. 예를 들어, 이 방에 있는 모든 의자는 약 226 킬로그램을 견딘다. 이 의자는 그들 중 하나다. 그러므로 이 의자는 약 226 킬로그램을 견딘다. 결론은 이미 전제에서 받아들여진 함의를 이끌어낼 뿐이다.

그러나 스코투스에 따르면, 하나님이 합리적으로 행동하신다고 말하는 것은 그의 의지를 그의 지성 아래 두는 잘못을 범하는 것이다. 오히려 하나님은 단지 합리적으로만 아니라, 그가 원하시는 것은 무엇이든 절대적으로 하실 수 있다. 결론적으로, 만일 하나님이 합리적인 어떤 행위를 하실 필요가 없다면, 우리의 이성을 통해 진리를 알 수 없게 된다. 우리의 마음에 도달하는 결론이 실제로 참이라는 어떠한 보증도 없다. 그러므로 진리에 관한 추론 방법을 생각하는 대신, 우리는 나가서 하나님께서 무엇을 하시기로 결정했는지를 관찰해야 한다.

이런 주장은 지식의 근본 방식을 이성에서 관찰로 바꾸었고, 과학 시대를 열도록 도왔다. 아퀴나스는 세계를 창조하고 성경에 영감을 불어넣은 이성적인 하나님을 바탕으로 신앙과 이성을 조화시켰다. 둔스 스코투스는 신학과 철학을 분리했다. 아퀴나스가 주장했듯이, 스코투스가 만들어낸 결과로부터 하나님의 존재에 관해 알 수 있는 것은 거의 없다. 오히려 우리는 신앙과 관련해서 영적인 것들을 더 많이 받아들여야 한다. 이성은 영적인 지식에서 역할을 잃어버리고 순전히 세속적인 도구가 되었다.

하나님에게 의지가 중요한 것과 마찬가지로 인간에게도 의지가 가장 중요했다. 그러므로 하나님은 우리의 마음을 조명하는 데 관심이 많지 않으시다. 그분은 우리의 행위를 교정하는 데 초점을 맞추신다. 그리고 윤리학에서도 하나님이 가장 중요하기 때문에, 선은 단지 하나님의 선택의 문제가 되었다. 하나님은 그것이 선하기 때문에 그것을 의지하지 않으며, 오히려 하나님이 의지하기 때문에 그것은 선하다. 결국, 옳고 그른 것은 발견될 수 없고, 계시에 의해서만 결정된다. 하나님은 거의 모든 것을 옳고 그름으로 정하실 수 있었다.

아퀴나스와 많은 중세 사상가가 신학을 철학과 다른 학문 분야들 위에 두었을 때, 신학은 (스코투스가 의도한 것과 반대로) 철학에서 분리되고, 사실상 고립되었다. 지식은 제어되지 않는 이성과 행동을 같이하면서 신학과 상관없이 발전할 것이고, 결과적으로 그것은 다시 돌아와 종교적 신념의 모든 방면에 도전할 것이다. 이는 종교적 지식에 대한 근대적 도전의 한 국면을 형성하는 하나의 요소다(일부 현대 변증가는 유신론이 논리의 효력 같은 것들에 관한 가장 좋은 설명이라고 주장하나, 전제주의자들은 개혁주의 진영에서 말하는 하나님이 이성의 유일한 근거라고 주장하려 한다).

윌리엄 오컴(William of Ockham, ca. 1280-1349)은 범주들은 마음속에만 존재한다고 말함으로써 이성의 중요성을 더욱 제한했다. 우리는 존이라는 한 사람을 보는데, 그것이 실제 세계에 존재하는 전부다. 그에게 적용할 수 있는 "남자", "인간", "학생"이라는 범주는 우리 마음속에만 존재한다. 무언가를 설명하는 데 절대적으로 필요한 것 이상을 만들지 말아야 한다는 이 원칙은 "오컴의 면도날"로 알려지게 되었다. 이것은 사물들을 관찰 가능한 것으로 축소하게 했고, 하나님을 증명하는 일을 더욱 어렵게 만들었다. 과학이 물리적 설명을 발전시키기 시작했을 때 그것은 초자연적인 것을 제한하는 데 사용되었다.

오컴은 또한 하나님이 주신 목적으로서의 목표("궁극적 원인")를 강조하는 아리스토텔레스의 철학을 공격했다. 과학과 근대 정신이 발전함에 따라 일어난 일만이 객관적이고, 어떤 일이 왜 일어났는지는 순전히 주관적이라는 생각이 생겨났다. 하나님이라는 존재의 필요성과 그의 존재를 증명하는 능력은 서양 정신에서 희미해지기 시작했다.

이 시점에서 우리는 몇몇 광범위한 경향을 확인해 볼 수 있다. 어거스틴은 하늘의 지혜와 땅의 지혜의 차이를 강조했고, 감각 지식보다 마음과 계시의 진술을 신뢰했다. 하늘과 땅의 사유 방식들("도성들")엔 공통점이 거의 없다. 아퀴나스는 세계에 관한 우리의 지식과 계시를 연계했고, 경험적 탐구를 통해서 하나님에 관한 일부 사실을 알 수 있다고 강조했다. 모든 사람은 결과를 통해 원인을 추론할 수 있다.

아래에서 우리는 현대 변증학에서 다루어지는 이러한 광범위한 주세들 중 중요한 것들을 살펴볼 것이다.

4) 종교개혁

종교개혁은 신학에 도전하는 것 이상의 일을 했는데, 성경을 근거로 교회의 권위를 개인과 양심으로 대체하려 함으로써 인식론(지식의 가능성과 한계에 대한 연구)을 뒤흔들었다.

존 칼빈(John Calvin, 1509-1564)은 피조물이 창조주를 증거 하고 있지만, 만약 그 증거가 "믿음을 통하여 하나님의 내적 계시에 의해 조명되지"[16] 않는다면, 죄로 인해 그것은 무효가 된다고 믿었다. 증거들은 믿음을 확립할 만큼 충분히 강하지 않으나, 믿음을 가진 사람들에게 있어 증거는 "매우 유용한 보충물"이며 "훌륭한 확증"[17]을 제공한다.

구약성경의 증거로는 교리의 신성한 특성, 모든 부분의 일치, 그것이 우리에게 미치는 영향, 하나님의 사자들이 행한 순수한 고대의 기적, 성취된 예언, 박해 속에서 성경의 보전 등이 포함된다. 신약성경의 증거는 박해 속에서의 보전, 사도들의 변화, 그것을 믿는 다양한 사람의 일치와 경건한 성품, 순교자들의 증거 등을 포함한다.[18]

> 적지도, 약하지도 않은 다른 이유들"이 있지만, (믿음을 확인하기보다는) 믿음을 확립하기 위해 그것의 사용을 시도하는 사람들은 "어리석게 행동하고 있다. 증거들은 믿음에 의해서만 알려질 수 있기 때문이다."[19]

인본주의는 중세 후기부터 발전했으며, 새로운 운동으로 인식되기 시작했다. 처음에는 배움과 이러한 삶의 가능성에 대한 새로운 관심을 나타냈고 나중에는 세계관의 중심에서 신을 제거하고 인간으로 대체하고자 했다. 선한 행위가 구원에 기여할 수 없다는 종교개혁가들의 강조하에 발달한 기독교는 인간성과 이 땅의 삶의 발전 가능성을 불필요하게 폄하한 것처럼 보였다.[20]

종교적 열정이 관용에 의해 억제될 수 있기만 하다면, 발전 가능성들은 과학의 여명 아래에서 더 밝게 빛나는 것처럼 보였다. 바루흐 스피노자(Baruch Spinoza, 1632-1677)는 종교적 열정을 식히는 방법으로서 의심(회의)을 찬양했다.

블레즈 파스칼(Blaise Pascal, 1623-1662)의 변증학은 너무 복잡하고 세분화되어

16　John Calvin, *Institute of the Christian Religion*, ed. John T. McNeil, trans. Ford Lewis Battles, Library of Christian Classics 20(Philadelphia: Westminster, 1960), 1.6.14(p.68).
17　Ibid., 1.8.1(p. 82).
18　Ibid., 1.8-9(pp. 81-92).
19　Ibid., 1.8.3(p. 92).
20　교회에 반영되어 있던 사회에 관한 플라톤적 경향은 비가시적인 완전한 교양에 초점을 맞추었는데, 그것은 기독교의 경우 하늘에서 발견되는 것이었다. 이 땅의 삶은 내세를 위한 준비에 지나지 않은 것처럼 보였다. 이러한 견해는 그 시대의 다양한 문제와 선 페스트(Bubonic plague)가 끼친 주기적인 참화에 의해 강화된 것이었다.

있어서 쉽게 요약할 수 없다. 그는 내기(즉, 믿는 것이 유용하다는 것)로 가장 잘 알려져 있는데, 그것은 유용성 논증으로서 독특하다. 쉽게 요약하면 이렇다.

신자가 옳다는 것이 드러난다면 그는 모든 것을 얻지만, 만약 그가 잘못된 것으로 드러난다 해도 그는 거의 아무것도 잃지 않는다(도덕적 삶이 선한 삶이라고 가정함). 만일 무신론자가 옳다면 그는 아무것도 얻지 못하지만, 그가 잘못되었다는 것이 드러난다면 그는 모든 것을 잃는다. 그러므로 합리적인 사람이라면 어느 누구도 기독교에 반대하지 않을 것이다.

파스칼의 내기는 믿음의 대상이 참되다고 주장하지 않는다는 비판을 받았지만, 그의 다른 모든 저작을 고려해 볼 때 파스칼은 믿는 유일한 이유로 그것을 의도하지는 않았다.[21]

5세기에 재발견된 그리스 회의주의는[22] 지식의 취약함을 노출했다. 철학자들과 변증가들로부터 강하고 지속적인 반응을 불러 일으켰고, 그것을 물리치려는 다양한 전략이 시도되었다. 그러나 그것에 너무 많은 관심이 기운 것은 불행한 일이었는데, 그것을 주장한 사람의 수는 항상 상대적으로 적었기 때문이었다. 이는 (비록 최근에 그 수가 증가되었다 하더라도) 근대까지 마찬가지였다.[23]

아퀴나스와 레이먼드 럴(Raymond Lull, ca. 1232-ca. 1315) 같은 사람들이 이슬람 사상과 교류했지만, 변증학은 다른 종교들과는 비교적 거의 관계가 없었고, 20세기 후반에 가서야 분파들에 대한 효과적인 대응이 이루어졌는데, 이는 부분적으로는 서양이 19세기까지 다른 종교들로부터 대체로 고립되어 왔기 때문이다.

---

21 파스칼은 종종 믿어야 할 이유를 제시하지 않는 신앙주의자로 여겨진다. 그는 인식론보다는 결정 이론으로부터 추론하며, 마음의 비합리적인 동기들에 대해 말했다고 하더라도, 그 또한 그의 다양한 저작들에서 신앙을 지지하는 다른 증거들을 제시했다.

22 그리스 회의주의는 섹스투스 엠피리쿠스의 저작들과 키케로의 회의주의적 저작들 그리고 그의 『뛰어난 철학자들의 생애』(*Lives of Eminent Philosophers*)에서 고대 회의주의에 관한 라에티우스의 설명을 통하여 재발견되었다. 르네상스 유럽에서 섹스투스 엠피리쿠스에 관한 최초의 언급은 인문주의자 프란체스코 필렐포(Francesco Filelfo)가 1441년 지오바니 오리사(Geovanni Aurisa)에게 보낸 한 통의 편지다. Richard Popkin, The History of Scepticism from Savonarola to Bayle, rev. ed. (New York: Oxford University Press, 2003), 17, 19.)

23 Rieke Havertz, "Atheism on the rise Around the World," The Christian Science Monitor, August 15, 2012, www.csmonitor.com/World/Global-News/2012/0815/Atheism-on-the-rise-around-the-globe. 서방에는 무신론자의 수가 비교적 적으며, 미국에서 단지 5퍼센트에 불과하다. 이것은 무신론이 하찮다거나 적극적으로 다루어서는 안 된다는 것을 뜻하는 것은 아니다. 중국에서는 47퍼센트가 무신론자들이며 어떤 국가에서는 대부분이 그러하다. 그리고 무신론자의 수는 세계적으로 증가하는 중이다.

5) 계몽주의 시대와 근대

종교적인 동기뿐 아니라 세속적인 동기를 가지고 있던 종교개혁 이후의 투쟁은 30년 전쟁 기간에 독일 인구의 사분의 일 내지 삼분의 일이 죽을 정도로 많은 피를 흘렸고 파괴적이었다. 종교적 불관용은 사회에 관한 인식된 위험으로서 이단을 대체했고, 관용은 중요한 덕목으로 성장했다. 게다가 사람들은 종교 대신 과학에서 희망을 찾기 시작했는데, 이는 종교의 위상을 더 떨어뜨렸다.

시대의 지성적 동요와 불확실성들에 대응해서, 르네 데카르트(Rene Descartes, 1596-1650)는 의심할 수 없는 것, 곧 자신이 사유하고 있다는 사실 자체(의심은 하나의 사유 형식이며, 따라서 우리는 그가 의심하고 있다는 것을 의심할 수 없다)에 근거함으로써 가능한 한 확실한 기독교 세계관을 구성하고자 했다. 그는 이렇게 하나의 사유하는 존재로서 자신의 존재를 확립한 후에, 하나님의 존재를 확립하려고 했다. 그는 모든 것은 충분한 원인을 필요로 하며, 우리가 알고 있는 하나님 관념은 무한하기 때문에, 유한한 존재들은 그것을 생각해 낼 수 없었을 것이라고 말했다. 그 원인은 하나님 자신이어야 한다. 관념은 완전한 것이기 때문에, 하나님은 속임수를 쓸 수 없다. 속임수는 불완전한 것이기 때문이다.

우리의 "명석판명"(明晳判明)한 개념은 참되야 하며 그렇지 않다면 하나님은 속이는 분일 것이다. 그러나 하나님이 완전한 존재라면 우리를 속이지 않을 것이다.

또 데카르트는 존재론적 논증을 제시했다. 우리는 틀림없이 존재하는 완전한 존재에 관한 명석판명한 개념을 갖는데, 완전은 존재를 요구하기 때문이다. 피에르 가상디(Pierre Gassendi, 1592-1665)는 만약 무언가가 존재를 결여하고 있다면, 그것은 완전을 결여한 것이 아니라, 현실성을 결여한 것이라 답했다. 훗날 임마누엘 칸트와 버트란트 러셀은 비슷한 반대 의견을 제시했다.

그리하여 데카르트는 자신과 하나님과 세계를 순서대로 증명했다고 생각했다. 데카르트의 이성적 방법은 아퀴나스나 다른 사람들의 경험적 방법과는 달랐다. 그들이 세계에서 출발하여 창조자(우주론적 논증) 또는 설계자(목적론적 논증)를 논증한 반면, 데카르트의 새로운 접근 방식은 '우리가 아는 것'(존재론)에서 시작하지 않고, '우리가 어떻게 알 수 있는가'(인식론)에서 시작했다. 그는 지식의 한 지점으로부터 모든 본질적인 믿음으로 나아가고자 했다.

데카르트는 다른 믿음들에 의해 지지될 필요가 없는 믿음들(우리는 그것을 단순히 안다) 위에 지식을 정립하려고 했다는 점에서 기초주의자였다(이에 관하여는, 증거 없이 알 수 있는 것을 확장하여 하나님을 포함하고자 하는 앨빈 플랜팅가에 관한 장에서 다루도록 하자). 뒷받침되지 않는 믿음은 명석판명하기 때문에 참이어야 한다고 주장하는 점에서 데카르트의 해석은 급진적이다.

데카르트의 시대까지 그리고 2세기 반 동안 객관적이고 보편적인 진리를 얻는 일이 가능하다는 것을 의심하는 사람은 거의 없었다. 많은 사람은 우리의 개인적 상황과 문화를 초월하는 진리에 도달하는 것을 이성을 가진 인간의 의무라고 생각했다. 그래서 철학자, 신학자, 과학자들은 진리를 추구했고, 대개 자신들이 진리를 발견했다고 생각했다. 진리의 획득이 가능하다는 점, 인간이 사물에 대해 더 많은 통제력을 가질수록 좋다는 점, 진리와 더 나은 미래를 향해 꾸준히 발전하고 있다는 점에는 의심의 여지가 없었다. 가정을 최대한 유보하고 중립적인 시각에서 무언가를 바라보는 것이 이상적인 것으로 보였다.

이런 대담한 주장들은 19세기 중반에 이르러 점차 사라지면서, 때때로 느슨하게 포스트모더니즘이라고 불리는 분열을 남겼다(유사한 주제가 보다 이른 시기에 발견될 수도 있으므로, 엄격하고 연대적인 발전으로 만들기는 어렵다).

우리의 관점과는 별개로 중립적인 근거에서 무언가를 바라보는 것이 가능한지, 혹은 우리의 관점이 우리가 보는 것과 보는 방식을 결정하는지 여부는 변증 방법에 관한 현대 논쟁의 일부다. 서론의 도표 왼쪽에 위치한 전제주의는 전제들을 매우 결정적인 것으로 간주하는 경향이 있는 반면, 오른쪽의 증거주의자들은 사실들이 올바른 해석을 기리킬 수 있다고 믿는다. 증거주의자들과 고전적 변증가들의 중요한 차이는 후자는 세계관(우리의 다른 믿음들에 가장 광범위한 영향을 미치는 하나의 관점)이 우리가 증거를 어떻게 해석할지에 큰 영향을 미친다고 주장한다는 데 있다.

과학이 형성되던 시기에, 다른 관점을 가진 사람들은 최소한의 전제만을 요구함으로써 믿음의 차이들을 해결할 수 있는 하나의 방법에 동의할 수 있을 것으로 여겨졌다. 이론이든 세계관이든 다른 관점을 주장하는 사람들이 동의하는 공통의 근거를 마련하고, 각각의 입장은 공통적인 근거를 사용하여 자신들의 주장이 옳다는 것을 논증할 수 있고, 실제로 사실과 그들의 이론 사이에 들어맞는 것을 가리킬 수 있을 거라고 생각했다. 비록 불완전하더라도, 각 개인이 충분히 궁극적으로 그리고 독립적으로 참인 진리를 찾는 것이 가능하다고 생각했다. 20세기에는 가정들과 선행하는 인지적 관여의 역할에 대한 생각이 더 널리 퍼진 것처럼 보였고, 중립성과 객관성 같은 것이 존재할 수 있다는 의구심이 생겨났다(반틸의 전제주의에서 발전된 견해).

자연의 수학적 규칙성들에 관한 과학적 발견을 통해 이신론이 생겨났다. 이신론은 하나님은 처음에 우주를 창조했으나, 그 후에는 아무것도 일으키지 않았다고 주장했다. 완벽한 시계 제작공처럼 그의 시계는 초자연적 상호 작용을 통해 재설정할 필요가 없었다. 이것은 기적과 신의 계시를 배제한다. 본질적인 모든 것은 이성을 통하여 알려졌다.

로버트 보일(Robert Boyle, 1627-1691)은 기독교 교리가 숭고하고 기적들은 알려질 수 있으며, 기독교가 사회에 이롭다는 이유로 계시를 옹호했다. 존 로크(John Lock, 1632-1704)는 감각 지식으로부터 객관적 진리를 얻는 추론을 사용했는데, 이 접근 방법은 과학 운동과 함께 계속 인기를 얻었다. 과학은 진리의 지표로서 이론과 실험 자료의 조화를 이루었다. 만약 실험이 기대대로 되지 않는다면, 이론을 조정하거나 다시 실험을 할 것이다. 중세의 추론 양식은 귀납법을 선호하는 관찰을 통한 추론으로 바뀌었다. 'X'에 관한 많은 사례가 관찰될 수 있고, 그로부터 'X'의 모든 사례에 대한 하나의 결론을 끌어낼 수 있다.

요셉 버틀러(Joseph Butler, 1692-1752)는 이신론에 맞서서, 자연 자체에는 유일무이한 사건들이 있으므로, 기적이 단지 단수의 사건들이라는 이유로 묵살될 수는 없다고 주장했다. 만약, 계시 종교가 자연 종교보다 일관성이 있고 도덕에 부합한다면 그것이 더 선호되어야 한다.[24] 계시의 내용들 중 어떤 것은 불분명한데, 이는 우리의 마음이 제한적이기 때문이다. 그러나 자연의 알려지지 않은 측면들이 창조된 것에 반대하지 않는 것처럼, 그것 역시 신적인 권위에 반대하는 것은 아니다. 일부 사람이 기독교 신앙에 접근할 수 없다는 것은, 하나님께서 자연적 은택을 고르게 주시지 않는 것과 크게 다르지 않다.[25]

종합하면, 신앙을 위한 주장은 삶에서 실제적인 결정들, 심지어 가장 심각한 결과를 초래하는 결정들을 위한 주장만큼이나 강력하다.[26]

데이비드 흄(David Hume, 1711-1776)은 유신론 논증과 기적을 거부하고, 자연

24　Dulles, *History of Apologetics*, p. 141.
25　Ibid.
26　Ibid., p. 142.

이 불가침이라는 우리의 광범위한 경험을 그렇지 않다는 보고와 대조하며, 어떤 보고가 충분히 신뢰할 수 있는지에 관해 의문을 제기했다(증거주의에 관한 장에서 더 자세히 다룰 것이다). 윌리엄 페일리(William Paley, 1743-1805)는 명백히 시계 제작공을 가리키는 시계 비유처럼 이미 제시된 논증들을 부분적으로 사용하여 흄에 반대하는 주장을 제기했다.

보다 넓은 의미에서, 흄은 임마누엘 칸트(Immanuel Kant, 1743-1805)에게 감각 지각과 정신적 범주를 결합시키도록 동기 부여했던 감각 지각에 대한 확신을 약화시켰다. 감각은 자료들을 제공하고 마음은 그것을 조직한다. 이는 우리가 있는 그대로의 실재를 알 수 없음을 뜻한다. 우리 마음의 해석을 지나칠 수 없기 때문이다. 그런데도 선험적인 어떤 것들을 전제해야 하는데, 만약 그런 존재를 가정하지 않는다면 우리의 경험을 이해할 수 없기 때문이다(반틸은 유사한 접근 방식을 사용했는데, 그는 우리가 무언가를 알려면 그것을 전제해야 한다는 점에서, 그것은 개혁주의 기독교를 보여준다고 단정적으로 주장했다).

일부 사람이 실재에 관한 우리의 접근 방식을 의심했을 때, 슐라이어마허(Schleiermacher, 1768-1834)는 종교를 본질적으로 지식의 문제가 아닌 감정의 문제로 만들었다(이것은 현대의 상대주의에 반영된 주관주의다). 그는 기독교가 "참되어서"가 아니라, 보다 높은 형태의 신 의식을 표현하기 때문에 우월하다고 주장했다.[27] 쇠렌 키르케고르(Søren Kierkegaard, 1813-1855)는 증명을 피하고, 신앙을 근본적으로 하나의 헌신으로 만들었다.

다른 사람들은 윤리를 강조했다(예를 들어, 라우센부쉬 Rauschenbusch[1770-1831]의 사회복음). 존 듀이(john Dewy, 1859-1952)와 같은 실용주의자들은 "효과가 나타나는" 것에 초점을 맞추었다.

헤겔(G. F. W. Hegel, 1770-1831)은 하나님에 관한 전혀 다른 세계관을 형성하였는데, 하나님은 하나의 정신처럼 세계를 감싸고 있으며, 그의 전개 과정은 역사 속에서 그것을 나타냄으로써 명백히 알려진다고 하였다. 헤겔에 따르면 하나님조차 변하고 있으며, 모순들은 영원한 진리를 가리키지 않는다. 오히려, 그것은 진보의 역학, 곧 "변증법"이다. 그의 관념론 철학의 형식들은 19세기와 20세기 초를 지배했고, 결국 부분적으로 무신론자 버트란트 러셀(Bertrand Russel, 1872-1970)과 무어(G. E. Moore, 1873-1958)의 노력에 의해 전복되었다.

---

27   폴 도셀(Paul Thorsell)은 이러한 통찰을 제시했다.

코넬리우스 반틸(Cornelius Van Til)은 관념론과 교류했고 일부 용어를 채택하였는데, 이는 개혁파 내에 논쟁을 불러 일으켰다.

6) 현대

우리가 실재를 파악할 수 있는지에 관한 의구심이 지속되는 중에, 어떤 사람은 우리가 지식으로 간주하는 것의 범위를 좁혔고, 과학은 대개 패러다임을 제공했다.

그러나 몇몇 발견은 과학을 통해 세계에 직접 접근할 수 있다는 믿음에 도전했다. 예를 들어, 비유클리드 기하학(non-Euclidean geometry)에서는 두 점 간의 최단 거리는 반드시 직선일 필요가 없다.[28]

한 유명한 실험에서 베르너 하이젠베르크(Werner Heisenberd, 1901-1976)는 아원자 입자(亞原子 粒子, subatomic particle)의 정확한 위치와 속도를 알 수 없음을 발견했는데, 이는 뉴턴 세계관의 결정론을 손상시키고 불확실성을 복원한 것처럼 보인다.

알버트 아인슈타인(Albert Einstein, 1879-1955)의 상대성 이론은 어떤 절대적인 진리나 윤리적 규범이 없음을 함축하는 것으로 받아들여졌다. 그것은 아인슈타인을 당황하게 만들었다.

우리는 완전히 파악하지 못하는 무의식의 지배를 받고 있다는 지그문트 프로이트(Sigmund Freud, 1856-1955)의 주장은, 데카르트 이래 근본적 확실성이었던 자아에 대한 지식까지 약화시켰다. 그는 적대적인 견해에 전통적인 주장으로 대응하기보다는 자신의 이론으로 그들을 해석하는 경향이 있었고, 상대방이 자신의 견해를 거부하는 데는 다양한 심리적 동기가 있다고 주장했다. 이러한 "해석학적 의심"은 칼 마르크스(Karl Max, 1818-1883)와 프리드리히 니체(Friedrich Nietzsche, 1884-1900)에 의해 활용되었고, 몇몇 현대적 사유에서 비슷한 사례를 찾을 수 있다.

칼 포퍼(Karl Popper, 1902-1994)는 하나의 지식의 방법으로서의 과학에 도전했고, 하나의 이론은 어떤 최종적 의미에서도 입증되지 않으며, 우리는 그것이

---

28 수학과 포스트모더니즘에 관하여 블라디미르 타직(Valadmir Tasic)의 *Mathmatics and the Roots of Postmodern Thought*(New York: Oxford University Press, 2001)를 보라.

틀렸다고 입증될 때까지만 고수해야 한다고 주장했다.

토마스 쿤(Thomas Kuhn, 1922-1996)에 따르면, 과학은 점진적인 진보가 아니라 문제가 그것을 전복할 때까지 하나의 패러다임을 고수하며, 하나의 패러다임에서 다른 패러다임으로 전환하지만, 그것이 진리에 더 가깝다는 보장은 없다.

병행 발전이 이루어짐으로써 언어와 세계 간의 연결이 느슨해졌다. 그러한 발전은 루드비히 비트겐슈타인(Ludwig Wittgenstein, 1889-1951)을 통해서 설명되는데, 그는 처음에 명제들은 실재를 묘사하고, 그것과 연결되어 있으며 참이거나 거짓이라고 주장했다. 그는 명제의 의미는 그것의 용도라는 관점으로 전환했다. 예를 들어, "신이 존재한다"라는 명제의 의미는 사람들이 그것을 어떻게 사용하고 어떻게 사느냐에 따라 달라진다. 이전에 페르디난드 소쉬르(Ferdinand de Saussure, 1889-1951)는 대략적으로 단어들은 개념을 현실이 아닌 소리와 연결시킨다고 말했다.

이러한 발전들과 다른 많은 발전은 대략적으로 포스트모더니즘이라는 현상에 영향을 미쳤는데, 그 존재와 정체성 자체가 논란의 여지가 있다. 가장 넓은 의미에서, 우리는 그것이 특수한 관점을 초월하는 방식으로 절대적 진리를 이해하는 것과 관련한 어려움들을 강조한다고 말할 수 있다.

고대(예를 들어, 헤라클레이토스, BC ca. 535- ca. 475 ; 고르기아스, BC ca. 483-376) 이래로 지식에 대한 극단적인 회의가 있었기 때문에, 그것은 엄밀하게 연대기적 발전이 아니다. 반대로, 그것은 현재의 상황을 지배하는 것은 아니며, 몇몇 사람에 따르면 그것은 근대성이 한 발 더 멀리 밀고 나간 것에 불과하다.

변증적 대응은 광범위하게 널리 이루어졌다. 미런 페너(Myron Penner)는 진리의 주관적 측면을 강조한다.

> 다시 말해서, 실재는 우리에게 보이는 것과는 별개의 것이기 때문에 실재의 진상을 파악하지는 못할 것이다.[29]

그는 진리에 관한 논의를 "대응"에서 "교화"로 전환하고, "객관적인 것과

---

29 Myron Bradly Penner, *The End of Apologetics: Christian Witness ina postmodern Context* (Garand Rapide: Baker Academic, 2013), 110.

주관적인 것을 (마치 그들이 현실의 별개의 영역인 것처럼) 분리하는 현대적 방식을 피해야 한다고 제안한다. 이는 진리에서 객관성을 특권화하는 반면, 주관성을 진리에 대한 상대주의적 부정으로 폄하하는 것이다."[30]

릭 리처드슨(Rick Richardson)은 조지 헌터(George Hunter)의 작업을 요약하면서, 로마가톨릭과 비교해 켈트 기독교를 우호적으로 가리킨다.

켈트인은 다음과 같은 것을 강조한다.

> 인류와 자연의 연결, 인류의 죄성뿐 아니라 인류의 성취물들, 신의 초월보다 내재적 현존, 안정과 질서의 유지보다 신의 역동적인 활동, 제도와 전통의 유지보다 공동체를 통한 기독교 운동의 진보, 자신의 문화를 우월한 것으로 간주하기보다 문화 내에서의 토착적이고 상황에 맞는 작업, 부적절하다거나 악마적인 것의 발현으로 치부하기보다 소통에서 활용될 수 있는 다른 종교에 대한 영적인 관심 분야, 진리에 대한 유일한 설명보다 진리의 경험을 격려하는 예술, 드라마, 음악 이야기, 비유와 시의 창조적 활용, 기독교공동체에 불신자들이 관계되는 것을 환영하기 등을 강조했다. 리처드슨과 헌트는 이 모든 것이, 특별히 포스트모던적 주제들에 영향을 받는 사회와 동시대적 관련성이 있다고 본다.[31]

돈 에반츠(Don Evants)와 덩 샤우프(Doung Schaupp)는 포스트모더니즘이 그리스도께 오고자 할 때 넘어야 할 다섯 개의 문턱을 발견한다. 그들은 그 경험들을 장려하고, 불신에서 신뢰로, 자기 만족에서 호기심으로, 변화에 대해 폐쇄적인 것에서 변화에 개방적인 것으로, 어슬렁거림에서 개인적 결단을 내리는 것으로 옮기는 것을 지지한다.[32]

학계 변증가들 사이에서 상당한 지지를 얻고 있는 한 가지 반응은 특별히 진리 이론들, 지식과 정당화, 논리학 등에 관한 견해들과 관련하여 인식론적 부

---

30 Ibid.
31 RIck Richardson, *Evangelism Outside the Box*(Downers Grove, Ⅱ: InterVasity Press, 2000), 56-60.
32 Don Evants and Doung Schaupp, *I Was Once Lost*((Downers Grove, Ⅱ: InterVasity Press, 2008), 23-24. 그들의 다섯 번째 표현은 이러하다. "그 왕국 자체의 문턱을 넘는 것이다."

적합성에 신중하게 대응하는 것이다.³³

법률적 변증학(역주: 법률적 지식과 방법을 사용하여 기독교를 변증하는 변증학)은 형이상학적 실재들과 인식론의 세세한 부분들을 더 다루고, 사회적으로 이미 합의된 방법을 사용하여 특수한 주장들에 대한 평가를 더 많이 다룬다.

증거주의자들은 이들을 특별히 현재의 인식론적 상황에서 특별한 이점으로 간주했다. 그 방법은 휴고 그로티우스(Hugo Grotius, 1583-1645)에게서 시작되고 토마스 셜록(Thomas Sherlock, 1678-1761)과 사이먼 그린리프(Simon Greenleaf, 1783-1853)에 의해 발전되었다. 그리고 오늘날 존 워윅 몽고메리(John Warwick Montgomery, 1931-)에 의해 주창되고 있다.

이 책에서 탐구되는 변증적 방법들은 과거의 발전과 연관된 현재의 도전을 다루고 있다. 그것들은 인생의 가장 중요한 물음으로 간주될 수 있는 것, 곧 '어떻게 종교적 진리를 알 수 있는가'라는 질문에 답하기 위한 기독교 최고 지성들의 평생의 노력을 나타낸다.

---

33 예를 들어, John Feinberg, *Can You Believe It's True? Christian Apologetics in a Modern and Post-modern Era*(Wheaton, Ⅱ: Crossway, 2013)를 보라. 그러한 복잡한 주제에 대해 그 책은 매우 명확히 다루고 있다.

제2부

변증 방법론

제1장　코넬리우스 반틸
　　　　기독교는 우리에게 없어서는 안 될 지적인 헌신이다

제2장　존 프레임
　　　　우리는 한 가지 이상의 관점으로부터 궁극적 진리를 본다

제3장　앨빈 플랜팅가
　　　　하나님에 대한 믿음은 직접적인 인식이고, 기독교에 대한 믿음은 하나님의 선물이다

제4장　카넬, 고든 루이스, 프란시스 쉐퍼
　　　　기독교는 논리적이고 사실적이며 생명력이 있다

제5장　고전적 변증학 서론
　　　　유신론을 증명한 후에, 기독교를 증명하라

제6장　리처드 스윈번
　　　　유신론과 기독교는 매우 개연적이다

제7장　윌리엄 레인 크레이그
　　　　하나님은 유신론적 논증에 의해 증명되고, 기독교는 증거에 의해 증명된다

제8장　노르만 가이슬러
　　　　유신론은 부정할 수 없는 것에 의해 증명되고, 기독교는 증거를 통해 알려진다

제9장　존 워윅 몽고메리
　　　　사실은 해석을 가리키고 비판적 사실은 기독교를 가리킨다

제10장　게리 하버마스
　　　　기독교는 광범위하게 수용되는 결정적인 사실들에 의해 증명될 수 있다

전제주의 (Presuppositionalism)

제1장

코넬리우스 반틸

기독교는 우리에게 없어서는 안 될 지적인 헌신이다

변증학에서 전제주의는 코페르니쿠스의 혁명과 같은 것이라고 주장함으로써 많은 논란을 일으켰다는 것은 놀라운 일이 아니다. 그것은 상당히 다양한 형태를 취하는데, 이는 스스로를 전제주의자라고 여기는 모든 사람에 의해 충분히 인정되고 있지는 않다.

그것은 코넬리우스 반틸(1895~1987)에게서 시작되었는데, 그의 가족은 그가 열 살 때 네덜란드에서 인디애나로 이주하였다. 가족에게서 물려받은 농장에 대한 그의 애정은 평생 계속되었고 그가 그리는 삽화에 자주 등장했다. 그는 칼빈신학교에서 공부했고, 그 후에 칼빈신학대학원에서 공부하였는데, 그 둘 모두 그의 가족이 속한 기독교 개혁교회가 운영하고 있었다. 그는 칼빈신학교에서 1년을 보낸 후, 보수적 장로회였던 프린스턴신학교로 떠났다. 신학교에서 석사학위(Th.M.)를, 대학에서 박사학위(Ph.D.)를 취득하고 프린스턴신학교에서 잠시 가르쳤다. 1929년에 펜실베니아에서 웨스트민스터신학교가 출범하는 것을 도왔고, 1972년 은퇴할 때까지 거기서 가르쳤다.

그를 알고 있는 몇몇 사람은 반틸을 인격적이고 배려심 있는 사람으로 묘사했다. 그는 학생들과 많은 시간을 보내고, 교회는 물론 양로원에서 설교하는 등 시간을 아낌없이 바쳤다.[1] 그러나 모든 사람이 그의 가르침을 따를 수는 없었다. 그의 수업을 듣던 존 프레임은 그 속도를 때때로 "현기증이 날 정도"였

---

1 John Frame, Cornelius Van Til: An Analysis of His Thought (Phillipsburg, NJ: P & R, 1995), pp. 28-29.

다고 묘사했다. 그는 좀처럼 자신의 개념을 정확하게 정의하지 않았다. 학생들이 정의를 요구하거나 그의 주장을 논리적인 순서로 바꾸려고 할 때, 반틸은 대체로 반대했다. 그런 경우 자신이 이전에 사용했던 것과 본질적으로 동일한 언어를 사용해 다시 시작하곤 했다. 그는 특정한 개념들을 규칙적으로 반복하면, 일종의 삼투 작용에 의해 그것들이 학생들의 마음속으로 들어가게 될 것이라고 생각하는 것 같았다[2].

프레임은 반틸이 설교와 비슷한 우회적인 독백으로 대답했기 때문에, 보다 똑똑한 학생들은 그의 관심을 끄는 데 어려움을 겪었다고 회상한다. 프레임이 던진 한 가지 간단한 질문에 답하기 위해, 반틸은 창세기로 돌아가서 요한계시록으로 끝맺겠다고 주장한 다음, 철학의 전 역사를 검토했다. 결국, 프레임은 자신의 질문을 완전히 잊어버렸다.

프레임은 반틸이 자신의 견해에서 조금만 벗어나도 비기독교 사상에 대한 양보라고 간주함으로, 반대자들이 "죄책감"[3]에 시달리게 했다고 말한다. 너무 많은 어려운 질문을 한 학생들은 "알미니안이나 그보다 더 나쁜 사람들"로[4] 폄하되었다. 이런 문제뿐 아니라, 이전의 학생들은 반틸이 가르친 모든 과정의 내용이 똑같다는 말을 자주 해 왔다.[5]

그러나 반틸은 유머 감각이 뛰어났고,[6] 시간 사용에 관대했으며 대체로 학생들에게 사랑을 받았다. 그는 충실한 추종자들을 고무시켰고 다양한 사람에게 영향을 주었으며, 수년간의 헌신적인 가르침은 변증학에 대한 개혁주의적 사고의 변화에 기여했다.

그런데 그의 학문적 유산은 그의 견해에 관한 상반된 주장으로 인해 다소 흐려졌다. 프레임은 "심지어 오늘날에도 반틸 사상의 지지자와 반대자 모두 그가 실제로 가르친 것에 대해 극도로 혼란스럽게 생각하는 경우가 많다"[7]라고 말한다. 특정 비평가나 지지자조차 반틸을 이해하지 못한다는 비난은 대단히 흔하다. 프레임은 이러한 것을 반틸의 의사소통 방식("부적절한 정의, 분석, 논

---

2 Ibid., p.30.
3 Ibid.
4 Ibid., p.17.
5 Timothy I. McConnel, "The Historical Origins of the Presuppositional Apologetics of Cornelius Van Til" (PhD diss., MarquettUniversity, Milwaukee, WI, 1999), p. 47 n. 71.
6 Frame, *Cornelius Van Til*, pp.27-28.
7 Ibid., p.161(프레임은 각주에서 특수한 사람들에 대해 언급한다).

증"⁸)뿐 아니라, 부분적으로는 다소 다른 신학적 전통에 대한 혹독한 비판 그리고 대화보다는 대립을 선호하는 데서 오는 학문적 고립 탓으로 돌린다.⁹

그의 책과 저널 기사들은 학술 출판에 앞서 제기되는 비판적인 자료가 거의 없이 출판되었기 때문에, 그는 자기 글을 명확히 하고 강화할 필요가 없었다. 기독교철학자 겸 신학자 콜린 브라운(Colin Broen)은 반틸이 "사실상 요지들을 설명하지 않고, 반복하는 데 많은 시간을 할애한다"¹⁰라고 말한다.

게리 노스(Gary North)는 반틸의 통찰력을 높이 평가하면서도 "그의 책들은 결국 모두 같은, 여러 주제에 관해 이야기한다"라고 말하며, 만약 그의 책들에 표지가 없다면 당신은 그것들이 무엇에 관한 것인지, 누구를 반박하려는 의도인지 알 수 없을 것이라고 말한다.¹¹ 한번은 한 학생이 반틸을 세계에서 가장 총명한 사람이라고 소개한 적이 있는데, 그 이유는 "아무도, 정말 아무도" 그를 이해할 수 없기 때문이라고 했다.¹²

그는 개혁주의 사상의 순수성을 위협한다고 느끼는 신념들과 싸우는 일에 결코 지치지 않았다. 보스턴대학교에서 그가 토론하는 것을 지켜본 한 친구는 "그는 점잖고 공손하게, 그러나 '그들이 지옥에나 갈 것'이라고 쏘아 붙였다"¹³라고 했다.

반틸은 종종 논란의 중심에 섰다. 그는 친구에게 "아마도 나는 세상에 골칫거리가 되기 위해 태어났는지도 모른다"라는 편지를 쓰기도 했다.¹⁴ 또 자신의 글을 의심하면서 개인적으로 "잡음은 많고, 소득은 없다"¹⁵라고 특징지었다.

그런데도 그의 저작은 현대 변증학에서 가장 영향력 있는 것들 중 하나였다.

---

8   Ibid.
9   Ibid.
10 Colin Brown, Philosophy and the Christian Faith (downers Grove, IL: InterVasity Press, 1969), p. 249. 프레임은 내게 이 점을 상기시켜주었다. *Cornelius Van Til*, p.32.
11 Gary North, Dominion and Common Grace (Tyler, TX: Institute for Christian Economics [Domonion Press], 1987), pp. 10-12; 프레임 *Cornelius Vantil*에서 인용됨, p.33.
12 William White, Van Til, Defender of the Faith (Nashville: Thomas Nelson, 1979), p.182.
13 T.Grady Spires, "A Tribute to Cornelius Van Til," Christianity Today, Decembers 30, 1977, p. 20. 존 뮤터(John R. Muether)의 *Cornelius Van Til: Reformed Apologist and Churchman*(Phillipsburg, NJ: P & R, 2008), p. 202에서 인용됨.
14 Van Til to Theodore J. Jansma, April 30, 1948; Cornelius Van Til Archive, Westminster Theological Seminary. 뮤터의 Cornelius Van Til, p. 139에서 인용됨.
15 Van Til to Heny Van Til, undated, ca. 1945, Family Lettersfrom Reinder Van Til. 뮤터의 Cornelius Van Til, p. 142에서 인용됨.

문제가 무엇이든 간에, 그의 친구 R. J. 러쉬더니(R.J Rushdoony)는 그를 이해하고 감사하는 데 아무런 거리낌이 없었다. 그는 반틸에게 보낸 편지에서 "당신의 독자들의 문제는 첫째는 죄악, 둘째는 게으름이라는 두 가지 표제어로 요약될 수 있다고 믿는다"[16]라고 말했다.

사람들이 반틸의 견해에 대해 어려움을 겪는 또 다른 이유는 그가 관념론이 지배하던 시대에 학문적으로 성장했기 때문이다. 또 그는 수많은 전통적인 변증가가 수용한 스코틀랜드의 실재론보다 아브라함 카이퍼와 같은 네덜란드 사상가들을 배경으로 자신의 견해를 발전시켰다.

1. 영향

우리들 대부분은 이런저런 실재론자들이다.

간단히 말해서, 실재론은 진리와 그것에 연결되는 실재는 마음과 무관하다는 견해다. 실재론자에게 있어 명제는 우리가 생각하는 것과 상관없이 참이거나 거짓이다. 따라서, 발견되지 않은 아원자 입자가 있다는 것은 참이거나 거짓이다.

다른 견해들과 마찬가지로 실재론자들도 정도의 차이를 보인다. 예를 들어, 대부분의 실재론자는 심리적으로 고통을 느끼지 못한다 하더라도 고통이 존재한다고 말할 정도까지 가지 않는다. 또 다양한 유형의 실재론이 있다. 예를 들어, 도덕적 실재론은 우리가 그렇게 생각하든 그렇지 않든 어떤 것은 옳고, 어떤 것은 그르다는 견해다.

실재론자들에게 사물은 실재로 존재하며 우리의 정신은 독립적으로 존재하는 사물을 알 수 있는 능력을 갖고 있다. 일종의 전형적 실재론자인 유신론자에게 하나님 역시 존재하는 것을 아신다. 만약 의자가 탁자 옆에 있다면, 하나님은 그것이 거기 있음을 아시며, 하나님이 실재를 알 수 있는 능력을 주셨기에 우리 역시 (비록 부분적이고 불완전하게라도) 그것이 거기 있음을 알 수 있다.

16　R. J. Rushdioony to Cornelius Van Til, Feb. 27, 1967; Cornelius Van Til Archive Westminster Theological Seminary. 뮤터의 Cornelius Van Til, p. 216에서 인용. 러쉬더니는 *By What Standard* (Phillipsburg, NJ: P & R, 1959)를 집필했다. 반틸은 그것을 자신의 견해에 대한 단순하고 명쾌한 표현 방법으로 간주했다.

이와 대조적으로, 관념론은 궁극적으로 정신에 의존적이다. 만약 "장미가 붉고, 향기로운 냄새가 난다면" 그것은 누군가 그것을 지각하기 때문이거나, 최소한 정신적인 과정을 언급하지 않고는 그런 진술을 할 수 없기 때문이다.

간단히 말해서, 실재론자들에게 실재와 진리 그리고 그것들을 아는 정신은 밀접하게 연관되어 있다. 보다 덜 극단적인 형태의 실재론에 따르면, 우리는 정신을 언급하지 않고는 하나의 사물을 이해할 수 없다.

보다 철저한 형태의 관념론에 의하면, 정신은 실재를 결정한다. 독일 철학자 W. F. 헤겔 (G. W. F. Hegel, 1770-1830)에게 실재는 신의 정신(Geist)의 표현이다. 그러므로 우리가 실재와 그 역사적 전개를 관찰할 때, 우리는 신의 정신을 보는 셈이다. 영국 철학자 조지 버클리(Jeorge Berkely, 1685-1753. 버클리[BARK-lee]로 발음)는 사물들은 그들을 지각하는 정신과 독립해서는 결코 존재할 수 없다고 주장하는 데까지 나아갔다. 사물들은 신이 그것을 지각하기 때문에 존재한다. 그의 정신이 그들을 "실재하게" 한다.

19세기부터 20세기초까지 고도로 발달된 형태의 관념론이 지배적이었다. 그 후 그것은 실재론에 의해 전복되었는데, 그것은 지난 수십 년 동안 다양한 종류의 포스트모더니즘에 의해 도전을 받기 전까지 지배적인 견해였다.

요점은 반틸이 교육을 받고 사상을 발전시켰을 때 관념론이 지배적이었다는 것이다. 그의 사고방식, 그가 대답하고자 하는 질문들 그리고 어휘까지 관념론에 의해 형성되었다.

반틸은 당시의 관념론을 잘 알고 있었다. 칼빈대학교에서 유일한 철학 교수는 관념론자 조시아 로이스(Josiah Royce)에 관한 논문을 쓴 W. 해리 젤마(W Harry Jellma)였다. 반틸이 수강한 철학 수업의 교재는 관념론자 브래들리(F. H Bradley)의 『현상과 실재』(*Appearance and Reality*)였다. 그리고 반틸이 프린스턴신학교에서 공부했을 때, 철학과는 영국의 관념론자 아르키볼드 보우만(Archibald A Bowman)의 지도를 받았다. 그러나 반틸은 관념론의 여러 요소에[17] 감탄하면서도, 그것의 주요 원리들은 분명히 거절했다. 그는 "신과 절대자"라는 논문에서 관념론의 신은 기독교의 신이 될 수 없다고 주장했다.

---

17 "그런 토양 속에서 관념론의 여러 가지 고상한 윤리가 나왔다는 것은 놀라운 일이다. 그것을 설명해 줄 수 있는 것은 오직 하나님의 일반은총뿐일 것이다." Cornelius Van Til, The Defence of the Faith, 3rd ed. (Phillipsburg, NJ: P & R, 1979), p. 64. 맥 코넬(McConnel)의 ("historical Origins," p. 586) 인용문이 나의 이목을 사로잡았다.

반틸이 관념론의 영향을 지나치게 많이 받았는지는 1940년대와 1950년대의 골치 아픈 논쟁거리였다. 일부 비판은 반틸이 일반적인 방법론을 명시할 때, '불가해한 사실'(역주: brute facts: 근거는 없지만 받아들여야 하는 그 무엇), '구체적 보편', '개념을 한정하기'(limiting concept), '명백한 모순'(apparent contradiction), '일과 다'(one and many), '절대적 체계'(absolute system), '영원한 새로움'(eternal novelty), '논리'(logic) 등과 같은 관념론 용어의 채택을 우려한 기독교철학 교수들에 의해[18] 생겨났다. 바로 그 '전제'라는 용어가 관념론에 의해 사용되었다.[19]

비평가들이 보기에 그러한 개념을 사용하는 것은 일종의 기독교의 변질이었다. 그러나 반틸은 우리가 이기려면 "그들의 언어로 그들에게 말해야 한다"라고 대답했다. 그는 사도들이 그리스도를 표현하기 위해 그리스어 '로고스'라는 용어를 사용했을 때 이렇게 했다고 말했다.[20]

반틸은 대부분의 사람에게 자신은 관념론자가 아니라고 올바르게 확신시켰지만, 일부는 그의 사고에서 온건한 관념론의 매우 희미한 영향을 발견할 수 있었다. 예를 들어, 지식 이론과 구별되는 진리 이론에서 그는 (의심할 여지없이 신학, 철학, 변증학을 포함하는) 관점들은 상호 연결된 전체이기 때문에, 완전히 수용되거나 거부되어야 한다고 주장한다. 이런 요인으로 인해 그는 대부분의 전통적인 변증학을 거부하게 되었고, 기독교적 관점은 가능한 한 하나의 전체로 제시되어야 한다고 주장하게 되었다. 비록 그를 지지하는 사람들은 그가 결코 관념론의 영향을 받지 않았다고 말할 수 있었을지 모르지만, '전체'에 대한 강조는 관념론의 특징이었다.

그는 또한 앎을 궁극적으로 하나님 말씀에 동의하는 문제로 간주한다. 어떤 사물에 대해 무언가를 안다는 것은 하나님이 그 사물에 관해 가진 믿음에 대한 동의다(물론, 우연히 갖게 되는 참된 믿음은 지식이 아닐 것이기 때문에, 그들이 믿는 것

---

18 제시 드보어(Jesse DeBoer)는 켄터키대학교에서 철학을 가르쳤다. 클리프턴 올레즈베케(Clifton Orlerbeke)는 로드아일랜드대학교(the university of Rhode Island)에서 가르쳤다. 반틸에 대한 비판의 대부분은 잡지 「The Calvin Forum」에 실렸다. I. McConnel, "The Influence of Idealism on the Apologetics of Cornelius Van Til," *Journal of the Evangelical Theological Society* 48, no. 3 (September 2005): 558-62를 보라.
19 프레임, *Van Til*, p. 21.
20 Van Til, *Defense of the Faith*, p. 23 n. 1. McConnel pointed me to this ("Historical Origins:' pp. 586-87.

에 대한 합리적인 근거를 가질 필요가 있다). 대개 실재론자들은 우리가 실재를 직접 안다는 측면에서 더 많은 이야기를 한다는 점에서, 실재론이라기보다는 관념론처럼 들린다. 즉, 우리 인간은 실재 그대로, 즉 하나님이 직접 알고 있는 것과 동일한 실재를 알 수 있는 능력을 가지고 있다(그리고 어떤 사람은 덧붙이고 결정하기도 한다). 따라서, 대개 우리의 견해는 하나님의 뜻과 일치할 때가 아니라 실재와 일치할 때 참이라고 한다. (그가 창조하고 보존하고 통치하는 실재임에도 불구하고) 그 실재와 일치하거나 대응되는 것을 하나님의 지식으로 간주하고, 우리의 지식 또한 실재와 일치하기 때문에 참되다고 간주하는 것은 유신론자들 사이에서 매우 일반적인 일이다.

물론, 하나님의 지식은 무한한 반면 우리의 지식은 불완전하고 미완성적이며, 하나님이 우리가 알고 있는 실재를 창조하고 통제한다 할지라도, 하나님과 우리는 모두 동일한 실재를 파악하기 때문에 우리의 지식은 하나님의 지식을 반영한다. 진리는 이런 방식으로 실재에 대응하는 문제라는 관점을 '진리 대응 이론'이라고 한다.

진리는 하나님께 동의하는 문제라는 반틸의 견해는, 몇몇 사람이 그가 진리 정합 이론을 선호하여[21] 진리 대응 이론을 거절한다고 생각한 하나의 이유가 될 수 있을 것이다. 진리 정합 이론에 따르면, 무언가가 우리가 믿는 다른 모든 것에 들어맞으면 그것은 참이다(대응 이론 대 정합 이론에 관하여 더 많은 것은 E. J. 카넬[E. J. Carnell]에 관한 장에 나온다).[22]

그러나 더 정확히 말하면, 모든 종류의 지식의 기초가 되는 계시를 강조하면서, 반틸은 일치, 일관, 실용주의라는 모든 지배적인 진리 이론을 비판했을 뿐만 아니라 일부분을 고수하기도 했다.[23] 물론, 이들 중 어떤 것도 그를 관념론

---

21 Carl F. H. Henry, *God, Revelation, and Authority*, vol. 1, *God Who Speaks and Shows: Preliminary Considerations* (Wheaton, IL: Crossway, 1976), p. 237.
22 물론, 다양한 형태의 정합 이론이 있다. 예를 들어, 한 버전에서 어떤 견해가 거기에 잘 부합하는(일치하는) 지식 체계는 모든 인간 지식의 총체다. 다양한 정합 이론에 대해서는, James O. Young, "The Coherence Theory of Truth," in *The Stanford Encyclopedia of Philosophy*, ed. Edward N. Zalta, Summer 2013 ed., http://plato.stanford.edu/archives/sum2013/entries/truth-coherence/를 보라.
23 Greg L. Bahnsen, *Van Tils Apologetic: Headings and Analysis* (Phillipsburg, NJ: P & R, 1998), p.164. 반틸은 "이 문제에 대한 설명을 통해, 우리의 입장에서 대응이 의미하는 것은 인식론적 문헌에서 흔히 말하는 것이 아니라는 것은 명백하다. 그 주제에 관한 문헌에서 대응은, 대개 내가 마음속에 품고 있는 사상과 외부 대상 사이의 대응을 의미한다. '실재론자들'과

자로 만들지는 못한다.

2. 하나님의 주권과 변증학

하나님이 무엇을 결정하든지간에 그것이 진리라는 점은, 하나님이 모든 지식의 중심이라는 깊은 확신에 기초하여 세워진 반틸 인식론의 중심이다. 그에게 있어 인간 타락의 특징은 우리에 대한 하나님의 권위를 부정하는 것이며, 우리에 대한 하나님의 권위는 진리를 결정하는 하나님의 권위를 결정적으로 포함한다. 그러므로 지적인 면에서, 타락은 하나님을 진리의 창시자로 인정하기보다 그분과 별개로 진리를 알고자 하는 것으로 특징지어진다.

(반틸에게 있어 개혁주의적인 관점에서 해석되어야 하는) 하나님 말씀의 진리를 믿지 못하는 것은 무지라기보다 반항의 문제라는 결론에 이르게 된다. 그러므로 하나님께 복종한다는 것은 단지 그분이 원하는 것을 행하는 문제일 뿐만 아니라, 또한 대부분 하나님이 말씀하시는 것을 진리로 받아들이는 문제이기도 하다.

반틸은 칼빈주의의 중심적인 개념인 하나님의 주권에 충실하기 위해 노력하고 있기 때문에 전형적인 실재론의 언어에서 훨씬 더 나아가고 있다. 즉, 하나님은 실재를 자신의 밖에 존재하는 것으로 여기지 않으시며 그의 의지를 통해 세계를 아신다. 하나님은 태양이 빛나고 있기 때문에, 오늘 태양이 빛나고 있다는 것을 아시는 것이 아니다. 그는 영원부터 그것이 오늘 빛나도록 의지하셨기에 그것을 아신다. 그러므로 하나님은 무엇보다 먼저 외적 현실이 아닌 자신을 아신다.

반틸이 이러한 관점을 갖는 것은 온건한 관념론의 영향 때문이 아니라, 그가 칼빈주의 입장에 서 있기 때문이다. 그는 명백히 개혁주의적인 변증 외의 모든 변증에 반대했으며, 그의 변증학 방법은 하나님의 주권과 통치라는 해석 이외

'주관적 관념론자들' 사이의 투쟁에서 논란이 되는 유일한 문제였다. 그들은 우리의 마음에서 가장 중요한 질문, 즉 하나님을 대응 속에 넣어야 하는지 여부에 대해서는 걱정하지 않았다. 만약 그것이 역사적으로 그 이름으로 알려진 것과 반대된다는 것을 유념한다면, 우리는 인식론에서의 우리의 입장을 진실의 대응 이론이라고 부를 수도 있을 것이다." *In Defense of Biblical Christianity*, vol. 2, *A Survey of Christian Epistemology*, Works of Cornelius Van Til (Phillipsburg, NJ: P & R, 1969), chap. one, sec. two, "Analysis and Synthesis."

의 어떤 다른 것으로는 기능할 수 없다.

하나님은 창조주이시며[24] 존재하는 모든 것의 유일한 최종 결정자라는 사실은 반틸의 변증의 핵심을 형성하고, 가장 혁신적이고 논란이 되며 오해받는 개념의 기초다. 간단히 말해, 실재는 하나의 단일체이며 사실들은 기독교의 하나님이 모든 것을 창조하고 결정하신다는 이유만으로 서로 연관되어 있다.

전임 스승들의 관점을 해석하고 전파하는 데 자신의 학문의 많은 부분을 집중시켰던 그렉 반센(Greg Bahnsen)에 의하면, 기독교의 하나님은 우리의 질서 경험을 위한 유일한 기초로, 그것은 "연관성, 동일성, 일반화, 보편성, 변화 없음, 또는 연속성"[25]뿐 아니라, "사건들 개념적 연속성, 논리적 필연성, 도덕적 절대성 등의 인과적 연관성"[26]을 포함하는 통일성으로 특징지어진다. 하나님은 "다양성, 특수성, 개별성, 새로움, 유일성, 변화 또는 비연속성"[27]을 포함한 우리의 무질서 경험 배후에도 계시다. 불신자에게는 다양성이 혼돈처럼 보이지만, 신자에게는 모든 것이 하나님의 계획 안에 있다. 불신자는 우연한 기회에 새로운 것을 끄집어내려고 하지만, 신자는 모든 것이 미리 정해져 있음을 알고 있기 때문에 우연 같은 것은 없다.

모든 것은 하나님의 계획에 부합하기 때문에, 다른 사물을 해석하는 데 사용될 수 있는 (하나님이나 인간에 의해) 해석되지 않는 '불가해한' 사실(brute fact) 같은 것은 존재하지 않는다. 우연과 필연 간에는 명백한 힘겨루기가 있는데, 필연은 자연 법칙과 모순율에 의해 요구된다. 그러나 그것은 하나님을 모든 것의 창시자로 보지 못한 데서 비롯된 하나의 현상일 뿐이다. 그러한 실패로 인해 경험으로부터 말도 안되는 것이 생겨난다. 오직 개혁주의 기독교만 질서(통일성)와 변화(다양성)를 모두 이해할 수 있다.

반틸에 따르면, 비기독교적 세계관에서는 "이러한 우주 안에 있는 모든 것은 관련이 없으며, 서로 생산적인 접촉을 할 수 없기 때문에,"[28] 하나님이 모든 것을 창조하고 통제하지 않았다면 우리는 아무것도 알 수 없었을 것이다.

왜냐하면, 반틸은 우주에 존재하는 어떤 것이든 이해할 수 있으려면 거미줄

---

24 Van Til, *Defense of the Faith*, p. 43.
25 Bahnsen, *Van Til's Apologetic*, p. 141 n. 137.
26 Ibid, p. 140 n. 134.
27 Ibid.
28 Van Til, *The Defense of the Faith*, p.43.

처럼 상호 연결된, 보다 커다란 전체와 부합하거나, 또는 그가 말한대로 하나의 "체계"와 부합해야 한다고 주장했다. 개별적인 사물과 전체 사이에 그런 연관 관계가 있어야 할 뿐만 아니라, 적어도 하나의 지성(mind)은 모든 연관 관계를 알고 있어야 하고, 알아야 할 모든 것을 알아야 한다.

하나님이 그런 존재이시다. 하나님이 그러한 연관 관계들을 결정하셨으므로 그의 마음은 그 연관 관계를 아신다. 비록 아무도 하나님이 아시는 모든 것을 알지 못할 지라도, 우리의 부분적인 지식까지 가능하게 하는 것은 모든 것을 아시는 하나님의 지식 때문이다.

반틸이 말한대로, "어딘가에 참된 지식이 있어야 한다면, 어딘가에 포괄적인 지식이 있어야 하는 것은 사실이지만, 이 포괄적인 지식이 우리 안에 있을 필요도 없고, 있을 수도 없다. 그것은 하나님 안에 있어야 한다."[29] 더욱이 각각의 사실이나 개별적인 사물은 그것이 전체와 맺는 관계로부터 그 '의미'를 얻으므로, 각각의 사물은 전체를 나타낸다. 그렇기 때문에 그가 생각하기에 각각의 사실은 적어도 어느 정도는 전체를 창조하신 하나님을 드러낸다. 또 이것은 가능한 한 완전한 설명이 이루어져야 하는 이유이기도 하다.

3. 지적인 헌신

다시 말해, 반틸은 진리는 전체 속에 있으며 모든 것은 연관되어 있다고 믿는다. 따라서, 풀 뜯는 소를 이해하기 위해서는 풀, 광합성, 먼지, 화학, 생화학, 그것이 기초하는 물리, 즉 우주의 모든 것을 완전하게 이해해야 한다.[30]

---

29 Ibid., p.41.
30 Cornelius Van Til, "A Christian Theistic Theory of Knowledge, *The Banner* 66, no. 1809 (1931) :984, 995. In "The Works of Cornelius Van Til, 1895-1987," CD-ROM (Oak Harbor, WA: Logos Library System, 1987) : "나는 한 마리의 암소를 보고 그것을 동물이라고 말한다. 하지만 무엇이 동물인가? 질문에 완전하게 대답하기 위해서 생명이 무엇인지 말할 수 있어야 한다. 암소는 살아 있기 때문이다[원문 그대로]." 나는 그 암소가 풀을 뜯는 것을 지켜본다. 풀도 역시 살아 있는가? 그렇다. 풀은 땅에서 자란다. 땅도 살아 있는가? 그렇지 않다. 그러나 어떤 사람은 그렇다고 말한다. 어쨌든 나는 생명 없는 것이 생명 있는 것들에 필수불가결하다는 것을 알고 있다. 이로부터 나는 땅이 무엇인지 말할 수 없다면 생명이 무엇인지 말할 수 없게 된다. 나는 전체의 물리적 실재가 무엇인지 알 수 있기까지는 암소가 무엇인지 진정으로 말할 수 없다." Accessible at *Presuppositionalism 101,* http://presupp 101. files.word-

그리고 어떤 사실이라도 이해하기 위해서는 하나님의 계획 속에서 그것의 위치를 이해해야 하기 때문에, 불신자의 궁극적인 언질에 관해서 신자와 불신자 사이에는 원칙적으로 유용한 공통점이 없다. 각자는 모든 것을 다르게 본다. 예를 들어, 기독교인과 무신론자가 같은 나무를 볼 때, 전자는 하나님의 피조물, 즉 신성한 목적을 가진 무언가를 보게 된다. 후자는 맹목적인 진화의 산물만을 본다. 그래서 변증학에서 사용될 수 있는 어떤 공통점도 없다.

무신론자들의 관점은 이미 피조된 사물과 신성한 목적을 배제하기 때문에, 피조된 사물들이나 그 신성한 목적을 들먹이는 것은 아무 소용이 없다. 마찬가지로, 기적을 들먹이는 것도 소용이 없을 것인데, 무신론자들은 이미 하나님이 없다고 결정했기 때문에, 기껏해야 기적은 하나님의 행위가 아니라 머리가 두 개 달린 송아지같은 자연의 변종으로 볼 것이기 때문이다.

어떤 중립적 근거라는 것은 없으며 인간의 지적인 헌신에 의해 영향 받지 않는 것은 아무것도 없다. 이와 같이 인식론은 신학과 뒤얽혀 있고 누구도 진정으로 중립적이지 않다. 그들은 하나님께 복종하거나 반항한다. 그들은 단지 그들의 세계관에 하나님에 대한 약간의 추가 지식을 더할 필요가 없고, 그들의 모든 지식과 태도에 맞설 "정면 충돌"이 필요하다. 그들은 하나님을 지식의 기초에서 제외시키는 것에 대해 직면해야 한다. 모든 사실은 오직 하나님의 계획 안에서만 그것이 무엇인지 알 수 있고, 하나님 없이는 어떠한 사실도 다른 사실과 연관되지 않는다.

따라서, 불신자는 단지 사고의 한 가지 영역(예를 들어, "영적인" 부분)이나 자신의 사고의 결론(예를 들어, 하나님이 창조한 것으로 세상을 해석하는 것이 더 낫다는 것)을 완전히 직면할 수 없다. 반틸에게 있어서 그러한 전면적인 직면의 본질은 전통적으로 생각해 왔던 것보다 변증가들을 복음주의에 더 가깝게 만든다.

반틸에게 있어서 오직 기독교인만이 과학, 논리, 윤리학을 위한 기초를 가진다. 그것은 오직 기독교의 하나님만이, 그의 창조와 모든 것에 대한 계획에 의하여, 질서, 예측 가능성과 필요를 제공하기 때문이다.[31]

더욱이 하나님께서 모든 것을 창조하지 않으셨다면, 어떤 것도 다른 것과 연결되지 않을 것이고, 말조차도 다른 말과 연결되지 않아 의사소통 자체가 불가

---

press.com/2011/08/van-til-collection-of-articles-from-1920-1939.pdf.
31 Bahnsen, *Van Til's Apologetic*, p. 112.

능해졌을 것이다. 그 문제에 대해 말하자면, 인간의 한 부분은 다른 부분과 연결되지 않았을 것이다. 세상 자체가 "진공 상태"[32]가 되고 말았을 것이다.

이 모든 것은, 하나님이 존재의 모든 측면을 결정하는지 여부에 관계없이, 사물들이 연결될 수 있다는, 보다 전통적인 사고와 대조된다. 나뭇잎들은 하나님이 그곳에 두셨든 아니든 여전히 나무 위에 있다. 디엔에이(DNA)의 한 부분은 하나님이 그렇게 결정했든 아니든 다른 부분과 연결된다. 그리고 우리는 그 연관성을 알아낼 수 있다. 예를 들어, 전통적 변증가들은 질서를 관찰하고, 반틸이 주장했듯이, 유일한 설명은 아니지만 신선한 지시지기 최고의 설명이라고 결론 내린다. 경쟁하는 세계관들이 질서를 그만큼 잘 설명할 수 없기 때문이다.

한편으로 전통적인 변증학은 증거에서 그 증거에 근거한 결론으로 옮겨간다. 그러나 반틸은 질서에 관한 우리의 경험과 지식이 타당하다는 가정에서 개혁주의 기독교의 하나님 안에서만 발견할 수 있다고 말하는 지식의 전제 조건으로 나아간다. 전통적 변증가들이 귀납과 연역과 비모순율을 사용하여 진리를 지키키는 반면, 반틸은 이들 각각의 도구는 타당하긴 하지만, 오직 개혁주의 기독교의 하나님 때문에 타당하다고 강조한다.

4. 간접 증명

반틸은 자신의 논증을 귀류법[33](a reductio ad absurdum), 즉 반대하는 논증이 불합리하게 귀결되도록 하는 논증으로 간주한다. 예를 들어, 알리바이를 주장하는 사람은 자신이 범죄를 저질렀다는 비난이, 그가 없을 때 사건이 벌어졌을 수도 있다는 터무니없는 생각을 수반함을 보여줌으로써, 어떤 의미에서 환원적 논증을 활용한다.

누가복음에서 그리스도는 사탄의 힘을 빌려 악마를 내쫓는다는 비난을 반박

---

32 Cornelius Van Til, *In Defense of Biblical Christianity*, vol. 1, *The Protestant Doctrine of Script-ure*, chap. seven, part one (Phillipsburg, NJ: P &R, 1967), Logos Bible Software Library, The Works of Cornelius Van Til.

33 역주) 전제로부터 논리적 필연에 의해 모순되거나 불합리한 결론이 도출됨을 보여주는 논박 형식.

하기 위해 이런 종류의 논증을 사용한다. 그런 비난은 사탄이 자신과 싸우고 있을 것이라는 터무니없는 생각을 수반한다(눅 11:18). 그것은 일종의 연역적 추론으로, (물론 논증이 적절하게 구성되는 한) 전제 조건이 참이라고 가정할 경우 결론은 반드시 참이어야 한다는 것을 의미한다. 이것이 기독교를 지지하는 그의 논증이 매우 가능성이 높을 뿐 아니라 절대적으로 확실하다는 반틸의 주장 근거다. 그는 기독교가 가능성이 높을 뿐이라고 결론을 내리는 변증적 추론에 강하게 반대했다.

귀납적 논증은 기독교가 매우 개연적이긴 해도 절대적으로 확실하지는 않다는 것을 보여주기 때문에, 그는 귀납에 근거한 변증학에 반대했다. 그는 귀납법 자체를 우리뿐만 아니라 비기독교인에게도 사물들에 관한 지식을 제공해 줄 수 있는 타당한 추론의 형태로 보았지만, 기독교를 지지하는 귀납 논증은 기독교의 능력을 정당하게 취급하지 않는다고 보았다.

게다가 많은 개혁주의 사상가의 관점에서 개연적인 사건은 매우 개연적인 결론에도 불구하고 하나님 앞에서 사람들에게 책임을 묻기에는 충분하지 않다. 절대적 확신에 이르지 못하는 그 어떤 것도 아무 소용이 없을 것이다. 그래서 기독교인은 단지 하나님이 아마도 존재할 것이라고 주장해서는 안 된다.

반틸은 자신의 중심 논거에 삼위일체에 관한 호소를 첨가했다. 그의 기본적인 주장은, 개별 사물들("특수")이 "의미"를 가지려면, 더 큰 전체("보편")와 연결되어야 한다는 것이고, 따라서 개혁주의 기독교의 하나님 없이는 지식이 불가능하다는 것이다. 역사의 세부 사항조차 의미를 가지려면 보다 큰 유형과 관계를 가져야 하는 개별자들인 것이다.[34]

> 많은 사람이 서로 접촉해야 한다.
> 하지만, 그들이 서로 접촉할 수 있다는 것을 어떻게 알 수 있을까?
> 그 많은 것이 단순히 연관이 없는 개별자로 존재하지 않는다는 것을 어떻게 알 수 있을까?
> 주어진 답은 그럴 경우 우리는 그들에 대해 아무것도 알 수 없다는 것이다. 그들은 우리가 가진 지식의 체계로부터 추상화 될 것이다. 그리고 그들은 추상적인

34　Cornelius Van Til, Common Grace (Phillipsburg, NJ: P & R, 1947), p. 2. 나는 이 구절을 알려 준 맥코넬(MaConnel)의 "Historical Origins," p. 141에 빚졌다.

개별자일 것이다.

반면에 개별자를 파괴하지 않는 단일체를 획득하는 것이 어떻게 가능할까?[35]

반틸은 이러한 "일과 다"의 문제의 해결책은 삼위일체에 있다고 주장했다. 하나님께 "일과 다는 동등하게 궁극적이다. 하나님의 통일성은 다양성보다 더 근본적인 것이 아니며, 하나님의 다양성은 통일성보다 더 근본적인 것이 아니다. 삼위일체의 위격들은 서로 간에 완전하다. 성자와 성령은 존재론적으로 성부와 동등하다."[36] 따라서, 삼위일체만이 지식의 적절한 근거를 제공할 수 있다.

반틸은 자신의 전반적인 방법을 기독교의 선험적인 주장, 즉 "간접적인" 증거라고 생각했다. 선험적 논증이라는 사상은 독일 철학자 임마누엘 칸트(Immanuel Kant, 1724-1804)에 의해 서양의 사유에 도입되었는데, 그는 우리가 어떤 것을 직접적으로 알 수도, 증명할 수도 없더라도 경험을 이해하기 위해 그들의 존재를 가정해야 한다는 것을 여전히 보여줄 수 있다고 주장했다.

따라서, 우리는 신, 영혼, 세계의 존재를 가정할 수 있다. 아마 회의론자조차 경험을 이해하려면 그러한 것들이 존재한다고 가정해야 할 것이다. 철학자 배리 스트라우드(Barry Sroud)의 표현대로 "선험적 논증은 어떤 특수한 개념들이 경험이나 사유에 필수적이라는 것을 증명하도록 되어 있다. 그리고 그들은 특정한 개념의 필연성 또는 필수불가결성을 확고히 한다."[37] 그렇지만 그것은, 예를 들어, 하나님의 존재를 합리적으로 증명한다는 것이 문제가 없음을 의미하는 것은 아니다.

칸트는 이성적이거나 논리적인 증명도 없이 그에게 남겨진 하나님에 관한 전통적인 증거들이 결함이 있다는 것을 발견했다. 그럼에도 그는 계속해서 하

---

35 Van Til, *Defense of the Faith*, pp. 25-26. See R. J. Rushdoony, "The One and the Many Problem-The Contribution of Van Til, in *Jerusalem and Athens: Critical Discussions on the Philosophy and Apologetics of Cornelius Van Til*, ed. E. R. Geehan (Phillipsburg, NJ: P &R, 1971), pp. 339-48; Van Til responds approvingly on p. 348. Rushdoony also wrote *The One and the Many: Studies in the Philosophy and Order of Ultimacy* (repr., Vallecito, CA: Chalcedon/Ross House Books, 2006).

36 Van Til, *Defense of the Faith*, p. 25.

37 Barry Stroud, "Transcendental Arguments," *The Journal of Philosophy* 65, no. 9 (May 2, 1968): 243.

나님과 사후 세계 없이는 도덕적 행위가 보상받을 것이라는 보증이 없기 때문에, 신이 존재하는 것처럼 보인다고 제안했다. W. H. 월시(W. H. Walsh)에 따르면, 칸트의 도덕적 논증은 그에게 "객관적인 지식이 아니라 일종의 개인적 확신"[38]을 제공했다. 그러므로 일반적으로 있는 그대로의 세계가 아니라, 우리가 세계를 이해하는 방식에 대해서만 확신할 수 있을 뿐이다.

반틸은 칸트가 지식의 전제 조건으로서 하나님을 포함하지 않았던 사실을 거부하면서도, 그가 사용한 기본적인 선험적 전략은 수용했다. 그는 칸트를 자율적이고 비기독교적인 사고의 본보기로 간주했다. 칸트가 인식 주체를 실재에 대한 불가지론에 빠뜨린 반면, 헤겔은 하나님의 표현으로서의 실재는 모든 사람이 볼 수 있을 뿐 아니라, 역사의 사건들을 통해서도 볼 수 있기 때문에 알 수 있다고 썼다. 독일 관념론자로서 그는 실재 전체를 강조했다. 실재는 하나의 전체이기 때문에, 우리는 전통적인 전제들과 결론으로 우리의 세계관을 증명할 수 없다. 왜냐하면, 바로 그 전제, 추론, 사실상 모든 것이 세계관에 포함되어 있기 때문이다.

이런 정도의 논증은 필연적으로 순환적이지만, 악의적으로 그렇지는 않다. 세계관은 그것이 세계를 얼마나 잘 해석하느냐에 따라, 서거나 무너진다.[39] 그것은 결론이 전제에 포함되어서는 안 되는 전통적인 증명과의 분명한 단절이다. 전통적으로 전제는 결론을 받아들일 수 있는 독립적인 근거를 제공한다. 그리고 사람들은 설득력 있는 전제에 근거한 결론을 받아들인다.

데카르트는 "나는 생각한다. 고로 존재한다"로 대중화된 단 하나의 핵심 요소로부터 쌓아올림으로써 기독교적 세계관을 증명하려고 한 것으로 유명하나. 이와는 대조적으로 헤겔은 전체를 증명하려고 했다.

반틸은 우연히 보만(A. A. Bowman) 교수 밑에서 헤겔의 논리에 관한 한 과목을 포함, 두 개의 박사 과목을 공부했기 때문에 헤겔의 사상과 논리를 잘 알고

---

38 W. H. Walsh, "Immanuel Kant," in The Encyclopedia of Philosophy, ed. Paul Edwards (new York: Mcmillan, 1967), 4:317.
39 탐 락모어(Tom Rockmore)는 헤겔에 대해 이렇게 말한다: "설명 구조의 시작의 적절성과 그 것에 따라 알아야 한다는 주장은 결과가 이론의 시작점과의 관계에 의존하게 하는 대신, 그 것이 의존하는 결과에 의해서 입증되기 때문에, 분명히 이런 종류의 인식론적 전략은 비록 악의적 의미에서는 아닐지라도 순환적이다." Tom Rockmore, *Hegels Circular Epistemology* (Bloomington: Indiana University Press, 1986), pp. 10-11.

있었다.⁴⁰ 반틸에게 있어서 기독교 전체는 선험적인 증거를 구성한다. 왜냐하면, 그 세계관만이 세계를 해석할 수 있기 때문이다. 구체적으로 말하면, 오직 그것만이 사유와 경험의 토대를 제공할 수 있기 때문이다.

반틸은 근대 시대의 여명기에 데카르트 이후 몇 세기 동안 인기 있었던 지식에 관한 견해에 동의하지 않는다. 그 견해들은 우리가 어떻게 알 수 있는지와 함께, 곧 인식론과 함께 시작해야 한다고 주장했다. 그러한 방법은 인식하는 자와 인식의 과정을 강조한다. 일반적으로 우리는 지성적인 입장과 전제와 편견들을 제거하고, 대부분 있는 그대로의 진실에 도달할 수 있다고 생각하게 되었다. 데카르트 같은 합리론자들(최소한 어떤 지식은 감각이나 경험으로부터가 아닌 지성을 통해 생겨날 수 있다고 주장하는 사람들)⁴¹은 우리가 참된 개념을 생각해 낼 수 있을 것이라고 생각했다.

존 로크(John Locke, 1632-1704) 같은 경험론자들은 우리가 감각을 통해 진리에 도달할 수 있다고 주장했다. 성장하는 과학의 정신은 이론이나 개념들이 실험을 거친 관찰 결과들과 조화를 이룰 때, 우리가 진리를 얻게 된다는 견해에까지 도달하게 되었다.

이와 대조적으로, 반틸은 우리가 알고 있는 것, 즉 우리가 참되다고 생각하는 것(존재론)에서 출발해야 한다고 주장한다. 그에게 있어서 그것은 하나님, 성경, 타락 등에 관한 관념들을 포함하는 우리의 신학에 담겨 있다. 그는 모든 것이 각자의 관점(대략, 지적 헌신, 관점 또는 전제들)에서 해석되기 때문에 중립적인 근거가 없으며 객관성을 확보하기가 어렵거나 불가능하다고 보는 서구 사상의 흐름이 시작되던 때에 자신의 견해를 발전시켰다. 또한, 곡면의 수학과 아원자 입자의 접근 불가능성과 같은 것들은 해석과 관점을 떠나, 있는 그대로의 세계에 도달하는 것을 불가능하게 만드는 것처럼 보였다.

과학철학자 토마스 쿤(Thomas Kuhn, 1922-1996)은 획기적인 저서인 『과학혁명의 구조』(*The Structure or Scientific Revolutions*, 1969)에서 과학은 모든 사람에 의해 수용될 만한 하나의 통일된 관점에서 꾸준히 발전해 온 것이 아니라, 하나의 전체 개념적 관점("범형")에서 다른 관점으로, 일련의 교체를 통해 나아간다고

40　Eric D. Bristley, *Guide to the Writings of Cornelius Van Til, 1895-1987* (Chicago: Olive Tree Communications, 1995). The two doctoral courses are listed under 1923b.
41　합리론은 광범위한 용어이고, 많은 유형이 있다. 여기서 간단히 설명한 것은 그들 전부를 정확하게 다루려는 것은 아니다.

말했다. 두 관점이 같은 핵심 단어를 사용하더라도, 각 관점이 바로 그 핵심 단어들을 정의하기 때문에 다른 의미를 갖게 된다. '원자'(atom) 같은 단어는 두 개의 경쟁하는 이론에서 각각 다른 것을 의미할 수 있다.

7년 뒤에 출간된 책에서 반틸은 귀납과 연역과 같은 용어가 기독교인과 비기독교인이 사용했을 때, 그들에게 부여되는 다른 의미와 관련해서 비슷한 말을 했다(반틸이 쿤으로부터 자신의 견해를 얻었다고 생각할 이유가 없다).[42]

반틸에게 있어서 그의 증명이 갖는 선험적 성격은 지성적 전략 그 이상이다. 증명의 선험적 성격은 인간에 관한 견해 그리고 죄와 의로움의 대조되는 본성에 관한 그의 견해와 조화를 이루며, 이는 변증학과 신학이 일반적으로 인식되는 것보다 더 많이 얽혀 있다는 것을 의미한다. 그것은 처음부터 하나님을 인정할 필요성을 가지고 불신자와 대립함으로써 반틸이 죄의 본질이라고 믿고 있는 것, 곧 자율적으로 혹은 독립적으로 생각하고 행동하는 것에 도전한다. 그는 전통적 변증학이 사람들로 하여금 진리를 결정할 수 있다고 생각하게 함으로써 인간의 타락을 부채질한다고 생각했다.

전통적 변증가는 증거를 제시하고 그 사람을 초대하여 기독교가 사실이라는 결론을 이끌어냄으로써, 하나님을 인식 과정의 중심에 두지 않고도 우리가 자율적으로 생각할 수 있다는 견해를 강화한다. 이런 방법은 하나님과 그의 말씀이 인간을 판단하게 하기보다, 인간을 하나님의 심판자로 만든다. 성경이 실제로 하나님의 말씀인지 아닌지를 결정하는 것은 인간의 역할이 아니다. 하나님께 대한 인격적 복종의 일환으로 성경에 복종하는 것이 인간의 책임이다. 불신자에게는 지식의 문제가 아닌 죄의 문제가 있다. 답은 하나님과 그의 말씀에 복종하는 것이지, 그가 무엇이 진리인지를 판단할 자격이 있다고 주장하는 것이 아니다. 오직 하나님만 그것을 하실 수 있다.

42　Van Til, *A Survey of Christian Epistemology*, p. v. 그 문구는 1969년 판 목차에 나타난다. 그것은 수년에 걸쳐서 수정되고 확장되었다. 초기의 강의 요강으로서 그것은 "변증 형이상학"(Metaphysics of Apologetics)이라는 제목이 붙여졌고, 40페이지에 불과했다. 코넬리우스 반틸의 저작(CD ROM)을 검색해 보면, "토머스 쿤", "토머스 S. 쿤"도 "과학혁명의 구조"도 나타나지 않는다. 반틸이 토머스 쿤의 사상에 대하여 얼마나 생각하였는지 분명하지는 않더라도, 과학철학이나 철학 일반의 발전에 대해서 관심있는 사람이라면 누구나 그의 저작이 친숙했을 것이다. 용어들이 경쟁하는 이론들 내에서 다르게 해석된다는 사상은 종종 "공약 불가능성"(incommensurability)으로 지칭된다. 쿤이 그것을 얼마나 진지하게 받아들였는지, 서로 다른 범형에 관여하는 것이 이론들 간의 소통을 어떤 정도로 방해하는지 하는 것은 논란이 되고 있다.

타락한 인간은 마치 인간과 하나님이 동일한 실재를 직시하기라도 하듯, 마치 우리는 태양이 하나님이 작정하신 것과 별도로 저절로 존재하는 하나의 사실로서 빛나고 있는 것으로 알 수라도 있는 것처럼, "일의적으로"(univocally) 생각하기를 원한다. 그러나 올바른 생각(즉, 타락한 생각와 구속된 사고)에 따르면 태양은 영원 전부터 하나님께서 그렇게 작정하신 대로 빛나고 있다. 하나님이 그렇게 만드셨기 때문이다. 우리는 그것을 독립된 사실로서가 아니라, "배후에 있는 하나님의 사유를 생각함"으로써 알고 있다.

이런 의미에서 우리는 "파생적" 또는 "유비적" 지식, 즉 하나님으로부터 파생된 지식을 갖는 것으로 만족해야 한다. 우리의 생각은 하나님이 말씀하시는 것(또는, 좀 더 정확히 말하자면, 그가 결정하시는 것)에 따라야 한다는 점에서, '수용적으로 재구성적'(receptively reconstructive)인 것이 되어야 한다. 그러나 타락한 인류는 창조적으로 구성적(creative constructive)이기를 원한다. 즉, 우리는 진리의 기준을 결정하고 그에 따라 하나님과 독립해서 사고하기를 원한다.

반틸이 '유비적'(analogical)이라는 용어를 사용한 것은, 그것이 중세의 특정한 논문에서 사용되었기 때문에 약간의 혼란을 야기했다. 토마스 아퀴나스는 우리의 지식은 일의적이라기보다 유비적이라고 했다.[43] 그가 의도한 하나의 예에 의하면, "하나님은 강하시다"에서 '강하다'라는 어휘는 "역도 선수들은 강하다"에서 '강하다'와 정확히 동일한 의미를 갖지 않는다. 하나님은 결코 지치지 않으시며 에너지 등을 사용하시지 않는다. '강하다'(strong)의 정확한 의미는 우리가 지칭하는 대상에 다소 의존한다. 아퀴나스에게 유비는 의미가 본성과 관련된 방식과 관계가 있다. 그러나 반틸에게 있어서 유비는 지식의 기초로서 하나님과 그의 의지와 관계가 있다.

유비에 대해 말한 것 외에, 아퀴나스는 우리가 사물들의 결과에 의해, 사물들을 알 수 있다고 말했고, 그래서 우리는 하나님이 이루신 결과-즉, 그가 야기하신 것-를 통해서 하나님에 관해 무언가를 알 수 있다고 했다(그는 우리가 그런 방식으로 하나님에 관해 많이 알 수 있다고 믿지 않았다. 하나님에 관한 자세한 지식을 위해서는 성경이 필요하다). 그러므로 우리는 우리 주변의 사물에 대한 지식으로부터 시작할 수 있으며, 하나님이 존재한다고 결론을 내릴 수 있다.

---

43 역주) 중세 스콜라 철학에서 토마스 아퀴나스는 신과 인간에게 공용되는 용어의 의미에 대해 연구했다.

반틸에 의하면 이런 전통적인 견해는 퇴행적이다. 만일, 우리가 무언가를 알고자 한다면 개혁주의 기독교의 하나님을 전제해야 한다. 하나님을 모든 지식의 기초로 인정하기를 거부한다는 사실에도 불구하고, 사람들은 자신이 사물을 안다는 것을 분명히 알고 있다. 그들은 오직 (개혁주의 기독교의) 하나님이 존재한다는 가정하에 은밀히 기능할 때 지식을 가지게 된다.

반틸의 표현대로 그들은 "차입된 자본"(borrowed capital)을 사용한다. 이것이 그들이 특정한 사물들과 범주들의 통일성, 미래와 과거의 연속성, 이성과 도덕성의 기초 등을 가질 수 있는 유일한 방법이다. 그들은 사물을 알고 있는데, 그들이 공언한 세계관 대로 살고 있지 않기 때문이다. 대신에 그들은 후에 프란시스 쉐퍼에 의해 개발된 하나의 논제를 개혁주의 기독교로부터 차용했다.

그러나 그는 그것을 사유보다 도덕적인 것에 더 많이 적용했다. 변증가는 이런 위선에 맞서야 한다. 반틸에게 있어서, 이것은 비기독교인에게 그들의 신념 체계 내의 불협화음을 보여줄 수 있는 가능성과 관련이 있다. 이런 내재적 비평은 단순히 기독교적 입장에 동의하지 않는 불신자들의 주장에서 비롯되는 외재적 비평이 아닌, 그의 가정과 목표의 맥락의 내부로부터"[44] 이루어진다. 예를 들어, 반틸은 비기독교인이 자신들의 경험을 "무의미하게" 만든다는 것과 심지어 어떤 종류의 지식도 설명할 수 없음을 보여주고자 했다.

기독교인은 자신의 시각을 내부에서 살펴보고, 기독교인의 안경을 통해 세상을 바라보는 방식이 어떻게 지식을 설명할 수 있는지, 경험을 이해할 수 있는지 등을 발견하도록 비기독교인을 초대한다. 그러나 자신들의 전제를 사용하여 기독교인의 세계관을 비판하려는 비기독교인의 시도는 실망스럽다. 반틸에 따르면 그러한 전제들은 모든 지식과 논증의 가능성을 파괴하기 때문이다.

반센의 표현대로, "보다 보편적이고, 근본적이며, 필연적인 궁극적 진리는 그것에 내재된 전제 조건들과 독립적으로 논증될 수 없는 그런 것이다."[45] 그가 보기에 이러한 것은 기독교인들의 주장을 무효화시키지 못하며, 오히려 그것을 예시해 준다.

하나님의 지식과 인간의 지식의 관계는 반틸과 고든 클락 간의 마찰을 일으

---

44 Bahnsen, Van Til's Apologetic, p. 140 n.135.
45 L. Bahnsen, *Always Ready: Directions for Defending the Faith,* ed. Robert R. Booth (Atlanta: American Vision; Texarkana, AR: Covenant Media Foundation, 1996), p. 75.

킨 문제였고, 반틸은 1944년 고든 클락의 정통 장로교회 목사 임직을 막는 사람들에 동조했다. 클락은 결국 "고립주의자 호저"[46]라며 교단을 떠났지만, 두 사람은 친절하고 정중하게 행동했다.[47]

클락에게 있어서 인간의 지식은 결국 어떤 점에서 하나님의 지식과 정확히 일치해야 하며, 그렇지 않으면 그것은 지식일 수 없고, "인간은 전혀 진리를 가질 수 없다."[48] 우리가 2 + 2 = 4라는 것을 알려면, 비록 하나님이 그것에 관해 무한히 더 많은 것을 안다 할지라도, 하나님도 그 사실을 알고 있어야 한다.

그러나 반틸에게 이것은 하나님의 불가해성에 대한 도전이었다. 그는 어느 순간에도 우리의 지식은 결코 하나님의 지식과 정확히 동일할 수 없다고 주장한다. 하나님의 지식은 비평가들로 하여금 도대체 우리가 어떻게 무언가를 알 수 있는지 의아히 여기게 만들었다.

개혁주의 신학자 로버트 레이몬드(Robert Raymond)는 반틸의 생각에 대부분 동조하면서도, 바르트에게 진리는 실존적이고 반틸에게 진리는 객관적이고 성경적으로 명제적이긴 것이지만, 결국 반틸은 칼 바르트와 같은 자리에 있게 된다고 믿었다.[49]

클락은 논리를 하나님의 마음의 표현이라고 강조했고, 반틸은 논리가 진정 하나님 안에 근거되어 있으며, 그것이 그보다 높지도, 그로부터 독립적이지도 않다고 강조했다. 반센은 "소위 논리를 자율적으로 사용하는 것은 논리의 기초나 이해 가능성을 파괴하는 반면, 논리의 명료성을 위한 참된 기초(인간에게 계시된 하나님의 마음)는 엄밀한 의미로 그 자체의 수용 가능성 때문에 인간의 논리 사용에 종속될 수 없다"는 말로 자신의 견해를 특징짓는다.[50]

반틸에게 진리란, 우리가 어떤 것을 정확히 알고 있다면 문자 그대로 모든 것을 알게 되는 단일체다(소가 먹는 것을 알기 위해서는 광합성, 분자생물학 그리고 모

46　Gordon H. Clark, "Blest River of Salvation," *Presbyterian Guardian*, January 10, 1945. 뮤터(Muether)의 *Cornelius Van Til*, p. 108에서 인용됨.
47　Ibid., pp. 101, 2010.
48　Gordon H. Clark, "Apologetics," in *Contemporary Evangelical Thought*, ed. Carl F. Henry (GreatNeck, NY: Channel Press, 1957), p. 159.
49　Robert Reymond, *The Justification of Knowledge: An Introductory Study in Christian Apologetic-Methodology* (Phillipsburg, NJ: P & R, 1976), p. 105.
50　Bahnsen, *Vantil's Apologetic*, p. 236. n. 174. 반센은 로날드 내쉬(Ronal Nash)와 다른 사람들이 범하는 오류에 주목한다.

든 지식을 알아야 한다는 것을 상기하라). 그는 명제들로 진술되는 "진리"를 훨씬 광범위한 "지식"으로부터 분리했다. 지식은 명제로 기술된 진리를 포함하지만 개인마다 다른데, 그 이유는 지식은 개인이 알고 있는 것 전체, 그들 지식의 통합과 일관성, 그것을 아는 방식(예를 들어, 직관적인지 추론적인지), 인식자가 하나님과 맺는 윤리적 관계, 명제 속에 나타난 용어들에 대한 인식자의 지식, 모든 다른 실재와 그들의 관계 그리고 명제가 함축하는 바에 관한 그들의 지식과 관계 있기 때문이다.[51]

반틸은 사물에 대한 기독교인들의 견해는 적어도 원칙적으로 비기독교인들의 시각과는 완전히 다르다고 강조했다. 함축성은 그의 견해와 더 전통적 변증학간의 차이에서 중요하다. 전통적 변증학에서 '공통 기반'은 일반적으로 신자와 불신자가 공통적으로 갖는 믿음을 가리킨다. 그러한 공통적인 영역은 상대방에게 결론을 납득시키는 데 도움이 되는 전제를 공식화하기 위해 사용된다. 이것은 주제와 상관없이 일반적으로 추론에 이상적이다. 당신은 가능한 한 상대방이 동의하는 전제를 고르려고 한다. 전제의 참에 대한 불일치가 있을 경우, 전제를 지지하기 위해 추가적인 논증들을 사용해야 할 것이다.

그러나 반틸에게 있어서, 신자와 불신자 사이의 "공통 기반"은 실제로 그들 사이에 공통되는 것으로 구성된다. 즉, 그들은 동일한 하나님이 운영하시는 동일한 우주 속에 살고 있다. 그것은 형이상학적 상황이다.[52] 그러나 물론 대부분의 변증가는 그런 것들의 개념에 관심을 기울이는데, 이는 반틸이 "공통적 개념들"이라고 부르는 것(반센이 설명하는 "자의적 해석")이다.[53]

불신자들의 세계관은 신자의 세계관과 완전히 반대되기 때문에(불신자는 하나님께 대한 반역이기 때문에), 세계관에 있어서 그들 사이에는 원리적으로 어떤 공통점도 없다. 그리고 모든 사실과 경험은 세계관에 의해 해석되고 연결되기 때문에 신자와 불신자 사이에는 어떤 중립적인 기반도 없다. 즉, (실제 사유에서는 불신자가 기독교 세계관에서 은밀하게 차용할지도 모르겠지만) 그들이 같은 방식으로 알고, 같은 방식으로 해석하는 것은 아무것도 없다.

---

51 Gilbert B. Weaver, "The Concept of Truth in the Apologetic Systems of Gordon Haddon Clark and Cornelius Van Til" (PhD diss., Grace Theological Seminary, Winona Lake, IN, 1967), p. 156.
52 Van Til, *Defense of the Faith,* p. 153.
53 Bahnsen, *Van Til's Apologetic,* p. 424.

그러나 이것은 반틸이 인식론적 상황으로 간주하는 것만을 기술하고 있다. 만일 그것이 가능한 전부였다면, 원리적으로 세계를 알 수 있는 어떤 방법도 없을 것이기 때문에, 불신자는 아무런 지식도 갖지 못할 것이다.

이는 불신자가 사실 지식이 없다거나, 어떤 지식도 얻을 수 없다는 것을 의미하는가?

반틸은 비평가들에게 자신은 "그렇게 터무니없는"[54] 것은 믿지 않는다고 확언했다. 그는 "많은 비기독교인이 위대한 과학자였다. 종종 비기독교인들이 기독교인들보다 이 세상의 사물에 대한 더 나은 지식을 가지고 있다"[55]라고 말했다. 그것은 어떤 불신자들도 그들의 세계관과 전적으로 일치하지 않기 때문이다.

따라서, 원칙적으로 엄밀히 말해 신자와 불신자 사이에는 개념적으로 ("인식론적으로") 어떤 중첩되는 부분도 없지만, 실제 그들이 믿는 것에는 ("심리학적으로") 중첩되는 부분이 있다. 이는 부분적으로는 그가 하나님의 형상으로 만들어졌고, 자연과 성경에 분명한 계시가 있다는 사실이 불신자를 압박하기 때문이다.[56] 따라서, 불신자는 결국 신자의 세계관이 실제로 인정하는 것을 믿게 된다. 그러나 자신의 세계관에 근거하여, 불신자는 그가 실제로 믿는 것을 주장할 어떤 권리도 없다. 반틸은 바로 이러한 차이 위에 변증을 쌓아올린다. 그는 불신자에게 믿는 것과 그들의 세계관이 믿도록 허용한 것의 차이를 보여주고자 한다.

그러나 다시 말하지만, 반틸은 이러한 차이를 사용하여 전통적 논증을 공식화하고자 하지 않는다. 전통적 논증은 전제들을 사용하여, 불신자들을 그 전제들 위에 근거한 결론으로 유도한다.

전통적인 추론은 그가 무엇이 진실이고 사실이 아닌지를 자율적으로 결정할 수 있다는 불신자들의 의식을 강화할 뿐이다. 반면에 반틸은 불신자가 자신의 전제 조건들을 재평가하고 개혁주의 기독교인의 입장을 채택하지 않을 수 없게

---

54   Van Til, *Defense,* p. 103.
55   Cornelius Van Til, *An Introduction to Systematic Theology* (Phillipsburg, NJ: P &R> 1974), p. 83, in Chap, seven, sec. B, "Revelation About Nature from Man, Psycho-Physics," Logos Bible Software Library, The Works of Cornelius Van Til. See also quote in Bahnsen, *Van Til's Apologetic,* p. 415.
56   Bahnsen, *Van Til's Apologetic,* p. 425 n. 94.

만들기를 원한다. 그가 알고 있듯이, 전통적 변증학의 오류는 불신자들이 생각하는 것이 더 완전하기만 하면 되는 것처럼, 실제적인 일치의 영역을 취해서 사용함으로써 기독교를 논증하려는 것이다.

반틸은 모든 지식은 개혁주의 기독교를 전제하는 것에 달려 있다는 주장을 통해 불신자의 모든 기초를 허물어 버리려고 한다. 그의 표현대로, 우리는 "기독교와 비기독교인이 동의하는 공통의 관념"에 호소할 것이 아니라, "인간과 그의 세계는 성경이 말하는 것과 같으므로, 그들이 실제로 가지고 있는 공통 기반"에 호소해야 한다.[57]

우리는 반틸이 "공통 기반"으로 무엇을 의미하는가에 주의를 기울여야 한다. 즉, 대부분의 전통적 변증학자가 "공통 기반"을 사용하려고 할 때, 대략 반틸이 "공통적 개념"으로서 거부하는 것을 의미한다.

반틸에게 있어서 신자와 불신자는 실제로 "접촉점"을 갖고 있다. 즉, 신자가 그의 세계관을 논증하기 위해 사용할 수 있는 어떤 공통점을 가지고 있지만, 언급한 바와 같이 그것은 결코 전통적 변증학의 공통 기반이 아니다. 반센이 설명하는 접촉점은 "창조주를 아는 하나님의 이성적인 피조물로서 공통적으로 가지고 있는 것"[58]이다. 그들의 세계관이 어떤 점에서 마치 어떤 공통점이라도 있는 것처럼 중첩된다거나, 그들 사이에 중립적인 기반이 있는 것은 아니며, 오히려 비기독교인은 개혁주의 기독교인들이 정확히 알고 있는 실재와 접촉하고 있다.

비기독교인은 접촉점을 부정하고 억압하는데, 이것은 기독교인이 지적하고 맞서야 할 것이다. 반틸은 신자들이 그렇게 하지 않는 이유 중 하나는 그늘이 불신자들을 두려워하고 그들을 기쁘게 하고 싶어하기 때문이라고 넌지시 말하는 것처럼 보였다.[59] 하지만, 반틸은 기꺼이 그것에 맞섰다. 그는 모의 복음 강연에서 다음과 같이 말했다.

---

57 Cornelius Van Til, "My Credo," in Geehan, *Jerusalem and Athens*, p. 21. "My Credo" was his most succinct statement of his views. Bahnsen, *Van Til's Apologetic*, p. 727 n. n, docume-nts earlier versions.

58 Bahnsen, *Van Tils Apologetic*, p. 105 n. 49.

59 모의 대화에서, 전통적 변증가인 그레이(Mr.Grey)는 불신자(블랙 씨)에 대해 "그리고 그는 꽤 강해. 그와 타협하여 평화를 이루는 것이 최선이야. 그게 현명하고 실용적인 정치인의 방식 같아"라고 생각한다." 나중에 그레이 씨는 불신자를 "기쁘게 하려고" 노력할 것이다. Van Til, *Defence of the Faith*, pp.233, 246.

내가 여러분을 불쾌하게 하지 않았다면, 나는 나의 하나님에 관해 말한 것이 아닙니다. 하나님에 대한 믿음을 위한 증거를 다루는 데 있어서 여러분이 정말로 한 일은 스스로를 하나님으로 세우려는 것이기 때문입니다. 여러분은 여러분의 지성을 무엇이 가능하고, 무엇이 불가능한가의 기준으로 삼았습니다.[60]

개혁주의 사상가들 사이에서 변증 이론에 관한 중요한 논의는 일반은총의 본질과 관련하여 생겨나는데, 그 주제는 하나님이 타락한 인간과 어떻게 일하시는지 대한 문제를 다룬다.

반틸에게 일반은총은 소극적이어서, 하나님이 타락한 인간을 어떻게 억제하느냐로 구성된다. 타락한 사람들이 자연신학의 형태로 영적 진리에 관한 확실한 지식을 얻을 수 있다고 가정하고, 일반은총을 건설적인 것으로 받아들일 때 문제가 발생한다. 반틸은 불신자가 가진 진리와 하나님에 관한 지식은 하나님의 형상대로 만들어진 그의 존재와 자연계시의 명료함 등에서 비롯된다고 주장했다. 그것은 불신자들 속에서 제거될 수 없기 때문에 추론에 의해 형성될 필요가 없으며, 특히 추정된 중립적 근거로부터 추론할 필요가 없다.

그는 벤자민 워필드가 한편으로는 우리를 둘러싼 세계로부터 지식을 얻을 수 있다고 한 것은 옳았지만, 타락한 인류가 그것을 올바르게 해석할 수 있다고 한 것은 옳지 않다고 생각했다. 타락한 인류는 그것을 부정확하게 말하고 억압한다. 반면, 카이퍼는 타락한 인간이 하나님으로부터 멀어졌다는 것에 대해서는 옳았지만, 결과적으로 지적인 논증은 아무런 도움이 되지 않을 것이라고 한 점에서는 옳지 않았다.[61]

반틸은 또한 유신론적 논증의 전통적 사용에 문제가 있다고 본다. 우리가 보았듯이, 그는 마치 불신자가 자신의 생각을 그대로 두고 하나님에 대한 견해만을 덧붙일 수 있는 것처럼, 그리고 오직 하나님만이 하실 수 있는 것, 곧 무엇이 참이고 무엇이 참이 아닌지를 결정할 수 있기라도 한 것처럼, 하나님이 존재한다는 결론에 대한 독자적인 근거로서 증거를 사용하는 것을 지지하지 않는다.

인간은 무엇이 참인지를 결정함으로써 하나님의 지위를 찬탈하려 하기보다

---

60 Van Til, "Why I Believe In God" (Updated Edition, 1976), "The Works of Cornelius Van Til, 1895-1987," Guide number 1976.6.
61 Cornelius Van Til, *Christian Theory of Knowledge* (Philadelphia: Presbyterian & Reformed, 1969), pp. 245-46. I was led to this by McConnel, "Historical Origins," p. 43.

는 그분의 말씀을 따라야 한다. 사람들은 단지 하나님의 말씀인 성경에 순종해야 하며, 그것이 사실인지 아닌지를 평가해서는 안 된다. 이것이 신앙주의적으로 들린다면(즉, 신앙에 대한 어떤 증거도 있을 수 없다는 것), 반틸은 또한 우리가 기독교 신앙을 전제하지 않으면 우리는 아무것도 이해할 수 없다고 주장한다는 점을 기억하라. 그가 알고 있듯이 이것은 단순히 신앙의 귀납적 가능성뿐만 아니라 절대적인 증거에도 해당된다.[62]

반틸의 견해에 따르면, 만약 우리가 성경이 하나님의 말씀이라는 것을 증명하기 위해 어떤 것을 사용한다면, 결국 그것을 성경보다 우위에 두고, 성경보다 높은 권위를 갖도록 만드는 것이다. 그러나 어떤 것도 하나님보다 높을 수 없기 때문에, 성경이 사실임을 증명하기 위해 사용할 수 있는 것은 아무것도 없다. 그리고 만일 성경이 그것을 검증하기 위해 무언가를 필요로 한다면, 그것은 하나님의 말씀이 아닐 것이다.

그와 E. J. 카넬은 이 점에 관해 적극 동의했다.[63] 성경이 시험을 통과한다는 것을 보여주려는 시도는, 반틸의 말을 인용하자면, "신성 모독적"[64]이다. 반센은 "하나님은 신자의 삶에서 하나님에 관한 어떤 증거를 요구하거나 그분을 시험하지 않는 것을 포함하는 급진적인 요구를 하신다 … 어떤 사람도 하나님께 증거를 요구할 수 없으며, 주의 종은 그러한 요구에 결코 굴복해서는 안 된다"[65]라고 덧붙인다. 사도들은 "증거하는 것을 두려워하지 않았지만", 그것을 근거로 논쟁하지는 않았다. 그들은 "회의론자들에게 증명할 필요성을 느끼지" 않고 그것을 전했으며, "부끄러워하지 않고 사실로서 그것에 호소했다."[66]

결론적으로, 죄인에게는 "더 많은 사실과 이유가 아니라, 변화된 마음과 영

---

62   증거에 대한 반틸의 호소에 대하여 Tom Notaro의 *Van Til and the Use of Evidence* (Phillipsburg, NJ: P & R, 1985)를 보라.
63   Van Til, "Response by C. Van Til" [to Gordon Lewis], in Geehan, *Jerusalem and Athens*, p. 361.
64   Ibid., p. 368. 반틸은 성경이 "체계적 일관성"이라는 테스트를 통과했다는 카넬의 주장을 구체적으로 언급했다. 그러한 시험을 통과했다는 것을 보여주려고 시도하는 것조차 "이미 잘못된 답을 제시하는 것이 될 것이다. 그러한 질문은 물론, 그 질문에 답하기 위해 고안된 어떤 인공적인 방법도 신성 모독이 될 것이다. 앞서 인용한 '말씀에 타당성을 부여하기 위해 그 자체보다 더 확실한 것이 필요하다면 그것은 더 이상 하나님의 말씀이 아닐 것'이다"(강조는 원문)라는 카넬의 말을 기억하라.
65   Greg Bahnsen, "The Impropriety of Evidentially Arguing for the Resurrection, *Synapse 2*(1972): www.cmfn0w.com/articles/PA003.htm.
66   Ibid.

적으로 열린 눈이 필요하다. … 변증가에게 필요한 유일한 도구는 하나님의 말씀이다. 왜냐하면, 자신의 영적 상태와 과거의 경험을 감안할 때, 죄인은 하나님 말씀의 진리를 전제하고 기독교가 일관성이 있고 설득력이 있음을 발견하거나, 그것을 배척하고 진리에 대한 지식에 결코 이르지 못하게 될 것이기 때문이다."[67]

반틸은 성경이 "스스로를 증명한다"라고 말한다. 성경의 자기 인증은 성령의 내적 증언과는 별개로 이루어지는데, 반센이 본 것처럼 성령의 내적 증언은 "성경 자체의 증언에 대해 사람들이 보이는 주관적인 개인적 반응"[68]의 원인이지만, 성경의 자기 인증은 "그 증언에 대해 사람들이 보이는 주관적 반응과 관계없이, 기록된 메시지로서의 성경의 객관적이고 자증적인 증언"[69]이다.

이것은 어떻게 작용하는가?

사람들은 이 말씀을 자신들을 향한 창조자의 권위 있는 음성으로 인식하도록 구성되어 있다. 사탕의 달콤함이나 물의 축축함이 추론적 논증 없이 직접적으로 경험되듯, 성경의 신성한 본질은 직접적으로 인식된다[70](추론적인 과정은 직관적이라기보다는 이성을 사용하는 과정이다).

반대자는 우리가 가능한 것에 대한 생각을 넓혀야 한다고 간단히 대답할 수 있기 때문에, 성경의 진리를 뒷받침하기 위해 기적에 호소하는 것은 도움이 되지 않을 것이다. 우리는 문제의 사건이 정말로 불가능하다는 것을 보여주기 전까지는 기적이 일어났다는 것을 보여줄 수 없으며, 그것은 가능한 모든 시험이 이루어지기 전까지는 증명될 수 없다.[71]

부활의 증거에 관한 한, 반센은 그 증거들을 적절하게 사용하는 유일한 방법은 신자가 이미 전제하고 있는 신앙을 확인하는 것이라고 말한다.[72] 그 증거들은 불신자를 위한 것이 아니다.

그러나 비평가들은 보다 전통적인 변증가들이 하나님은 "아마도 존재할 것

---

67 Ibid.
68 Bahnsen, Van Til's *Apologetic*, p. 198 n.84.
69 Ibid.
70 Ibid., pp. 200-201.
71 Cornelius Van Til, "Why I Believe in God," reprinted in Bahnsen, *Van Til's Apologetic*, p. 135. 반틸은 윌리엄 아담스 브라운(William Adams Brown)의 *God at Work: A Study of the Supernatural* (New York: C. Scribnefs Sons, 1933), p. 169를 인용함으로써 자신의 주장을 설명한다.
72 Bahnsen, "Impropriety."

이다"라고 주장하지 않고, 하나님을 증거하는 논증은 귀납에 근거될 수 있으며, 따라서 그 결론은 개연성이 매우 높은 것으로 나타날 수 있다고 주장한다고 지적할 것이다. 비록 그 결론이 97퍼센트만 확실하다고 공개적으로 증명될 수 있다 하더라도, 신자들은 100퍼센트의 믿음을 가질 수 있을 것이다(그것에 관해서는 앨빈 플랜팅가에 관한 장에서 더 다룰 것이다).

논증에서 공개적으로 입증될 수 있는 것, 곧 대부분의 변증학의 내용과 그것을 가진 개인에게만 강제력을 갖기 때문에 일반적으로 공개적으로 제공되지 않는 일종의 내적 확신들 사이에는 추가적인 구분이 이루어질 수 있다. 여기에는 하나님의 존재에 대한 내적 감각과 기도한 사람만이 응답 받는 것으로 알려진 기도 등이 포함될 것이다.

성경은 사람들이 높은 개연성이 아니라 절대적으로 확실하게 알려진 것들에 대해서만 책임을 진다고 말한다. 예를 들어, 고라신이나 벳새다 사람들은 눈에 보이는 기적이 하나님을 제외한 다른 원천을 가질 수 있음이 가능함에도 불구하고(출 7:22; 마 24:24; 계 13:14), 기적을 통해 적어도 그리스도가 하나님으로부터 보내졌다는 것을 알았어야 했다(마 11:21; 눅 10:13). 그래서 반틸은 성경이 하나님 말씀이라는 결론의 근거로 비기독교적인 증거를 제시하거나, 또는 기독교가 참이라는 결론의 근거로 증거들을 제시하는 것은 모두 잘못이라고 주장한다. 성경은 자증적이며, 그렇게 하지 않는 것은 불합리하기 때문에 우리는 그렇게 전제해야 한다.

반틸을 둘러싼 일부 오해는 부분적으로 외견상 상반된 주장에 기인한다. 곧, 우리가 하나님과 기독교에 대한 확신을 갖는 것은, 우리가 그 증거를 제시할 수 있기 때문이 아니라, 하나님과 기독교가 진리임을 전제해야 하기 때문이다.

반틸은 기독교에 대한 증거들을 다루듯, 유신론적 증명들을 다루었다. 그는 그것들을 완전히 거부하지는 않았으며, 다만 그의 전제적 방법에 맞도록 근본적으로 재구성했다. 가장 분명한 차이는 그가 그것들을 어떻게 사용하는가 하는 것인데, 그것들은 불신자가 기존의 세계관을 고려해 결론을 덧붙이기 위한 독자적인 근거나, 불신자가 자율적으로 참이라고 판단하는 근거로 사용되지 않는다. 대신에 그 증거들은 신자와 불신자의 세계관을 전반적으로 비교하는 데 사용되어야 한다.

기독교인의 세계관을 지지하는 증거는 그것이 "지적인 인간의 경험을 무시하지 않는"⁷³ 유일한 견해라는 것이다. 반틸이 자신의 중심적인 생각을 밝혔듯이, "기독교 입장에 대한 유일한 증거는, 만약 그 진리가 전제되지 않는다면 어떤 것도 '증명'할 수 없다는 것이다."⁷⁴

전통적인 존재론적 증명은 하나님(God) 개념에 바탕을 둔다. 반틸에게 이것은 하나님이 존재하지 않는 한, 어떤 것도 알 수 없다는 견해와 관련된다(그러나 전통적인 존재론적 주장과는 매우 다른 개념이다).⁷⁵

전통적인 우주론적 증명은 모든 것에는 원인이 있기 때문에 우주 역시 원인이 있어야 하며, 그 원인은 하나님(실제로 여러 가지 형태의 우주론적 증명들이 있다)이라는 생각에 근거한다. 반틸은 그 증명에 결함이 있다고 주장하지만, 여전히 인과율은 기독교 세계관 안에서만 의미 있다고 주장한다. (반틸에게, 일반적으로 명확하게 무신론자를 뜻하는) 불신자는 우주의 질서에 대한 초자연적인 근거를 갖고 있지 않다.⁷⁶ 목적론적 증명은 질서에 근거되어 있으며, 반틸에게 있어 하나님은 유일하게 타당한 질서의 원천이 될 수 있다.⁷⁷

> 참된 유신론적 증명은 존재(존재론적 증명), 원인(우주론적 증명) 및 목적 등에 대한 관념(목적론적 증명)은 하나님의 존재를 전제하지 않는 한 무의미함을 보여준다.⁷⁸

반틸은 계몽주의와 과학의 부상으로 널리 퍼졌던 사고방식, 즉 우리의 편견과 중요한 가정을 제쳐두고, 객관적으로 증거들을 볼 수 있다는 생각에 반론을 제기했다. 그 견해에 의하면, 경쟁적인 관점을 주장하는 사람들이 채택할 방법론(예를 들어, 과학적 방법)에 동의할 수 있고 그렇게 함으로써 "외부"세계를, 곧 사실을 있는 그대로 이해할 수 있다는 것이다.

그러나 이런 '근대적' 관점은 객관성이라는 개념이 공격 받게 되면서 최근

---

73 Van Til, *Defense of the Faith*, pp. 196-97; 반센의 *Van Til's Apologetic*, p. 616에서 인용됨.
74 Van Til, "My Credo," p. 21.
75 Bahnsen, *Van Tils Apologetic*, pp. 620-21.
76 Bahnsibid., pp. 617-19.
77 Ibid., p. 620.
78 Cornelius Van Til, "A. Letter on Common Grace," in *Common Grace and the Gospel* (Philadelphia: Presbyterian and Reformed, 1972), p. 190; 반센은 다음 인용문을 가리켰다, *Van Til*, p. 621.

수십 년간 의심을 받아왔다. 이에 대한 반론 중 하나는, 사람들의 관점은 "사실들"을 어떻게 해석할지를 결정하기 때문에, 중립적인 관점 같은 것은 없다는 것이다. 그리고 관점이 모든 것을 해석하기 때문에, 서로 다른 관점을 가진 사람들이 동의하고 그것을 위해 논쟁할 수 있게 해 줄 어떤 중립적인 근거도 남아 있지 않다는 것이다. 이런 반론들은 반틸의 입장을 상기시킨다.

그러나 반틸은 여러 관점의 지배적인 역할과 공통 기반의 결여는 객관적으로 진리를 알 수 없다는 사실을 수반한다는 견해에 강하게 반론을 제기할 것이다. 그가 주장하듯, 우리는 우리가 반드시 전제해야 할 것이 무엇인지를 확실히 알고 있으며, 그의 견해로 볼 때 우리는 개혁주의 기독교를 전제해야 한다.

그러므로 데카르트와 같은 근대주의자들과는 달리, 우리는 우리가 어떻게 알고 있는지(인식론)를 시작으로, 우리가 무엇을 알고 있는지(물리학)로 진행할 수 없다. 우리는 우리가 알고 있고, 믿고 있는 것에 대한 확신들로부터 시작해야 한다.[79]

5. 비평

반틸은 주로 격렬한 주고받기식으로 그가 관념론에 굴복했다고 비판하는 사람들에게 대답했다. 그가 철저한 신앙주의자로 간주되지만, 앞서 살펴본 것처럼 그는 그러한 견해에 반대했다.

더 평가하기 어려운 것은 그의 견해가 신앙주의에 기깝다는 비판이다. 노르만 가이슬러는 반틸의 접근법이 실제로 기능하는 방식이 그를 "계시적 신앙주의자"로 만든다고 결론짓는다. 즉, 기독교를 위한 유일한 증거는 그것이 전제되어야 한다는 점에서 그는 전제들을 신앙주의적으로 사용한다. 이는 신자와 불신자들 사이에 공통된 개념(또는 반틸의 "관념"이라는 단어)이 없다는 것이며, 우리는 실재가 무엇인지 보여주기 위해 사실 자체나 논리를 사용할 수 없는데, 그들은 하나님으로부터 독립적이지 않기 때문이다. 그리고 우리는 그것들을

---

[79] 다른 절들에서는 그 변증가에 대한 요약을 하겠지만, 반틸의 견해는 현대 변증학에 매우 중요했기 때문에, 다른 사상가들과 그것을 비교하고 대조하기 위해 책 전반에 걸쳐 여러 곳에서 요약하고 검토할 것이다. 그래서 여기에서는 요약하지 않을 것이다.

독립적으로 또는 실재를 발견하는 방식으로 취급할 수 없는데, 그것은 사람들을 "자율적으로" 만들 것이기 때문이다. 기독교를 지지하는 논증에서, 반틸이 논리와 사실을 사용할 것이라는 것만으로는 가이슬러에게 충분하지 않다. 반틸에게 있어서 그것들은 전제적으로 사용되어야 하기 때문이다.

그리고 가이슬러는 "성경은 명백히 순환적인 추론 과정 속에서 자증하는 권위를 믿는 행위에 의해 참된 것으로 가정될 것이다. 만일 그렇다면 하나님에 대한 '증명'과 기독교의 역사적 '사실들'은 기독교가 참되다는 전제를 신앙주의적으로 수용하지 않는 한 절대적으로 어떤 의미나 타당성도 갖지 못할 것"[80]이라고 말한다.

반틸에 대한 평가를 복잡하게 만드는 것은 그가 가진 두 가지 대조적인 접근 방식 때문이다. 한편으로 성경은 하나님 말씀으로 받아들여야 한다. 그렇지 않으면 우리가 그에게 빚진 것이 복종인데, 그에게 도전하는 것이 되기 때문이다. 우리는 그분이나 그분의 말씀을 시험할 권리가 없으며, 그분의 말씀보다 더 높은 진리의 기준을 제시할 권리가 없다. 이는 단순한 신앙주의처럼 들린다.

다른 한편으로 반틸은 개혁주의 기독교에서 말하는 하나님의 존재를 전제하지 않는다면 인간의 지식과 경험을 설명할 방법이 없다고 주장한다. 우리가 이러한 선험적인 움직임이 효과가 있다고 생각하든 그렇지 않든, 그는 적어도 무신론자가 자신의 견해를 진술하기 위해서는 하나님의 존재를 전제해야 한다는 점에서 완벽한 증거를 제시하고 있다고 생각한다. 그러므로 반틸은 기독교의 신앙주의적 수용으로 그치지 않는다. 자신의 증거가 가장 강력한 증거라고 말하면서, 이는 보다 전통적인 변증학에 의해 제시되는 증거의 수준을 훨씬 넘어서는 것이라고 생각한다.

선험적 접근 방식은 그가 주장하는 바를 수행하는가?

그는 하나님의 존재를 증명하는 전통적 증명들에 대한 공통된 비판에 동의하는데, 이 비판은 그 증명들이 독특한 기독교 하나님의 존재를 증명하지 못한다는 점을 지적한다. 예를 들어, 우주론적 증명은 기껏해야 우주를 일으킬 수 있는 존재가 존재함을 증명하며, 목적론적 증명은 신성한 질서 부여자의 존재를 증명한다. 그것은 우리를 기독교의 하나님으로부터 멀리 떠나게 한다.

80　Norman Geisler, *Christian Apologetics* (Grand Rapids: Baker, 1976), p. 58.

그러나 반틸의 독자적인 접근 방식은 인간의 지식과 경험을 설명하기에 충분한 하나님의 존재만을 요구한다. 그의 접근 방식이 기독교의 하나님에 대한 모든 항목을 어떻게 요구하는지 알기는 어렵다. 그는 삼위일체만이 개별 사물과 범주의 관계, 곧 일과 다의 문제를 설명할 수 있다고 주장한다.

그러나 이렇게 중요하고 혁신적인 주장에 대해 삼위일체에 대한 그의 호소는 크게 발전하지 않은 채 남아 있다. 인간의 지식과 경험을 설명할 수 있는 존재가 삼위일체적이어야 한다 하더라도, 이는 예를 들어, 하나님의 사랑, 인내, 자비, 지혜, 섭리, 정의, 내재, 초월성 등을 포함하는 독특한 기독교의 하나님에 관한 모든 항목과는 여전히 거리가 멀다. 또 그러한 존재가 존재한다는 사실을 증명하는 것은 성경의 영감, 성육신, 그리스도의 두 본성, 부활, 구원 계획 등을 포함하는 기독교를 증명하는 것과는 거리가 멀다는 점에 주목해야 한다. 앞으로 우리는 존 프레임이 선험적 논증에 대한 반틸의 접근 방식에 대해 같은 비판을 하는 것을 보게 될 것이다.

우리가 보았듯이 반틸은 결론을 위한 독립적 증거로서가 아닌 전제주의적 방법으로서만 기독교를 지지하는 증거를 사용할 것이다. 비판자들은 그가 그 과정을 좀 더 자세히 설명해 주기를 바랐다. 반틸은 그의 논증들에 대해 매우 높은 기준을 설정한다. 많은 전통적 변증가가 주장하는 것처럼, 기독교는 단순히 최선의 설명이 아니다. 그것은 수행될 수 있는 유일한 설명이다.

하지만, 비평가들은 기독교의 하나님이 왜 만물을 창조하시고, 그것들 사이에 어떤 연관성이 있도록 지도하시는지에 관해 의문을 가질 수 있을 것이다. 만약 하나님께서 나뭇잎을 그곳에 두시지 않는다면, 나뭇잎은 나무 위에 있을 수 없고, 그들에 관한 언어와 범주들을 사용하여 그것에 대해 말할 수 없다.

사물들 간의 관계에 대한 다른 모든 설명은 불가능한가?(반틸의 변증학)
아니면 매우 가능성이 없는가?(보다 전통적인 변증학의 견해)
논리, 인과율, 도덕과 같은 다른 모든 설명은 완전히 실패하는가, 아니면 그들은 단지 불충분한가?

수십 년에 걸쳐 반틸은 개혁주의 기독교만이 인간의 추론을 설명할 수 있다는 주장을 자주 반복했다. 그리고 우리는 그가 이런 혁신적이고 결정적인 주장에 관한 증거를 발전시키면서도, 기독교의 하나님이 모든 것을 절대적으로 통제하지 않는 한, 어째서 아무것도 알 수 없는지에 관해 더 많은 말을 해 주기를 바랐다. 일부 사람이 알고 있듯이 그의 선험적 접근 방식이 가진 문제의 일부는, 우리는 모든 가능한 설명을 알지 못한다는 것이다. 우리는 우리와 다른 사람들이 생각해낸 것만 알 뿐이다.

그렇다면 다른 어떤 설명도 효과가 없거나, 혹은 더 효과가 없다는 것을 어떻게 절대적으로 확신할 수 있는가?

브라이언 보스(Brian Bosse)가 지적하는 것처럼, 전제주의자는 합리성의 기초를 제공할 수 없다고 하는 다른 세계관들과 기독교를 비교하지만, "그는 지식을 위한 필수적인 전제 조건들을 만족시키는 어떤 다른 세계관도 없음을 결코 증명하지 않는다. … 그러나 그 변증가가 기독교 외의 모든 세계관은 실패한다고 귀납적으로 결론 내리는 것은 다름 아닌 이런 근거 때문이다."[81]

따라서, 보스는 전제주의자들은 연역적 혹은 절대적 확실성을 가지고 있다고 주장하지만, 실제로는 귀납적 확실성, 즉 높은 개연성만을 가지고 있다고 말한다. 귀납적 확실성은 대부분의 전통적 변증가가 제시하는 것이고, 반틸은 그것에 대해 비판한다. 증거주의자인 존 워윅 몽고메리는 무한한 수의 대안이 있기 때문에 모든 대안을 반증하는 것만으로 기독교를 증명할 수 없다고 말한다. 설령 대안이 없고 우리가 한정된 수의 대안을 반증했다 하더라도, 우리는 결코 그것들 중 하나가 참이어야 한다고 확신할 수 없다.[82]

제임스 N. 앤더슨(James N. Anderson)은 "가능한 대안들은 (그 수가 무한하다 하더라도) 한정된 수의 부류로 나눌 수 있으며, 그런 종류의 대안들은 실패한다"[83]라고 반박한다. 이는 우리가 모든 종류의 대안을 확인했는지 그리고 더 적절한 대안이 존재하지 않음을 확실히 알 수 있는지에 관한 의문을 남긴다.

이와 관련된 반대 의견에서, 반틸의 전 제자 데이비드 후버(David Hoover)는 전제주의적 논증은 기독교가 합리성을 위한 충분한 근거임을 보여줄 수 있을 뿐, 필연적인 근거임을 보여줄 수 없다고 말한다. 실용적 측면에서 보면 기독

81　Brian Boss, "Van Tilian Presuppositional Apologetics-A Critique Concerning Certainty," p. 10. http://www.christianlogic.com/image/uploads/Critique-VanTil.pdf.
82　John Warwick Montgomery, "Once Upon an APriori," in Geehan, *Jerusalem and Athens*, pp. 387-88.
83　James N. Anderson, personal email correspondence, Oct. 28, 2013. 그는 이번 장에 관해서 다수의 유익한 제안을 제시했다.

교는 효과적인 견해 중 하나일 뿐, 유일하게 효과적인 견해는 아니라는 것을 보여줄 수 있다.[84]

그렉 반센은 기독교가 대안들 하나하나와 비교되지 않고, 그것의 부정과 적절히 비교된다고 대답한다.

> 칸트 이후로, 하나의 선험적 논증이 모든 실제적이고 가상적인 대안들을 표현하는 방법들을 철저히 제거함으로써만 (논리적으로 단 한 가지, 곧 그 결론의 부정만이 존재한다) 필연성을 확립한다는 것은 결코 주장된 적이 없다.[85]

반센은 고려되는 대안들 중 하나가 반드시 참이어야 한다고 가정하는 한, 토론의 양측은 모두 적어도 하나의 대안이 언어와 사고를 입증한다고 가정해야 하며, 그렇지 않으면 토론은 이루어지지 않을 것이라고 말한다.[86]

보스는 기독교에 대한 모든 대안은 결정적으로 인간의 자율성을 전제하고 있다는 반센의 주장(그것은 반틸의 주장을 반영한다고 덧붙일 수 있을 것이다)은 입증되지 않았으며 단순한 주장에 불과하다고 말한다.[87] 그는 전제주의자들은 개혁주의 기독교를 제외한 모든 관점은 인간의 자율성을 주장한다는 점을 상기시킨다.

모든 것을, 하나의 정확한 견해와 그렇지 못한 다른 모든 견해로 날카롭게 나눌 수 있을까?

예를 들어, 반틸의 접근 방식은 기독교에 매우 가까운 하나의 대안, 즉 모든

84　David P. Hoover, "For the Sake of Argument: A Critique of the Logical Structure of Van Til's Presuppositionalism," IBRI Research Report 11 (1982), Interdisciplinary Biblical Research Institute http://www.ibri.org/RRs/RRo 11/1 lvanTiLhtm. 인용문들은 온라인판에서 찾은 것이다. 후버는 반틸 아래서 공부했고, 그가 반틸의 견해로부터 떠나 결국 증거주의를 받아들였음에도 불구하고 그의 견해를 수용했고 그와의 개인적 친분을 즐겼다. 또한, 후버의 *The DefeasiblePumpkin* : *An Epiphany in a Pumpkin Patch,* Interdisciplinary Biblical Research Institute (AmazonDigital Services: September 7, 2012), 서문을 보라.
85　Bahnsen, *Van Til's Apologetic,* pp. 487-88 n. 41.
86　Ibid.
87　보스(Bosse)는 "Van Tillian Presuppositional Apologetics," p. 19에서, 자신이 반틸의 『변증학』 pp. 487-88의 확장된 각주에서 반센의 반박에 대부분 대답하고 있지만, 반센이나 다른 전제주의적 변증가가 그 비판들에 대해 더 적절하게 방어했는지에 대해서는 알지 못한다고 말한다.

것을 창조하고 통치하지만, 성육신하지 않고, 은혜에 의한 구원을 베풀지 않으며, 이스라엘과 아무 관계도 없는 삼위일체 하나님을 배제하기에 충분할까?

후버는 선험적 논증이 우리에게 연역적 확실성을 준다는 반틸의 주장에서 또 다른 문제를 발견한다. 반틸은 "그런 하나님의 존재에 대한 가장 훌륭하고 유일한 가능한 증거는 자연의 제일성(齊一性, 같은 조건에서 같은 현상을 되풀이하여 일으키도록 하는 자연 질서의 원리나 공리, the uniformity of nature)과 세상의 모든 사물의 일관성을 위해 하나님의 존재가 요구된다는 것"[88]이라고 말한다. 그러나 후버는 계속해서 자연의 제일성과 세상의 모든 사물의 일관성에 대한 지식이 있다면 그것은 전지한 존재에 의해서만 알려질 수 있다고 주장한다.

반틸은 기껏해야 "기독교의 하나님은 그의 지식이 계속되는 한, 세계를 설명하기 위한 충분한 조건"[89]이라고 주장할 자격이 있을 뿐이다. 그러나 충분조건은 필수조건보다 훨씬 더 작다. 이것은 우리에게 연역적 확실성을 남기지 않고 다시 우리에게 전통적 변증학의 귀납적 확실성만을 제공한다.

앤더슨은 이런 반대 의견을 비판하면서, 반틸은 전지한 존재만이 자연이 균일하다는 것을 알 수 있고, 따라서 우리의 지식은 그의 지식으로부터 파생되어야 한다는 것을 주장한다고 말한다. 그렇다면 하나님이 존재하지 않는 한, 아무도 자연의 제일성을 알거나 그것을 가정하는 일은 정당화될 수 없을 것이다.[90]

비평가들은 또한 반틸이 인간의 지식과 경험이 타당하다고 가정하고, 그의 변증학은 이것이 어떻게 가능한지 보여주는 것을 목표로 하지만, 인간이 "지식"이라고 부르는 정신적 구성물과 우리 마음 밖의 현실 사이의 연결은 최근 수십 년 동안 약간의 강화가 필요했다고 지적할 수 있을 것이다.

그런데 어떻게 모든 것에는 궁극적이고 선험적인 기초가 있어야 함을 절대적으로 확신할 수 있을까?

혹은, 반틸의 주장대로 개혁주의 기독교의 근거가 받아들여지기는 하지만, 실제로는 사물에 대한 더 나은 설명(즉, 전통적 변증학)을 제공할 수 있을 뿐, 유일하게 가능한 설명이 아니라면 어떻게 될까?

---

88 Van Til, *Defense of the Faith*, p. 103; quoted in Hoover, "For the Sake of Argument."
89 Hoover, "For the Sake of Argument."
90 앤더슨, 저자와의 개인적인 이메일 교류, Oct. 28, 2013.

반틸은 주로 무신론에 초점을 맞추고 그것을 개혁주의 기독교와 대조하는 것처럼 보인다. 그러나 미국에서는 무신론자들은 10퍼센트도 안 되며, 나머지는 가톨릭, 유대인, 이슬람교도, 몰몬교도, 여호와의 증인, 불교도 등이다. 반틸은 이들 다른 견해들에 관해 명백하게 밝히지는 않지만, 반센이 본 것처럼, 모든 비기독교적 세계관은 인간의 자율성에 기반을 두고 있기 때문에 합리성에 필요한 것을 제공하지 못한다.[91] 그래서 반틸이 말하는 불신자는 무신론자처럼 보이고, 그는[92] 모든 비기독교인의 전형으로 간주된다.

6. 주요 용어

- **유비적 추론**: 반틸에게 있어, 생각할 때 하나님께 복종하는 것, 곧 하나님의 생각을 따라 생각하는 것. 그러나 아퀴나스에서 유비적 술어는 정확히 같은(일의적) 것도 아니고 완전히 다른(이의적) 것도 아니다. 그것은 어떤 면에서는 같고 다른 면에서는 다르다. 예를 들어, 하나님의 지식은 인간의 지식과 완전히 같지도 않고 완전히 다르지도 않다. 'x는 안다'라는 문장의 의미는, 인간이든 하나님이든, x의 성질에 달려 있다. "유비적"이라는 말에 대한 반틸의 활용과 아퀴나스에게서 영향을 받은 전통적 활용의 차이는 약간의 혼란을 야기한다.
- **반정립**: 기독교적 사유와 비기독교적 사유의 대조.
- **자율성**: 타락한 인간들이 주권자 하나님의 하나의 진정한 권위에 복종하기보다 스스로 권위로 살아가려는 죄악된 시도.
- **차용 자본**: 비기독교인은 전형적으로 그(또는, 그녀)의 전제들은 어떤 기초도 제공하지 않는 진리를 주장한다. 그런 의미에서 그들은 기독교인의 세계관에서 차용한다.
- **불가해한 사실(Brute fact)**: 해석되지 않은 사실.
- **확실성**: 기독교 신앙이 참이라는 완전한 확신. 반틸에 따르면, 높은 개연성을 가진 귀납적 확실성이 아니라 환원적 귀류법(a reductio ad absurdum)의 연

---

91 Greg Bahnsen, *Van Til's Apologetic*, pp. 487-88.
92 역주) 무신론자.

역적 확실성인데, 여기서 경쟁하는 관점들은 어떤 종류의 지식에도 기초를 제공할 수 없기 때문에 불합리로 끝나고, 주권자의 결정이나 하나님의 뜻 그리고 신적 정신의 전지적 통합이 결여되어 있다.

- **우연**: 사건이 일어날 수도 있고 일어나지 않을 수도 있다는 비기독교적 세계관의 전형적인 특징. 반틸에게 있어 이것은 사실상 지식의 가능성을 파괴하는데, 왜냐하면 사건을 예측하거나 무엇이 진실인지 알 방법이 없으므로 한 사건이나 상태는 다른 사건처럼 가능성이 높기 때문이다. 그 해독제는 개혁주의 기독교의 특징인 주권자의 의지의 결정이다.
- **순환적 추론**: 결론이 하나 이상의 전제에서 나타나는 추론. 보통 치명적인 결함으로 생각되는 순환적 추론은 반틸에게 있어 기독교의 경우 피할 수 없으며 필수적이다.
- **공통 기반**: 전통적 변증학에서 진리에 이르는 추론의 기초를 형성할 수 있는 기독교인과 비기독교인 모두 가질 수 있는 믿음과 지식. 반틸은 세계관 사이의 중첩을 "공통 관념"이라고 부르기를 선호했고, 각각 일관되게 그들의 전제 조건을 고수한다면 그러한 개념이 있을 수 있다는 것을 부인했다. 그러나 기독교인과 비기독교인은 같은 세계에 살고 있으며, 비록 비기독교인이 그것을 억누르고 있긴 하지만, 둘 다 적어도 어느 정도는 참된 하나님을 알고 있다. 반틸에게 있어 이러한 점들은 비록 그들의 세계관 사이에 중첩이 없더라도 기독교인과 비기독교인 사이의 합법적인 "접촉점"이며, 일관되게 유지된다.
- **내재적 비판**: 신자들로부터보다는 불신자들이 그들 자신의 전제와 목표에서 비롯되는 비판. 불신자들에 대한 비판은 기독교 신자들보다는 그들 자신의 주장과 목적에서 본다. 반틸은 이것이 불신자 세계관의 부적절함을 드러내는 것으로, 예를 들어, 그들이 지식이나 경험을 이해할 수 없음을 보여준다고 믿었다.
- **전제**: 다른 믿음을 지배하는 믿음. 궁극적인 전제 조건은 다른 모든 믿음을 통제한다. 반틸은 이러한 통치라는 의미에서 "출발점"을 사용했다.
- **자기 인증**: 스스로 정당화되는 세계관의 궁극적 권위. 반틸은 하나님이 궁극적인 권위자임을 자인하는 것이며 성경을 통해 알려진다고 주장했다. 하나님의 부르심을 받은 사람들은 그 권위를 인정한다.
- **선험적 논증**: 오직 개혁주의 기독교만이 어떤 종류의 지식이나 담론을 위

한 기초를 제공할 수 있다고 주장하는 반틸의 변증적 접근 방식이 갖는 독특하고 결정적인 측면. 그는 이 접근 방식을 이용하여 개혁주의 기독교 신앙의 입장과는 별도로 알려질 수 있는 전제들로부터 추론할 수 있다고 주장하는 전통적 변증학을 거부한다. 그러나 그는 또한 자신의 변증학이 절대적인 확실성을 제공한다고 주장할 것이다. 다른 믿음들은 어떤 것을 알기 위한 충분한 근거를 제공할 수 없으므로, 이는 모든 다른 믿음들을 불합리한 것으로 귀착시키기 때문이다(귀류법, a reductio ad absurdum). 그러므로 우리가 조금이라도 알고자 한다면 개혁주의 기독교는 절대적으로 필요한 가정으로 증명된다. 모든 변증학은 "간접적으로 추론하는" 접근법을 취해야 한다.

7. 숙고하기

1. 관념론이란 무엇이며, 그 관점과 반틸을 동일시하는 이유는 무엇인가? 이에 관한 당신의 견해는 어떠한가?
2. 진리대응이론은 무엇인가?
   정합론은 무엇인가?
   왜 어떤 이들은 반틸이 정합론을 고수했다고 생각하는가?
   그가 일관성을 지녔다고 생각하는가?
3. 하나님의 지식이 어떻게 반틸의 인식론에서 중심적인 위치를 차지하는시 설명하라.
4. 하나님의 의지는 그의 지식에서 어떤 부분을 갖는가?
5. 반틸의 인식론에서 신에게 복종해야 할 곳은 어디인가?
6. 하나님이 우주에 질서를 부여하는 것은 인간의 지식의 가능성 속에서 어떤 위치를 차지하고 있는가? (특히, 반센의 설명 참조).
   기독교인이 질서(통일성)와 우연(다양성)을 설명하기 위해 하나님께 호소할 때, 비기독교인은 어떻게 우연과 필연에 의존하는가?
7. 반틸에게 "통일체"(wholes)의 의미는 무엇인가?
   반틸에 따르면, 통일체는 의미와 무슨 관계가 있는가?
   인간의 지식이 가능하기 위해 한 사람의 정신이 모든 것을 이해해야 하는 이유는 무엇인가?
8. 어떻게 만물의 상호 연결성에 대한 반틸의 견해가 상이한 세계관들 사이에는 아무런 공통 관념이 없다는 그의 견해를 형성하는가?
9. 반틸은 어떻게 삼위일체가 지식을 갖기 위해 필요하다는 것을 보여주려 하는가?
10. 데카르트 이후에는 우리가 어떻게 아는지로부터 시작하는 것이 일반적이었다. 반틸은 무엇으로 시작하며, 그 이유는 무엇인가?
11. 선험적 논증을 설명하라.
12. "공통 기반"에 대한 반틸의 견해는 무엇이며, 전통적 변증학과는 어떻게 다른가?
    비기독교인과의 "접촉점"은 무엇인가?
13. 일반은총에 대한 반틸의 견해는 무엇이며, 워필드나 카이퍼의 견해와 어떻게 비교되는가?
14. 어째서 우리는 하나님의 말씀을 증명하기 위해 아무것도 사용할 수 없는가?
15. 성경이 자증한다는 것은 무엇을 의미하는가?
    왜 기적은 그것의 진실성을 증명할 수 없는가?
16. 왜 가이슬러와 같은 일부 비판자들은 반틸의 전제주의가 신앙주의에 해당한다고 결론을 내렸는가?
    당신은 어떻게 생각하는가?
17. 반틸과 달리 선험적 논증에 대한 비판에 따르면, 지식을 가능케 하기 위해 기독교 하나님에 대한 항목들은 필요하지 않으며, 단지 몇 가지 본질적인 것이 필요할 뿐이다. 그 비판자에 따르면, 만약 그렇다면 세계를 이해하려면 사람들이 기독교를 전제해야 한다는 주장과 함께 변증학에 대한 반틸의 간접적인 접근 방식은 실패한다고 말한다. 당신의 어떤 것이 옳다고 생각하는가?
18. 전통적 변증학에서 다루는 한 가지 주제는 기독교가 가장 좋은 설명(다른 견해들은 설명은 하지만, 거의 설명하지는 않는다)으로 보일 수 있다는 것인 반면, 반틸은 그것이 유일하게 가능한 설명이라고 말한다.
    어느 것이 옳다고 생각하는가?
19. 기독교에 대한 모든 대안들은 인간의 자율성을 전제한다고 생각하는가?

(보스의 비판을 보라)

20. 다른 비판들도 장점이 있다고 생각하는가? 그렇다면, 어느 것인가? 그렇지 않다면, 한 가지를 꼽고 그 이유를 말해 보라.

8. 더 나아가기

Bahnsen, Greg L. *Van Tils Apologetic: Readings and Analysis.* Phillipsburg, NJ: P & R, 1998.

Frame, John M. *Cornelius Van Til: An Analysis of His Thought.* Phillipsburg, NJ: P & R, 2009.

Geehan, E.R. *Jerusalem and Athens: Critical Discussions on the Philosophy and Apologetics of Cornelius Van Til.* Phillipsburg, NJ: P & R, 1971.

Muether, John R. *Cornelius Van Til.* Phillipsburg, NJ: P & R, 2008.

Notaro, Thom. *Van Til and the Use of Evidence.* Phillipsburg, NJ: P &R, 1980.

Rushdoony, Rousas John. *By What Standard? An Analysis of the Philosophy of Cornelius Van Til.* Philadelphia: P & R, 1959.

Sigward, Eric, ed. *The Complete Works of Cornelius Van Til.* Phillipsburg, NJ: P & R, 1996. CD-ROM.

Van Til, Cornelius. *A Christian Theory of Knowledge.* Philadelphia: P & R, 1969.

_____. *Christianity and Idealism.* Philadelphia: P & R, 1955.

_____. *Common Grace.* Philadelphia: P & R, 1947.

_____. *Defense of the Faith.* 3rd ed. Phillipsburg, NJ: P & R, 1979.

_____. *Defense of the Faith.* Edited by K. Scott Oliphint. 4th ed. Phillipsburg, NJ: P & R, 2008. [Annotated edition that restores the complete text.]

_____. *Introduction to Systematic Theology: Prolegomena and the Doctrines of Revelation, Scripture, and God.* Edited by William Edgar. Phillipsburg, NJ: P & R, 2007.

전제주의 (Presuppositionalism)

제2장

존 프레임
우리는 한 가지 이상의 관점으로부터 궁극적 진리를 본다

존 프레임(1939-)은 아마도 오늘날 가장 잘 알려진 전제주의자이며 반틸 견해의 많은 측면을 크게 수정하면서도, 반틸의 핵심적인 통찰을 유지하기 위해 노력했다. 그의 대담한 행보는 전제주의를 전진시키는 것과 그것을 알아볼 수 없을 정도로 변화시키는 것으로 여겨져 왔다.

프레임은 13세에 지역 연합장로교회와 빌리 그레이엄 집회에서 영향을 받아 그리스도께로 돌아왔다. 그는 프린스턴대학교에서 철학을 전공했다. 그곳에서 어느 가톨릭 교수가 아리스토텔레스, 스피노자, 존 듀이의 관점을 공감하며 가르쳤는데, 프레임은 사상가들 사이의 모든 차이가 진리와 오류의 문제가 아니라는 결론을 내릴 수 있었다. 오히려, 진정한 차이에도 불구하고 각자 동일한 실재를 바라보는 시각이 다른 것이었다. 이것을 계기로 그는 실재를 "관점적으로"[1] 보기 시작했다.

웨스트민스터신학교에서 코넬리우스 반틸을 만났는데, 그는 수업 중에 그리스도가 우리의 생각을 다스려야 한다고 역설했다. 프레임은 반틸이 존 칼빈 이후 가장 중요한 사상가라고 믿게 되었다. 프레임에 따르면, 반틸은 우리가 "비기독교적 전제들을 거절하고, 기독교적 전제들을 따라 일관되게 생각하도록 노력해야 한다"[2]라는 것을 보여주었다. 프레임은 반틸을 이해하지 못한다면,

---

1 John M. Frame, "Backgrounds to My Thought, in *Speaking the Truth in Love: The Theology of John M Frame,* ed. John J. Hughes (Phillipsburg, NJ: P & R, 2009), p. 13. 그 장은 또한 the Frameand Poythress website, http://www.frame-poythress.org/about/john-frame-full-bio/. 에도 있다.
2 Ibid.

그도 이해하지 못할 것이라고 말한다.

프레임은 비전지적 존재인 우리는 모든 것을 한 번에 볼 수 없기 때문에, 실재를 다른 시각에서 보아야 한다는 생각을 발전시켰다. 우리는 본질적으로 자연, 인간, 하나님에 대한 세 가지 관점을 가지고 있다(아래에서 설명될 것이다). 사물의 삼중적 본성은 삼위일체에 뿌리 내리고 있다.

프레임은 또한 프란시스 쉐퍼(Francis Schaeffer)의 사상과 삶, 사역의 영향을 받았다. 쉐퍼는 반틸과 그의 비평가 중 한 명인 J. 올리버 버스웰(J. Oliver Buswell)의 학생이었고, 쉐퍼는 반대 견해를 조율하려고 노력했다. 반틸은 쉐퍼를 비판하는 책을 한 번도 출간하지 않았다. 그러나 프레임은 반틸의 견해가 반틸 자신이 생각했던 것보다 쉐퍼와 전통적 변증학 모두에 더 가깝다고 결론지었다.[3]

예일대학교에서 철학적 신학을 전공한 후, 프레임은 웨스트민스터신학교에서 가르쳤는데, 반틸은 그에게 변증학 강좌도 부탁했다. 그곳에서 그는 학생으로 그렉 반센(Greg Bahnsen)을 만났고, 1995년 반센이 죽을 때까지 두 사람은 친구로 지냈다. 프레임은 샌디에이고에 있는 웨스트민스터 캠퍼스를 시작하는 데 도움을 주었고 20년 동안 그곳에서 가르쳤으며, 부분적으로는 그의 견해가 충분히 반틸을 추종했는지에 관한 논쟁 때문에 떠났다. 그는 현재 플로리다주 올랜도에 있는 리폼드신학교(Reformed Theological Seminary)에서 가르치고 있다.

40년 이상의 교수 기간 동안 그는 광범위하게 출간했고,[4] 2000년 이후에는 설교, 음악 예배, 1만 8천여 건의 심층 이메일 작성 그리고 전 학생이자 평생 친구였던 번 포이스레스(Vern Poythress) 교수와 함께 웹사이트를 유지하는 등 다양한 활동을 수행했다.

---

3   프레임은 쉐퍼의 "A review of a Review," The Bible Today(October, 1948): 7-9, 또한, at *PCA Historical Center*, www.pcahistory.org/documents/schaefferreview.html을 읽고 이러한 결론을 내린다.

4   Bibliography at the *Frame and Poythress* website: www.frame-poythress.org/bibliographies/john-frame-bibliography/.

1. 반틸의 사상과의 관계

반틸의 중심 사상에 대한 프레임의 강한 지적 연계는 학업 경력 전반에 걸쳐 그를 이끌었다. 그러나 그는 또한 반틸을 중심으로 하나의 운동이 발전해 왔다는 것을 인식한다. 어떤 종류의 운동이든, 많은 사람은 모든 사람을 전향시키기를 원하고, 비판보다는 지도자에 대한 충성을 중요시한다.

프레임은 모든 사람이 반틸의 기본 원칙을 채택하는 것을 보고 싶다는 의미에서 자신을 반틸 운동의 "헌신적인 구성원"[5]이라고 생각한다. 그러나 그는 누구도 비판에서 빗어나서는 안 된다고 주장하며, 부분적으로는 반틸이 추정적으로 비판되어서는 안 된다는 견해와 싸우기 위해 <코넬리우스 반틸: 그의 사유의 분석>[6](Cornelius Van Til: An Analysis of His Thought)이라는 글을 썼다. 또 다른 작품에서 그는 말한다.

> 나는 그 운동의 사고방식이 기독교 학문과 정반대라고 생각한다. 그것의 주된 규칙은 우리가 사람을 우상화하지 않는다는 것이다. 나는 반틸을 사랑하고 존경한다. … 그러나 나는 우리가 반틸이나 심지어 칼빈을 제2의 정경처럼 대함으로써 봉사한다고 생각하지 않는다. 경건한 학자들은 자신을 포함하여 모든 사상가에게 유한성과 죄가 존재한다고 가정하고, 하나님의 말씀만으로 모든 것을 시험해야 한다고 주장한다. 우리가 반틸을 위해 할 수 있는 최고의 명예는 그를 비판적으로 대하는 것이다. 그렇게 해야만 그의 기초 위에서 어떻게 쌓을 것인가를 진지하게 결정할 수 있기 때문이다.[7]

프레임은 변증학은 "불신앙에 성경을 적용하는 것"이며, 따라서 "신학의 일부이지 신학을 위한 중립적 기초가 아니다"[8]라고 주장한다. 그래서 우리가 변증학에서 신학으로 옮겨갈 때, 우리는 신자와 불신자 사이에 공통되는 것에서 신자에게 고유한 것(전형적으로 보다 더 전통적 변증학의 견해)으로 가지 않는다.

---

5 Frame, *Cornelius Van Til*, p. 10.
6 존 프레임의 *The Doctrine of God* (Phillipsburg, NJ: P & R, 2002), p. 762를 보라.
7 Frame, *Doctrine of God*, p. 762. On pp. 763-64. 프레임은 한 비판자에게 반틸과 합의를 이룬 부분적 목록으로 대응한다.
8 John Frame, *The Doctrine of the Knowledge of God* (Phillipsburg, NJ: P & R, 2002), p. 87.

불신자와 신자 그리고 하나님이 각각 가진 지식의 관계는 하나의 변증학 관점을 형성할 수 있다. 프레임은 "사실들"을 하나님의 관점에서 본 세계나, "혹은 인간의 관점에서 진정으로 본 세계로 간주해야 하며, '해석'을 참이든 거짓이든 그러한 사실들에 대한 우리의 이해로 간주해야 한다"[9]라고 말한다.

분명히 전제적인 것은, 인간의 해석이든 신의 해석이든 그것을 통해서 우리는 여러 가지 해석을 검사하게 되는데, 하나의 사실은 해석과 별개로 존재하는 실재 자체가 아니라는 생각이다. 그래서 사실들은 우리가 결정적으로 그것들을 가리킬 수 있는 해석들로부터 충분히 독립적이지 않다. 오히려 사실과 해석은 분리될 수 없다. 그것들은 하나의 체계(grid)나 다른 체계를 통해 해석되며, 그 사이에 중립적인 공간은 없다. 프레임(그리고 반틸)에 의하면, 우리는 독자적으로 존재하는 사실에 대한 과거의 해석을 결코 얻을 수 없으며, "우리의 해석 능력과 별도로 실재에 접근할 수 없다."[10] 이런 사실은 전제주의자들이 (전통적 변증학에서 주장하듯이) 어떤 것이든 참 또는 거짓으로 판단할 중립적 근거가 없다고 주장하는 주된 이유다.

프레임은 매우 중대한 규정을 만들어서 사실에 근거하여 우리의 해석들을 검증할 수 있도록 하여, 사실상 마음의 자료와 외부 세계의 자료를 비교할 수 있도록 한다. 그는 "그러나 어떤 형태의 자료도 원초적이고 교정할 수 없는 표준으로 간주되지 않는다"[11]라고 말한다. 따라서, 그는 각각의 자료 영역이 서로 비교될 수 있으며 "실제로 서로를 검증한다"[12]라고 믿는다.

해석들은 사실과 비교함으로써 검증될 수 있고, 우리가 사실이라고 생각하는 것과 우리의 해석과 비교함으로써 검증될 수 있다. 이는 사실이 그것에 관한 적절한 해석을 신뢰성 있게 지시할 수 있을 만큼 충분히 독립적이라는 증거주의자들의 견해가 아니며, 해석이 사실들을 완전히 지배하고 결정하기에 우리 해석에 아무 영향도 미칠 수 없다는 견해도 아니다. 그는 자신의 관점이 콰인(W. V. O. Quine)을 연상시키는 상호 작용적 전체론(holism)에 더 가깝다고 말한다.[13]

---

9   Ibid., p.71
10 Ibid.
11 저자와의 개인적인 이메일 교류, Aug. 24. 2013.
12 Ibid.
13 Ibid.

증거주의자들(그리고 보다 적은 수의 고전적 변증가)이 주장하는 대조적인 전통적 견해에서는, 해석과 사실 간에 충분한 거리가 있어서 우리는 사실을 들여다보고 최선의 해석을 결정할 수 있다.[14]

대략적인 비유는 양측이 증거 또는 사실에 대한 해석을 주장하고 배심원들은 사실에 가장 적합한 해석을 결정하는 법적 절차다. 또 다른 유비는 과학적 방법에서 나오는데, 이 방법에서는 실험 자료(사실)들이 최적의 적합성을 위하여 다양한 이론들(해석들)에 대조된다. 보다 전통적인 변증가는 하나님이나 기독교가 사실들에 가장 잘 부합된다고 주장한다(우리는 나른 접근 방식들이 있음을 알게 될 것이다).

프레임의 관점에 따르면, 우리의 지식과 하나님의 지식의 관계(반틸과 고든 클라크의 논쟁의 초점)는 전부 또는 전무 중 하나가 아니므로, 단지 우리가 하나님에 관해 모든 것을 파악할 수 없다고 해서 하나님에 대한 지식을 전혀 파악할 수 없다는 말은 사실이 아니다. 2 + 2 = 4와 같은 어떤 진술을 안다는 것은 "단번에 완벽하게 알 수 있는 것이 아니기 때문에, 그 의미를 알 수도 알지 못할 수도 있다."[15] 우리는 하나의 진술이 갖는 함의를 점점 더 많이 알 수 있게 될 것이다.

물론, 하나님은 무한히 알고 계시다. "그러나 하나님 또한 우리가 알고 있는 것과 같은 제한된 수준의 의미를 그 범위 내에서 확실히 알고 계신다. (우리의 영적인 무지에 대해) 그는 변명 여지 없는 명확한 의사소통을 하신다."[16]

프레임은 불신자 또한 신자와 같은 것들을 알 수 있다고 말한다. 물론, 특별한 경우에 그들은, 이단 사상가가 "계시"라는 단어를 사용하지만 그것을 정통 사상가와는 다르게 정의하는 것처럼, 같은 단어를 사용하면서 다른 것을 의미할 수 있다. 반틸은 가끔 신자와 불신자 사이의 합의도 어떤 겉보기와 피상적

---

14   기술적인 관점에서, 우리는 이러한 유형의 추론을 최선의 설명을 하는 추론으로 더 나눌 수 있을 것이다. 그것은 어떤 견해가 사실들을 가장 잘 '설명하는지' 그리고 어떤 견해가 사실들에 대한 '근거'를 제공하는지를 고려한다. 존 워윅 몽고메리(John Warwick Montgomery)와 게리 하버마스(Gary Habermas)와 같은 증거주의자들은 사실에 대한 우리의 이해가 어떤 사실을 가장 잘 해석 할 수 있는지 가리킬 수 있다고 넌지시 말한다. 예를 들어, (나중의 장에서 볼 수 있듯이) 히틀러가 유대인을 박멸한 사실을 고려할 때, 그가 그들을 미워하고 모든 죽음을 원했다는 해석은 그들이 그들을 사랑하여 가능한 한 빨리 그들이 천국에 가기를 원했다는 해석보다 선호된다.

15   Frame, *Doctrine of the Knowledge of God*, p. 34.

16   Ibid.; 또한 p. 38 n. 33을 보라.

인 것일 뿐, 중요하거나 실제적이지 않기 때문에 "형식적"[17]일 뿐이라고 주장했다. 그것은 주로 그들이 다른 전제들을 사용하고 있기 때문인데, 한쪽은 성경의 하나님을 고수하고, 다른 한쪽은 그렇지 않다.

하지만, 프레임은 이것이 불가능하다고 말한다. 왜냐하면, 불신자는 알지 못했다고 변명할 것이기 때문이다. 그러나 로마서 1장은 그가 변명할 수 없다고 말한다. 성경은 사탄과 불신자들의 진술을 항상 단지 "형식적으로만" 참인 것으로가 아니라, 진리와 오류가 혼합된 것으로 간주한다. 그리고 만약 합의가 단지 "형식적"일 뿐이라면 신자와 불신자는 소통할 수 없을 것이며, 의미가 항상 겹치는 부분이 있다면 순전히 형식적인 합의는 불가능한 것처럼 보인다.[18]

만약 신자와 불신자 간의 합의가 단지 형식적인 것이 아니라 실제적이라면, 불신자는 참된 진술을 그릇된 신념 체계 속에 집어넣을 것이기 때문에 필연적으로 연결에 실패할 것이다. 그러나 프레임에게 있어서, 거짓된 신념의 체계에 참된 진술이 들여보내질 때 거짓이 된다는 생각은 "아무런 기독교적 근거도 없는 일종의 이상주의적 언어 이론이며, 이상주의적 언어학자들을 포함하여 거의 모든 언어학자에게 거부될 것이다."[19]

우리는 과학은 패러다임(대략적으로 공유된 믿음과 문제에 관한 접근 방식)을 사용하여 "사실들"을 해석한다고 주장하는 토마스 쿤(1922-1996)의 견해를 중심으로 과학철학에서 유사한 논의가 일어났다는 점을 덧붙일 수 있다. 전제가 사유를 결정하기 때문에, 사람들은 같은 단어를 사용하면서도 서로 다른 것을 의미하며, 결국 단지 형식적인 합의로 귀결될 뿐이라는 반틸의 견해처럼, 어떤 사람은 쿤이 패러다임에 이론 안에 나타나는 단어에도 동일한 일을 한다고 말하는 것으로 해석했다. '질량'이나 '원인' 같은 단어는 그들이 나타나는 이론에 따라 상이한 의미를 갖는다. 두 이론을 번역할 수 있는 중립적인 언어가 없다는 점에서, 두 이론은 "불가공약적"(incommensurable)이라고 할 수 있다.[20]

---

17 Cornelius Van Til, *Defense of the Faith*, 3rd ed. (Philadelphia: P &R, 1967), p. 59; cited in Frame, Doctrine of The Knowledge of God, p. 52.
18 Frame. *Doctrine of the Knowledge of God*, pp. 52-53
19 Ibid.
20 Thomas S. Kuhn, "Reflections on My Critics^ in *Criticism and the Growth of Knowledge*, ed. Imre Lakatos and Alan Musgrave (Cambridge: Cambridge University Press, 1967), pp. 266-67; quoted in Paul Hoyningen-Huene, *Restructuring Scientific Revolutions: Thomas S.* Kuhn's *Philosophy of Science,* trans. Alexander T. Levine (Chicago: University of Chicago Press, 1993),

동일한 단어라고 해도 패러다임에 따라 다른 의미를 갖기 때문에, 서로 다른 패러다임을 가진 사람들 간의 의사소통은 어려울 수 있다. 이론의 비교와 평가가 어려워진다. 보다 극단적인 해석에 있어서는 패러다임 사이의 중립적인 기반의 부족으로 그들 사이에서 합리적인 선택을 하기 어렵거나 혹은 불가능하기 때문에, 선택은 다른 방법으로 이루어져야 한다.

종교의 언어를 빌리자면, 신앙주의는 어떤 사람이 단지 관점을 유지하는 한 가지 방법이 될 수 있다. 문학 이론의 일부 주제를 차용하자면, 심리적·사회적 전략은 사람들이 패러다임을 선택하고 전파하는 방식에 영향을 미치는 요인이 될 수 있나.[21]

이 모든 것은 일부 사람에 의해 과학은 근본적으로 합리적 기획이 아니라는 뜻으로 (또는, 적어도 쿤이 의미한 것으로) 받아들여졌다. 이는 사실들을 다소 중립적으로 볼 수 있고, 이론들이 사실에 얼마나 부합하는가에 따라 이론들을 판단하는 전통적인 과학관으로부터 벗어나는 것과 관련이 있었다.

전통적인 관점에서 과학은 진리를 향해 선형적으로 발전한다. 그러나 새로운 관점에 따르면 패러다임이 사실의 해석을 지배하며, 패러다임의 선택은 언제나 전적으로 과학적인 문제만은 아니다. 따라서, 과학이 진리를 향해 진보한다는 보장은 없다. 패러다임은 변화하지만 그것이 발전한다는 어떤 보장도 없다.

쿤은 자신의 견해를 극단적으로 해석하는 것에 대해 "놀랐다"라고 말했다. 예를 들어, 과학자들은 "우발적 사건과 개인적 취향"에 근거하여 그들이 원하는 것은 무엇이든 믿기로 결정할 수 있고, 가능한 모든 수단을 동원하여 그것을 시행한다는 것이다.[22] 그는 자신이 "특정의 공약 불가능성"만을 뜻하고자 한다는 것, 즉 번역 가능성의 문제는 단지 작은 하위 집단의 용어들에만 발생

---

p. 214. The passage also appears in Thomas S. Kuhn, "'Reflections on My Critics/' in *The Road Since Structure: Philosophical Essays, 1970-1993*, ed. James Conant and John Haugeland(Chicago:University of Chicago Press, 2000), p. 36. 더 많은 인용들이 이번 판(版)에 있다. .

21 또 다른 사상가인 스탠리 피시(Stanley Fish)가 전제주의의 문제와 연관된 주제를 어떻게 보고 있는지에 대하여 통찰을 얻으려면, 마크 워드(Mark L. Ward Jr.)의 "The Dwarfs Are for the Dwarfs: Stanley Fish, the Pragmatic Presuppositionalist," Answers Research Journal 6 *(2013)*: 265-78 (https://cdn-assets.answersingenesis. org/ doc/articles/pdf-versions/dwarfs_Stanley_Fish.pdf)을 보라.

22 Kuhn, "Reflections on My Critics," pp. 155-56. See the section in the essay "Irrationality an Theory Choice," pp. 155-62.

한다는 점을 명확히 했다.

모든 이론에는 의미가 변하지 않는 용어들이 충분히 있어서, 이론들을 진정으로 비교할 수 있고 합리적인 선택을 할 수 있다. 그러나 쿤은 변하지 않는 용어들도 "이론에 독립적이지 않으며, 단지 논의되고 있는 두 개의 이론 내에서 같은 방식으로 사용될 뿐"[23]이라고 덧붙였다.

그러므로 우리는 변증 방법론을 선택하는 데 이론과 사실의 관계가 매우 중요하다는 것을 알 수 있다. 비록 이론과 전제는 다르지만(다른 사람들의 경우보다 일부 변증가들의 경우 더욱 그렇다), 이론이 사실의 해석, 심지어 사용된 언어(예: 원인)의 해석을 결정함으로써 사실로부터 가장 적합한 이론으로 나갈 수 있는 여지가 없다는 것이 문제된다. 반틸학파의 전제주의자들은 그것(역주: 이론)이 사실을 결정한다고 생각하는 경향이 있는 반면, 증거주의자들은 이론과 사실 사이에 충분한 거리가 있어서 사실은 그것을 가장 잘 해석하는 이론들을 가리킬 수 있다고 생각한다.

고전적 변증가 노르만 가이슬러는 세계관 수준의 이론을 떠난 사실에 관한 해석은 있을 수 없으며, 따라서, 예를 들어, 부활의 사실로부터 유신론으로 이행해 갈 방법은 결코 없다는 전제주의자들의 의견에 동의한다. 그러나 앞으로 살펴 보겠지만, 유신론이 올바른 이론이라는 것을 어떻게 결정하는지에 관해서는 전제주의자들에 동의하지 않는다.

윌리엄 크레이그는 고전적 변증가이기는 하지만, 사실에서 이론으로의 추론을 어느 정도 허용한다. 하지만, 실제로 그런 움직임은 이론에서 사실을 추론하는 것과 달리 비판에 취약하다고 믿는다. 그러므로 그는 먼저 유신론을 확립한 다음, 부활을 증명하는 것이 더 강력하다고 주장한다.

이제 우리는 말은 신자와 불신자의 진정한 의사소통을 방해하지 않으며, 불신자가 진정한 지식을 갖는 것을 막지 못한다는 프레임의 주장이 중요한 이유를 알 수 있다. 의사소통과 지식을 가로막는, 보다 급진적인 관점은 불신자들의 합리적 토론과 설득 그리고 궁극적으로 합리적 선택에 대한 접근을 감소시킬 것이다.

인간의 지식이 다소 정확할 수 있다고 보는 프레임의 견해는 많은 동료 전제

---

23 Kuhn, "Commensurability, Comparability, Communicability, in Conant and John Haugeland, *The Road Since Structure*, p. 36(첨가된 강조).

주의자가 생각하는 것처럼 전제주의적 변증학이 전통적 변증학에서 그렇게 멀지 않다는 그의 결론을 허용하는 데 작지만 기초적인 역할을 할 수 있을 것이다. 그의 관점을 뒷받침해 주는 것은 지식은 전부이거나 전무가 아니라는 확신으로, 이것은 우리의 지식이 어느 정도 하나님의 지식과 중첩될 수 있게 해 준다. 또한, 전제들은 의사소통과 지식을 배제할 만큼 충분히 의미에 영향을 미치지 않는다는 생각은 그의 관점을 뒷받침해 준다.

프레임은 '전제주의적'이라는 용어가 증거와 대조되는 것처럼 보이기 때문에 부적당하다고 믿는다. 또한, 전제들이 사유 활동과 변증학에서 어떤 역할을 한다고 믿는 것은 그의 견해에만 있는 특유한 것이 아닌데, 모든 변증적 방법이 그것(역주: 전제들)의 역할을 알고 있기 때문이다.[24] 말이 나온 김에 덧붙이자면, 웨스트민스터신학교의 스콧 올리펀트(Scott Oliphant)는 "전제주의적"이라는 명칭을 '언약적 변증학'[25]으로 변경할 것을 제안한다.

프레임은 다음과 같은 의미에서 변증적 추론은 선험적이어야 한다는 반틸의 견해에 동의하면서, 변증적 추론은 항상 하나님의 권위 아래서 추론해야 하며, 우리가 달리 할 수 있다거나 하나님을 포함하지 않는 세계를 볼 수 있는 어떤 중립적인 방법이 있다고 가정하거나 불신자가 그렇게 가정하도록 고무해서는 결코 안 된다고 한다. 그에 의하면 선험적으로 추론한다는 말은 "성경의 하나님을 단지 하나의 논증의 결론으로서가 아니라, 논증을 가능하게 하는 분으로 표현하는 것이다. 하나님은 모든 질서, 진리, 아름다움, 선하심, 논리적 타당성, 경험적 사실의 창조자이시므로 그를 모든 의미 있는 소통의 원천으로 제시해야 한다"라는 것을 의미한다.[26]

프레임은 반틸이 전제주의와 전통적 변증학 간의 차이를 과장했다고 믿었다. 반틸은 그 앞에서 변증학을 타협 이야기로, 중립적 기반 위에서 추론하려는 것으로 묘사하는 경향이 있었는데, "그러나 그의 분석은, 전통이 하나님과는 별개로 실재를 이해할 수 있는 것으로 가정한다는 자신의 비판의 결정적인 요지를 확증하지 않는다." 그리고 "그는 이들 전통적인 논증들을 그 자신의 선

24　John Frame, "Presuppositional Apologetics," in *Five Views on Apologetics,* ed. Steven B. Cowan(Grand Rapids: Zondervan, 2000), p. 219 n. 16.

25　Scott Oliphant, *Covenanted Apologetics: Principles and Practices in Defense of Our Faith* (Wheaton, IL: Crossway, 2013), p. 25.

26　Frame, "Presuppositional Apologetics," p. 220.

험적 변증의 여러 측면으로 해석하는 방법들을 무시한다."²⁷

프레임은 특유의 평화적이고 겸손한 정신으로 이렇게 강조한다.

> 다른 사람들을 희생시키면서 우리 자신의 통찰의 중요성을 과대평가하지 말아야 하며, 또는 반틸이 때때로 그랬던 것처럼 최악의 의미로 다른 작가들을 해석해서는 안 된다. 오히려 다른 사람들이 우리에게 의심할 수 있는 혜택을 주기를 바라는 것처럼, 그들에게 의심할 수 있는 혜택을 주어야 한다.²⁸

프레임은 선험적 접근 방식을 단 하나의 논증이라기보다 하나의 목표로 간주한다. 반틸학파의 일부가 생각한 것처럼, 그것은 "전통적 변증학들의 복잡한 논증들 대신, 이제 단 한 가지만을 갖고 있다는 변증학의 단순화"²⁹가 아니다. 우리는 "모든 불신앙을 일거에 파괴할 수 있는 단순하고 간단한 논증이라는 마법의 총알"³⁰을 갖고 있지 않다.

프레임에 의하면 반틸학파는 "성경적 유신론의 모든 요소가 지적인 소통에 전제되어 있음"³¹을 증명하기를 기대하지만, 그들 대부분은 과제의 광대함을 파악하지 못하는 것처럼 보인다.³²

반틸의 명료성과 단정으로부터 논증은 삼위일체적 주권, 예정, 창조, 섭리, 사랑, 정의,³³ 인간성, 초월, 내재, 무한함, 지혜, 전능, 전지 등과 같은 교리들을 입증해야 할 것이다.³⁴

합리성의 전제 조건으로서 하나님은 정의로워야 하는가, 그분은 사랑해야 하는가 그리고 그는 지혜로워야 하는가?

---

27 John M. Frame, "The Thought of Cornelius Van Til," lecture outline, *Reformed Perspectives*, http://reformedperspectives.org/articles/john_frame/VT_The%20Thought%200f%20Cornelius%20Van%20Til.html.
28 Ibid.
29 Ibid.
30 John Frame, *Cornelius Van Til: An Analysis of His Thought* (Phillipsburg, NJ: P & R, 1995), pp. 316-17.
31 Ibid., p. 316.
32 방대함이라는 의미에서의 "광대함"은 *Merriam-Webster Collegiate Dictionary*, 11th ed., s.v. "Enormity," http://www.merriam-webster.com/dictionary/enormity를 보라.
33 Frame, *Cornelius Van Til*, pp. 315-16.
34 Frame, *Apologetics to the Glory of God*, p. 73.

반틸은 변증학에 대한 다른 접근 방식들이 단지 일반적인 신을 증명한다고 비판하지만, 그 변증가들은 기독교의 하나님을 증명하기 위하여 다른 논증들을 계속 사용한다.

그러나 인간 지식과 소통의 과정을 뒷받침하기 위해 얼마나 많은 하나님의 속성이 절대적으로 필요한가?

프레임은 하나의 단순한 논증 속에서 뚜렷이 기독교적인 하나님의 존재를 결론지을 수 있는 어떤 방법도 보지 못한다. 그것은 많은 하위 논증을 필요로 하며 실제로 매우 복잡한 작업이다. 그는 전통적 변증가가 사용하는 수많은 논증이 그와 별개로는 어떤 것도 이해할 수 없다는 것을 보여주는 총체적인 목표, 즉 가장 중요한 선험적 목표에 잘 맞추어져 있는 한, 그런 노력에 사용되지 못할 이유가 없다고 본다.

반틸학파의 변증적 접근 방식이 실질적으로 어떻게 실행될 것인가는 생각만큼 명확하지 않다. 그래서 프레임은 이렇게 말한다.

> 반틸 자신의 저작들에서 한 가지 약점은 구체적인 논증들이 없다는 것이다. 반틸은 항상 '기독교에 대한 절대적으로 확실한 논증'이 있다고 말했지만, 간단한 개요 형식을 제외하고, 그는 거의 예를 제시하지 않았다.[35]

전제주의 운동에 참여하는 사람들에게, 프레임은 우리가 방법론에 관한 전통적인 반틸학파의 선입견을 넘어서는 것이 중요하다고 말한다. 나를 포함해 반틸을 따르는 자들의 변증학 강좌들은 방법론에, 특히 우리의 방법을 다른 학파의 방법과 구별하는 데 너무 많이 초점을 맞췄다. 실제로 논증들을 개발하는 데 더 많은 시간을 투자해야 한다. 우리는 불신자들을 위한 강연에 더 많은 시간을, 방법을 놓고 서로 논쟁하는 데는 더 적은 시간을 할애해야 한다. 반틸학파의 변증학을 공부하는 학생들은 기독교의 증거와 변증가가 다뤄야 할 현재의 상황에 대해 훨씬 더 잘 알 필요가 있다.[36]

프레임은 "반틸의 설명은 우리가 변증가들 사이의 방법론적 차이를 다소 덜

---

35   Ibid., p. xii.
36   Frame, *Cornelius Van Til*, p. 400. 그는 변증학 방법론(즉, 적용보다는 변증론 이론)에 대한 선입견을 뛰어 넘어야 할 필요성에 대해 깊은 인상을 준 그렉 반센(Greg Bahnsen)에게 감사한다.

민감하게 볼 수 있게 해 주며, 그래서 우리는 진정으로 그리스도의 대명령을 성취하는 데 집중할 수 있게 해 준다"[37]라고 말한다.

반틸과는 매우 대조적으로 프레임은 광범위한 변증학 논증들을 고려할 때 귀납법의 사용을 배제하지 않는다. 반틸은 만약 우리가 절대적인 확실성보다 낮은 것을 주장한다면, 우리는 "사람에게 주시는 하나님의 계시가 명확하지 않음을 실질적으로 인정하는 것"[38]이라고 생각했다.

그러나 프레임은 기독교에 대한 증거가 "절대적으로 설득력이 있으며" 단지 개연성만 있는 것이 아니라는 데 동의하면서도, 논증은 확실성이 부족할 수 있으며, 죄악, 오해, 불완전한 지식으로 인해 실제적인 차원에서는 단지 개연적일 수도 있다고 믿는다. 그는 "성경은 우리가 완전히 이해하지 못하는 분야를 탐구하는 것을 금지한다"라고 믿지 않는다. 오히려 "정반대다"(창 1:28 이하).[39]

그는 하나의 논증이 개연적이라고 정당하게 말하는 것은 "특정 변증가가 잘 이해하지 못하는 증거의 일부는 그에게 기껏해야 가능하거나 개연성 있는 있는 논증을 제시하는 것"이라고 말한다.

그는 이것을 확률에 대한 세 가지 주요 접근 방식과 연관시킨다.

첫째, 빈도론적 관점(The frequentist view)은 통계 표본과 관련된 어떤 것의 가능성을 측정하기 때문에 관련이 없다.

둘째, 논리적 관점(The logical view)은 일련의 증거와 관련된 가설의 가능성을 고려하며, 프레임은 그것을 절대적으로 확실하다고 생각한다(즉, 0에서 1까지의 척도에서 1의 확률).

셋째, 주관적 관점(The subjective view)은 개연성을 개개의 믿음의 문제로 간주하며, 프레임은 확률이 변증학에 적용될 수 있다고 믿는 것은 바로 이 지점이다.

> 변증가와 그의 청중 모두 논증을 공식화하고 그것을 받아들이는 데 부적절하기 때문에 종종 불확실성에 빠지게 된다. 그리고 불확실한 추론에 대해 적어도

---

37 Frame, *Cornelius Van Til*, p. 400.
38 Cornelius Van Til, *Defense of the Faith*, 2nd ed. (Philadelphia: P & R, 1963), p. 104; Frame, *Apologetics to the Glory of God*, p. 81에서 인용됨.
39 Frame, *Apologetics to the Glory of God*, p. 81.

어느 정도의 합법성이 의심될 경우, 우리는 어느 정도의 개연성에 대해 말할 수 있을 것이다.[40]

인간의 지식은 오류를 범할 수 있으며 성경 밖에서 오류가 없는 권위를 찾는 것은 우상 숭배적인 것이지만, 그렇다고 해서 우리가 하나님이 말씀하신 것에 대해 불확실한 상태에 있다는 의미는 아니다. 우리의 확실성은 우리의 전제에 근거한다.

궁극적 전제의 본질은 그것이 확실하게 유지된다는 것이다.[41]

그것은 진리의 궁극적 기준이며 다른 모든 것을 시험하는 기준이다. 그것의 확실성을 문제 삼을 수 있는 더 높은 기준은 없다. 그러므로 "본질상, 그런 전제는 우리가 알고 있는 가장 확실한 것이다."[42]

모든 함의와 적용도 확실하다. 예를 들어, "도둑질을 해서는 안 된다"고 확신하는 사람은 횡령도 하면 안 된다고 확신한다.

그러나 우리는 죄와 무지 또는 성경과 신학에 대한 제한된 지식 때문에 항상 확신을 느끼지 못할 수도 있다. 어떤 의미에서 "모든 지식은 우리의 전제를 적용한 것으로 볼 수 있기 때문에, 우리의 모든 지식은 확실하다고 말할 수 있다."[43]

"성경에 나타난 하나님의 자기 계시"는 기독교의 전제이며, 따라서 최고의 사유 법칙이다. 이와 같이 성경은 "인간의 모든 지식을 정당화한다."[44]

어떤 믿음은 그리스도 안에 있는 하나님의 사랑(요 3:16)과 같이 성경에 의해 명시적으로 정당화된다. 다른 것들은 삼위일체처럼 성경에서 추론되기 때문에 정당화된다. 성경과 모순되는 믿음은 참되지 않지만, "새크라멘토는 캘리포니아의 수도다"와 같은 많은 믿음은 성경에 없으며 그것과 모순되지 않는다.

그런데 우리는 성경에서 "매우 부지런히 진리를 발견하고 그것을 따라 살아가라"는 명령을 받고 있기에, 그것조차 성경에 의해 "정당화"된다. 이렇게 할

---

40 Ibid., p.81 n.28.
41 Frame, *Doctrine of the Knowledge of God,* p. 134.
42 Ibid., p. 134.
43 Ibid., p. 135.
44 Ibid., p. 128.

때 우리는 새크라멘토가 정말 캘리포니아의 수도라는 것을 발견하게 된다.

> 어떤 의미에서는 이런 종류의 믿음조차도 성경을 적용한 것이다.
> 모든 앎의 과정은 신학하는 것이다!⁴⁵

그것은 물론 모든 지식을 성경에서 끌어낼 수 있음을 의미하는 것은 아니지만, 성경이 모든 지식을 보증한다는 것을 의미한다.⁴⁶
성경 자체에 대한 믿음은 어떻게 정당화할 것인가?

> 물론, '성경에 의해' 수행한다. 성경을 검증할 수 있는 더 이상 어떠한 궁극적 권위도, 더 이상 신뢰할 만한 정보도, 더 확실한 아무것도 없다.⁴⁷

그렇다고 해서 "성경의 권위를 주장할 때 성경 외적인 증거를 사용할 수 없다"⁴⁸라는 의미는 아니다. 우리는 할 수 있고 마땅히 그래야 하는데, "우리가 증거를 선택하고 해석하고 평가할 때 성경의 인식론을 전제로 해야 한다. 그러므로 어떤 의미에서는 성경에 대한 우리의 논증은 항상 순환적일 것이다."⁴⁹

프레임은 "성경은 우리가 확신할 수 있는 지식을 포함하고 있다"⁵⁰라는 "성경 기초주의"를 지지한다. 그는 모든 지식을 확실하게 알려진 명제들로 소급, 추적하려는 그런 종류의 기초주의를 받아들이지 않으며, 합리론(감각이나 경험에서 생겨나지 않는 어떤 지식을 우리가 가질 수 있다는 견해)과 경험론(지식은 감각으로부터 생겨난다는 견해)은 기초주의의 형태일 뿐 아니라 성경 밖에서 확실한 것을 찾으려는 잘못된 시도라고 믿는다.⁵¹

기초주의에 따르면 믿음에는 두 가지 유형이 있음을 상기하라. 그것은 다른 믿음으로부터 추론되지 않고 알려지거나(예를 들어, 불이 켜져 있다. 또는, 발이 아프다), 혹은 다른 믿음으로부터 추론되기 때문에 알려지는 믿음(불이 켜진 것을

---

45 Ibid.
46 Ibid., p. 129.
47 Ibid.
48 Ibid., p. 130.
49 Ibid.
50 Ibid., p. 129.
51 Ibid.

보고 이 집에 전기가 들어오는 것을 안다), 그 자체로 알려지는 믿음 같은 것은 존재하지 않으며 우리의 모든 믿음은 다른 믿음으로부터 추론된다는 믿음이다.

데카르트와 연관된 오직 강한 기초주의만이 기초적(또는, "기본적")인 믿음이 참임을 보증하며, 우리의 모든 지식은 그것들과 확실하게 (즉, 연역을 통해서) 연결되어야 한다고 덧붙일 수 있다. 기초적인 믿음은 확실하고 의심의 여지가 없을 뿐 아니라, 더 이상의 지식에 의해 뒤집힐 수 없다는 의미에서 수정될 수 없는 것으로 간주되었다. 강한 기초주의에 따르면 기초적인 믿음들은 다른 믿음의 지지를 받지 않고도 확실하게 알려질 수 있으며, 다른 믿음들을 증명하는 데 사용될 수 있다.

어떤 사람은 기초적인 믿음이 틀릴 수 있음에도 불구하고 다른 믿음을 증명하는 전제로 사용될 수 있을 뿐만 아니라, 알려질 수 있다는 견해를 온건한 기초주의라고 부른다. 이 견해에 따르면 그들은 오류를 범할 수 있고 의심할 수 있을 뿐 아니라 수정될 수도 있다. 약한 기초주의에 따르면 기초적 믿음은 다른 믿음의 지지 없이는 그 자체로 저절로 알려질 수 없다. 그러므로 무언가를 증명하려고 할 때, 우리는 이러한 믿음에서 단순히 멈출 수만은 없다.

우리는 *b* 때문에 *a*를 믿고, *c* 때문에 *b*를 믿는다고 말할 수 없다. 그러나 우리는 다른 어떤 믿음의 지지 없이 *c* 자체를 믿는데, 그것이 기초적인 믿음이기 때문이다. 그렇다면 약한 기초주의자들에게 기초적 믿음은 여전히 다른 믿음들에 의해 지지되어야 한다. 따라서, 기초적 믿음은 그 자체로 알려지지 않으며, 그들이 서로를 지지하는 믿음의 그물망의 일부인 한에서 알려진다.

이런 의미에서 약한 기초주의는 지식은 우리가 기초적이라고 생각하는 몇몇 믿음의 확실성이 아닌, 믿음 간의 상호 지지로부터 생겨난다는 견해인 정합주의와 매우 비슷하다. 그것은 우리가 몇 개의 답을 절대로 확신하기 때문(강한 기초주의와 온건한 기초주의)이 아니라, 모든 대답이 결합되어 있기 때문에(정합론) 가로세로 낱말 풀이가 옳다는 것을 아는 것과 같다.[52]

보다 현대적인 형태의 기초주의는 기초적인 믿음이 잘못될 수 있음을 받아들인다. 그리고 많은 사람은 그것이 명백하고 다른 믿음으로부터 증명될 필요가

---

52 Laurence Bonjour, *The Structure of Empirical Knowledge* (Cambridge, MA: Harvard University Press, 1988), pp.26-33; online at http://homepages.wmich.edu/~mcgrew/bonjour.htm. Ted Poston, "Foundationalism," *Internet Encyclopedia of Philosophy,* ed. James Fieser and Bradley Dowden, http://www.iep.utm.edu/found-ep/.

없으므로, 당신에게는 기초적인 것이겠지만 나에게는 그렇지 않을 수도 있다고 부언한다. 보다 온건한 형태의 기초주의는, 기초적인 믿음은 단지 우리 자신의 개인적인 사유 안에 있는 증명의 중단 지점, 즉 다른 믿음으로부터 그것을 우리 자신에게 증명할 필요 없이 우리가 믿는 어떤 것이라고 말할 것이다.

그래서 보다 현대적인 몇몇 전문가에게 그것은 완전한 지식을 갖는 것이 아니라, 우리의 사고 구조에 관한 것으로 다른 믿음으로부터 그것들을 증명할 필요 없이 우리가 어떤 믿음을 합리적으로 보유할 수 있다는 것이다.

내가 보기에 전제주의자들은 다음과 같이 말하는 것 같다. 우리는 다른 믿음으로부터 증명할 필요 없는 전제를 보유할 수 있는데, 그 믿음은 다시 다른 믿음들에 의해 뒷받침되어야 하고, 그것은 차례로 다른 믿음들에 의해 뒷받침되어야 한다.

이는 기독교인의 전제들은 선험적으로 그리고 그 반대의 불가능성에 의해서도 증명될 수 있다는 반틸학파의 주장과는 다르다. 전제주의자들이 지식은 순환적이라고 주장하고 있는 것은 사실이지만, 확실성은 그것이 아무리 크다 하더라도 순환적인 것에서 오는 것이 아니라, 지식의 궁극적인 기초로서의 전제 자체의 확실성에서 오는 것이다.

프레임과 반틸은 기독교인의 전제는 정당화될 수 있고 단순한 신앙주의적 선택이 아니라고 주장하지만, 사실 기독교인의 전제는 단지 원의 한 점이 아니라 정당성의 원천이 되어야 한다고 주장하기도 한다(앨빈 플랜팅가에 관한 장에서 기초주의에 관해 보다 자세히 언급할 것이다).

프레임과 빈틸 모두 변증가는 논증에 국한되어서는 안되며, 비록 그것이 억눌려 있다 하더라도 하나님의 형상대로 창조된 모든 인간에 내재된 하나님의 지식에 호소해야 한다고 강조한다. 변증가는 이 접촉점에 호소해야 한다. 반틸은 전통적 변증학이 불신자들의 의지와 지성에 잘못 호소하고 있다고 주장한다. 문제는 의지는 죄에 얽매여 있고 타락한 지성은 진리를 왜곡하고 자율적으로 사고하는 것, 즉 하나님의 정당한 지위를 인정하지 않은 채 스스로 생각하려고 하는 데 있다.

프레임은 모든 사상이 하나님을 인정해야 하기 때문에 신자는 결코 "자율적" 사고를 고무하거나 수용해서는 안 된다는 반틸의 핵심적인 생각을 긍정한다. 그러나 두 사람은 그 확신을 다르게 적용한다. 반틸은 어떤 변증가가 "인과율이 있으므로 하나님은 틀림없이 존재한다"와 같은 어떤 직접적인 추론을 사용할 때 그는 선을 넘는다고 한다. 오직 간접적인 추론만이 받아들여질 수 있다.

"하나님이 존재하지 않는다면 인과율이 있을 수 없다."

반틸이 알고 있었듯이, 오직 간접적인 형식만이 논증 내내 기독교의 전제 조건을 유지한다. 직접적인 형식은 불신자가 인과율이 무엇인지 알고 하나님을 인정하지 않고 결론을 내릴 수 있다고 가정함으로써 자율적으로 생각할 수 있게 한다. 반틸은 "인과율이 있다"라는 전제는 불신자들이 하나님과 관계없이 인과율이 무엇인지 알 수 있다고 생각하게 하는 것으로 간주했다.[53]

하지만, 프레임은 그렇게 생각하지 않는다. 그는 직접적 추론과 간접적 추론 사이에는 실질적인 차이가 없다고 주장하기 때문에, 성확하지 않은 추론과 부정확한 추론을 분리할 수 있는 어떤 공식적인 방법도 없다고 주장한다. 오히려 그것은 변증가의 의도에 관한 문제다. 변증가가 불신자로 하여금 자율적으로 사유하도록 허용하거나 안내한다면 그것은 참으로 문제다. 그러나 그가 그렇게 하는지 여부는 단 한 줄의 추론으로 결정될 수 없다.

또한, 프레임의 견해에 따르면 모든 변증적인 만남에서 문제를 제기할 필요는 없기 때문에, 그것은 단순히 변증가와 불신자 간의 상호 작용을 경청하는 것으로 결정될 수 없다. 일부 변증가는 가능한 접촉점들의 차이조차 알지 못할 수도 있기 때문에, 프레임은 그들이 사람들에게 하나님과 관계없이 "원인"이 무엇인지 알 수 있다고 죄스럽게 가정하도록 초청하고 있는지, 아니면 인과율을 포함하여 하나님은 만물의 원천이며 근거라는 것을 암암리에 알도록 해 주는 하나님에 관한 그들의 억눌린 지식에 올바르게 호소하고 있는지 알 수 없다고 말한다.

그렇다면 프레임에게 주된 고려 사항은 그 논증이 참인지 여부다. 만약 참이라면, 비록 변증가가 의도하지 않았더라도 그것은 하나님에 대한 불신자들의 억압된 지식과 접촉할 것이다. 어떠한 진리도 불신자의 세계관에 문제가 될 것이다. 왜냐하면, 그것은 잘 들어맞지 않을 것이기 때문이다.[54]

그리하여 그것은 우리가 불신자의 왜곡된 세계관을 잘못 받아들인 채 다루

---

53 그러나 그리스도인이 논증을 위해 불신자의 관점을 기꺼이 받아들이고자 할 때, 그는 불신자의 자율적 사고를 받아들이는 것이 아닌가? 프레임은 '아니오'라고 말한다(그런 통찰력에 대해 포이트리스를 인정한다). 기독교인은 한 순간도 자신의 전제들을 결코 포기하지 않으며, "'논증을 위해' 불신자들의 원칙을 수용할 때조차도 그는 여전히 기독교인으로서 사유하는 것이다. 이 두 번째 단계에서 실제로 일어나는 일은 기독교인이 불신자의 원리가 기독교인으로서의 자신에게 어떻게 보이는지 알려주고 있다는 것이다." Frame, *Doctrine of the Knowledge of God*, pp. 359-60.

54 Frame, *Apologetics to the Glory of God*, p. 84.

고 있는지, 아니면 그가 공언하는 왜곡된 세계관에도 불구하고 은밀하게 소유한 왜곡되지 않은 계시들을 올바르게 받아들이고 다루고 있는지에 관한 문제로 귀착된다.[55]

프레임은 부정적 논증, 확실성과 접촉점에 관한 그의 관점에 중요한 수정을 가하면서, "반틸의 변증학과 전통적 변증학 간의 거리는 (반틸 자신을 포함하여) 양쪽에 있는 대부분의 지지자가 인정하는 것보다 적다"[56]라고 지적한다. 전제주의자들은 "과거의 전통적 변증학과 일반적으로 관련된 많은 그리고 아마도 모든 논증을 전제주의적 변증가들에게 개방하기 때문에 혜택을 본다."[57]

프레임은 직접적 논증들을 받아들이고 개연성을 허용하지만, 불신자들과 교류할 때 사용하는 단어, 목소리 톤 그리고 개인적인 경건에서 성경의 전제와 자율성에 대한 반대가 표현되어야 한다고 믿는다. 우리는 하나님께 헌신한다는 것과 하나님 없이 추상적인 진리를 찾으려 하지 않는다는 것을 전달해야 한다. 그러므로 전제주의에서 마음의 태도는 매우 중요하다.

> 단지 외적인 것, 즉 논증의 형태, 확실성 또는 확률의 명시적 주장 등에 의해서는 전제주의적 변증학과 전통적 변증학을 더이상 구별할 수 없을지도 모른다. 아마도 전제주의는 쉽게 설명할 수 있는, 경험적인 현상이라기보다 마음의 태도, 곧 영적인 조건에 가까울 것이다.[58]

"마음의 전제주의"의 특징에는 우리의 충성심, 타협 없이 성경의 완전한 가르침을 제시하려는 우리의 인식론적 약속에 어떻게 영향을 미치는지, 하나님을 "완전한 주권자로, 모든 의미와 명료성과 합리성의 원천으로, 모든 인간 사유의 궁극적 권위로"[59] 제시하려는 결심에 어떻게 영향을 미치는지 그리고 불신자의 사고가 하나님에 관한 이해 그리고 그분에 대한 반항 모두에 의해 영향을 받는다는 인식에 어떻게 영향을 미치는지에 관한 명확한 이해가 포함되어 있다.

이어서 그는 "만약 반틸학파나 전제주의자로 불리기를 원하지 않고 이러한

---

55 Ibid., p. 85.
56 Ibid.
57 Ibid.
58 Ibid., p. 87.
59 Ibid., p. 88.

이해와 태도를 유지하는 일부 변증가들이 있다면 그들과 손을 잡게 되어 기쁘다"[60]라는 주목할 만한 진술을 한다.

2. 하나님에 대한 논증

이것을 염두에 두고, 하나님의 존재에 대한 몇 가지 논증에 대한 프레임의 개요로 눈을 돌려보자. 그들은 전통적인 유신론과 유사하지만, 그는 그들의 궁극적 결론이 반틸학파적이라는 점에 주목한다.

> 하나님이 존재하지 않는다면 아무것도 알 수 없으며, 그래서 하나님은 다름 아닌 성경이 말하는 삼위일체적이고 주권적이고 초월적이고 내재적인 절대적 인격이어야 한다.[61]

어떤 논증도 이런 진리들을 규명할 수 없으며, 이것이 그가 여러 가지 논증을 갖고 있는 이유다. 프레임의 도덕적 논증은 도덕적 가치가 절대적이기 때문에, 하나의 절대적인 인격에 근거하는 객관적인 도덕적 가치가 있어야 한다고 추론한다. 궁극적 표준이 유일하므로, 그 존재도 반드시 유일해야 한다.

인식론적 논증은 인간의 합리성에서 시작하여 그것을 설계한 신적 존재가 반드시 있어야 한다는 결론을 내린다. 설계만 어떻게 마음이 실재를 잘 해석할 수 있는지 설명할 수 있고, 합리적인 존재만 우리가 논리적인 것을 믿도록 만드는 논리 안에 있는 규범적 요소를 설명할 수 있다. 신적 존재만 도덕적 가치로서 진리와 합리성의 기초를 놓을 수 있기 때문에, 결국 인식론적 주장은 도덕적 논증으로 환원된다.[62]

특히, 물질이나 에너지같이 지능이 없는 것들이 하나의 목적을 위해 함께 작용한다는 아퀴나스의 관찰을 고려하면 이 세상의 놀라운 설계는 목적론적 논증의 기초가 된다.

---

60 Ibid.
61 Ibid., p. 88.
62 Ibid., p. 109.

인간의 설계를 인식하면서 유비에 의해 더 높은 존재에 의한 설계를 끌어낼 수 있다. 프레임은 악마의 존재와 같이 설계자에 대항하는 증거가 실제로 기독교의 견해에도 부합한다고 주장한다.

우리는 인간과 하나님의 설계 사이의 유사점뿐만 아니라 차이점도 예상할 수 있다. 인간과 하나님은 다르기 때문에 그들의 설계의 산물도 다를 것이기 때문이다. 어떤 반대자는 설계와 대립하는 증거를 통해서 설계되었다는 주장, 특히 완벽한 설계자에 의해 설계되었다는 주장이 약화된다고 응수할 수 있을 것이다. 하나님과 인간의 설계의 차이는 하나님의 설계가 훨씬 더 좋아야 한다는 것인데, 이것은 설계에 반대하는 증거를 훨씬 더 개연적으로 만든다. 그러나 프레임은 신적인 설계자의 지식과 지혜가 우리보다 훨씬 높아서 설계의 완벽함이 설계의 결점처럼 보일 수도 있다는 것을 염두에 두고 있을 것이다. 고통과 악이 대표적인 예다.

우주론적 논증은 많은 형태를 가지고 있으며, 프레임은 그것을 가장 직관적으로 납득할 수 있는 것으로 생각하기 때문에 인과율로부터 논증하는 것을 강조한다. 그의 지지적인 발언은 칼람 논증[63](윌리엄 크레이그의 고전적 변증학에서 더 많이 언급)과 토미즘적-아리스토텔레스주의적 형식에 똑같이 적용된다.[64] 원인을 찾는 것은 이성의 속성이며, 그것은 대략 이성과 동일하다.

세상에 있는 어떤 것들은 원인이 없다는 주장은 비합리적이다(하나님은 "세상에 계시지" 않으므로 원인을 갖지 않는다[65]).

> 세계의 한 사건이 원인을 갖고 있지 않다면, 세계 전체는 원인을 갖지 않을 것이다. 그리고 만약 세계 전체가 이유가 없다면 비합리주의가 승리할 것이다.[66]

단지 원인을 찾는 것이 어렵다고 해서 원인이 없다고 주장할 수 없다. 세계에 원인이 없다고 주장한다면, "어떤 사건이 왜 일어나는지에 관한 어떤 완전

---

63 역주) 9세기에 일어난 이슬람교의 사변(思辨) 신학; 주동자로서의 신의 존재와 의지의 자유를 주장했다(네이버백과사전). 그 논증은 다음과 같다. (1) 모든 존재하기 시작한 것은 원인이 있다. (2) 우주는 존재하기 시작했다. (3) 그러므로 우주가 탄생한 원인이 있다.
64 Ibid., p. 110.
65 Ibid., p. 111 n. 30.
66 Ibid., p. 111.

한 설명도, 어떤 완전한 이유도 없게 된다."[67] 설명 과정은 무한히 퇴행할 것이며, 결국 "우리는 첫 번째 원인에 대한 믿음과 비합리주의 중 하나를 선택할 수밖에 없는데",[68] 이것은 자기모순적이다.

자신의 도덕적 가치로부터의 논증으로 환원되기는 하지만, 프레임은 안셀름의 존재론적 논증의 기본적 논리는 설득력이 있다고 믿는다. 문제는 '완전함'이 다른 의미를 가질 수 있다는 점이다. 우리의 전제에 따라 존재는 완전할 수도 있고 아닐 수도 있다. 그 논증은 존재와 가치에 대한 오직 기독교적 전제들을 근거로 성경의 하나님을 증명한다.

그는 안셀름이 믿기 위해 이해하는 것이 아니라, 이해하기 위한 믿음을 추구한다는 점에 주목한다. 프레임이 보기에 이것은 "마음의 전제주의"[69]에 관한 무언가를 표현한다. 그는 존재론적 논증 역시 기독교의 전제적 논증(따라서, 프레임의 도덕적 논증으로 환원될 수 있음)이며, 그렇지 않으면 가치가 없다고 결론 내린다.[70]

3. 복음 증명하기

프레임은 피조물 속에 많은 신적 속성이 뚜렷하게 나타나지만(롬 1:18-20), 이것이 복음의 메시지는 아니라고 지적한다(롬 10:14-15). 성경은 그 자체의 신빙성을 주장하며, 우리는 맹목적으로 그것을 받아들일 필요는 없다.

프레임은 기독교적 세계관을 출발점으로 삼고 있으며, 이는 그의 유신론적 논증에 의해 확립되었다. 이러한 논증들은 주로 성경의 전통이나 그것의 영향을 받는 전통에서 발견되는 절대적 인격 유신론을 보여준다. 만약 절대적 인격이 인간을 배려하고 도덕적인 논증이 그가 그렇게 한다는 것을 함축한다면, 우리는 그가 우리에게 자신을 알릴 것이라고 예상할 수 있다. 그리고 "성경은 그 기대를 충족시킨다고 주장하며, 하나님이 인간에게 자신의 실정을 제시하는

67　Ibid., p. 112.
68　Ibid., p. 113.
69　Ibid., p. 117.
70　Ibid., p. 118.

장(場)이라고 주장하는 유일한 주요 종교 서적이다."[71]

반틸을 연상시키는 주장에서 프레임은 진정으로 두 개의 종교만 존재하므로 세계의 모든 종교와 철학을 공부할 필요가 없다고 말한다. 우리는 하나님의 지혜나 세상의 지혜(고전 1:18-2:16)와 마주하고 있으므로, "그런 의미에서 우리의 유신론적 논증은 이미 복음의 진리를 확정했다. 하나님 말씀의 근원에는 다른 논리적인 후보자가 없기 때문에, 우리는 그 메시지를 듣고 따라야 한다."[72]

그러나 그는 이 특별한 주장이 많은 사람을 납득시키지 못할 것을 알고 있기 때문에 성경의 진리를 위해 다른 증거를 추구한다. 프레임은 성경을 해석하는 두 가지 방법을 제시한다.

첫째, 성경이 스스로 말씀하시는 것, 즉 성령의 능력에 의한 신자들의 견해라는 빛에서 해석하는 방법
둘째, 여느 다른 어떤 책과 같이 해석하는 방법

그는 전통적 변증학에서 "탐구자들은 그 권위가 변증가에 의해 증명되기 전까지는 하나님 말씀으로서의 성경의 완전한 권위를 전제하지 말라는 말을 듣는다"[73]라고 주장한다. 성경의 초자연성을 전제하지 않고 그것을 시험하려는 충동은 1650년경에 시작되어 누그러지지 않고 계속되어 왔다. 그러나 "다른 어떤 교리도 절대적 인격의 유신론과 양립할 수 없다"라는 점에서, 그 자체에 관한 성경의 교훈은 신빙성이 있다.

만일 하나님께서 성경을 통해 자신을 계시하신다면 그것은 최고의 권위를 가지며, "그것은 더 큰 권위를 가진 어떤 다른 것에 의해 반증될 수 없듯이, 그렇게 해서는 증명될 수도 없다.[74] 하나님의 말씀은 그 자신과 마찬가지로 최고의 권위가 있어야 하며 스스로 증명해야 한다."

이 교리는 성경의 저자들과 예수께서 가르치신 것이다.

---

71 Ibid., p. 121. 그는 이슬람과 근대 유대교, 로마가톨릭교, 몰몬교, 제칠일안식일예수재림교와 크리스천 사이언스 등(n. 2)을 포함하여 수많은 종교가 성경에 의존하나, 성경을 왜곡한다고 주장한다.
72 Ibid., p. 121.
73 Ibid., p. 127.
74 Ibid., p. 135.

성령은 "마법적으로"가 아니라 이성을 통해 역사하며, 따라서 "성령은 우리에게 어떤 허황된, 근거 없는 것을 설득하지 않고, 우리가 믿어야 하는 합리적 근거를 조명해 줌으로써 우리를 설득한다. 성령으로 창조된 믿음은 '눈 멀지' 않았다."[75] 하나님께서 이유를 제시하시기 때문에 우리는 믿어야 한다.

주요 증거는 구약 전체를 포함하는 예언이며 신약성경에는 그리스도에 관한 광범위한 증거가 있다. 비록 오늘날 우리는 기적에 관한 성경의 증언만을 가지고 있음을 알아야 하지만, 하나님은 성경 시대에 기적을 행하셨다. 또한, 성경은 기적이 설득할 수 있는 한계에 관해 경고한다. 이는 지옥에 있는 사람이 자기 형제들에게 경고하고 싶어하지만, 모세와 선지자들을 믿지 않는 사람은 누군가가 죽은 자들로부터 살아난다 해도 믿지 않을 것이라는 말을 듣는 이야기에서 제기된다(눅 16:31).

그러나 도마는 기적 때문에 예수님을 믿으며, 심지어 요한은 기적 때문에 믿게 될 것이라고 기대하면서 예수의 기적에 관해 기록했다(요 20:31). 가장 큰 기적은 부활인데, 프레임은 부활은 "전통적인 기독교 변증학의 기초석이며, 이것은 일반적으로 내가 그 전통과 다르지 않은 영역이다"[76]라고 말한다. 그는 고전적 변증가인 윌리엄 레인 크레이그와 증거주의자 게리 하버마스의 작품을 추천한다.[77]

그렇지만 프레임은 성경의 기록을 주요 증거로 강조한다. 그는 고린도전서 15장의 해석을 되짚는다. 바울이 500명이 넘는 사람들의 목격 증언을 제시했는데 그들 대부분은 당시에도 살아 있었다(고전 15:6). 바울은 부활의 진리를 확증하기 위해 목격자들에 호소했다. 하지만, "바울의 요점은 오히려 부활에 대한 증언은 사도적 설교의 일부였기 때문에 그것을 사도적 증언의 일부로 받아들여야 한다는 것이다."[78] 그 증거들은 우리에게 "하나님 자신의 권위로" 다가

75　Ibid., p. 136.
76　Ibid., p. 145.
77　특히, William Lane Craig, *Apologetics: An Introduction* (Chicago: Moody Press, 1984), pp. 167-206; and Craig, *Knowing the Truth About the Resurrection* (Ann Arbor, MI: Servant Books, 1988). Also Gary Habermas and Antony G. N. Flew, *Did Jesus Rise from the Dead?* ed. Terry L. Miethe (San Francisco: Harper & Row, 1987). 플루(Flew)는 논쟁 시 무신론자였다. 그는 "Presuppositional Apologetics, p. 229 n. 42에서 조시 맥도웰(Josh McDowell)의 *Evidence That Demands a Verdict* (San Bernardino, CA: Here's Life, 1979), pp. 179-263을 덧붙였다.
78　Frame, *Doctrine of the Knowledge of God*, p. 146. 유사한 주장이 프레임에게서 나타난다, *Apologetics to the Glory of God*, p. 58.

오며, "바울은 교회에게 그것이 권위 있는 사도의 설교의 일부니 믿으라고 요구한다."[79] 아울러 부활이 부정된다면 "기독교의 전체 교리적 내용 역시 부정되어야 한다(vv. 12-19)."[80] 이것은 부활의 또다른 논거다.

4. 관점주의

프레임은 자신만의 광범위하고 혁신적인 변증학의 관점을 구성했다. 그것은 변증학과 윤리를 연결할 뿐 아니라 비전지적 존재인 인간이 보다 전체적인 시각으로, 통일될 수 있는 상이한 관점들로 사물들과 세상을 바라볼 수 있다는 생각을 발전시킨다. 반면, 앨빈 플랜팅가는 (부분적으로는 우리가 믿는 것은 우리가 직접 통제할 수 없다는 이유로) 우리가 어떤 것을 믿거나 믿지 않을 윤리적 의무는 없다고 확신한다.

프레임은 인식론이 "지식의 영역에서의 의무",[81] 곧 우리가 믿어야 할 것과 믿지 말아야 할 것[82]을 기술한다는 점에서, 인식론은 윤리학의 일부로 가장 잘 이해된다고 믿는다. 윤리와 인식론 사이의 연결은 모든 믿음이 윤리적 가치 판단, 즉 윤리적 의무에 관한 주장 또는 무언가를 믿을 권리를 전제한다는 점에서 전제주의의 중심성을 강화한다. 그러므로 윤리적으로 중립적인 지식 요구라는 것은 없고, 다만 경건한 윤리적 기준을 전제로 하는 것과 그렇지 않은 것이 있을 뿐이다.[83]

우리가 다른 관점을 가질 수 있다는 것이 모든 관점이 어느 정도 평등함을 의미하지는 않으며, 우리 자신이 다른 관점으로 사물을 보려고 할 때(이를테면, 우리가 나무 주위를 걸어 다니거나 누군가로부터 의견을 들을 때) 모든 사람의 의견에 동의하기 시작할 것임을 의미하지도 않는다. 사람들의 관점은 진리를 구현하는 한 일치할 것이고, 진리를 공유함으로써 서로를 풍요롭게 할 수 있는 한 지

79　W1C. Campbell-Jack and Gavin McGrath, eds., *New Dictionary of Christian Apologetics* (Leicester, England: Inter-Varsity Press, 2006), pp. 141-45. Frame, *Doctrine of the Knowledge of God,* p. 146.
80　Frame, *Doctrine of the Knowledge of God,* p. 146.
81　Ibid., pp. 73-74.
82　Ibid., p. 109.
83　Ibid., p. 109.

식은 공동의 노력이 될 수 있다.

하나님의 관점은 모든 참된 관점을 포괄할 뿐 아니라, 하나님은 우리가 볼 수 없는 방식으로 사물을 보신다. 그는 때때로 우리에게 여러 가지 참된 관점들이라는 혜택을 베푸신다. 예를 들어, 사복음서, 열왕기서, 역대기서의 하나님께 영감을 받은 사람들의 관점들 같은 것이다.

이렇듯 많은 관점이 동시에 참되고 양립 가능하며 중복될 수 있다. 다른 관점이 없으면 하나의 관점을 가질 수 없고, 각각의 관점을 통해서 여러 가지 관점을 가질 수 있다. 많은 관점이 있을 수 있다. 예를 들어, 프레임은 십계명이 실제로 인간의 삶에 대한 열 가지 관점이라고 믿는다.

그러나 그와 그의 오랜 친구인 교수 번 포이트리스(Vern Poythress)는 세 가지 관점에서 특별한 중요성을 본다. 삼위일체는 세 가지 관점을 구성하지만, 그것은 물론 하나의 신성 안에 세 신격을 갖는다는 점에서 훨씬 더 많은 의미를 가진다. 삼위일체 내에서 "아버지는 최고 권위이고, 아들은 집행하는 힘이며, 성령은 하나님의 백성 속에 함께 살고 있는 신성의 현존이다."[84] 구속은 "권위 있는 계획, 효과적인 성취, 은혜로운 적용"이 있다는 점에서 이를 반영한다.

첫째, 신성한 주권 안에서 우리는 동일한 요소를 갖는다. 즉, 신성한 권위, 권능, 그의 백성과 함께하는 현존
둘째, 계시에는 삼중적 관점이 있다. 즉, 일반계시, 특별계시, 인간의 마음속에 있는 계시(조명, 성령의 증언)
셋째, 그리스도와 구원의 직무에서 3요소를 발견한다. 지식에는 세속 철학이 통합하는 데 어려움을 겪는 세 가지 요소-감각적 경험, 이성, 감정

우리는 하나님이 만드시고 통제하는 세계를 감지하는데, 그 규범은 하나님의 계시이고, 그 주체는 하나님과 관계 맺고 있는 지식인이다. 각각은 다른 것들을 포함한다.

인간의 참된 지식의 모든 항목은 하나님의 형상 가진 사람에 의해, 하나님의 권

---

84 John M. Frame, "A Primer on Perspectivalism," *Frame and Poythress* website, May 14, 2008, http:/A\rww.frame-poythress.org/a-primer-on-perspectivalism-revised-2oo8/.

위적인 규범을 피조물의 현실에 적용하는 것이다. 그 중 하나를 빼면, 아무런 지식도 없다.[85]

규범적 관점에서, 우리는 하나님의 규범이 우리에게 무엇을 믿도록 지시하는지 묻는다. 상황적 관점에서, 우리는 무엇이 사실인지 묻는다. 실존적 관점에서, 우리는 어떤 믿음이 믿는 마음에 가장 만족스러운지 묻는다. 각각의 질문은 다른 질문에 답하는 데 도움이 될 뿐만 아니라 중복되는 방식으로 연관되어 있다.

규범적 관점은 현실이 우리에게 일반계시이기 때문에 모든 현실을 포함한다. 상황적 관점은 현실이 우리의 전체 환경이기 때문에 모든 현실을 포함한다. 실존적 관점은 모든 것이 우리 경험의 전부이기 때문에 모든 것을 포함한다.

규범적 관점은 다음과 같은 이유로 상황적 관점과 실존적 관점을 포함한다.

> 하나님의 규범에 따라 생각하는 것은 모든 사실(상황적인)과 모든 경험(실존적인)을 고려하는 것이다. 상황적 관점은 규범적인 것(규범은 사실이기 때문이다)과 실존적인 것(경험은 사실이기 때문이다)을 포함하는 것도 사실이다. 그리고 실존적인 규범은 규범적인 것과 상황적인 것을 포함하는데, 규범과 사실은 우리 경험의 측면들이기 때문이다.[86]

성경은 단순히 세 가지 관점 중 하나(예를 들어, 규범적 관점이 아닌)가 아니라, "인간의 사고와 삶의 궁극적 기준이 되도록 하나님이 우리에게 주신 세 가지 관점 내에서 특별한 대상이다." 그것은 "모든 관점을 지배하고 우리가 그것들을 어떻게 사용해야 하는지를 결정한다."[87]

프레임이 하나의 "사실"을 언급할 때, 단순한 하나의 사물이 아니라 사태(a state of affairs)를 뜻한다. 그는 "사태는 사물의 속성 및 다른 사물들과의 관계와 더불어 사물을 포함한다"라고 말한다. 사물은 명사에 의해 지시될 수 있지

---

85 Ibid.
86 Ibid.
87 Ibid.

만, 사태는 문장을 필요로 한다.

아리스토텔레스는 실재를 사물들의 집합체로 여겼지만, 루드비히 비트겐슈타인(Ludwig Wittgenstein, 1889-1951)은 그들의 관계를 알아야 한다고 덧붙였다. 더 나아가 알프레드 노스 화이트헤드(Alfred North Whitehead, 1861-1947)는 실재를 알려면 과정을 알아야 한다고 덧붙였다.[88]

사실과 해석이 하나라고 말할 때, 프레임은 실제로 사실의 진술과 해석은 하나로임을 뜻하고자 한다. 하나의 사실 진술은 '의자가 파랗다'라는 등의 어떤 사태에 대한 주장이다. 사실에 대한 진술은 실제에 대한 해석이다. 따라서, 사실의 진술은 참일 수도 있고 거짓일 수도 있다.

프레임은 비모순율과 하나님의 내적 지식 모두를 변증학으로 통합시킨다. 그들은 연대해서 기독교와 경쟁하는 관점을 어떻게 다룰 것인가 하는 문제를 해결한다. 예를 들어, 이슬람교도들은 코란이 신의 말씀이라고 말하고 기독교인들은 성경이 하나님의 말씀이라고 말한다.

반틸과 마찬가지로, 프레임은 모든 증명은 궁극적으로는 순환적이라고 믿는다(이것은 위에서 본 바와 같이 순환이 충분히 크면 문제가 되지 않는다고 주장한다).

프레임은 다음과 같이 말한다.

첫째, 기독교인은 이슬람교를 자의적으로가 아니라 하나님의 계시를 근거로 거부한다.

둘째, "이슬람에 대한 거부는 기독교가 설득력 있는 것과 같은 이유로 설득력이 있다."

셋째, 기독교에 대한 광범위한 순환 논증은 경쟁하는 관점에서 찾아볼 수 없는 방식으로 내적으로 일관성이 있거나 논리적이라는 것을 보여줄 것이다. "비기독교인은 자신의 체계를 일관성 있게 유지할 수 없으며, 결정적인 순간에 기독교적 개념에 의존할 것이다."[89]

---

88 Frame, *Doctrine of the Knowledge of God*, pp. 99-100; see Ludwig Wittgenstein, *Tractatus Logico-Philosophicus*, trans. C. K. Ogden (New York: Routledge & K. Paul, 1992), sec. 1.1: "The World Is the Totality of Facts, Not of Things." Alfred North Whitehead, *Science and the Modern World* (NewYork: Macmillan, 1925; reprint, New York: Simon & Schuster; The Free Press, 1967), p. 72.

89 Frame, *Doctrine of the Knowledge of God*, p. 132.

넷째, "무슬림은 하나님의 형상대로 만들어졌기 때문에 어느 정도 수준에서는 기독교인의 순환 논법의 설득력과 자기 자신의 것을 신뢰할 수 없음을 알 수 있을 것이다."[90]

그것은 모든 것을 불길하게 재해석하는 편집증 환자를 다루는 것과 비슷하다. 전통적 변증학과 달리, 프레임은 당신이 그를 설득하기 위해 중립적인 입장을 채택하지 않을 것이라고 말한다. 대신에, "당신은 그 진리(그 이유)에 대한 논증과 함께 단순히 그 진리를 선언한다. 편집증 환자가 당신의 자료를 자신의 체계에 동화시키는 일에 있어서 아무리 기발할지라도, 그는 여전히 자신은 틀렸고 당신은 옳다는 것을 어느 정도 '알고' 있거나, 적어도 알 수 있다고 가정한다."[91]

논증의 전제 대 결론을 고려한 후, 프레임은 논리적인 차이가 없다는 것을 발견한다. 논증에서 전제에 대한 믿음은 결론을 믿게 하고, 또한 전제가 전제하는 바를 믿게 한다. 프레임은 "그렇다면 논리적으로 전제는 결론의 한 종류다"라고 말한다. 심리적으로, 우리는 실제 전제보다 전제의 전제 조건을 더 확고하게 믿는다.[92]

프레임에게 있어서, 하나님에 대한 믿음이 전제인 한, 그것은 플랜팅가가 주장하듯이(나중에 플랜팅가의 견해를 상세히 살필 것이다), 단순히 기초적인 것이 아니다. 차이점은 전제 조건이 우리가 증거로서 그리고 타당한 논증으로서 받아들이는 것을 포함해서 우리의 다른 믿음을 지배한다는 것이다. 그것은 무효로 돌릴 수 있는 것이 아니다.

> 상반된 다른 전제 조건이 채택되지 않는다면, 그것은 증거와 논증에 의한 반박의 대상이 되지 않는다.[93]

---

90 Ibid.
91 Ibid.
92 Frame, *Apologetics to the Glory of God,* p. 105 n. 21.
93 John M. Frame, "Reflections of a Lifetime Theologian: An Extended Interview with John M. Frame," in Hughes, *Speaking the Truth in Love,* p. 86.

5. 비평

프레임은 전제주의가 앨빈 플랜팅가의 개혁주의 인식론보다 개혁주의 신념에 관한 보다 심오한 해석이라고 믿는 반면, 플랜팅가 자신은 전제주의가 어떤 관점에 관한 "더듬거리고 암묵적이며 미완성된" 시도라고 생각한다. 고전적 변증가인 윌리엄 레인 크레이그는 이에 동의한다.[94]

많은 비평가와 마찬가지로 그는 그것을 증명하기 위해 어떤 의미에서 기독교를 가정하는 순환 논증에 호소하는 것을 문제삼는다. 그런네도, 그는 전제주의의 중심 개념인 선험적 논증은 매우 강력할 수 있다고 믿는다. 우리가 알고 있듯이 이 용어는 임마누엘 칸트(1724-1804)가 만든 것으로, 그는 우리가 생각할 때 사용하는 범주는 합리성의 전제 조건이기 때문에 그것을 부정하려는 시도에서조차 그것을 사용해야 한다고 주장했다. 그는 실재를 부정하는 것조차 가정해야 할 것이라는 근거로 실재를 주장했다.

프레임이 이러한 접근 방식을 수용하고 있음에도 불구하고, 크레이그는 "변증학에 대한 다섯 가지 관점들"(Five Views on Apologetics)이라는 장(章)에서 프레임이 "우리는 성경의 하나님을 논증에 대한 결론으로서가 아니라 논증을 가능하게 하는 존재로서 제시해야 한다"[95]라고 말할 때만 선험적 접근 방식을 사용하는 데 가장 근접하게 된다고 말한다.

하지만, 그는 그에 관한 논증을 전개하는 데 실패한다. 대신에 크레이그는 프레임이 선험적 논증과 중세인들이 "결과에서 근거로 이어지는 증명"이라고 부르는 "결과에 의한 논증"(demonstratio quia)[96]을 혼동한다고 말한다.

리처드 하우(Richard Howe)는 전제주의자들이 종종 그 둘을 혼동하며, 결과로부터 근거에 이르는 논증은 고전적 변증학의 영역이라고 믿는다. 예를 들어, 전제주의자가 기독교 유신론만이 도덕성의 근거가 될 수 있다고 주장할 때, 도덕성은 도덕성을 부정하는 데 필요하지 않기 때문에 선험적 논증이 아니다. 그

---

94 William Lane Craig, "Classical Apologetics," in Cowan, *Five Views on Apologetics*, p. 232.
95 Frame, "Presuppositional Apologetics" p. 220; "*A* Classical Apologist's Response," in Cowan, *Five Views on Apologetics*, p. 233에서 크레이그에 의해 인용됨.
96 Craig, "A. Classical Apologists Response" [to Frame], p. 233. 그는 토마스 아퀴나스의 *Summa Theologiae* 1 a.2.2를 인용한다.

것은 다시 결과에서 근거로 논증하고 있다.[97]

돈 콜레트(Don Collte)는 선험적 접근 방식은, 그것이 b가 a의 참이나 거짓을 위한 필요조건이라면 a는 b를 전제한다[98]는 점에서 참으로 독특하다고 명확히 한다.[99] 달리 표현하면 b가 참이 아니라면, a는 참도 거짓도 아닐 때 오직 그 때에만, a는 b를 전제한다.[100]

그래서 선험적인 논증은 전제가 참이든 거짓이든 작동할 수 있는데, 왜냐하면, 그것은 전제가 참인지 거짓인지를 논하는 것이 아니라 전제들의 근거에 초점을 맞추고 있기 때문이다. 전통적 논증들은 참인 전제에 의존한다. 반틸은 그가 확실히 선험적 접근 방식을 사용한다고 주장한다.

> 하나님이 존재하지 않는다면, 어떤 인간도 부정이든 긍정이든 단 한 음절도 말할 수 없다.[101]

그 접근 방식은 전통적 변증학이 사용하는 추론과는 분명히 다르다. 프레임은 그 차이[102]를 인정하면서도 여전히 – 반틸,[103] 반센 그리고 다른 사람들과는

---

97 Richard G. Howe, "Some Brief Critical Thoughts on Presuppositionalism," *The Virtual Office of Richard G. Howe, Ph.D.,* http://richardghowe.com/Presuppositionalism.pdf; adapted from chap.three of his doctoral dissertation, "*A Defense of Thomas Aquinas' Second Way*" (University of Arkansas, Fayetteville, n.d.), p. 11.
98 Following Peter Strawson, *Introduction to Logical Theory* (London: Methuen, 1952), p. 175; Collett, "Van Til and Transcendental Argument Revisited" p. 24.
99 Don Collett, "Van Til and Transcendental Argument Revisited," Trinity School for Ministry website, www.tsm.edu/sites/default/files/Faculty%20Writings/C0llett%20-%20Van%20Til%20and%2oTranscende-ntal%2oArgument%2oRevisited.pdf. This is an updated version of "Van Til and Transcendental Argument," *Westminster Theological Journal* 65, no. 2 (Fall 2003): 289-306. Page numbers are to the updated, online edition. Or see Donald Collett, "Van and Transcendental Argument Revisited," in Hughes, *Speaking the Truth in Love,* pp. 460-88.
99 Following Bas C. van Fraasen, "Presupposition, Implication, and Self-Reference," *Journal of Philosophy* (1968): 137; Collett, "Van Til and Transcendental Argument Revisited, p. 25.
100 Cornelius Van Til, A Survey of Christian Epistemology (Phillipsburg, NJ: P & R, 1969), p. 11; quoted in Collett, "Van Til and Transcendental Argument Revisited," p. 12.
101 Cornelius Van Til, *A Survey of Christian Epistemology* (Phillipsburg, NJ: P & R, 1969), p. 11;quoted in Collett, "Van Til and Transcendental Argument Revisited:' p. 12.
102 John Frame, "Reply to Don Collett on Transcendental Argument," *Westminster Theological Journal,* 65 (2003): 307.
103 콜렛은 반틸이 오늘날의 프레임과 같이, 자신의 초월적 방법이 전통적인 추론으로 환원

뚜렷히 대조적으로-전통적 변증학의 추론이 전제주의의 목표에 도움이 될 수 있다고 주장한다. 프레임은 하나님의 존재는 논리에 필연적 근거라는 개념을 사용하여, 전제주의적 목표를 가지고 보다 전통적인 방식으로 논증하는 한 가지 방법을 제안한다.

술어가 가능하다면, 논리는 신뢰할 수 있다.
논리를 신뢰할 수 있다면, 신은 존재한다.
그러므로 술어가 가능하다면 신은 존재한다.

프레임은 '전건 긍정식'(modus ponens)[104]으로 알려진 단순한 전통적 논증의 유용성에 주목한다.

술어가 가능하다면, 신은 존재한다.
술어는 가능하다.
따라서, 신은 존재한다.

또는, 반틸의 선험적 접근 방식과 더 비슷한 것으로 보이는 것은 전통적 '후건 부정식'(modus tollens)[105]이다.

술어가 가능하다면, 신은 존재한다.
신은 존재하지 않는다.
따라서, 술어가 가능하지 않다.

될 수 있다는 것을 알고 있었다고 지적했다. Cornelius Van Til, *A Survey of Christian Epistemology* (Phillipsburg, NJ: P &R, 1969), p. 9; quoted in Collett, "Van Til and Transcendental Argument Revisited," p. 23.

104 역주) 'modus ponens'는 전건 긍정식으로 알려져 있고, 잘 알려진 타당한 연역 논증의 형식이다. 곧 'p이면 q다'에서 p는 전건(명제), q는 후건(명제)이라 부르며, 전건을 긍정하면 후건이 긍정이 되는 타당한 연역 논증의 형식이다. 곧, 'p이면 q다.' 'p다.' 그러므로 'q다'라는 논증이 성립된다.

105 역주) 'modus tollens'는 타당한 연역 논증의 형식으로서, 'p이면 q다.' 'q다.' 그러므로 '-p다'라는 형식으로 표현된다. 앞서 본대로 p는 전건 명제, q는 후건 명제로, 후건 명제를 부정하면 결론적으로 전건 명제의 부정을 얻게 된다.

우리는 그 결론을 불합리한 것으로 거부할 수 있기 때문에, 그것은 오히려 불합리에 이르게 된 것을 반증하는 귀류법처럼 기능할 수 있다. 불합리한 것이 참일 수 없으므로, 불합리성을 수반하는 것은 무엇이든지 참일 수 없기 때문이다. 그것이 환원 논증의 본질이다. 반틸이 그 접근 방식을 비기독교적인 관점이 거짓임을 보여주는 올바른 방법이라고 믿었다는 것을 상기하라.

그러나 여기서 우리는 프레임이 전통적인 변증적 논증을 포함하도록 확장할 수 있는지 여부를 결정할 수 있는 미세한 대목의 가능한 함의를 볼 수 있다. 콜레트는 '후건 부정식'은 엄밀히 말하면 초월적인 논증과 같지 않다고 말한다. 왜냐하면, 물론 그 논증은 논증을 진술하기 위해 기능하는 술어에 의존하기 때문이다. 간단히 말해, 논증을 하기 위해서는 진술이 의미를 가져야 하기 때문이다. 그러나 콜레트는 반틸의 선험적 논증은 하나님이 없으면 술어가 없기 때문에, '후건 부정식' 논증 또한 통하지 않을 것이라고 지적한다.

그러나 프레임은 우리가 전통적 논증을 구성할 수 있다고 주장한다. 왜냐하면, 우리가 정말로 x를 가지고 있다면, 하나님은 존재해야 하기 때문이다(예를 들어, 우리는 실제로 술어, 논리, 도덕성, 인과율을 가지고 있다). 콜렛은 반틸의 접근 방식이 더 급진적이라고 말하며, 만약 하나님이 존재하지 않는다면 술어가 전혀 기능하지 않을 것이고, 심지어 논증을 구성할 수도 없으므로 어떤 종류의 논증도 구성할 수 없을 것이라고 주장한다.

프레임은 선험적 논증과 전통적 추론 사이에 차이가 있음을 인정하지만, 만약 그들이 하나님과 별개로 어떤 타당한 사상이 존재한다는 것(즉, 우리는 자율적으로 생각할 수 없다)과 중립적 근거가 있다는 것을 둘 다 부인한다면 전통적 논증을 사용하고 전제주의를 유지할 수 있다고 주장한다.[106]

그는 이렇게 말한다.

> 변증학이 선험적 방향이나 목표를 가져야 한다고 생각한다. 즉, 우리는 하나님이 모든 의미의 조건이며, 우리의 인식론은 그 결론과 부합해야 한다는 것을 보여주는 데 관심을 두어야 한다. 그러나 그 결론은 단 하나의 단순한 삼단논법으로는 도달할 수 없다. 일반적으로 선험적인 논증은, 아마도 항상 많은

---

106 Frame, "Reply to Don Collett," p. 309. 그는 콜레트와 그들 간에 주고받은 이메일에 근거해서 자신에게 동의할 것이라고 짐작했다(p. 309 n. 4).

부속 논증을 필요로 하며, 이들 중 일부는 전통적인 신학적 논증이나 기독교적 증거일 수 있을 것이다.[107]

6. 숙고하기

1. 누가 존 프레임에게 영향을 미쳤나?
2. 프레임에게 "운동"은 무엇을 의미하며, 그는 그들을 어떻게 간주하는가? 한 사람으로서, 사상가로서 반틸에 대한 그의 태도는 어떠한가?
3. 프레임은 마음의 내용을 통해 사실에 대한 해석을 검증하는 것과 관련하여 어떤 규정을 제시하는가?
4. 해석과 사실의 거리가 무엇을 의미하는지 설명하라. 그리고 그것은 변증학의 방법과 어떤 관계가 있는가?
5. 프레임은 우리의 지식 대 하나님의 지식의 문제를 어떻게 보는가(반틸 대 클라크를 보라), 그리고 그 문제는 왜 중요한가?
6. 신자와 불신자가 같은 것을 알 수 있을까?
7. "공약 불가능하다"라는 말의 의미는 무엇인가?
8. 프레임은 반틸이 어떤 방식으로 전제주의와 비전제주의적 변증학 사이의 차이를 과대평가했다고 생각하는가?
  프레임에게 있어 무엇이 선험적 접근 방식을 구성하는가?
9. 프레임은 반틸이 말한 선험적 논증의 문제점은 무엇이라고 생각하는가?
10. 프레임은 귀납법을 어떻게 생각하는가?
11. 프레임은 어째서 전제를 "우리가 아는 가장 확실한 것"으로 간주하는가?
12. 프레임은 성경에 대한 믿음을 어떻게 정당화 하는가?
  우리는 성경 외적인 증거를 사용할 수 있을까?
13. 프레임이 말하는 성경적 근본주의는 무엇을 의미하며, 근본주의와 어떻게 다른가?
14. 강한, 온건한, 약한 근본주의를 비교하라.
15. 프레임과 반틸 양쪽에 대해 변증가는 논증 외에 무엇에 호소할 수

107　Frame, "Presuppositional Apologetics," p. 360.

있는가?
16. 간접 논증 대 직접 논증의 문제에 있어서 프레임은 반틸과 어떻게 다른가?
17. 프레임이 전제주의적 변증학을 연역과 간접 논증으로 제한하지 않는다면, 그에게 있어 무엇이 전제주의적 접근 방식을 구성하는가?
18. 신 존재 증명에 대한 프레임의 견해를 요약하라.
19. 실제로 두 개의 종교밖에 없다는 반틸의 추종자들의 생각에 대해 프레임은 어떻게 생각하는가?
20. 예언과 기적에 대한 프레임의 견해는 무엇인가?
21. 프레임은 성경의 기록을 어떻게 강조하는가?
22. 관점주의에 대한 프레임의 생각을 요약하라.
23. 프레임이 말하는 "사실"은 무엇을 의미하는가? 그들을 어떻게 실재의 해석이라고 할 수 있는가?
24. 예를 들어, 기독교인은 이슬람교도에게 어떻게 접근할 수 있을까?
25. 전제와 기초적 믿음(플랜팅가와 비교하라)의 차이점은 무엇인가?
26. 윌리엄 레인 크레이그는 선험적 논증을 어떻게 설명하는가? 그는 프레임이 그 말을 사용하는 것에 대해 뭐라고 하는가?

7. 주요 용어

- **성경적 근본주의**: 성경은 우리가 확신할 수 있는 지식을 포함한다. 프레임은 성경 밖에 있는 어떤 것을 확실하게 알 수 있다고 주장하는 보다 전통적인 형태의 근본주의는 성경 밖에서 확실성을 찾으려는 불법적인 시도를 나타낸다고 믿는다.
- **관점주의**: 비전지적인 존재들은 동시에 참이고, 양립할 수 있으며, 중복될 수 있는 많은 관점을 가질 수 있다. 다른 관점이 없으면 하나의 관점을 가질 수 없고, 각각은 다른 관점을 가지고 있다. 하나님의 관점은 모든 참된 관점을 포함한다.
- **선험적 논증**: 프레임에게 그러한 논증은 많은 세부 논증을 통해 도달해야 하는 전반적인 목표다. 우리는 한 가지 논증으로 기독교의 하나님을 증명

할 수 없다. 왜냐하면, 그의 독특한 속성들은 술어와 지식에 필수적이지 않기 때문이다.

8. 더 나아가기

Frame, John M. *Apologetics to the Glory of God: An Introduction*. Phillipsburg. NJ: P & R, 1994.

_____. *Cornelius Van Til: An Analysis of His Thought*. Phillipsburg. NJ:P & R, 1995.

_____. *The Doctrine of God*. Phillipsburg. NJ: P & R, 2002.

_____. *The Doctrine of the Knowledge of God*. Phillipsburg. NJ: P & R, 1987.

_____. "Presuppositional Apologetics." In *Five Views on Apologetics,* edited by Steven. B. Cowan. Grand Rapids: Zondervan, 2000.

Hughes, John J., ed. *Speaking the Truth in Love: The Theology of John M. Frame*. Phillips-burg. NJ: P & R, 2009.

개혁주의 인식론 (Reformed Epistemology)

제3장

앨빈 플랜팅가

하나님에 대한 믿음은 직접적인 인식이고,
기독교에 대한 믿음은 하나님의 선물이다

「타임」이 "미국의 대표적인 정통 개신교 철학자"[1]라고 칭한 앨빈 플랜팅가 (Alvin Plantinga) 만큼 널리 알려진 현대 변증론자는 거의 없다. 기사는 "조용한 혁명"에서 "합의를 통해 오랫동안 생산적인 담론에서 추방되었던 하나님이 학술적인 철학자들의 신선하고 지적인 영역으로 돌아오고 있다"라고 언급하고 있다.

내가 철학을 전공한 1970년대까지만 해도 하나님에 대한 믿음은 철학계에서 거의 존중받지 못했다. 내가 교수 중 한 사람에게 대학원 수준의 종교철학을 공부할 수 있는 곳이 어디냐고 물었을 때, 나는 얼빠진 사람처럼 보였으며 신학교 진학을 고려해 보라는 제안을 받았다. 한 사람이 나에게 (진짜) 철학자들은 그런 종류의 질문을 주의 깊게 살피지 않는다고 정중하게 말해 주었다.

플랜팅가는 그 모든 것을 바꾼 하나의 힘이었다(윌리엄 레인 크레이그는 또 다른 힘이었다). 그는 이미 신학적 견해를 갖고 있는 사람들에게만 말하기보다는 회의, 학술지, 학회지 등을 통해 적극적으로 철학적 공동체의 관심을 끌어냈다. 『기독교철학자들에 대한 조언』(Advice to Christian Philosophers)[2]에서 다른 신자들에게 촉구하듯이, 그는 자신과 다른 기독교인들 모두의 관심을 끌었던 철학적 주제들을 추적할 뿐 아니라, 그것들을 자신의 독특한 기독교적 가정과 세계관 위에 철학적으로 구축했다. 그는 철학계가 흥미롭게 여기는 것에 국한하지 않

---

1 "Modernizing the Case for God," *Time*, April 7, 1980, p. 66.
2 Reprinted in James F. Sennett, ed. *The Analytic Theist: An Alvin Plantinga Reader* (Grand Rapids: Erdmans, 1988), pp. 296-315.

고, 비기독교 사상가들과의 공통 기반에서만 진행하지도 않았다.

그의 초기 변증적 작업의 주요한 취지는 전통적 증거에 의해 뒷받침되지 않는다 하더라도 기독교적 믿음이 합리적일 수 있음을 보여주는 것이었는데, 그가 보기에는 하나님에 대한 믿음을 위한 어떤 적절하고 비순환적인 논증도 없었다.

그러나 그는 믿음을 결코 신앙주의적 비약으로 간주한 적이 없다. 오히려 그것은 우리가 창조된 방식과 칼빈이 신의식(sensus dibinitatus)으로 부른, 우리 안에 생겨나게 된 성령의 역사를 통해 즉시 가질 수 있는 일종의 지식으로, 지적인 근거를 가지기는 하지만 비추론적인 인식을 만들어 낸다(칼빈은 자신이 즐기는 산행에 참여할 때, 가장 강하다고 인정한다).[3]

그는 1932년에 태어났다. 양가의 뿌리는 1834년의 네덜란드 사람들의 종교를 계승한 것으로 거슬러 올라가는데 그들은 가혹한 박해를 견뎌냈다. 아브라함 카이퍼는 마침내 이 운동의 지도자로 부상했다. 플랜팅가의 아버지는 앨빈이 재학했던 칼빈대학교의 심리학 교수였다. 나중에 하버드대학교에서 그는 처음으로 자신의 견해를 경멸하는, 부인할 수 없을 정도로 지성적인 사람들과 만났는데, 처음에 그 경험은 자신이 가진 믿음에 의문을 품게 만들었다.

그의 의심을 해소하는 데 도움이 된 사건은 두 가지다.

어느 우울한 밤, 그는 자기 방으로 걸어가다가 하나님의 압도적인 임재를 느꼈다.

> 나는 갑자기 주님이 정말 거기 계시며, 그것은 내가 생각했던 모든 것임을 분명하고 확신있게 그리고 확실하게 보았거나 느꼈던 것 같다. 아주 명쾌하고 설득력 있게, 아주 분명하게 보거나 느낀 것 같았고, 그것은 내가 생각했던 모든 것이었다. 이 경험의 영향은 오래도록 남아 있었다. 나는 여전히 하나님의 존재에 관한 논증들에 사로잡혀 있었다. 그러나 그것은 내게 단지 학문적일 뿐이었으며, 실존적인 관심은 거의 없던 것처럼 보였다. 사람들은 마치 실제로 과거가 있었는지에 대해, 혹은 똑똑하게 만들어진 로봇이 아닌 다른 사람들이 실제로 있었는지에 대해 논증하는 것처럼 보였다.[4]

3　Alvin Plantinga, "A. Christian Life Partly Lived," in *Philosophers Who Believe: The Spiritual Journeys of Eleven Leading Thinkers*, ed. Kelly James Clark (Downers Grove, IL: InterVarsity Press, 1993), p. 61.
4　Ibid., pp. 51-52.

또 다른 사건은 집으로 돌아가는 중에 일어났다. 칼빈대학교에서 철학 교수 해리 젤마(Harry Jellma)가 가르친 세 개의 수업에 참석할 당시, 그는 주제에 대한 지도와 전통적인 기독교에 대한 확신에 매우 감명 받아서 하버드를 떠나 칼빈대학교로 돌아가기로 결심했고, 이것은 그의 전체 학문적 방향과 삶을 형성한 것으로 여겨졌다.

연구를 통해서 그는 기독교에 대한 반대가 대부분 비기독교인들의 지적인 헌신의 결과라는 확신을 철회하였다. 그렇다면, 중립적인 학문과 같은 것은 존재하지 않는데, 이는 카이퍼나 반틸과 같은 견해다(플랜팅가가 칼빈대학교에 대해 유감스럽다고 말한 것은 기독교에서 일반적으로 발견하는 문제, 곧 외부의 실제 상대에 집중하는 대신 서로 싸우고 경멸하는 경향이었다).[5]

플랜팅가는 학업을 마치고, 디트로이트에 있는 웨인주립대학교에서 가르쳤고, 그 후 칼빈대학교에서 19년 동안 가르쳤다. 끝으로 노트르담대학교(가톨릭 기관이었음에도 종교철학 프로그램에는 많은 복음주의자가 있다)에서 최근에 은퇴했다. 모든 면에서 그는 다음 세대의 유신론자와 기독교 사상가들을 형성하는 데 지대한 역할을 했다.

첫 번째 저서인 『하나님과 다른 지성인들』(*God and Other Minds*)[6]에서, 플랜팅가는 기독교에 대해 널리 퍼져 있는 도전, 즉 충분한 증거가 부족하기 때문에 믿을 수 없다는 것에 답하려고 했다. 그 도전은 합리적이 되기 되기 위해서는 우리의 믿음이 충분한 증거가 있어야 하며, 당연히 우리의 믿음은 증거의 양에 비례해야 한다는 믿음과 증명에 대한 증거주의적 접근 방식을 가정한다.

존 로크(John Locke, 1632-1704)에게 반영되고 W. K. 클리포드(W. K. Clifford, 1845-1879)[7]에 의해 고전적으로 진술된 이 견해는 의무라는 측면에서 믿음과 정당성을 부여한다. 우리에게 윤리적 의무가 있는 것과 마찬가지로 특정한 조

---

5 Ibid., pp. 57-58.
6 Alvin Plantinga, *God and Other Minds: A Study in the Rational Justification of Belief in God* (Ithaca, NY: Cornell University Press, 1967; 2nd ed., 1990). 수년간 자신의 생각을 발전시킨 후에 플랜팅가는 특유의 겸손함과 유머 감각으로 "현재의 유리한 위치에서 『하나님과 다른 지성인들』(*God and Other Minds*)은 누군가에 의해 오랫동안 대담하긴 하지만 인식론적으로는 부족한 누군가에 의해 이루어진 유망한 시도처럼 보인다"고 말했다. Alvin Plantinga, "Afterword" in Sennett, *The Analytic Theist*, p. 353.
7 "불충분한 증거를 갖고 무언가를 믿으라고 하는 것은 항상 어디에서나 누구에게나 잘못된 것이다." W K. Clifford, *Lectures and Essays* (London: Macmillan, 1901), p. 183.

건하에서 믿음을 형성하거나 형성하지 않을 인식적 의무도 있다.

인식론에서 증거주의는 합리적 신념이 어떤 종류의 이유나 증거에 의해 뒷받침될 수 있다는 견해다. 이는 변증학에서 증거주의로 불리는 것보다 더 광범위하며, 예를 들어, 기독교는 부활과 성경의 신빙성에 대한 증거에 호소함으로써 한 단계 전략(a one step strategy)으로서 뒷받침될 수 있다는 견해다.[8]

예를 들어, 변증적 증거주의자는 증거가 있든 없든 기독교를 믿는 것이 합리적이라고 주장한다면, 인식론적 증거주의자일 필요는 없다. 증거는 명제적 유형과 비명제적 유형으로 나눌 수 있으며, 후자는 직관과 같은 것이거나 칼빈의 '신의식' 같은 것이다. 인식론적 증거주의자들은 일반적으로 명제적 지지를 보기 원한다. 즉, 대략적으로 말해 문제가 되는 믿음을 뒷받침하기 위해 취할 수 있는 사물의 존재 방식에 대한 진술(보다 기술적으로 말하자면 "명제들")을 보기 원한다. 그런 것이 없다면 믿음은 일종의 맹신 또는 육감 같은 것이며 합리적 확신이라고 부를 수는 없을 것이다.

플랜팅가는 기독교를 지지하는 전통적 논증을 구성하려고 시도함으로써 증거주의자들의 요구를 받아들이기보다 믿음의 일차적 근거로서의 전통적 증명의 전체 개념에 도전했다. 그는 그들에 관한 증거가 거의 없음에도, 우리가 합리적으로 받아들일 수 있다고 생각하는 믿음이 많이 있다고 지적했다.

우리는 다른 사람들이 우리와 같은 생각을 가지고 있으며, 그들은 단지 정교한 로봇이 아니라고 믿는다. 또 우리는 오래된 것처럼 보이고, 나무에 나이테가 있으며, 온전한 기억력 등을 가진 것을 통해 세계가 몇 분 전에 창조된 것이 아님을 믿는다. 우리는 이들 중 어느 하나를 증명하는 데 큰 어려움을 겪을 수 있지만, 우리와 다른 사람들은 그것들을 받아들인다. 그리고 우리는 그렇게 하는 것에 대해 분명히 합리적이다.

증거 없이 그러한 것들을 믿는 것이 합리적으로 받아들여진다면, 증거 없이 하나님이나 기독교를 믿는 것이 합리적으로 받아들여지지 않는 이유는 무엇인가?[9]

하나님 존재에 관한 논증은 결정적일 만큼 강하지는 않지만, 하나님의 존재

---

8   이 책에서 증거주의(evidentialism)는 별도의 언급이 없는 한, 그 변증학의 견해를 나타낸다.
9   자서전적인 장에서, 플랜팅가는 그의 아내가 하나님에 대한 신념과 다른 마음에 대한 신념은 "동일한 인식론적 배에 탔다"라는 그의 논문을 들었을 때, "그녀가 들었던 더 어리석은 것들 중 하나라고 생각했다." Plantinga, "A Christian Life Partly Lived" p. 60. 그러나 종교 인식론 분야에서는 상당히 진지하게 받아들여졌다.

에 반대하는 논증 역시 강하지 않다. 하나님에 대한 믿음을 배제하는 합리성에 대한 필요조건을 구성하려는 시도는 반대자가 유지하기를 원하는 믿음도 배제할 가능성이 매우 높다.

몇 년 후, 그는 "하나님에 대한 믿음은 합리적인가?"[10]라는 논문을 통해 근본주의 관점에서 자신의 주장을 더욱 분명히 했다.

조금 더 살펴보자. 기초주의에 따르면 우리는 다른 믿음, 곧 증명 없이 어떤 믿음들을 정당하게 주장할 수 있다. 따라서, 모든 믿음이 입증되어야 하는 것은 아니다. 모든 믿음이 결론이거나 다른 믿음으로부터의 추론이 될 필요는 없다. 우리가 발이 아픈 것을 아는 것은 바위가 얼마나 큰지에 근거해 내린 결론이 아니다. 우리는 단지 발이 아프다는 것을 안다. 우리는 암석, 관성, 발 등에 대한 다른 믿음으로부터의 논증이나 결론 없이 그것을 알고 있다. 우리는 방 안에 불이 켜져 있는 것을 알고 있는데, 그것은 벽의 스위치가 "ON" 위치에 있다거나, 누군가 불을 켜는 것을 보았다거나, 불이 켜져 있지 않다면 우리는 볼 수 없다는 것을 추론하기 때문이 아니다. 우리는 단지 불이 켜져 있다는 사실을 알 뿐이다. 발이 아픈 이유 혹은 불이 켜져 있다고 믿는 이유를 제시할 수는 있지만 그럴 필요는 없다. 우리는 이유 없이도 그런 것들을 안다. 그것들은 우리가 알고 있는 다른 것들로부터 추론된 것이 아니다.

그러므로 기초주의에 따르면, 어떤 것은 다른 믿음의 뒷받침 없이 알려지는 반면, 다른 것은 우리가 다른 믿음으로부터 그것들에 대해 결론을 내리기 때문에 알려진다. 예를 들어, 우리는 방에 불이 켜져 있다는 것을 알기 때문에 건물에 전원이 공급되는 것을 안다. 전원이 공급된다는 것은 불이 켜진 것을 아는 것에 근거한 결론이다. 그러나 우리는 다른 믿음 때문에 불이 켜져 있는 것을 아는 것이 아니다. 우리는 그것을 우리의 지각을 통해 직접 안다.

다른 믿음에서 나온 결론이 아닌 믿음을, 기본적인 믿음이라고 한다. 기본적인 믿음은 근거 없는 가정일 필요도 없고, 순전히 헌신으로 유지될 필요가 없다. 결론보다는 직관에 가깝다고 하더라도 발이 아프거나 불이 켜져 있다고 믿을 만한 충분한 근거가 있을 수 있다. 근본적인 믿음은 근거가 없어서가 아니라, 다른 명제에 의해 뒷받침될 필요가 없기 때문에 기초적이다.

---

10 Alvin Plantinga, "Is Belief in God Rational?," in *Rationality and Religious Belief,* ed. C. Delaney (Notre Dame, IN: University of Notre Dame Press), pp. 7-27.

플랜팅가에게 하나님의 존재는 정당하게 기본적인 믿음, 즉 "적절하게" 기본적인 믿음이라고 될 수 있다. 그렇다고 해서 하나님의 존재에 대한 논증이 없다는 것도 아니고, 신자가 자신의 믿음이 합리적이라는 것을 보여주려 해서는 안 된다는 것도 아니다. 플랜팅가는 반대자들이 받아들인 전제들로부터 자신의 믿음을 결정적으로 증명할 수 없더라도, 유신론자들이 비합리적이지 않다는 것을 보여주기를 원한다.

인식론적 증거주의자들은 일반적으로 지적으로 책임감을 갖기 위해서는 잘 뒷받침되는 것을 믿어야 하고, 뒷받침되지 않은 믿음에 지나치게 전념해서는 안 되며, 믿지 말아야 할 많은 이유가 있다는 점에서 매우 의심스러운 믿음에는 반대해야 한다고 주장한다. 따라서, 홀로코스트가 일어난 적이 없다고 믿는 것은, 그것이 일어났다는 상당한 증거가 있고 그렇지 않다고 결론지을 이유가 매우 적다는 것을 알고 있다면, 이성적으로 무책임한 일일 것이다. 합리적인 사람이라면, 증거에 비추어 결코 그런 일이 일어나지 않았다는 결론을 반대할 것이다. 그것에 관한 증거가 거의 없는데도, 히틀러가 살아 있고 브라질에 산다는 믿음에 강하게 매달리는 것은 비합리적일 것이다.

이것은 지적인 덕목이나 혹은 믿음의 덕목이 있다는 생각으로 이어진다. 이것은 믿음과 도덕을 연결한다. 따라서, 인종적 편견같이 문제의 소지가 있는 믿음은 잘못되었을 뿐만 아니라 비도덕적이다. 그것은 또한 인식적인 의무, 즉 우리가 믿어야 할 것과 믿지 말아야 할 것들이 있음을 함축한다.

인식론적 미덕과 의무에 대한 논의는 우리가 우리의 믿음을 어느 정도 통제할 수 있다고 가정하는데, 이 관점은 신념적 주의주의라 불린다. 그 관점을 비판하는 사람들은 우리가 믿음을 갖고자 의지(will)할 수 없고, 가질 수도 없다고 반대한다. 만약 우리가 누군가가 문을 두드리고 있다는 것을 믿지 않는다면, 어떤 의지도 그것을 바꿀 수 없다. 또 우리의 의지가 개입되지 않는다면, 그것은 도덕적인 문제가 될 수 없다.

그러나 직접적인 주의주의는 우리가 믿는 것을 결정할 수 있다고 주장하고, 간접적인 주의주의는 단지 우리가 어떤 관점을 위해 논증과 증거에 노출되도록 결정할 수 있으며, 따라서 우리는 우리의 믿음에 대한 간접적인 통제력을 가지고 있다고 말한다.

플랜팅가는 합리성이란 우리가 믿어야 할 것을 믿는 문제라는 관념 전체에 의문을 제기했다. 그는 하나님에 대한 믿음이 명제의 형태로 증거에 근거되어 있지 않더라도 지적 의무나 인식적 의무를 위반하지 않는다고 주장한다. 이유가 무엇이든 우리가 타인의 마음을 믿는 것이 합리적일 뿐만 아니라, 예를 들어, 기억에 근거하여 어떤 믿음을 갖는 것도 합리적이다. 우리가 무언가를 기억할 때, 우리는 그 기억의 내용을 명제적 증거로 삼지 않는다. 예를 들어, 우리는 단지 아침 식사로 시리얼을 먹었다는 것을 상기하고 믿을 뿐이다.

플랜팅가는 자신의 관점을 개혁주의 전통에 명시적으로 연결하기 원했기 때문에, 자신의 관점을 "개혁주의 인식론"이라고 불렀다. 모든 사람이 그 이름에 만족하는 것은 아니었고, 나중에는 천주교와 같은 비개혁주의적 견해에 대한 모욕으로 오해하는 사람도 있었기 때문에, 그는 그렇게 한 것을 후회했다.[11] 우리가 보게 되겠지만, 그는 변증학에 있어서 칼빈과 아퀴나스의 견해는 크게 다르지 않다고 주장했다.

또한, 플랜팅가는 적어도 계몽주의 이후 인기 있는 견해인 고전적 기초주의를 문제 삼기 시작했다.[12] 고전적 관점에 의하면, 어떤 믿음도 기본적인 것으로 받아들일 수 없다. 즉, 또 다른 믿음의 뒷받침 없이 저절로 믿어질 수 없다. 르네 데카르트(Rene Descartes, 1596-1650)는 명석판명한 믿음들이 기초적이라고 주장했다. 그런 믿음은 의심받을 수 없다는 점에서 자명하고 부정할 수 없다. 만약 명석판명한 관념들이 우리에게 진리를 제공하지 않는다면 신은 기만자일 것인데, 그는 그렇지 않다고 추론했다.

그래서 데카르트에게는 우리의 기본적인 믿음이 틀릴 수 없는 것처럼 보인다. 로크는 잠재적인 기본적 믿음 목록에 감각 지각을 추가했다. 데카르트는 우리의 비기본적인 믿음은 연역을 통해 궁극적으로 우리의 기초적인 믿음과 연결되어야 한다고 생각하는 것처럼 보인 반면(즉, 빈틈없는 추론, 매우 엄격한 요구 조건), 로크는 귀납을 통해, 즉 개연성에 근거해 그들을 연결시킬 수 있도록 허용했다. 퍼스(C. S. Peirce, 1839-1914)는 그것이 어떤 것에 대한 최선의 설명이기 때문에 결론을 받아들이게 해 주는 귀추법을 추가했다.

그렇다면 고전적 기초주의는 어떤 믿음이 기본적일 경우에는 그것은 자명하

---

11   Plantinga, "Afterword," in Sennett, *The Analytic Theist*, p. 354 n. 4.
12   Alvin Plantinga, "Reason and Belief in God," *Faith and Rationality: Reason and Belief in God*, ed. Alvin Plantinga and Nicholas Wolterstorff (Notre Dame, IN: University of Notre Dame Press,1983), PP-16-93. For this theme in his later work, see Plantinga, *Warranted Christian Belief* (New York: Oxford University Press, 2000), pp. 82-85.

고 부정할 수 없거나 감각에 명백해야 하는 반면, 어떤 믿음이 비기본적일 경우에 그것은 궁극적으로 연역, 귀납 또는 귀추법에 의해 기본적인 믿음과 연결되어야 한다.

지식에 대한 이러한 접근 방식의 한 가지 문제는 그것은 우리가 정당하게 기본적인 것으로 간주하는 많은 명제를 배제한다는 것이다. 이를테면, "내가 오늘 점심을 먹었다"와 같은 것으로, 그것이 내가 다른 명제들을 통해서가 아니라 기억을 통해서 알게 된다는 것이다.

고전적 기초주의의 또 다른 문제는 그것 자체의 요구 조건을 충족시킬 수 없다는 것이다. 그 견해 자체는 자명하지도, 교정 불가능하지도 않고, 감각에 명백하지도 않기 때문에 기본적이지 않다.

그러나 어떤 고전적 기초주의자도 기본적인 전제들이 있고 연역과 귀납 또는 개연적 삼단 논법을 이용하여 고전적 기초주의를 입증하는 논증을 할 수 없었다. 따라서, 플랜팅가는 그 관점이 "자체적으로 일관성이 없다"[13]라고 결론 내린다. 플랜팅가는 기초주의를 완전히 버리지는 않으나, 기본이 되는 것에 대한 기준이 너무 좁다고 주장한다.

왜 자명하고 교정 불가능거나 감각에 명백한 명제들만을 기초적인 것으로 받아들이는가?
어째서 하나님에 대한 믿음이 완전하게 기초적일 수 없는가?
명제적 증거 없이도, 다른 사람의 마음에서 과거로 5분 이상 거슬러 올라가 점심을 먹었다는 타인의 마음을 정당하게 믿을 수 있다면, 같은 근거에 의해 신자는 신을 믿을 수 있다고 할 수는 없는가?

여기서 플랜팅가는 칼빈의 신의식에 호소하는데, 그것은 자연과 인간 의식의 상호 작용을 통해 모든 인간이 하나님에 관해 가지고 있는 지식이다. 우리는 (산술을 할 수 있는 능력과 같은) 실제 내용보다는 잠재력을 타고났고, 우리의 경험은 하나님에 대한 인식을 자극한다. 정확히 무엇이 그것을 유발하는지는

---

13 Plantinga, "Reason and Belief in God," p. 60. 플랜팅가는 고전적 기초주의가 단지 기본적이지(고전적 기초주의 자체에 의해 기본적이라는 말이 설명되듯이) 않기 때문에 그것이 잘못되었다고 주장하는 것은 아니다. 그가 보기에 문제는, 부가적으로 말해서, 기본적이라는 것이 전제들로부터 보여질 수 없다는 것이다.

사람마다 다르다. 그것은 밤 하늘, 일몰, 파도, 혹은 탁 트인 들판일 수 있다.[14] 죄책감은 불쾌해 하는 분으로서 신에 관한 의식을 불러일으킬 수도 있다. 그 믿음은 우리 안에서 "그냥 일어나며", "그것들은 상황에 의해 발생된 것이지, 그들에게서 도출된 결론을 내리는 것이 아니다."[15]

우리가 별빛 하늘을 보면서 그것을 하나님이 존재한다는 결론의 증거로 삼는다는 의미에서, 그것은 추론이 아니다. 우리는 하나님이 존재하신다는 것을 안다. 그것은 우리가 별이 빛나는 하늘을 보는 것을 별이 반짝이는 하늘 자체가 존재한다는 결론의 증거로 삼지 않는다는 점에서 감각 지각과 유사하다. 그것을 보면서, 우리는 단지 그것이 거기에 있다고 믿지만, 그것이 거기에 있다고 결론 내리지는 않는다. 따라서, '신의식'은 "지각, 기억, 선천적 믿음"[16]과 같은 것이다.

조금 더 설명하자면, 자연과의 만남이 하나님에 대한 인식을 낳는다는 주장을 할 수 있는 두 가지 방법이 있다. 한 가지 공통된 견해는 우리가 자연에서 무엇인가를 보고 하나님이 반드시 존재한다고 결론을 내린다는 것이다. 예를 들어, 우리는 자연에 질서가 존재함을 보고, 반드시 명령자가 있어야 한다고 결론 내린다. 우주에 질서가 있다는 것이 전제가 되고 명령자의 존재가 결론이 됨으로써 우리는 하나의 추론을 하고 있는 셈이다. 또 다른 예를 들면, 우리는 주변의 모든 것이 무에서 생겨날 수 없다는 것을 깨닫고 창조자가 있어야 한다고 결론을 내린다.

플랜팅가가 주장하는 유력한 견해에 따르면, 세계와 마주할 때 우리에게는 즉각적인 인식이 생겨나는데 그것은 하나의 결론이 아니다. 우리는 장엄한 산들을 보고 단지 하나님이 존재한다는 것을 안다. 그것은 하나의 결론을 도출하는 추론 과정이 아니라, 하나의 직관이다. 이러한 시각에서 하나님에 대한 인식은 성령의 역사와 우리가 창조된 방식 결과물이다.

하나님에 대한 인식이 하나의 추론이라기보다 하나의 직관이라는 플랜팅가의 견해는 그로 하여금 그것을 기초적이라고 말할 수 있게 해 준다. 기초적인 믿음들은 다른 믿음들의 결론이 아님을 기억하라. 불이 켜져 있다는 우리의 인식처럼 그들은 그저 그곳에 있을 뿐이다.

---

14 Plantinga, *Warranted Christian Belief*, pp. 173-74.
15 Ibid., p. 175.
16 Ibid.

그러므로 자연에서 질서를 볼 때 그것에 대한 증거를 제시하지 않고도 하나님이 존재한다는 생각이 생겨난다면, 즉 하나님이 존재한다는 관점은 질서에서 추론을 통해 도출된 결론이 아니라 질서를 볼 때 생기는 직관에 가깝다면, 그것은 우리 생각의 기초의 일부가 될 수 있을 것이다. 그것은 적절하게 기본적이라고 할 수 있다.

플랜팅가는 아퀴나스가 제시한 뉘앙스에 걸맞게 자신의 모델이 발전될 수 있는 가능한 방향을 언급한다. '신의식'의 역할은, 가령 "하늘은 하나님이 창조하셨을 때만 미적으로 아름다울 수 있다"[17]와 같은 "재빠른" 유신론적 논증 속에서 우리가 결정적인 전제의 진리를 볼 수 있도록 해 준다. 아퀴나스에게서 신에 대한 지식은 "즉각적인 것(직관)"일 수도 있지만 추론일 수도 있다. 따라서, '신의식'은 전제가 참인지를 알 수 있는 수단이 될 수 있을 것이다. 이것은 하나의 논증에서 전제 조건이 참이라고 가정하면, 결론은 참이라고 말하기 때문에 중요할 것이다.

하지만, 어떻게 그 전제들을 입증할 수 있을까?

추가적인 논증을 통하여 그것들 중 하나 또는 그 이상의 것에 대한 추가적인 증거가 필요할지도 모른다. 증거로 전문가 증언, 상식, 기억, 또는 '신의식'에 의해 제공될 수 있는 직관 등이 포함될 수 있을 것이다. 만약 그렇다면, 전제를 뒷받침하기 위한 역방향의 일련의 논증의 필요성을 제거할 수도 있을 것이다.

기초주의는 어떤 믿음은 다른 믿음의 결론이 되지 않고도 정당화될 수 있다고 주장하는 반면, 정합주의는 그것과 경쟁하는 이론이다. 플랜팅가는 "정합론이 무엇인지에 대해 상당한 혼란이 있고, 적절한 정합 관계들에 대해 일반적으로 받아들여지는 설명도 없다"[18]라고 말한다.

하나의 명제가 단순히 일련의 명제와 일치한다면, 그것은 그들과 정합적이라는 의견이 제시되었다. 문제는 두 가지 명제가 각각 일련의 믿음과 일지하시만, 서로 모순될 수 있다는 점이다. 만약 하나의 명제가 어떤 식으로든 일련의 믿음들 중 하나에 의해 수반된다면, 그것은 일련의 믿음과 정합적이라는 또 다

17　Ibid.,, p.176. 모든 인용문은 원본에 이탤릭체로 되어 있다. 하나의 전제에 대한 지지를 제공하는 신의식이라는 방향에서 그의 모델이 어떻게 발전될 수 있는 지에 대한 제안 사항들에 대해서, 그는 Michael Sudduth, "Prospects for 'Mediate' Natural Theology in John Calvin," Religious Studies 31, no. 1 (March, 1995): 53을 추천한다.

18　Alvin Plantinga, *Warrant: The Current Debate* (New York: Oxford University Press, 1993), p. 66.

른 의견이 제시되었다.

또 다른 하나는 그 관계가 상호 설명 중 하나라는 것이다. 만약 내가 다른 믿음으로부터 도출된 증거에 근거하여 어떤 명제를 믿는 것이 아니라면, 그것은 나에게는 기본적인 명제다. 플랜팅가는 이렇게 말한다.

> 하나의 정합적인 체계 내에서 각각의 믿음은 다른 모든 것에 의해 증거로서 뒷받침된다는 개념이 아니라, 오히려 모든 믿음이 제대로 기본적인 것이 된다는 것인데, 거기서 적절하게 기본적인 것이 되기 위한 조건은 일련의 정합적인 믿음의 구성원이 되는 것이다.[19]

모든 진리의 그물망은 전지한 존재만 알 수 있기에, 우리의 지식은 부분적일 뿐이고, "우리의 모든 믿음은 불완전하기 때문에, 어떤 의미에서 우리는 아무것도 모른다. 우리의 모든 믿음은 불완전하며 단지 부분적으로만 안다고 할 수 있다"[20](반틸이 반드시 정합론자는 아니지만, 이 관점이 어떻게 반틸을 연상시키는지 주목하라).

정합론의 강한 관점은 헤겔(1770-1831), 브래들리(1846-1924), 브랜드 블란샤르(Brand Blanshard, 1892-1987)에 의해 주장되었지만, 대부분의 현대 정합론자는 믿음이 어떻게 정당화되는가에 대한 이론, 즉 믿음은 우리가 알고 있는 것의 그물망에 있는 다른 믿음에 의해서만 정당화될 뿐이며, 따라서 기초적인 믿음 같은 것은 없다고 주장한다.[21]

기초주의가 기초라는 은유를 사용하는 반면, 정합론은 그물망이라는 개념을 사용한다. 그물망의 강점은 개념들 사이의 연결에서 생겨난다. 우리는 물방울을 완벽하게 볼 수는 없지만 비가 오는 것은 알 수 있다. 왜냐하면, 젖은 거리, 우산 그리고 자동차들이 앞 유리 와이퍼를 사용하는 것을 보기 때문이다.

어떤 믿음도 강하거나 그 자체로 입증되지 않으며, 우리가 알고 있는 모든 것은 성립하거나 무너진다. 그러나 기초주의는 개별적으로 알 수 있는 기초적인 믿음의 힘에 호소한다. 우리는 지식 전체에 호소하는 일 없이, 1=1임을 또

19　Alvin Plantinga, personal email correspondence with the author, Sept. 9, 2013.
20　Louis Pojman, *What Can We Know? An Introduction to the Theory of Knowledge,* 2nd ed. (Belmont, CA: Wadsworth, 2001), p. 116.
21　예를 들어, W. V. O. Quine, Wilfred Sellars, Gilbert Harman. Keith Lehrer and Laurence Bonjour(see Ibid.).

는 조명이 켜져 있거나 행복감을 느낀다는 것을 알 수 있다.

기초주의자들은 우리가 어떤 믿음을 기본적인 믿음으로 받아들이지 않고 대신 모든 믿음이 다른 믿음에 의해 뒷받침되어야 한다고 주장한다면, 결코 어떤 믿음도 정당화할 수 없다며 반대한다.

만일 우리가 믿음 *b*에 의해 믿음 *a*를, 믿음 *c*에 의해 믿음 *b*를 … 정당화해야 한다면(선형적인 접근, 즉 일렬로 계속될 것이다), 무한한 계열의 정당화되지 않은 믿음만을 갖게 될 것이다. 그러므로 우리는 어딘가에서 멈춰야 하며, 어딘가는 우리의 기본적인 믿음이고, 그것은 우리의 지식을 근거 짓는 역할을 한다고 기초주의자는 말한다.

정당화에 대한 선형적 접근 방식의 대안은 순환적이다. *a*는 *b*에 의해 정당화되고, *b*는 *c*에 의해 정당화되며, *c*는 *a*에 의해 정당화된다. 대부분의 사람은 이것을 받아들일 수 없다고 생각하지만, 일반적으로 정합론자들은 순환이 충분히 크면 괜찮다고 생각한다(이는 반틸학파가 사용하는 논증인데, 다시 말하지만 그들은 필연적으로 정합론자들은 아니다).

게다가 정합론자들은 믿음이 서로를 뒷받침한다고 생각한다. 현장 부재 증명을 근거로 누군가를 무죄라고 믿는다면, 그들이 무죄라고 생각하기 때문에 그들의 현장 부재 증명을 믿을 수도 있다.

정합성을 활용하여 정당화하는 것은 또 다른 문제를 가진다. 즉, 소설과 꿈은 정합적이거나 비모순적일 수 있겠지만, 그것들은 참이 아니다. 어떤 믿음이나 이론이 그 자신과 모순된다면 그것은 참일 수 없다. 그래서 대부분의 사람은 어떤 믿음이나 이론이 참이 되려면 스스로 모순되어서는 안되지만, 그것만으로는 어떤 것이 참이라는 것을 보여주기에는 충분하지 않다고 말할 것이다. 일관성, 또는 비모순성 이상의 것이 있어야 한다. 자기모순적인 믿음은 참일 수 없지만, 비모순적인 믿음은 사실일 수 있다. 문제는 그것이 참이어야 할 필요가 없다는 것이다. 좀 더 점잖게 말하자면 일관성이 필요하기는 하지만 정당화하기에는 충분하지 않다.

정합론자들이 그러하듯이 믿음의 유일한 근거는 또 다른 믿음이며, 모든 믿음이 일관성 있게 서로 잘 맞아야 한다는 것을 요구한다면 어린아이들과 동물들이 어떻게 지식을 갖게 되는지를 알기란 쉽지 않다. 아이들과 동물들은 기껏해야 지극히 단순한 믿음 체계를 가지고 있는 것처럼 보인다. 우리가 느끼는 고통이나 우울증과 같이, 틀릴 수 없을 것 같은 것들에 대한 믿음을 정당화하는 것은 정합주의자들에게는 훨씬 더 복잡한 일이다.

당신이 다쳤다는 것은 틀릴 수 있지만, 고통을 느낀다는 것도 틀릴 수 있는가?

당신은 우울하지 않고 실제로 꽤 행복한데, 당신이 그것을 모르고 있다고 누군가가 알려줄 수 있을까?

그러나 기초주의자들은 일부 믿음은 다른 믿음에서 나올 필요가 없다고 말한다. 그들은 추론일 필요는 없지만 직관 같은 다른 원천을 가질 수 있다. 내 발이 아프다는 것을 아는 것은 결론이 될 필요가 없다. 나는 그냥 그것을 알 수 있다.

약한 정합론은 어떤 믿음의 다른 믿음(배경적 믿음)과의 일관성 또는 적합성을 그 믿음이 참인지에 대한 단지 하나의 기준으로 간주하며, 직관, 지각, 기억 같은 것을 다른 기준으로 간주할 것이다. 강한 정합론은 일관성이 정당성의 유일한 기준으로 간주될 것이다.

일부 사람은 일관성을 단지 부정적인 기준으로 보는데, 만약 어떤 믿음이 다른 믿음들과 일치하지 않거나 맞지 않으면 그 믿음은 정당화되지 않는다고 보기 때문이다. 반면 다른 이들은 일관성을 긍정적인 기준으로 보는데, 다른 믿음과 일치하면 그 믿음이 정당화된다고 보기 때문이다. 그리고 일부 강한 일관성 관점들은 일관성을 긍정적인 동시에 부정적인 기준으로 간주한다.

하나의 믿음을 지식으로 만드는 것은 그것을 믿을 이유를 갖는 것이라고 주장하는 기초주의자들과 정합론자들은 내재주의라고 불리는 견해를 고수한다. 역사적으로 볼 때 내재주의자들로 플라톤, 아퀴나스, 데카르트, 로크, 버트란트 러셀 등이 있다. 동시대인으로는 로데릭 치솜(Roderick Chisholm), 케이스 레러(Keth Lehrer), 존 폴락(john Pollack), 로렌스 본저(Rorence Bonjour), 윌리엄 알스턴(Wiliam Alston), 로버트 아우디(Roberti Audi), 리처드 폴리(Richard Foley), 얼 코니(Earl Conee), 리처드 펠드먼(Richard Feldman) 등이 있다.[22]

강한 설명에 따르면, 우리가 지식을 갖기 위해서는 예감이나 추측과 달리, 무언가를 믿어야 할 이유를 알아야 한다. 우리는 "그 믿음이 참이라는 증거에 대한 반성적 접근을 해야 한다."[23] 약한 설명에서, 우리는 필요한 경우 그 이유를 불러낼

---

22 Ibid., p. 136.
23 Earl Conlee and Richard Feldman, *Evidentialism: Essays in Epistemology* (Oxford: Oxford Univrtsity Press, 2004), pp. 48-49.

수 있거나, 만들 수 있어야만 한다. 현재 우리는 그것들을 염두에 둘 필요가 없다.

내재주의자들은 지식을 위해서는 이유를 갖는 것이 필요하다고 주장한다. 그들은 사람이 신념을 갖는 이유에 초점을 맞추어 그 주제의 관점을 강조한다. 반면, 외재주의자들은 적어도 지식을 만드는 것 중 일부는 우리의 사유 과정 밖에 있다고 주장한다. 그들은 비록 문제가 되는 믿음을 가진 개인이 그러한 지식을 가지고 있지 않더라도, 이상적인 관찰자의 관점에서 지식에 접근하면서, 믿음에 대한 객관적 근거를 강조한다. 외재주의를 지지하는 한 가지 논증은, 만약 어린아이들과 동물들이 무엇이든 안다고 할 수 있다면, 내재주의자가 주장하듯이, 그들이 마음속에 이유를 정리할 수 있기 때문일 수는 없다는 것이다. 또 다른 하나는 일반적인 성인이라도 내재주의자들이 지식에 대해 요구하는 믿음에 대한 이유를 설명하는 데 어려움을 겪을 수 있다는 점이다.

플랜팅가는 지식이 단순한 믿음과 어떻게 다른지, 아는 것과 추측하는 것이 어떻게 다른지에 관한 지식의 본성을 연구하는 인식론 분야에 더욱 관여했다.

바바라(Barbara)가 바베이도스(Barbados)에 있다는 것을 아는 것은 단순히 그것을 믿는 것은 그녀가 그곳에 있다는 것을 운 좋게 추측하는 것과 어떻게 다른가?

전통적으로 그 대답은 지식은 정당화된 참된 믿음이라는 것이었다. 추측은 정당화되지 않는다.

지식은 "정당화된 참된 믿음"이라는, 플라톤 이후 유지되어 온 유서 깊은 합의는 1963년 에드먼드 게티어(Edmund Gettier)에 의해 쓰인 매우 짧은 논문에 의해 완전히 혼란에 빠졌다. 웨인주립대학의 플랜팅가의 동료였던 게티어는 어느날 커피를 마시며 자신이 충분히 출간하지 않았기 때문에, 다음해에 재직할 것인지에 대해 의구심을 나타냈다. 그는 플랜팅가에게 전통적인 지식의 이해에 대한 반례를 제시하는 짧은 논문을 가지고 있다고 말했다.[24]

---

24 Pojman, *What Can We Know?* p. 82. 게티어의 논문에 대해서, 에드먼드 게티어의(Edmund Gettier) "Is Justified True Belief Knowledge?" *Analysis* 23 (1963): 121-23을 보라. 제임스 베일비(James Beilby)는 로드릭 치솜(Roderick Chisholm)이 알렉스티어 마이농(Alextier Meinong)과 버트란트 러셀(Bertrand Russell)이 게티어와 비슷한 두 개의 반례들을 발견했지만 그들은 상대적으로 눈에 띄지 않았다고 말한다. Roderick Chkholm, *Theory of Knowledge*, 3rd ed. (Englewood Cliffs, NJ: Prentice-Hall, 1989), 제임스 베일비(James Beilby)의 *Epistemology as Theology: An Evaluation of Alvin Plantingas Religious Epistemology* (Aidershot: Ashgate, 2005), p. 75에서 인용됨.

게티어는 자신의 논문을 대수롭지 않게 여겼지만, 이듬해 그것을 출간했고 인식론의 혁명이 일어났다.

전통적으로, 어떤 사람이 무언가를 안다는 것은 다음의 조건이 충족될 때 성립하는 것으로 여겨졌다.

(1) 그들이 그것을 믿는다.
(2) 그것이 참이다.
(3) 그들의 믿음이 "정당화" 될 때, 오직 그때, 즉 그것을 믿을 충분한 이유가 있을 오직 그때에만 누군가가 어떤 것을 안다.

만약 이 중 하나라도 빠지면, 그 사람을 지식을 갖고 있지 않은 것이다.

그런데 게티어는 스미스와 존스가 같은 직장에 지원하는 반례를 제시했다. 스미스는 존스가 취직할 것이라는 유력한 증거를 가지고 있으며(회사 사장이 그에게 그렇게 말했다), 존스가 주머니에 동전 열 개를 가지고 있다는 것도 알고 있다(스미스가 방금 그것들을 세어 보았다). 그래서 존스가 그 일자리를 얻을 것이고 존스가 그의 주머니에 10개의 동전을 가지고 있다고 믿는 것이 정당하다. 그러므로 스미스가 "그 일을 얻을 사람은 주머니에 10개의 동전을 가지고 있다"라고 믿는 것은 정당하다.

그러나 알고 보니 존스가 아닌 스미스가 취업을 하는 것이 밝혀졌다. 그리고 스미스는 그것을 깨닫지 못했지만, 그 자신도 주머니에 10개의 동전을 가지고 있다. 그 일자리를 얻은 남자가 호주머니에 동전 열 개를 가지고 있었던 것은 여전히 사실이다. 그리고 비록 스미스가 그것을 믿는 것은 정당했지만, 그는 분명히 그것을 "알고 있지" 않았다.

또 다른 예에서, 스미스는 매우 확실한 이유에서 친구 존스가 포드를 소유하고 있다고 믿는다. 그는 또한 브라운을 알고 있지만 그가 어디에 있는지 전혀 모른다. 그래서 그는 "존스가 포드를 소유하고 있거나 브라운이 바르셀로나에 있다"라고 믿는다. 그러나 존스는 포드를 소유하고 있지 않지만, 순전히 우연의 일치로 브라운은 사실 바르셀로나에 있다. 따라서, "존스가 포드를 소유하고 있거나 브라운이 바르셀로나에 있다"라는 스미스의 믿음은 옳았지만, 우리는 그가 그것을 알고 있다고는 말하지 않을 것이다.

수년에 걸친 인식론자들의 연구에도 불구하고, 그 문제를 어떻게 해결할 것인가에 대해서는 아직도 합의가 이루어지지 않고 있다. 어떤 사람은 여전히 지식은 참된 믿음을 정의하기 위한 문제라고 생각하지만, 게티어는 지식과 운을 분리하기 위해 더 많은 것이 필요하다는 것을 보여주었다.

위에 열거된 지식에 대한 세 가지의 전통적인 조건들에 네 번째 조건이 추가될 필요가 있다. 그들은 일반적으로 사람들의 속성인 '정당화'라는 전통적인 용어를 사용하고 있으며, 한 사람이 무언가를 믿는 것에서 정당화될 수 있다고 주장한다. 다른 이들은 게티어가 인식론 전 분야에 조용히 사라져야 할 문제가 있음을 보여줬다고 생각한다.

플랜팅가는 게티어가 인식론이 정당화에서 잘못된 방향으로 가고 있다는 것을 보여준 세 번째 진영에 있다. 대신 그는 '보증'(warrant)이라는 단어를 사용하여 믿음을 지식으로 만들기 위해 무엇을 믿음에 덧붙여야 하는지 확인했다. 보증은 사람의 속성이라기보다 믿음의 속성이다. 내재주의자들은 어떤 사람이 믿음을 주장해야 할 정당한 이유가 있는지 보는 것만으로는 충분하지 않다고 한다. 충분한 이유가 있어도 그 믿음이 신뢰할 수 없는 방식으로 형성되었다면 여전히 틀리기 쉽다. 그래서 플랜팅가는 특별히 믿음 그 자체가 형성되는 방식에 초점을 맞춘다.

그것은 진리를 제공하기 위해 신뢰할 수 있는 방식으로 형성되는가?

'신빙주의'(reliabilism)로 불리는 이러한 관점은 외재주의의 지배적인 형태다. 그것에 따르면 지식은 우리 마음속의 이유의 문제가 아니라 믿음이 형성되는 방식, 즉 우리의 믿음 형성 과정(기억의 자기 성찰, 감각, 타인의 증언, 추론)이 문맥 속에서 제대로 기능하고 있는가를 말한다. 그것은 혼란스럽거나 희망적인 사고, 허세, 추측, 성급한 일반화 등 신뢰할 수 없는 과정을 피하는 문제다.[25]

신빙주의는 우리가 그것에 대한 이유를 제시할 수 없을 때에도 우리는 무언가를 알고 있다는 것을 증명하는 이점이 있다. 예를 들어, 우리는 특정한 믿음이 참인 이유를 잊어버렸거나, 혹은 분명하게 표현할 수 없었을지도 모른다.

---

25 Alvin Goldman, "What Is Justified Belief?" in *Justification and Knowledge,* ed. George Pappas(Dordrecht, Netherlands: D. Reidel, 1979), reprinted in *Epistemology: An Anthology,* ed. Ernest Sosa and Jaegwon Kim (Malden, MA: Blackwell, 2000), pp. 340-52. 골드만(Goldman)의 견해에 따르면 하나의 믿음이 신빙성 있게 형성되는 것을 우리가 알거나 믿는 것은 필요하지 않다. 즉, 우리는 메타 믿음(meta beliefs: 우리의 믿음에 관한 믿음)을 가질 필요가 없으며, 그렇지 않으면 아이들과 동물들은 아무것도 알 수 없다.

따라서, 그것은 어린이와 동물이 어떻게 지식을 가질 수 있는지를 설명한다.

우리는 또한 회의론자임에도 불구하고 믿음을 갖는 것이 정당화될 수 있다. 왜냐하면, 우리는 그들을 패배시킬 이유가 필요하지 않으며, 단지 신빙성 있는 방법으로 믿음을 갖게 되었음을 알기만 하면 되기 때문이다. 그런데 신빙주의에는 나름의 난제가 있다.

믿음의 형성 과정은 언제 "신뢰할 수 있는" 것으로 평가될 수 있는가?
그것은 시간에 대한 90퍼센트의 진정한 믿음을 언제 만들어 낼까?
그 문제에 대해서는 그 과정을 몇 번이나 시도했어야 하는가?

그리고 어떤 과정의 세부 사항들에 대한 질문이 있다.

예를 들어, 시각과 관련하여 어떤 것은 우리와 얼마나 가까이 있어야 하는가?
그것은 어떤 속도로 움직일 수 있을까?
불이 얼마나 잘 켜져 있어야 하는가?
한 자동차가 택시인지를 결정하려면, 그것은 얼마나 가까이 있어야 하는가?
어떤 속도로 움직일 수 있는가?
그리고 얼마나 많은 빛이 거기에 있어야 하는가?
더욱이 모든 대상은 여러 범주에 속해 있는데, 우리는 어떤 것을 사용할까?

자동차는 다음과 같은 모든 범주에 속할 수 있다. 즉, 자동차, 움직이는 자동차, 시속 약 48킬로미터 이상 움직이는 자동차, 노란색 자동차, 해질녘에 보이는 물체, 해질녘에 보이는 자동차, 노란색 가로등 아래에서 보이는 대상.

범주를 너무 좁게 만들면 그 자체로 그 범주에 속하게 될 것이다(예를 들어, 핼러윈 때 황색 불빛 아래서 시속 약 60킬로미터로 달리고, 우리로부터 멀어져 가는 자동차). 만약 대상들이 너무 좁은 범주에 있어서, 홀로 존재한다면, 모든 참된 믿음은 신뢰할 수 있는 과정의 결과일 것이다.[26] 그러나 만약 우리가 그 범주를 너무 넓게 그린다면 그것은 너무 많은 잘못된 믿음들을 포함해서 도움이 안 될

---

26 Pojman, *What Can We Know?*, p. 149.

것이다. 예를 들어, 자동차를 보는 것이 단순히 우리의 시력을 이용하는 것으로 간주된다면, 우리가 안다고 생각하는 것에 대해 우리는 너무 자주 틀려서, 그것을 신뢰성 있는 과정으로 부를 수 없을 것이다.

플랜팅가는 신빙주의의 문제를 잘 알고 있다. 신빙주의를 닮은 그의 모델은 다음과 같다.

(1) 그것은 믿음을 형성하는 능력의 적절한 기능에 대한 생각에 근거한다.
(2) 우리의 감각과 같은 능력들은 신에 의해서든 진화에 의해서든, 둘 다에 의해서든, 그들이 설계된 방식대로 기능할 때 적절하게 기능한다.[27]
(3) 그들이 설계된 방식으로 기능하려면, 제대로 된 환경에서 기능해야 한다. 그들은 제대로 된 환경이나 지구에서 발견할 수 있는 그런 종류의 환경(예를 들어, 빛, 가시 물체, 자연의 규칙성-"큰 환경")뿐 아니라, 적절한 세부 사항들("작은 환경")으로 구성된다.

만약 작은 환경에 문제가 있다면 우리의 결론은 잘못될 것이다. 우리가 모르는 사이에 시계가 멈추지만 않았다면, 시계를 한 번만 들여다 봐도 일반적으로 정확한 시간을 알 수 있다. 시계가 자정에 멈춘다면, 정오에 정확히 그것을 확인하고 우연히 시간이 맞을 수 있다. 따라서, 그는 운이 좋았지만 지식을 가진 것이 아니다(당신의 믿음은 정당하고 참이지만, 지식은 아니다).[28]

그러므로 그 목표는 다음의 조건을 충족해야 한다.

(4) 참인 믿음을 산출하는 것이어야 한다. 예를 들어, 희망적 생각은 참된 믿음을 만들어 내는 것을 겨냥하지 않는다.[29]

---

27 디자인 개념은 어떤 기능을 "적절하다"라고 부르는 문제를 피한다. 부패하고 있는 물고기는 제대로 기능하고 있다고 말할 수 있지만, 그것은 분명히 그것이 설계된 방식대로 기능하고 있지 않다. 그것은 수영하고 먹도록 설계되었다. Beilby, *Epistemology as Theology*, p. 83. Alvin Plantinga, *Warrant and Proper Function* (New York: Oxford University Press, 1993), pp. 22-24.
28 플랜팅가는 이것을 러셀의 "pre-Gettier Gettier example"이라고 파악한다. Alvin Plantinga, "Respondeo," in *Warrant in Contemporary Epistemology: Essays in Honor of Plantingas Theory of Knowledge*, ed. Jonathan L. Kvanvig (Lanham, MD: Rowman & Littlefield, 1996), p. 309.
29 Plantinga, *Whrrawf and Proper Function*, p. 42.

(5) 그 계획은 좋은 것이어야 한다. 즉, "그런 조건하에 생성된 그러한 종류의 믿음이 참일 수 있는 실질적인 객관적 개연성이 있어야 한다."[30]
(6) 나아가, 패배자가 없어야 한다(어떤 것도 정합론에서 발견되는 주제인 믿음을 성공적으로 논박할 수 없다).

플랜팅가는 기독교의 믿음에 대한 두 가지 유형의 반대를 구분한다.

첫째, 사실상의 반대는 예를 들어, 고통과 괴로움 때문에, 또는 삼위일체 교리가 자기모순적이기 때문에 믿음이 실제로 잘못되었다고 주장한다.
둘째, 그는 법률적 반대에 초점을 맞추는데, 그것은 기독교에 대한 믿음이 어떻게든 결점이 있고 정당하지 않으며, 문제가 있고 부족하다고 주장한다.

프로이트는 신에 대한 믿음이 단순한 희망적 사고인, 병리학적 대처 전략이라고 주장하면서 이같은 이의를 제기했다. 마르크스도 자신의 경제적 억압 이론에 근거해서 비슷한 주장을 했다. 플랜팅가는 "기독교의 믿음이 참이라면, 그 믿음 또한 다음과 같이 보증된다"[31]라고 주장한다. 그는 기독교의 믿음이 보증된다는 것을 보여주는 하나의 가능한 접근 방식으로 아퀴나스/칼빈 또는 A/C 모델로 불리는 것을 제안한다. 아퀴나스는 칼빈의 '신의식'에 가까운 어떤 것을 받아들였는데, 이것은 본질적으로 법률적인 반대에 대한 플랜팅가의 대답이다.

그러나 기독교의 가르침대로, 인간은 타락했기 때문에 하나님에 대한 내적 감각이 차단되었거나 왜곡되었다. 그래서 플랜팅가는 죄의 결과를 극복하고 사람을 구원에 이르도록 확장된 A/C 모델을 제안하는데,[32] 이에 따라 성령은 신자들에게 구세주로서의 그리스도에 대한 믿음을 포함한 "기독교 신앙의 주요 노선은 참"[33] 이라는 확신을 준다. 성령은 믿음뿐 아니라 의지와 애정에도 영향을 미친다.

이것은 '신의식'과 인간이 지식을 얻기 위해 가지고 있는 타고난 능력과는 별개로 이루어진다. 그것은 분명히 초자연적이다. 성령에 의하여 생겨나는 신

---

30 Plantinga, *Warrant: The Current Debate*, p. 214.
31 Plantinga, *Warranted Christian Belief*, p. xii.
32 Ibid., chap. six.
33 저자와의 사적인 이메일 교류, Sept. 9. 2013.

앎은 보증을 위한 조건을 만족시키기 때문에 지식을 구성한다. 비록 논증이 그것을 받아들이는 데 역할을 할 수 있고, 특히 반대("패배자")에 대해 대답하는 역할을 한다 하더라도, 기독교에 대한 믿음은 논쟁의 결론은 아니다.

신에 의해 생성된 믿음은 증거에 근거하지 않으며, 사물에 대한 완전한 설명이기 때문에 우리가 그것을 믿는 것도 아니다. 그것은 경험이 기독교가 참이라는 결론에 대한 증거라는 의미에서 종교적인 경험에 근거하는 것도 아니다.

오히려, 책상을 볼 때 즉각적으로 거기에 책상이 있다는 믿음을 불러일으키는 것처럼, 종교적 경험은 직접적으로 믿음을 낳는다. 책상을 보는 것은 그것이 거기 있다는 결론에 대한 증거가 아니다. 우리는 단지 그것을 보고 그것이 거기에 있음을 안다. 하나님에 대한 지식은 책상을 보는 것과 마찬가지로 "기본적인 것"이며 추론이 아니다.[34]

일반적으로 플랜팅가의 접근 방식은 외재주의적이지만, 적어도 내재주의의 한 측면을 포함한다. 한 개인의 믿음 내부에서 어느 정도의 일관성을 요구하는 믿음에 대해 패배자는 없어야 한다.

제임스 베일비(James Beilby)는 플랜팅가의 관점에서 볼 때는, 보증이 개인과 상황 모두에 상대적이라고 지적한다. 하나의 믿음이 한 사람에게는 보증되나 다른 사람에게는 그렇지 않을 수 있으며, 일련의 환경에서는 보증되나 다른 환경에서는 그렇지 않을 수 있다. 그러나 베일비 역시 그 접근 방식은 상대주의가 아니라는 점을 명확히 하는데, 이유는 다음과 같다.

(1) 보증의 기준은 인물이나 상황에 상대적이지 않고,
(2) 설계안이 모든 인간에게 공통적인 것이고 개인에 상대적이지 않으며,
(3) 플랜팅가의 관점에서 볼 때, 진리는 "사람이나 개념적 도식이나 문화"[35]에 상대적이지 않기 때문이다.

플랜팅가는 자신의 접근 방식이 일종의 급진적 자유주의라고 농담을 한다.

---

34 Plantinga, *Warranted Christian Belief*, p. 258.
35 Beilby, *Epistemology as Theology*, pp. 88-89.

> 자연주의적인 자세를 취하는 것이 요즘 대유행 중인데, 그 재미에 동참할 수 있다는 것은 큰 기쁨이다. … 여기서 나는 콰인(Quine)을 따른다(어느 정도 거리만 있다면).**36**

그러나 그는 "자연주의"가 유신론, 특히 인간에 대한 유신론적 견해에서 가장 잘 통하기 때문에 잘못 명명된 것이라고 주장한다. 자연주의적 인식론은 우리가 외부 세계를 파악하는 심리학적 수단을 강조하여, 인식론을 정당화된 믿음에 대한 전통적인 철학적 탐구보다는 과학과 더 유사하게 만든다.

콰인은 회의론을 유사 문제로 간주했을 뿐 아니라, 객관적이고 입증 가능한 실재에 관한 지식에 대한 전통적인 탐구도 거부했다. 대신에 그는 우리가 세계를 이해하는 방식을 검사하고 완벽하게 하는 수단으로서 인식론을 심리학으로 전환하는 것을 선호했고, 실재에 대한 어떤 권위적인 관점이 구축될 수 있다고 주장하기보다 우리가 어떻게 믿음을 얻고 그것을 유지하는지를 설명하는 일을 더 편안해했다.

콰인과 마찬가지로 플랜팅가는 단순히 우리 주변의 세계를 살펴보고 그것을 다시 숙고함으로써 진리에 대한 완전하고 궁극적인 이해에 도달할 수 있는 우리의 능력에 대해 낙관적이지 않다. 기독교와 관련하여 하나님의 초자연적인 역사가 우리 안에 믿음을 창조하시는 것처럼, 우리를 구해내는 것은 '신의식'이다.

이성적 탐구의 확실한 결론으로서 궁극적인 영적 진리에 도달할 수 없다는 그의 견해와 일관되게, 플랜팅가는 유신론이나 기독교의 진리를 증명할 수 있다고 주장하지 않는다.

> 나는 이들 중 하나가 참임을 "보여주는 것"이라고 분별있게 부를 수 있도록 해주는 방법을 알지 못한다. 나는 신의 존재를 위한 많은 (적어도 몇십여 개의) 좋은 논증이 있다고 믿는다. 그러나 그 어느 것도 실제로 보여주거나 증명하는 것으로 생각할 수 없다. 고전적 기독교에 대해서는 그 진리를 증명할 가능성이 훨씬 적다. 물론, 이것은 그들의 진리나 보증에 반하는 것은 아니다. 그리고 우리가 믿고 있는 것에 대해서는 거의 "증명되거나" "보여질 수" 없다."**37**

---

36 Plantinga, *Warrant and Proper Function*, p. 46.
37 Plantinga, *Warranted Christian Belief*, p. 170.

그가 믿음에 필요한 증거의 기준을 참이 아닌 것보다는 참일 가능성이 높은 *p*를 믿는 것이 정당하다고 주장하는 리처드 스윈번보다 훨씬 높게 설정한 것은 귀중한 일이다. 플랜팅가에게 있어 그것은 "어느 곳에서든 *p*라는 믿음을 위해서 충분하지 않다."[38]

내가 스윈번과 나눈 개인적인 대화를 바탕으로 명확하게 설명하자면, 그는 적어도 하나의 믿음이 참이 아니기보다 참일 가능성이 더 높다면 우리가 믿음에 대한 어느 정도의 정당성을 가지고 있다고 믿는다. 하지만, 물론 어떤 믿음이 0에서 1의 척도에서 0.9라면 그것은 훨씬 더 확증된다. 그는 기독교가 높은 수준으로 확인될 수 있다는 것을 보여주겠다는 목표를 가지고 있으며, 그는 그가 바로 그 일을 할 수 있다고 믿는다.

그런데도 합리적으로 믿음을 확증하는 데 얼마나 많은 확증이 필요한지에 관해서 플랜팅가와 스윈번 간에는 여전히 거리가 있다(플랜팅가가 스윈번의 두 권의 저작을 "아마도 세기의 자연신학의 주요 작품일 것이다"라고 부르는 점에 주목하라).[39]

두 사상가 사이의 차이는 대체로 변증학에서의 몇 가지 중요하고 연관된 주제들과 인식론에 근거한다.

우리가 무언가를 알고 있다고 주장하려면 얼마나 많은 증거가 있어야 할까?
증거와 확실성 사이의 관계는 무엇인가?
그리고 귀납의 가치는 무엇인가?

첫 번째 질문에 대해서, 만약 우리가 지식을 위해 아주 많은 양의 증거가 필요할 정도로 기준을 높게 설정한다면, 적절한 증거가 없는 상태에서 믿음의 도약을 선택하느냐에 따라, 회의주의나 신앙주의가 될 것 같다.

하나의 대안은 어떤 종류의 경험을 받아들이는 것인데, 이것을 결론의 증거로 삼거나(즉, 플랜팅가가 거부하는 경험주의) 진리의 직접적 이해(플랜팅가의 견해)

---

38 Ibid., p. 271 n. 56.
39 Alvin Plantinga, "Christian Philosophy at the End of the 20th Century" in Sennett, *The AnalyticTheist,* p. 339. 그는 리처드 스윈번(Richard Swinburne)의 *The Coherence of Theism*(Oxford: Clarendon, 1977)과 *The Existence of God*(Oxford: Clarendon, 1979)을 언급하였다. 플랜팅가는 또한 도덕적 논증에 대한 조지 맙로즈(George Mavrodes)와 로버트 아담스(Rovert Adams)의 업적을 인정한다.

로 받아들이는 것이다. 그리고 우리가 보았듯이 반틸은 또 다른 대안을 제시하는데, 곧 결론을 그것이 없이는 아무것도 할 수 없는 가정으로 받아들여야 한다는 것이다.

증거와 확실성 사이의 괴리에 관해서라면 신앙주의자는 확실성을 전적으로 믿음의 문제로 간주함으로써 증거를 부적절하게 만든다. 플랜팅가는 믿음의 대상을 기본적인 믿음으로 만들며, 따라서 그것을 증명할 필요 없이 그것을 보여주는 것이 허용된다. 그러나 그것은 실재에 대한 직접적인 이해이며 그것은 합리적으로 뒷받침될 수 있으므로, 일부 사람의 결론과는 달리 플랜팅가는 신앙주의자가 아니다.

플랜팅가가 스윈번에 대해서보다 귀납에 대해 훨씬 더 확신이 적다는 것은 놀라운 일이 아닌데, 밀접히 관련된 주제인 개연성을 "혼란스럽고 오해된 진흙탕"이라고 부르기 때문이다.[40] 그가 말했듯이, 그 결과는 "우리가 믿기로는 '증명'하거나 보여줄 수 있는 것이 거의 없다"[41]라는 것이다.

플랜팅가의 목표는 논증의 뒷받침이 없더라도 기독교에 대한 믿음은 비합리적이지 않다는 것을 보여주는 것이지만, 그는 또한 논증에는 그 역할이 있으며 그것들을 발전시키기 위해 더 많은 것이 행해져야 한다고 믿는다.

> 선과 악, 옳고 그름, 도덕적 의무를 통한 많은 논증이 있다. 그리고 무서운 악의 존재, 지향성 및 명제와 속성의 본질, 집합과 수의 본성, 반사실적인 것들, 뚜렷이 미세 조정된 우주를 통한 논증이 있다. 존재론적 논증뿐 아니라, 또한 여러 가지 방법으로 전개될 수 있는 보다 설득력 있는 목적론적 논증도 있다. 우발적인 것의 존재를 통한 논증이 있고, 색깔과 맛을 통한 논증도 있다. 단순성, 귀납 그리고 일반적인 회의론의 거짓을 통한 논증이 있다. 직관의 신빙성을 통한 일반적인 논증이 있고, 또한 크립키(Kripke)의 비트겐슈타인을 통한 논증도 있다. 선험적 지식의 존재를 통한 논증과 지식의 인과적 조건을 통한 논증이 있다. 사랑, 아름다움, 놀이, 즐거움 그리고 삶의 지각된 의미를 통한 논증이 있다. 정당성과 보증의 결합, 적절한 기능과 신빙성의 결합 그리고 존재, 본질적으로 제대로 기능

---

40 Plantinga, "A Christian Life Partly Lived," p. 279 n. 15. 문맥상, 그는 개연적 악의 문제를 다루는 것의 어려움을 언급하고 있었다.
41 Plantinga, *Warranted Christian Belief*, p. 170

하는 기관과 체계의 결합을 통한 논증들이 있다. …
이들 논증들은 필연적이거나 확실하지 않다. 그럼에도 불구하고 그것들은 모두
자세하게 설명될 가치가 있다.[42]

플랜팅가는 하나님의 존재 등에 대한 논증으로 믿음을 지지하려는 이른바 긍정적 변증학뿐 아니라, 믿음에 대한 공격에 답하려 하는 부정적 변증학도 믿는다. 그는 기독교에 대한 공격을 포함해서 모든 사상은 종교적 뿌리를 가지고 있다는 일반적인 개혁주의 사상(그는 그것을 카이퍼와 헤르만 도이에베르트에게서 발견한다)을 거부한다. 그러므로 기독교인들은 그런 공격들에 대답할 필요가 없는데, "신앙은 불신앙을 설득할 수 없고, 단지 그것에 대해 전할 수 있을 뿐"이라고 생각되기 때문이다.

그러나 반대로 플랜팅가는 공격에 대한 대답은 의심하는 기독교인들뿐만 아니라, 탐색하는 비기독교인들, 심지어는 적대적인 사람들에게까지도 혜택을 줄 수 있다고 말한다.[43]

그의 가장 잘 알려진 논증 중 하나는 자유의지의 방어를 구성하는 것[44]인데, 이것은 세상에 악이 존재함에도 불구하고 하나님은 정말로 사랑이시며 정의롭고 모든 것을 아실 수 있다는 정통적 견해를 옹호하는 것이다.

반대자들은 어떤 악의 존재도 정통적 견해와 양립할 수 없다고 주장했다. 그들은 마치 결론은 확실하고, 단지 가능성만 있는 것이 아닌 것처럼, 논증을 연역적으로 구성했다. 플랜팅가는 그러한 주장이 성공하기 위해서는 반드시 "유신론에 필연적이고 본질적이거나, 또는 그러한 명제의 논리적 귀결"인 명제들로부터 구성되어야 한다는 것에 반대한다.[45] 비평가는 "악이 존재한다면 그것

---

42 Plantinga, "Christian Philosophy at the End of the 20th Century," pp. 339-40. 그는 이러한 주제들을 몇 년 동안 회람된 수업 노트에서 다소 발전시켰고, 결국 "Appendix: Two Dozen(or so) Theistic Arguments," in *Alvin Plantinga,* ed. Dean-Peter Baker(Cambridge: Cambridge University Press, 2007)로 출판되었다.
43 Plantinga, "Christian Philosophy at the End of the 20th Century," p. 336.
44 그는 때때로 자유의지의 방어를 고안해 낸 공로를 인정받기도 하지만, 그는 "나는 자유의지의 방어를 개발했지만, 오히려 그것은 어거스틴까지 거슬러 올라가서(배아 형태에서) 발견될 수 있기 때문에, 나는 현대적인 관용어로 그것을 재건해서 고쳐 말했다"라고 말하곤 했다. Plantinga, "Afterword," p. 355.
45 마이클 피터슨(Michael L. Peterson)의 "The Problem of Evil" in *A Companion to Philosophy of Religion,* ed. Philip L. Quinn and Charles Taliaferro, *Blackwell Companions to Philosophy* (Mal-

은 정당하지 않다"는 주장이 필연적 진리라는 것을 보여주어야 한다.

플랜팅가는 적어도 하나님께서는 결코 악을 선택하지 않는 자유로운 도덕적 존재들을 창조할 수 없다는 것은 가능하다고 주장한다. 즉, 존재들이 선을 행할 자유가 있다면 하나님은 이 세상에 악이 없도록 항상 선을 행하게 할 수 없다는 것이 가능하다. 그렇다면 그는 악을 포함하는 세상을 만드는 일에서 정당하시다(그것이 없으면 어떠한 자유도 없고, 따라서 어떠한 도덕적 선도 있을 수 없기 때문이다). 적어도 하나님께서 자유는 있어도 아무 죄도 없는 세상을 만들 수 없다는 것이 가능하다면 반대자는 패배한다.

플랜팅가의 자유의지의 방어는 주목할 만한 성과인데, 사실상 토론에 참가한 모든 사람이 플랜팅가가 세상에 악이 존재함으로 정통적인 신은 존재할 수 없다는 연역적 이론을 물리쳤음을 인정하고 있다(이후 반대자들은 세상에 악의 양이나 유형 때문에 신이 존재할 것 같지 않다는 귀납적 논리로 옮겨갔다).

플랜팅가는 이제 대답해야 할 두 가지의 매우 광범위하고 일반적인 현대적 도전을 인식한다. 그 과제가 한 사람의 생애 동안 해낼 수 있는 것을 훨씬 넘어서기 때문에 그는 기독교 학자들의 공동체에 도전에 나설 것을 요구한다.

첫 번째 도전은 다음과 같다. 과학에서, 신, 영혼, 사후 세계는 없고, 오직 물리적 세계만 존재한다고 믿는 것은 흔한 일이다. 종교, 도덕성, 사랑, 수학, 명제, 속성 등은 엄밀히 말하면 물리적인 용어로 이해된다.

이러한 자연주의의 많은 문제 중 하나는 지향성을 설명하는 것의 어려움으로, 만약 물리적인 것만 존재한다면 우리는 어떻게 사물들에 "관하여" 의도하고 믿고 생각할 수 있을까 하는 것이다.

원자는 어떻게 무엇에 '관한'[46] 것일 수 있을까?

또 다른 문제는 자연주의가 옳고 그름, 선과 악을 가릴 여지가 없다는 것이다.

즉, 무엇을 "규범"[47]이라고 부를 수 있을까?

그는 과학과 종교 사이에는 깊은 조화가 있는 반면, 과학과 자연주의 사이에

---

den, MA: Blackwell, 1997), p. 394에서 인용됨.
46 Plantinga, "Christian Philosophy at the End of the 20th Century," pp. 342-43.
47 Plantinga, "Afterword," p. 356.

있는 어떤 조화도 피상적이라는 것을 입증하기 위해 노력하고 있다.⁴⁸

그의 가장 잘 알려진 논증은 하나님의 안내를 받지 않는 진화가 진리를 만들어 내는 능력을 우리에게 확실히 제공할 수 있다는 생각에 도전한다. 진화가 제공하는 것은 환경에 적응되는 구조, 아니 더 정확히 말하면 유기체가 번식할 수 있게 하는 구조다. 그러나 그것은 사실과는 다르다. 그 생물은 포식자의 존재를 알려주는 능력을 갖고 있을지는 모르지만, 그런 표시가 믿음은 아니다.

우리 인간은 혈압, 혈당 그리고 우리 안에서 반응을 일으키는 많은 다른 것에 대한 지표를 가지고 있지만 그것들은 믿음이 아니다. 우리는 맹목적인 진화가 우리에게 진리를 제공하는 인지 능력을 산출했다고 단정할 이유가 없다(예를 들어, 전투 중에 죽는 것이 천국의 자리를 보장해 준다고 믿기 때문에 전사들이 더 용감하다면, 어떤 경우에는 잘못된 믿음이 한 집단의 생존에 유리할 수 있다고 덧붙일 수 있을 것이다).⁴⁹

하지만, 참된 믿음이 거짓된 믿음보다 생물이 더 잘 살아남는 데 도움이 되지 않는가?

그러나 확실히 그것은 부적절한데, 그 사실은 우리가 어떻게 진화해 왔는지를 묘사하지 않고 우리의 현재 상황을 묘사하기 때문이다.

플랜팅가는 자연주의는 인간에 관한 유물론을 포함시킨다고 생각하며, 자연주의가 참이라면 유물론은 우리의 두뇌와 연관된 믿음이 아닌, 우리 뇌의 신경생리학적 내용만이 중요할 것이라는 사실에 대한 보증⁵⁰이다. 만약 자연주의가 진정으로 유물론을 요구하지 않는다면, 그의 논증은 자연주의와 진화와 유물론의 결합에 반대한다.⁵¹

다른 믿음이 올바른 신경생리학적 반응, 즉 그 생물을 돕는 반응을 일으킬 수 있다. 우리의 고대 조상 중 한 명이 바람이 없는 날에 움직이는 큰 풀들을 위험과 연관시켜 생각하고는 도망치는 법을 배웠다고 가정해 보자. 그의 생명을 구하는 행동은 키가 큰 풀이 위험하다는 잘못된 믿음과 관련이 있었다. 사

---

48 Plantinga, *Where the Conflict Really Lies: Science, Religion, and Naturalism* (New York: Oxford University Press, 2011). On p. 310 n. 4. 그는 그의 논증의 기원을 C. S. 루이스와 찰스 테일러(Charles Taylor)에게까지 거슬러 올라간다. 또한, 그는 그것이 나타나는 다른 출판물과 그가 반복해서 개정했다는 사실을 언급하면서, "여기에 제시된 버전은 공식 및 최종 버전이다 (희망)"라고 덧붙였다.
49 포즈만(Pozman)은 이런 노선을 따라 하나의 제안을 언급한다(*What Can We Know?*, p. 176).
50 Alvin Plantinga, 저자와의 개인적인 이메일 교류, Sept. 9, 2013.
51 Ibid.

실 위험한 것은 풀을 움직이는 포식자의 존재였지만, 사실이 아닌 믿음으로 살아남아 번식할 수 있었다. 만약 진화가 지침이 없는 과정이라면 우리는 우리의 정신적 능력이 우리에게 진리를 제공한다는 확신을 갖지 못한다.

그런 후에 플랜팅가는 상황을 뒤집으며 마친다. 만일 자연주의가 사실이고 우리의 마음이 우리에게 진리를 제공한다는 확신이 없다면, 자연주의 자체가 참이라는 확신을 갖지 못하는데, 그것은 우리의 (능력인) 정신적 과정에서 나온 것이기 때문이다.

두 번째 광범위하고 널리 퍼진 현대적 도전은 그가 "창조적 반(反)실재론"이라고 부르는 인문학에서 더 흔하게 볼 수 있다. 이것은 고대 그리스의 프로타고라스에게까지 거슬러 올라가는 기본적인 형태로 발견되었다.

임마누엘 칸트가 그것을 발전시킴에 따라, 우리가 세상을 이해하는 근본적인 범주는 우리와 함께 시작되며, 그것은 우리의 정신에 의해 세계에 부과된다. 그들은 필연적으로 "거기에서"(out there) 객관적 실재로 발견되는 것이 아니다. 가장 확실한 것은 그것들은 우리가 세상을 이해하는 구조로서, 우리의 마음속에 있다는 것이다. 그 견해는 하나님이 세계의 구조를 창조하였고, 따라서 그것은 객관적이라는 전통적 사고와 배치된다.

칸트를 넘어서는 창조적인 반실재론에서, 세상에 구조를 부여하는 것은 바로 우리다. 신조차도 우리의 마음의 구성물이다. 우리가 그를 만든다는 생각은 "역할의 놀라운 반전"이다.[52]

이러한 유형의 상대주의를 더 받아들이면, 우리는 동일한 세계에 살지 않게 되고, 거기엔 단 한 가지의 객관적인 세계도 존재하지 않는다. 진리는 우리들 각자에게 다르다. 당신에게 참인 것이 내게는 참이 아닐 수 있다.

그것은 때때로 논증의 형태를 취하는데, 사유하는 사람들 간의 차이가 너무 커서 얼마만큼의 노력과 선의도 논란 중인 것에 대해 동일한 결론에 이르게 될 것을 보증할 수 없고, 따라서 어떠한 객관적 실재도 소유할 수 없기 때문이다.

플랜팅가는 이런 결론은 결코 생겨나지 않을 것이라고 밝힌다.[53] 만약 리처드 로티(Richard Rorty) 같은 사람들이 제안한 포스트모던적인 주제가 옳다면, 우리는 전쟁, 빈곤, 질병과 같은 문제들을 간단히 생각해낼 수 있을 것이다. 믿음에 대한 긍정적인 이유를 제시하고, 반대 의견에 답변하는 것은 과업의 일부

---

52 Plantinga, "Christian Philosophy at the End of the 20th Century," p. 332.
53 Ibid., pp.332-33.

일 뿐이다.

플랜팅가는 기독교인들이 도덕성, 윤리학, 책임, 자유, 인간의 본성, 과학과 같은 것들과 "다른 수많은 주제"[54]를 설명하려는 광대한 건설적인 노력에 참여해야 한다고 믿는다. 그는 자신의 저작의 중요한 주제를 지식에 대한 기독교적 관점을 작성하는 것으로 간주하지만, 할 일이 많이 남아 있다.

1. 요약

플랜팅가는 철학적 증거주의(우리의 믿음의 정도가 우리의 증거 정도보다 높아서는 안 된다는 견해)를 자기 패배적이고 실행 불가능한 것으로 배격한다. 일상생활에서 우리는 세계가 몇 분 이상 되었다는 것, 사람들이 단지 복잡한 로봇 등이 아니라는 것을 증명하는 데 어려움을 겪게 될 것이라고 믿는 것은 당연하다.

그는 고전적 기초주의를 거부하는데, 그것에 따르면 우리는 다른 믿음(즉, "적절하게 기본적인")의 지지 없이 오직 자명하고, 확실하거나, 감각에 확실한 믿음만을 받아들일 수 있다.

그는 하나님에 대한 믿음을 적절하게 기본적인 것으로 포함하도록 기초주의를 확장해야 한다고 믿는다. 그것은 사람이 뒷받침하는 논증을 전개하지 않고도 하나님을 믿는 일에서 합리적일 수 있다는 것을 의미한다.

신에 대한 인식, 즉 신의식은 우리가 어떻게 창조되었는가에서 비롯될 뿐 아니라, 우리의 경험 속에 있는 어떤 촉매제에서 비롯된다. 기독교에 대한 더 상세한 믿음은 또한 신의 선물이다. 전자는 우리가 창조된 본성의 일부로서 지각과 다르지 않은 지식을 생산한다. 성령의 내적 증언인 후자는 그렇지 않다.[55]

비록 이 사안의 중요성에 걸맞게 충분한 지지가 모아질 가능성은 낮지만, 유신론과 기독교 모두 논증과 증거로 뒷받침될 수 있고, 또한 그렇게 되어야 한다. 믿음을 정당화하는 것은 그것에 대한 이유(내재주의)를 확보하는 문제가 아니라, 다른 무언가(외재주의)다.

믿음은 그것이 적절하게 기능하고 있는 능력, 즉 그들이 신이 설계한 방식,

54　Plantinga, "Afterword," p. 357.
55　Alvin Plantinga, 저자와의 개인적인 이메일 교류, Sept. 9, 2013.

진화, 혹은 그 둘 모두에 의해 믿음이 생겨날 때 정당성을 갖는다. 그리고 그러한 것은 신빙성과 관련된 외재주의의 유형에 부합한다. 그것들은 우리가 일반적으로 지구에서 발견하는 것과 같은 정상적인 일반적인 환경뿐만 아니라 특수한 상황에 맞는 환경에서도 기능해야 한다.

우리의 목표는 참인 믿음에 이르는 것이며, 우리의 계획은 우리에게 진리를 제시할 수 있는 것이어야 한다. 그리고 그 믿음을 성공적으로 무너뜨리는 것은 아무것도 없어야 한다.

2. 비평

플랜팅가는 많은 존경을 받으며, 그의 견해에 동의하지 않는 사람들 사이에서도 크게 존경 받는다. 그의 성실함과 겸손함 그리고 유쾌한 유머는 그의 답변을 더욱 빛나게 했고, 풍성한 학문적 성과에 스며들었다.

그의 견해는 신앙주의적이지 않지만, 이 책 전반에 걸쳐 우리가 참조해 온 도표의 왼쪽에는 좀 더 편안하게 들어맞는다. 왜냐하면, 그는 신에 대한 믿음은 이성적인 지지가 아니라 직접적인 인식('신의식')에 달려 있다고 주장하며, 기독교에 대한 믿음은 결론보다는 초자연적인 전달이라고 주장하기 때문이다.

도표상의 개혁주의 인식론의 왼쪽에는 전제주의가 있는데, 그것은 직접적인 직접적인 지원을 사용하지 않지만, 기독교를 어떤 종류의 지식이 존재하는 데 필수적인 하나의 가정으로 만든다. 도표의 오른쪽에는 경험주의가 있는데, 이런 관점을 가진 사람들은 일반적으로 기독교를 하나의 결론으로 뒷받침하기 위한 증거로 경험을 사용하기 때문이다. 그들의 경우 오직 한 가지 유형의 증거, 경험만이 유용하거나 필요하다.

플랜팅가의 관점은 인식론, 혹은 우리는 어떻게 아는가와 관계할 때, 변증학의 본질에 의문을 제기한다.

x를 안다는 것은 주로 x를 믿을 만한 정당한 이유를 갖는 것에 관한 문제인가?

만일 그렇다면 우리는 어떤 사람이 어떤 것을 믿는 것에 대해 적절한 이유를 찾고 있는 것인데, 그것은 그들의 마음 내부의 과정(내재주의)이며, 이렇게 우리는 정당성을 찾고 있는 것이다. 이 견해에 따르면 일반적으로 우리는 최소한 참인 것을 찾고 믿어야 할 의무를 가지고 있다고 생각되는데, 이것은 우리가 믿는 것에 대해 최소한 간접적으로 통제할 수 있다는 것을 의미한다(예를 들어, 우리는 우리 자신을 증거에 노출되도록 결정할 수 있다).

그러나 x를 아는 것이 보통 우리에게 진리를 제시하는 방식으로 x에 이르렀다는 확신의 문제(외재주의)라면, 우리는 믿음을 갖는 것의 기원과 과정에 초점을 맞추고 있으며, 플랜팅가가 그랬듯이 우리는 정당성을 찾고 있는 것이다. 외재주의자들은 심적 과정인 정당성을 문제라고 생각하지 않는다. 그러나 일부 내재주의자들은 믿음에 대한 심적인 근거뿐 아니라, 신뢰할 만한 방식으로 믿음을 획득했다는 확신, 즉 우리의 믿음이 정당화될 뿐만 아니라 보증될 수 있다는 것에 만족한다. 일부에서는 올바른 방법으로 믿음을 갖게 되면 특이한 게티어 유형의 문제를 억제하는 데 도움이 된다고 생각한다. 일부 내재주의자들은 x를 알기 위해서 x를 믿을 만한 이유가 있어야 한다(정당화)고 주장하지 않지만, 그들은 우리가 증거를 살펴보고, 공정해야 한다고 말할 것이다.

성경에서 사람들은 자신들이 믿는 것에 대해 적어도 어느 정도의 책임이 있다고 말하고 있는지 자문할 수 있다.

하나님은 사람들에게 그들의 믿음과 불신앙에 대한 책임을 물으시는가?

그리스도께서는 그가 방문하셨던 두 성읍에서 많은 기적을 행하였음에도 불구하고, 불신앙을 꾸짖으셨다는 점에 주목하라(마 11:21; 눅 10:13). 심지어 자신에 관해 기록된 글(요 20:31)을 더디게 믿는다고 추종자들을 책망하시기도 했다.

성격이 믿음을 형성하는 데 역할을 할 수 있을까, 우리가 형성하는 믿음에 간접적이지만 최소한 어떤 영향을 미칠 수 있을까?

그리스도께서는 동료들로부터 인정받는 일에 더 관심을 가졌기 때문에 믿지 않는 일부 사람들에 맞서셨다(요 5:44).

믿음은 올바른 증거를 갖고 있거나, 믿음에서 도출된 결론으로서의 믿음에 대한 이유를 갖는 것에서 생겨날 수 있다는 어떤 증거가 있는가?

요한은 자신의 복음서에 "예수가 그리스도이심을 믿도록", 선별된 기적들을 기록했다고 말한다(요 20:31). 다시 말해서, 내재주의의 몇몇 공통적인 주제는 우리가 적어도 믿음에 대해 어느 정도 책임이 있고, 적어도 우리의 믿음에 대한 매우 간접적인 통제권을 가질 수 있으며, 믿음은 적어도 우리의 이유들과 관계가 있다는 것을 포함한다. 그러나 절대적으로 순수 내재주의자나 순수 외재주의자는 거의 없다.

플랜팅가 자신은 내재주의적인 주제인 믿음들 사이의 일관성을 요구한다. 그런데 극단적인 내재주의로 가기 전에 우리가 어떻게 믿음에 이르게 되었는지에 대해 적어도 어느 정도 고려(외재주의적 고려)하는 것이 바람직할 수 있는데, 특이한 상황들은 게티어 유형들에서 지적된 그런 종류의 문제를 일으킬 수 있기 때문이다.

플랜팅가가 (적절한 기능, 설계 계획 및 적절한 환경에 대한 견해를 포함하여) 신빙주의에서 출발하는 한, 윌리엄 앨스턴은 그런 것들은 불필요하다고 본다.[56] 적절하게 기능한다는 것이 무엇을 의미하는지는 그렇게 쉽게 결정할 수 없다. 제임스 베일비(James Beilby)는 뇌 손상, 우주 광선, 악마를 포함해 플랜팅가가 제시하는 예들은 고도로 고안된 것이라는 사실에 주목한다. 그런 사례는 "정확히 적절한 기능을 구성하는 것이 무엇인지에 대한 허황된 명확성을 전달한다."[57]

아마도 적절한 기능은 우리의 믿음이 적절하게 형성되는 이유에 관해서 더 많은 것을 말해 주겠지만, 보증의 본성에 대해서는 그렇게 많은 것을 말해 주지는 않을 것이다.[58] 그렇다면 이것은 적절한 기능이 부분적으로는 보증의 문제이긴 하지만, 보증에 충분하지 않음을 우리에게 보여주는 것이다. 무엇인가 더 필요한 것이 있다.

적절한 기능과 관련하여, 우리는 인간으로서 결함이 많음에도 제대로 기능한다고 정말 말할 수 있을까?

심지어 어떤 동물들은 더 잘 듣고 볼 수 있으며, 우리 인간의 감정은 때때로 방해가 된다.

더욱이, 우리가 설계되지 않았다면, 우리는 적절히 기능할 수 없을까?[59]

아마도 플랜팅가의 전반적인 접근 방식에 대한 가장 지속적인 걱정거리는

56　Beilby, *Epistemology as Theology,* p. 159 n. 51, cites others with the same critique; Adrian Bardon, "Two Problems for the Proper Functionalist Analysis of Epistemic Warrant," *Southwest Philosophy Review* 15, no. 2 (July 1999): 97-107; Richard Feldman, "Proper Functionalism," *Nous* 27, no. 1 (March 1993): 34-50; and John Calvin Wingard, "Is Proper Function Necessary for Epistemic Warrant?," *Southwest Philosophy Review* 16, no. 2 (July 2000): 133-41.

57　Beilby, *Epistemology as Theology,* p. 160.

58　Beilby makes this point in ibid., p. 161, and he also cites William Alston, "Epistemic Warrant as Proper Function," *Philosophy and Phenomenological Research* 55, no. 2 (June 1995): 402.

59　포즈만(Pojman)에 의해 제기된 두 가지 질문들, *What Can We Know?,* pp. 172-73.

그것은 광범위한 믿음, 심지어 "위대한 호박"(The Great Pumpkin)이 매년 핼러윈마다 돌아온다는 것을 정당화하는 데 사용될 수 있을 것으로 보인다는 것이다. 이는 플랜팅가 자신이 예견했던 반대 의견이었다.

반대 의견을 평가하기 위해 증거와 믿음에 관한 플랜팅가의 견해가 갖는 미묘한 차이를 상기해야 한다. 칼빈처럼 그는 우리의 마음이 죄의 영향을 받아 우리 주위에 있는 하나님에 대한 증거의 많은 부분을 인식하지 못한다고 주장한다. 증거는 기독교가 참인지 여부를 결정하는 데 도움을 줄 수는 있겠지만, 믿음에 꼭 필요한 것은 아니다.

그러나 조나단 에드워즈(Jonnathan Edwards)가 말했듯이, 구원 받는 믿음을 가지려면 단지 '기독교가 참되다'라고 인정하는 것 이상으로 나아가야 한다. 그런 믿음은 하나님의 선물이지 단순한 마음의 진술이 아니다. 플랜팅가가 생각하기에 아브라함 카이퍼를 따라 지식, 증거, 믿음의 관계를 복잡하게 만드는 것은 참된 중립성이나 객관성 같은 것은 진정으로 없다는 것이다.

철학을 포함하는 논증들은 궁극적으로 한 개인의 신학적 가정과 의무에 뿌리를 두고 있다. 그리고 그는 무엇이든 증명하기 위한 매우 높은 기준을 설정하기 때문에, 결국 그 가정과 의무는 주로 우리가 어디에서 믿음에 이르게 되는지를 결정한다. 기독교가 참되다는 것을 고려한다면, 기독교는 정당성을 가지고 있다고 말할 때, 우리는 이렇게 의무와 결론이 얽힌 것을 볼 수 있다.[60]

"사실"과 논증이 가정과 의무와 세계관으로부터 얼마나 독립적인가 하는 문제는 변증학에서 가장 중요한 문제들 중 하나라는 점에 주목하라. 그것은 우리 도표의 왼쪽과 오른쪽의 중요한 차이점들 중 하나인데, 왼쪽의 것은 신앙주의, 전제주의, 개혁주의 인식론을 포함한다. 그리고 오른쪽의 것은 조합주의, 고전적 변증학, 증거주의를 포함한다. 독립성(도표의 왼쪽에 있는 사람들이 가지고 있는 견해) 같은 것이 없다면, 객관성 같은 것은 없으며, 우리 믿음은 대체로 우리의 가정과 약속, 어쩌면 우리의 경험의 산물일 것이다. 왜냐하면, 그들은 우리의 생각을 어느 정도 잘라낼 수 있기 때문이다. 그러나 어느 정도의 독립성(도표의 오른쪽)이 있다면, 관점들 사이에는 어떤 유용한 공통점이 있을 수 있고,

---

60 Plantinga, *Warranted Christian Belief,* p. xiv. In "Afterword," p. 355. 플랜팅가는 "실제 질문은 기독교적이고 유신론적인 믿음이 정당한 이유를 가질 수 있는지 여부다. 그러나 약간의 숙고를 통해, 만일 기독교나 유신론적 믿음이 참이라면, 그것은 어쨌든 정당한 이유를 가지고 있음이 보여진다"(본래의 강조)라고 말한다.

믿음은 더 큰 정도로 사실들로부터 비롯되는 하나의 결론일 수 있다. 전형적으로 오른쪽에는 증명을 위한 기준이 낮게 설정되고 종교적인 논증에서 귀납법이 받아들여진다.

    플랜팅가의 전반적인 접근 방식 때문에, 그는 회의론자들조차 동의해야 할 전제로부터 시작하려 하지 않고, 믿음을 강요하는 주장(도표의 오른쪽 측면의 보다 더 전형적인 접근 방식)을 만들어 내려 하지 않는다. 오히려 그는 하나님에 대한 믿음이 결정적으로 '신의식'의 문제이고 기독교 신앙이 궁극적으로 신의 선물이라면 기독교는 정당한 이유를 가질 수 있다는 생각을 옹호한다. 그는 기독교가 거의 모든 사람을 납득시킬 수 있는 그러한 정당한 이유(즉, '신의식'과 기독교 신앙이라는 선물이라는 시각에서)를 가질 수 있으며, 자신의 논증은 신앙에 의해 받아들여질 필요가 없다는 주장을 하고자 한다.

    반틸과 마찬가지로 반대의 관점을 비판하는 것을 선호하지만, 반틸이 모든 관점에 대해 본질적으로 같은 접근 방식을 가지고 있는 지점(예를 들어, 지식을 가지고 있다는 주장을 설명할 수 없고, 그것은 순전히 인간의 권위에 기초하고 있다는 것)에서, 플랜팅가는 불합리한 추론, 근거 없는 주장, 의심스러운 결론들에 보다 초점을 맞춤으로써 미묘한 차이를 나타낸다.

    시도하려 하지 않은 것에 실패했다고 해서 그를 비난할 수는 없지만, 어떤 사람은 플랜팅가가 공들여 만든 장치가 아마도 다른 믿음을 방어하는 데 사용될 수 있다고 말할 것이다.[61] 그것은 대부분의 전통적 변증가를 혼란스럽게 하겠지만, 플랜팅가에게는 인간의 조건, 믿음의 본질 그리고 증명의 한계 등 피할 수 없는 결과일 수도 있다. 어떤 경우든 그는 어떤 식으로든 그것을 문제로 보지 않는다.

3. 주요 용어

- **증거주의자**: 플랜팅가는 이 단어를 인식론적 의미로 사용한다. 합리적이려면, 믿음은 충분한 증거를 가지고 있어야 하고, 우리의 믿음은 증거의 양에 비례해야 한다. 이러한 견해는 로크에게서 나타나며 고전적으로 클리포드

---

61 Beilby, *Epistemology as Theology*, pp. 130-34.

(W. K. Clifford)에 나타나 있다. 플랜팅가는 꾸준히 그것에 도전해 왔다.

- **정합론**: 기본적인 명제들이 없는 지식의 구조에 관한 관점, 그 명제들은 다른 명제들의 뒷받침 없이 알 수 있는 것들이다(기초주의적 관점). 명제를 스스로(기초적인 믿음) 또는 기본적인 믿음에 대한 관계에서 알 수 있는 기초주의와는 달리, 정합론자들은 일반적으로 명제를 다른 명제와의 관계에 의해 알 수 있다고 주장한다.
- **진리 정합론**: 명제가 특정한 다른 믿음들과 "일치"(대략적으로 말해, 부합한다)된다면 참인 진리의 이론. "합치된다"라는 말의 의미는 특정한 유형의 정합론에 의존한다.
- **외재주의**: 적어도 하나의 믿음을 지식으로 만드는 것 중 일부는 우리의 사유 과정 밖에 있고, 이유를 가질 문제가 아니라는 견해.
- **기초주의**: 우리는 다른 믿음들로부터 추론되지 않는 어떤 믿음들을 정당하게 가질 수 있다. 이것들은 "기본적인" 믿음 또는 "철저히 기본적인" 믿음이라고 불린다. 그러므로 모든 믿음이 지지가 필요한 것은 아니다. 플랜팅가에게 신의 존재는 적절하게 기본적일 수 있다. 그렇다고 해서 근거가 없거나 믿음이 증거와 증명으로 지지되어서는 안 된다는 뜻은 아니다. 그러나 그는 유신론자들이 비록 반대자들이 받아들인 전제들로부터 결정적으로 그들의 믿음을 증명할 수 없다고 해도 비합리적이지 않다고 주장한다. 비기본적인 믿음은 연역, 귀납 또는 귀추법에 의해 기본적인 믿음과 연결된다.
- **게티어 문제**: 1963년 에드먼드 게티어는 지식은 정당화된 참된 믿음이라는 전통적 관점에 도전장을 던졌다. 간단히 말하자면, 그가 제기한 문제들 중 하나는 "*b*나 *c*가 참"이라는 이유로 *a*를 믿는 것은 올바르다는 것이었다. 하지만, 문제는 그 사람이 실제로 그것이 *c*일 때, 참인 것은 *b*라고 생각할 수 있다는 것이다. 따라서, "*b* 또는 *c*가 참이다"라는 것이 옳았기 때문에 그 거는 옳았지만, 무엇이 그것을 진실하게 만들었는지에 대해 잘못 알고 있다면, 그 사람은 진정으로 *a*를 "알고 있는" 것일까?
플랜팅가는 지식이 정당화된 참인 믿음이라는 주장에는 근본적인 문제가 있다고 결론을 내린 사람들 중 하나다.
- **내재주의**: 그것을 주장할 만한 이유를 갖고 있다면 하나의 믿음은 지식이라는 견해.

- **정당화된 참된 믿음**: 오직 누군가가 그것을 믿고, 그것이 참이며, 그것을 믿을 만한 합당한 이유가 있는 경우에만 그는 무언가를 아는 것이라는 전통적인 견해. 그것은 게티어 문제에 의해 도전을 받았다.
- **적절한 기능**: 간단히 말해서, 신빙주의에 대한 플랜팅가의 수정은 믿음을 형성하는 능력이 설계된 방식대로 올바른 환경에서 작동해야 하며, 그러한 조건 하에서 형성된 믿음이 참되며 그 믿음에 제대로 모순되는 것이 없다는 상당한 확률을 가진 참된 믿음을 생산해 내는 것을 목표로 한다.
- **신빙주의**: 지식은 믿음을 형성한 과정이 신뢰할만한지(기억, 내성[內省], 감각, 타인의 증언, 추론), 문맥에서 제대로 기능하고 있었는지 여부를 묻는 믿음이 형성된 방식의 문제라는 외재주의의 한 형태. 플랜팅가의 적절한 기능적 접근 방식은 신빙주의의 하나의 변형이다.
- **신의식**: 자연과 양심과 같은 것들과의 상호 작용을 통해 발생할 수 있는 것으로 하나님에 대한 모든 인간의 인식. 우리는 실제적인 내용보다 (산수를 할 수 있는 능력과 같은) 능력을 갖고 태어나고, 우리의 경험은 신에 대한 인식을 자극한다. 그것을 잘하게 하는 요인들은 사람마다 다르다. 그것은 하나의 인식이지, 하나의 결론을 위한 증거는 아니다.
- **정당한 이유**[62]: 믿음을 지식으로 만들기 위해 믿음에 부가되어야 하는 것을 나타내는 플랜팅가의 용어. 플랜팅가가 사람보다는 믿음의 속성을 강조하는 것을 제외하면, 전통적인 용어인 '정당화'와 유사하다

4. 숙고하기

1. 플랜팅가는 증거주의(즉, 믿음은 증거에 의해 뒷받침되어야 하며 증거에 비례해야 한다는 견해)에 대해 어떤 이의를 제기하는가?
2. 플랜팅가는 우리가 인식적 의무가 없다고 믿는데, 그의 접근 방식에서 그것이 중요한 이유는 무엇인가?
3. 전통적인 기초주의를 기술하라.

62　역주) warrant를 문맥에 따라 "보증"이라는 말로도 번역하는 것이 적합하다고 판단했을 때는 "보증"으로 번역하였음을 밝힌다.

플랜팅가의 형식은 어떻게 다르며, 로마서 1장 19-20절을, 피조물을 볼 때 일어나는 하나님에 대한 직관적 지식으로 해석되는 것이 왜 중요한가? 이는 하나님이 존재하신다는 결론을 도출해내는 추론 과정에 관한 것이 아니다.

예를 들어, 우주는 생겨났다는 결론이나, 우주의 질서는 우연이 아닌 마음에 비롯되어야 한다는 결론인가?

4. 신의식에 대한 플랜팅가의 견해를 설명하라.
    그것은 신이 존재한다는 결론을 내릴 근거가 되는가?
5. 정합론과 그것의 그물망 대 기초의 유비를 기술하라.
    기초주의자들은 어떤 비판을 하는가?
6. 강한 정합론은 무엇이며, 약한 정합론은 무엇인가?
7. 내재주의와 외재주의를 설명하라.
    어떤 것이 플랜팅가의 입장이며, 그 이유는 무엇인가?
8. 게티어 문제를 설명하고 그것이 어떻게 플랜팅가의 견해에 어떤 영향을 미쳤는지 설명하라.
9. 신빙성 이론과 플랜팅가의 적절한 기능적 관점을 설명하라.
10. 확장된 A/C 모델은 무엇이며, 그것은 '신의식'과 어떻게 관련되는가?
    플랜팅가는 내재주의의 어떤 측면을 포함하고 있는가?
11. 유신론이나 기독교를 확증하기 위해서는 어떤 수준의 증명이 필요한가?
    결론은 단순히 그렇지 않은 경우보다 가능성이 더 높아야 하는가?(즉, 0에서 1까지의 등급에서 0.5를 초과해야 할까)
    합리적 의심을 넘는가?
    의심의 여지가 없는가?
    신이 존재한다는 내적 감각(직관)을 가지고 있다면, 그것은 반드시 의심의 여지가 없는 것일까?
    플랜팅가는 스윈번과 어떻게 다른가?
12. 직관은 전제와 어떻게 다른가?
13. 당신은 플랜팅가의 관점이 다른 비기독교적인 믿음을 지지하는 데 사용될 수 있다고 생각하는가?
    그게 문제가 된다고 생각하는가?
14. 플랜팅가는 어떻게 신앙주의자가 아닌가?

15. 플랜팅가는 카이퍼와 도이예베르트에서 흔히 발견되는 어떤 개혁주의 사상에 동의하지 않는가?
16. 플랜팅가는 악의 문제에 어떻게 대답하는가?
 유도되지 않은 진화인가?
17. 당신은 내재주의와 외재주의 중 어떤 것을 선호하는가?
18. 사람들이 믿어야 할 것들이 있다고 생각하는가?
19. "위대한 호박"("Great Pumpkin") 반론이란 무엇인가?
 당신은 그것이 플랜팅가의 견해의 문제라고 생각하는가?
20. 플랜팅가는 신학적 가정과 의무의 궁극성에 대해 적어도 어느 정도 카이퍼에 동의하는가?

5. 더 나아가기

Baker, Dean-Peter. *Alvin Plantinga*. Cambridge: Cambridge University Press, 2007

Beilby, James. *Epistemology as Theology: An Evaluation of Alvin Plantingas Religious Epistemology*. Aidershot: Ashgate, 2005.

Kvanvig, Jonathan, ed. *Warrant in Contemporary Epistemology: Essays in Honor of Plantingas Theory of Knowledge*. Lanham, MD: Rowman & Littlefield, 1996.

Plantinga, Alvin. "A Christian Life Partly Lived." In *Philosophers Who Believe: The Spiritual Journeys of Eleven Leading Thinkers,* edited by Kelly James Clark. Downers Grove, IL: InterVarsity Press, 1993.

_____. *God and Other Minds: A Study in the Rational Justification of Belief in God*. 2nd ed. Ithaca, NY: Cornell University Press, 1990.

_____. "Is Belief in God Rational?In *Rationality and Religious Belief,* edited by C. Delaney. Notre Dame, IN: University of Notre Dame Press.

_____. *Warrant and Proper Function*. New York: Oxford University Press, 1993.

_____. *Warrant: The Current Debate*. New York: Oxford University Press, 1993.

_____. *Warranted Christian Belief*. New York: Oxford University Press, 2000.

_____. *Where the Conflict Really Lies: Science, Religion, and Naturalism*. New York:Oxford University Press, 2011.

Plantinga, Alvin, and Nicholas Wolterstorft eds. *Faith and Rationality: Reason and Belief in God*. Notre Dame, IN: University of Notre Dame Press, 1983.

Pojman, Louis. *What Can We Know? An Introduction to the Theory of Knowledge*. 2nd ed. Belmont, CA: Wadsworth, 2001.

Pollack, John L., and Joseph Cruz. *Contemporary Theories of Knowledge.* 2nd ed. Lanham, MD: Rowman & Littlefield, 1999.

Sennett, James F., ed. *The Analytic Theist: An Alvin Plantinga Reader.* Grand Rapids: Eerdmans, 1998.

조합주의 (Combinationalism)

제4장

카넬, 고든 루이스, 프란시스 쉐퍼
기독교는 논리적이고 사실적이며 생명력이 있다

20세기 초 교회는 기독교 유산에서 벗어난 문화를 다루기 위해 애썼다. 한 세기 이상 동안 성경에도 일반 세속 문헌을 연구하는 데 사용된 것과 동일한 비판적인 방법들이 적용되어 왔으며, 이는 초자연적인 권위에 대한 의심을 불러일으켰다. 과학적 방법의 성공은 지식의 원천으로서의 성경에 대한 도전이 되었고, 다윈 이론의 점증하는 힘은 성경의 문자적 해석을 침식하고 있었다.

자유주의는 과학을 세상에 관한 보다 신뢰할 수 있는 진리의 근원으로 받아들임으로써 그런 도전들을 해결했다. 그로 인해 생겨난 세계관은 초자연적인 것을 위한 자리를 거의 남겨두지 않았고, 그 과정에서 종교적인 것과 세속적인 것, 교회와 세계의 구별을 흐리게 만들었다. 종교는 주관적인 문제로 축소되었고, 감정(슐라이어마허[Schleiermacher])과 윤리(리츨[Ritschl]), 특히 사회 윤리(라우센부시[Raushenbusch])의 영역으로 한정되었다.

이러한 추세를 거부한 사람들은 교파의 노선을 초월해서 신앙의 "근본적인 것들"을 재확인하기 위해 단결했다. 그 중요한 다섯 가지는 성경의 무류성, 동정녀 탄생, 대리 속죄, 그리스도의 육체 부활과 기적의 역사성이다. 이 운동의 본질을 규정하는 출판물은 1910년-1915년에 12권으로 출간된 『근본적인 것들: 진리에 대한 증언』(*The Fundamentals: A Testimony to the Truth*)이었다.

분파적인 경계가 그려지고 문화적 흐름이 그들에게 불리하게 돌아가면서(특히, 1925년 스콥스 재판에서) 근본주의자는 교파들과 고등 교육 제도에서 밀려나기 시작했다. 그들은 그들만의 교단과 학교를 설립하는 것으로 반응했고, 이는 그들을 주류 문화로부터 더욱 멀어지게 했다. 이들은 자신들의 교리적 특징들을 다듬기 위해 노력하면서 내부로 돌아섰는데, 이는 필연적으로 신학적으로 매우 다양한 운동에 갈등을 초래했다. 1940년대까지 일부 회원은 고립주의와 반지성주의로 간주되는 요소에 불만을 품게 되었는데, 그 중에는 에드워드 존 카넬(Edward John Carnell, 1910-1967)이 있었다.

1. E. J. 카넬

카넬은 침례교 목사였던 카넬의 아버지는 그 시대의 교파 싸움을 경멸했는데, 카넬은 그것에 공감하며 성장했다. 에드워드는 성경을 문자적이고 초자연적으로 해석하려는 열심이 역사적 종교라기보다는 신흥 종교에 더 가까운 운동으로 이어졌다는 것을 깨달았다.[1] 그의 삶의 열정은 그가 신학적으로 올바르다고 판단한 운동을 보다 넓은 문화에 다시 참여하게 만든 하나의 이유가 되었다. 그것은 당연히 학문적으로 존경 받을 만한 일이어야 했는데, 그 과제는 카넬을 평생 변증가로 만들었다.

카넬은 휘튼대학교(1937-1941)에 다녔는데, 그곳에서 고든 클라크에게 깊이 영향을 받은 많은 사람 중 하나가 되었다. 진리를 대한 시험으로서 비모순율에 대한 클라크의 강조는 카넬의 사고에서 영구적인 부분이 되었다.

하지만, 클라크가 모순을 검사하는 것만으로 진리를 결정하기에 충분하다고 주장한 반면, 카넬은 그것이 필요하지만 그 자체로는 충분하지 않으며, 결국 동화에는 모순이 없을 수 있다고 주장했다. 모순이 없는 것으로 밝혀진 이론은 참일 수 있지만(반면, 모순을 가진 것은 참일 수 없다), 그것이 참인지를 알기 위해서는 현실 세계의 사실들과 부합하는지를 살피는 추가적인 단계를 밟아야 한다.

웨스트민스터신학교(1941-1944)에서 카넬은 역시 젊은 변증학자 중 하나인 코넬리우스 반틸을 만났다. 반틸의 영향권에 들어온 많은 사람과 달리 카넬은 그에게 개인적인 매력을 느끼지 못했다. 몇 년 후 그는 동료 학생에게, "클라크에게 질문한 후 집에서 그의 대답을 곰곰이 생각해 보면 많은 것을 얻게 되

---

1 Edward John Carnell, "Orthodox: Cultic vs. Classical," *The Christian Century*, March 30, 1960, pp. 377-79.

겠지만, 반틸에게 질문하면, 그는 단지 자신의 말을 반복할 뿐이고"라고 말했다.[2] 카넬은 다른 학생에게 자신이 찬성하고 반대하는 생각에 대한 논평에서 반틸에 대해 언급하면서, "그를 거부했다"[3]라고 말했다. 주된 의견 차이는 반틸은 신자와 불신자 사이의 공통점을 부정하고 기독교의 진리를 검사할 권리를 부정함으로써 신자와 불신자 모두에게서 합리적인 신앙에 대한 권리를 부정했다는 것이었다. 그러나 반틸은 카넬과 다른 사람들이 기꺼이 성경의 진리를 시험하려는 것을 "신성 모독적"[4]이라고 생각했다.

그들의 차이점에도 불구하고, 카넬은 반틸의 생각에서 도움을 받은 것 같다. 그가 전제를 강조하는 것은 아마도 반틸에게서 왔을 것이다. 두 사람 모두 변증적 추론의 출발점은 성경의 하나님이 되어야 한다는 데 동의했다.

그러나 그 출발점은 상당히 다르게 기능했다는 것을 알 수 있다. 반틸은 전제를 모든 사고를 지배하는 정신적 의무로 여겼다. 증거를 가지고 그것을 직접 증명할 수는 없지만, 전제가 없다면 생각할 수 없기 때문에 그것은 확실한 것으로 알려져 있다. 카넬은 기독교는 다른 가설과 경쟁할 수 있는 가설이며, 매우 가능성이 큰 것으로 확인될 수 있다고 생각했다.

하버드대학교에서 박사학위를 취득하는 동안(1944-1948), 카넬은 엘튼 트루블러드(Elton Trueblood) 교수로부터 이론은 사물이 현재와 같은 모습을 보이는 이유를 얼마나 잘 설명하느냐에 따라 검증할 수 있다는 관점을 얻었다. 귀추법은, 때로 이렇게도 불리는데, 이론으로 시작한 후, 그 이론을 자료들과 비교한다. 라인홀드 니버(Reinhold Niebuhr)에 관한 박사학위 논문은 그에게 죄악의 만연과 사랑의 필요성을 확신시켰는데, 이 주제는 수년에 걸쳐 그의 생각에서 점점 더 커졌다.

에드거 브라이트만(Edgar Brightman)과 함께 보스턴대학교(1945-1949)에서 받

---

2 Rudolph Nelson, *The Making and Unmaking of an Evangelical Mind: The Case of Edward Carnell* (NewYork: Cambridge University Press, 1987), p. 45. Another student, John Frame, noted the same tendency in Van Til. John Frame, *Cornelius Van Til: An Analysis of His Thought* (Phillipsburg, NJ: E. J. P & R, 1995), p. 30.

3 Letter of E. J. Carnell to James Tompkins, April 29,1953; quoted in Nelson, *Making and Unmaking of an Evangelical Mind,* p. 45. 톰킨스(Tompkins)는 휘튼과 웨스트민스터의 동료 학생이었다. 카넬은 다음과 같이 썼다. "나도 너처럼 반틸을 거부했다. 그러나 너와는 달리 대학원에서의 연구는 클라크가 내게 가르쳐 준 것보다 더 나은 과목들을 제공하지 못했다."

4 Van Til's response to Gordon Lewis in *Jerusalem and Athens: Critical Discussions on the Theology and Apologetics of Cornelius Van Til,* ed. E. R. Geehan (Phillipsburg, NJ: P & R, 1971), p. 368.

은 두 번째 박사학위는 그에게 경험적 자료의 중요성을 확신시켰고, 이는 종교적 감정이 진리를 결정하지 않는다는 그의 확신을 확증했다.[5]

경력 초기에 카넬은, 기독교는 가장 일관성 있는 이론이며 모든 관련된 사실에 부합하기 때문에 합리적으로 받아들일 수 있다고 강조했다(이런 견해에도 불구하고 그는 기독교의 주장이 갖는 보다 주관적인 측면들을 강조하게 되었다). 그에게는 근본주의가 세상과 단절되어 있는 것 같이 보였는데, 이는 주로 지적인 엄격함의 부족 때문이었다. 카넬은 당시 복음을 위한 주장이 조금 더 지적 수준에서 이루어질 수 있다면 사람들이 복음의 메시지를 받아들일 것으로 생각했다.

1) 체계적 일관성

이 기간 동안 그는 『기독교 변증학 입문』(*An Introduction to Cristian Apologetics*, 1948)을 집필했다. 그는 모든 인간이 "자기 보존에 대한 만족할 줄 모르는 욕망"과 "죽을 운명의 신체와 비인격적인 우주라는 현실"[6] 사이의 갈등에서 생기는 "영혼의 슬픔"으로 고통 받는다는 인간의 곤경으로 책을 시작했다.

인간은 자신이 참되다고 확신할 수 있고, 불멸성을 보장해 주는 세계관을 추구한다. 그런 세계관은 인간의 이상 세계와 그가 알고 있는 현실의 세계 사이의 격차를 좁힐 수 있을 것이다. 카넬은 그렇게 함으로써 우리가 경험하는 많은 특수한 일들의 배후에 있는 통일성과 의미를 찾는 문제, 즉 "일과 다"[7](반틸로부터 얻은 것으로 보이는 견해)의 문제로 알려진 오래된 철학적 문제를 해결하게 될 것이라고 믿었다.

사람들이 추구하는 진리는 어떤 과정을 통해서 우리에게 주어질까?

카넬은 지식을 순전히 우리의 감각으로부터 얻을 수 있다는 견해(경험론이라고 한다)는 감각보다 높은 권위를 제공하지 않기 때문에 부적절하다고 간주했다. 그러므로 점선 도표를 정확히 보는 사람이 정상적인 시력을 가진 사람인

---

5 Gordon Lewis, "Edward John Carnell," in *Handbook of Evangelical Theologians*, ed. Wialter A. Elwell (Grand Rapids: Baker, 1993), p. 324. From pp. 321 to 325 is a discussion of influences on Carnell.
6 Edward John Carnell, *An Introduction to Christian Apologetics: A Philosophic Defense of the Trinitarian Theistic Faith* (Grand Rapids: Eerdmans, 1948), p. 23.
7 Ibid., p. 41 n. 22, "단일성과 다양성 사이의 관계에 대한 해결책을 위한 완벽한 패턴은 반틸이 영원한 '일과 다'라고 부르는 것에서 발견된다."

지, 색맹인 사람인지 등 간단한 것조차 결정할 길이 없다. 카넬은 우리가 주관주의 그리고 궁극적으로 회의주의에 빠지게 되는 것은 변하지 않는 진리에 도달할 방법이 없기 때문이라고 말한다.[8]

그는 경험론에 의존한다는 이유로 전통적인 신 존재 증명을 거부한다. 감각 인상들로부터 우리는 결코 불변적이고 보편적이며 필연적인 것의 수준에까지 올라갈 수 없다.

결국, 카넬이 생각하기에 우리가 가진 것이라고는 분리된 일련의 지각뿐이다. 18세기 회의주의자 데이비드 흄(David Hume, 1711-1776)과 유사하게, 카넬은 우리가 인식한 것을 설명하기 위해 요구되는 것보다 더 큰 존재를 추론할 수 없다고 주장한다.[9] 그렇지 않으면 사람들은 시계를 보면서, 시계 제작공이 있다는 것을 알 뿐 아니라, 그가 특정한 색의 머리카락을 갖고 있으며 일요일에 산책하는지도 안다고 주장할 수 있을 것이다. 우리가 지각하는 사물들은 유한하기 때문에 우리는 단지 유한한 신의 존재를 추론할 수 있을 뿐이다. 더욱이 우리는 우리의 증거로부터 오직 하나의 신이 존재한다고 추론할 필요가 없다.

왜 여럿이 아니며, 왜 수천이 아닌가?

세계가 기독교의 하나님을 가리킨다고 생각하는 아퀴나스와 같은 사람들은 단지 그들의 믿음을 증거에까지 소급해서 읽을 뿐이다.[10]

카넬은 엄격한 형태의 경험론의 한계를 지적하는데, 그것은 정신이 데이터에 어떤 정보를 기여하거나 어떤 구조도 제공할 수 없게 한다. 이러한 고전적 형식은 흄에서 정점에 도달했지만 식식을 갖기 위해서는 감각으로부터 얻는 정보에 우리의 정신이 무언가 기여해야 한다는 임마누엘 칸트(Immanuel Kant, 1724-1804)의 반대 이후 점점 줄어들었다. 이러한 기여의 필요성은 엄격한 경험론적 견해(흄의 것과 같은) 아래, 예를 들어, 벽 스위치를 누른 후 백 번씩이나 불이 켜지는 것을 보고도 한 사물이 다른 것을 야기했다고 합법적으로 추론할 수 없다는 사실에 의해 설명된다.

'원인'이라는 개념은 우리가 관찰한 것을 넘어서기 때문이다. 이에 대해 칸

---

8 Ibid., pp. 35-37.
9 이런 생각은 윌리엄 오컴에까지 거슬러 올라가는데, 그것은 "오컴의 면도날"(Ockham's razor)로 알려져 있다.
10 Carnell, *Introduction to Christian Apologetics*, pp. 129-34.

트는 우리는 한 가지가 다른 것을 야기했다는 생각을 합법적으로 '받아들일 수' 있으며, 우리가 세상에 대한 지식을 가지려면 그렇게 '해야' 한다고 설득력 있게 주장했다.

어쨌든 오늘날에는 순수한 경험론자가 거의 없기 때문에 카넬이 극단적인 경험론의 관점을 반증한다고 해서 앎을 형성하는 과정에 마음이 어느 정도는 기여하도록 허용하는 보다 온건한 견해가 반드시 반증되는 것은 아니다.

카넬은 만약 마음이 앎을 형성하는 과정에 기여해야 한다는 생각이 우리의 감각에서 나올 수 없다면, 우리는 그것들을 가지고 태어나야 한다고 결론지었다.

> 우리는 하나님의 형상으로 만들어진 우리 존재의 일부로서 하나님과 하나님의 율법에 대한 명확한 지식을 가지고 태어난다.[11]

우리의 뇌가 실제 정보를 가지고 태어날 수 있다는 견해는 로크 이후 철학적으로 의심스러운 것으로 간주되어 왔으며,[12] 학습생리학에 대한 현대 연구에 비추어 볼 때 여전히 문제의 소지가 있다는 점에 주목해야 한다.

그러나 카넬이 좀 더 온건한 형태의 경험론을 고려하지 않듯이, 그는 우리가 우리의 경험에 의해 촉발되는 특정한 능력(예를 들어, 어린아이들의 언어 능력을 설명하기 위한 노엄 촘스키에 의해 진전된 관점)을 가지고 태어날 가능성을 고려하지 않는 것처럼 보인다.

허용하는 보다 온건한 견해가 반드시 반증되는 것은 아니다. 신의 존재에 대한 지식을 쌓아 올릴 수 없다는 것이다. 대신 우리는 그것을 경험으로 가져와야 한다. 하나님의 형상은 우리의 정신이 어떤 내용을 담고 있을 뿐만 아니라 어떤 방식으로 생각한다고 규정하기 때문에 빈 마음으로 시작해서 하나님이 존재한다는 지식을 쌓을 필요가 없다.

로마서 1장 20절에서 사람들이 "피조물을 통하여" 하나님이 존재한다는 것을 알고 있다고 말할 때, 카넬은 우리가 무에서 시작해서 감각 경험을 통해 하나님이 존재한다는 결론을 내린다는 것을 의미하지 않는다고 주장한다. 그것

11　Ibid., p. 151 n 20.
12　John Locke, *An Essay Concerning Human Understanding* (London, 1690).

은 "우리는 마음이 하나님의 존재와 본성을 알기 때문에 그가 하신 일 속에서 그를 인식한다"[13]라는 의미다.

반틸과 마찬가지로 카넬은 19세기와 20세기 초에 전통적 변증학에 많은 기초를 제공했던 상식적 인식론과 결별했다.[14] 워필드(B. B. Warfield)와 찰스 핫지(Charles Hodge) 모두 이성에 의해 진리를 결론짓거나 입증할 필요없이, 상식적으로 그리고 그것들을 직접적으로 인식하도록 하나님에 의해 정신적으로 준비되어 있다고 주장한 스코틀랜드 실재론자 토마스 리드(Tomas Leid, 1710-1796)의 견해를 변증적 접근 방식의 근거로 삼았다.

앎을 형성하는 과정에서 마음이 능동적이라는 칸트의 주장 이후로 상식적 관점이 쇠퇴함에 따라, 사람들은 지식을 위한 또 다른 설명을 구했다. 반틸은 아브라함 카이퍼의 네덜란드 개혁주의 접근 방식에서 변증학을 위한 새로운 근거를 찾았는데, 그의 칼빈주의는 믿음을 강조했고 신자와 불신자 사이의 공통 기반을 위한 여지를 남겨두지 않았다.

이와 대조적으로 카넬은 우리가 하나님의 형상대로 만들어졌기 때문에 지식이 가능하다는 견해, 즉 우리의 마음은 하나님 자신의 마음속의 무언가를 공유한다는 어거스틴의 견해에서 인식론적 근거를 찾고자 했다.[15] 예를 들어, 우리가 모순은 참이 될 수 없고(비모순율), 주장은 참이거나 거짓이어야 하지만, 둘 모두 참이 될 수 없다는 것을 알고 있는 것은 바로 이러한 자질 때문이다. 또 우리는 옳고 그름의 본질과 참된 아름다움의 본질도 알고 있다.[16]

그러므로 리드의 견해와 달리, 우리는 직관적으로나 상식적으로 사물을 알지 못한다. 우리는 하나님이 우리에게 주신 정신적 능력과 내용을 사용해야 한다. 지식은 근본적으로 상식의 직관이 아닌 추론 과정에 근거한다.[17]

하나님의 마음과 우리 마음의 연결은 우리가 진정한 지식을 가질 수 있도록 보장한다. 현대, 특히 칸트 이래로, 우리의 마음이 사물을 있는 그대로 알고 있다는 것을 보여주는 것은 작은 성취가 아니다. 칸트는 우리의 마음이 우리에

---

13 Carnell, *Introduction to Christian Apologetics,* p. 169.
14 Steven Arthur Hein, "The Nature and Existence of Man in the Apologetic Mission of Edward John Carnell (Ph.D. diss., St. Louise University, 1987), pp. 98-100.
15 Ibid., pp. 83-84, 109-10.
16 Carnell, *Introduction to Christian Apologetics,* pp. 162-68.
17 Hein, "Nature and Existence of Man," pp. 98-100.

게 지식을 제공하려면 감각 자료들에 무언가를 더해야 한다는 것을 인식하면서도, 우리의 마음이 공급하는 것이 실재와 연결되어 있다는 보장은 거의 하지 않았다. 우리는 우리의 마음이 생각하는 범주가 실제로 세상을 있는 그대로 해석한다고 추론하게 된다. 예를 들어, 사물이 존재하거나 존재하지 않거나, 수로 존재하거나, 원인이 있는 대상들에 대해 생각하는 데 있어서 우리의 정신이 정당하다는 아무런 보증도 할 수 없다는 것을 의미한다.

하나님에 관한 한, 우리의 경험을 이해하려면 그의 존재를 가정해야 하는데, 그러나 이것이 그가 우리의 마음 밖에 존재한다는 논증을 구성하지 않는다. 그는 존재할 수 있거나, 존재하지 않을 수 있다. 칸트가 신의 존재를 보증할 수 있는 가장 가까운 길은 우리가 도덕적인 삶은 행복과 연결되어야 하며, 신의 존재는 한 사람이 다른 사람에게로 연결되는 것을 보장하는 유일한 방법임을 알고 있다는 것이다(또한, 신의 존재는 도덕과 행복이 반드시 이 생에서 연결되는 것은 아니기 때문에 천국이 있다는 것을 보장한다고 그는 말했다).

결국, 칸트는 우리의 경험을 알 수 있다는 것을 보장할 뿐, 사물 자체에 대해서는 보장하지 않는다. 그의 철학은 현대 세계를 신에 관해서 그리고 사물에 대한 궁극적 진리를 가질 수 있는 우리 능력에 관해서 불가지론적으로 만들었다.

하나님의 형상에 관한 카넬의 해결책은 그로 하여금 신성한 것과 세속적인 것의 구별을 흐리게 하려는 자유주의의 경향과 싸우는 사람들에 맞서고, 하나님을 창조물의 일부로 만들어 더이상 초월적이지 않으며 창조물과 완전히 구별되지 않게 하려는 사람들에 맞서게 했다.

그 싸움을 이끈 것은 칼 바르트(Karl Barth)와 점점 커져 가던 신정통주의 운동이었는데, 그들은 하나님과 인간 사이에는 아무런 접촉점이 없고, 아무도 주위 세계를 바라보면서 하나님을 발견할 수 없을 만큼, 하나님과 창조물을 완전히 구별함으로써 하나님의 초월성을 회복하려고 했다. 또한, 하나님은 인간보다 훨씬 위에 계셔서 그의 마음과 우리의 마음 사이에는 실질적인 유사성이 없다.

더욱이 바르트는 (적어도 일찍부터) 계시는 명제적이지 않다(즉, 계시는 사물의 방식에 관한 언명의 형식을 띠지 않는다)고 주장했다. 계시 자체는 우리에게 세계에 관한 정보를 주지 않기 때문이다. 그렇게 하면, 계시가 인간의 통제에 놓이게 될 것이고, 그것은 하나님의 말씀에 부적절할 것이다. 이런 점에서 바르트는 세계 자체를 아는 것에 관해, 칸트 이후의 불가지론을 공유했다.

칸트는 우리의 지식을 의심스럽게 남겨두었지만, 훗날 지그문트 프로이트의 이론에 의해 보게 될 것처럼 우리의 감정과 동기가 불투명하고 내면의 속임수로 뒤틀려 있다고 생각하지 않았다. 그리고 바르트와 에밀 브루너에게 계시는 실재에 대한 정보는 아니지만 하나님과의 만남이요, 하나님에 대한 경험이다. 브루너가 말한 것처럼, "계시는 발생한다."[18]

이와 대조적으로 카넬은 계시가 진정으로 명제적이라는 전통적인 견해를 확고히 고수했다. 그는 계시의 명제는 모든 면에서 참이며 그들은 오류가 없다고 주장했다. 계시적 언어를 이해할 수 있는 능력은 우리가 하나님의 형상대로 창조됨으로써 하나님과 맺어진 관계에 근거를 둔 지식의 또 다른 측면이다. 그러므로 하나님의 형상대로 창조된 우리의 존재는 세계와 하나님과 그분의 말씀에 관한 우리의 지식을 보장해 준다.

카넬의 관점에서는, 언어가 하나님과 창조물 사이의 간격을 효과적으로 메울 수 있다. 왜냐하면, 우리가 하나님에 대해 말하는 것과 다른 것에 대해 말하는 것은 어떤 동일한 의미를 공유하기 때문이다. 즉, 그것들은 "일의적"이다. 그렇지 않다면 우리는 하나님에 대해 아무것도 알 수 없을 것이다.

이는 하나님에 대한 우리의 기술은 유비적이라는 토마스 아퀴나스의 견해와 대조된다. 즉, 그들은 정확히 같지도(일의적) 않고 완전히 다르지도(다의적) 않다. "어린양이 목초지에 있다"와 "그리스도는 하나님의 어린양이다"에서 "어린양"이라는 단어는 유비적으로 사용되는데, 그 의미는 서로 관련은 있으나 동일하시는 않기 때문이다. "x는 강력하다"라는 말의 의미는 x의 본질에 의존한다는 것을 알 때, 문제는 더욱 복잡해진다. 만약 x가 트랙터라면 "x가 강력하다"는 말은 많은 흙을 옮긴다는 것을 수반하지만, x가 원자 폭탄이라면 그것은 많은 것을 파괴하는 것을 의미한다. 그러므로 x의 '본성을 아는 한에서만', x에 관한 진술의 의미를 알 수 있다.

그러나 우리가 하나님을 아는 데는 한계가 있기 때문에 "하나님은 힘이 있으시다"[19]와 같은 진술의 의미에 대해서는 우리가 아는 것에도 한계가 있다.

18　Emil Brunner, *Revelation and Reason,* trans. Olive Wyon (Philadelphia: Westminster Press, 1946), p. 8; quoted in Hein, "Nature and Existence of Man," p. 80.

19　Carnell, *Introduction to Christian Apologetics,* pp. 148-49.

카넬은 이러한 유비적인 해결이 우리를 하나님에 대한 지식을 갖지 못한 채 머무르게 한다고 믿었다. 우리가 하나님에 관해 어떤 것을 이해하려면, 그와 우리가 알고 있는 다른 것들에 관한 서술은 일의적이어야 한다.[20]

카넬은 우리가 유비에 의해 알 수 없다는 것을 보여줌으로써, 감각을 통해 얻는 일상적인 것들에 대한 지식과 하나님에 대한 지식 사이의 간극을 메울 수 있는 경험주의자들의 능력을 부정하고 있다고 믿었다. 유비에 의해서 알 수 없다면, 우리는 하나님에 대한 지식을 쌓을 수 없기 때문이다. 예를 들어, 우리의 감각적 지식으로 질서를 관찰한 후, 하나님이 질서를 주신 분이어야 한다는 결론을 내림으로써 하나님에 관한 지식에 도달할 수는 없다.[21]

카넬은 세상으로부터 시작하여 하나님에 대한 지식으로 나아갈 수 없다면, 하나님으로부터 시작하여 세상에 대한 우리의 지식으로 나아가야 한다고 결론지었다. 결론적으로, 카넬은 (경험론적 변증이 그렇게 하듯) 감각으로 시작해서 기독교로 발전하기보다 기독교로 시작해서 그것을 시험해 볼 것을 제안했다. 이 방법은 검증적이라고 할 수 있다. 카넬은 이것이 우리가 기독교를 지지하는 논거로 사용할 수 있는 유일한 형태의 추론이라고 믿었다. 다른 두 가지 형태의 추론인 귀납법과 연역법은 불충분하다.

우리는 결론에 대한 완전한 확신을 제공하는 논리의 형태인 연역법을 사용할 수 없다. 연역법은 두 가지 이유로 효과적이다.

첫째, 결론을 보장하는 데 필요한 모든 정보가 그 전제에 포함되어 있다.
둘째, 전제가 참이라면 결론은 따라온다는 것을 가정함으로써 진행된다.

연역법은 어떤 전제들이 참이지만 그 결론은 거짓이라고 주장하는 것은 모순적이라고 말할 만큼 비모순율을 적용한다. 카넬은 이러한 작동 방식은 연역법을 수학과 형식 논리와 같은 분야에 대해서만 적합하게 만든다고 주장하는데, 여기서 결론과 관련된 모든 것이 알려지고 전제들 안에 있는 정보가 참이라는 것을 가정할 수 있을 것이다. 그러나 다른 분야와 실제 삶에서는 그렇게

---

20 Ibid., pp. 149-51.
21 Ibid., p. 148.

확신할 수 없다.²²

그는 기독교를 검증하는 것과 같은 실제적인 문제를 다루기에는 연역법이 불충분하다고 결론지었다. 더 깊은 차원에서 보면, 세계의 사실들이 논리적 필연성에 의해 있는 그대로가 아니기 때문에 연역법과 비모순율은 불충분하다. 산에 있는 염소의 수와 대서양의 깊이는 논리적으로 그래야 했기 때문에 그런 것이 아니다. 하나님은 세상을 그가 원하는 대로 만들 수 있었으며, 어떤 특정한 방법으로 만들도록 논리적 필연성에 의해 강요되지 않았다.

요점은 만약 세상이 논리적 필연성에 의해 지금과 같은 모습을 가지게 된 게 아니라면, 논리만으로 세상을 증명할 방법이 없다는 것이다.

우리는 단순한 논리로 진리를 얻을 수 없다. 대신 우리는 하나님이 실제로 무엇을 작정하셨는지 보기 위해 세계를 확인해야 한다.²³ 논리(특히, 비모순율)는 창조주가 일관성이 있기 때문에 진리도 일관성이 있으므로 도움이 되지만, 하나님께서 논리적으로 일관적인 많은 가능성 중 어떤 것을 가져와서 실제적으로 만들기로 선택하셨는지 알 길이 없기 때문에 진리를 제공하는 것만으로는 충분하지 않다(다른 가능성보다 하나를 선택하는 논리적인 이유가 없다).²⁴ 따라서, 우리는 자기 일관성을 넘어 사실에 도달해야 한다.

귀납법은 또 다른 방식에서도 도전에 부적합하다. 귀납법에 의하면 추론의 형태는 단지 결론이 개연적으로 전제로부터 따라온다(반면, 연역법은 결론이 반드시 따라온다고 주장한다). 그것은 실제 삶을 다룰 수 있다. 그러나 그것은 그 결론이 개연적으로 참일 것이라고 제안하는 것보다 나을 수는 없다.²⁵

카넬은 하나의 가실을 검사하는 그의 검증 방법이 연역법과 귀납법의 강점과 결합한다고 믿는다. 그것은 가장 광범위한 비모순율을 적용함으로써 작동

---

22 Ibid., pp. 103-5.
23 Ibid., p. 61.
24 카넬은 그 관계를 발전시키지는 못했지만, 그의 관점에서 하나님의 이성보다 그의 뜻을 우위에 둠으로써 논리에 대한 중세의 강조에 도전한 둔스 스코투스의 견해와 비슷하다. 스코투스는 하나님의 뜻이 완전히 자유롭기 때문에 세상을 자신이 선택한 방식으로 만들 수 있었으며 어떤 방식으로든 논리적으로 강요받지 않고 있다고 주장했다. 그런 경우에, 단지 하나님이 무엇을 선택했는지, 따라서 무엇이 진리인지를 논리만으로 알 수 있는 방법은 없다. 우리는 그가 실제로 무엇을 선택했는지 세계를 조사해야 한다. 스코투스는 그것을 의도하지 않았지만, 결국 그의 이론은 합리주의(그리고 철학과 종교에 대한 중세의 강조)보다 경험에 대한 검토를 선호하는 결과를 가져왔다.
25 Carnell, *Introduction to Christian Apologetics*, pp. 105-6.

한다. 즉, 먼저 일관성에 대한 가설을 검사한 다음, 가설과 우리가 알고 있는 모든 것 사이의 일관성을 검사한다. 엄밀히 말해, 우리는 하나의 검사, 곧 일관성에 대한 검사를 갖고 있지만, 실질적으로 두 번째 검사는 우리의 가설이 우리가 알고 있는 모든 사실에 부합하는지 확인하는 것이다.

카넬이 알고 있듯이, 일관성과 사실성의 두 차원을 결합하면, 실제 세계에 대한 가설을 적절히 증명할 수 있는 힘이 생긴다. 만일 그 가설이 모순에서 자유롭다는 것을 증명하지 못한다면, 우리는 그것이 보편적이고 필연적인 진리의 수준으로 올라선다고 주장할 수 없다. 그러나 우리가 사실을 다루지 않는다면 우리의 가설이 실제 세계와 관련이 있다고 주장할 수 없다. 그것들을 종합하면, 우리는 실제 세계에 대한 일관성 있는 시각을 갖게 된다.[26]

그는 가설을 검사하는 과정을 "체계적 일관성"이라고 부르면서, 체계적 일관성(즉, 모순이 없는 광범위한 일관성)을 관점이 세계와 일치하는지 여부를 확인하는 최선의 방법으로 보았다. 참된 명제는 실제 세계와 일치하는 명제로, 그것은 세상을 완벽하게 아는 하나님의 마음과 일치한다.[27]

우리는 경험으로부터 "매끄럽고 체계적으로 일관된 그림"을 만드는 믿음들을 참되다고 판단한다.[28] 경험에는 "인간 의식의 총체적인 넓이가 포함되는데, 그것은 인간의 내외적 삶의 합리적·의지적·감정적인 삶 전체를 포괄한다."[29]

우리는 기독교가 고대와 근대를 막론하고 역사를 포함한 외부 경험을 가장 잘 이해하기 때문에 기독교를 참되다고 판단한다. 따라서, 카넬은 한편으로 진리 대응 관점을 고수하고 있는데, 이 관점에 따르면 하나의 명제는 세계가 있는 방식과 일치할 때 참이 된다. 실제 세계와의 연결을 통해 명제는 참된 것이 된다. 그러나 다른 한편으로 그는 일치 관점의 정당화를 주장한다. 명제가 참임을 아는 방법은 명제가 우리가 믿는 다른 것들과 일치하는지 여부(모순되거나 그렇지 않거나다)를 확인하는 것이다.

*x*가 "참"이라고 말하는 것은 무엇을 의미하는가?

그것은 사물의 상태와 일치한다는 것을 의미한다.

*x*가 참인지 어떻게 알 수 있을까?

---

26 Ibid., pp. 106-7.
27 "그러면 기독교인들에게 진리란 **하나님의 마음과의 일치로 규정된다**"(Ibid., p. 47).
28 Ibid., p. 56; cf. 175, "어떤 가설이든지 그것이 삶을 원활하게 해석할 때 검증된다."
29 Ibid., p. 56.

일치에 의해, 또는 구체적으로 일관성을 통해서다. 구체적으로 다음과 같다.

(1) 가설은 그 자체로 모순되지 않으며
(2) 그것은 사실과 일치하고
(3) "실존적인" 생존 능력을 가지고 있다(즉, 위선 없이 실행될 수 있다. 그리고 "실존적"은 "윤리적·공리적·심리적"으로 구성된다)는 것을 알고 있다.[30]

고든 루이스(Gordon Lewis)는 믿음을 정당화하는 카넬의 방법이, "논리에 관해서는 클라크의 강조를, 전제 조건에 관해서는 반틸을, 역사적 사실에 관해서는 마헨(Machen)을, 경험적 소여에 관해서는 브라이트만을, 그리고 내적 자료들에 관해서는 니버와 키르케고르 같은 실존주의자들"을 통합한 것으로 요약한다.[31]

카넬은 기독교를 위한 모든 논거가 완벽하지 않다는 것을 인정한다. 그런데도, 예를 들어, 고고학은 "성경의 설명을 현저하게 확증해 주며 운에 맡기지 않는다. 그리고 만약 성경이 하나님에 의해 오류 없이 보존되어 왔다면, 이러한 것은 우리가 당연히 예상해야 하는 것이다."[32]

나아가 하나님께서 정말로 성경에 자신을 계시하셨다는 가설만이 그리스도의 삶, 특히 서양 문화에 대한 그의 영향, 그의 윤리적 가르침의 질, 교회의 성장에 끼친 그의 영향을 설명할 수 있다.

카넬은 외부 세계를 설명하는 기독교의 힘의 범위를 요약한다.

> 그것은 인간의 본성과 신체의 연약함, 마음속의 죄악, 생명과 평화를 향한 추구를 설명한다. 기독교는 우리의 세 가지 사회 제도인 국가, 교회 그리고 가족을 설명할 수 있는데, 기독교는 그들의 설립을 명령하고 그들의 목적과 특권을 지도하기 때문이다. 기독교는 노동과 인종 관계, 이혼과 불륜, 사업에서의 공정함, 법 체계의 기준 등 생각할 수 있는 모든 사회 문제에 대한 명시적이거나 암

---

30 이 설명의 처음 두 가지는 개인적인 이메일 교류에서 고든 루이스(Gordon Lewis)가 내게 제안한 것이었다. Aug. 24, 2013. 마지막 것은 루이스를 수정한 것이었다. "Edward John Carnell," p. 327.
31 Lewis, "Edward John Carnell," p. 325.
32 Carnell, *Introduction to Christian Apologetics*, p. 110.

묵적인 해결책을 수용한다. 그것은 종교의 보편성과 피비린내 나는 희생을 설명한다. 잔혹한 전쟁을 행하고, 방탕과 술에 취해 사는 자들과 두려움과 떨림 속에서 하나님의 심판을 기다리는 자들의 행위를 설명한다.[33]

그 주장이 완벽하지는 않지만(예를 들어, 지구의 창조 기록과 나이는 현대 과학에 맞지 않는다), "이성적인 사람이라면 방치된 자리보다는, 가장 적은 어려움이 수반되는 그런 자리에 만족한다."[34]

내적 경험에 의해 확인한 바에 따르면, 다음과 같이 말할 수 있다.

> 성경은 인간(몸과 정신)을 합리성과 도덕성 그리고 자기 보존에 대한 끝없는 욕망을 부여받은 통일체로 정확하게 묘사한다. 기독교는 하나님에 대한 두려움과 옳고 그름에 대한 지식의 보편성을 설명한다. 기독교는 사람들이 교수대에 가기 전에 떨며 두려워 하는 이유를 설명한다. 즉, 그들은 하나님의 심판이 그들을 기다리고 있고, 그들의 양심에 증인이 있음을 안다. 기독교는 희망을 추구하는 인간을 설명하고, 그것은 개인적인 구원과 불멸을 제공함으로써 이 희망을 충족시킨다.[35]

이 모든 것은 기독교가 논리적으로 확실하지는 않더라도 개연성이 매우 높다는 것을 확인시켜 준다. 절대적 확실성은 현실 세계에 있는 사물들을 증명할 때는 통용될 수 없고, 수학과 논리학과 같은 엄밀한 형식적 학문 내에서의 증명에서만 통용될 수 있다. 기독교는 형식적인 규율이 아니라 역사적 사건들에 기초해 있으며 도덕적 가치들을 다룬다.[36]

카넬이 강점으로 여기는 논리적인 확실성보다는 그것의 참이 높은 수준의 개연성으로 증명될 수 있다는 사실은 다음과 같이 설명된다.

> 그리스도의 부활에 관한 기독교의 증거가 개연성을 넘어설 수 없다는 이런 인정은 일종의 나약함이 아니라, 오히려 그리스도인이 실제 역사와 마주하기 위

---

33 Ibid., p. 111.
34 Ibid., p. 111; cf. p. 121.
35 Ibid., p. 112.
36 Ibid., pp. 113-16.

해 진지한 노력을 기울이고 있는 세계관을 소유하고 있음을 보여준다. 기독교는 인류 역사의 행진에 전적으로 무관심한 철학자의 머리에서 나온, 연역적으로 필연적인 사고 체계가 아니며, 오히려 그것은 인간의 끈질긴 문제에 대한 일관성 있는 해결책인 구원 계획이다.[37]

우리에게 필요한 것은 높은 개연성뿐이며, 그것은 카넬이 신앙은 반드시 실제 세계와 합리적으로 연결되어야 한다고 주장했던 믿음을 입증하기에 충분하다.

한편, 자신들의 견해는 이성적으로 합리적이지 않다고 자랑하는 프랑스 실존주의자나 신정통주의 신학자와 같은 이들은 "단지 객관적 진리에서 자신들의 결핍을 자랑할 뿐인가?"[38]

반면, 단지 신비적 감정을 신앙의 근간으로 하는 사람들은 "어떤 신비롭고, 형언할 수 없고, 불가해하고, 난해하고, 주관적인 신앙의 비약에 다시 빠지게 되는데, 이 경우에는 신의 음성과 악마의 음성을 구별할 수 없다."[39]

신앙을 감정에만 근거하는 사람과 신앙을 증거로 내세우는 사람은 모두 내적 확신을 가지고 있지만, 증거를 가진 사람은 세계와 연결된 합리적인 신앙도 가지고 있다. 증거가 결론을 논리적으로 확실한 것이 아니라 매우 개연성 있는 것으로 만든다는 사실은 우리의 확신, 즉 그것이 참이라는 내적 지각을 약화하지 않는다.[40] 우리는 비록 그것을 동일한 정도로 증명할 수는 없지만, 2 + 2 = 4를 확신하는 만큼, 전에 조지 워싱턴이 살았다고 확신할 수 있다. 그런 의미에서 그리스도인은 단지 개연적으로만 참일 뿐인 하나님을 믿고, 기도하는 것이 아니다.[41]

인생의 많은 것이 그렇듯이, 우리는 99퍼센트만 증명할 수 있는 것에 대해 충분히 확신할 수 있다. 개혁주의 인식론자들은 우리의 믿음의 정도가 증거의 수준을 넘어서는 것이 합리적일 수 있다고 논증할 때 비슷한 주장을 한다. 증

---

37 Ibid., p. 114.
38 Ibid., p. 108.
39 Ibid., p. 119. "객관적으로 확인할 수 있는 진리가 없는 믿음은 뱀을 부리는 자, 태양 숭배자, 잡다한 종류의 밀교적 믿음 치료 숭배에 동조하는 그런 종류의 확실성에 비견된다."
40 Ibid., p. 120. "확신"이란 단어는 현대적이며 널리 사용된다. 그리고 카넬은 그것을 "도덕적 확신"이라고 부른다.
41 Ibid., pp. 119-21.

명하는 데 어려움을 겪을 것임에도 우리가 확신할 수 있는 것이 있는데, 이를 테면, 세상은 누구라도 알 수 있는 연대인 5분 전에 창조되지 않았다는 주장 같은 것이다.

그러나 카넬은 보다 신중하다. 그는 이성적 원리들에 대해 대한 진정한 헌신은, 기독교가 참이 아닌 것으로 드러날 경우 기꺼이 포기해야 한다는 것을 의미한다는 그의 제안에 몇몇 개혁주의자는 눈살을 찌푸렸다. 그렇지 않다고 말하는 것은, 그가 말한 믿음과 합리성에 관한 모든 것을 "배반"하는 것이고, "악마의 제안을 받고 하나님의 말씀을 말할 수 있는 우리의 유일한 근거를 제거하는 것"이 될 것이다.[42]

그는 성령이 신자들에게 기독교가 참이라는 주관적인 증거를 마음속에 제공한다고 확언하면서도 이 점을 고수한다.[43] 카넬은 가장 합리적인 견해를 믿어야 하며, 기독교는 명백하게 그렇다는 관점에 동조하려고 한다. 따라서, 결국 기독교가 가장 합리적인 견해가 아닌 것으로 판명된다면 기독교인이 기독교를 계속 믿는다고 주장하는 것은 모순이 될 것이라고 믿는다. 합리적이 되려면 우리의 신앙은 궁극적으로 이성에 반응해야 하며, 그것은 비록 현실적으로 그것을 반증하기에 충분한 증거를 상상하기 어렵더라도, 그것이 궁극적으로 이끄는 곳으로 기꺼이 간다는 것을 의미한다. 아무도 그들이 궁극적으로 거짓이라고 결론 내린 믿음을 계속 전파해서는 안 된다.

다른 사람들은 그 문제를 달리 해결한다. 고전적 변증가인 윌리엄 레인 크레이그에게, 신자에게 주어지는 성령의 내적 증언은 신앙에 대한 외부의 이성적인 도전을 물리칠 정도로 매우 중요하고 설득력 있는 직접적 인식을 제공한다.[44] 이와 유사하게, 진실주의자인 마크 한나는 신앙의 본질은 참이라는 우리의 지각은, 신앙이 우리의 추론에 의존하지 않도록, 성령에 의해 신자에게 직관적으로 "주어진" 것이라고 주장한다.[45]

이 내적 증언은 적어도 신자들에게 기독교는 검사되어야 할 가설, 그 이상임

---

42 Ibid., p. 120.
43 Ibid., p. 68.
44 William Lane Craig, "Classical Apologetics," in *Five Views on Apologetics*, ed. Steven B. Cowan (Grand Rapids: Zondervan, 2000), pp. 33-37.
45 Mark Hanna, *Crucial Questions in Apologetics* (Grand Rapids: Baker, 1981), p. 103. 그의 견해인 사실주의는 "보편적으로 주어진 것으로서 하나님의 실재와 함께 그리고 특수하게 주어진 것으로서의 기독교 신앙의 본질적인 내용과 함께 시작한다."

을 의미한다. 그것은 또한 기독교인이 기독교에 반대하는 증거 때문에 기독교를 포기하지 않을 것도 의미한다.[46]

전제주의자들은 기독교가 유일한 합리적인 견해라는 확고한 믿음에 비추어 모든 것을 바라보기 때문에, 그들에게는 반대되는 증거 앞에서 무엇을 해야 하는지에 대한 문제는, 적어도 이론상으로는 결코 제기되지 않을 것이다.

아마 우리는 과학을 포함한 모든 수준의 합리성이 일정량의 증거에도 불구하고 우리의 믿음을 계속 고수해야 할 것을 요구한다는 바질 미첼(Basil Mitchell)의 견해에 비추어 카넬의 입장을 보아야 할 것이다. 만약 문제의 징후가 처음 나타날 때 우리의 견해를 포기한다면, 우리는 그것들을 검증하거나 반증할 수 있을 만큼 그것들을 충분한 시간 동안 고수하지 않을 것이며, 그것은 어떤 관점에도, 심지어 과학적인 관점에도 적용된다.[47]

임레 라카토스(Imre Rakatos)는 이 관행을 "끈기의 원리"[48]라고 부르며 이에 동의한다. 카넬의 의견이 이론적으로 양보하는 것 이상이었다면, 두 개의 세속 박사학위를 가진 경험 많은 대가인 그가 기독교에 대한 믿음을 포기할 만큼의 반증에 직면할 거라고 상상하기는 어렵다. 그는 여러 가지 개인적인 도전들에도 불구하고 의심의 여지없이 자신의 신앙을 고수했다.

카넬이 염두에 둔 것처럼 보이는 것은, 우리가 아무리 결론에 도달한다 하더라도, 그리고 현재 가능성이 아무리 낮다고 판단하더라도, 우리의 믿음이 사실은 틀렸음을 발견하는 것이다. 그럴 경우 우리는 그것이 사실이 아님을 안다면 그것이 사실이라고 계속 말하지 말아야 한다.

비평가들은 어느 정도 그러한 점에 도달하는 것이 얼마나 어려울지 그리고 그러한 사건이 발생할 가능성이 얼마나 낮은지에 초점을 맞췄다. 카넬은 그런 일이 실제로 일어난다면 우리의 대응이 어떠해야 하는지에 관한 원칙에 초점을 맞추고자 한다.

---

46 마크 한나와의 개인적인 대화, Los Angeles, 1979-1983.
47 Basil Mitchell, *The Justification of Religious Belief*(New York: Oxford University Press, 1981), p. 130(일반적인 경우 그의 책 7장을 보라).
48 Imre Lakatos, "Falsification and Methodology of Scientific Research Programs," in *Criticism and the Growth of Knowledge*, ed. I. Lakatos and A. Musgrave (Cambridge, MA: Cambridge University Press, 1970), pp. 91-196. Louis Pojman, "Can Religious Belief Be Rational,"in *Philosophy of Religion: An Anthology*, ed. Louis R Pojman, 2nd ed. (Belmont, CA: Wadsworth, 1994), p.513에서 인용됨. 포즈만은 퍼스(C. S. Peirc)가 그런 관행을 거절했다는 점에 주목한다.

신자에게 그러한 합리적인 무기력이 적절한 한계가 있다면, 그 한계에 도달하는 것은 정말로 먼 가능성이 되어야 할 것 같다. 욥은 극단적이고 끈질긴 시험에도 불구하고 믿음을 바르게 지키는 본보기로 성경에 제시되어 있다. 그리고 요한복음 20장 29절에서 그리스도께서는 도마의 믿음을 의심하면서 그에게 필요한 증거를 주셨다. 그러나 증거 없이 믿는 사람들을 칭찬하셨다.

2) 공통 기반

변증학에 대한 카넬의 접근 방식의 특징은 기독교인과 불신자 사이의 공통 기반을 찾아 사용하는 것이다. 어거스틴의 같은 경향을 지적한 후에, 그는 "변증학에 관한 내 책에서 나는 복음과 문화 사이의 어떤 유용한 접점을 구축하기 위해 지속적으로 노력해 왔다"[49]라는 말로 일생의 작업을 회고했다.

그는 신학적으로 보수적인 기독교인들은 "알아야 할 가치가 있는 모든 것이 성경에 있다"라고 믿기 때문에, 더 이상 이런 일을 하지 않는다"라고 말하며, "이것은 복음을 문화와 분리시키는 두려운 결과를 가져온다"라고 했다.[50]

그것은 신학적으로 일반은총(모든 인간에게 주시는 하나님의 은총이고 오류로부터 진리를 구별하고 잘못된 것에서 옳고 그른 것을 구별할 수 있는 능력을 포함한다)과 특별은총(신자들에게 주시는 하나님의 은총이며 복음을 받아들일 수 있는 능력을 포함한다) 사이에 너무 큰 거리를 강요하는 잘못을 저지른다. 그들을 분리하는 것은 "문화와 복음 모두에 대한 공격"[51]이다.

이와 대조적으로, 아브라함 카이퍼와 그를 따르는 반틸은 중생한 사람과 중생하지 않은 사람은 완전히 분리된 인식 세계 속에 있으며, "보편적인 인간의 의식에는 다리도 건설할 수 없는 심연이 있다"[52]라고 주장했다.

카넬은 신자와 불신자 사이의 이러한 과장된 차이를, 기독교는 단지 가장 좋은 하나의 세계관이 아니라 유일하게 받아들일 수 있는 세계관이라는 반틸의

49　Edward John Carnell, *The Kingdom of Love and the Pride of Life* (Grand Rapids: Eerdmans, 1960), p. 6.
50　Ibid., p. 9.
51　Ibid.
52　Abraham Kuyper, *Principles of Sacred Theology* (1898;repr., Grand Rapids: Eerdmans, 1968), p. 152; quoted in Kenneth D. Boa and Robert M. Bowman Jr *Faith Has Its Reasons: An Integrative Approach to Defending Christianity* (Colorado Springs, CO: NavPress, 2001), p. 259.

주장을 뒷받침하는 보이지 않는 버팀목으로 간주했고, 따라서 그것은 반틸이 개연성에 호소하는 것을 불법적으로 피할 수 있게 했다. 그는 "반틸 박사는 기독교의 현실이 절대적인 대조를 이루도록, 불신자들의 진리를 부정하려고 애쓴다"라고 썼다.

두려운 점은 불신자들이 어떤 진리를 갖고 있다면, 기독교는 "비기독교보다 좀 더 나을 뿐이라는 것, 그래서 절대성이 무너지는 정도의 문제(a matter of degrees)에 지나지 않을 것"[53]이라는 점이다. 신자와 불신자 사이에 극단적인 지성적 거리가 있다는 생각을 거부하면서, 그는 기독교인들이 더 이상 페리클레스(Pericles)의 『장례식 연설』(Funeral oration)이나 밀(Mill)의 『자유론』(Essay on Liberty)에서 진리를 찾지 않는 슬픈 날이 오지 않기를 바란다"[54]고 덧붙였다. 카넬이 알고 있듯이, 그 자신은 반틸보다 일반은총에 대한 긍정적인 관점을 가지고 있었고, 따라서 신학적 근거에서 진리를 찾는 인간의 능력을 믿지 않았다.

두 변증가는 하나의 결정적 차이로 또 다시 갈라진다. 반틸에게는 의미와 사실의 분리가 없고, 모든 것은 해석의 문제다. 우리의 전제는 우리가 아는 모든 것을 완전히 압도함으로써, 한 사람의 세계관은 사실을 어떻게 보는가를 완전히 결정하기 때문에 해석과 무관한 사실은 없다. 이것이 반틸에게 있어 하나의 결론으로서의 기독교를 논증하게 해 주는 어떤 유용한 공통점도 있을 수 없는 이유다. 예를 들어, 우리는 질서가 존재한다는 데 동의할 수 없고, 신성한 명령자가 있다는 것에 동의할 수 없다.[55]

반면에 카넬에게는 결정적으로 사실과 해석 사이에 인식론적 거리가 있다. 우리의 세계관은 문자 그대로 우리가 알고 있는 모든 것에 그림자를 드리우지 않는다. 이는 그러한 것들을 형이상학적 차원에서 다루지만 않는다면, 기독교인과 비기독교인이 많은 것에서 의견이 일치하는 이유다.

예를 들어, 물리학의 본질에 대한 합의가 있으며, 기독교인들은 기독교 관점에서 물리학 책을 다시 쓸 필요가 없는 것이다. "과학적 결론 자체는 그 의미

---

53 Review of *Defense of the Faith* by Cornelius Van Til, in *The Christian Century*, January 4, 1956, pp. 14-15; quoted in John A. Sims, *Edward John Carnell: Defender of the Faith* (Washington, DC: University Press of America, 1979), p. 62.
54 Ibid., p. 62.
55 "자율성"에 대한 한 개인의 죄책감을 강화시킨다는 이유로 반틸이 유신론적 논증의 전통적인 공식들을 거부한 것을 기억하라. 그들에 대한 초월적 재구성 논의를 위해, 그렉 반센의 *Van Til's Apologetic: Readings and Analysis* (Phillipsburg, NJ:P & R, 1998), pp. 612-27을 보라.

가 그 논리적 출발점에 의존하지 않기"[56] 때문에 과학에는 공통점이 있다. 논리적 출발점은 "실재를 해석할 때 통일성과 질서를 부여하기 위해 도입하는 최고의 원리"[57]다. 그것은 기독교인들에게 삼위일체 하나님이시다.

공통 기반은 우리가 "비인격적, 비형이상학적"[58] 기술로부터 궁극적 의미에 대한 물음으로 나아갈 때, "거의 보이지 않는"[59] 선을 넘자마자 끝이 난다. 이 수준에서는 하나의 식물조차도 기독교인과 비기독교인에게는 다른 것을 의미한다. 전자에게 그것은 하나님에 의해 만들어지고 보존되나, 후자에게는 그렇지 않다. 의미에 대한 그러한 질문은 어떤 비물리학적 기술과도 크게 다르지 않다. 그러나 적절하게 실행되는 과학은 그런 질문들을 다루지 않는다. 그것은 "감각적인 우주에 대한 비인격적인 기술로 국한된다."[60]

이것이 기독교인과 비기독교인이 모든 점에서 그들의 형이상학적 관점이 충돌하지만 비형이상학적 차원에서 완벽하게 협력할 수 있는 이유다.

반틸은 기독교인이 아닌 사람들이 진리를 소유하는 것을 기독교인의 세계관으로부터 공인받지 않고 불법적으로 차용한 결과로 설명하는 반면, 카넬은 한 사람의 세계관의 최고 수준(형이상학적 수준)으로부터 기능상의 거리를 두고 존재하는 의미 차원에서 그것을 설명했다.

따라서, 카넬의 의미에 대한 철학적 관점과 일반은총에 대한 그의 신학적 관점은 기독교인과 비기독교인 사이의 공통 기반과 접촉점을 위한 여지를 만들었다.

3) 접촉점

카넬의 특징적인 접촉점은 불신자의 필요를 느끼는 것이다. 신자가 불신자에게 기독교가 어떻게 그들의 필요를 충족시키는지 보여주지 않는다면, 그들은 복음이 무의미하다고 결론 내릴 것이다.[61]

---

56 Carnell, *Introduction to Christian Apologetics*, p. 214.
57 Ibid., p. 124.
58 Ibid., p. 216.
59 Ibid., p. 215.
60 Ibid., p. 217.
61 Carnell, *Kingdom of Love*, p. 9.

카넬은 그의 첫 번째 책에서 불신자들이 "영혼의 슬픔"에 대한 해결책을 찾고 있으며, 그렇지 않다면 관련이 없는 삶의 세부 사항들에 의미를 부여할 가장 일관된 세계관("일과 다의 문제")에 대한 열망을 갖고 있다고 본다. 여기서 신자와 불신자 사이의 구체적인 접촉점은 비모순율이 진리를 찾는 올바른 도구라는 인식이다.

첫 번째 책이 출간된 지 몇 년이 지난 후, 카넬은 많은 개인적인 투쟁으로 인해 다른 접촉점들을 좀 더 충분히 탐구하게 되었다. 불면증은 고등학교 때부터 문제가 되었고, 그는 불면증이 얼마나 그를 짜증나게 하는지 인정했는데, 어느 순간엔 "자살조차 어느 정도 매력적으로 느꼈다"[62]라고 말했다

어느 순간 "자살까지도 어느 정도 매력적으로 느껴졌다."1955년부터 1959년까지 풀러신학교의 총장직도 부담스러운 것이었다. 그 일로 그는 학문적 관심에서 멀어졌을 뿐만 아니라, 근본주의와 인사 문제들에 대한 논란도 다뤄야 했다. 긴 산책과 긴 시간 그리고 수면제에 대한 의존도가 증가하면서 안도감을 찾은 그는 학문과 교실로 돌아가기 위해 사직했지만 그렇다고 해서 모든 것이 해결된 것은 결코 아니었다. 1961년 6월, 신경쇠약으로 몇 주 동안 병원에 입원했다. 그는 전기 충격 치료를 받았는데, 이것은 그가 가르치는 동안 길고 어색한 일시적 중단을 가져온 기억 상실을 초래한 것처럼 보인다.[63]

문제가 그렇게 심각해지기 전부터 그는 전인(全人)이라는 측면에서 변증학을 생각했다. 그는 "인간은 단지 하나의 '정신'(nous)이 아니다 ⋯ 인간은 지성, 감성, 의지와 훨씬 더 많은 것의 복합체"라고 주장했다.

> 마음은 '합리적 일관성으로부터 결코 분리되지는 않겠지만', 아직 그러한 일관성을 가지고 명료하게 규명되지 않는 통찰력의 깊이를 알고 있다.[64]

그의 첫 번째 책에서 카넬은 변증학이 "표현할 수 있거나 기술할 수 있는" 내적인 경험을 사용할 수 있다고 말했다. 그것은 기술될 수 없는 내적 확신인

---

62 Edward John Carnell, *Christian Commitment: An Apologetic* (New York: Macmillan, 1957), p. 11.
63 Nelson,Making and Unmaking of an Evangelical Mind, p. 114. 치료에 관하여 pp. 113, 116-17, 161, 172, 189, 226을 또한 보라.
64 Carnell, *Christian Commitment,* pp. 38-39 (본래의 강조).

"표현할 수 없는" 경험과 구별되며, 그 설득적 힘을 그 직접성(신비의 경험처럼)에서 얻는 "표현할 수 없는" 경험과도 구별된다. 표현할 수 없는 경험과 달리, 표현할 수 있는 경험은 다른 유형의 지식과 연결될 수 있기 때문에 우리가 알고 있는 다른 것들과 대조하여 일관성을 검사할 수 있다.[65]

카넬은 수년 동안 우리가 불신자에게 다가가려면, 지적으로 만족스러운 답을 제공하는 것 이상의 일을 해야 한다고 확신하게 되었다. 그는 계속해서 지성과 인간 본성의 다른 측면들 사이의 올바른 변증학적 균형을 추구했다. 그는 점점 더 신자와 불신자 사이의 접촉점으로서 다른 측면들을 강조하였다. 그는 가능한 접촉점의 폭을 넓히면서, 변증적 작업에서 주관성이 어떻게 기능하는지에 대한 관점을 발전시켰다.

그의 다음 변증학 저서인 『기독교의 철학』(The Philosophy of the Christian Philosophy, 1952)은 불신자와의 접촉점으로서 가치를 발전시켰다. 가치란 우리가 "소중히 여기거나 존중하는 것"으로, 우리가 행복을 증진시키기 위해 간직한 것이다.[66] 장기적으로 행복을 가져오지 않을 것에 가치를 두는 사람은 어리석고, 그 결과는 후회다. 합리성이 일관된 것을 선택하는 문제이듯, 지혜는 올바른 가치를 선택하는 문제다.[67]

그래서 카넬은 기독교가 참되고 지속적인 행복을 위한 올바른 선택이라는 것을 보여주기 위해 노력했다. 그는 모든 인간을 추동하는 동기는 이기심이라고 가정했다. 기독교가 합리적이라는 것을 보여주는 데서 그칠 수 없는 이유는 그것이 불신자에게 기독교를 받아들일 동기를 부여하지 않기 때문이다. 기독교가 가장 완벽하게 만족하고, 가장 높은 수준에서 만족한다는 것을 보여줌으로써, 기독교를 받아들이고 싶은 욕구를 제공해야 한다. 그는 이것을 그리스도의 방식이라고 생각했다.

복음을 제시할 때, 그리스도는 자아에 '호소한다.' 그는 (사람들 앞에서) 한 가지

---

65 Carnell (*Introduction to Christian Apologetics*, p. 125)은 Brand Blanshard, *The Nature of Thought*(London: Allen & Unwin, 1939), 2:224 (cited in Carnell as *The Nature of Truth*)를 인용한다.
66 Edward John Carnell, *A Philosophy of the Christian Religion* (Grand Rapids: Eerdmans, 1952), p. 16.
67 Ibid., p. 21.

유형의 이기심을 포기함으로써 (하나님 앞에서) 새롭고 더 높은 이기심을 얻을 것이라고 약속한다. 그를 따라간다면 마음속의 평화와 하늘에 있는 보물을 얻게 된다. 이 모든 것은 자기애에 호소한다.[68]

따라서, 변증가는 여러 수준에서 작업하여, 기독교는 합리적이고 바람직하다는 것과 어느 쪽도 대안은 아니며 선택은 기독교와 절망 사이에 있음을 보여준다.[69] 불충분한 해결책은 영혼의 일부를 소홀히 하여 불만족스럽고 발전되지 않은 상태에 있게 한다. 쾌락을 무엇보다 중시하는 쾌락주의는 권태와 좌절, 깊은 탈진에 이르게 한다.[70]

물질적인 것을 정신적인 것보다 우위에 두는 유물론은 공산주의에서 가장 잘 나타난다. 많은 사람이 공산주의를 거부하지만, 그들은 역사가 인간의 주도에 의해 통제된다는 공산주의의 핵심 사상뿐만 아니라 물질적인 것을 가장 가치 있는 것으로 받아들인다.[71] 공산주의는 더 나은 세상을 위해 힘쓰지만 그러한 세상을 가능하게 하는 영적, 도덕적 기초를 훼손한다. 개인과 모든 도덕 관념은 당의 의지에 눌려 있다. 게다가 공산주의는 역사가 무엇이 참인지를 결정한다고 과장함으로써 모든 합리성을 훼손하고, 이것은 모순된 것들이 참일 수 있다는 비합리적인 생각으로 이어진다.

이와는 대조적으로 서양 문화는 역사가 변하지 않는 진리의 산물이라는 올바른 생각에 기초하고 있다.[72] 논리적 실증주의는 "과학적으로" 검증 가능한 것만을 지식으로 받아들임으로써 과학적 방법을 희화화했다. 그것은 형이상학과 윤리를 없앴지만, 과학 그 자체도 석어도 두 분야에서 어떤 믿음들에 의존하고 있다는 것을 인식하는 데는 실패했다. 인본주의는 "인간은 무엇이고, 마땅히 무엇이 되어야 하는지 사이의 간극을 좁히는 것"[73]을 도울 수 없으며, 또한 그것은 죄와 죄책감에 대한 해답도 가지고 있지 않다.

한편, (세계를 창조하지만 그 이후에는 결코 그것과 상호 작용을 하지 않는) 이신론의

68　Ibid., p. 243-44 (본래 강조). 이러한 문헌을 안내해 준 하인(Hein), "Nature and Existence of Man," p. 174에 감사한다.
69　Ibid., pp. 44-45.
70　Ibid.,. chap, three, "The Siren Voice of Pleasure," pp. 49-82.
71　Ibid., pp. 84-85.
72　Ibid., pp. 103-4,109, 123, 127.
73　Ibid., p. 261.

신(神)은 너무 초월적이어서 인간과 관련이 없다. 반면에 범신론의 신은 인간과 상호 작용을 하기에 충분히 구별되지 않는다. 자유주의 신학의 신 역시 지나치게 내재적이어서 적절하지 않은데, 인류는 역사와 구별되는 동시에 그것의 주인이 되는 신을 가져야 하기 때문이다.

보편구원론은 일부는 구원 받지 못할 것이라는 분명한 성경적 가르침을 설명하지 못한다. 더욱이 회개할 시간이 무제한으로 주어진다고 해서 다른 결과가 보장되는 것도 아니며, 사람의 죽음에 대한 자비의 제의를 철회하는 것보다 유리하지도 않다. 로마가톨릭교는 은혜와 공로를 혼동하기 때문에 불충분하다.

카넬은 기독교에서 경쟁하는 견해들에서 결여된 모든 것을 소유할 수 있는 방법을 찾는다. 예를 들어, 사랑으로 태어나는 것, 진정으로 만족하는 즐거움, 물질적 영역을 지배하는 시대를 초월한 가치관, 과학의 형이상학적 근거, 죄책감에 대처하는 방법 등이 여기에 포함된다.

이러한 그의 사고에서, 카넬은 여전히 우리가 합리성을 사용하여 우선 우리의 선택지들을 검사해야 한다고 주장했다. 합리성은 문지기요, 추론에 의한 지식(참된 결론에 이르는 추론)은 근본적인 것이다. 그러나 그것은 보다 높은 앎의 방법, 곧 직접적 지식(knowledge by acquaintance)의 종이다. 알기 위해서 결론을 도출해내야 하는 것과는 달리, 그것을 통해서 우리는 (하나님이 아는 방법과 유사하게) 사물들을 즉각 알게 된다.

이런 종류의 지식에는 위계질서가 있다. 곧 사물에 대한 직접적 지식은 사람에 대한 직접적 지식의 종이며, 그것은 다시 하나님에 대한 직접적인 지식의 종이 된다.[74] 지식의 완성은 이성적인 연결에 대한 지식이 아닌 하나의 관계이고, 가장 높은 관계는 하나님과의 관계다.

하나님을 아는 이러한 방식에서, "영이 동료의 친밀함과 상호성 속에서 영을 붙잡을 때, 마음은 결론을 매우 직접적으로 인식할 수 있어서 소전제의 필요성이 배제된다."[75] 합리적 일관성은 여전히 중요하지만,[76] 그것은 더 높은 수준의 앎으로 가는 하나의 걸음일 뿐이다. 그리고 하나님에 관한 한, 우리가 관

---

74 Ibid., pp. 181-83.
75 Ibid., p. 179.
76 Ibid., pp. 183-84.

계를 맺지 못할 정도로 추론적 지식에만 머무르는 것은 일종의 우상 숭배에 해당한다.[77]

『기독교인의 헌신』(*Christian Commitment*, 1957)에서 카넬은 우리의 정의감과 개인적 존엄성이라는 공통 기반에 호소한다. 그는 과거에 효과가 있었던 것이 지금 반드시 효과가 있는 것은 아니기 때문에, 변증학은 시대에 민감해야 한다고 지적한다. 현대의 사고방식은 "실존적"이기 때문에 우리는 합리적 진리뿐 아니라 도덕을 아는 인간의 능력에 호소해야 한다.[78] 비록 사람들은 "세속적인 자부심이 영적인 겸손으로 대체될 때까지"[79] 그것을 알지 못하지만 하나님에 대한 자각은 모든 개인에 내재되어 있다.

그는 사실상 모든 것에 관한 관점을 왜곡하는 불면증으로 심한 병치레를 하고 나서, 우리의 도덕적이고 정신적인 조건이 우리의 지식에 어떻게 영향을 미치는지 처음으로 깨달았다. 우리 삶의 이러한 넓은 측면에 의해 영향을 받는 앎의 측면이 있어야 한다.

앎의 "제3의 방법"이 있어야 한다. 존재하는 것(즉, 존재론적 진리)은 "아는 사람"에 의해 즉시 알려질 수 있다. 이런 식으로 x를 알기 위해서는 x를 경험해야 한다. 그러나 진리에 관한 명제들은 추론에 의해 알 수 있고 우리가 올바르게 추론할 것을 요구한다.[80] 대부분의 철학은 이 두 종류의 진리와 그에 상응하는 두 가지 방법(키르케고르와 같은 몇몇은 더 멀리 모험한다)에서 멈춘다.

제3의 방법은 우리가 어떤 것을 경험하거나 추론할 필요가 없고, 단지 인간이라는 것만을 요구한다는 점에서 두 가지 변증적 이점이 있다. 그리고 그것은 인간의 도덕과 영적인 소선을 다루기 때문에, 단지 진리를 숙고하기보다는 행동해야 하는 한, 도덕적이고 영적인 현실을 다루는 것은 피할 수 없는데,[81] 이런 현실은 카넬이 믿기에는, 이러한 실재들은 지식의 부족이 아니라 이미 가지고 있는 지식에 따라 행동하려는 의지의 부족(또한 전제주의의 주제)이라는 인류의 핵심적 문제에 이르게 된다. 더욱이 한 사람의 도덕은 그가 실제로 믿고 있는 것을 드러낸다.

---

77 Ibid., p. 182.
78 Carnell, *Christian Commitment*, p. viii.
79 Ibid., p. ix.
80 Ibid., p. 14-17, 25.
81 Ibid., p. 36.

성경적으로 카넬은 제3의 방법을 하나님이 모든 사람에게 알려주신 진리의 일부로 여겼다(롬 1:19-20).[82] 도덕적 존재로 기능하기 위해서는, 예를 들어, 우리가 우리 자신의 존재의 창조자가 아니라는 것과 우리가 도덕적 의무에 구속되어 있으며, 의무 위반은 인류를 초월하는 정의의 집행자 앞에 과실이 있음을 알아야 한다. 그런 초월적인 집행자(즉, 하나님)가 없다면 모든 도덕적 판단은 무의미할 것이다. 카넬은 "우리가 존재 자체에 의해 부여된 현실은 감동만 받으면 되고 입증될 필요는 없다"[83]라는 점에서 이런 종류의 결론이 전통적 의미로 증명될 필요는 없다고 믿었다.

그런데 여기서 그의 추론은 도덕적인 논증으로 알려져 왔던 것을 연상시키고 있는데, 그것은 최소한 일부의 도덕적 의무들은 인간의 선택을 초월한다는 점에서 객관적이라고 추론한다. 만약 그렇다면, 그들은 더 높은 도덕적인 존재(즉, 신)에 근거해야 한다. 그러므로 하나님은 존재한다.

물론, 카넬의 제3의 방법은 그것이 또한 도덕적이고 영적인 상태를 다루며, 단지 도덕적 의무를 근거로 추론하는 것이 아니라는 점에서 훨씬 더 광범위하다. 그는 기독교적 세계관이 우리의 도덕적인 삶에 함축되어 있음을 여러 방식으로 그리고 길게 추론한다.

한때 카넬의 견해의 유능한 옹호자였을 뿐 아니라 그의 학생이었던 덴버신학교의 고든 루이스(Gordon Lewis)는 칼 헨리(Carl F. H. Henry)가 카넬과 유사한 윤리관을 갖고 있다는 사실에 주목한다. 「크리스처니티투데이」(*Christianity Today*)의 편집장을 지낸 헨리는 기독교만이 옳고 그름의 보편적 인식, 옳은 일을 할 수 없는 인간의 무능력, 하나님께 반역하면서 자신을 정당화하려는 시도를 설명할 수 있다고 주장한다.[84]

『사랑의 왕국과 생명의 자존감』(*The Kingdom of Love and the Pride of Life*, 1960)에

---

82 Ibid., p. 27.
83 Ibid., pp. 102-3.
84 Carl F. H. Henry, *Christian Personal Ethics* (Grand Rapids: Eerdmans, 1957), p. 151; 고든 루이스의 *Testing Christianitys Truth Claims: Approaches toChristian Apologetics* (1976;repr.,Lanhm, MD:University Press of America, 1990), pp. 269-70에서 인용됨; 헨리의 견해에 대해서 루이스의 *Testing* Christianity's *Truth Claims*, pp. 269-81을 보라. 루이스의 책 7-10장은 카넬의 견해에 대하여 상세하게 설명한다. 루이스는 고든대학교 학생 시절에 "자극을 주던 젊은 교수"가 하던 모든 강의를 가능한 한 다 들었다고 말했다(Lewis, "Edward John Carnell," p. 325). 루이스의 *Testing Christianity's Truth Claim*은 카넬을 이해하는데 유용한 자료이며 그것을 다시 인쇄한 것은 행운이다.

서 카넬은 비기독교인과 접촉점으로 사랑을 발전시킨다. 그는 프로이트를 읽음으로써 사랑의 변증학적 의미에 눈뜨게 되었다고 인정했다.

더욱이 프로이트가 강조한 "어린 시절의 자연적인 열정과 무조건적인 믿음"은 어린아이와 같은 믿음에 대한 그리스도의 호소와 조화를 이루었다. 카넬은 어린아이는 "그는 스스로 충분치 않으며, 그런 척 하려고도 하지 않는다"라는 것을 알고 있다고 말하면서 "예수께서는 우리도 가서 그와 같이 해야 한다고 하신다. 우리는 하나님의 주권에서 안식하는 법을 배워야 한다"[85]라고 덧붙였다

간단히 말해, 우리 인간의 필요에 대한 해결책은 "무조건적 수용의 행위"[86]인 사랑이다. 겸손은 사랑의 치유하는 힘으로 나아가는 길이지만, 자만심은 그것을 방해한다.

이 책의 목적은 "복음이 어떻게 행복하고 통합된 삶을 찾아갈 수 있도록 촉진시키는지를 보여주는 것"[87]이다.

루이스는 덴버신학교의 전 총장인 버논 그라운즈(Vernon Grounds)가 기독교에 대한 유사한 심리학적 변증학을 전개한다고 주장한다. 기독교는 기독교인과 비기독교인의 내면의 삶을 설명하며 건전한 정신 생활을 위한 기초를 제공한다.[88]

2. 고든 루이스

1958년부터 1993년 은퇴할 때까지 고든 루이스(Gordon R. Lewis)는 덴버신학교의 조직신학과 종교철학 교수였다. 그는 '새로운 종교에 대한 복음 사역'(Evangelical Ministries to Religions and Ministries)을 설립했고 신흥 종교들과 신학에 대해 저술했다.

『기독교 진리 주장 검사』(Testing Christianity's Truth Claims)에서 그는 경쟁하는

---

85 Carnell, *Kingdom of Love*, pp. 6-7.
86 Ibid., p. 7.
87 Ibid., p. 10.
88 Vernon Grounds, "Christian Perspectives on Mental Illness," *The Journal of the American Scientific Affiliation* 14 (December 1962): 108-12; 루이스의 *Testing Christianitys Truth Claims* p. 246에서 인용됨. 루이스 역시 그라운즈가 *His*, January 1963 to February 1964에 게재했던 일련의 논문들을 인용한다. 루이스는 *Testing Christianitys Truth Claims*, pp. 245-50에서 그라운즈를 논한다.

변증학 방법론들을 검토하고 카넬의 방법론이 가장 실제적이고 현실 세계의 도전에 맞설 수 있다는 결론을 내린다. 다른 세계관들을 연구한 후, 그는 "나는 더 많은 사실에 부합하는 더 큰 일관성을 가진 비기독교적인 세계 해석을 발견하지 못했다"[89]라고 말한다.

루이스는 대체 신앙, 특히 신흥 종교와 광범위한 비교 문화적 경험에 대한 깊은 지식으로부터 결론을 이끌어 낸다. 루이스는 모든 의미가 맥락, 특히 사회적 맥락에 의존하는 것은 아니라는 점을 확립하려고 노력하는데, 이는 일부 포스트모던적 관점에서 주장된다. 그는 "인지적 주장은 맥락에 따라 결정되지 않고, 맥락과 관련이 있을 수 있다"[90]라고 말한다.

만약 기본 범주가 사회적으로 결정된다면, 우리는 종교나 철학을 바꿀 수 없을 것이고, 또한 그것을 더 좋게 만들기 위해 사회에 호소할 수 있는 충분히 초월적인 통찰력을 가질 수도 없을 것이다. 그는 포스트모더니스트들의 진술의 의미는 그들의 문화적 맥락을 초월하는 것으로 가정한다고 말한다.

더욱이 독특한 모든 인간의 삶에는 공통적인 가치들이 있다. 인권, 정의, 사랑, 경험적 자료들, 논리적 비모순 등은 귀납법, 연역법 또는 귀추법(즉, 최선의 설명에 이르게 되는 추론)에 의해 확립된 것이 아니라, "독특한 인간의 삶에 필수적인 것에 대한 실존적인 분석"[91]에 의해 확립된다.

목록에서 볼 때 참된 진술은 모순적이지 않고(5번), 실존적 진실성(1-3번, 인권, 정의, 사랑)뿐 아니라 경험적 적합성을 갖는 진술들이다. 이것이 본래 카넬이 체계적 일관성이라고 언급한 것이다.

> 그는 그것을 통해서 관련된 일련의 외적 자료(감각적)와 내적 자료(윤리적, 공리적, 심리학적)들에 대한 논리적으로 모순되지 않는 설명을 나타내고자 했다.[92]

프란시스 쉐퍼는 그것들을 진리의 세 가지 검사로 사용했다.

---

89 Lewis, *Testing Christianitys Truth Claims,* p. 29.
90 Gordon Lewis, "An Integrative Method of Justifying Religious Assertions," in *Evangelical Apologetics,* ed. Michael Bauman, David W Hall and Robert C. Newman (Camp Hill, PA: Christian Publications, 1996), p. 70. 그는 어떤 맥락에서든 공통점들의 맥락에서 요점을 말한다.
91 Ibid., p. 74.
92 Ibid., p. 77.

논리적 모순, 사실적 적절성, 실존적 생존 가능성[93]

루이스는 때때로 일관성과 진실성으로 그것을 단순화한다. 윤리적으로 절대적인 것들은 계몽주의가 아니라 "창조주와 우리의 신적 유사성"에 뿌리를 두고 있으며, 일반계시와 일반은총에서 배울 수 있다. 이것을 부인하는 것은 세상과의 접촉점을 잃는 것이다.[94]

관점이 다르기 때문에 객관성이 있을 수 없다는 주장도 있지만, 관점의 차이가 반드시 상호 모순되고 반증되는 것은 아니다. 가장 정확한 설명을 확인하기 위해 차이점들을 측정하고 인식된 자료들을 검사하고, 자료들의 수렴선을 인식할 수 있을 것이다.[95] 그래서 인간의 삶에 본질적인 요소들은 사람마다 문화마다 동일하다. 이것들은 우리에게 참된 진술을 가리킬 뿐 아니라 공통 기반을 형성한다.

위에서 보았듯, 루이스는 믿음을 정당화하는 방법에 관해 이렇게 말한다.

> 논리에 관한 클라크의 강조, 전제들의 내용에 관한 반틸 강조, 역사적 사실에 관한 마헨의 강조, 경험적 소여에 관한 브라이트만의 강조와 내면의 자료들에 관한 니버와 키르케고르 같은 실존주의자들의 강조점을 통합한다.[96]

논리적 출발점은 객관적 증거나 전제가 아니라 하나의 가설로서, 그것은 무엇이 참되고 좋은지에 대한 결정에 어떤 주관성이 있다는 것을 인정한다.

카넬과 루이스가 사용하는 검증적 혹은 귀추법적 추론은 존 로크(John Lock, 1632-1704)가 주장한 경험론(지식이 감각들로부터 생긴다는 관점)과는 다르다. 로크는 마음은 백지상태와 같고 그 위에 감각적 인상들이 형성된다고 믿었다.

루이스에게 이것은 아무도 그렇게 객관적일 수 없다는 점에서 비현실적이다. 우리는 모두 사전적 이해를 가지고 자료들을 다룬다. 모든 관점은 자신들

---

93 Ibid., p. 69.
94 Ibid., pp. 75-76. 그는 "우리는 다른 사람의 인권을 남용하고, 정의를 경멸하며, 부정직하게 살고, 이기적으로 분별없이 행동하고, 사실을 왜곡하고, 우리 자신의 말을 부정하는 것이 도덕적으로 잘못되었다는 것을 안다"라고 말한다.
95 Ibid., pp. 75-76.
96 Lewis, "Edward John Carnell," p. 325.

의 견해를 검증되어야 할 가설로 인정해야 한다. 더욱이 귀납법을 엄격하게 적용하면 하나님의 무한한 속성에 도달할 수 없다. 예를 들어, 우리는 권능의 예들을 관찰하고 하나님이 전능하다고 단정할 수 없다. 성경의 진리는 한정된 관찰들로는 결코 확증될 수 없다.

전제적 성격의 연역법도 크게 다르지 않다. 우리는 반박할 수 없는 전제로부터 시작할 수 없는데, 그러한 접근 방식은 그것이 입증되어야 할 것을 가정하기 때문이고, 철학적으로 말하자면 "어떤 전제도 자증적이지 않기"[97] 때문이다. 전제는 확증이나 논박이 될 수 없는 것으로 간주되는 반면, 가설은 확증이나 논박의 대상이 된다.

탐구의 관점에서 보자면, 어떤 사람이 "성경의 하나님에 대한 나의 전제"[98]를 가정하기 전까지는 아무 것도 이해할 수 없다고 주장하는 것보다, 가설과 관련하여 그 사람과 대화하는 것이 훨씬 더 쉽다. 가설의 내용은 전제주의와 크게 다르지 않다.

창조 세계, 역사 속의 예수, 성경의 가르침에 나타난 하나님의 존재[99]

성경의 하나님이 존재한다면 우리는 창조 질서와 장엄함, 인간과 가치, 1세기의 역사, 심지어 과학의 자료들까지 설명할 수 있다. 또한, "성경의 놀라운 통일성과 힘"[100]을 설명할 수 있다. 성령의 증언이 그 자리를 차지하고 있지만, 증거의 대용은 아니다.

검증적 접근 방식을 사용하여 가설을 검사하는 것은 경험을 포함하지만, 경험은 감각적인 것 이상이기 때문에, "가설들은 윤리적 정의에 대한 요구, 사랑에 대한 심리적 필요, 종교적 경험의 역동성과 같은 수렴하는 내면적 수많은 자료와의 일치 여부로 검사된다. 달리 말해, 세계관 전체와 그 안에 있는 교리들은 그것들이(일반계시와 특별계시의) 관련된 자료들에 대해 일관적이고 확실한 설명을 할 수 있을 때 검증된다."[101]

---

97   Lewis, "An Integrative Method," p. 81.
98   Ibid., p. 325.
99   Ibid.
100 Ibid.
101 Ibid., pp. 84-85.

우리는 유한하고 죄가 있기 때문에, 절대적인 지적 확실성을 가질 수 없다. 그러나 가장 적은 어려움으로 그 견해를 받아들이는 것은 현명하며, 우리는 그것에 대해 확신을 가질 수 있다. 그는 참된 정보에 동의하는 믿음과 진리에 대한 전폭적인 헌신인 신앙의 차이를 강조한다.

루이스는 검증적 방법을 비판적 실재론의 한 형태로 간주하는데, 이는 단순한 외양(즉, 물속의 노가 실제로 구부러졌다고 믿을 만한 "소박한 실재론"[102])을 넘어 우리와는 독립적으로 존재하는 실재에 관한 진리를 식별한다. 그것은 "우리의 마음이 실재를 알고 다스리도록 하나님께서 만드셨음에도 불구하고 상식에 대한 모든 직관이나 '자연적 판단들'이 참된 것은 아니라"[103]는 점에서 상식적 실재론(스코틀랜드)과 다르다.

이런 직관은 검토되고 검증되어야 한다. 검증적 접근 방식은 루이스가 "통합적" 신학으로 부르는 6중 방법의 신학으로 확장될 수 있다.

탐구 주제를 정의하고, 역사적 관점을 검토하고, 관련 성경 구절을 검증하고 요약하며, 응집력 있는(cohesive) 교리를 공식화하여 다른 교리(6중 방법 중 체계적-신학 단계)에 관련시키고, 그 관점을 방어하고(변증적 단계), 최종 확신들을 삶과 사역에 적용한다.[104]

이것은 본문을 불법적으로 조직하는 원리로 읽고 싶은 유혹을 피하는데, 그 이유는 다음과 같다.

자기 해석이 아닌 주석에 의해 연구의 마지막 부분에서 일관성을 추구하기 때

---

102 루이스는 물체가 어떻게 보이는지와 실제 모습 간의 차이에 대한 일반적인 예로, 물속에서 굴절된 것으로 보이는 물체를 사용한다. 예를 들어, Plato(*Republic* 10) and David Hume (*Three Dialogues Between Hylas and Philonous,* third dialogue를 보라. 그것은 물 속에 있는 노를 진부한 주제라고 불렀고, "모든 세대 모든 회의주의자에 의해 사용된 것으로" 흄에 의해 잘 알려졌다. *An Enquiry Concerning Human Understanding* 12.1). 직접적인 실재론은 지각이란 사물이 있는 그대로 직접적으로 인식한다는 일반적인 견해다. 소박한 실재론은 그중 가장 간단한 형태로서, "일반적으로 철학자들은 철학적 진보가 이루어진다면 극복되어야 할 평범한 사람들의 순진한 편견이라고 주장한다." R. J. Hurst, "Realism," in *The Encyclopedia of Philosophy* (New York: Macmillan, 1967), 7:78 (이 논문에는 다양한 유형의 직접적 실재론에 대한 토론이 포함되어 있음). 비판적 실재론, 상식적(스코틀랜드) 실재론 및 관념론에 대한 루이스의 논의는 Gordon R. Lewis and Bruce A. Demarest, *Integrative Theology,* three vols. in one (Grand Rapids: Zondervan, 1996), 1:36 n에 있다.
103 Lewis and Demarest, *Integrative Theology,* 1:36-37 n.
104 Ibid., 1:26.

문이다. 통합 신학의 방법론은 옹호할 수 없는 전제나 공리로부터 출발하지 않는다. 검증적 연구에서 논리적 출발점은 검사할 수 있는 대안적인 가설을 발견하는 것이다.[105]

이러한 접근 방식은 하나님의 마음의 표현으로서의 기본 논리의 역할을 긍정한다. 기본 논리의 원리에는 고전적인 사유 법칙인 동일률(a는 a다), 비모순율(a는 非a가 아니다), 배중률(a이거나, 非a다)[106]이 포함되어 있다.

따라서, 검증적 접근 방식은 인간의 조건, 일반적인 인간의 필요, 진리를 확인하는 방법, 우리를 살아갈 수 있게 해 주는 응집력 있고, 포괄적인 진리의 관점을 구성하기 위한 방법 등에 관한 장대한 종합을 이루어낸다.

루이스는 다른 관점들이 얼마나 불충분한지에 대한 간단한 예를 제시한다. 예를 들어, 데이비드 흄의 경험론은 "내면의 존엄성과 책임감"[107]을 상실하게 한 자아의 존재조차 긍정할 수 없었다. 세속적 인본주의는 인간의 가치를 회복하려 했지만 "환경에 의해 결정되기 보다는 자신의 환경에 대한 지배권을 가졌어야 할 자기 결정적이고 인격적인 행위자"[108]를 파괴했다.

실존주의자들은 개인에게 우선권을 부여함으로써 경험주의의 자아 상실 문제를 다루었고, 신이 없기 때문에 자유에 제약이 없으며, 개인의 본성에 또는 어떠한 다른 본성에도 제약이 없다고 단언했다. 사르트르(Sartre)는 "실존이 본질에 앞선다"라고 말했다. 각각의 사물은 개별적이며, 개별 사물을 한 부분으로 삼는 범주에 의해 결정되지 않는다. 루이스는 이것은 "어떤 본질도 알 수 없다"[109]라는 것을 수반한다고 말한다.

사르트르 철학의 보다 광범위한 함축은 어떤 것에 대해서도 객관적으로 타당한 진술이 있을 수 없다는 것이다. 하지만, 루이스는 이것은 사르트르 자신의 진술이 객관적 타당성을 가질 수 없음을 의미하는 것이라고 결론 내린다.

동양 사상의 두 가지 주요한 형태는 자기모순적이다. 힌두교는 브라만이 궁극

---

105 Ibid.
106 Lewis and Demarest (ibid., 1:32)는 배중률을 "A는 非A가 아니다." 그리고 비모순율을 "하나의 사물은 A이면서 非A일 수 없다"로 설명한다.
107 Ibid., 1:41.
108 Ibid.
109 Ibid.

적인 현실이라고 단언하지만 그것에 대해 어떤 진정한 진술도 할 수 없다고 한다. 어떤 형태의 불교에서는 사물 자체는 알 수 없지만 불교 작가 앨런 와츠(Allan Watts)는 말할 수 없는 경험에 관한 많은 책을 출판했다고 루이스는 말한다.[110]

3. 프란시스 쉐퍼

목회와 전도는 프란시스 쉐퍼(francis Schaeffer, 1912-1984)의 일차적 관심사였고, 그가 선호하는 소통 수단은 글쓰기보다 대화[111]였다. 그 결과 그의 나이 쉰여섯에 첫 책이 나왔다. 그는 젊은이들을 사랑했으며, 스위스의 여러 집을 기반으로 한 사역인 라브리 L' Abri ('피난처'라는 뜻)에서 그들은 해답을 찾기 위해 끊임없이 몰려들었다.

덴버신학교 철학과 교수 더글러스 그로투이스(Douglas Groothuis)는 쉐퍼의 초점을 다음과 같이 요약한다.

> 그는 학문적인 변증학 자체에는 관심이 없었지만, 사람들이 성경에 계시된 하나님을 알기를 원했다.[112]

방법론의 이론가라기보다 변증학의 실천가로서 그는 다른 인기 있는 변증가들인 루이스(C.S Lewis), 조쉬 맥도웰(Josh Mcdowell), 라비 자카리어스(Ravi Zacharius)와 같다.

또한, 그의 실천적 초점은 올바른 믿음뿐 아니라 영적인 생활도 강조하여 그 두 가지에 동참하게 하였다.

---

110 Ibid., 1:42.
111 Francis Schaeffer, "Schaeffer on Schaeffer, Part 2," *Christianity Today,* April 6, 1979, pp. 25-26. 나는 스콧 버슨(Scott R. Burson)과 제리 월스(Jerry L. Walls)를 통해 이러한 인용문을 안내 받았다. *C. S. Lewis and Francis Schaeffer: Lessons for a New Century from the Most Influential Apologists of Our Time*(Downers Grove, IL: InterVarsity Press, 1998), p. 45.
112 Douglas R. Groothuis, Review of *Francis Schaeffer and the Shaping of Evangelical America,* by Barry Hankins, and *Francis Schaeffer: An Authentic Life,* by Colin Duriez, January 15, 2009, Denver Seminarywebsite,http:// www.denverseminary.edu/resources/ news-and-articles/francis-schaeffer-and-the-shaping-of-evangelical-america-and-francis-schaeffer-an-authentic-life/

예수께서는 신자들은 서로 사랑해서 세상이 "너희가 내 제자인 줄"(요 13:35) 알 수 있도록 해야 한다고 말씀하셨다. 그리고 그는 그들이 '하나'가 됨으로써 "세상으로 아버지께서 나를 보내신 것을 믿게 하옵소서"(요1 7:21)라고 기도했다. 쉐퍼는 다음과 같이 결론짓는다.

> 세계가 이 실제적인 실천적 사랑을 보지 못한다면, 그리스도가 아버지로부터 보내졌다는 것을 믿지 않을 것이다. 사람들은 적절한 대답만을 근거로 믿지 않을 것이다. 그 둘을 대립적인 관계에 두지 말아야 한다. 세상은 그들의 솔직한 질문에 대한 적절한 답을 가져야 하지만, 동시에 모든 진정한 기독교인 사이의 사랑에는 온전함이 있어야 한다. 아버지께서 예수를 보내셨고 기독교가 참되다는 것을 사람들에게 알려야 한다면, 이것이 필요하다.[113]

나아가 그는 교회가 세계관을 충만하게 하고, 문화를 회피하기보다 문화에 참여하도록 독려했다. 그는 당시의 유물론, 인종 차별주의, 낙태, 유아 살해, 안락사 등을 포함해서 예술과 윤리 등에 대한 참여를 모색했다.

문화를 더 자세히 살펴보면, 근대 서양은 진리가 절대적이라는 개념을 포기하고 상대주의를 받아들였으며, 그 효과는 철학, 예술, 음악, 일반 문화 및 신학에 걸쳐 나타났다고 결론지었다. 문화도 진리를 아는 한 방법으로 이성에서 "신앙"으로 전환했다. 그 결과는 일종의 "절망"이다.

그는 일반적으로 기독교 세계관의 "전제들"이 현실에 맞고 비기독교는 그렇지 않다는 것을 보여주고자 했고, 그 결과 긴장이 초래되었다. 기독교인은 개인의 사고에서 그러한 긴장의 지점을 찾을 수 있고, 자신의 전제가 실제로 어디로 이어지는지 보여줄 수 있다.[114]

쉐퍼는 변증적 방법에 대한 논쟁에 관심이 없었기 때문에 그의 접근 방식에 대하여 불일치가 생겨났는데, 그의 접근 방식은 전제주의적이고[115] 경험주의적

---

113 A. Schaeffer, *The Mark of the Christian* (Downers Grove, IL: InterVarsity Press, 1970); repr. in *The Complete Works of Francis A. Schaeffer: A Christian Worldview*, vol. 4 bk. 2, 2nd ed. (Westchester, IL: Crossway, 1982), p. 191. 페이지 숫자들은 완성된 저작의 숫자들이다.

114 쉐퍼에 대해 요약한 것을 보려면, 로날드 류에그시거(Ronald W Ruegsegger)의 "Schaeffer's System of Thought," in *Reflections on Francis Schaeffer*, ed. Ronald W Ruegsegger(Grand Rapids: Zondervan, 1986), pp. 25-41를 보라.

115 Thomas V Morris, *Francis Schaeffers Apologetic: A Critique* (1976; repr., Grand Rapids: Bak-

이며**¹¹⁶** 검증주의적인 접근 방식 등으로 다양하게 비쳐졌다.

고든 루이스는 쉐퍼의 접근 방식이 검증적인 것이라고 하면서 실질적인 사례를 약술했다. 루이스는 귀납적 방법을 관찰들을 객관적으로 사용하여 개연성이 있는 결론에 도달하는 것으로 간단히 특징짓는다.

연역적 방법은 가정된 전제 또는 전제에서 시작하여 전제가 참이라면 확실성에 이르게 된다. 검증적이거나 과학적인 방법은 관련 자료들과 일치하는지에 의해 확증되거나 반증되는 가설로부터 시작된다.

루이스는 검증이 귀납적이지도 연역적이지도 않다고 믿는다. 루이스에 의하면 변증적 방법은 (1) 논리적 출발점, (2) 공통 기반, (3) 진리의 기준, (4) 이성의 역할, (5) 신앙의 기초 등에 관한 진술에 의해 정의된다.**¹¹⁷**

검증주의의 특징은 다음과 같이 정리할 수 있다.

첫째, 출발점은 확증되거나 반증될 수 있는 가설이다.
둘째, 기독교인과 비기독교인은 형이상학적 전제에서는 차이가 있지만, 진리의 기준에 대한 합의를 도출하는 데 사용할 수 있는 공통의 감각적·개인적 경험을 가지고 있다.
셋째, 진리의 기준은 비모순율, 사실적 적합성("인간 경험의 외적 또는 감각적 자료들에 대한 부합") 그리고 실존적 생존 가능성을 포함한다.**¹¹⁸**

루이스는 쉐퍼가 검증이라는 단어를 사용하고, "과학적 증명, 철학적 증명 및 종교적 증명도 동일한 규칙을 따른다"**¹¹⁹**라고 한 그의 진술을 지적한다.

그런 다음 쉐퍼는 제안된 답변들을 검사하는 기준에 관해 말한다. 하나의 논

---

er, 1987). 고든 R. 루이스의 "Schaeflfer's Apologetic Method," in Ruegsegger, *Reflections on Francis Schaeffer;* p. 69에서 인용됨.

116 Robert L. Reymond, *The Justification of Knowledge* (Nutley, NJ: P & R, 1976; repr., Darlington, England: Evangelical Press, 1984). 루이스의 "Schaeffer's Apologetic Method," p. 69에서 인용됨.
117 Lewis, "Schaeffer's Apologetic Method," p. 72.
118 Ibid., p. 74.
119 Francis A. Schaeffer, *He Is There, and He Is Not Silent* (Carol Stream, IL: Tyndale House, 1973), p.109; 루이스의 "Schaeffer's Apologetic Method," p. 78에서 인용됨.

리적 출발점으로서 루이스는 쉐퍼가 "무한하신 하나님, 인격적인 하나님, 삼위일체 하나님, 성경의 명제적 계시, 인간성의 타락 또는 참 하나님이며 참 사람이신 예수 그리스도, 구세주, 부활한 주 예수 그리스도"[120]를 허용한다고 말한다. 모든 사람은 세계를 보고 그것을 다루는 방법의 배후에 어떤 전제들을 갖고 있으며, 이러한 것들은 "어떤 세계관이 참된 것인지를 신중히 고려한 후에 선택해야 한다."[121]

루이스는 쉐퍼가 뜻하는 전제는 지나치게 궁극적이어서 증명할 수 없는 믿음들이 아니며, 쉐퍼는 그것을 반틸의 관점으로 간주한다고 주장한다(물론, 반틸은 어떤 지식이 존재하려면 반드시 전제가 가정되어야 한다는 간접적 검증을 허용한다).

루이스는 쉐퍼가 공통 기반을 사용하는 것이 검증적 접근 방식에 가장 적합하다고 믿는다. 기독교인들은 사랑, 아름다움, 합리성(귀납적, 연역적), 의미에 대한 갈망, 비존재와 과학적 자료들에 대한 두려움 등과 같은 공통의 특성과 경험을 제공하는 하나님의 형상을 비기독교인들과 공유한다. "인간의 인간다움"은 우리를 동물 및 기계들과 분리하고, 무의미함으로 괴로워하는 것을 수반한다.

루이스는 쉐퍼가 경험적 자료들뿐만 아니라 내면의 실존적 가치도 강조한다는 점에서, 귀납적 방법보다 검증주의에 대한 더 많은 친화력을 발견한다. 전제주의와 달리, 그는 가설을 확증하기 위해 사실적이고 개인적인 자료들을 사용한다. 진리의 기준에 관한 한, 루이스는 쉐퍼에게서 비모순적이고, 문제의 현상에 대한 해답을 제시하며, 실행 가능한 것에 대한 호소를 발견한다. 이러한 삼중적 강조는 그것을 실용주의와 구별하는데, 실용주의와 달리, 단순한 방법론적 가설에서 출발하는 것이 아니라 성경의 하나님이라는 기독교적 가설에서 출발한다.

이성(4번)은 쉐퍼에게 있어서 중요한 역할을 하며 신앙에 선행하고, 우리가 무엇을 믿으며, 왜 믿는지를 확인한다. 그는 "당신은 알 수 없는 것과 개인적인 관계를 맺을 수는 없다. 어떤 것은 이해되어야 하고 정의되어야 한다"라고 말하면서, "그런 후에 개인적 관계를 맺어야 할 사람이 누구인지 그리고 어떻게 관계를 맺을 수 있는지 이해하게 되면, 실제로 그 관계에 들어가는 단계가

---

120 Lewis, "Schaeffer's Apologetic Method," p. 79.
121 Francis A. Schaeffer, *How Should We Then Live? The Rise and Decline of Western Thought and Culture* (Wheaton, IL: Crossways 1983), p. 20; cited in Lewis, "Schaeffer's Apologetic Method:' p. 79.

온다."¹²²라고 말했다.

신앙의 대상(5번)은 하나님이며, 루이스가 쉐퍼에 대해 기술한 바와 같이, "믿음의 기본은 가시적이고 검증 가능한 증거들에 의해 뒷받침되는 일관성 있고 실행 가능한 성경적 설명이다."¹²³

루이스는 토마스 모리스(Thomas Morris,)¹²⁴ 케네스 하퍼(Kenneth Harper),¹²⁵ 로버트 레이몬드(Robert Raymond),¹²⁶ 지한(E. R. Geehan),¹²⁷ 데이비드 울프(David Wolf)¹²⁸를 포함하여 쉐퍼를 검증주의자가 아닌 다른 다른 것으로 보는 사람들의 결론을 비판한다.

4. 요약

카넬은 검사를 받아야 하는 하나의 가설로서의 기독교로에서 시작한다. 그는 귀납법을 통해 그것에 도달하지 않는데, 귀납법은 마음이 하나의 텅 빈 서판으로 시작해서(카넬은 그것이 확신과 가정들을 가지고 시작해야 한다고 믿는 반면), 보편적 진리에 이르게 된다고(관찰로부터의 일반화는 결코 보편적인 것일 수 없기 때문에 그것은 불가능하다) 잘못 가정하기 때문이다. 또한, 연역법은 논증의 전제가 참이라고 가정함으로써 작동하기 때문에 부적절한데, 이 접근 방식은 더 발전하지 않는다면 순환 논리가 될 것이다.

카넬의 출발점인 성경의 하나님은 반틸의 출발점과 매우 유사하지만, 후자는 기독교가 참인지 아닌지를 시험하도록 결코 허용하지 않을 것인데, 그것은

---

122   Francis A. Schaeffer, *The God Who Is There* (Downers Grove, IL: InterVarsity Press, 1968); 루이스의 "Schaeffer's Apologetic Method," p. 84에서 인용됨.

123   Lewis, "Schaeffer's Apologetic Method," p. 85.

124   Morris, *Francis Schaeffer's Apologetic*. 간단히 말해서, 루이스는 쉐퍼가 전제라는 단어를 수용하는 것에 모리스가 무비판적으로 의존하며, 쉐퍼가 실제로 하고 있는 것에 대해 충분히 설명하지 못하고, 결국 쉐퍼가 덜 기술적인 용어로 수행하는 것과 크게 다르지 않게 대안적인 변증적 접근 방식을 제시한다고 말한다.

125   K. C. Harper, "Francis A. Schaeffer: An Evaluation," *Bibliotheca Sacra* 133 (April 1976): 138.

126   Reymond, *Justification of Knowledge*.

127   E. R. Geehan, "The 'Presuppositional' Apologetic of Francis Schaeffer," *Themelios* 9, no. 1(1972): 10-15.

128   David L. Wolfe, *Epistemology: The Just^ication of Belief* (Donners Grove, IL: InterVarsity Press, 1982).

창조주에게 의문을 제기하는 것을 허용하는 셈이기 때문이다.

카넬은 스윈번과 매우 유사하게 유신론을 다루며, (반틸이 주장하듯이 유일한 설명은 아니지만) 기독교가 최선의 설명임을 입증한다. 그는 먼저 가설의 일관성을 검사한 다음(스윈번이 *The Coherence of Theism*에서 했듯이), 연관된 사실들을 가지고 그것을 점검한다(스윈번이 *The Existence of God*에서 했듯이). 그는 기독교가 합리적으로(일관성을 위해), 경험적으로(사실과 부합하도록), 실존적으로(생존율을 위해) 검사되었을 때 가장 좋은 견해가 된다는 사실을 발견한다.

카넬은 사실과 그 해석들 간의 인식론적 거리를 허용하기 때문에, 그의 변증적 접근 방식의 중심적 특징을 형성하는 공통 기반을 위한 여지를 남겨둔다. 그는 비모순율, 가치관, 윤리 및 사랑의 필요에서 공통 기반을 찾는다.

우리의 도표는 카넬이 기독교로 시작하지만 기독교의 진리를 검사하기 때문에 중간에 있다는 것을 보여준다. 그는 확증된 당연한 사실로 시작하는 진실주의의 오른쪽에 있다(그것은 기독교를 확증은 하지만 검사하지 않는 전제주의를 어렴풋이 연상시킨다). 카넬의 오른쪽에는 고전적 변증학이 있는데, (카넬과 마찬가지로) 유신론을 입증함으로써 세계관 차원에서 시작된다. 그런 후에 고전적 변증학은 기독교를 증명하기 위해 움직인다. 기독교는 유신론보다 더 상세한 관점이다.

5. 비평

프란시스 쉐퍼와 마찬가지로 카넬도 일부에서는 전제주의자로 간주되었지만, 반틸[129]과 그렉 반센[130]은 그의 변증 방법이 전통적이어서 받아들일 수 없다는 것을 보여주기 위해 노력했다. 반센은 카넬이 "반틸의 전제적 변증학의 선험적 성격을 이해한 적이 없다"라고 보고 있으며, 카넬의 견해를 지지하는

---

129 카넬의 *An Introduction to Christian Apologetics* in *Westminster Theological Journal* 11 (1948): 4-53에 대한 반틸의 논평; Van Til, *The New Evangelicalism*(Philadelphia: Westminster Theological Theological Seminary, 1960); Van Til, *The Casefor Calvinism* (Philadelphia: P &R, 1963), chap. three; 고든 루이스에 대한 반틸의 답변 in Geehan, *Jerusalem and Athens,* pp. 361-68; Van Til, *Defense of the Faith*, 3rd ed. (Phillipsburg, NJ: P & R, 1979), p. 206.

130 Greg Bahnsen, *Van TiVs Apologetic,* pp. 537-50. 그는 전통적 변증학의 일곱 가지 원리를 제공하고, 그들 대부분에 대해 두 명의 변증가를 인용한다.

고든 루이스나 로널드 내쉬(Ronald Nash, 1936-2006)도 그렇다고 덧붙였다.[131]

로널드 내쉬는 다작의 학자였으며 리폼드신학교 교수로 세계관들을 세 가지 시험에 따라 분석했다.

(1) 이성(비모순율)
(2) 경험(외적·내적)
(3) 실천(생존율)

내적 경험에는 도덕적 인식과 죄책감 같은 것들이 포함된다. C. S. 루이스도 그런 것들을 강조한다.[132] 프란시스 쉐퍼는 실천, 즉 자신의 세계관에 의해 살아갈 수 있는 능력을 강조했다.[133] 카넬과 마찬가지로 내쉬는 기독교가 매우 개연적이며, 그가 믿기에 확실성의 수준은 세계관에 적합하다고 결론짓는다.

반틸은 카넬의 방법을 맹비난하며, 그것은 "기독교의 파괴를 요구한다"라고 하면서, "기독교의 교훈을 자연인의 입맛에 맞도록 간음하고자 하는 욕구에서 사악한 인간 자율의 원칙을 장려하기 위해 일반은총 개념을 이용한다"[134]라고 했다.

반틸은 하나님 말씀은 자증적이며 기독교만이 세상을 이해할 수 있게 만든다는 카넬의 말을 높이 평가하면서도,[135] "살아 계신 구세주와 성경의 하나님의 절대적 권위를 자연인(Mr. Natural Man)이 수행하는 검사에 맡기려 하는" 카넬의 의지를 거부했다. 반틸은 모든 전통적 변증학의 "치명적 실수"는 불신자들과 "궁극

---

131 Ibid., p. 547 n. 58.
132 Nash, *World Views in Conflict: Choosing Christianity in a World of Ideas* (Grand Rapids: Zondervan, 1992), pp. 60-61. 그는 C. S. Lewis, *Mere Christianity* (New York: Macmillan, 1960), especially book 1을 인용한다.
133 Nash (*World Views in Conflict*, pp. 62-63) cites Morris, *Francis Schaeffers Apologetics*, pp. 21-22. 쉐퍼를 적절히 이해할 수 있도록 내쉬(Nash)는 자신의 논문 "The Life of the Mind and the Way of Life," in *Francis Schaeffer: Portraits of the Man and His Work*, ed. Lane T. Dennis(Westchester, IL: Crossway, 1986)의 3장을 추천한다; and Lane Dennis, "Schaeffer and His Critics," in the same volume.
134 Van Til, *Case for Calvinism,* chap. three, sec. 2A(i), Logos Bible Software Library CD-ROM, The Works of Cornelius Van Til.
135 Van Til's response to Lewis, *Jerusalem and Athens,* p. 362. He cites Carnell, *Introduction to Christian Apologetics,* p. 212.

적인 합의의 영역"을 표명할 용의가 있다는 것이라고 말했다.[136]

반틸과 마찬가지로, 카넬은 기독교적 세계관만이 세계를 적절히 해석한다고 주장했지만, 사람들의 세계관과는 별개로, 비록 제한적이긴 하지만 사실들이 의미를 가질 수 있다고도 했다. 더욱이 일반은총에 대한 그의 견해에 의하면 하나님은 불신자들에게 진리를 인식할 수 있는 약간의 능력을 허용했다.

반틸을 추종하지 않는 전형적인 변증가인 카넬은 참된 것을 아는 방식과 참된 것을 분리하려고 한다. 그래서 존재론(참된 것)의 관점에서 보면 기독교만이 유일한 올바른 견해지만, 인식론적으로는 그것이 참됨을 보여주어야 한다. 그러나 반틸에게는 참된 것은 검사 받지 않고 그 자체로 긍정되어야 한다. 그 중심적 증거는 기독교가 합리성을 위한 유일한 기초라는 것이다. 반틸의 카넬 비평의 타당성에 대한 물음은 모든 전통적 변증학에 대한 그의 비평의 타당성에 대한 문제에 해당한다.

노르만 가이슬러는 카넬이 자료들이 개연성을 넘어설 수 없다는 이유로 역사적이거나 경험적인 자료들로 시작하는 변증 방법을 비판한다는 점에서 일관성이 없다고 본다. 카넬이 보기에 결론은 그렇지 않을 수도 있지만, 가이슬러는 카넬이 나중에 자신의 방법이 된 개연성의 사용을 옹호했다고 지적하면서, 역사와 같은 현실 세계에서는 논리적인 확실성을 가질 수 없다고 지적했다.[137]

카넬은 결론을 개연적으로만 알 수 있다는 귀납법의 한계를 진정으로 인정한다(결론이 그렇지 않을 최소한의 '가능성'이 있다). 그는 또한 연역법("순수 증명")[138]이 역사와 같은 실제 세계에 대한 적용이 아니라 형식 논리나 수학 같은 형식 체계 내에서만 효과가 있다는 것을 인정한다. 그래서 그는 체계적 일관성 속에서 두 가지를 통합하는 것을 지지한다.

> 완벽한 일관성은 항상 두 가지 요소를 포함한다. 형식적인 타당성을 제공하는 비모순율[139]과 물질적 타당성을 제공하는 구체적인 역사적 사실들. 형식적 타

---

136 Van Til, *Jerusalem and Athens*, pp. 362, 365 (본래의 강조).
137 Norman Geisler, "Carnell, Edward John," in *Baker Encyclopedia of Christian Apologetics* (Grand Rapids: Baker, 1998), p. 119. He cites Carnell, *Introduction to Christian Apologetics*, p. 105, contra 198.
138 Carnell, *Introduction to Christian Apologetics*, p. 104.
139 "모순율"(law of contradiction)은 "비모순율"(law of noncontradiction)을 말하는 또 다른 방식이다. 논리학자들은 두 표현을 모두 사용한다.

당성이 없으면 진리에 있어서 우리는 사실상의 보편성과 필연성을 가질 수 없으며, 물질적 타당성이 없으면 우리가 살고 있는 세계와는 아무런 관련성도 없다. 이것은 일관성에 의한 증거다.[140]

그는 또한 경험을 통합한다.

일관성 있는 가설은 우리를 내적·외적 경험의 총체성으로 매끄럽게 이끌 수 있는 가설이라는 점을 상기하자.[141]

카넬은 귀납법의 한계를 인정하면서도, 그것이 검증에 대한 그의 광범위한 접근 방식에 어떻게 부합하는지를 보여준다.

또한, 가이슬러는 진리에 대한 한 가지 이상의 검사의 타당성에 도전한다. 그에 따르면, 카넬은 경험주의는 진리에 대한 적절한 검사가 아니며, 실재론도 실존주의도 적절하지 않지만, 그들을 함께 고려하면 적절하다고 말한다. 하나의 검사가 다른 검사의 약점을 보완하지 못한다면, 그것들을 더하는 것이 도움이 되지 않을 것이라는 것이다.[142] 물이 새는 양동이가 하나가 물을 운반할 수 없다고 해서 물이 새는 양동이를 더하는 것은 도움이 되지 않는다. 루이스는 비록 유비가 아무것도 증명하지 못하더라도, 새는 물통보다 정부 부처 간의 견제와 균형의 비유가 더 적절하다고 말한다.

카넬은 어떤 복잡한 것이든 진리에 도달하려면 일반적으로 한 가지 이상의 검사가 필요하다고 대답할지 모른다. 과학 이론들은 설명력, 범위, 참되고 단순하다고 간주되는 다른 것들과 적합성과 같은 것에 근거하여 비교된다. 형사 범죄에는 수단, 동기, 기회와 같은 것들이 포함된다.

개혁주의 인식론자인 니콜라스 월터스토프(Nicholas Wolterstorf)는 믿음이 참인 것으로 간주되기 위해 반드시 갖춰야 할 단 한 가지 장점만을 찾는 것은 잘못이며, 많은 장점이 있다고 제안했다. 그래서 그가 보기에, 철학자들은 한 가

---

140   Ibid., p. 106.
141   Ibid., p. 114. For more on coherence, see p. 107.
142   Geisler, "Carnell, Edward John," p. 120. Also, Norman Geisler, *Christian Apologetics* (Grand Rapids: Baker, 1976), p. 129 (카넬에 대한 그의 대부분의 비평은 pp. 129-31에서 전개되었다).

지 장점의 서로 다른 여러 측면에 관하여 논쟁하고 있다고 생각했지만, 실제로 그들은 서로 다른 뚜렷한 장점들에 대해 논쟁하고 있었다.[143]

루이스는 카넬의 세 가지 기준에 관한 보다 상세한 변호를 제시한다. 이 세 가지 검사는 논리, 사실, 가치를 통합하여 체계적인 일관성을 얻게 된다. 그것들은 따로 기능하는 것이 아니라 함께 결합하여 기능한다. 각각은 그것이 검사하는 실재의 국면에 적합하다. 그들은 구별할 수 있지만 상호 연관되어 있다.

> 논리는 사실과 가치에 관한 문제에 대한 우리의 견해를 명확히 하는 데 계속해서 도움을 준다. 실증적인 경험을 이해하려면 논리적이고 윤리적인 원칙의 방향이 필요하다. 윤리적 가치는 논리의 사용을 또한 지배해야 한다.[144]

가이슬러는 다중 검사가 문제를 초래할 수 있다고 말한다. 즉, 충돌을 해결하기 위한 지침이 없고("사랑의 기준이 비모순율과 충돌할 때"),[145] 사실들이 이론과 맞지 않을 가능성이 있다.

루이스는 세 개 사이의 충돌이 실제로 존재할 수 있고, 그러한 충돌은 실제로 하나의 특정한 믿음이 기준들을 충족시킬 수 없고, 참되고 체계적인 일관성에 이를 수 없음을 나타낼 수 있다고 대답한다.

가이슬러는 비기독교적 세계관은 모순, 자료와의 충돌 및 위선으로부터 자유로울 수 있다고 말한다. 그러나 루이스는 철저한 수사가 모든 살인 용의자를 모든 증거(예: 수단, 동기, 기회) 앞에 동등하게 두지 않듯이, 추가 조사를 통해 최선의 관점을 밝힐 수 있을 것이라고 대답한다.

루이스는 가이슬러 자신이 하나의 세계관 안에 있는 세 가지 기준을 수용한다고 덧붙인다(단지 하나의 세계관을 선택하는 것은 아니다. 가이슬러에 관한 장에서 자세히 설명한다). 그는 세계관을 선택하고 난 뒤에, 예를 들어, 이슬람이 아니라 기독교를 선택한 뒤에, 무엇이 참된 것인지 판단하는 데 그것을 사용한다. 루이스는 가이슬러가 그것이 부적절하다고 생각하면서, 왜 그것을 사용하는지

---

143 Nicholas Wolterstorff, "Epistemology of Religion," in *The Blackwell Guide to Epistemology,* ed. John Greco and Ernest Sosa (Malden, MA: Blackwell, 1999), p. 304.
144 Lewis, "An Integrative Method," p. 78.
145 Geisler, "Carnell, Edward John," p. 119.

궁금해 한다.[146]

하나 이상의 기준들 사이의 충돌 문제에 관한 한, 가이슬러의 특수한 사례는 생겨나지 않을 것인데, 이는 카넬이 주관적인 기준들은 비모순율에 대한 검사를 통과하도록 요구하기 때문이다.[147]

그런데도, 가이슬러는 다른 잠재적인 충돌, 예를 들어, 우리의 가치와 요구들 사이의 충돌을 본다. 카넬은 자신의 주장의 주관적인 요소들을 연결시켜 그것들이 일관성 있는 전체로 보이도록 노력했다고 대답할 것이다. 일례로, 우리가 원하는 것은 우리가 진정으로 필요로 하는 것으로, 그것은 우리를 충족시켜 줄 바로 그것과 동일하다.

카넬은 사람들이 받아들인 세계관이라고 해서 모든 사실이 그것을 지지하는 않을 것이라고 인정하면서, 진화론과 기원이 (위에서 언급했듯) 기독교에 대해서 바로 그러한 예라고 말했다. 그러나 그는 가장 적은 문제를 가진 세계관을 받아들여야 한다고 주장했다. 우리는 또한 카넬이 자신의 논증이 유일한 세계관으로 이끌 것이라고 (마치 그것이 총체적인 지지를 얻기라도 한 것처럼) 제안하는 것이 아니라, 반틸의 노선에서는 벗어나 있지만, 전통적인 변증적 추론과 일맥상통하는 접근 방식인 최선의 세계관으로 이끈다는 점을 상기해야 한다.

그러므로 만약 하나 이상의 관점이 일관성 있고, 우리가 알고 있는 것과 일치한다면, 우리는 가장 광범위한 사실들을 가장 잘 설명하는 관점을 취해야 한다. 이것이 바로 카넬이 자신의 주장을 그렇게 확장한 이유다. 또한, 가이슬러는 사실에 의미를 부여하는 것은 세계관 그 자체인 만큼, 하나의 세계관으로 시작해서 사실들로 그것을 검사할 수 없다고 주장한다. 그의 반대는 이론과 사실 사이의 결정적인 관계를 다시 한번 보여준다.

반틸의 경우, 이론이 사실을 지배하기 때문에 공통 기반이 없으며, 따라서 세계관에 대하여 논쟁할 방법도 없다. 카넬에게 있어서 이론과 사실 사이의 인식론적인 거리는 공통 기반을 허용하며 어떤 이론이 사실에 의해 가장 잘 뒷받침되는지 볼 수 있는 가능성을 허용한다. 가이슬러는 세계관이 특정 사실들에 의해 검사 받기에는 지나치게 포괄적이라고 본다. 모든 사실의 의미가 세계관

146　Lewis, "An Integrative Method," p. 78
147　예를 들어, Carnell, *Christian Commitment*, p.269: "복음적 만남은 합리적으로 객관적인 증거에 대해 사람이 보여주는 진심 어린 반응이다"를 보라.

에 달려 있기 때문이다. 예를 들어, 우리는 부활을 하나의 사실이라고 주장할 수 없다. 오직 유신론적 세계관 안에만 부활이 있기 때문이다. 무신론자는 단지 시체가 소생했다는 것만 받아들이려 할 것이다.[148]

가이슬러의 견해에 따르면, 먼저 유신론적 세계관을 증명하고 나서 기독교를 증명해야 한다. 이것은 고전적 변증학[149]의 방법이다. 증거주의자에게는 부활과 같은 사실은 (고전적 변증가의 두 단계와 달리) 한 단계로 기독교를 신뢰할 수 있게 가리킬 수 있다.

문체상으로 볼 때, 카넬의 추론 방법(특히, 그의 첫 번째 책 이후)은 자주 공통적인 경험에 근거된 일반적인 것들에 호소했다. 인간 경험의 공리로 제시되는 완전한 진술들은 거의 또는 전혀 지지를 근거 없이 제시된다.

> 인간은 결코 자신의 상처 받은 것을 일부러 드러내지 않는다.[150]
> 지혜는 온전함으로 특징지어진다.[151]
> 사람은 다른 사람에게 이해받고 주목받고 인정받을 때 비로소 완전해진다.[152]

그 방법은 의심의 여지없이 특별계시나 종교 경험들에 의존하지 않고, 공통 기반으로부터 작업하려는 그의 결심에 근거한다. 그러한 원대한 양식은 20세기 후반(적어도 영어권에서는)의 보다 신중한 분석 운동이 명료함과 논리적 엄밀성을 강조하기 전까지는 철학에서도 흔히 볼 수 있었다.

카넬과 이전 변증가들과는 대조적으로, 분석 전통에서 훈련 받은 사람들은 좀더 방법론적이고 정확해지려는 경향이 있다. 변증의 영역을 넘어서면, 앨빈 플랜팅가, 리처드 스윈번, 윌리엄 레인 크레이그(그리고 J. P. 모어랜드[153])가 포함될 것이다.

---

148 Geisler, "Carnell, Edward John," p. 119 ; Geisler, *Christian Apologetics*, pp. 128-29.
149 Geisler, "Apologetics, Types of," in *Baker Encyclopedia*, p. 42.
150 Carnell, *Christian Commitment*, p. 54.
151 Carnell, *Philosophy*, p. 39.
152 Ibid., pp. 213-14.
153 J. P. 모어랜드(J.P. Moreland)가 변증론에 미친 영향은 매우 컸으며, 이 책의 길이 제한으로 인해 그의 연구에 더 많은 관심을 기울일 수 없는 것이 유감이다. 그의 저술은 변증학 방법에 초점을 맞추지 않았으며, 그와의 대화를 바탕으로 이루어졌고, 그의 관심은 다른 곳에 있었다. 그러나 그는 자신의 접근 방식을 깊이 있고 엄격하게 적용했다.

어떤 의미에서 반틸과 카넬은 해석적 믿음의 자리, 특히 하나의 세계관, 즉 한 사람의 인지 세계 전체의 최상부에서 시작한다. 반틸은 기독교만이 모든 합리적 믿음 전체에 대한 (그리고 개인적인 경험은 변증할 가치가 없기 때문에 오직 합리적인 믿음에 대한) 기초를 제공한다고 주장한다.

카넬은 기독교가 일관성이 있고 모든 믿음과 경험 전체를 가장 잘 설명할 수 있음을 보여준다. 증거주의자들은 전체의 밑바닥(전체의 더 높은 곳에 있는 믿음에 의해 해석되는 믿음과 경험의 자리) 가까이에서 시작한다.

고전적 변증가들은 전체의 상부를 향해 출발하여 관찰된 질서(목적론적 논증)와 충분한 원인에 관한 믿음(우주론적 논증)과 같은 것들로부터 유신론적 논증을 구성한다. 이들은 보다 상위 수준의 믿음의 일부로 유신론을 확립한 다음, 사실로부터 기독교의 진리를 확립하는 데 사용된다.

6. 주요 용어

- **일관성**: 일관성이 있고 비모순율을 위반하지 않는 하나의 사상과 다른 사상 사이의 적합성.
- **경험론**: 진리는 감각들을 통해 알려진다는 견해.
- **합리론**: 적어도 어떤 진리는 감각들을 통해 생겨나지 않는다는 견해. 가장 일반적인 후보는 필연적이거나 보편적인 진리, 즉 반드시 진리여야 하거나 항상 진리여야 하는 것들이다.
- **체계적 일관성**: 일관성이 있고(자신과 모순되지 않음), 모든 관련 사실(우리의 내적·외적 사실 모두)과 일치하는 가설의 속성. 직접적 지식.
- **직접적 지식**: 어떤 것을 경험을 통해 직접적으로 아는 것. 논리적 추론에 의존하지 않는 지식. 예를 들어, 우리는 어떤 집이 우리집이라는 것을 알고 있다. 그것은 추론적인 논증 때문이 아니라, 우리가 그것을 보고 인정하기 때문이다.
- **추론적 지식**: 추론 과정을 통해 아는 것. 존스가 미국에서 태어났다는 것을 안다면, 우리는 존스가 시민임을 알 수 있다. 왜냐하면, 우리는 그가 시민이라는 것을 다른 것, 특히 미국에서 태어난 모든 사람이 미국 시민이라는 전제에서 추론했기 때문이다.

· 제3의 앎의 방법: 우리의 도덕적·영적 상태를 숙고함으로써 아는 것.

7. 숙고하기

1. 20세기의 사건들은 어떻게 카넬의 변증학에 대한 관심과 동기를 형성했는가?
2. 카넬의 다양한 스승들이 그의 견해를 형성하는데 기여한 것은 무엇인가?
3. 카넬의 사유에서 비모순율의 역할은 무엇인가?
   그것은 주관적인 변증적 고려사항들을 어떻게 규제하는가?
4. (극단적인) 경험주의에 대한 카넬의 비판은 무엇이었나?
5. 카넬과 반틸이 각각 토마스 리드의 상식적인 접근 방식을 거부한 후, 어떤 대조적인 두 가지 기초 위에 구축했는가?
6. 카넬은 어떻게 세계 자체에 대한 우리의 지식의 칸트적 한계를 극복하고자 하는가?
7. 카넬의 관점에서는 왜 기독교를 위한 논거를 구성하는 데 있어 연역법과 귀납법이 불충분한가?
   비모순율 자체만으로 충분하지 않은 이유는 무엇인가?
   그는 어떤 방법을 받아들이나?
8. 카넬과 반틸은 공통 기반에서 어떻게 다른가?
   그런 차이는 일반은총과 어떤 관계가 있는가?
9. 카넬과 반틸은 사실과 이론의 관계에 있어서 어떻게 다른가?
10. 카넬은 가치를 어떻게 변증적으로 사용하는가?
    정의와 개인의 존엄?
    사랑?
11. 자신의 말로 추론적 지식, 직접적 지식 그리고 제 3의 방법을 정의하라.
12. 카넬의 견해에 대한 비판을 요약하라.
    그의 접근 방식에 대해 어떻게 생각하는가?

8. 더 나아가기

Carnell, Edward John. *The Burden of Søren Kierkegaard*. Grand Rapids: Eerdmans, 1965.

_____. *Christian Commitment: An Apologetic*. New York: Macmillan, 1957.

_____. "How Every Christian Can Defend His Faith." *Moody Monthly*. Part 1: January 1950, pp. 312-13, 343. Part 2: February 1950, pp. 384-85, 429-31. Part 3: March 1950, pp. 460-61, 506-7.

_____. *An Introduction to Christian Apologetics: A Philosophic Defense of the Trinitarian Theistic Faith*. Grand Rapids: Eerdmans, 1948.

_____. *The Kingdom of Love and the Pride of Life*. Grand Rapids: Eerdmans, 1960.

_____. "Orthodoxy: Cultic vs. Classical." *The Christian Century*, March 30, 1960, PP. 377-79.

_____. *A Philosophy of the Christian Religion*. Grand Rapids: Eerdmans, 1952.

_____. "Post-Fundamentalist Faith." *The Christian Century*, August 26, 1959, p. 971.

Geisler, Norman. "Carnell, Edward John." In *Baker Encyclopedia of Christian Apologetics*, pp. 114-20. Grand Rapids: Baker, 1999.

_____. *Christian Apologetics*. Grand Rapids: Baker, 1976. Hein, Steven Arthur. "The Nature and Existence of Man in the Apologetic Mission of Edward John Carnell." PhD Diss. St. Louis University, 1987. Hustad, L. Arnold. "Rationalism and the Third Way of Knowing in the Apologetics of Edward John Carnell." PhD diss. New York University, 1988.

Lewis, Gordon. "An Integrative Method of Justifying Religious Assertions?" In *Evangelical Apologetics*, edited by Michael Bauman, David W Hall and Robert C. Newman, pp. 69-88. Camp Hill, PA: Christian Publications, 1996.

_____. "Edward John Carnell." In *Handbook of Evangelical Theologians*, edited by Walter A. Elwell, pp. 321-37. Grand Rapids: Baker, 1993.

_____. "Schaeffers Apologetic Method." In *Reflections on Francis Schaeffer*, edited by Ronald W. Ruegsegger, pp. 69-104. Grand Rapids: Zondervan, 1986.

_____. *Testing Christianitys Truth Claims*. Chicago: Moody Press, 1976. Reprint, Lanham, MD: University Press of America, 1990.

_____. "Van Til and Carnell—Part I." In *Jerusalem and Athens: Critical Discussions on the Theology and Apologetics of Cornelius Van Til*, edited by E. R. Geehan, pp. 349-61. Phillipsburg, NJ: P & R, 1971.

Nash, Ronald, ed. *The Case for Biblical Christianity*. Grand Rapids: Eerdmans, 1969.

_____. *Faith and Reason: Searching for a Rational Faith*. Grand Rapids: Zondervan, 1988.

_____. *World Views in Conflict: Choosing Christianity in a World of Ideas*. Grand Rapids: Zondervan, 1992.

Nelson, Rudolph. *The Making and Unmaking of an Evangelical Mind: The Case of Edward Carnell*. New York: Cambridge University Press, 1987.

Ramm, Bernard *Types of Apologetic Systems*. Wheaton, IL: Van Kampen, 1953.

Sailer, William S. "The Role of Reason in the Theologies of Nel Ferre and Edward John Carnell." STD diss. Temple University; 1964.

Sims, John A. *Edward John Carnell: Defender of the Faith*. Washington, DC: University Press of America, 1979.

Van Til, Cornelius. "'Response by C. Van Til." In *Jerusalem and Athens: Critical Discussions on the Theology and Apologetics of Cornelius Van Til*, edited by E. R. Geehan, pp. 361-68. Phillipsburg, NJ: P & R, 1971.

Williams, David Alan. Toward a Postcritical Evangelical Apologetic: A Reappraisal of the Apologetic Work of Edward John Carnell." PhD diss. Drew University, 1998.

고전적 변증학 (Classical Apologetics)

제5장

고전적 변증학 서론

유신론을 증명한 후에, 기독교를 증명하라

고전적 변증학은 2단계 접근 방식을 지지한다. 먼저 유신론을 증명하고 나서 기독교를 증명한다.

보다 일반적인 의미에서, 먼저 세계관을 수립하고 기독교의 보다 상세한 믿음을 증명한다. 물론, 어떤 사람이 이미 어떤 형태의 유신론(예를 들어, 여호와의 증인, 무슬림)을 고수하고 있다면, 그들에게 그것을 증명할 필요는 없다.

비록 고전적 변증학의 주제들이 토마스 아퀴나스(1225-1274)에 의해 조금 더 집중된 방식으로 표현되었지만, 하나님과 기독교를 증명하기 위한 광범위한 주제에 관한 추론은 저스틴 마터(Justine Martyr, 100-165)에 의해 오래 전부터 사용되어 왔다. 그는 우리가 결과를 조사함으로써 원인에 대해 어느 정도 알 수 있고, 따라서 피조물을 통해 하나님에 대한 기본적인 것들을 알 수 있다고 말했다. 그는 원인들을 거슬러 추론하는 것은 많은 지식을 산출하지 못하기 때문에 삼위일체의 본질 및 복음과 같은 중요한 세부 사항을 알려주는 계시가 필요하다고 덧붙였다.

R. C. 스프롤(R. C. Sproul), 아서 린즐리(Arthur Lindsly), 존 게스트너(John Gerstner), J. P. 모어랜드, 노르만 가이슬러 그리고 C. S. 루이스(C. S. Lewis) 등 많은 고전적 변증가가 있다.

루이스는 무신론자들[1]과 대화할 때 유신론적 논증들을 사용하곤 했다. 비록

---

1 Norman L. Geisler, "Lewis, C. S," in *Baker Encyclopedia of Christian Apologetics*(Grand Rapids:- Baker, 1999), pp. 420-25. 루이스에 대한 간략하지만 유용한 개요.

말년에 그는 대중적인 수준에서 논증을 제시하기가 어렵다고 말했고, "다행히도, 다행히 매우 이상하게도, 나는 사람들이 하나님의 존재에 대해 이야기하기 전에 전에 우리 주님의 신성에 관해 듣고자 하는 경향이 있다는 것을 발견했다"[2]라고 말했지만, 이것은 단순히 수사적인 전략인 것처럼 보인다.

고전적 관점은 세계관의 틀이 증명에 필수적이라는 전제주의(증거주의와 대립)에 동의한다. 전제주의자는 세계관의 틀을 구성하는 전제가 가능한 최대로 광범위하여, 사유의 본성과 술어(대략, 실재에 대한 주장) 그리고 증거 자체를 포괄한다고 강조한다. 문제가 되는 전제는 너무 광범위해서 사유 자체의 근거가 되기 때문에 그것에 대해 추론할 방법이 없고, 다만 그것을 가정해야 한다.

따라서, 반틸의 선험적 주장을 강조하는 반센과 같은 사람들은, 먼저 (개혁주의) 기독교의 하나님을 전제하지 않고 이치를 따지려는 모든 시도는 헛되고 불합리하다고 주장하는데, 이는 그들이 추론을 위한 (선험적인) 근거를 갖고 있지 않기 때문이다. 그런데도 전제에 대한 증명은 연역적으로 확실하고 완벽한데, 그 이유는 만약 우리가 그것을 가정하지 않으면 합리성을 위한 아무런 (선험적인) 근거도 없고 모든 것이 불합리하기 때문이다.

고전적 변증가들은 우리가 어떤 것을 알기 위해 기독교의 하나님을 전제해야 한다고 주장하지 않는다. 우리는 과거를 알 수 있다는 것, 세계에 대한 우리의 경험이 대부분 정확하다는 것, 같은 진술을 긍정하고 동시에 부정할 수 없다는 것 그리고 옳을 수 있다는 등 일련의 좀 더 온건한 가정들을 가지고 작업할 수 있다. 불신자는 여러 가지 동일한 가정을 가질 수 있기 때문에, 우리는 같은 세상에 살고 있다는 의미의 공통 기반은 아니지만, 지성적으로 공통의 기반을 가질 수 있다.

즉, 우리는 방에 의자 하나가 있다는 것을 보는 것과 실질적으로 동일한 방식으로 어떤 것을 볼 수 있다. 무신론자와 이슬람교도도 마찬가지다. 우리는 둘 모두 디엔에이(DNA)에서 질서정연한 배열을 볼 수 있으며, 목격자의 증언이 소문보다 낫다고 믿을 수 있다.

그러므로 우리 사이에 공통적인 것은 변증학에 유용할 수 있다. 예를 들어, 우리는 이 세계의 질서로부터 명령자를 추론할 수 있다. 역사를 발견하고, 그

---

2 C.S. Lewis, "Christian Apologetics,in *Essay Collection: Faith, Christianity, and the Church*, ed. Lesley Walmsley (London: HarperCollins, 2002), p. 157.

리스도가 부활했다는 결론을 추론할 수 있는 최선의 방법에 동의할 수 있다.

일반적으로 고전적 변증가들(그리고 카넬과 같은 사람들)의 견해에 따르면, 기독교의 하나님에 대한 믿음이 모든 믿음에 같은 정도로 영향을 미치는 것은 아니다. 만약 기독교인, 무신론자, 무슬림, 유대인이 모두 등산을 가서 같은 산의 경치를 내려다 본다면, 그들은 고도, 해가 지는 것, 계곡에 소나무가 있다는 것 등 많은 것에 동의할 수 있다. 세계의 궁극적 기원과 질서정연함, 우주에서 인류의 위치와 같은 것들을 논의하기 시작할 때까지는 견해는 나뉘지 않는다.

우리는 창조, 질서의 기원 및 우주에서 인류의 역할과 관련하여 무신론자보다 무슬림과 더 많은 공통 기반을 가질 것이다. 우리는 히브리 성경의 권위에 대한 믿음뿐 아니라, 유대인들과 공통으로 동일한 것들을 가질 것이다.

처음부터 하나님을 가정할 필요가 없기 때문에, 신자와 특정 불신자가 공유하는 개념을 사용하는 논증이 나올 수 있다. 예를 들어, 기독교인과 무신론자 모두 외견상 유익한 목적을 위한 복잡한 질서가 지적인 존재의 행동으로 가장 잘 설명될 수 있다는 점에 동의할 수 있을 것이다.

그러나 전제주의자는 무신론자가 우주 내에 존재하는 것으로 알고 있는 질서에 대한 어떤 근거도 없다는 것을 강조할 것이다. 오직 개혁주의 기독교만 모든 사물을 예정하고 지배하는 하나님을 믿기 때문에 질서에 대한 궁극적인 근거를 갖고 있다.

무신론자는 말로는 하나님의 존재를 부인하지만 그는 은연 중에 그것을 가정해야 한다. 그러나 신성한 명령자에 관한 결론을 추론하기 위해 질서에 관한 전제를 가진 전봉석 논증을 사용하는 것은 부적절한데, 그것은 진정한 문제, 즉 지식에 대한 불신자의 기초를 인정하지 않기 때문이다.

하나님을 포함하지 않는 전제로부터 추론하여 하나님이 존재한다는 결론에 이르게 하는 것과 같이, 불신자가 하나님과 별개로 추론할 수 있다고 생각하도록 허용하는 것은 문제를 더 악화시킬 뿐이다. 개혁주의 기독교의 하나님을 전제하지 않고 추론하는 것은 지적인 반역이다. 따라서, 문제는 논증을 통하여 처리될 수 있는 정보의 부족이 아니라 전인(全人)의 문제다. 불신자는 자신의 지성의 권위에 근거하여 추리를 할 것이 아니라 하나님의 말씀을 진리로 가정하여 추론할 필요가 있다.

성경을 하나님의 말씀으로 인정하지 않는 것은 그에게 적절한 위치를 부여하는 것을 방해한다. 따라서, 어떤 의미에서 하나님을 인정하지 않는 전제를 사용하여 하나님의 존재를 직접적으로 증명하려고 하는 것은 하나님과 별개의 추론을 영속화함으로써 하나님을 모독한다. 오직 그를 전제할 때만, 그에게 합당한 자리를 내드리게 되고, 그의 말씀인 성경을 검사하는 불신앙이라는 궁극적인 문제를 해결하게 된다.

반면, 다음의 내용을 암시하는 것은 하나님을 불명예스럽게 한다.

(1) 진리를 입증할 수 있는 더 높은 기준이 있다.
(2) (그의 말씀이 우리를 판단해야 할 때) 우리는 그의 말씀이 참인지를 판단할 수 있는 위치에 있다.
(3) 우리는 진리의 유일한 결정권자시며 모든 것에 관한 지식의 유일한 근거이신 하나님과 별개로 생각할 권리를 가지고 있다.

고전적 변증가들은 어떻게든 세상을 이해하기 위해 그리고 역사와 과학에 의미를 두거나 심지어 의사소통을 하기 위해 기독교의 진리를 전제할 필요가 있다고 보지 않는다. 그러나 가이슬러는 "삶을 의미 있고 일관성 있는 것으로 보려면" 유신론이 필요하다고 말한다. (그가 말한 바와 같이, "닫힌 체계"에서) 하나님이 없다면, "궁극적인 의미도, 궁극적인 가치도 없으며 자연 현상으로는 설명할 수 없는 '기적'은 일어나지 않는다(요 3:1-2; 행 2:22; 히 2:3-4를 비교하라).

그러나 하나님은 삼위일체시며, 나사렛 예수로 육신을 입은 아들이 있으며, 영감된 기독교 성경 66권에 자신을 계시했다고 전제할 필요는 없다. 기독교의 전체 진리보다 적게 가정하면 세상을 이해할 수 있다."[3]

비기독교인이 성경을 직접 검사해서는 안 된다는 전제주의자들의 주장에 대해, 고전적 변증가들(및 다른 많은 비전제주의자)은 그 견해가 고상한 의도에서 나온 것일 수도 있지만 비성경적이고 지성적으로 혼란스럽다고 생각한다. 어떤 예언적인 목소리나 성경이 하나님 말씀인지(특히 종파나 다른 종교에서 자란 경우)에 대해 사람들이 확신이 서지 않을 수 있다.

그러므로 하나님은 신명기 18장 22절에서 그의 백성에게 예언들을 관찰된 사건들에 비추어 확인함으로써 예언자들을 시험하라고 말씀하며, 자신이 진정한 하나님이라는 일반적인 증거의 맥락에서 재판 절차의 언어를 사용한다(예

---

3 Norman L. Geisler, "Classical Apologetics," in *Baker Encyclopedia*, p. 156.

를 들어, 신 41:21, 26; 사 43:26)⁴. 열왕기상 18장 21-39절에서 엘리야는 어떤 신이 진짜 신인지 증명하기 위한 시험을 한다. 요한복음 10장 37-38절에서 그리스도는 청중들에게 그를 관찰하고, 그가 예언의 성취임을 보라고 초대하시고, 하나님의 말씀을 전하시는 그를 믿지 못한다면, 그가 행하는 일은 믿을 수 있다고 말씀하신다.

마태복음 11장 2-5절에서 세례 요한이 의심을 품을 때, 그리스도는 예언과 일치하는 사건들을 보고 요한의 제자들에게 안심할 것을 명한다. 누군가 성경의 청중은 이미 이스라엘 하나님을 전제했다(그리고 엘리야의 청중은 그저 떨고 있었을 뿐이다)는 반론이 제기된다면, 사도행전 14장 17절에서 바울은 유대-기독교 전통 밖의 사람들에게 말하고 있으며, 하나님은 자신의 존재를 비와 추수의 계절이라는 형태로 증거했다고 말하고 있다는 점을 지적할 수 있다.

다시 말해, 섭리적 질서는 일종의 증거다. 사람들은 유익한 질서를 관찰하고 하나님이 존재한다는 결론을 내릴 수 있다. 그래서 성경을 하나님의 말씀으로 존중하는 한에서, 하나님께서는 그것이 과연 그의 말씀인지 확인하기 위하여 조사하는 것을 허용하시고, 심지어 초대하기도 하신다.

고전적 변증학은 불신자의 마음이 성령의 은혜와 영향 아래에서 증거를 조사할 수 있을 만큼 충분히 기능한다고 가정한다. 세상에서 주장되는 모든 계시 중 어느 것이 진정으로 하나님의 말씀인지 깨달았을 때, 그 사람은 마땅히 드려야 할 존경과 복종을 하게 될 것이다. 모세가 하나님을 만났다는 표징을 받은 것(출 4:1-9)부터 요한계시록(계 11:5-6)에 나오는 두 증인의 초자연적 능력에 이르기까지 하나님이 말씀하셨다는 증거는 성경에 널리 퍼져 있다.

고전적 변증가에게는 다양한 유형의 증거가 하나님의 존재를 가리키는 최고의 설명이다. 다른 설명들도 어느 정도는 효과가 있을 수 있다. 그리고 그들은 몇 가지를 설명할 수는 있지만, 거의 그렇지 않다.

많은 고전적 변증가(그리고 증거주의자)는 하나님과 기독교를 옹호하는 주장은 강력한 귀납적 주장이라고 믿는다.

이와 대조적으로, 전제주의자에게는 기독교만이 유일한 설명이다. 다른 설명(종교, 분파들, 세계관들)은 지식의 선험적 기초를 제공하지 않기 때문에 불합

---

4 Edward J. Young, *The Book of Isaiah: The English Text, with Introduction, Exposition, and Notes*(Grand Rapids: Eerdmans, 1972), 3:163, "즉, 변론이 고려될 수 있는 재판에 회부한다."

리하다. 그들은 하나님과 기독교에 대한 주장이 연역적인 것으로, 즉 불합리한 것은 어떤 것이든지 참일 수 없으므로 완벽하다고 믿는다.

대부분의 비전제주의자들에게 있어서, 다른 믿음들은 불합리한 것이 아니라 성경의 기독교만큼 잘 설명하지 못한다. 예를 들어, 우리는 반센이 이슬람 내부에 있다고 믿는 비일관적인 것들, 가령 정의로운 신에 대한 믿음과 죄에 대한 속죄의 결여와 같은 것들을 그가 지적할 것이라는 점을 주목해야 한다.[5]

---

5 Greg Bahnsen, "Presuppositional Reasoning with False Faiths," *Penpoint* 7, no. 2 (February-March 1996), http://www.cmfnow.com/articles/pa2o8.htm

고전적 변증학 (Classical Apologetics)

제6장

리처드 스윈번

유신론과 기독교는 매우 개연적이다

리처드 스윈번(Richard Swinburne, 1934-)은 유신론이 우주의 존재와 우리가 세상을 발견하는 방식에 대한 최선의 설명이라는 것을 입증하는 혁신적인 방법을 고안해 냈다.[1]

그는 과학에 익숙한 확률의 정리를 이용하여 자신의 주장을 하나로 묶는다. 그런 다음 기독교가 진정으로 하나님을 가장 잘 이해하고 있음을 보여준다. 그의 주된 초점은 유신론이나 기독교를 받아들이려는 성향이 없는 사람을 포함한 불신자다. 아마도 현대에 가장 잘 알려진 이론적 무신론자인 안토니 플루(Antony Flew)가 신의 존재를 확신하도록 도왔다는 것만큼 그의 업적에 관한 더 높은 찬사는 없을 것이다. 스윈번이 최근 수십 년간 엄밀한 연구를 통해서 기독교에 학문적 존경을 가져다 준 몇 사람 중 하나라는 사실은 그리 놀랄 일이 아니다(앨빈 플랜팅가와 윌리엄 레인 크레이그도 몇 안 되는 사람 중 하나다).

스윈번은 베이즈의 정리에서 영감을 받은 양식으로 양쪽 끝의 확률을 주장한다. 우리는 x(예를 들어, 하나님은 사랑하고 계시다는 것)를 기대하고, x가 사실이라면 y를 기대하는데, 우리는 y라는 증거를 갖고 있다. 그리고 반대로 y의 경우, x가 아니라면 설명하기 어렵다.

스윈번은 옥스퍼드대학교 기독교철학부 명예교수로서 종교철학 박사 과정을 가르치고 지도했다. 그는 기독교 교리의 합리성을 확립하고 그 함의를 살펴

---

[1] 그의 저작들은 옥스퍼드대학교 학부란에 수록되어 있다. http://users.ox.ac.uk/~orieoo87/ http://users.ox.ac.uk/~orieoo87/framesetpublications.shtml.

보는 다작의 저술가로, 그에게 기독교는 단순한 학문적 결론이 아니다. 그는 자신의 신앙을 하나님과의 개인적 관계로 보고 있으며 지적 작업을 영적인 봉사의 한 형태로 보고 있다.

스윈번의 부모는 신앙심이 깊지 않았지만, 그는 기억하기엔 너무 어린 나이에 개인적인 기독교 신앙을 갖게 되었다. 그는 군복무를 위해 러시아어를 훈련받았고 번역가로 일했다. 그는 옥스퍼드에서 학부 교육을 받았는데, 이 시기에 기독교는 그의 인생에서 최우선 순위였다. 그는 성공회 성직자가 되려고 계획했지만, 인생의 큰 물음들에 대한 관심은 그를 철학으로 이끌었다.

스윈번은 불신 시대에 교회의 많은 사람이 당대의 사상과 교류조차 하지 않은 채 단순한 신앙의 도약을 옹호하는 것에 놀랐다. 그는 이렇듯 "진상을 회피하는" 사고방식이 지난 두 세기 동안 대륙 철학을 바탕으로 만들어진 "태만한 무관심"에서 비롯되었다고 결론지었다. 바르트나 키르케고르 같은 신앙주의자들과 헤겔, 니체, 하이데거, 사르트르같이 그들에게 영향을 준 사람들은 과학보다는 문학의 특징인 모호하고 뒷받침되지 않는 진술을 하였다.[2]

그는 종교 경험이나 성경보다는 관찰할 수 있는 세계로부터 시작했으며, 당대의 가장 좋은 사유와 교류했던 토마스 아퀴나스(그는 토마스 아퀴나스와 호의적으로 비교되어 왔다)의 저작을 모델로 삼았다. 스윈번은 분석철학의 언어적·논리적 엄밀함을 이용하여 3부작으로 유신론의 토대를 마련했고, 그 후 다수의 저작에서 기독교 신학의 철학적 함의를 지지하여 그 귀납적인 힘을 보여주었다.[3]

그의 접근 방식은 세속적인 사유의 영역에서, 특히 철학과 과학에서 출발하여 그것에 대한 자신의 철학을 발전시킨 다음, "그런 철학이 어떻게 어떤 면에서 사물들에 대한 기독교적 이해를 산출하는지"[4]를 보여주는 것이었다. 예를

2　Richard Swinburne, "Intellectual Autobiography," in *Reason and the Christian Religion : Essays in Honour of Richard Swinburne,* ed. Alan G. Padgett(Oxford: Clarendon, 1994), pp. 2, 8. 대부분의 논문은 "The Vocation of a Natural Theologian,"in *Philosophers Who Believe,* ed.에 실려 있다. Kelly James Clark (Downers Grove, IL: InterVarsity Press, 1993). "Natural Theology and Orthodoxy," in *Turning East: Contemporary Philosophers and the Ancient Christian Faith,* ed. Rico Vitz (Crestwood, NY: St. Vladimir's Seminary Press, 2012), pp. 47-77에서 갱신되었다.

3　이 장 말미에 있는 "Further Reading"과 옥스퍼드대학교 페이지 http://users.ox.ac.uk/~orieoo87/framesetpublications.shtml의 "publications"를 보라.

4　Swinburne, "Natural Theology and Orthodoxy, p. 71.

들어, 『책임과 속죄』(Responsibility and Atonement)에서 그는 의무와 초과적 선에 대한 비종교적 견해로부터 시작하여 "하나님과 관련된 우리의 도덕적 지위에 대한 결론"을 논한다. 그는 자신의 논리를 다음과 같이 설명한다.

> 처음에 비종교적인 사람들이 그 결과를 합리적으로 받아들일 수 있게 하려면, 종교철학에서 진행할 다른 방법은 없다.[5]

그는 "존재하지 않는 하나님을 경배하고 싶어하지 않는다"라고 하지만, "기독교 유신론을 지지하는 상당한 증거가 있다"[6]라고 믿는다. 총괄하면, "창조주를 경배하는 것이 인간의 첫 번째 의무다."[7]

1. 신에 대한 주장의 기초

『유신론의 일관성』(The Coherence of Theism)[8]에서 스윈번은 그 교리가 자체적으로 모순되지 않거나, 합리적인 사람들이 일반적으로 믿는 다른 것들과도 모순되지 않는다는 것을 보여주는 것으로 유신론에 대한 그의 주장을 시작한다.

유신론은 기독교, 유대교, 이슬람교를 구분하는 일종의 신학적 세부 사항을 갖추고 있지 않은, 일반적으로 신이라 부를 수 있는 것의 존재를 주장한다. 따라서, 유신론에 따르면 하나님은 영으로서 편재하며 전지하고 우주의 창조자요 지탱자이며, 자유로운 존재, 전능하고 전지하며 완전히 선하며 도덕적 의무의 원천이며, 불변하고 영원하며 필연적으로 존재하며(즉, 그는 단지 우연히 존재하는 것이 아니라 모든 가능 세계에 존재할 것이다), 거룩하고 경배할 가치가 있다고

---

5 Ibid.
6 Ibid., p. 73.
7 1995년 기독교인들에게 요구되는 헌신의 총체성에도, 특히 그들 성직자들에 의해 참된 교리(예를 들어, 니케아 신조에서 발견되는 것과 같은)를 가르치는 것의 중요성에도 그것이 더 이상 관심을 기울이지도 않는 것처럼 보였기 때문에, 생애 내내 유지해 왔던 영국 성공회와의 관계를 청산했다(p. 75). 그는 기독교의 가장 큰 통일성과 기독교의 고대의 뿌리와의 연관성을 나타낸다고 믿었던 단체와의 일체감에 대한 그의 소망은 그를 정교회로 인도했다. 이로 인해 템플턴재단(Ibid., pp. 76-77)의 지원을 받아 기독교철학자협회에 의해 러시아에 대한 공동의 변증적 지원활동을 이끄는 논리적인 선택을 하게 되었다.
8 Richard Swinburne, The Coherence of Theism, 2nd ed. (Oxford: Clarendon, 1991).

주장한다.[9]

스윈번은 유신론이 생명력 있는 믿음이라는 것을 보여준 후(즉, 일관성이 있기에 그것은 참일 수 있다), 그것이 가장 합리적인 믿음이라는 것을 보여주는 일에 착수한다. 그는 비록 하나님은 언어가 일반적으로 기술하는 것과 매우 다르긴 하지만, 우리는 언어를 사용하여 신을 기술할 수 있다는 주장을 옹호한다.

유신론이 모순적이지 않음을 보여주기 위해, 그는 예를 들어, 하나님은 육체가 없는 영으로서 전지하며, 우리가 아직 자유롭게 선택하는 동안, 우리의 다음 선택을 틀림없이 알 수 있다는 것 그리고 주변 세계가 변화함에 따라 그의 지식은 변해도 그는 불변적이라는 것이 신에게는 가능하다는 것을 보여준다.

스윈번은 (카넬과 마찬가지로) 유신론의 가설이 일관성이 있다는 것을 입증한 후, 두 번째 검사 단계로 이동한다. 카넬은 기독교에 대한 보다 상세한 가설을 검사하는 반면, 스윈번은 유신론에 대한 그의 첫 번째와 두 번째 수준의 검사를 수행한다.

그는 먼저 일관성에 대해 유신론을 검사한다. 두 번째 수준에 대한 접근 방식은 그가 『하나님의 존재』(*The Existence of God*)[10]에서 설명하는 베이즈의 확률 정리로 요약된다. 그는 자신이 왜 연역법보다 귀납법을 사용하는지, 왜 유신론을 위한 주장에서 증거 자료들이 개별적으로가 아니라 함께 고려될 수 있는지, 그리고 왜 한 인격의 행동(유신론을 위한 주장에서의 하나님의 행동)에 의해 무언가를 설명하는 것이 타당한지를 보여줌으로써 자신의 주장의 토대를 마련한다.

연역적 논증은 "일반적으로 받아들여지는 것과는 거리가 먼"[11] 전제로부터 시작되기 때문에, 스윈번은 귀납적 논증에 초점을 맞춘다. 그리고 많은 사상가가 하나님의 존재에 관한 연역적 논증을 개발하기 위해 많은 노력을 기울였지만, "오늘날 상대적으로 소수의 철학자들만이 여기에 필요한 좋은 연역적 논증이 있다는 것을 받아들일 것이다"[12]라고 말했다(연역적 논증들은 그들의 결론의 논리적 확실성을 주장하는 반면, 귀납적 논증들은 그들의 결론이 개연적일 뿐이라고 주장한다는 점을 기억하라).

일부에서는 유신론 논증이 개별적으로 서거나 무너져야 한다는 것을 보여주

---

9 Ibid., p. 2.
10 Richard Swinburne, *The Existence of God,* 2nd ed. (Oxford: Oxford University Press, 2004).
11 Ibid., p. 13.
12 Ibid., p. 14.

려고 노력하지만(예를 들어, 반[反]유신론자들인 알래스데어 맥킨타이어[Alasdair MacIntyre]와 그가 유신론으로 회심하기 전의 안토니 플루[Antony Flew]), 스윈번은 논증들은 함께 추가됨으로써 누적된 주장을 형성할 수 있으며, 연역적 논증들과 귀납 논증들 모두 누적적인 힘을 가질 수 있다고 주장한다.

예를 들어, "모든 학생은 머리가 길다"라는 전제로부터 "스미스는 머리가 길다"라는 결론에 이르는 타당한 연역 논증은 없다. 또한, "스미스는 학생이다"에서 "스미스는 긴 머리를 가지고 있다"라는 결론에 이르는 어떠한 타당한 연역 논증도 없다. 그러나 "모든 학생은 머리가 길고, 스미스는 학생이기 때문에 스미스는 머리가 길다"[13]라고 주장하는 것은 연역적으로 타당하다.

마찬가지로, 우리가 증거를 개별적으로 고려한다면 스미스가 존스 부인을 살해했다는 결론에 이르는 귀납적으로 강한 어떠한 논증도 없다. 스미스가 동기를 가지고 있었다는 것만으로는 충분하지 않으며, 범행 현장에 가까이 있었다는 것 자체로도 충분하지 않고, 또한 손에 피를 묻혔다는 사실만으로도 충분치 않다. 그러나 모든 증거를 종합해 보면 스미스가 정말로 존스 부인을 살해했다는 것은 설득력이 있다.[14]

따라서, 하나님의 존재에 대한 개별적인 논증들(우주의 존재, 질서, 종교적 경험 등으로부터의 논증들)은, 비록 개별적으로 취해진 논증들이 결정적이지는 않더라도 합쳐지면 강력한 주장이 될 수 있다는 것이다.

스윈번은 모든 것을 물리적인 용어(힘, 입자 등)로 설명하려는 현대적 경향과 대조적으로, 우리는 인간이라는 관점에서 어떤 것을 타당하게 설명할 수 있다고 주장한다. 물리적인 설명은 자연법칙 등을 사용하는 반면, "인격적인 설명"(사람을 적용하는 설명들)은 의도와 목적 등을 사용한다. 그래서 하나님의 행위라는 관점에서 사물을 설명하는 것은, 예를 들어, 하나님이 우주를 창조하였음으로 질서정연한 우주가 존재한다는 것은 타당하다.

하나의 이론이 개연적으로 참인지 여부를 판단하는 데 있어서, 이론의 단순성이 결정적인 요소라는 것은 특별히 과학에서 널리 알려져 있다. 스윈번은 인간적인 설명과 관련된 단순성은 이론에 나오는 사람이 일정한 의도, 지속적인 능력 그리고 믿음을 획득하는 간단한 방법을 가지고 있느냐의 문제라고 말한

13　Ibid., p. 12.
14　Ibid.

다. 개인적 설명에서 설명력은 우리가 관찰하는 사실을 예측하거나 설명할 수 있는 능력의 문제다.[15] 그래서 유신론의 경우, 예를 들어, 하나님의 존재가 우주의 존재와 질서를 얼마나 잘 설명하는지 판단해야 한다.

2. 베이즈의 정리 및 선행 확률

그런 다음 스윈번은 인격적 존재가 우리가 발견한 우주에 대한 가장 좋은 설명이라고 주장하는 귀납적이고 누적적인 사례를 구성한다. 그는 또한 일류 수학자였던 18세기 성직자인 토마스 베이즈(Tomas Bayes)의 확률 정리를 이용하여 구성 요소들을 하나로 묶는다. 그것은 만일 하나의 이론[16]이 우리가 알고 있는 다른 것들(이론의 사전 확률이라고 한다)을 감안할 때 좋은 이론이라면, 그리고 달리 설명할 수 없는 것들을 설명할 수 있다면(설명력이라고 한다), 그 이론은 참일 가능성이 높다는 것을 보여준다.

사전 확률은 설명할 필요가 있는 어떠한 것에 대해서 무한한 수의 이론이 작업을 수행할 것이기 때문에 중요하다. 그러나 그 이론들 중 일부는 터무니없다. 그들(역주: 터무니없는 이론들)을 제거하기 위해서 우리는 설명력이 아닌 다른 것에 의존해야 한다. 이는 그들이 설명력을 가지고 있기 때문인데, 문제는 그들이 어떻게 설명하느냐에 있다. 그들이 이론 자체를 어떻게 설명하는지에 관한 우리의 판단을 이론의 사전 확률이라고 하며, 이것은 여러 가지에 기반한다.

사전 확률의 중요성과 그것을 직관적으로 평가하는 방법을 설명하기 위해, 무한한 수의 가설로 창문이 깨지고 야구공이 양탄자 위에 놓여있는지를 설명할 수 있다고 생각해 보라. 우리는 화성 우주선이 공을 떨어뜨려 유리창이 깨졌다거나, 벌새 한 마리가 공을 집어 창문 안으로 던졌다거나, 특히 아이들이 야구를 하다가 우연히 유리창으로 공을 던졌다고 추측할 수 있었다.

분명히 마지막 이론은 우리의 배경 지식에 더 잘 들어맞는다. 특히 우리가 야구에 대해 알고 있는 것과 아이들이 야구를 할 때 창문을 깨는 경향에 더 잘

---

15 Ibid., p. 65.
16 우리의 목적을 위해 "이론"과 "가설"을 구분하지 않을 것이다.

들어맞는다. 그러나, 우리는 화성 우주선에 대해 (만약 우리가 주위에 있는 많은 요약물을 읽지 않는다면) 아무것도 알지 못한다. 그리고 우리가 벌새에 대해서 아는 것은, 그들이 야구공을 집을 수 없을 뿐 아니라 하물며 던지는 것은 더욱 할 수 없다고 생각하게 만든다. 그러므로 세 가설 모두 깨진 창을 설명하지만, 우리의 배경 지식에 맞기 때문에 다른 이론보다 아이 이론을 선택한다.

스윈번은 사전 확률은 배경 지식에 적합할 뿐만 아니라,[17] 그것은 범위와 단순성에 따라 평가된다고 말한다. 이론의 범위가 넓을수록 그것이 참일 가능성이 적다. 당신이 말하고자 하는 것이 많으면 많을수록 틀릴 가능성이 높아지기 때문이다. 달리 말해, 당신이 주장을 하면 할수록 오류를 범할 가능성은 커진다.[18]

그러나 이론의 범위가 넓을수록 그것은 더 단순해지는 경향이 있다. 일반적으로 광범위한 이론은 적은 수의 실체와 그러한 실체에 적용되는 적은 수의 규칙을 사용하여 많은 것을 설명하기 때문이다. 예를 들어, 뉴턴의 중력 이론은 조수에서 행성 운동까지 모든 것에 적용된다는 점에서 매우 넓은 범위를 가진다. 그러나 그것은 또한 우주에 대한 설명을 크게 단순화한다. 그리고 우리는 여러 다른 분야(특히, 과학)에 대한 수 세기 동안의 연구를 통해 단순한 이론이 종종 참인 것으로 판명된다는 것을 알고 있다. 복잡한 개념은 많은 기호나 단어를 하나의 기호나 단어로 대체하는 것만으로 인위적으로 단순한 것으로 축소될 수 있다.

그러나 진리의 지표로서 단순성에 호소하는 대부분의 과학 철학자뿐만 아니라 스윈번은 보다 근본적인 것을 의도한다. 그것은 "각각 소수의 개체를 연결하는 소수의 법칙들, 적은 종류의 개체, 소수의 속성 및 수학적으로 단순한 공식들에 의해 연결된 몇 종류의 속성"[19] 문제다. 이론은 "소수의 실체를 가정하는 경우에만 증거에 의해 뒷받침될 것이며, 이것은 증거를 형성하는 다양한 현상을 기대하게 한다."[20]

더 폭넓은 이론은 범위뿐만 아니라, 단순성도 얻는다. 이론으로서 유신론은 오직 하나의 실체인 신만을 사용하여 모든 것을 설명한다는 점에서 높은 사전

---

17 스윈번은 가설에 대한 증거와 배경 지식 간의 구획이 다소 임의적일 수 있음을 알고 있다 (ibid., p. 65).
18 Ibid., p. 55.
19 Swinburne, "Natural Theology and Orthodoxy, p. 53.
20 Ibid., p. 53.

확률을 갖고 있다. 그리고 그 실체는 신이 자신의 힘과 지식과 자유에서 무한하기 때문에[21] 신에게 적용되는 규칙(혹은 그에게 적용되는 규칙)을 설명하는 데 한계가 없다는 의미에서 단순한 존재다.

스윈번은 "세계관은 일반적으로 우리의 배경 지식에 적합한가보다 그것의 단순성에 따라 평가되어야 한다"라고 말한다. 이는 세계관이 모든 것에 영향을 미침으로, 그것에 부합하는 배경을 형성하는 데 영향을 받지 않는 것은 아무 것도 없기 때문이다.[22] 결과적으로, 스윈번은 유신론의 극단적인 단순성이 유신론에 매우 유리하게 작용한다고 결론짓는다.

우리가 본 것처럼, 설명력은 달리 설명할 수 없는 것을 설명하는 이론의 능력이다. 하나의 이론은 그것이 실제로 일어난 일을 우리에게 기대하게 한다면(즉, 더 개연적으로 만든다면) 설명력을 가진다. 그 동안 일어난 일이 많을수록, 그 일이 다양할수록, 이론은 더 많은 설명력을 갖게 된다.[23]

우리가 그 이론을 참인 것으로 가정하든 아니든, 이론이 설명하는 일이 일어난다면 그 이론은 낮은 설명력을 갖는다. 예를 들어, 어느 날 밤 은행 금고에서 돈을 도둑맞고 경찰이 금고에서 은행 지점장의 손가락 지문이 찍혀 있는 것을 발견하면, 그가 돈을 훔쳤다는 설명은 설명력이 없다. 그가 돈을 훔쳤든 아니든 그의 지문은 그곳에 있을 것이다. 그러나 존 존스의 지문이 발견되었는데 그가 그곳에서 일하지 않거나 그 은행과 거래하지 않는다면, 그가 돈을 훔쳤다는 이론은 달리 설명할 수 없는 것, 즉 그의 지문이 금고에 있다는 것을 설명한다.

설명을 부연하면, 우리의 배경 지식, 즉 이 경우 우리가 존스 씨에 대해 알고 있는 것과 일치한다면 존 존스가 그 돈을 훔쳤을 가능성이 훨씬 더 높다. 만약 그에게 절도 전과가 있고, 은행에서 절도할 기회가 있었다면(예를 들어, 그가 그 지역에 있었다는 것이 알려지면) 존스 씨는 우리가 말하는 사람일 가능성이 매우 높다.

우리는 유명한 O. J. 심슨(O. J. Simpson) 살인 사건 재판의 예를 하나 더 들 수 있다. 여론 조사 자료에 따르면 대다수의 아프리카계 미국인 사회는 심슨의 무죄를 믿는 반면, 백인 공동체 내의 동일한 다수는 심슨의 유죄를 믿는 것으로 나타났다.

21　Swinburne, *Existence of God*, pp. 97, 150-51.
22　Ibid., pp. 59-60.
23　Swinburne, *The Existence of God*, 2nd ed., p. 56.

일부 분석에 따르면, 이 문제는 배경 문제의 신뢰성, 즉 단지 그가 아프리카계 미국인이라는 이유만으로 한 사람을 모함하기 위해 다수의 법률 집행자가 자발적으로 공모할지 여부의 신뢰성에 달려 있다고 했다. 그들이 편견에 대한 과거의 개인적인 경험이라고 생각했던 것에 근거하여, 아프리카계 미국인들은 일반적으로 그 생각이 믿을 만하다고 생각했다. 그러한 음모는 인종 차별적 음모자들에 의해 부당하게 만들어졌으므로, 심슨이 살인을 저질렀든 아니든 거기에 증거가 있을 것이기 때문에 증거의 설명력을 떨어뜨릴 것이다. 백인들은 법 집행 요원들이 서로를 알지도 못했고, 그들은 한 사람을 중범죄자로 모함하여 사형을 선고 받을 위험이 있음을 알고 있었을 것이라는 이유로 음모론을 믿을 수 없는 것으로 거절했다.

그렇다면 베이즈의 정리의 관점에서 볼 때, 백인들에게 음모론의 사전 확률은 매우 낮았는데, 그것은 증거의 설명력이 매우 높아 그의 유죄를 가리킨다는 것을 의미했다.

베이즈의 정리 자체는 이론을 검사하는 것에 대해 고려해 온 것들을 공식화한다. 그것은 확률(p), 가설(h: "이론"과 동일), 증거(e)와 배경 지식(k)이 서로 어떻게 관련되는지 보여준다(표 1을 보라).

설명적 가설의 확률	=	사후 확률: 가설의 설명력	x	사전 확률: 우리가 알고 있는 다른 것들을 고려한다면 그것은 얼마나 좋은 가설인가?
$p(h/e.k)$	=	$\dfrac{p(e/h.k)}{p(e/k)}$	x	$p(h/k)$

표 1.

즉, 가설의 확률은 그 가설의 설명력에 사전 확률을 곱한 것과 같음을 나타낸다. 설명력 ($p(e/h.k)/p(e/k)$)은 그 증거가 가설(h)이 참 ($p(e/h.k)$)이라고 가정할 확률이 얼마인지 그리고 그 증거가 가설이 참($p(e/k)$)이라고 가정하지 않을 확률이 얼마인지를 비교한다는 점을 주목하라. 그래서 (h)는 윗부분에는 나타나지만 아랫부분에는 나타나지 않는 것이다. 이 "사후 확률(posterior probability)"은 증거(e)가 주어질 경우의 확률이다.

이 정리의 적용과 관련하여, 앨빈 플랜팅가는 우리가 많은 가설 항목을 가지고 있고, 이용 가능한 총 증거를 일정하게 유지하고 가설의 더 많은 항목을 추가하

면, 확률은 점점 작아져서 믿음을 지지할 수 없을 정도로 작아진다고 지적한다.[24]

스윈번은 "만약 우리가 가설의 각각의 새로운 요소들을 추가하는 것과 동시에 각각의 새로운 증거들을 추가한다면 그 확률은 충분히 증가할 수 있다"[25]라고 대답한다. 그리고 그는 이 경우에 확률이 증가한다고 믿는다. 그가 고려하는 경우에서 "가설의 많은 항목"은 "기독교 신조들에 의해 제정된 하나님에 관한 보다 상세한 주장들"[26]이다.

플랜팅가가 제안하는 대로 한다면, 종교적인 사건뿐만 아니라 어떤 사건에 대해서도, 많은 역사적 증거가 같은 사건에 대한 더 적은 양의 증거보다 사건의 가능성을 낮춘다는 반(反)직관적인 결과를 얻게 된다고 그는 덧붙인다.[27]

3. 유신론에 대한 증거

스윈번은 단순성을 이용하여 유신론의 사전 확률은 "자료들을 비교적 잘 설명하는 데 이용할 수 있는 어떤 대안적인 가설에 비해서도 높다"[28]라고 판단한 후, 유신론을 지지하는 여섯 개의 논증과 그것에 반대하는 한 개의 논증(악의 존재)을 사용하여 유신론의 설명력을 검사한다.

그는 우선 유신론이 우주의 존재를 얼마나 잘 설명할 수 있는지(우주론적 논증)를 고려한다. 하나님이 존재한다면 우주를 창조할 가능성이 매우 높은 반면, 하나님이 없다면 우주의 존재 이유를 설명하기 어렵기 때문에 유신론은 높은 설명력을 가진다. 그는 "우주에는 하나님이 가지고 있지 않은, 설명이 필요한 복잡성, 특수성, 유한성이 있다"[29]고 덧붙인다. 반면에, 하나님이 존재한다

---

24 Alvin Plantinga, *Warranted Christian Belief*(New York: Oxford University Press, 2000), pp. 272-80. 그는 논증을 위해 확률이 그런 것들에 할당 될 수 있다고 가정 한다. 또한, 리처드 스윈번의 *The Resurrection of God Incarnate*(Oxford: Oxford University Press, 2003), pp. 215-16 n. 4.
25 리처드 스윈번, 저자와의 개인적 이메일 교류, Oct. 17, 2013.
26 Ibid.
27 Richard Swinburne, *Revelation: From Metaphor to Analogy*, 2nd ed.(Oxford: Oxford UniversityPress, 2007), p. 356. In n. 7. 그는 유신론과 관계된 확률을 어떻게 대하는지 자세히 설명한다. 거기서 그는 자신의 *The Resurrection of God Incarnate*, p. 30 n. 12를 참조문으로 인용한다.
28 Richard Swinburne, 저자와의 개인적인 이메일 교류, Oct. 17, 2013.
29 Swinburne, *Existence of God*, p. 150.

는 가정은 매우 단순하다.[30] 나아가 이렇게 말할 수 있다.

> 우주의 존재는 하나님의 존재보다 덜 단순하고, 따라서 선험적으로 기대하기가 어렵다. 그러므로 하나님이 없다면 복잡한 물리적 우주의 존재는 별로 기대할 것이 없다. 그리고 그것은 두 가지 이유로 선험적으로 전혀 가능성이 없다.
>
> **첫째**, (물론 그렇게 보일지 모르지만) 어떤 것이 정말 있다는 것은 선험적으로는 전혀 개연성이 없을 것이기 때문이고,
> **둘째**, 만약 어떤 것이 있다면, 그것은 자존하는 복잡한 물리적 우주라기보다는 자존하는 하나님이 될 가능성이 더 크기 때문이다.[31]

그는 "하나님이 존재한다면 우주의 유한성과 복잡성을 만들어 낼 가능성이 꽤 있다. 우주가 자존적으로 존재할 것 같지 않으며, 오히려 하나님이 보다 더 자존적으로 존재할 것 같다"[32]라고 결론 내린다. 따라서, 우주의 존재로부터 하나님에 이르는 논증은 타당하다.[33]

다음으로 설명할 것은 우주의 질서(목적론적 논증)다. 스윈번은 우주 내의 질서로부터 신성한 설계자에 이르게 되는 타당한 연역적 논증은 있을 수 없다고 주장한다. 그것은 질서가 한 인격에 의해 생겨나야 한다는 것은 논리적으로 필연적이지 않기 때문이다.[34] 그러나 한 인격에 의해 질서가 생겨날 개연성은 매우 크다. 따라서, 그것은 질서가 이르는 좋은 귀납적 논증은 있을 수 있다.[35]

스윈번은 유신론이 더 단순하기 때문에 다신교보다 더 좋은 이론이라고 주장한다. 우리는 왜 특정한 수의 신들이 있는지, 그들의 한계가 무엇인지 등을 설명할 필요가 없기 때문이다. 더욱이 우주는 전체적으로 균일하기 때문에 한 분 하나님의 작품일 가능성이 훨씬 높다. 만약 많은 신이 존재한다면 우리는

30　Ibid., pp. 96-109, 150-51.
31　Ibid., p. 151.
32　Ibid., p. 152.
33　그는 그것을 "C-귀납적" 논증으로 생각한다. 즉 결론에 관하여 이의를 제기하는 사람들에 의해 참인 것으로 알려진 전제로부터의" 논증.
34　Ibid., p. 155.
35　Ibid., p. 166.

중력이 우주의 한 부분에서는 작용하지만 다른 부분에서는 작용하지 않는 일 등을 예상할 수 있을 것이다.[36]

스윈번은 인간 경험의 주관적 요소를 고려하는 데 있어서 카넬만큼 멀리 가지는 않지만, 여기서 그는 그 특징들 중 일부를 평가한다.

인간은 하나님을 경배하고 그의 피조물의 가치를 인정하고 도덕적으로 행동할 수 있는 능력에 있어서 독특하다. 여기에는 자유의지, 권력, 지식이라는 자산이 필요하다.[37]

하나님은 인간이 이런 것들을 가지고 있고, 자유로운 도덕적 존재가 되는 세계를 만드실 좋은 이유를 갖고 계신다(그는 또한 동물들이 자유로운 선택을 할 수 있는 약간의 능력을 가진 세계를 만드실 이유를 갖고 계실 것이다). 더 나아가 인간이 자신의 운명에 대해 의미 있는 선택을 하기 위해서는 마음을 끄는 것이 있어야 한다.[38] 따라서, 스윈번은 인간의 상태가 하나님의 존재와 잘 들어맞는다고 결론짓는다.

스윈번은 인간이 진화했다는 사실은 인정하지만, 심리 사건과 두뇌 사건 가이의 정확하고 정교한 연결은 과학적으로 설명할 수 없다고 주장한다.

> 동물과 모든 인간의 가장 새롭고 놀라운 특징(감정, 선택, 이성의 의식적인 삶)은 완전히 성공적인 과학적 설명의 범위 너머에 놓여 있는 것처럼 보인다.[39]

우리가 이것들을 "하나님의 발자국"[40]이라고 생각하는 것은 정당하다.

그는 심신(특히, 뇌)이 서로 다른 실체라는 견해를 옹호한다. 그 견해는 "실체 이원론"으로 알려져 있고, "마음"은 단순히 뇌와 그 화학적 작용에 관하여 말하는 또 다른 방법이 아니라고 주장한다. 정신이 육체적 두뇌에 지나지 않았다면 기독교에 필수적인 교리, 특히 미래의 삶에서 영혼의 존재를 옹호하기는 어려울 것이다. 하나가 다른 하나를 수반하지 않는다면, 하나가 다른 하나의 일부가 아니라 부수적인 것이라면, 우리는 한 가지(즉, 정신과 육체, 영혼과 육체)

---

36 Ibid., pp.146-47, 122, 130, 211.
37 Ibid., pp.122, 130, 211.
38 Ibid., pp. 218, 237, 241.
39 Ibid., p. 209. 또한, p. 210을 보라.
40 Ibid., p. 211.

가 아니라, 두 가지를 갖게 된다.⁴¹(즉, 마음과 몸, 또는 영혼과 몸).

영혼이라는 단어는 사람에게 필수적인 것을 지시하는데 사후 존속은 그 개인의 존속이다.⁴²

> 단지 사람의 몸이 계속해서 존재하는 것만으로는 그 사람이 계속해서 존재하는 데 필요하지도 충분하지도 않다.⁴³

마음은 물리적인 뇌 이상이라는 견해에 대한 일반적인 반대는 한쪽이 다른 쪽에 어떻게 영향을 미치는지 설명할 수 없다는 것이다. 스윈번은 "모든 질문에 답할 수 없다는 이론에 반대하지 않는다"⁴⁴라고 대답한다.

또한, 심신 문제에서 위태로운 것은 자유의지다. 우리의 마음이 물리적 두뇌에 지나지 않는다면, 어떻게 우리 몸에 의해 결정되지 않는 진정한 자유로운 선택을 할 수 있는지 알기 어려울 것이다. 스윈번은 과학이나 신경과학에서는 마음과 뇌 사이에 상호 작용이 일어나지 않는다는 것을 보여주는 것은 아무것도 없다고 말한다. 우리의 의도는 두뇌 사건을 일으킬 수 있다. 그리고 실제로 의식적인 사건과 두뇌 사건은 너무 달라서 개인이 도덕적 갈등에서 무엇을 할지 예측할 수 있는 과학적 이론을 확립하는 것은 불가능하다. 총괄하면, 그는 우리가 우리의 행동에 책임이 있으며, 그것들은 우리의 몸에 의해 결정되지 않는다고 결론짓는다.⁴⁵

스윈번 도덕성에서 두 가지 가능성 있는 논증을 본다.

첫째, 인간은 도덕 의식을 갖고 있다는 단순한 사실이다. 그는 논증이 확증

---

41 Richard Swinburne, *The Evolution of the Soul,* rev. ed. (Oxford: Clarendon Press, 1997), p. x. 실체 이원론에 대한 보다 정확한 논증에 대해서 J. R Moreland, *Scaling the Secular City* (Grand Rapids: Baker, 1987), chap. three, "God and the Argument from Mind," pp. 77-103을 보라. 보다 확장된 논의를 위해 J. R Moreland, *Consciousness and the Existence of God: A Theistic Argument* (New York: Routledge, 2008)를 보라.
42 Swinburne, *Evolution of the Soul,* p. x.
43 Ibid., p. xiii. Part two of the book argues this.
44 Ibid., p. xiii.
45 Richard Swinburne, *Mind, Brain, and Free Will* (Oxford: Oxford University Press, 2013), pp. 228-29.

적 힘을 갖고 있다고 믿는다.[46]

둘째, 도덕성 자체로부터의 잠재적 논증이 있다. 도덕적 의무가 있다면 그 근원에는 반드시 신이 존재해야 한다.

그러나 스윈번은 이것은 이미 하나님의 존재를 받아들이지 않는 사람들에게는 설득력 있는 논증이 될 수 없다고 믿는다. 그들은 어떤 도덕적 행위가 의무적이라는 사실을 부인하거나, 도덕적 행위가 우주의 더 큰 선에 기여한다는 것을 부인하기 때문이다. 전제들은 논쟁 중인 당사자들에 의해서 받아들여지지 않을 것이기 때문에, 도덕의 사실로부터의 논증은 실질적인 가치가 없을 것이다.[47]

전통적으로 "섭리"라고 불리는 것은 유신론에 대한 또 다른 논거를 제공한다. 하나님이 계시다면 우리 유형의 세계가 존재할 가능성이 있지만, 하나님이 존재하지 않는다면 세계도 존재할 가능성이 없다. 만약 우리의 세계를 창조할 하나님이 존재하지 않는다면, 다른 많은 종류의 세계가 존재할 가능성 역시 이 세계만큼 높았을 것이기 때문에, 우리의 특정 유형의 세계가 생겨난 이유에 관한 과학적인 설명은 없다. 이것은 우리의 세계가 하나님의 산물이라는 몇 가지 증거를 제공한다.

이 세계가 하나님의 작품이라는 몇 가지 증거가 있다. 우리가 삶을 유지하는데 필요한 것을 스스로 제공할 수 있다는 것, 올바른 선택을 할 수 있는 기회는 있지만 나쁜 선택을 바로잡을 수 있는 무한한 기회는 없다는 것, 우리가 서로에게 이익을 줄 수 있고 선한 일을 성취하기 위해 함께 일해야 한다는 것이다(이 자유는 우리가 서로를 해칠 가능성을 수반하며, 고통과 악이 존재하는 이유를 설명하는 데 도움이 된다).

예를 들어, 죽음은 용기와 궁극적인 희생의 근거를 제공하고, 결국 젊은이들에게 영향력을 행사할 기회를 제공하며 다른 사람에게 해를 끼칠 수 있는 무한한 시간을 갖지 못하게 한다는 점에서 가치가 있다. 역사와 기적 역시 하나님의 존재를 가리킨다. 역사의 특정 사건에 대한 상세한 평가는 그의 범위를 벗어나지만, 스윈번은 기독교 전통이 우리가 하나님과 역사에 대해 알고 있는 것과 양립할 수 있다고 생각할만한 몇 가지 이유를 제시한다. 인류가 기대보다

---

46 Swinburne, *Existence of God*, pp. 215-18. 그는 1판에 나타난 자신의 견해를 바꾸었다.
47 Ibid., pp. 212-15.

훨씬 못 미친다고 가정하면, 하나님께서 그것에 대해 무엇인가를 하실 것으로 기대할 수 있다. 그는 한 사람을 보내어 도덕적·영적 원리를 가르치고, 심지어는 악에 대한 속죄까지 하게 할 수 있었다. 속죄는 부도덕하지 않은 사람에 의해 이루어져야 할 것이다. 속죄는 죽음을 초래할 것이기 때문에, 하나님은 다른 사람에게 속죄를 요구할 수 없다.

그런데 하나님은 스스로 속죄하실 수 있었다. 하나님은 그가 자연법칙(즉, 기적을 행함)을 어길 수 있게 함으로써 그가 자신의 메신저임을 증명할 것이고, 그의 사역과 메시지를 이어나갈 공동체를 남겨두고, 그를 부활시킬 이유가 있을 것이다. 그렇지만 하나님은 각 개인이 그를 믿고 따를 것을 선택할 자유를 제거할 정도로 사자의 일을 명백하게 하지는 않으실 것이다.[48]

우리는 이 모든 것을 발견해야 할 이유가 있을 수 있고, 그것이 바로 우리가 기독교에서 발견하는 것이다. 후기의 저작 『계시록: 은유에서 유비까지』(*Revelation: From Metaphor to Analogy*)[49]에서 스윈번은 역사적 논증이 기독교의 논거를 위해 중요하며, 합리적인 기준이 적용될 때 부활을 위한 충분한 역사적 증거가 있음을 보여준다. 기독교가 성경에 관해 주장하는 것처럼 특정한 명제적 계시가 하나님으로부터 나왔다는 주장을 정당화하는 것은, 자연계시가 하나님이 존재한다는 것을 보여준다면 더 쉬워진다.

그렇게 해서 일반계시(하나님의 존재같이 성경 없이도 알려질 수 있는 것)는 특별계시를 지지한다. 그리고 부활에 관한 것과 같은 역사적 논증 또한 명제적 계시(즉, 성경에서 발견되는 특별계시)에서 이루어진 사건들에 대한 주장을 정당화하는 데 도움이 된다. 스윈번은 같은 책에서 은유, 비유, 시와 같은 장치들이 성경이 영원한 진리와 도덕 원리들을 전달하는 것을 방해하지 못한다고 주장한다.

기적은 성경을 포함한 종교적 진리에 대한 많은 주장에서 두드러지게 나타난다. 그것은 규정상 거의 가능성이 없는 자연법의 위반이지만, 그렇다고 해서 그러한 위반이 발생했다는 주장을 굳이 무시할 이유는 없다(흄이 우리에게 그렇게 하도록 제안한 것은 유명하다).[50] 스윈번은 어떤 종류의 증거가 기적적인 사건의

---

48 Ibid., pp. 288-91.
49 Swinburne, *Revelation*.
50 David Hume, *An Enquiry Concerning Human Understanding* (1748), sec. ten, "Of Miracles."

발생을 설명할 수 있다는 점을 올바르게 지적한다. 증거에는 기억력, 증언, 물리적 증거[51] 그리고 나머지 세계에 대한 우리의 배경 지식이 포함된다.

기적 외에도 하나님이 존재한다는 증거가 있다면 과거에 기적이 일어났을 가능성이 더 커진다. 하나님이 계시다면, 그는 기적을 행할 능력과 동기를 가질 것이기 때문이다.[52] 더욱이 하나님은 기도에 응답하여 일정 기간 동안 개입할 이유가 있지만, 지나치게 개입할 경우 선한 행위나 악한 행위의 결과를 제거한다. 하나님은 또한 육신을 입고 기적으로 증명할 이유가 있다.

종교 경험은 유신론에 관한 또 다른, 일반적이지만 논란의 여지가 있는 논증이다. 스윈번은 매우 단순하지만 강력한 가정에 근거하여 주장을 펼치는데, 그는 회의주의의 도전을 약화시키고 하나님에 대한 믿음을 지지한다고 믿는다. 그의 "신뢰의 원칙"은 우리가 달리 생각할 특별한 이유가 없는 한, 사물은 우리가 경험하는 대로 존재한다고 가정한다. 그것은 믿음이 무죄로 입증되기 전까지 유죄가 아니며, 우리가 제시할 수 있는 주장의 강도에 우리의 확신의 정도를 비례시킬 필요가 없다는 개혁주의 인식론의 주장과 다소 유사하다(이것은 예를 들어, 철학적 증거주의가 주장하는 것으로서 변증적 증거주의와는 같지 않다. 플랜팅가에 관하여 5장을 참조하라).

예를 들어, 인식론자 로데릭 치숌(Roderick Chisholm)[53]은 스윈번과 경쟁하는 경험의 관점을 주장한다. 치숌은 x가 우리가 지각할 수 있는 것일 때, 비로소 x가 보이는 그대로라고 믿는 것이 정당하다고 주장한다. 따라서, 만일 우리가 테이블이 갈색이라고 인식한다면, 우리는 테이블이 갈색이라고 믿는 것이 정당하다. 그러나 x를 인지할 수 없는 곳에서는 그것을 믿는 데 더 많은 귀납적 지원이 필요하다. 예를 들어, 우리가 보는 테이블이 빅토리아 시대 것이라는 주장에 대해서는 더 많은 지지가 필요하다.

만일 우리가 하나님에 대한 경험을 그가 존재한다는 증거로 간주하려면, 이러한 구분이 매우 중요하다. 스윈번의 견해에 따르면, 하나님에 대한 경험은 (믿지 않을 만한 어떤 타당한 이유가 없는 한) 하나님이 그곳에 계시다는 증거로 받아들여야 한다. 그러나 경쟁적인 관점에 따르면, 하나님에 대한 경험은 그것에

51　Swinburne, *Resurrection of God Incarnate*, p. 9.
52　Swinburne, *Existence of God*, p. 287.
53　R. M. Chisholm, *Perceiving: A Philosophical Study* (Ithaca, NY: Cornell University Press, 1957), p. 83; 스윈번의 *Existence*, pp. 307-8에서 인용됨.

대한 추가적인 뒷받침이 없다면 그의 존재에 관한 증거가 아니다. 어떤 사람이 하나님을 경험하고 있다는 것은 단지 일어나고 있는 일에 대한 그의 해석일 뿐이다. 따라서, 그 해석을 지지할 추가적인 증거가 있어야 한다.

스윈번은 물론 인식이 잘못되었을 수도 있다는 것을 인정한다.

(1) 환각제의 영향 아래 있는 것과 상태 혹은 과거에 신뢰할 수 없다고 알려진 사람에 의해 만들어진 경우
(2) 유사한 지각적 주장이 제시되었던 환경에서 거짓으로 판명된 것과 같은 종류의 대상을 인식할 수 있어야 한다고 할 경우
(3) 배경 증거가 그 지각된 대상이 존재할 가능성이 거의 없다는 것을 나타낼 경우
(4) 개인의 경험이 그들이 생각했던 원인을 가지고 있지 않았음을 보여줄 수 있는 경우[54]

스윈번은 경험에 도전하려면 배경 증거로부터의 반대(위의 3번)가 매우 강해야 하며, 그렇지 않으면 우리는 "기존의 믿음의 범위에 갇히고 말 것"이라고 주장한다.[55]

우리의 배경 믿음은 친구가 다른 도시에 있는 것인데, 우리가 그를 거리에서 본다고 생각한다면, 우리의 경험은 우리의 배경 믿음보다 우선한다. 그러나 우리의 배경 믿음이 친구가 죽었다는 것이라면, 길거리에서 있는 사람이 바로 그일 가능성은 매우 희박하다. 그때 우리는 우리의 경험을 뒷받침할 더 많은 증거를 필요로 한다.

캐롤라인 프랭크스 데이비스(Caroline Franks Davis)는 스윈번의 관점을[56] 명확히 하고 유사한 노선을 따라 자신의 관점을 발전시킨다. 신뢰의 원칙은 우리를 속이기 쉽다는 비난에 맞서, 그녀는 특정 유형의 경험(꿈 등)과 사물(요정, "기운" 등)에 대한 도전은 "매우 널리 성공적으로 잘 알려져 있기 때문에 그러한 경험에 근거한 주장이 처음에는 성인들에 의해 신뢰받기보다 오히려 의심스럽

---

54 Swinburne, *Existence of God*, pp. 310-14.
55 Ibid., p. 312.
56 그녀는 자신의 견해를 부분적으로 그와의 대화에 근거하고 있다.

게 여겨졌다"⁵⁷라고 지적한다.

더욱이 대다수의 사람이 어떤 주장을 거부할 때, 우리는 그것이 무엇인지 알지 못하더라도, 어떤 성공적인 이의 제기가 가능할 것이라고 가정한다. 그러나 성공적인 도전을 할 수 없는 경우, "신빙성의 원칙이 우리에게 유죄가 입증될 때까지 그 주장을 무죄로 취급하도록 강요한다면 아마도 그렇게 나쁜 것은 아닐 것이다."⁵⁸

이 원칙은 현재로서는 우리가 이의를 제기할 수 없다는 이유만으로 어떤 중요한 주장을 강력하게 믿을 수 있는 자격을 부여하지 않는다. "그것은 종교 경험으로부터의 논증이 아닌 맹목적인 믿음일 것이다."⁵⁹

신빙성의 원칙이 속기 쉬운 사람으로 만들지 않는 또 다른 이유는 그것이 종교적인 경험을 단지 개연적으로 만들 뿐, "가능성이 매우 높은" 것으로 만들지는 않기 때문이다. 그것은 종교 경험에서 비롯된 주장이 무시되지 않도록 보장할 뿐이므로, 조사 받을 만큼 심각하게 받아들여지지 않는다.

스윈번은 이렇게 결론 내린다.

> 여기서 요점은 증명의 책임은 무신론자에게 있다는 것이다. 그리고 그가 자신의 주장을 제시할 수 없다면, 종교적 경험의 주장이 성립된다."⁶⁰

4. 유신론에 반대하는 주장으로서의 악

그런 다음 스윈번은 유신론에 반대하는 가장 끈질기고 진지한 논증으로 알려진 고통과 악의 존재⁶¹를 고려한다. 이것은 다른 모든 유형의 악(지진, 질병, 사고, 동물의 고통 등)인 자연 악뿐만 아니라 사람들이 서로에게 의도적으로 피해를 입히는 도덕적인 악도 포함한다.

---

57 Caroline Franks Davis, *The Evidential Force of Religious Experience* (Oxford: Clarendon Press, 1989), p. 101.
58 Ibid., p. 101.
59 Ibid., p. 102.
60 Swinburne, *Existence of God*, p. 315.
61 스윈번은 *Providence and the Problem of Evil* (Oxford: Clarendon, 1998)에서 보다 상세하게 자신의 견해를 발전시킨다.

그는 어떤 악은 피할 수 없다고 지적한다. 사람을 피해로부터 보호하는 신경도 고통을 만들어 낸다. 자유의지는 선을 선택할 수 있게 할 뿐 아니라, 악을 선택할 수도 있게 한다. 또한, 선에 대한 자유와 가능성이 클수록 악에 대한 잠재력도 커진다. 하나님께서 "우리에게 서로를 해칠 자유를 주시고 동시에 우리가 그렇게 하지 않도록 보장하는 것"[62]은 논리적으로 불가능할 것이다."

스윈번의 신정론에서 주요 주제는 "하나님은 우리 자신과 서로에 대한 깊은 책임을 부여하기를 원하시며, 우리가 올바른 방법으로 그 책임을 수행하기 원하신다"[63]라는 라는 것이다. 그러나 "행위자가 나쁜 짓을 할 수 있는 힘을 가지고 있을 때에만, 그들은 중대한 책임을 진다."[64] 유혹은 선을 선택할 기회를 제공하며, 그렇게 함으로써 시간이 지남에 따라 우리는 좋은 성품을 계발할 수 있다. 다른 사람의 선택의 영향이 우리의 성품을 형성할 수 있는 도전의 유일한 원천이라면, 많은 사람에게 성품을 형성할 충분한 기회가 될 수는 없을 것이다. 질병과 노년은 더 많은 기회를 제공하는데, 예를 들어, "참을성 있고 쾌활해지거나, 우울하고 분개할 수도 있다"라는 것이다. 우리는 도움이 필요한 사람들을 볼 때, 동정하고 베푸는 것을 선택할 수도 있고 그렇게 하지 않는 것을 선택할 수도 있다.[65]

스윈번은 자연 악[66]에 대한 세 가지 전통적인 설명에 관해 언급한다.

첫째, 자연 악은 아기나 동물의 고통을 설명하지 못하기 때문에, 죄에 대한 처벌이라고 할 수 없다.

둘째, 조상의 죄에 대한 처벌이 될 수도 없다.[67] 그러한 처벌은 인간이 그것을 지각하고 있을 때만 유용할 것인데, 대부분의 경우 그렇지 않다.

셋째, 타락한 천사에 대한 설명이 될 수도 없다. 그러한 존재에 대한 독립적인 증거가 없기 때문이다. 타락한 천사에 대한 믿음이 단지 반증으로부터 유신론을 구하기 위해 추가된다면 그것은 임시적인 것이 될 것이고, 이는 단지

---

62 Richard Swinburne, *Was Jesus God?* (Oxford: Oxford University Press, 2008), p. 21.
63 Ibid., p. 20.
64 Swinburne, *Providence and the Problem of Evil*, p. 154.
65 Swinburne, *Was Jesus God?*, p. 21.
66 Swinburne, *Existence of God*, pp. 238-40.
67 Ibid., p. 239.

이 특별한 목적을 위해 추가되었을 뿐, 더 이상 유용하지 않음을 의미한다. 그러면 인위적인 추가가 될 것이고, 이는 이론의 단순성을 손상시키기 때문에, 이 경우 유신론의 사전 확률[68](기억해 보면, 그것은 구체적인 증거와는 별개로, 배경 증거에 근거한 이론으로서의 확률이다)을 감소시킨다.

왜 자연 악이 존재하는가?

스윈번은 사람들이 자유를 행사하기 위해서는 자신들이 원하는 결과를 가져올 방법을 알아야 한다고 주장한다. 그리고 자유는 두 가지를 모두 수반하기 때문에, 선만 아니라 악한 결과도 포함한다. 더욱이 지식은 개인적 경험에 가까울수록 좋다. 그러므로 자연과 사고에 의해 야기되는 특정 유형의 피해를 보는 것은, 인간이 세계를 조작할 수 있게 하고, 따라서 자유를 행사할 수 있게 한다. 예를 들어, 독이 해를 끼친다는 것을 알게 되면 다른 사람에게 해를 입히거나 예방하는 방법을 알게 된다.

악은 여러 유형의 악이 있는 곳에서만 특정한 유형의 선한 것들이 존재할 수 있다는 사실로도 설명될 수 있다. 예를 들어, 관용은 짜증나는 것을 필요로 하고, 용기는 위험을 필요로 하며, 용서는 죄 등을 필요로 한다.

하나님은 사람들이 있기 전에, 현재 모습의 세계를 창조하기로 결심하셨기 때문에 고통 받을 사람들의 동의를 얻을 수 없으셨을 것이다. 게다가, 창조주로서 하나님은 사람들이 어떻게 고통 받을지 그리고 그것이 어떤 영향을 미칠지를 아신다. 그리고 어쨌든 창조주로서 하나님은 우리가 서로에 대해 갖지 않은, 우리에 대한 권리를 가지고 계시다.

우리는 하나님께서 사람들이 겪는 고통의 양을 제한하신다는 사실을 잊어서는 안 된다. 사람은 영원히 살 수 없고, 사람이 겪을 수 있는 고통에는 물리적 한계가 있다.

대체로 하나님께서 우리 세계와 같은 세계를 만드시거나 허용하신 데는 충분한 이유가 있으며, 인간의 행복에는 "쾌락의 흥분"[69]보다 많은 것이 있다. 그러므로 악으로부터 하나님의 비존재에 이르는 설득력 있는 논증은 없다.

스윈번은 사람들이 얼마나 좋은 기분을 느끼는지보다 행동하는 것이 더 중

---

68 Ibid., p. 240.
69 Swinburne, "Natural Theology and Orthodoxy," p. 74.

요하다고 생각하는 한, 독자들이 자신의 결론에 동의할 것이라고 말한다.[70]

(선한 이유에도 불구하고) 하나님께서 인간에게 고통을 주신다면, "그분도 그들과 함께 고통을 받으셔야 한다"[71]라는 점에서, 악과 고통은 유신론으로부터 기독교의 보다 구체적인 견해로 이어지는 다리를 제공한다. 그리스도의 인격 안에서 우리는 바로 그러한 고통을 발견한다.

5. 기독교와 확률의 균형

스윈번은 하나님의 존재에 대해 지지하거나 반대하는 모든 증거에 근거하여 하나님이 존재하지 않는 것보다 존재할 가능성이 더 높다고 결론 내린다.[72]

그는 유신론에 관한 논거가 한층 더 설득력을 갖출 수 없는 한 가지 이유는 하나님의 존재가 하나님이 창조할 수 있었던 매우 다양한 유형의 세계와 양립할 수 있기 때문이라고 믿는다. 그러나 우리의 세계가 유신론과 분명히 양립 불가능하지 않는 한(예를 들어, 무작위적이고 무의미한 큰 악이 있는 곳), 그것은 하나님의 존재를 지지한다.

유신론을 선호하는 것은, 개연성이 매우 높아서가 아니라 가능한 가장 개연성 있는 가설이 필요하다는 사실 때문이다. 유신론과 경쟁하는 주요 대안은 우주에 대한 어떤 설명도 없다는 주장이다. 그러나 스윈번은 사물에 대한 설명이 있을 것으로 예상하기 때문에 그것은 좋은 대안이 아니라고 덧붙인다.

스윈번은 유신론이 일관성이 있다는 것을 보여주고, 하나님이 존재한다는 강력한 귀납적 주장을 확립한 후, 기독교야말로 유신론에 대한 올바른 이해임을 보여주고자 한다. 그는 하나님의 본성과 "인류의 일반적 상태"[73]와 같은 기

---

70 Swinburne, *Existence of God*, p. 267: "독자는 행위자가 하는 일(그가 하는 선택, 그가 세상에서 이루어 내는 변화, 그의 삶이 다른 사람들에게 미치는 영향)이 그에게 일어나는 일(그가 경험하는 감정과 실망)보다 더 중요하다고 믿는다면 내 판단에 공감할 것이다"

71 Swinburne, "Natural Theology and Orthodox," p. 68.

72 In *The Resurrection of God Incarnate*(p. 201). 그는 자신이 다른 곳에서 유신론에 대한 주장을 한 적이 있다고 언급하고, "나는 증거의 강도를 과장하고 싶지 않았기 때문에 단지 그 증거가 신이 존재할 가능성을 없게 만든다고 주장했을 뿐이다"라고 말한다. 그런 다음 성육신의 경우와 관련하여, "다시 말하지만, 나는 이러한 타당성의 강도를 과장하고 싶지 않아서 신이 성육신으로 오실 (원문 그대로)가능성이 없다고 제안했다"(201쪽).

73 Swinburne, *Was Jesus God?*, p. 5.

독교의 중심 교리를 믿는 선험적인 이유를 제시한다.

그런 다음 하나님이 존재한다는 다른 증거와 선험적 증거에 적당한 확률만을 부여하면서 "예수님의 삶과 부활에 관한 역사적 증거와 그 후의 교회의 가르침은 이 교리들이 참일 가능성을 매우 높게 한다"라고 주장한다. 역사적 근거는 후험적인 이유를 제공한다(선험적 이유는 경험에 앞서 또는 경험과는 독립적으로 마음에 존재한다. 후험적 이유는 그와 달리 증거 조사를 수반한다).

또한, 유신론에 대한 증거는 기독교가 참일 가능성을 더 높게 하는데, 물론 유신론이 참이 아니라면 기독교는 참일 수 없기 때문이다(유신론에 대한 증거는 기독교에 대한 증거보다 유신론에 더 중요하다). 따라서, 유신론에 대한 후험적 증거는 유신론이 참이라면 기독교는 배경 지식(즉, 유신론의 배경 지식)에 부합하기 때문에, 기독교에 대한 사전 증거를 제공한다. (하나님이 존재한다는) 사전 증거가 강할수록, 후험적 증거(기독교를 위한 역사적 논증)는 약해질 수 있으며, 여전히 기독교는 전반적으로 확증되는 것으로 나타날 것이다.[74]

그는 부활에 대한 주장을 유신론에 대한 (노르만 가이슬러와 같은 고전적 유신론자들에게 전형적인) 주장과 연결한다.

> 이런 식으로 인류 역사에 개입할 하나님이 존재하신다는 것이 얼마나 가능한지를 고찰하지 않고 예수께서 죽음에서 부활했는지 여부를 조사하는 것은 불가능하다.[75]

그래서 "만약 배경 증거가, 논의된 방식대로 행동할 가능성이 있는 하나님이 존재한다는 것을 그렇게 불가능하게 하지 않는다면, 전체적인 증거는 예수께서 죽음에서 부활한 성육신한 하나님이었을 가능성을 매우 높게 만든다."[76]

스윈번은 하나님이 존재하신다는 니케아 신조(381년에 최종적인 형태로 표현됨)의 선험적 증거를 탐구한다. 하나님은 완벽하게 선하시므로, 또한 완벽하게 사랑하셔야 한다. 완전한 사랑은 동등한 존재에 대한 사랑이며, 따라서 하나님은 영원한 아들을 낳으신다. 두 분 사이의 사랑은 자애적(自愛的)일 수 있으며, 하

74　Ibid., pp. 23, 25.
75　Swinburne, *Resurrection of God Incarnate*, pp. 202-3.
76　Ibid., p. 203.

나님은 다른 동등한 존재, 즉 성령과 사랑을 나눌 이유가 있으실 것이다.

> 완전한 삼위일체는 다른 어떤 것도 그것이 존재하도록 하지 않았으므로, 존재론적으로 필연적이다.[77]

사랑의 하나님은 스스로 인간으로 살아가심(성육신)으로써 인간의 고통과 잘못에 응답하실 것이고, 그 생명을 사용하여 어떻게 살아야 할지를 우리에게 가르칠 뿐 아니라, 속죄를 이루실 것이다.[78]

예수님은 사람이시며 하나님이심을 보여주는 성육신이 초자연적 과정, 즉 동정녀 탄생을 통해 이루어진다는 것은 가능성 없는 일이 아니다.[79] 그의 사후 승천은 적절하며, 승천은 선험적으로 매우 개연적이다. 속죄는 죗값을 지불하는 부당하게 취급 받은 당사자이신 하나님에 의해 이루어졌다.

어느 순간 이 창조의 단계는 끝날 것이고, 삼위일체의 두 번째 위격이신 분이 산 자와 죽은 자를 심판하러 오실 것이다. 하나님과 선을 사모하는 자들은 하늘에서 복을 받을 것이며, 계속해서 나쁜 것을 택하거나 순전히 이기적인 동기에서 악한 것을 행한 자들은 하나님에게서 멀어져 지옥에 있게 될 것이다.

하나님께서 그분과 선을 선택할 수 있는 기회를 주셨음에도 계속해서 거절해 왔기 때문에, 그들이 계속적으로 해로운 선택을 하도록 허용하는 것은 의미가 없다. 그들은 끈질기게 그리고 고의적으로 선택하였으므로,[80] 그분은 그들에게 절대로 좋은 욕망과 성격을 강요할 수 없었다.

스윈번은 성경의 저자들과 복음서에 관계된 주요 인물들을 믿을 만한 것으로 간주하는 초기의 이유를 찾는다. 그의 증언 원리(고지식함의 원리와 관련)는 우리가 그리스도의 복음서 기록에 대해 의심의 혜택을 주는 것으로 시작해야 함을 시사한다(존 워윅 몽고메리도 비슷한 주장을 하고 있다). 증언의 원리는 "근본적인 가정에만 의존하는 독립적인 인식론적 원칙"[81]으로 기능하지 않는다. 초기의 가

---

77 Swinburne, *Was Jesus God?*, p. 31.
78 Ibid., p. 39.
79 Ibid., p. 50.
80 스윈번은 젊어서 죽은 사람들은 지속적으로 그들의 성품을 형성하지 않았음을 인정하고, 하나님이 그들을 다룰 수 있는 방법을 제안한다(Ibid., pp.80-81).
81 Richard Swinburne, *Epistemic Justification* (Oxford: Clarendon Press, 2001), p. 125.

정과 출처의 신뢰성에 대한 증거 사이에는 복잡한 상호 작용이 있다.[82]

핵심적인 기독교 교리의 초기 수용은[83] 다양한 층의 증거에 의해 확인되는데, 예를 들어, 많은 초기 기독교인은 신앙을 위해 목숨을 바쳤는데, 이는 그들의 신실함을 보여주는 증거다. 예수님의 삶과 가르침에 관한 성경의 설명은 "예수님은 많은 고난을 받으시면서도 완전한 삶을 사셨고, 성육신하신 하나님으로 인간의 죄를 대속하셨다고 주장하고, (하나의 계시로서) 도덕과 하나님에 대한 타당한 가르침을 주셨으며, 교회를 세우셨다면 우리가 발견할 가능성이 매우 높다"[84]라는 것이다. 반대로, 그가 그렇게 하지 않았다면 많은 것이 불가능했을 것이다.

물론, 훨씬 더 많은 증거가 필요하며, 스윈번은 부활에 관한 성경의 증거를 탐구한다. 그 진술은 목격자들에 의해 이루어졌고, 그들의 보고 내용의 차이는 조정이 가능하다. 빈 무덤에 대한 어떤 논증도 제시되지 않으며 그럴 필요도 없는데, 그것은 유대인 반대자들조차 무덤이 비어 있다고 인정했기 때문이다(마 28:15). 일요일(Sunday)의 성찬식은 중요하고 일반적으로 인식되지 않는 증거를 제공하는데, 그 이유는 다음과 같다.

첫째, 이 관습은 매우 일찍, 즉 예수님의 수난 후 3-4년 내에 기독교공동체가 예루살렘에서 흩어지기 전, 매우 일찍 일어났어야 하기 때문이다. 만약 교회가 흩어진 후에 생겨났다면, 그 관습은 통일되지 않았을 것이고, 논란의 여지가 없지도 않았을 것이다.

둘째, 일요일은 기독교인들이 만나는 가장 자연스러운 날이 아니기 때문에, 가장 좋은 설명은 부활절 일요일의 초자연적인 사건들이다.[85] 부활 자체는 1세기 유대인들에게 예상치 못한 것으로, 그들이 지어냈을 만한 종류의 사건은 아닐 것이다. 부활에 대한 대안적 설명은 모두 "심각한 어려움을"[86] 안고 있다. 부활은 주님께 대한 충성이라는 예언 유형(신 13:1-3)에 부합하며,

---

82　Ibid., pp. 125-28.
83　리처드 스윈번은 내게 분명히 했다, 저자와의 개인적 이메일 교류, Oct. 17, 2013.
84　Swinburne, *Was Jesus God?*, p. 113.
85　Ibid., pp. 119-20
86　Swinburne, *Was Jesus God?*, p. 122. Swinburne, *Resurrection of God Incarnate*, chap. eleven, "Rival Theories of What Happened," pp. 174-86.

예언자가 예언하면 그것은 실현된다(신 18:22).[87]

주장을 믿기 위해 필요한 목격자 증언의 양은 그 주장의 사전 확률, 즉 우리의 배경 지식에 근거해서 얼마나 믿을 만한지에 따라 달라진다. 키가 약 450센티미터 되는 사람을 봤다는 주장은 키가 약 300센티미터 되는 사람을 봤다는 주장보다 훨씬 더 많은 증거가 필요하다.

스윈번은 우리가 역사에서 발견하는 것과 예수님이 성경에서 주장하는 것들을 하셨다면 우리가 발견할 것이라고 기대하는 것 사이의 적합성뿐만 아니라 하나님의 존재에 대한 증거에 의해 제공되는 약간의 사전 확률도 있다고 말한다.

더욱이 우리가 발견한 것과, 예수님이 살아 계시지 않았고 성경의 주장대로 행하지도 않았다는 생각 사이에는 맞지 않는 부분이 있다. 즉, 성경이 옳다면 증거를 설명하기 쉽지만, 성경이 틀리다면 설명하기 어렵다.[88]

이 모든 것은 예수님이 실제로 죽은 자 가운데서 살아났다는 것을 보여주기 위해 약간의 증거가 필요하다는 것을 의미한다. 그것은 그에 대한 중요한 역사적 증거에 의해 입증되었다. 그리스도는 우리가 올바른 종류의 삶의 증거를 가지고 있는 유일한 "인류 역사상 진지한 후보"다.

(1) 그는 많은 고통과 함께 완벽한 삶을 살았고, 신성을 주장했으며, 속죄를 하고 있다고 주장했으며, 타당하게 보이는 도덕과 신학적 가르침을 주었고,[89] 그의 일을 계속해 나갈 교회를 세웠다.
(2) 그의 삶은 신성한 표시로 인식될 수 있는 기적으로 마감했다.[90] ("타당하게 보이는"은 그에게 "불가능하지 않은"[91]을 의미한다). 교회는 그의 일을 계속하고, 그의 활동을 전하며, 새로운 문화와 세대를 위해 그의 가르침을 해석할 것이다.[92]

87　Swinburne, *Was Jesus God?*, pp. 123-25.
88　Ibid., pp. 126-27
89　일부 성경의 진술들을 어떻게 해석할 지에 대한 (이 책에 나오는 대부분의 다른 변증가와는 다른) 스윈번의 견해에 대해 "The Bible," chap. eleven in *Was Jesus God?*, pp. 144-60을 보라.
90　Swinburne, *Was Jesus God?*, p. 132.
91　Ibid., p. 135.
92　Ibid., p. 135. 교회의 메시지는 본래 것에 대한 정확한 해석이어야 하고, "설득력 있게 참"

무함마드 등은 "올바른 종류의 가르침을 주지 않았기 때문에" 자격이 없다. 예를 들어, 그들은 성육신하신 하나님이라고 주장하지 않았고 "그들의 삶은 전혀 비기적적인 방법으로 끝났다." 올바른 종류의 삶과 올바른 종류의 죽음에 관한 역사적 증거가 그리스도 안에서만 함께 나온다는 사실은 기독교인이 그에 관해 주장하는 몇 가지 증거를 제공한다.[93]

스윈번은 예수님은 하나님이셨고, "신성한 사람은 신적이기를 멈출 수 없으므로 예수님은 하나님이시다"[94]라고 주장하면서 기독교는 참되다고 결론짓는다.

6. 요약

스윈번은 먼저 (『유신론의 일관성』[The Coherence of Theism]에서) 유신론의 일관성에 대해 검사한 다음, 베이즈의 정리에 의해 공식화된 두 가지 기준에 따라 (『하나님의 존재』[The Existence of God]에서) 그 이론이 그렇지 않은 것보다 훨씬 더 가능성이 높다는 것을 발견한다. 베이즈에 따르면, 이론은 다음과 같은 경우에 확증된다.

(1) 관련성이 있다고 알려진 모든 것을 감안해서 좋은 이론일 때(즉, 높은 사전 확률을 가지고 있다).
(2) 그렇지 않으면 없었을 것 같은 증거를 만들 때(즉, 설명력을 가지고 있다).

그는 유신론이 가능한 한 단순한 하나의 존재에 의해 모든 것을 설명한다는 점에서 단순하기 때문에, 높은 사전 확률을 갖고 있다는 것을 보여준다(예를 들어, 그의 능력은 설명하는데 한계가 없다).

그런 다음 여러 가지 명확한 논증들과 관련하여 유신론의 설명력을 확인한다. 우주론적 및 목적론적 논증들은 유신론을 확증한다. 의식 역시 마찬가지인

이어야 한다. 교회에 대해 더 많은 것은 Ibid., chap. ten, "The Church," pp. 134-43, p. 161. And Swinburne, *Resurrection of God Incarnate*, "Jesus Founded a Church," 8장, pp. 127-41.
93　Swinburne, *Was Jesus God?*, pp. 132-33.
94　Ibid., p. 170(본래의 강조).

데, 그것은 진화론만으로는 나타나지 않았을 것이기 때문이다.

도덕적 인식으로부터의 논증은 어느 정도 확증적인 힘을 갖고 있다. 섭리는 세계가 자유로운 피조물(creatures)의 존재와 발전을 지지하기 때문에 좋은 논증을 형성한다. 기적에 대한 역사와 기록들은 기독교의 메시지를 뒷받침한다.

종교적인 경험과 관련해서, 어떤 것에 대한 경험이든 그것에 대한 증거로 삼아야 하며 하나님에 대한 경험도 예외가 아니다. 이것은 입증의 부담을 무신론자에게 전가시킨다.

악은 하나님이 그것을 허용하는 충분한 이유가 있기 때문에 유신론에 반대하는 효과 있는 논증을 형성하지 않는다. 모든 것을 감안할 때, 유신론은 잘 확증되며, 단지 통용되는 가장 개연성 있는 가설에 불과하지 않다. 그는 『신은 존재하는가?』(Is There a God?)에서 자신의 주장을 요약한다.

> 내 주장의 기본 구조는 이렇다. 과학자, 역사학자 그리고 탐정들은 자료들을 관찰하고 무엇이 이 자료들의 발생을 가장 잘 설명하는지에 관한 이론으로 나아간다. 우리는 특정 이론이 다른 이론보다 자료들에 의해 더 잘 뒷받침된다는 결론에 도달하는 데 사용하는 기준들을 분석할 수 있다.
> 이와 같은 기준을 사용함으로써 우리는 하나님이 존재한다는 관점이 단지 어떤 좁은 범위의 자료들만이 아니라, 우리가 관찰하는 모든 것을 설명한다는 것을 알게 된다. 그것은 어쨌든 우주가 있다는 사실, 그 안에 과학 법칙이 작용한다는 사실, 그 안에는 매우 복잡하게 조직화된 몸을 가진 의식 있는 동물과 사람이 있다는 사실 그리고 우리 인간들이 기적을 보고하고 종교 경험을 한다는 보다 구체적인 자료들뿐만 아니라 우리 자신과 세계를 발전시키기 위한 풍부한 기회를 갖고 있다는 사실 등을 설명한다. 과학적 원인과 법칙이 일부 사물을 설명하는 한(그리고 부분적으로 설명한다), 이러한 원인과 법칙은 설명이 필요하며, 하나님의 활동은 그것을 설명한다. 과학자들이 그들 자신의 이론에 도달하기 위해 사용하는 바로 그 기준들은 우리로 하여금 이론을 넘어서 존재하는 모든 것을 지탱하는 창조주 하나님께로 이끈다.[95]

증거는 유신론을 가능성 있게 만들어 주므로, 종교 경험에 대한 추가적인 증

---

[95] Richard Swinburne, *Is There A God?* (Oxford: Oxford University Press, 1996), p. 2.

거는 유신론을 전반적으로 "실질적인 개연성"으로 만들고 "매우 가능성 있는" 것으로 만든다. 유신론에 대한 증거는 예수님의 삶과 죽음, 부활에 대한 증거와 일치한다.[96]

7. 비평

스윈번의 주장에 대한 가장 근본적인 비판은 숫자를 할당하기 어려운 주제 영역에 베이즈의 정리를 사용한 것이다. 조립 라인에서 나오는 부품이나 보험 자료와 같은 것을 다룰 때 숫자를 할당하는 것은 간단한 일이다. 그러나 창조되지 않은 우주가 질서정연해질 가능성 같은 것에 어떻게 숫자를 할당할 것인가는 훨씬 덜 명확하다.

그러나 스윈번에게 유리하게, 그는 그의 주장의 요소들에 매우 일반적인 숫자만을 할당하며 그 절차는 꽤 그럴듯해 보인다. 일반 숫자를 어떻게 가질 수 있는지 보는 것은 어렵지 않다. 예를 들어, 완전히 불확실한 경우, 그 숫자는 0에서 1까지의 척도에서 0.5가 될 것이다(여기서 0은 어떤 것이 거기에 해당될 가능성이 없음을 나타내며, 1은 그것이 거기에 해당된다는 확실성을 나타낸다).[97]

우리는 일반적으로 0.9는 매우 확실하고, 0.8은 적으며, 0.6은 불확실성보다 약간 더 나을 것이라고 말할 수 있다. 그렇게 하기 위한 수적인 근거가 없는 곳에서 훨씬 더 정확한 숫자(예를 들어, 0.785처럼)를 할당하려고 하지 않는 한에서, 그리고 최종 확률이 우리가 그것을 얻기 위해 사용했던 추정치보다 더 정확할 수 없다는 것을 깨닫는 한에서, 베이즈 정리를 활용할 수 있을 것 같다.

숫자가 관찰되기 보다 할당되는 환경에서 이런 일반적인 방법으로도 확률을 사용할 수 있는지 여부는 우리의 기본적인 확률 이론에 다소 의존한다. 주관주의적 관점에 따르면, 확률은 본질적으로 개인의 믿음의 정도의 문제이므로 유신론에 관한 주장에 숫자를 할당하는 것은 분명히 허용될 수 있다.

논리적인 관점(스윈번이 받아들이는 관점)에서 확률은 명제와 세계 사이의 관

---

96 *The Existence of God*, pp. 341-42; *The Resurrection of God Incarnate*, p. 30.
97 우리는 연역법이 0과 1의 극단에서 작용하는 반면, 개연성과 귀납법은 0과 1사이에서 작동한다고 말할 수 있다.

계에 관한 문제이며, 이러한 유형의 주장에서 숫자를 할당하는 것 또한 허용될 수 있다.

그러나 확률에 대한 상대적 빈도 관점에서 유신론에 대한 주장에 숫자를 할당하는 것은 더 문제가 있다. 이 견해에 따르면, 확률은 단지 계산일 뿐이며, 관찰 가능한 숫자로부터 숫자를 도출하는 일이다.

스윈번의 주장에 대한 많은 비난이 이런 보다 엄격한 견해를 전제로 한다는 것은 놀라운 일이 아니다. 그러나 숫자를 얻기 위해 숫자를 요구하지 않는 확률의 사용이 있음은 확실하다. 예를 들어, 리그 최하위에 있는 고등학교 축구팀이 올해 슈퍼볼 챔피언을 이길 확률은 매우 낮다고 말할 수 있을 것이다. 그러나 고등학교 팀과 수퍼볼 팀 간의 과거 경기 빈도는 없는데, 이는 그런 수치가 존재하지 않기 때문이다.

베이즈의 정리는 일반적인 방법으로 유신론의 확률을 보여주는 것 외에도, 설명력과 사전 확률이 어떻게 함께 작용하여 이론을 확정하는지를 보여줄 수 있다는 장점이 있다. 우리는 높은 설명력이나 높은 사전 확률이 이론을 확정할 수 있음을 알 수 있다. 어떤 이론이 높은 사전 확률을 가지고 있다면(좋은 이론이라면), 많은 설명력을 가지고 있지 않더라도 확증된다.

그러나 반대자들은 유신론은 낮은 사전 확률을 가진 것으로 보는 경향이 있다. 즉, 그들은 하나님의 존재가 우리의 배경 믿음에서 이미 가지고 있는 것과 맞지 않거나, 하나님과 같은 존재가 존재할 수 있다고 생각할 독립적인 이유가 없다는 이유로 가능성이 낮다고 생각하기 쉽다.

하지만, 비록 낮은 사전 확률을 가지고 있더라도, 유신론이 높은 설명력을 가지고 있다면, 즉 달리 설명할 수 없는 것을 가능하게 한다면 확증될 수 있을 것이다. 이것은 유신론자가 빅뱅과 정교하고 유익한 설계 같은 것에 대한 합리적 설명을 주장하는 것을 중요하게 만든다.

하나님에 대한 증거로서 종교 경험을 주장하는 데는 두 가지 주요 반대가 있다. 종교적 경험은 충돌하며, 그것들은 하나님이 존재한다고 가정하지 않고도 설명될 수 있다는 것이다. 종교적 경험이 알라에서 제우스까지 그렇게 다른 존재에 대한 경험이라는 사실은 그것이 진실하다는 것에, 즉 상상의 것이거나 잘못된 것과는 반대된다는 사실에 반(反)하는 것처럼 보인다.

스윈번은 부분적으로, 동일한 하나님이 다른 문화권에서 다른 이름으로 알려질 수 있다고 대답하는데, 그의 관점은 두 개의 성경 구절에 의해 지지된다.

첫째, 출애굽기 6장 3절이다. 여기서 하나님은 모세에게 "전능하신 하나님으로서 아브라함, 이삭, 야곱에게 나타나셨지만, 나의 이름, 주(主)로는 그들에게 나를 알리지는 않았다"라고 말씀한다. 반대로 해석하면, 주(主, 여호와)라는 이름은 매우 일찍부터 알려졌고, 족장들(창 4:26; 9:26; 12:8; 22:14; 24:12)에게 알려져 있었기 때문에, 하나님은 사실(출 6:4-8 제외) 자신의 권력은 이미 드러났지만 이스라엘과의 언약을 지키려는 신실하심은 이제서야 나타날 것이라고 말씀하고 있다.

둘째, 스윈번은 바울이 아테네의 종교 당국에 연설하는 사도행전 17장 23절을 통해 종교 경험에 대한 자신의 견해를 변호한다. 그들의 제단 가운데 한 곳에는 "알 수 없는 신에게"라는 글귀가 새겨져 있었고, 바울은 그들에게 "당신들이 모르고 숭배하는 그것을 당신들에게 전한다"라고 말한다. 하지만, 이와 대조적인 해석에 따르면, 바울은 아테네인들이 부족하다고 느낀 세부 사항을 자세히 알려주고 있다. 여러 신에게 많은 제단을 쌓았으므로, 그들은 자신들이 간과했을지 모를 어떤 신에게도 제단을 쌓았다. 그 제단은 그 신을 경험했기 때문이 아니라, 정확히 말하면 그 신에 대한 경험이 없었기 때문에 거기 있던 것이다.[98]

이들 성경 구절에 대한 대조적인 해석이 반드시 스윈번의 요점에 반하는 것은 아니다. 스윈번의 해석과 대조되는 견해가 맞다면, 그 구절들은 단지 그의 견해를 지지하지 않는 것 뿐이다. 동일한 하나님에 대한 진실한 경험이 다른

---

98 다른 사람들은 또 다른 구절을 사용하여 비슷한 주장을 밝혔다. 존 샌더스(John Sanders)는 포괄주의에 대한 논증을 펼치기 위해 멜기세덱을 언급한다. 그 견해에 따르면 (예를 들어, 복음이 알려지지 않은 곳에) 어떤 사람이 복음에 대해 알지 못해도 그리스도의 속죄 사역을 통해서 하나님은 그를 구원하실 수 있다. 비록 멜기세덱은 이교도 제사장-왕이었지만 "가장 높으신 하나님"의 제사장(창 14:18)으로 불렸다. 샌더스는 그가 특별계시 없이 아브라함과 동일한 하나님을 경배했다고 결론지었다. 그러나 이 견해의 문제점은 멜기세덱이 하나님을 "천지의 주재이시오 지극히 높으신 하나님"(창 14:19, 22)으로, 곧 아브라함과 같은 이름으로 부른다는 것이다. 일반계시(성경과 같은 특별계시와는 별도로 하나님에 대해 알 수 있는 것)만으로는 동일한 문구를 설명하지는 못할 것이다. 그러므로 이 두 사람이 소통했을 가능성이 높으며, 이 사실은 멜기세덱이 오직 일반계시만을 통해서는 하나님에 관한 정보를 얻을 수 없었을 가능성을 수반한다. 따라서, 이 사건은 동일한 하나님이 두 개의 다른 종교적 전통(이 예에서, 멜기세덱의 추정된 이교 신앙과 여호와께 대한 아브라함의 믿음) 내에서 체험될 수 있음을 보여주지 않는다. 둘 다 실질적으로는 아브라함의 신을 믿었을 것으로 보인다.

종교적 전통 내에서 이루어질 수 있다는 스윈번의 견해의 일반적인 문제점은 경험이 그러한 경험에 대한 믿음과 매우 밀접하게 연관되어 있다는 것이다. 명백히 극단적인 예를 들자면, 고대 몰렉(Molech)의 경험은 어린이의 희생을 바라는 불의 신(the fire God)에 대한 경험이었던 반면, 여호와에 대한 경험은 바로 그 일을 혐오하는 신을 경험하는 것이었다(레 18:21; 렘 7:31).

게다가 성경의 여호와는 토착민들의 종교가 제공하는 신에 대한 해석과 혼동하는 것을 반대한다. 오직 경험과 그것에 대한 해석 사이의 명확한 분리만이 서로 상반된 믿음을 가진 신자들이 각각의 신에 관한 진실한 경험을 할 수 있게 할 것이다. 그러나 하나의 경험은 그것이 하나님에 대한 경험이라는 것을 보여주기 위해 더 많은 증거를 필요로 할 것이기 때문에, 위에서 치솜에 대한 비판으로 판단해 보건대, 스윈번은 경험을 그 해석으로부터 분리하는 것에 권장하지 않을 것으로 보인다.

종교 경험으로부터의 논증에 대한 두 번째 주된 반대는 그러한 경험이 하나님에 의해 생겨났다고 가정하지 않고도 완전히 설명될 수 있다는 것이다. 물론, 종교 경험이 하나님 없이 설명될 수 있다고 해도 그것만으로는 하나님의 존재를 반증하지 않음을 깨닫는 것이 중요하다. 그것은 단지 종교 경험으로부터의 논증이 아무런 힘이 없다는 것을 반증할 뿐이다.

비록 스윈번이 두 번째 반대를 탐구하지는 않지만, 데이비스(Davis)는 종교 경험을 병적인 정신 상태로 설명하려는 시도가 지금까지 성공하지 못했음을 보여준다. 심지어 일부 연구는 신자들이 불신자보다 더 잘 적응되어 있음을 보여준다. 종교의 자연사(自然史) 또한 성공적이지 못했다. 이들은 종교가 일반석으로 어떻게 생겨났는지에 대한 비종교적 설명을 찾는다. 예를 들어, 하나님은 아버지의 투영이며, 비과학적인 사람들에게 우주를 개인적이고 관리하기 쉬운 것처럼 보이게 만들도록 기여한다는 프로이트의 견해가 그 예가 될 것이다.

그래서 결국 데이비스는 결론적으로 유신론에 대한 주장은 하나님에 대한 누적된 주장의 성공, 즉 여러 가지 다른 종류의 증거에 근거한 주장에 크게 좌우된다고 주장한다. 그럴 경우 종교 경험은 결정적인 역할을 할 것이다.[99]

그리고 그것 역시 스윈번의 주장의 결론이기도 하다.

---

99 Davis, *Evidential Force of Religious Experience,* chap. eight, "The Reductionist Challenge," pp. 193-238.

8. 다른 변증가들과의 비교

스윈번과 카넬은 광범위한 현상에 대한 전체 설명으로서의 믿음들을 비교하려고 한다. 둘 다 먼저 내적 일관성을 확인한다. 그런 다음, 카넬은 그 이론이 모든 관련 사실과 얼마나 잘 맞는지 확인한다. 스윈번은 유신론의 자기 일관성("일관성")을 점검한 후, 그 사전 확률(대부분 단순성에 기초하여 이론이 얼마나 좋은지)과 설명력(다른 방법으로는 설명할 수 없는 것을 얼마나 잘 설명하는지)을 확인한다.

한편, 카넬은 기독교가 죽음에 대한 두려움, 의미에 대한 욕구, 사랑 받고자 하는 욕구 등 인간 경험의 매우 주관적인 측면에 적합하다는 것을 보여주기를 열망한다. 반면, 스윈번은 보다 주관적인 경험을 사용하는 것을 꺼려하는데, 의심할 여지 없이 그것들이 비유신론적 방식으로 해석될 수 있기 때문이다.

카넬은 이론에 의해 해석이 결정되지 않고도 우리가 이용할 수 있는 사실이 단순히 존재하는 수준이 있다고 가정한다. 이런 사실들이 부합하는지 확인할 수 있다. 예를 들어, 사람들은 죽음을 두려워하고 기독교는 그 이유를 설명할 수 있다. 그의 견해에 따르면, 담론이 일부 사람들이 객관적 문제라고 부르는 것에 관한 것이라면, 예를 들어, 그것이 도덕과 궁극적 물음들과 같은 주제들을 수반하지 않는다면, 그것은 반드시 세계관에 의해 제한되지 않는다. 문제의 이론에 영향을 받지 않는 그런 담론의 영역은 기독교인과 비기독교인 사이의 공통점을 형성한다.

이와 대조적으로 반틸은 세계관으로 분류될 수 있는 이론의 영향에서 자유로운 영역은 없다고 본다. 따라서, 그는 그러한 광범위한 이론의 영향이 널리 퍼져 있다고 생각한다. 그의 견해에 따르면, 이론은 우리가 모든 사실을 어떻게 해석하는지 뿐 아니라, 사실로 보는 것까지도 결정한다.

이런 의미에서 그는 때로는 강한 관점주의라고 불리는 것에 더 가까운데, 관점주의에 따르면 이론의 영향이 광범위해서 그 이론을 주장하는 사람들이 다른 이론을 주장하는 사람들과 실제로 의사소통을 할 수 없기 때문에, 각 이론은 그 자체 안에 갇혀 있다는 것이다. 따라서, 반틸의 견해는 기독교인과 비기독교인 사이에 공통 기반이 없다는 것을 함축한다. 그는 비기독교인들이 비밀리에 모순적이고 불법적으로 기독교 세계관의 일부를 사용한다고 주장함으로써 모든 상호 작용을 설명한다.

이와 대조적으로, 카넬은 이론에 영향을 받지 않는 담론 수준에 존재하는 공통 기반을 본다. 카넬의 견해는 예를 들어 불교도, 무신론자, 기독교인들이 어째서 그렇게 많은 것에 대해 동의할 수 있는지를 설명하는 것처럼 보인다. 이를테면, 방 안의 의자의 수, 불이 켜져 있는지, 디엔에이(DNA)가 복잡성과 질서를 보이는지 여부 등 우리가 알고 있다고 말할 수 있는 많은 것이다.

스윈번은 어떤 이론을 단순히 사실과의 적합성뿐만 아니라 단순성이라는 면에서 평가함으로써, 이론이 이미 그 사실이 무엇인지를 결정했기 때문에 "사실"에 적합한 것처럼 보이는 순환성의 문제를 줄인다. 세계관이 그 안에 있는 모든 것을 결정한다는 생각은 카넬과 같은 접근 방식에 반대하는 가이슬러의 논증의 일부분을 형성한다. 우리가 보게 되겠지만, 가이슬러는 모든 세계관에 의해 확증되어야 할 만큼 근본적인 사유 원리들을 따라 세계관을 판단함으로써 그 문제를 해결한다. 스윈번은 카넬과 마찬가지로 신자와 불신자 사이에는 변증학적으로 유용한 공통 기반이 많다고 믿는다.[100]

스윈번의 글쓰기는 철학의 분석적 운동에서 발견되는 명확성과 정밀성을 강조함으로써 많은 혜택을 입었다. 그런 다음, 그는 카넬과 달리 객관적인 증거를 선호하고, 반틸과 달리 공통 기반을 강조하는 운동의 보다 경험적인 방향을 공유한다.

반틸은 하나님의 진리를 어떤 더 높은 기준에 종속시키는 것은 부적절(심지어 신성 모독적)하다는 이유로 믿음을 시험해야 할 가설로 간주하는 것을 거부한다. 윌리엄 크레이그와 같은 다른 사람들은 스윈번과 카넬보다 신자 내부에 하나님의 능력으로 생겨나는 직관의 가능성에, 즉 신자가 증거에 의존하지 않는 자신감을 가질 수 있다는 가능성에 더 많은 가치를 둘 것이다.

크레이그의 견해에 따르면, 신자는 단지 하나님이 그것을 내적으로 알려주신다는 이유만으로 그의 신앙의 본질에 대해 알고 있지만, 신자 또한 증거에 접근할 수 있다. 우리는 일단 유신론적 논증으로 하나님의 존재를 증명하면, 기독교의 보다 구체적인 진리를 증명하기 위해 다른 수단을 사용할 수 있다는 고전적 변증학에 동조하는 크레이그의 관점을 보게 될 것이다.

---

100 1990년 캘리포니아 L.A.에서 스윈번과 나눈 개인적인 대화를 녹음함.

9. 주요 용어

- **베이즈의 정리**: 용도가 매우 다양한 정리. 우리가 알고 있는 다른 것(이론의 사전 확률이라고 함)을 감안할 때, 그것이 좋은 이론이라면 그리고 달리 설명할 수 없는 것들(설명력이라고 함)을 설명할 수 있다면, 그 이론은 참일 가능성이 높음을 보여준다.
- **사전 확률**: 간단히 말해서, 한 사건의 확률은 새로운 자료나 특정 자료를 고려하기 전의 확률이다. 인구의 1퍼센트가 병에 걸리면 존스가 병에 걸릴 사전 확률은 1퍼센트다. 그러나 존스가 검사를 받고 그 병에 양성 반응을 보인다면, 그 병에 걸릴 확률(사후 확률)은 높아질 것이다(정확한 양은 그 검사의 정확성에 달려있다). 스윈번은 한 이론의 사전 확률을 평가할 때 배경 지식과의 적합성, 범위 그리고 단순성을 강조한다.
- **설명력**: 달리 설명할 수 없는 것을 설명할 수 있는 이론의 능력. 만약 그 이론이 어떤 것에 대한 유일한 설명을 제공한다면, 그 이론은 많은 설명력을 가진다. 그러나 그 이론의 진리가 설명되어야 할 것을 더 가능성이 있게 하지 않는다면 그것은 설명력을 갖고 있지 않다. 그러므로 만일 존스가 전염병에 걸린다면, 그가 그 병에 걸린 사람과 접촉했다는 이론은 많은 설명력을 가진다. 하지만, 반대로 그런 접촉이 일어나지 않았다면, 그가 어떻게 병을 앓게 되었는지 설명하기 어렵다. 한편, 존스가 최근에 친척으로부터 전화를 받았다는 이론은 이 경우 설명력이 전혀 없다. 왜냐하면, 그렇게 했다고 해서 존스가 병에 걸릴 가능성이 더 높아지지는 않을 것이기 때문이다.
- **배경 지식**: "새로운 증거가 나타나기 전에 우리가 당연하게 여기는 지식."[101]
- **신빙성의 원칙**: 달리 생각할 특별한 이유가 없는 한 사물이 보이는 그대로라는 합리성의 근본 원리. 만약 x가 존재하는 것처럼 보인다면, x가 존재할 가능성이 높으며, 달리 생각을 할 충분한 이유가 없다. 그러므로 만일 벽이 파란색으로 보인다면, 예를 들어, 우리는 그것이 파란 빛으로 조명되는 하얀 벽이라는 것을 알지 못한다면 그것은 파란색이다.
- **증언의 원칙**: 예를 들어, 만약 우리가 그들이 잘못 전달했고 그들이 화가

101　Swinburne, *Existence of God*, p. 16.

나거나 거짓말을 하고 있다고 의심하지 않는다면 사람들의 경험은 아마도 그들이 보고한 대로일 것이다.[102]
• 논리적 확률 이론: 확률은 명제와 세계 사이의 관계를 나타낸다는 견해.

10. 숙고하기

1. 스윈번은 어떤 변증적 접근 방식을 단호히 거부하는가? 그는 어떤 것을 받아들이고, 어떤 철학자를 모델로 삼고 있는가?
2. 스윈번은 어떤 공통 기반을 사용하는가?
3. 스윈번의 접근 방식에서 일관성은 어떤 역할을 하는가?
4. 스윈번은 확률을 어떻게 사용하는가?
5. 사전 확률은 무엇이며, 유신론은 어떻게 측정되는가?
6. 설명력이란 무엇인가?
7. 스윈번은 유신론을 지지하기 위해 어떤 논증을 사용하는가?
8. 악의 문제는 어째서 유신론을 반박하는데 결정적이지 않은가?
9. 유신론에 대한 주장에 대한 스윈번의 결론은 무엇인가?
10. 스윈번은 다른 변증가들과 비교했을 때 어떤가?

11. 더 나아가기

Davis, Caroline Franks. *The Evidential Force of Religious Experience*. Oxford: Clarendon, 1989.
   4장과 다른 곳에서 그녀는 스윈번의 종교 경험으로부터의 논증을 검사한다.
Padgett, Alan G. *Reason and the Christian Religion: Essays in Honour of Richard Swinburne*. Oxford: Clarendon, 1994.
Quinn, Philip L., and Charles Taliaferro, eds. *A Companion to Philosophy of Religion*. Blackwell Companions to Philosophy. Malden, MA: Blackwell, 1997. Mentions many aspects of Swinburnes hought(e.g., design argument, pp. 342-44; natural theology, pp. 176-78).
Swinburne, Richard. *The Christian God*. Oxford: Clarendon, 1994.
_____. *The Coherence of Theism*. Oxford: Clarendon, 1977. Rev. ed., 1993.

---

102   Ibid., p. 322.

_____. *The Existence of God*. 2nd ed. Oxford: Clarendon, 2004.

_____. *Faith and Reason*. 2nd ed. Oxford: Clarendon, 1981.

_____. "Intellectual Autobiography." In *Reason and the Christian Religion: Essays in Honour of Richard Swinburne*^ edited by Alan G. Padgett, pp. 1-18. Oxford: Clarendon, 1994.

_____. *Is There a God?* Oxford: Oxford University Press, 1994.

_____. "Natural *Theology and* Orthodoxy." *In Turning East: Contemporary Philosophers and the Ancient Christian Faith*, edited by Rico Vitz, pp. 47-77. Orthodox Christian Profiles. Crestwood, NY: St. Vladimirs Seminary Press, 2012.

_____. *Providence and the Problem of Evil*. Oxford: Clarendon, 1998.

_____. *Responsibility and Atonement*. Oxford: Clarendon, 1989.

_____. *Revelation: From Metaphor to Analogy*. Oxford: Clarendon, 1992. 2nd ed., 2007.

_____. *Simplicity as Evidence of Truth*. Aquinas Lectures. Milwaukee: MarquetteUniversity Press, 1997.

고전적 변증학 (Classical Apologetics)

제7장

윌리엄 레인 크레이그

하나님은 유신론적 논증에 의해 증명되고,
기독교는 증거에 의해 증명된다

윌리엄 레인 크레이그(William Lane Craig, 1949-)는 고전적 변증학 진영에서 가장 많은 책을 저술하고 가장 존경 받는 학자 중 한 사람이다. 세속적인 학자들에게조차 존경 받는 깊이와 정밀함으로 30여 권의 책과 100여 편의 학술 논문을 집필하거나 편집했다. "신(新)무신론자" 샘 해리스(Sam Harris)는 크레이그를 가리켜 "많은 동료 무신론자에게 하나님에 대한 두려움을 심어준 것 같은 유일한 기독교 변증가"[1]라는 말로 높은 찬사를 보냈다.

비복음주의적인 가정에서[2] 자라 열 여섯에 그리스도께 돌아온 크레이그는 후에 열정과 신앙으로 가득 찬 휘튼대학교에 등록했다. 그러나 그는 당시 이 학교가 "회의와 냉소의 소굴"이었고, 똑똑한 학생들이 이성의 이름으로 신앙을 포기하는 것을 보고 실망했다고 말했다. 의심은 성숙한 기독교 생활의 미덕으로 선전되었고, 수업에서는 하나님의 존재나 복음서의 신뢰성에 관한 주장을 전혀 듣지 못했다. 그는 키르케고르의 신앙주의[3]를 잠시 생각했지만, 지성과

---

1   Nathan Schneider, "The New Theist: How William Lane Craig Became Christian Philosophy's Boldest Apostle," *The Chronicle of Higher Education*, July 1, 2013, http://chronicle.com/article/The-New-Theist/140019/. Quoted from a debate on April 7, 2011, with Craig at the University of Notre Dame, "Is the Foundation of Morality Natural or Supernatural?," *Reasonable Faith*, http://www.reasonablefaith.org/media/craig-vs-harris-notredame

2   William Lane Craig, "Classical Apologetics," in *Five Views on Apologetics,* ed. Steven B. Cowan (Grand Rapids: Zondervan, 2000), p. 26. Described further by Craig in Schneider, "The New Theist."

3   Craig, "Classical Apologetics," pp. 26-27.

의 관계가 미흡하다는 이유로 포기했다.

필수 입문 과정에서 철학을 접했을 때, 그는 철학에 매력을 느끼지 못했지만 이후 철학 교수 스튜어트 해켓(Stuart Hackett)의 『유신론의 부활』(*The Resurrection of Theism*)[4]이라는 책을 집어 들었다. 그가 휘튼대학교의 신학 수업에서 들었던 변증은 "만약 유신론이 참이 아니라면, 인간의 삶은 터무니없고 문화는 물거품이 된다"[5]라는 것이었다. 그래서 크레이그는 해켓이 하나님의 존재에 대한 전통적 논증을 엄격하게 옹호하는 것에 "크게 감명 받았다."

그 책은 그를 철학으로 이끌었고, 훗날 버밍엄대학교(the University of Birmingham)에서 "거의 잊혀진 형식의 우주론적 논증"에 관한 그의 첫 번째 박사학위 논문을 쓰도록 했다. 그 논문에서 그는 "과거의 일련의 사건들이 무한하다는 것은 이성적으로 상상할 수 없고, 반드시 우주의 시작이 있어야 하며, 따라서 그것을 생기게 한 초월적인 원인이 있어야 한다"[6]라고 주장했다. 그는 그것을 칼람(kalam)[7] 우주론적 논증이라고 불렀고, 이에 대한 그의 방어는 신 존재 논증에 대한 다른 어떤 철학자들의 설명보다 많은 논문에 영감을 불어넣었다.[8]

---

4   당시에는 절판되었으나 지금은 2판이다. Stuart C. Hackett, *The Resurrection of Theism: Prolegomena to Christian Apology,* 2nd ed. (Grand Rapids: Baker, 1982). He also benefited from E. J. Carnell, *An Introduction to Christian Apologetics: A Philosophic Defense of the Trinitarian-Theistic Faith* (Grand Rapids: Eerdmans, 1948).

5   William Lane Craig, "In Memoriam: Stuart Cornelius Hackett (1925-2012)," Evangelical Philosophical Society website, www.epsociety.org/library/articles.asp?pid: 140.

6   William Lane Craig, "Stuart Hackett,"*Reasonable Faith,* www.reasonablefaith.org/stuartha-ckett;see also Craig, *On Guard: Defending Your Faith with Reason and Precision*(Colorado Springs, CO: Cook, 2010), p. 67 그 책은 크레이그의 생각을 고등학교 수준으로, 심지어 중학교 수준에 올려 놓는다.

7   역주: 이스라엘 신학을 통칭하는 말로서 "8세기 전반기에 신학은 신의 유일성, 정의(正義) 및 다른 속성을 비롯하여 인간의 자유 의지와 내세에 대한 수많은 의문이 제기되어 전문적인 학문 분야로 발전했다. 그래서 많은 논의가 있었으므로 신학의 명칭도 칼람(kalām : 대화)으로 통하게 되었다." 네이버 지식백과: 이슬람 신학 in https://terms.naver.com/entry.nhn?docId=1008211&cid=62100&categoryId=62100; "여러 칼람학파 중 가장 중요한 것은 흔히 이슬람의 이성론자들로 불리는 무타질라이다. 8세기에 등장한 무타질라는 계시에 관해서는 이성의 자율을 믿으며, 전통적인 믿음보다 이성에 의거한 믿음이 우월하다고 믿었다. 무타질라는 인간의 자유의지를 옹호했으며 선한 사람을 처벌하거나 옳지 않은 사람을 용서하는 것은 신의 정의에 위배된다고 주장했다." 다음 백과 in https://100.daum.net/encyclopedia/view/b21k1666a.

8   Quentin Smith, "Kalam Cosmological Arguments for Atheism," in *The Cambridge Companion to Atheism,* ed. Michael Martin(Cambridge: Cambridge University Press, 2007), p. 183. 크레이그

크레이그는 계속해서 버밍엄과 뮌헨 등 두 대학교에서 박사학위를 취득했을 뿐 아니라 종교철학과 교회사 석사학위도 취득했다. 그는 보수적인 기독교 관점에 적대적인 저명한 학자들과 토론하는 것으로 유명해졌다. 크레이그에게 변증학에 참여하는 중요한 이유는 기독교가 "지적으로 실행 가능한 선택"[9]이고, 기독교인들이 단지 "감정적인 광신자나 광대"[10]로 취급 받지 않도록 문화에 영향을 주기 위해서다.

크레이그는 특히 학계에 참여하는 것을 중요하게 생각한다. 이 점에서 그는 사상들이 문화를 통해 확산되어 효과적으로 대응하기에 대체로 너무 늦어지기 전에 답변되어야 할 필요가 있다는 그레샴 메이천(J. Gresham Machen)의 생각에 동의한다.[11] 그러나 크레이그는 지적 논증 때문에 사람들이 기독교인이 되지는 않는다는 것도 분명히 알고 있다. 그는 20세기 근본주의 논쟁에 이어 오랜 고립 끝에 기반이 회복되고 있다고 믿고 있다.[12]

어떤 사람은 포스트모더니즘이 논리, 합리성, 진리, 합리적 논증 등에 대한 전통적인 사상을 거부하는 것은 변증학을 무용지물로 만든다고 말한다. 이런 관점은 "우리는 단순히 우리 이야기를 나누고 사람들이 그것에 참여하도록 초청해야 한다"라고 한다. 그러나 크레이그는 이것이 "완전히 잘못된 생각"이라고 하면서 "우리가 포스트모던 문화 속에서 살고 있다는 생각은 하나의 신화"[13]라고 믿는다.

텍스트가 객관적 의미를 갖는다는 것을 아무도 무시할 수 없다. 약 한 병과 쥐약 한 병을 구분할 때 포스트모던이 되는 사람은 없다. 과학, 공학, 기술로는 아무도 포스트모던이 아니며, 다만 종교와 윤리에 관해서 뿐이다.

우리가 정말로 가진 것은 여전히 실증주의와 검증주의를 수용하는 구식 모더니즘이라고 크레이그는 결론짓는다. 즉, 만일 오감으로 어떤 것을 검증할 수

는 "Stuart Hackett"에서 이러한 인용을 가리킨다.
9 William Lane Craig, *Reasonable Faith: Christian Truth and Apologetics,* 3rd ed. (Wheaton, IL:Crossway, 2008), p. 16.
10 Craig, *On Guard,* p. 18.
11 J. Gresham Machen, "Christianity and Culture,*Princeton Theological Review* 11, no. 7 (1913): 7; 크레이그의 *Reasonable Faith,* p. 17에서 인용됨.
12 Craig, *Reasonible Faith,* p. 18.
13 Ibid., p. 18.

없다면, 그것은 "개인적 기호와 감정적 표현"[14]에 관한 문제라는 것이다. 사회가 포스트모던이라는 개념을 받아들인 다음, 이성과 기독교에 관한 주장을 제쳐 두는 것은 비극적이며 심지어 자멸에 이르는 길이 될 것이다. 그렇다면 기독교인들, 특히 젊은이들은 그들이 문화에 참여할 수 있도록 교육을 받아야 한다. 그렇지 않으면 "반대편의[15] 박식한 사람을 상대할 수 없는 지적인 역류에 빠진 자신을 발견할 수도 있을 것이다."[16]

또한, 변증학은 신자들이 어려운 시대를 이겨나가도록 돕고 성숙함에 이르도록 도움으로써, "낭비될"[17] 마음을 가진 "미성숙하고 피상적인 믿음" 이상의 것을 가질 수 있게 한다. 변증학에 대한 헌신에도 불구하고, 그는 그 한계와 적절한 역할을 명확히 한다.

> 그러므로 변증학은 복음이 생각하는 사람들을 위한 하나의 실행 가능한 선택으로 들릴 수 있는 문화적 환경을 조성하는 데 필수적이다. 대부분의 경우 구도자를 그리스도에 대한 믿음으로 이끄는 것은 논증이나 증거가 아닐 것이다. 즉, 그것은 변증학을 비난하는 사람들이 보는 반쪽 진리다.
> 하지만, 그런데도 복음을 구도자들에게 신뢰할 만한 선택 사항이 되게 함으로써, 그들이 믿을 수 있도록 지적인 승인을 해 주는 것은 바로 변증학일 것이다. 그러므로 우리가 생각하는 사람들을 위한 살아 있는 선택으로서 복음이 들리는 문화적 환경을 보존하는 것은 매우 중요하며, 변증학은 그런 결과를 가져오도록 돕는 일에 최전선과 중심이 될 것이다.[18]

---

14 Ibid.
15 역주) "across the street"은 직역하면 "길 건너편의"지만, 여기에서는 "반대편의" 또는 "반대 진영의"라고 해석하는 것이 의미적으로는 나을 것이다.
16 Ibid., p. 20.
17 Ibid.
18 Ibid., p. 19.

1. 기독교를 아는 것은 참되다

크레이그는 '기독교를 아는 것이 참되다'라는 것과 '기독교가 참되다'라는 것을 보여주는 것을 구별하는 일의 유용성을 발견했다. 그는 그 차이가 최근의 일부 인식론자, 특히 앨빈 플랜팅가의 연구에서 확인되었다고 믿는다. 두 변증가에게 종교적 인식론은 그들의 내면적이고 거의 흔들리지 않는 하나님에 대한 지각에 의해 형성되어 왔다.

크레이그에게 이성과 합리적 논증들은 진리를 보여주는 데 큰 역할을 하지만, 진리를 아는 데는 부차적인 역할만 한다. 그는 "우리가 기독교를 참된 것으로 아는 적절한 근거는 우리 개인 안에 있는 성령의 내적인 활동"이며, "기독교가 참되다는 것을 보여주는 일에서, 불신자의 마음을 열어 우리가 제시하는 이유에 동의하고 반응하게 하는 것이 성령의 역할"[19]이라고 말했다. 합리적 논증은 우리가 알고 있는 것을 확증할 수는 있지만, 그것을 무너뜨릴 수는 없다.

크레이그는 기독교의 순전한 본질에 대한 신자들의 확신(즉, 그리스도를 통해 하나님과 화목하게 되었다는 믿음)은 한 구절에서 하나님의 영이 우리의 영과 더불어 증언하는 것으로 묘사된다고 주장한다(롬 8:16). 구원의 확신이 있다면 다른 진리, 특히 하나님의 존재와 구원에 있어 그리스도의 역할에 대한 확신도 갖게 된다. 그러나 우리는 살아가면서 성령의 일을 방해함으로써(살전 5:19, 성령을 소멸함; 엡 4:30, 성령을 근심케 함), 본질적인 진리를 의심하게 되므로, 성령의 충만함(갈 5:16-17, 25; 엡 5:18)으로 살아가야 한다. 성령을 따라 사는 사람은 틀림없는 확신을 가지고 있다.

크레이그는 성령의 광범위한 사역의 요소들이 신자의 내적인 지식과 관련 있는 것으로 간주하는데, 이를테면 성령이 그들에게 모든 것을 가르칠 것이라는 그리스도의 약속(요 14:26), 모든 것을 가르치는 성령의 기름 부음(요일 2:20, 26-27), 성령을 보내서 제자들 속에 거하게 함으로 그들이 그리스도 안에 있고 그분은 그들 속에 있음을 알게 하시리라는 예수님의 약속(요 14:16-17, 20) 그리고 "그가 우리에게 성령을 주심으로 우리가 그 안에 거하고 그가 우리 안에 계심을 알게 된다"는 요한의 진술(요일 4:13) 등이다.

요한에 의하면 우리는 성령으로부터 사람의 증언보다 더 큰 증언을 갖게 되

---

19 Craig, "Classical Apologetics," p. 28.

는데(요일 5:6-10), 이는 성령의 내적 증언이 사도들의 증언보다 훨씬 더 중요하다는 것을 의미한다고 크레이그는 믿고 있다(요 20:31).

> 비록 요한이 그리스도가 하는 주장의 진리에 관한 증거를 제시하고자 하지만, 그가 그 주장을 아는 데 그런 증거가 필요하다고 생각하지 않음은 분명하다.[20]

성령의 증언은, 결론의 증거로서 받아들여진 경험이 아니라 직접적인 인식이다. 크레이그는 플랜팅가를 강하게 상기시키는 용어로 성령의 증언을 "적절히 기본적"이라고 부르는데, 이는 성령의 증언이 어떤 더 기초적 믿음으로부터 추론을 통해 도출된 것이 아니라, 적절한 상황에서 형성됨으로써 합리적으로 정당화되기" 때문이다.

> 기독교의 하나님에 대한 믿음은 성령이 증언하는 상황에서 형성되었을 때 철저히 기본적인 것이 된다. 그런 상황에서 사람이 이런 믿음을 형성하지 않는 것은 오직 죄 때문이다.[21]

성령의 증언에 근거한 믿음을 가진 사람은 믿는 일에서 단순히 이성적일 뿐 아니라 기독교가 참되다는 것을 실제로 알고 있다. 크레이그는 참된 믿음을 지식으로 만들기 위해 추가되어야 할 모든 것은 플랜팅가가 말하는 보증이라고 지적한다. 그는 결국 우리의 믿음이 지식이라는 것에 동의한다.

> 보증에 대한 플랜팅가의 구체적인 분석이 성공적이든 아니든, 그는 성경의 하나님에 대한 우리의 믿음은 합리적일 뿐 아니라 보증된 것이며, 따라서 지식이라는 신약성경의 가르침과 분명히 일치한다.[22]

크레이그는 우리의 내적인 인식이 믿음에 도전하는 주장들을 압도한다는 의미에서, 성령의 증언을 자증적인 것으로 간주한다. 그 증언은 반론을 제시하지

---

20 Ibid., p. 32. 성령의 역할에 관한 다른 내용은 pp. 30-32를 보라.
21 Ibid., p. 31.
22 Ibid., p. 33 n.3

않으며, 단지 어떤 도전보다 더 많은 보증을 제공한다. 그는 플랜팅가가 범죄로 부당하게 고발된 사람이 자신에게 불리한 증거를 반박하지 못함에도 불구하고, 자신의 무죄를 믿는 것이 합리적으로 정당화되는 경우를 예로 들었던 것을 회상한다.[23] 그의 내적인 인식은 하나의 합리적인 논증이 아니며, 합리적인 논증을 능가한다. 그리고 그 사람은 이성적이다.

플랜팅가는 성령의 증언은 지적 능력이나 도전에 얼마나 잘 대처할 수 있는지에 관계없이 모든 신자가 이용할 수 있다고 지적한다. 크레이그는 신자는 하나님을 믿어야 할 지적인 권리, 심지어 의무까지 갖고 있다고 말한다.[24]

플랜팅가의 '신의식'과 크레이그의 성령의 증언은 약간의 차이가 있다. 플랜팅가는 '신의식'을 부분적으로는 우리가 어떻게 만들어졌는지에 기인하고 부분적으로는 성령의 활동에 기인하는 것으로 간주하는 반면,[25] 기독교에 대한 의식은 우리가 어떻게 만들어지는가에 대한 문제가 아니라 성령의 활동에 대한 문제일 뿐이라고 한다.[26]

하지만, 크레이그는 우리가 어떻게 만들었는지에 대해 그리고 그가 성령의 활동으로 여기는 하나님과 기독교에 대한 의식에 대해서 언급하지 않는다. 성령의 활동은 어떤 다른 종교적인 믿음이 참이라는 즉각적인 인식을 갖고 있다고 말하는 사람들의 주장과 상관없이 효과적이다.

첫째, 신자는 단지 무엇이 참인지 알고 있다는 점에서 성령의 증언은 자증적이다.

둘째, 어떤 경우에는 불신자가 실제로 하나님에 대한 것을 경험하고 있을 수 있다. 예를 들어, 모든 존재의 근거, 도덕적 절대자 또는 인류의 사랑하는 아버지 등과 같은 것이다.[27]

셋째, 성령의 증언은 힌두교나 불교도 등 비기독교적인 종교적 경험과는 매

---

23 Alvin Plantinga, "The Foundations of Theism: A Reply," *Faith and Philosophy* 3, no. 3 (1986): 310; 크레이그의 "Classical Apologetics," p. 34에 의해 인용됨.
24 Craig, "Classical Apologetics," p. 35.
25 Alvin Plantinga, *Warranted Christian Belief* (New York: Oxford University Press, 2000), pp. 173-75. 우리가 어떻게 만들어지는가는 의식의 활동을 포함할 수 있다.
26 Ibid., chap.6.
27 Craig, "Classical Apologetics" p. 36, cites William Alston, "Response to Hick," *Faith and Philosophy* 14, no. 3 (1997): 287-88.

우 다르므로 구별될 수 있다.²⁸

신경과학자가 뇌의 일부를 자극해 인위적으로 종교적 체험을 유도할 가능성은 어떨까?²⁹

크레이그는 그동안 추론된 경험들은 인격적이고 사랑스런 하나님이라기보다는 만인의 범신론적 경험에 가까웠다고 말한다. 게다가 하나님에 대한 인위적인 경험을 추론한다고 해서 하나님에 대한 실제적인 경험의 가능성을 훼손시키지 않는 것은, 인공적인 시각과 소리를 유도한다고 해서 실제 대상들에 대한 시각과 청각 경험을 가질 수 있는 확신을 훼손시키지 않는 것과 같을 것이다.³⁰

그러므로 크레이그에게 있어 합리적 논증과 증거는 기독교가 참되다는 것을 아는 데 보조적인 역할을 한다. 그는 이성의 주도적 역할과 보조적 역할에 대한 마틴 루터의 구분을 활용하는 것이 도움이 된다고 생각한다. 어떤 이는 이성을 복음 위에 군림하면서 성령의 사역의 도움 없이 그것이 참이거나 거짓된 것으로 판단하는 치안판사로 본다. 그러나 그런 접근 방식은 적절한 논증을 이해하지 못하고 수립할 수 없는 사람들의 믿음을 부정하고, 믿지 않기로 선택한 사람들에게 변명의 여지를 제공하며, 지적 엘리트들이 다른 사람들이 믿는 것을 통제하게 할 것이다. 증거의 변화에 영향을 받는 기독교는 한 세대에는 합리적이고 다음 세대에는 비합리적일 수 있는 반면, 성령의 증언에 근거한 믿음은 "신앙의 견고한 기초를 확실하게 한다."³¹

---

28 Craig, *Reasonable Faith*, pp. 49-50.
29 1980년대 캐나다 로렌티안대학교(Laurentian University)의 마이클 퍼신저(Michael Persinger)가 수행한 고전적 실험은 2004년 스웨덴 웁살라대학교(Uppsala University)의 퍼 그랜비스트(Pehr Granqvist)에 의해 도전 받았다. 퍼신저(Persinger)는 그의 결과들을 방어했고, 그는 다른 연구자들의 결과들을 확인하고 있다고 주장한 것을 지적했다. Todd Murphy and Dr. Michael A. Persinger, "Debate Concerning the God Helmet," 2011, wwwiinnerworlds.5 omegs.com/The_God_Helmet—Debate.htm. 그 논문은 유사한 연구와 연계되어 있다. 그들 간의 논쟁에 대한 간략한 개요는 Roxanne Khamsi, "Electrical Brainstorms Busted as Source of Ghosts," *Nature*, December 9, 2004. www.nature.com/news/2004/041206/full/newso41206-10.html. 을 보라. Michael J. Murray; "Belief in God: A Trick of Our Brain?" in *Contending with Christianitys Critics: Answering New Atheists and Other Objections*, ed. William Lane Craig and Paul Copan (Nashville: B&H, 2009), pp. 54-57.
30 Craig, *Reasonable Faith*, p. 50.
31 Craig, "Classical Apologetics," p. 37.

크레이그는 루터를 따라서 이성을 보조적인 것, 곧 복음에 복종하고 그것을 섬기며 우리가 신앙을 이해하고 지키는 데 도움을 주는 것으로 간주한다. 그는 이것이 이해를 추구하는 어거스틴-안셀름 전통의 신앙에 부합한다고 믿는다. 신자들의 경우 "성령의 사역을 통해 그가 즉각적으로 그리고 틀림없이 알고 있는 것을, 논증과 증거를 통해 추론적이고 설득력 있게 알 수도 있을 것이다. 그러나 후자는 분명히 전자보다 그에게 덜 중요할 것이다. 만약 그들의 삶의 상황으로 인해, 논증과 증거를 통해 확인할 수 없다 해도 그들의 믿음의 기초는 여전히 안전할 것이다."[32]

증거가 기독교에 역행하는 것처럼 보이면 신자는 당장 믿음을 잃지 않고 추가 증거를 기다릴 것이다. 이상적인 세계에서는 합리적 주장과 성령의 증언이 결코 충돌하지 않을 것이지만, 그들은 때때로 충돌하고 그래서 우리는 성령의 증언을 취하게 된다.

> 합리적 논증과 증거가 성령의 증언을 확증하는 데 도움을 주겠지만, 신앙의 적절한 근거는 합리적 논증과 증거가 아니라 성령의 증언이다.[33]

합리적 논증은 신앙을 확증하지만, 신앙의 기초는 아니다.[34]

궁극적으로 불신자는 변명의 여지가 없지만, 합리적 논증에 근거한 것은 아니다. 만약 그렇다면, 적절한 합리적 논거가 부족하면 핑계를 댈 수 있을 것이라고 크레이그는 말한다.

> 믿을 만한 충분한 이유가 주어지지 않고, 믿지 않을 만한 설득력 있는 많은 이유를 가진 사람들도 변명의 여지가 없는데, 이는 그들이 믿지 않는 궁극적인 이유가 성령을 의도적으로 거부했기 때문이다.[35]

즉, 그들은 마음을 이끄시는 성령을 의도적으로 거부한 것이다.[36] 따라서,

---

32 Ibid.
33 Ibid. p.38
34 Craig, *Reasonable Faith*, p. 48.
35 Ibid., p.50
36 Ibid., p.50

그는 이렇게 말한다.

> 최종적으로 분석해 보면 논증의 부족으로 기독교인이 되지 못하는 사람은 없다. 그리고 그는 빛보다 어둠을 사랑하고 하나님과 아무 관계도 원하지 않기 때문에 기독교인이 되지 못한다.[37]

그리스도께서는 사람이 진정으로 구한다면 그리스도의 가르침이 참으로 하나님으로부터 온 것임을 알게 될 것이라고 말씀하셨다(요 7:17). 성령은 하나님 앞에서 죄에 대하여 의에 대하여 심판에 대하여 불신자를 책망하신다(요 16:7-11). 유죄 판결을 받은 불신자는 그런 것들을 알고 있다.[38]

그러므로 신자와 불신자에게 성령의 자증적인 사역은 기독교의 진리에 관한 지식을 제공한다. 믿음은 그것이 실제로는 거짓일지라도 믿을 만한 충분한 이유가 있다는 점에서 합리적일 수 있다.

그러나 어떤 것은 합리적으로 정당화될 뿐만 아니라, 참일 때 알려진다. 왜냐하면, 기독교에 관한 믿음은 "어떠한 외적인 인증도 필요 없는 하나님의 자기 계시에 응답하여 형성된 것이기 때문에, 그것은 합리적일 뿐 아니라 우리의 지식을 구성한다."[39]

크레이그는 많은 고전적 변증가와 증거론자보다 성령의 증언을 좀 더 강조하는데, 그들은 증거와 합리적 논증을 확인하기 위한 더 강력한 역할을 찾는다. 게리 하버마스(Gary Habermas)는 아는 것과 보여주는 것을 별개의 범주로 보지 않기 때문에, 신자가 성령의 증언이나 증거 위에 서지 못할 이유가 없다. 요한복음 14장 10-11절에서 예수님은 자신의 말을 완전히 믿지 않는 사람들을 향해 자신의 기적을 인하여 믿으라고 초대하고, 누가복음 7장 18-28절에서는 증거를 사용해 의심하던 세례 요한에게 확신을 심어준다.[40]

하버마스는 수년 전 의심과 씨름한 적이 있는데, 크레이그와 달리 의심의 원인을 단순한 죄보다 더 복잡한 것으로 본다. 하버마스는 성령의 증언이 (특히, 자신의 구원에 관한) 지식을 제공한다는 데는 동의하지만, '알다(know)라는 단어

---

37 Ibid.
38 Ibid., p.46.
39 Ibid., p.47.
40 Gary Habermas, "An Evidentialisfs Response, in Cowan, *Five Views on Apologetics*, pp. 64-65.

와 관련하여' 많은 기술적인 문제가 있다고 말한다. 명확한 설명이 없기 때문에 확신과 신념의 측면에서 말하는 것이 더 쉬울 것이다.[41]

크레이그의 아는 것과 보이는 것의 구분과 관련해서, 하버마스는 변증학은 대부분 후자와 관계가 있다고 말한다. 크레이그가 요한일서 5장 16-20절은 사도들의 증언보다 성령의 증언을 인정한다고 말하는 것처럼, 하버마스는 그 구절은 성령의 증언을 일반 인간의 증언보다 우위에 두는 것 외에는 아무것도 요구하지 않는다고 말한다.[42]

폴 파인버그(Paul Feinberg)는 기독교인의 믿음의 근거로서 증거의 도움을 받지 않는 성령의 증언에 그토록 많은 강조점을 두는 것이 현명한지 의문을 제기한다.

만일, 기독교인들이 성령의 인도하심에 대해 그리고 암에서 살아남을 것이라는 성령의 보증에 관해 오해한다면, 어떻게 성령의 증언이 모든 패배자를 압도할 수 있을 거라고 말할 수 있을까?

확실히 성령의 인도하심과 살아남을 것이라는 잘못된 주장들은 증거에 의해 무효가 되었다.

신성에 의해 계시된 내면의 진리 의식에 대한 도전이 있을 수 없다면, 어떻게 기독교인이 다른 종교를 가진 사람에게 도전할 수 있을까?

증언의 경우에는 성령의 사역이 무효가 될 수 없으나, 다른 문제에서는 그렇지 않아야 할 이유가 없는 것 같다.[43]

존 프레임은 하나님 영의 증언은 항상 하나님의 말씀과 일치한다고 말한다. 그것은 성령의 증언이 사도의 메시지를 대체한다는 요한일서의 주장과 맞지 않는다. 오히려 성령께서 사도의 증언이 참되다는 것을 보장하신다.[44]

41　Ibid., p.62.
42　Ibid., p.63.
43　Paul D. Feinberg, "A Cumulative Case Apologist's Response," in Cowan, *Five Views on Apologetics*, pp. 70-71.
44　Ibid., p.75.

2. 기독교가 참되다는 것을 보이기

기독교가 참되다는 것을 다른 사람들에게 보여주려 할 때, 성령의 역할과 합리적인 논증은 거의 완전히 뒤바뀌게 된다. 논증과 증거가 일차적이며, 성령의 역할은 보여주는 데 있지 않고 불신자의 마음을 여는 데 있다.

비기독교인이 자신의 믿음을 확증한 체험이 있다고 믿고, 기독교인도 똑같이 믿는다면 무엇을 할 수 있을까?

크레이그는 철학자 윌리엄 알스톤(Wiliam Alston)[45]을 인용하는데, 그는 기독교인은 그들의 차이점을 판단하기 위해 공통 기반과 비순환적 논증을 찾아야 한다고 말한다. 공통 기반에는 "감각 지각, 합리적 자기 증거 그리고 공통적인 추론 방식"[46]이 포함될 수 있다.

그런 다음 변증학은 베이즈의 정리를 포함하여 연역법, 귀납법 그리고 최상의 설명을 제공하는 추론을 사용할 수 있다. 베이즈의 정리를 사용할 때의 문제는 확률 계산의 어려움이다. 아울러 우리가 어떤 것에 대한 가장 좋은 설명을 선택할 수는 있지만, 무엇이 최고의 설명을 만들 수 있는지에 관한 보편적인 합의는 없다. 일반적인 기준에는 달리 설명할 수 없는 것을 얼마나 잘 설명하는지, 설명할 수 있는 것이 얼마나 많은지, 그 설명이 문제되는 현상을 설명하기 위해서만 발명되었는지 아니면 다른 것에도 사용되었는지 등이 포함된다. 최선의 설명에 대한 추론의 단점은 최선의 설명이 사실이라는 보장이 없다는 것이며, 그것은 우리가 고려했던 선택지들 중 가장 좋은 것일 뿐일 수 있다는 것이다.[47]

변증학에서 귀납법의 사용을 거부하는 사람들은 다음을 주의해야 한다.

첫째, 흡연이 폐암과 연관되어 있으며, 이제 길을 건너도 안전하다는 것을 포함하여, 우리의 거의 모든 결론이 귀납적이라는 것을 기억할 필요가 있다.

둘째, 우리가 가진 기본 믿음(다른 믿음으로부터 유추되지 않기 때문에)은 일주일 전에 우리가 점심으로 무엇을 먹었는지 거의 기억하지 못할 때처럼 약할

---

45 William Alston, "Religious Diversity and Perceptual Knowledge of God," *Faith and Philosophy* 5, no. 4 (1998): 442-43; 크레이그의 *Reasonable Faith*, p. 51에서 인용됨.
46 Craig, *Reasonable Faith*, p. 51.
47 Ibid., p. 54-55.

수 있다.

우리가 어떤 형태의 논리를 사용하든 가능한 설득력을 갖기 위해서는 (단 한 가지 논증보다는 여러 가지 다른 논증을 사용한다는 의미에서) 누적 사례를 개발하도록 노력해야 하며, 널리 받아들여지는 전제들이나 일반적으로 공유되는 직관들(즉, 상식)을 사용해야 한다.

만약, 그것들에 호소할 수 없다면, 우리는 전문가의 증언에 호소할 필요가 있을 것이다. 전문가는 편견이 없어야 하고, 가능하다면 심지어 반기독교적이어야 한다. 이는 우리가 말하는 내용만 아니라, "공손함, 개방성, 청자에 대한 진정한 배려 등"[48]과 같이 논증을 더욱 설득력 있게 만드는 대인 관계 요인을 소홀히 할 수 없다.

1) 하나님이 없는 삶의 불합리함

매우 최근에 일어난 이런 추론 방식은 프란시스 쉐퍼(1912-1984)에 의해 대중화되었다. 그것은 문화적이고 실천적이며, 인식론이나 정당화에 관심 갖는 대신, 기독교의 하나님이 존재하지 않을 때 생기는 사회와 개인에 대한 영향을 다룬다.

크레이그는 그것의 가치가 사람들이 대인과 복음의 필요성을 깨닫게 함으로써 기독교의 광범위한 사례에 대한 관심을 불러일으키는 데 있다고 생각한다. 그 생각은 의미, 가치에 내한 근거 없는 무신론 또는 불가지론 입장의 논리적 결론으로 이끌 것이다[49](이것은 존 프레임과 같은 전제주의자들이 그것을 전제주의적 틀에서 사용한다고 주장하겠지만, 그들이 찬성할 수 있는 일련의 논증이다).[50]

크레이그의 광범위한 경험에서 볼 때, 상대주의를 옹호하는 대학생들조차도 객관적인 도덕적 가치가 존재해야 한다는 것을 금방 깨닫게 된다. 홀로코스트, 인종 청소, 인종 차별, 아동 학대는 도덕적 가치에 대한 문화 초월적인 기초를

---

48   Ibid., p.56.
49   Ibid., pp.86-87.
50   John M. Frame, *The Doctrine of the Knowledge of God*(Phillipsburg, NJ: P & R,1987), p. 354. 그는 광범위하고 다양한 변증가들을 증거주의자로 간주한다는 점을 주목하라: "McDowell, Montgomery, Hackett, Pinnock, Gerstner, and Sproul"(Ibid., p. 353).

제공할 하나님이 존재할 때만 비난 받을 수 있다.

사람들을 무신론의 용납할 수 없는 함의로부터 벗어나도록 장려하는 것은 서양 문학에서 풍부한 역사를 가진다. 블레즈 파스칼(1623-1662)은 인간 상태의 모순과 역설에 대해 썼다. 우리는 변덕스럽고 지루하며 불안한 삶과 마주한, 우주의 무한히 작은 하나의 점으로서 모든 곳에서 불확실성에 직면해 있다. 적어도 우리는 우리의 곤경을 알고 있다. 그럼에도 사람들은 답을 찾기를 거부한다. 오히려 그들은 자기 자신을 즐겁게 함으로써 상황을 직면하는 것을 회피한다.

우리는 내기를 해야 한다. 하나님이 존재한다는 것을 알 수 있는 합리적인 방법이 없다 하더라도, 그분을 믿는 것은 현명할 것이다. 만약 우리가 옳다면, 우리는 모든 것을 얻는다. 만약 우리가 틀린다면, 우리는 아무것도 잃지 않는다. 하지만, 반대로 하나님이 없다는 것에 걸었을 때 우리가 옳으면, 아무것도 얻지 못하고 우리가 틀리면 우리는 모든 것을 잃는다. 그러므로 어떤 도박꾼도 무신론자의 내기를 받아들이지 않을 것이다.[51]

크레이그는 악의 문제를 다루면서 유신론을 이중적으로 옹호한 러시아의 소설가 표도르 도스토예프스키(Fyodor Dostoevsky, 1821-1881)를 가리킨다. 분명히 무고한 고통은 한 사람의 성품을 온전하게 하고 하나님께 더 가까이 가게 할 수 있다. 거꾸로 만약 하나님이 없다면, 우리는 도덕적 상대주의로 떨어지고, 아무리 비참한 행동이라도 비난 받을 수 없다. 누구도 이런 파괴적인 결과를 가지고 일관되게 살 수는 없다.

덴마크의 실존주의 철학자 쇠렌 키르케고르(1813-1855)는 인간은 세 가지 수준(단계)의 삶을 살 수 있다고 말했다. 가장 낮은 수준에서 사람은 자신을 위해 산다. 이 "심미적" 단계에는 의미도 행복도 없다. 이는 누군가를 윤리적 단계로 거의 도약하도록 하여 도덕적인 원칙에 전념하게 할 수 있지만, 도덕적 노력과 실패는 죄책감과 절망으로 이어질 뿐이다. 용서와 하나님과의 개인적 관계가 진정으로 성취되는 종교적 단계로 또 다른 도약이 가능하다.

크레이그는 서구 문화가 절망으로 치닫고 있다는 프랜시스 쉐퍼의 견해를 요약했는데, 이는 절대적인 것이 없다는 독일의 철학자 헤겔(1770-1831)의 견

---

51 Blaise Pascal, *Pansées* 343. 내기에 관하여 크레이그의 자세한 내용에 대해서 "Pascal's Wager," *Reasonable Faith*, http://www.reasonablefaith.org/pascals-wager를 보라.

해를 수용한 덕분이다. 헤겔에게는 모든 것이 변하고 있기 때문에 항상 옳거나 항상 틀린 것은 없다. 이런 상황을 안정시키지 않는다면, 인간의 존재는 문학과 예술에서 볼 수 있는, 예를 들어, 부조리의 극장에서 볼 수 있는 무의미와 부조리를 향해 표류하게 된다. 거기서 문학과 예술은 인생을 무의미하고 비합리적인 것으로 묘사하기 위해 줄거리와 주제라는 기법을 무시하는 일종의 드라마가 된다.

하나님을 버렸으므로 삶 자체가 무의미해지고 낙태와 영아 살해도 용인된다. 만약 문화가 하나님과 그분의 도덕적인 완전으로 돌아가지 못하면, 인구 통제와 심지어 인간의 번성을 향한 더 이상의 표류를 막을 수 있는 것은 아무 것도 없다. 그러므로 현대 인류는 이층짜리 우주에 살고 있는데, 그 밑바닥에는 삶의 무의미하고 하나님이 없는 유한한 세계가 있다.

이런 현실을 감당할 수 없는 불행한 사람들은 의미와 가치, 목적을 찾기 위해 상층부로 뛰어오르려 하지만, 하나님이 없다면 이 중 어느 것도 존재할 수 없다.[52] 무신론 실존주의 철학자 장 폴 사르트르는 "홀로 취하든, 국가의 지도자든 사정은 마찬가지"[53]라고 결론지었다.

이런 주제들을 반영하여, 크레이그는 하나님이 없다면 우주와 그것의 궁극적인 죽음조차 의미가 없다고 덧붙였다. 윤리의 궁극적인 근거가 없다면, 대량 학살과 자기희생 사이에는 궁극적인 차이가 없다.

대안은 성경적 기독교인데, 그것에 따르면 우리가 영원히 의미 있게 관계할 수 있는 하나님이 존재하신다. 크레이그는 대안들을 대조하는 것은 기독교를 증명하는 것이 아니며, 만약 이 두 가지 선택지에 대한 증거가 절대적으로 같다면 이성적인 사람은 성경의 기독교를 선택해야 한다고 서둘러 밝힌다. 삶과 의미와 행복보다 죽음과 허무와 파괴를 선호하는 것은 확실히 비합리적으로 보인다. 파스칼의 말대로 "우리가 잃을 것은 아무것도 없고, 얻을 것은 무한하다."[54]

크레이그가 주도하지는 않았지만, 기독교가 문화에 부정적인 영향을 끼쳤다는 현대의 비난에 대한 최근 반응이 있었다.

---

52 Craig, *Reasonable Faith*, pp. 70-71, 78.
53 *Jean-Paul Sartre, Being and Nothingness, trans. Hazel E. Barnes* (New York: Washington Square Press, 1993): p. 797.
54 Craig, *Reasonable Faith*, p. 86.

유명한 무신론자 버트란트 러셀(Bertrand Russell, 1872-1970)은 『나는 왜 기독교인이 아닌가』(Why I Am Not A Christian)에서 종교에 대한 두 가지 유형의 반대, 즉 지적인 반대와 도덕적인 반대를 밝혔다. 종교에 대해 그는 이렇게 말했다.

> 나는 그것을 공포에서 비롯된 질병으로 간주하고 인류의 말할 수 없는 불행의 원천으로 여긴다.[55]

고인이 된 솔직한 무신론자인 크리스토퍼 히친스(Christopher Hitchens)는 『신은 위대하지 않다. 즉, 종교는 모든 것에 해독을 끼친다』(God Is Not Great: How Religion Poisons Everything)의[56] 두 장에서 종교의 도덕적 결함이라고 느낀 것을 상세하게 설명했다. 그의 다양한 공격에서 기독교는 특별한 주목을 받는다.

기독교인들은 모든 종교와 그 신자의 윤리를 옹호하고 싶어하지 않을 것이다. 그리고 실제로 상당량은 변호할 수 없는 것으로 간주될 것이다. 기독교라는 이름으로 행해진 일부 행위(예를 들어, 유럽에서의 유대인에 대한 사회적 소외와 박해, 재세례파에 대한 행위)도 비난 받을 수 있는데, 이는 기독교의 윤리적 가르침에 무지하거나 그것에 불성실한 행위다. 남은 것은 기독교가 문명화에 미치는 전반적인 영향에 대한 문제다. 그것이 좋은 영향을 미쳤다고 해서 그 주장이 사실임을 증명하는 것은 아니다. 하지만, 그것은 고려할 가치가 없다거나 도덕성 때문에 그것이 거짓임이 틀림없다는 반론을 확산시킨다.

조나단 힐(Jonathan Hill)은 기독교의 다양한 공헌에 관한 글을 썼고, 사회학 교수 앨빈 J. 슈미트(Alvin J. Schmidt)는 기독교의 유익한 영향을 광범위하게 기록하였다(또 다른 책에서 그는 기독교 대 이슬람의 사회적 영향력을 대조한다).[57] 그는 기독교가 탄생할 당시 그리스-로마 세계(그리고 전 세계의 다른 비기독교 문화)의 도덕성을 설명한 다음, 기독교가 현재 서양에서 우리가 도덕적으로 받아들이고 있는 독특한 윤리를 어떻게 탄생시켰는지를 보여준다. 하지만, 그 기원을

---

55 Bertrand Russell, *Why I Am Not a Christian and Other Essays on Religion and Related Subjects* (New York: Simon & Schuster, 1957), p. 24.

56 Christopher Hitchens, *God Is Not Great: How Religion Poisons Everything* (NewYork: Twelve, 2007), chap. two, "Religion Kills," pp. 15-36; chap. thirteen, "Does Religion Make People Behave Better?," pp. 173-93.

57 Alvin J. Schmidt, *The Great Divide: The Failure of Islam and Triumph of the West* (Salisbury, MA:Regina Orthodox Press, 2004).

깨닫는 사람은 거의 없다.

기독교는 인간은 하나님의 형상대로 만들어지고 개인의 삶은 창조자에 의해 소중하게 여겨진다고 주장하면서(예를 들어, 창 9:6), 유아 살해와 낙태뿐 아니라, 검투사 게임, 인신 공양(human sacrifice), 자살 같은 무자비한 폭력을 비난했다. 또 우리가 현재 (많은 문화권에서 비난 받지 않는) 아동 성추행이라고 부르는 것을 비난하면서, 이성애적 일부일처제를 장려했다.

고대 세계에서 여성의 지위는 노예와 같았고, 오늘날 일부 문화권에서는 거의 더 나아진 것이 없다. 신분보다는 성적 억제에 대한 야만적인 개념과 관련이 있지만, 여전히 26개 아프리카와 이슬람 내 일부 중동 국가에서 소녀들을 대상으로 할례(sexual mutilation)가 행해지고 있으며, 이는 전 세계 1억 2천5백만 여성에게 영향을 미치고 있다.[58]

그리스도는 그 시대 사람들을 놀라게 했는데, 여성들을 진지하게 대하고, 제자로 받아들이고, 남자들처럼 그들을 가르쳤다. 더욱이 여성들은 빈 무덤의 최초목격자였다. 기독교인들은 하나님의 긍휼하심을 본받아 고아, 과부, 빈민, 노인, 병자, 시각 장애인, 정신 이상자 등 소외 당한 사람들을 돌보았다. 고전적인 사고방식으로 볼 때 이것은 어리석은 일이었는데, 갚을 수 있는 사람들만 도와야 하기 때문이다. 그리고 기독교는 교육을 강조했고, 결국 대학교를 탄생시켰다. 공교육은 종교개혁가들에 의해 개척되었다.

2) 하나님에 대한 지식: 추론인가 직접적인 인식인가?

크레이그는 자신이 해결할 수 없을 수도 있다고 인정하는 논쟁, 즉 일반계시와 자연신학의 관계에 대해 간략하게 탐구한다.

바울은 하나님의 지식이 모든 사람에게 분명하다고 말한다.

> 창세로부터 그의 보이지 아니하는 것들 곧 그의 영원하신 능력과 신성이 그가 만드신 만물에 분명히 보여 알려졌나니 그러므로 그들이 핑계하지 못할지니라(롬 1:20).

---

58 World Health Organization, fact sheet no. 241, updated February 2014, World Health Organization website, www.who.int/mediacentre/factsheets/fs241/en/index.html.

바울은 세계의 주요 특징들로부터 하나님이 존재한다는 결론에 이르는 추론을 말하는 것일까?

크레이그의 말처럼 그것은 "피조물로부터 창조주에 이르는 추론은 원시 야만인의 관찰에서부터 과학자의 연구에 이르기까지, 어떤 수준의 조사에서도 너무나 분명하여 불신자가 이러한 추론을 이끌어내지 못하는 데는 변명의 여지가 없다"[59]라는 것일 수 있다.

그러나 그는 다른 사람들은 (우리가 플랜팅가의 경우에서 보았던 것처럼) 피조물을 창조주에 대한 믿음을 적절히 기본적인 것으로 만드는 배경으로 간주한다고 덧붙인다. 우리는 피조물을 보고, 추론의 과정 없이 단순히 창조주를 인식한다. 예를 들어, 우리는 질서와 설계를 보고 하나님이 존재해야 한다고 결론짓지 않는다. 우리는 a가 참(전제)이므로, b 또한 참이어야 한다(결론)고 생각하지 않는다.

고전적인 예를 빌려서, 크레이그가 했던 말을 덧붙일 수 있다. 우리는 시계를 보고 간단히 시계 제조업자를 인식하게 된다. 그러나 추론이라고 보는 관점에서는, 시계를 보고 시계 제조업자가 있어야 한다고 결론짓는다. 또는, 단순히 비를 맞으며 단순히 비가 내리고 있다는 것을 인지하는 것과 비가 내리는 소리를 듣고 야외에서 젖은 사람들이 들어오는 것을 보기 때문에 비가 내린다는 결론을 내리는 것의 차이와 같을 수도 있다.

만약 하나님에 대한 지식이 피조물로부터 추론된 것이라면, 추론적 논증은 변증학에 고유한 것처럼 보일 것이다. 그러나 하나님에 대한 지식이 직접적인 인식이라면, 피조물로부터 하나님에 이르는 추론적 논증은 적어도 널리 퍼져 있지 않은 것처럼 보일 것이다.

모든 사람이 변명할 여지가 없기 때문에, 하나님에 대한 지식이 철저히 기본적인 것이 되어야 한다고 말하는 것으로는 이 문제를 해결할 수 없는데, 그것은 모든 사람이 결론을 도출하는 것에 대해 책임질 수 없기 때문이다. 어떤 사람이 추론을 이끌어낼 능력을 갖지 못할 수는 있지만, 모든 사람은 기본적인 믿음을 가질 수 있다. 그러나 크레이그가 지적하듯이, 이는 철저한 기본성(basicality)과 믿음의 정도를 혼동하는 셈이 될 것이다.

앞서 언급했듯이, 일주일 전 점심으로 먹은 것에 대한 기억처럼 기본적인 믿

59　Craig, "Classical Apologetics," p. 39.

음에 대한 우리의 이해는 희미하고 오류가 생기기 쉽다(단순히 기억하기 때문에 그것은 철저히 기본적인 것이며, 그것은 다른 믿음에서 내린 결론이 아니다).

반면, 추론은 분명하고 누구나 쉽게 형성할 수 있으며, 틀릴 가능성이 거의 없다.[60] 우리는 창 밖을 내다보고 거리에서 밝은 햇빛을 보는 예를 제시하고, 해를 가리는 먹구름이 없다고 결론지을 수 있다.

크레이그는 로마서 1장 19절이 하나님이 존재한다는 추론에 대해 이야기하고 있다는 견해를 선호하여, 추론적 사고가 그리스와 헬레니즘-유대적 사고의 특징이라는 사실을 지적한다. 그 성경 구절의 표현은 그 영향을 강하게 연상시키며, 그 구절의 표현은 추론적 사고가 뚜렷이 나타나는 솔로몬의 지혜서 13장 1-9절의 헬레니즘-유대적 지혜와 매우 흡사하게 들린다. 더욱이 추론적인 과정에 대한 언급은 널리 퍼진 성경적 수사에 적합할 것이다.

사도행전 14장 17절에서 바울은 하나님께서는 유익한 질서를 따라 자신에 대한 증거를 제공하셨다고 말한다. 누가복음 11장 20절에서 예수님은 증거로서 기적과 성취된 예언과 귀신 축출에 호소하신다. 요한복음의 거의 시작 부분에서 니고데모는 예수님이 행하시는 기적적인 표적들(요 3:2) 때문에 예수님은 틀림없이 하나님께로부터 왔다고 추론한다. 그리고 거의 끝 부분에서 요한은 사람들이 구원 받는 믿음에 이르도록 표적을 기록했다(요 20:31)고 말한다.

세례 요한의 의심에 대한 예수님의 반응(마 11:5-6; 사 35:5-6; 61:1과 비교)에서 기적과 예언에 대한 호소가 함께 나타난다. 유대인 청중과 이야기할 때 사도들은 성취된 예언, 기적, 부활(행 2:22-32)에 호소한다. 이것이 바울의 접근 방식이었던 것처럼 보인다.

크레이그는 유신론적 논증에 대해 매우 긍정적인 견해를 갖게 되었다.

> 수년 간의 연구와 성찰 끝에, '하나님의 존재를 증명하기 위해 사용된 거의 모든 방법이 만족할 만하고, 우리가 그것을 완전하게 한다면, 유용할 것'이라는 라이프니츠의 확신을 공유하게 되었다. 무신론자나 불가지론 철학자들과 구두로 그리고 인쇄물로 이들 논증들에 대해 논쟁한 경험은 나의 마음속에 이러한

60　In ibid., p. 39; Craig cites George Mavrodes, "Jerusalem and Athens Revisited, in *Faith and Rationality,* ed. Alvin Plantinga and Nicholas Wolterstorff (Notre Dame, IN: University of Notre Dame Press, 1983), pp. 214-15.

확신을 확인하는 데 기여했을 뿐이다.[61]

3) 존재론적 논증

고전적 변증학은 유신론적 논증들을 사용한다는 특징을 가진다. 그러나 고전적 관점의 외부에 있는 모든 사람이 그 논증들에 단정적으로 반대하는 것은 아니다. 예를 들어, 플랜팅가는 존재론적 논증을 활성화시키는 것으로 알려져 있으며, 하버마스와 존 워웍 몽고메리 같은 일부 증거주의자는 그것들을 기꺼이 이용하려 하지만, 기독교를 위한 증거의 장을 마련하기 위해 그 주장을 사용할 것을 요구하지는 않는다.

각 유형의 논증은 많은 변형을 가지고 있으므로, 각 유형은 실제로 논증의 범주를 나타낸다. 물론, 유신론적 논증들의 전체 주제는 크고 복잡하며 끊임없이 변화하는 분야다. 여기서는 간단히 요약하지만, 각 변형들에 관한 수많은 책과 논문이 있다.

의심할 여지 없이, 가장 논란이 되는 유신론적 논증은 가능한 가장 완전한 존재로서의 신에 대한 단일한 논증적 증명으로서, 신부이자 철학자인 캔터베리의 안셀름(Anselm of Canterbury, 1033-1109)에 의해 처음으로 구상된 존재론적 증명이다. 다른 논증들과는 달리 그것은 선험적인 논증이다. 즉, 여기서는 신의 개념과 정의만을 사용한다. 그것은 우리를 둘러싼 세계를 조사하면서 알게 되는 것들을 사용하지 않는데, 이것은 소위 후험적 논증이라고 불리는 것을 형성하는 데 사용된다.

그 주장의 가장 일반적인 특징에 따르면,[62] 안셀름은 신이 가능한 가장 위대한 존재라는 전제에서 출발한다. 이것은 그것이 신에 대한 정의이기 때문에 참일 수밖에 없다. 그래서 신은 적어도 마음속에 존재한다. 그러나 마음속에만 존재하고 현실에는 없는 것은 가장 위대한 존재가 아니다. 그것은 모순이 될

---

61 Craig, *Reasonable Faith*, p. 106. Gottfried Wilhelm Leibniz, *New Essays on the Understanding*, trans. Alfred G. Langley (New York: Macmillan, 1896), p. 505.
62 다양한 정의에 대해서 그리고 안셀름이 *Proslogion* 2에서 하나의 논증을 하고 있는지, *Proslogion* 3에서 또 다른 논증을 하고 있는 지, 또는 그들이 동일한 논증인지에 대하여는 Graham Oppy, "Ontological Arguments," in *The Stanford Encyclopedia of Philosophy,* ed. Edward N. Zalta, winter 2012 ed., http://plato.stanfbrd.edu/archives/win2o12/entries/ontological-argume11ts/를 보라.

것이기 때문에 신은 현실에 존재해야 한다. 만약 이 논증이 성공한다면, 안셀름은 창조자나 설계자의 존재뿐만 아니라 가능한 가장 위대한 존재도 증명해 낸 셈이 된다.

반대자들은 동일한 논증이 "최선의 가능한 섬"과 같은 수많은 상상 속에 있는 것의 존재를 증명하는 데도 사용될 수 있다고 응수했다. 하지만, 그에 대한 답변은 다른 것들은 본질적인 최대치를 가지고 있지 않다는 것이며, "최상의 가능한 섬"은 없다는 것이다.

하지만, 최대한 강력한 존재는 전능한 존재요, 최대한의 지식을 소유한 존재는 전능하며, 최대한 선한 존재는 도덕적으로 완전하다. 데카르트는 존재는 어떤 것을 갖고 있다고 하거나 없다고 할 수 있는 술어이며, 삼각형이 반드시 세 변을 갖는 것처럼 지극히 완벽한 존재는 반드시 존재의 속성을 가지고 있다고 덧붙였다. 임마누엘 칸트(1724-1804)는 우리가 가장 완벽한 존재를 긍정한다면 그런 존재가 존재한다는 것을 받아들여야 하듯이, 우리가 신을 그 존재로부터 분리할 수 없다고 가정하더라도, 우리는 여전히 현존하는 완전히 완벽한 존재에 대한 전체 사상을 거부할 수 있다며 반대했다. 그는 (버트란트 러셀이 크게 반향을 일으켰는데) 사실상 그것이 존재해야만 할 어떤 것을 설명할 방법이 없다고 덧붙였다. 우리는 그것을 묘사하고 난 뒤에 그것이 존재하는지를 봐야 한다.

찰스 하트숀(Charles Hartshorne), 노먼 말콤(Norman Malcolm), 앨빈 플랜팅가는 현대에 그 논증을 되살렸다. 플랜팅가는 가능성과 필연성의 측면에서 그것을 재구성한다. 단순화된 형태로 (크레이그의 개작) 표현하면, 다음과 같다.[63]

(1) 최고의 위대한 존재가 존재하는 것은 가능하다.
(2) 만일 최고의 위대한 존재가 존재하는 것이 가능하다면, 그것은 어떤 가능한 세계에 존재한다.
(3) 만일 최고 위대한 존재가 어떤 가능한 세계에 존재한다면, 그것은 모든 가능 세계에 존재한다.
(4) 최고의 위대한 존재가 모든 가능 세계에 존재한다면, 그 존재는 실제 세

---

63 윌리엄 크레이그의 "Two Questions on the Ontolological Argument," Reasonable Faith, http://www.reasonablefaith.org/two-questions-on-the-ontological-argument에서 개작하고 단순화함.

계에 존재한다.
(5) 그러므로 신은 존재한다.

처음에 플랜팅가는 최고의 위대한 존재가 존재하는 것이 가능하다는 핵심 전제 때문에, 존재론적 논증이 타당하다고 생각하지 않았다. 그러나 나중에 그는 자신이 그 기준을 너무 높게 정했다고 생각했고, 존재론적 논증이 어떤 중요한 철학적 결론에 대한 진지한 언어적 논증만큼이나 신의 존재에 대한 좋은 논증이라고 판단했다.[64]

크레이그는 J. R. 모어랜드와 공동으로 집필한 글에서, 주요 화제는 핵심 전제라고 말한다. 그것을 평가하기 위해서는 형이상학적 실증성(어떤 것이 존재하는 것이 가능한지)과 인식론적 가능성(어떤 것이 존재한다고 상상할 수 있는지)을 구별해야 한다. 중요한 점은, 신이 최고로 위대한 존재라면, 그의 존재는 형이상학적으로 필연적이거나 불가능하다는 것이다. 어느 쪽인지 확실하지 않더라도 둘 중 하나여야 한다.

결국, 플랜팅가는 우리가 개인적으로 받아들이거나 거부하는 다른 명제에 비추어 핵심 전제를 고려한다면, 문제의 전제를 받아들일 이유가 있다는 것을 발견할 수도 있다고 제안했고 크레이그는 동의했다. 그렇다면 우리는 그것을 받아들일 수 있는 합리적인 권리 안에 있다. 따라서, 우리는 선험적 근거(즉, 개념만을 근거로)가 아니라, 후험적 근거(개념 이외의 출처로부터 정보를 추가했기 때문)에서 핵심 전제를 받아들이게 될지도 모른다.

이와 같은 고려는 존재론적 논증을 마치 순환적 추론과 같은 것으로 받아들이게 하는 것처럼 보일 수 있는데, 우리가 논증의 전제를 받아들이는 이유는 이미 그 결론을 받아들이고 있기 때문이다. 그러나 크레이그는 이것은 아마도 가장 약한 고리보다도 더 강하지 않은 체인과 같은, 너무 선형적인 방식으로 유신론적 논증을 보고 있는 것일지도 모른다고 말한다. 대신에 크레이그는 우

---

64 Alvin Plantinga, "Reason and Belief in God," type script dated Oct. 1981, pp. 18-19. J. P. 모어랜드와 윌리엄 레인 크레이그의 *Philosophical Foundations for a Christian Worldview* (Downers Grove, IL: InterVarsity Press, 2003,『기독교 세계관의 철학적 기초』, CLC 刊), p. 497에서 인용됨. 저자들은 출판된 판에서 인용이 실수로 생략되었다고 설명하지만 앨빈 플랜팅가에게서도 이와 유사한 진술이 나타난다. "Self Profile," in *Alvin Plantinga*, ed. James E, Tomberlin and Peter van Inwagen, Profiles 5 (Dordrecht: D. Reidel, 1985), p. 71.

리는 그들을 쇠사슬 갑옷의 고리처럼 보아야 하며, 거기서 그들은 서로를 강화시켜 전체는 어떤 고리보다 더 강해진다고 말한다.[65]

존재론적 논증은 적어도 하나의 전제에 하나의 중요한 가정을 필요로 한다는 것에 의심의 여지가 없다. 신학자 칼 바르트(Karl Barth) 같은 몇몇 사람은 하나님이 가능한 가장 위대한 존재라는 것을 신자들에게 상기시키는데 그것의 중요성이 있다고 믿는다. 존 힉(John Hick)의 결론에 따르면, 그 논증은 "그런 근본적인 개념들을 사용하고, 그것들을 매우 미묘하게 다루며, 매우 중대한 결론을 증명할 것을 공언하기 때문에 끊임없이 매혹적이다."[66]

4) 우주론적 논증

우주론적 논증은 무언가가 존재한다고 가정하고 우주의 제1원인 또는 충분한 이유가 존재한다고 주장한다. 지지자들의 명단은 길고 뛰어나며 고대로 거슬러 올라간다.

이슬람 사상가 알 가잘리(al-Ghazali, 1058-1111)는 존재하기 시작한 모든 존재에는 원인이 있고, 세계는 하나의 존재이며, 따라서 그것은 원인이 있다고 주장했다. 그의 논증의 일부는 우주가 시작되었을 것이라고 주장했다. 왜냐하면, 사실상 무한한 수의 사물은 불가능하기 때문이다. 크레이그는 또한 그의 부활된 우주론적 논증에서 이것을 사용한다.

토마스 아퀴나스(Thomas Aquinas)는 자신의 논증을 동시적인 원인들의 무한 퇴행 불가능성에 근거했다. 그는 원인의 연쇄에서 하나님을 첫 번째 작인으로 주장하지 않고 있는데, 최초의 작인은 무엇인가를 일으키고, 그 결과가 움직이기 시작하기 때문에 멈추게 된다. 오히려 그는 끊임없이 영향을 미치고, 움직임이나 변화를 가능케 하는 원인을 염두에 두고 있다. 예를 들어, 펜은 손이 규칙적으로 활동하기 때문에 움직인다.

아퀴나스는 신의 존재를 증명하기 위한 다섯 가지 방법을 제시한다.

65　Moreland and Craig, *Philosophical Foundations*, pp. 498-99.
66　John Hick, "Ontological Argument for the Existence of God," in *The Encyclopedia of Philosophy*, ed. Paul Edwards (New York: Macmillan, 1967), 5:540.

첫 번째 방법에서 그는 운동으로부터 부동의 동자의 존재까지 논증한다. 무한한 수의 유개화차(boxcars)가 있지만 그것을 움직일 수 있는 엔진이 없는 것처럼, 부동의 동자 없이는 무한한 일련의 운동의 원인을 가질 수 없다.[67] 만약 운동의 원인이 스스로 움직이는 존재로서 사람이나 동물에게로 거슬러 올라간다면, 우리는 그것들이 어느 시점에 존재하게 되었다는 것을 깨달아야 한다. 그래서 궁극적으로 우주에서의 움직임은 설명할 수 없는 상태로 남아 있다. 신은 반드시 부동의 동자로 존재해야 한다.

두 번째 방법에서 동일한 기본적인 추론은 우리를 운동의 원인이 아니라 존재의 원인으로 이끈다. 무언가가 하나의 사물을 존재하게 해야 하고, 무언가가 그것을 존재하게 해야 했고 등등 퇴행하여 - 그러나 무한한 퇴행은 불가능하기 때문에 - 첫 번째 원인에 이르게 되는데 그것은 바로 신이다.

세 번째 방법에서 우리는 세상에 존재했거나 존재하지 않았을 수도 있는 것들을 본다. 우리는 그들을 우발적이라고 말한다. 만물을 유지하려면, 반드시 존재해야 하는 것, 즉 그 본성에 존재가 포함된 것이 있어야 한다. 과거가 무한했다면 결국 모든 가능한 것이 일어났을 것이고, 이는 어느 순간 모든 것이 사라졌을 것이며 지금은 아무것도 존재하지 않을 것이라는 것을 뜻한다.

고트프리트 빌헬름 라이프니츠(Gottfried Wilhelm Leibniz, 1646-1716)는 왜 아무 것도 없는 것이 아니라 어떤 것이 있는지 묻는 것으로 시작한다. 그는 충분한 이유 없이는 아무것도 일어나지 않는다고 가정하고, 어떤 다른 이유보다 어째서 한 가지 사태가 생겨났는지에 대한 이유가 있을 것이라고 가정한다.

그렇다면 우주는 왜 존재하는 것일까?

우주 안에 있는 모든 것이 우발적이기 때문에, 답은 우주 밖에 놓여 있어야 한다. 즉, 모든 것이 존재할 수도 있고 존재하지 않았을 수도 있고, 그 모든 것이 존재할 수도 있다. 그는 비록 세계가 영원하다 하더라도 그것에 대한 충분한 원인이 있어야 하고, 그 존재 자체만으로도 충분히 존재하는 이유가 있어야 하며, 그 존재는 오직 자신에 대하여 언급함으로써 설명할 수 있다고 지적한다. 이런 자기 설명적 존재가 신이다. 그는 "스스로 발생된" 존재에 대해 논증하지 않는데, 하나님은 발생되지 않기 때문이다.

토마스는 발생되지 않은 원인에 대해 주장하고, 라이프니츠는 자기 설명적

---

[67] 크레이그는 자신의 책 *Reasonable Faith*, p. 97에서 유개화차의 예를 사용한다.

인 존재에 대해 논한다(둘 중 누구도 자기 원인된 존재에 대해 주장하지 않는다).[68] 크레이그는 라이프니츠의 주장을 다음과 같이 공식화한다.[69]

(1) 존재하는 것은 그 자체 본성의 필연성이나 외부적 원인 중 어느 것에서든 그 존재에 관한 설명을 가지고 있다.
(2) 우주가 그 존재에 대한 설명을 갖고 있다면, 그 설명은 신이다.
(3) 우주는 존재한다.
(4) 따라서, 우주는 그 존재에 대한 설명을 가지고 있다([1], [3]으로부터).
(5) 따라서, 우주의 존재에 대한 설명은 신이다([2], [4]로부터).

논리가 타당하기 때문에 남은 문제는 세 가지 전제가 부정되는 것보다 더 이치에 맞느냐는 것이다. 알 수 없는 일이지만 전제 (1)의 표현은 설명할 수 없는 존재를 배제한다. 숫자와 같은 것들은 본성에 자체에 의해 존재할 수 있으므로 원인이 없다(하지만, 숫자는 물리적인 대상들이 사물이 되는 방식으로는 사물이 아니라는 것을 덧붙일 수 있다). 그들과는 별개로, 우리는 사물이 어떻게 생겨났는지에 대한 설명이 있을 것으로 기대하며, 이와 다르게 주장하고자 하는 사람은 예외를 정당화할 필요가 있다.

만약 문제되는 사물이 크거나, 우주 전체처럼 아주 크더라도 도움이 되지 않을 것이다. 설명이란 우리가 설명하고자 하는 것이 존재하기 이전에 일어났던 것에 관한 것이기 때문에(예를 들어, 말이 어떻게 생겨났는지 설명하기 위해서는 말이 존재하기 전의 시간, 어미가 번식하기 전의 시간으로 돌아가야 하기 때문에) 아무것도 없었던 시대로 돌아가서 우주를 설명하려고 하는 것은 좋지 않다는 반론[70]이 있다. 그리고 그것은 불합리하다. 그런데 반대자에 따르면, 우주는 사물에 대한 설명이 필요하다는 규칙의 예외(그 사물이 숫자와 같이 본성에 의해 존재하는 것이 아니라면)다.

---

68 William Lane Craig, *Apologetics: An Introduction* (Chicago: Moody Press, 1984), p. 66.
69 크레이그(*Reasonable Faith, p. 106*)는 그 논증의 공식화를 위한 영감을 얻기 위해 스테판 T. 데이비스(Stephan T. Davis)를 신뢰한다, "The Cosmological Argument and the Epistemic Status of Belief in God," *Philosophia Christi* 1 (1999): 5-15.
70 Craig, *Reasonable Faith*, p. 107, cites Crispin Wright and Bob Hale, "Nominalism and the Contingency of Abstract Objects," *Journal of Philosophy* 89 (1992): 128.

그러나 크레이그가 답변에서 지적했듯이, 이것은 단지 논점 회피의 오류를 범하는 것으로, 그것이 증명해야 할 것을 전제로 했을 뿐이다. 논점은 우주에 대한 어떤 비물리적 원인, 즉 신이 존재하느냐 하는 것이다.

전제 (2)는 많은 것을 주장하는 것처럼 보이지만, 역설적으로 크레이그[71]는 무신론자는 암묵적으로 같은 것을 주장하고 있다고 말한다. 무신론자들은 우주는 적나라한 우발적인 존재로서 설명 없이 그냥 존재하며, 그것의 존재를 설명할 신은 존재하지 않는다고 주장한다. 그러므로 우주는 설명할 수 없는 존재이기 때문에, 무신론자(라이프니츠와는 반대로)는 모든 것이 설명을 가지고 있다는 것은 거짓이라고 말한다.

크레이그는 무신론자의 주장은 그것의 이환명제[72]이기 때문에 사실상 전제 (2)를 전제로 하는 것과 논리적으로 동치라고 말한다.[73] 이환명제는 두 용어를 모두 부정하고 바꿔서 형성되기 때문에, "만약 a가 b라면"의 이환명제는 "b가 아니라면, a가 아니다"라고 한다. 진술과 그 이환명제는 논리적으로 동치다. 왜냐하면, 한 진술이 참이면 다른 진술은 참이어야 하고, 한 진술이 거짓이면 거짓이어야 하기 때문이다.

그러므로 "우주가 그 존재에 대한 설명을 가지고 있다면 그 설명은 신이다"라는 전제 (2)는 이환명제에 대해 무신론자 자신이 긍정하기 때문에, 대략적으로 우주의 존재는 신에 의해 설명되지 않기 때문에, 아무런 설명이 없기 때문에 사실상 암묵적으로 유지된다.

크레이그는 무신론자는 우주가 존재에 대한 설명을 가지고 있다고 말할 수 있지만, 우주가 그것 외부에 있는 어떤 것(즉, 신)으로 설명되지는 않는다고 덧붙인다. 대신에 그것은 그 자체의 본성의 필연성에 의해 설명된다. 다시 말해서 우주는 필연적 존재다. 그렇다면 전제 (2)는 거짓이 될 것이다.

크레이그는 우주가 필연적으로 존재하는 것이 아니라 우발적으로 존재한다는 강한 직관을 가지고 있다고 대답한다. 즉, 우주는 그 본성 때문에 존재할 필

---

71 Craig, *Reasonable Faith*, p. 108.
72 역주) 이환명제(contraposition)는 연역 논증의 일부로서 직접 추리에서 나타난다. 이것은 처음에 주어진 명제의 주어 개념 대신 술어의 모순 개념을 넣고, 주어진 명제의 술어 개념 대신에 주어진 모순 개념을 넣은 명제가 된다. 이것을 공식으로 표현하면 '모든 S는 P다'는 '모든 비P는 비S다'가 된다. 그리고 두 명제의 진리치는 같다. 어빙 코피, 칼 코헨, 『논리학 입문』, 박만준 외 역 (서울: 경문사, 2010), pp. 227-230 참조.
73 Moreland and Craig, *Philosophical Foundations*, p. 467.

요가 없으며 오히려 존재할 수 있었거나 존재하지 않을 수도 있었다는 것이다.

우리는 보통 어떤 것이 존재해야 하는지에 관한 우리의 직관을 신뢰하기 때문에, 무신론자는 우주에 관한 우리의 직관을 믿지 말아야 하는 이유를 설명해야 한다.

어쨌든, 전제 (2)는 꽤 합리적이다. 우주는 모든 물리적 실재를 포함하고 있기 때문에 우주의 원인은 물리적인 것이 아니어야 한다. 그렇게 되면 후보는 둘만 남는다. 하나는 숫자와 같은 추상적인 대상들로, 그것들은 어떤 것도 일으킬 수 없다. 다른 하나는 마음인데, 그것은 신일 것이다.

전형적으로 우주론적 논쟁의 변형은 별도로 고려되지만, 크레이그는 또 다른 형태인 칼람 논증이 라이프니츠적인 형태를 어떻게 강화할 수 있는지 언급한다. "필연적으로" 존재하는 어떤 것의 본질적인 속성(그 존재에 대한 설명이 필요 없는 것)은 시작도 끝도 없이 영원해야 한다는 것이다. 칼람 논증이 성공적이라면 우주가 어떻게 생겨났는지 보여준다.

간단히 말해서 그 논증은 다음과 같다.

(1) 존재하기 시작하는 것은 무엇이든 원인을 갖는다.
(2) 우주는 존재하기 시작했다.
(3) 그러므로 우주는 원인을 갖는다.

그런 다음 우주의 원인의 본성에 관한 결론을 도출한다.

전제 (1)은 확실히 그것을 부인하는 것보다 더 이치에 맞는 것처럼 보인다. 아무것도 별안간 생겨나지 않는다는 우리의 직관은 경험에 의해 끊임없이 확인된다.

하지만, 만약 무언가(이 경우에는 우주)가 갑자기 생겨났다면, 왜 다른 모든 것도 갑자기 생겨나지 않을까?

진지하게 생각할 수 있는 사람이라면 성난 호랑이가 무로부터, 지금 당장 방으로 뛰어들 가능성이 있다고 생각할 수 있지 않겠느냐고 크레이그는 묻는다. 나아가 우리는 우주가 존재하기 전에는 절대적으로 아무것도 없었고, 공간도 시간도 없었고, 무신론자에 따르면 신도 없었음을 기억해야 한다.

그러면 우주는 어떻게 생겨날 수 있었을까?

이에 대해 유신론자는 그럴 수 없다고 말한다.

그 논증에 대해 여러 가지 공격이 있었다. 크레이그는 다니엘 데닛(Daniel Dennett)이 '존재하는' 모든 것은 반드시 원인이 있어야 한다는 첫 번째 전제를 잘못 진술한다고 말하면서 이렇게 묻는다.

무엇이 하나님을 존재하게 했는가?[74]

그러나 전제는 존재하기 '시작한' 것은 무엇이든지 원인이 있어야 한다고 말한다. 유신론자는 신은 영원하므로 원인이 필요하지 않다고 주장한다.

다른 사람들은 진공 상태에서 아원자 수준에서 원인 없이 발생하는 사건을 보여주는 것처럼 보이는 양자 물리학 실험에 기대를 건다. 그러나 크레이그는 양자 물리학에 대한 많은 해석이 있고 그 실험들에 관한 견해 차이가 있다는 점을 지적한다. 또한, 무슨 일이 일어나든, 아무도 입자가 존재하게 된다고 주장하지 않고 오히려 에너지에 자발적인 변동이 있다고 주장한다.

그리고 "진공"은 무(無)와는 거리가 멀지만, "변동하는 에너지의 바다는 풍부한 구조를 지니게 되어 물리적 법칙을 따르는 것일까?"[75]

우주의 기원을 모방하기 위해 필요했던 것처럼, 'ex nihilo', 곧 무(無)로부터는 아무것도 생겨나지 않는다. 같은 문제가 알렉산더 빌렌킨(Alexander Vilenken)의 양자 창조 모델을 약화시킨다. 그는 반지름이 영으로 붕괴되는 작고 폐쇄된 우주를 구상하고 있다. 양자 물리학은 붕괴보다는 팽창의 상태로 "터널을 파고 들어갈" 수 있게 한다. 그는 영(零)으로 붕괴되는 것은 무의 상태라고 주장하며, 크기가 있는 것으로 터널을 뚫는 것은 무에서 무언가가 나올 수 있음을 보여준다.

그러나 크레이그는 빌렌킨조차 영의 상태를 정말로 아무것도 아닌 것으로 간주하지 않기 때문에, 그것은 실제로 무언가에서 무언가로 터널을 뚫는 것에 관한 것이라고 지적한다.[76]

다음 전제는 우주가 존재하기 시작했다고 주장한다. 이러한 주장은 우주가 존재하기 시작하고 원인이 있다면, 그 원인의 본성은 신과 관련된 자질 중 일부를 가지고 있다는 것을 보여줄 수 있기 때문에 중요하다.

전제 (2)는 철학적, 과학적 논증들에 의해 뒷받침된다.

---

74 Craig, *Reasonable Faith*, p. 114.
75 Ibid., p. 115.
76 Ibid., p. 116.

첫 번째 철학적 논증은 실제로 무한한 수의 사물을 갖는 것은 불가능하다는 것이다. 만약 그것이 보여질 수 있다면, 우주가 무한히 오래되었다는 것은 불가능할 것이다. 왜냐하면, 그것은 무한히 많은 것을, 이를테면 사건들(하나의 사건은 "어떠한 변화"[77]다)을 필요로 할 것이기 때문이다. 실제의 무한은 단순히 수학 방정식에서와 같이[78] 무한을 지칭하는 것과 다르고, 선을 무한대로 반반씩 분할하는 것과 같은 잠재적 무한과도 다르다. 그것을 영원히 계속 분할할 수는 있지만, 실제로는 무한한 수의 분할에 도달하지 못할 것이라고 주장한다.

무한의 역설은 무한한 수의 객실을 가진 수학자 데이비드 힐버트(David Hilberts, 1862-1943)의 호텔에 의해 설명된다. 모든 객실을 빌리고, 무한정 많은 신규 투숙객이 도착하면, 관리자는 기존 투숙객을 기존 객실의 번호에 2배수 번호의 객실로 옮겨 그들 모두를 수용할 수 있다. 1호실에서 온 손님은 2호실로 2호는 4호실로, 3호는 6호실로 … 옮긴다. 어떤 수를 두 배로 늘리면 짝수가 되기 때문에, 홀수 번호가 매겨진 모든 방은 비게 되고, 새로운 손님들을 위해 이용할 수 있다. 따라서, 빈방이 없었던 호텔에 무한히 많은 신규 투숙객을 수용할 수 있으며, 그 과정은 무한정 반복될 수 있다.

크레이그는 힐버트의 각본을 거꾸로 할 수 있을 거라고 말한다. 홀수 객실에서 나온 손님들이 체크아웃하면 호텔은 절반 정도 차 있을 것이다. 그러나 남은 숫자는 같아서 무한하다. 관리자가 남은 손님들을 모두 옮겨서 방이 꽉 차게 하고 그 후에 1, 2, 3호실을 제외한 모든 손님이 떠난다고 가정해 보자. 호텔은 세 개의 방에 있는 손님들을 제외하고는 완전히 비어 있을 것이다. 출발은 투숙객의 수를 무한대에서 단 3명으로 줄일 수 있지만, 홀수 번호 객실의 투숙객이 체크아웃할 때와 같은 숫자가 출발하여 호텔에 무한히 많은 투숙객

77　William Lane Craig, "The Kalam Cosmological Argument," in *Blackwell Companion to Natural Theology,* ed. William Lane Craig and J. P. Moreland (Malden, MA: Blackwell, 2009), p. 106.

78　크레이그는 "수학적 존재"는 실제의 존재가 아니라 "수학적 합리성"과 동의어로 이해되는 경우가 많다고 말한다, "The Kalam Cosmological Argument," p. 105. 그는 또한 수학적 무한에 대한 선구자적 연구를 수행한 칸토르(Cantor)는 ∞기호 (lemniscate라고 부름)와 동일시되는 잠재적 무한(그가 "가변적 무한"이라고 불렀던 것)과 ℵ。(알렙-무[naught], 알렙-공집합의(null) 또는 알렙-0[zero]로 읽음)을 구별했다. * 역주(보충): lemniscate: 직각 쌍곡선의 접선(接線)에 쌍곡선의 중심에서 내린 수선(垂線)의 발의 궤적(軌跡)으로서 주어지는 평면 곡선; 방정식 r²=2a²cos 2. 네이버 사전 in https://en.dict.naver.com/#/entry/enko/b61ea59ba65944f4891c2fcadd294a51.

이 남게 된다.[79]

크레이그는 만약 실제적 무한이 가능하다면 그 호텔은 가능하다고 주장한다. 그러나 만약 그 호텔이 불가능하다면, 실제적 무한 또한 그럴 것이라고 주장한다. 이것은 무한의 수학에 해를 끼치지 않는다. 왜냐하면, 많은 수학자가 강조하듯이, 그것은 이론적인 무한만을 다루기 때문이다. 만약 우리가 실제적 무한이 가능하다는 것을 증명해야 한다고 주장한다면, 우리는 『이상한 나라의 앨리스』(Alice in Wonderland)의 세계로 들어간다.

알 가잘리에 이은 철학적 논증은 과거의 사건들이 연이어 일어났기 때문에 그리고 한 번에 하나씩 덧붙이면 결코 무한에 도달할 수 없기 때문에, 그렇다면 무한한 과거는 불가능할 것이라고 주장한다. 그것은 영부터 세는 것과 같을 것이며, 무한에 도달할 수 없고, 다만 아주 큰 숫자에 도달할 뿐일 것이다. 그러나 무한(0, 1, 2, 3 …)까지 세어 올라갈 수 없다면, 그로부터 무한히 세어내려 갈 수(… -3, -2, -1, 0)도 없다. 따라서, 무한의 과거를 가질 수 없으며, 오늘에 도달한다. 무한의 과거에서 온다면 오늘이 무한의 종착점이 될 것이다.

우리가 무한까지 세어 올라가는 것이 편리한 이유는 영원히 세는 과정을 생각하기 때문이라고 덧붙일 수 있다. 하지만, 세는 과정을 결코 멈추지 않는 것은 무한한 숫자에 도달하는 것과 다르다. 우리는 숫자를 하나 더 추가하고 마침내 무한으로 들어가는 지점에 도달하지 못한다. 과거의 모든 사건이 유한한 거리에 불과할 것이기 때문에, 우리가 시작도 없는 과거를 가질 수 있다고 말하는 것으로는 문제를 해결하지 못할 것이다. 심지어 1조 년 전의 사건도 우리와 유한한 거리에 있기 때문이다.

크레이그는 이것이 논리적으로 합성의 오류를 범한다고 말하며, 부분들에 대해 참인 것(오늘부터 그들은 유한한 거리라는 사실)을 전체(전체 무한한 계열은 우리로부터 유한한 거리라는 사실)로 잘못 귀속시킨다.

알 가잘리에게서 영감을 받은 삽화를 사용하기 위해 토성이 태양 주위를 도는 모든 궤도에 대해 목성이 두 개의 궤도를 만든다면, 심지어 이런 일이 영원히 계속된다고 해도, 목성은 더 많은 궤도를 통과할수록 더 많은 궤도를 만들 것이다. 그러나 그들이 영원에서부터 궤도를 돌고 있었다면 둘 다의 수는 무한하다. 만일, 누군가가 무한히 많은 시간을 가지고 있다면 무한에서 역행하

---

79 Craig, *Reasonable Faith*, p. 118; Craig, *On Guard*, p. 82.

는 사건들이 실제로 통할 수 있다고 말한다면, 크레이그는 과거가 정말로 무한하다면, 과거의 어느 시점보다 먼저 무한히 많은 시간이 이미 지나갔다고 대답한다.

왜 지금까지 끝내는 데 시간이 걸리는가?

어떤 사람은 만약 우리가 실제적 무한이 존재할 수 있다는 것을 반증한다면, 신 또한 무한할 것이기 때문에 우리는 또한 신을 반증하는 것이 된다고 한다.

그러나 신은 다른 방식으로 무한하다. 그는 무한히 많은 사물이나 무한한 계열이 아니라, 무한한 존재로서 한이 없는 존재다. 예를 들어, 그는 무한한 지식과 힘을 가지고 있으며, 어디에나 현존한다. 실제 무한한 사물의 집합이나 무한 회귀에 반대하는 논증은 무한한 존재에는 적용되지 않는다.

시작도 없는 과거(즉, 하나님 없이 설명할 수 있는 과거)의 철학적인 문제 외에, 몇 가지 과학적인 문제도 있다. 우주가 불변한다는 오래된 관점은 현대에 와서 빅뱅 이론으로 대체되었는데, 그 이론에 따르면 물질은 단순히 현존하는 공간 안에서 팽창하는 것이 아니라, 공간 자체가 팽창하고 있다. 요점은 그 팽창을 거꾸로 투사하면 우주의 시작점에 도달한다는 것이다.[80] 이것은 두 번째 전제가 되는 칼람의 주장에 대한 과학적 확인이다. 먼 물체에서 나오는 빛의 적색 이동,[81] 헬륨과 같은 광원소의 풍부함, 우주의 배경 방사선의 발견은 모두 빅뱅 이론[82]에 잘 들어맞는다. 수십 개의 대체 모델이 오고 갔지만, 어떤 것도 우주가 시작을 갖고 있다는 80년 된 이론을 아직 풀지 못했다.

두 번째 과학적 논증은 열역학 제2법칙에서 나왔는데, 이는 충분한 시간이 주어지면 에너지가 폐쇄된 시스템(즉, 새로운 에너지가 도입되지 않는 환경) 전체에 고르게 분산된다는 것을 암시한다. 우리는 물 한 그릇에 얼음 조각을 넣으면 결국 모든 물이 같은 온도가 될 것이라는 예시를 제시할 수 있을 것이다. 문제는 우주가 무한히 오래되었다면 우주 전체의 에너지와 온도가 같아지는 상황이 왜 아직 발생하지 않았을까 하는 점이다.

---

80 Craig, *Reasonable Faith*, pp. 126-27, 140.

81 Ibid., p. 126. 멀리 있는 물체가 우리가 기대하는 것보다 붉게 보이는 관측은 전체 우주가 계속 확장되고 있다는 견해를 확인하는 데 도움이 되는 것처럼 보인다. 음파가 길수록 소리가 더 깊어지기 때문에, 자동차 경적이나 사이렌에서 나오는 음파들은 우리에게서 멀어질 때 소리가 더 깊어지는 것과 마찬가지로, 붉은색은 더 긴 파장이기 때문에 멀어져 가는 빛은 더 길게 뻗어가고 더 붉게 나타난다.

82 Ibid., p. 126.

대체 이론은 일반적인 문제를 피하지 않는다. 만약 우주가 에너지의 균등한 분산을 피할 수 있을 만큼 빠르게 팽창하고 있다 해도, 그 에너지는 결국 차갑고 어두운 우주로 흘러갈 것이다. 우주 전체가 팽창하고 수축해 왔다고 주장하는 진동하는 우주론조차 우주의 시작을 가리키고 있다. 또한, 우리 우주가 "다중 우주"에서 하나의 거품일 뿐이라면 우리 또한 열역학 제2법칙에서 벗어날 수 없을 것이다.

우리는 우주가 스스로 발생되었다고 말할 수 없기 때문에(철학자 다니엘 데넷과 대조적으로), 그 원인은 그것을 초월해야 한다. 그 초월적인 원인 자체는 발생되어서는 안 되는데, 이미 보여진 바와 같이 그 원인에 대한 무한한 계열이 퇴행할 수는 없기 때문이다. 그것은 또한 비물질적이고, 그것이 창조한 공간과 시간을 초월하고 대단히 강력해야 한다. 그리고 그것은 인격이어야 한다. 그것은 알 가잘리가 추론했듯이, 원인이 결과를 가져올 정도로 충분하다면, 그 원인이 거기에 있자마자 결과가 나타나기 때문이다.

그러나 그 원인이 항상 영구적이기 때문에 거기에 존재했다면, 어째서 우주 또한 영구적이지 않은 것인가? (우리는 그렇지 않은 것을 보았기 때문이다)

그래서 창조는 하나의 인격적인 존재에 의한 결정이어야 했는데, 우리는 이것을 신이라고 부른다. 크레이그는 이렇게 결론짓는다.

> 따라서, 칼람 우주론적 주장은 우리에게 시작도 없으며, 발생되지 않으며, 영구적이고, 무한하며, 변함도 없고, 비물질적이며, 매우 강력한 인격적인 우주의 창조주의 존재를 믿을 수 있는 강력한 근거를 제공해 준다.[83]

5) 목적론적 논증

크레이그는 현재의 과학이 뒷받침하는 추론을 이용해 철학에서 칼람의 논증을 두드러지게 했다. 최근 과학에서의 발견은 또한 아퀴나스가 제시한 목적론적 논증의 형식에 대한 관심을 고조시켰다. 다윈이 설계는 단지 겉보기일 뿐이며 실제로는 자연의 힘의 산물이라고 이론화하기 전까지, 설계로부터 설계자에 이르는 추론은 설계의 최고 사례로서 생물에 초점을 맞췄다. 그것은 추론을

---

83 Craig, *On Guard*, p. 100.

약화시키거나 적어도 논쟁에 휘말리게 하는 것처럼 보였다.

세포와 다세포 유기체의 복잡성을 드러내는 최근의 발견들은 생명과 생물학적 다양성의 기원을 설명하기 위한 돌연변이와 무작위 선택의 적절성에 의문을 제기해 왔다. 생명체가 에너지에 노출된 화학 물질의 원생액(原生液)[84]에서 비롯되었을 수 있다는 이론은 이제 가능성이 훨씬 작아 보이고, 대안에 대해서는 비유신론적 합의가 이루어지지 않고 있다.[85]

생명의 기원과 다양성에 대한 증가하는 논쟁 외에도, 최근 수십 년 동안의 발견들은 자연의 상수와 임의의 물리적 특성 둘 다와 관련해, 우주가 생명을 위해 미세하게 조정되는 놀라운 방법들을 밝혀냈다. 그 가능성은 어마어마하다. 생명이 존재하기 위해서는 20개가 넘는, 서로 독립된 다이얼이 완벽하게 맞춰져야 하는 것과 같다. 가능한 가장 작은 정도로라도 그것이 빗나간다면 생명이 존재하기란 불가능할 것이다.

크레이그는 미세 조정 논증은 하나의 유비 논증으로 간주되어서는 안 된다고 말한다. 유비 논증에서는 "어떤 면에서 비슷하기 때문에 아마도 다른 면에서도 비슷할 것"[86]이라고 주장한다. 오히려 그것은 자료들에 대한 최고의 설명을 제공하므로, 최선의 설명에 이르는 추론으로 간주되어야 한다[87](이와는 대조적으로 결론을 도출하는 다른 방법들은 먼저 설명에 도달한 다음, 그것을 이용해 설명한다).

윌리엄 뎀스키(William Dembski)는 우리가 세 가지 조건에서 설계를 추론한다고 말한다. 문제의 현상은 우발적이어야 한다. 즉, 설계되지 않았다고 할 만큼 자동으로 생성되어서는 안 된다. 우연으로 쉽게 설명할 수 없도록 복잡성을 지녀야 한다. 그리고 지능의 패턴 유형 특성을 보여준다는 점에서 자세한 설명서를 갖춰야 한다.[88]

가장 일반적인 제약 조건은 우주를 가장 넓은 수준에서 결정한다. 중력의 힘

---

84 역주) 지구상에 생명을 발생시킨 유기물의 혼합 용액, 네이버 사전, https://en.dict.naver.com/#/search?query=primordial%20soup.
85 Craig, *Reasonable Faith*, p. 157.
86 Simon Blackburn, "Analogy," in *The Oxford Dictionary of Philosophy*(Oxford: Oxford University Press, 1994), p. 14.
87 Moreland and Craig, *Philosophical Foundations,* p. 483.
88 William A. Dembski, *Intelligent Design: The Bridge Between Science and Theology* (Downers Grove, IL: InterVarsity Press, 1999), p. 128. 그는 이러한 복잡성-상세 설명 기준은 그의 *The Design Inference*(Cambridge: Cambridge University Press, 1998)에서 개발된 "상세 설명/작은 확률"과 동일한 것이라고 말한다(p. 290 n. 12).

은 굉장히 약하기 때문에 그 힘은 분자와 같은 작은 대상들에 대해서는 무시해도 될 만하지만, 행성이나 별과 같은 큰 물체들에 대해서는 강력해진다.

그러나 그것이 더 약하다면 행성이나 별과 같은 큰 천체들은 형성되지 않았을 것이다(가장 약한 것에서 가장 강한 것까지: 중력, 약한 힘, 전자기력, 강한 힘). 목성보다 큰 질량은 그 중심이 태양이나 다른 별들과 마찬가지로 압력이 균형을 이룰 만큼 뜨겁지 않은 한, 그들 자신의 중력에 의해 으스러진다.[89]

중력의 세기는 곤충, 새, 인간 등을 포함해 천체가 얼마나 클 수 있는가를 결정한다(인간의 질량은 원자의 질량과 별의 질량 사이의 중간이다).[90] 중력은 미시 세계의 힘보다 10^{36}인 수만큼 더 약하다. 만약 그것이 10^{40}에서 단 하나의 인수만큼 강하거나 약했다면 태양과 같은 생명을 유지시키는 별들은 존재할 수 없었을 것이다. 그것은 10^{40}개의 표시가 있는 문자판에서 하나를 누르는 것이다.[91]

이른바 강한 힘[92]은 미시 세계의 주력이다. 그것은 원자핵이 얼마나 강하게 결합되어 있는지를 결정하고, 따라서 별을 연료로 하는 핵융합 과정에서 원자가 분열되고 개조될 때 얼마나 많은 에너지가 방출되는지를 결정한다. 그것은 아인슈타인의 방정식 $E = MC^2$로 정량화되며 수소 폭탄에 의한 대량 파괴에 활용된다. 이 강한 힘은 또한 별이 어떻게 수소를 존재하는 모든 원소로 변화시키는지 결정한다. 그 힘은 0.007로 계산되지만, 만약 0.006이나 0.008의 천분의 1에 불과하다면, 우리는 존재할 수 없었다. 모든 생명체가 기초하는 탄소는 오직 강한 힘의 고른 조정에 의존하는 독특한 "공명" 때문에 형성된다. 4퍼

---

89 Martin Rees, *Just Six Numbers: The Deep Forces That Shape the Universe* (New York: Basic Books, 2000), pp. 32-33. 이 절에서 나는 미세 조정에 대해 크레이그의 뛰어난 자료 중 일부를 덧붙인다.
90 인간은 10^{28}과 10^{29}개 사이의 원자들로 이루어져 있다. 태양의 질량과 같아지려면 우리 각자 안에 있는 원자 수만큼의 인체가 필요할 것이다. Ibid., p. 7.
91 Calculation by Brandon Carter, cited in Paul Davies, *Superforce* (New York: Simon & Schuster, 1984), p. 242. I was pointed to Davies by Robin Collins, "The Fine Tuning Design Argument: A Scientific Argument for the Existence of God," in *Reason for the Hope Within,* ed. Michael J. Murray(Grand Rapids: Eerdmans, 1999), pp. 47-75; reproduced on the Discovery Institute website, www. discovery.org/a/91. For more from Collins, see "The Teleological Argument: An Exploration of the Fine-Tuning of the Universe," in Craig and Moreland, *Blackwell Companion to Natural Theology,* chap. four, pp. 202-81.
92 역주) "the strong force", "강한 힘"(원자핵 안에서 중성자나 양성자를 맺고 있는 힘) 또는 "강한 상호 작용". 네이버 사전 참조 https://en.dict.naver.com/#/entry/ enko/f7bfd-107baa8420c-8575c2669c7c3ff5.

센트만 바뀌어도 탄소의 생산량은 대폭으로 감소할 것이다.[93]

천체물리학자 휴 로스(Hugh Ross)는 우주의 미세 조정된 특성 29개와 태양계의 45개를 나열하고 있는데, 이 목록은 끊임없이 증가하고 있다.[94]

아원자 세계의 세부 사항도 틀림없이 정확해야 한다. 예를 들어, 양성자의 붕괴율이 더 작다면 우주는 생명체를 지탱할 충분한 물질을 갖지 못하겠지만, 더 크다면 생명체는 방사선에 의해 말살될 것이다. 양성자에 대한 중성자의 질량 초과가 더 크면 무거운 원소들은 가능하지 않을 것이다. 그러나 만약 그것이 더 작다면 양성자 붕괴는 별들이 붕괴되어 중성자가 출현하거나 블랙홀로 빠르게 붕괴되게 할 것이다.[95] 중성자가 양성자 질량의 1.001배가 아니라면 모든 양성자는 붕괴되어 중성자가 되었을 것이고, 그 반대의 경우도 마찬가지였을 것이며 생명은 불가능했을 것이다.[96]

은하와 그 안에 있는 우리 태양계의 특성은 정확해야 한다. 만약 초신성 폭발이 너무 가깝거나 방사선이 너무 빈번하다면 그것은 지구상의 생명체를 말살시킬 수 있을 것이다. 반면에 너무 멀거나 너무 드물면 암석으로 된 행성을 형성할 수 있는 충분한 물질이 없을 것이다.[97] 만약 태양계가 은하 중심에서 멀리 떨어져 있거나 은하계의 가장 가까운 나선팔(spiral arm)로부터 멀리 떨어져 있다면, 암석 행성을 만들 수 있을 만큼 무거운 원소가 충분하지 않을 것이다. 반대로 가까이 있다면, 들어오는 복사열이 너무 높을 것이고, 별의 밀도는 지구의 궤도에 영향을 미칠 것이다.[98]

태양의 성질은 정말 정확해야 한다. 예를 들어, 태양에 질량이 더 많으면 너무 빨리 타버리지만, 만약 태양에 실량이 적다면 생명체가 존재할 수 있는 거

---

93 Rees, *Just Six Numbers*, p. 56. 그가 인용하는 계산에 대해서(p. 181 n. 1), M. Livio, D. Hollowell, A. Weiss and J. W. Truran, "The Anthropic Significance of the Existence of a Excited State of 12C," *Nature*, 340, no. 6231 (27 July 1989): 281을 보라.

94 Hugh Ross, "Big Bang Refined by Fire," in *Mere Creation: Science, Faith, and Intelligent Design*, ed. William A. Dembski (Downers Grove, IL: InterVarsity Press, 1998), p.372. 미세 조정에 대한 그의 구체적인 해석들 중 일부가 이 장 이하에 나타나는데, 이에 대해 pp. 372-80을 보라. 또한, 그의 웹사이트 www.reasons.org를 보라.

95 Ibid., p. 374.

96 John Leslie, *Universes* (New York: Routledge, 1989), pp. 39-40; cited in Collins, "The Fine Tuning Design Argument."

97 Ross, "Big Bang Refined by Fire," p. 374.

98 Ibid., p. 376.

리 범위는 너무 좁아지고, 극자외선은 당분과 산소를 만들기에는 불충분할 것이다. 만약 태양의 색이 더 붉거나 더 푸르다면, 광합성은 생명을 적절하게 유지할 수 없을 것이다.[99]

지구의 특성은 좁은 범위 안에 있어야 한다. 적절한 온도가 되려면 태양으로부터의 거리가 매우 좁은 범위 안에 있어야 한다. 만약 지구의 중력이 더 크면 대기는 너무 많은 암모니아와 메탄을 보유하게 되지만, 더 작다면 대기는 너무 많은 물을 잃게 될 것이다. 만약 지구의 기울기가 더 크거나 더 작다면 지구의 온도는 지나치게 극단적일 것이다. 지구의 타원 궤도가 더 극단적이라면 계절적 온도는 매우 극단적일 것이다. 자전 기간이 너무 길면 일교차가 너무 크겠지만 짧다면 풍속이 너무 높을 수밖에 없다.[100] 만약 지구가 목성에서 멀리 떨어져 있거나 목성이 덜 거대하다면, 중력장에 그들을 붙잡아 둠으로써 소행성으로부터 지구를 보호하지 못할 것이다. 그러나 만약 그것이 지구에 더 가깝거나 더 거대하다면 지구의 궤도는 불안정할 것이다.[101]

대륙 대 해양의 비율을 유지하려면, 토양에 있는 광물의 양, 심지어 특정 원소와 분자의 특성도 정확해야 한다. 일례로, 물의 극성이 더 크면 융해와 기화의 열이 너무 커서 생명체가 존재하지 않을 것이다. 반대로 만약 그것이 더 작다면, 액체 상태의 물은 화학적 불변 작용을 지탱할 용매로 충분하지 않을 것이고, 얼음이 떠있지 않을 것이고, 이것은 너무 많은 결빙을 초래할 것이다.[102]

심지어 지진과 화산 활동도 필요하다. 그것들은 지각(판 구조론)을 구성하는 거대한 판들의 상호 작용의 산물이다. 지구는 이러한 판을 가진, 우리가 알고 있는 유일한 행성이다. 판 구조론은 지구의 온도를 조절하는 것과 같은 여러 가지 이유로 생명체에 결정적이다(무엇보다 액체 상태의 물을 허용함으로써 생명 그 자체를 허용한다). 그것은 또한 석회석이 지구의 맨틀 깊숙한 곳으로 깔리도록 하고 그 과정에서 이산화탄소를 대기로 되돌려 지구가 더워지게 한다.

그러나 규산염(예를 들어, 화강암에서 발견되는 것)을 함유한 광물의 풍화 작용은 대기 속에 이산화탄소를 배출하여 지구를 식게 한다. 이산화탄소 배출량이 많아지면서 온도가 올라갈수록 이를 제거하는 화학 반응의 비율이 증가되기

---

99   Ibid., p. 377.
100 Ibid.
101 Ibid., p. 379.
102 Ibid., p. 374.

때문에 이 둘은 균형을 유지한다.[103]

미세 조정 논증의 덜 알려진 특징 중 하나는 생명이 가능하려면 이미 정교하게 조정된 숫자 중 일부가 다른 미세 조정된 숫자와 적절한 비율이어야 한다는 것이다. 그래서 예를 들어, 빅뱅 기간 동안 우주가 적절한 속도로 팽창하기 위해서는 많은 요소가 정교한 균형을 이뤄야 했다. 너무 느렸다면 중력의 힘으로 인해 우주 자체가 붕괴되었을 것이고, 너무 빨랐다면 별과 은하가 형성될 수 없었을 것이다. 모든 물질의 초기 밀도, 중력의 강도, 폭발의 힘이 정말 정확해야 했다. 그런 조건들이 모두 정말 정확했을 뿐만 아니라, 짐작조차 할 수 없을 정도로 정밀했던 것으로 보인다.

우주의 너무 밀도가 높아 결국 그 자체로 다시 붕괴되었다면 우주 공간은 거대한 공처럼 휘어져 있을 것이다("닫힌" 우주라 불린다). 밀도가 충분히 낮았다면 우주는 영원히 팽창했을 것이고, 우주는 안장처럼 휘어졌을 것이다("열린" 우주라고 불린다). 그러나 우주에 있는 모든 것의 밀도는 팽창률(그 비율을 허블 상수라고 한다)과 너무도 완벽하게 균형을 이루어, 우주가 "평평하고 구부러지지 않은" 것처럼 보인다(그 결과로 생겨날 우주의 운명은 알 수 없다-그것이 붕괴될지, 팽창할지, 아니면 다른 운명을 갖게 될지).[104] 평평한 우주에서는 평행선이 결코 교차하지 않고 삼각형의 각도는 항상 180도이며 입방체의 옆면은 직각으로 되어 있다.

세계 최고의 물리학자 중 한 명인 로저 펜로즈(Roger Penrose)는 다른 어떠한 구속력 있는 원리 없이 우연에 의해 발생하는 최초의 낮은 엔트로피 조건의 확률을 놀라운 $10^{10^{123}}$으로 제시한다. 그는 물리학에서 아무것도 정확히 기억할 수 없다고 덧붙인다.[105]

크레이그와 콜린스 모두 지적하듯이[106] 미세 조정의 다른 요소들이 함께 발생할 가능성은 각각 발생하는 산물이기 때문에 그 확률은 상상할 수 없는 숫

---

103 Peter D. Ward and Donald Brownlee, *Rare Earth: Why Complex Life Is Uncommon in the Universe* (New York: Copernicus Books, 2000), p. 210.

104 WMAP(Wilkinson Microwave Anisotropy Probe)의 결과를 통해 우리는 우주가 0.4 % 오차 내에서 평평하다는 것을 알고 있다.

105 Roger Penrose, "TimeAsymmetry and Quantum Gravity," in *Quantum Gravity 2: A Second Oxford Symposium,* ed. C. J. Isham, R. Penrose and D. W. Sciama(Oxford: Clarendon, 1981), p. 249; 크레이그와 모어랜드의 *Philosophical Foundations*, p. 483에서 인용됨. 펜로즈(Penrose)가 반드시 크레이그와 동일한 신학적 결론을 끌어 내는 것은 아니다.

106 Craig, *Reasonable Faith*, p. 163 n. 9; Collins, "The Teleological Argument," pp. 252-53.

자가 된다. 예를 들어, 육면 주사위를 던져서 4를 얻을 확률은 1/6이고, 5를 얻을 확률은 1/6이라면, 주사위를 두 번 굴려서 둘 다 맞을 확률은 1/36이다. 그러나 미세 조정 논증에서 큰 숫자로 시작하면, 결과는 거대해진다. 두 개의 숫자, $10^{40} \times 10^{100}$을 취하면 결과는 10^{140}이다. 우리는 관측 가능한 우주에 "단" 10^{80}개의 원자가 있다는 추정에서 그 숫자의 크기를 알 수 있다. 휴 로스(Hugh Ross)는 10^{37}이라는 훨씬 더 작은 숫자의 크기를 보여준다. 주사위 하나를 붉은 색으로 칠하고, 북아메리카의 10억 배 면적을 덮고 있는 달까지(385,000 킬로미터) 쌓인 주사위 더미 속에 숨긴 후, 무작위로 그것을 고를 확률이 10^{37}이다.[107]

예상한 대로 미세 조정 논증에 대한 많은 반대가 있었다. 일부에서는 미세 조정의 확률 계산에 기초하는 가정, 곧 모든 가능성이 동등하다는 것을 비판했다. 그것은 존재하고 있는 이 우주의 가능성이, 존재하고 있는 어떤 우주에 대해서도 같다고 가정한다. 달리 생각할 이유가 없다면, 우리는 그러한 가정을 해야 하는데, 이것을 무관심의 원칙이라고 한다. 그것은 예를 들어, 동전 던지기에서 앞면이 나올 가능성을 계산하기 위해 우리가 세우는 가정과 같은 것이다. 가령 우리가 속임수 동전을 가지고 있다는 등의 다른 정보를 가지고 있지 않는 한, 우리는 그 가능성이 앞면이 절반이고 뒷면이 절반이라고 가정한다.

만약 우리의 특정한 우주가 존재해야 하는 어떤 물리적 이유가 있다면, 그것은 물론 확률을 바꿀 것이다. 그것은 마치 우리가 속임수 동전을 가지고 있다는 발견이 동전의 앞면이 절반 나타날 것이라는 우리의 계산을 바꾸게 하는 것과 같다. 그러나 과학은 우리 우주가 왜 존재해야 하는지, 혹은 심지어 그것이 어째서 어떤 다른 우주에 비해 존재할 가능성이 더 큰지 이유를 알지 못한다. 그래서 우리가 알기로는 기상천외할 정도로 가능성이 없는 어떤 목적(즉, 생명)을 산출할 수 있는 유일한 것은 설계다.

또 다른 반대는 복권의 유비에 호소한다. 누가 이기든 그들이 이겼을 가능성은 환상적으로 낮지만, 누군가는 이겨야만 했기 때문에 특별할 것이 없다.

그러나 크레이그는 이것은 미세 조정된 계획을 오해하고 있다고 지적한다. 문제는 이 특정한 우주가 복권에 당첨되었다는 것이 아니라, 생명을 허용하는

---

107 Hugh Ross, *The Creator and the Cosmos,* 3rd ed. (Colorado Springs, CO: NavPress, 2001), p. 115. 또한 14장을 보라. "A. 'Just Right' Universe," reproduced at *LeadershipU,* www.leaderu.com/science/ross-justright.html.

우주가 다른 우주를 이겼다는 것이다.

그것은 수십억 개의 하얀 탁구공과 단 한 개의 검은 탁구공만으로 이루어진 복권에 가깝다. 검정색을 제외한 다른 것이 우연히 선택되면 총에 맞을 것이다. 반대자의 요지는 검은색과 흰색 중 어떤 특정한 공이 선택되는 것은 똑같이 가능성이 낮을 수 있다는 것인데, 그것은 관련이 없다. 중요한 것은 선택된 유일한 공은 하얀 공일 가능성이 무한히 더 크다는 것이다. 그래서 만약 검은색이 선택되었다면, 당신은 누군가가 당신을 살리기 위해 복권을 조작했다고 의심해야 한다.[108]

한 가지 반대는 우주가 이렇게 될 수밖에 없었던 물리적인 이유가 있음을 암시한다. 어떤 이는 이것을 "만물의 이론"(T.O.E: theory of everything)에 대한 탐구와 연결한다. 그것은 중력, 약력(弱力), 전자기력, 강력(强力) 등 자연의 4대 기본적인 힘들을 효과적으로 통합한다. 그것은 각각의 힘이 가진 가치를 보여줄 것이다.

초끈 이론(superstring theory),[109] 즉 M-이론은 우주가 11차원을 가지고 있다는 것을 제안하는 후보로 제시되었다. 그러나 왜 그것이 단지 그 정도의 차원을 가져야 하는지에 관한 설명은 제시하지 않는다. 그리고 스티븐 호킹(Stephen Hawking)조차 인정하듯이, 우리가 이 이론을 받아들이더라도 생명체가 사는 우주를 더 개연성 있게 만들지는 않는다.[110]

그러나 왜 모든 미세 조정된 상수가 정확한 숫자로 설정되는지를 설명할 수

---

108 Craig, *On Guard*, pp. 114-15.
109 역주) 초끈 이론(超-理論)(superstring theory)은 자연계의 모든 입자와 기본 상호 작용을 미소한 크기의 초대칭적 끈의 진동으로 설명하려는 시도다. 끈 이론의 일종이다. 초끈 이론은 기본적으로 상대성 이론과 양자론의 충돌을 설명하기 위해 만들어진 이론이다. 이 충돌은 바로 플랑크 길이라는 아주 작은 영역 안에서 일어나는 일로서 양자적 요동이라는 현상에서 발생한다. 양자론은 이 양자적 요동을 예견했지만 중력장이 이 양자 요동의 영향을 받기 때문에 상대성 이론의 체계에 맞지 않는다. 이 점을 무시하고 두 이론의 식을 통합하면 확률이 무한 %라는 결과가 나왔기에 두 이론을 알맞게 통합하기 위해 만들어진 이론이다. 위키백과, https://ko.wikipedia.org/wiki/%EC%B4%88%EB%81%88%EC%9D%B4%EB%A1%A0; 초끈 이론, 또는 초현(超弦) 이론: 중력·전자기력·약력(弱力)·강력(强力) 등 소립자 간에 움직이는 근본적인 4개의 힘을 초현(superstring)에 의해 통일적으로 기술하고자 한 이론의 하나." 네이버 사전, 4bfbacb7247d44429c2d640b-36217cae.
110 S. W Hawking, "Cosmology from the Top Down" (paper presented at the Davis Cosmic Inflations Meeting, U. C. Davis, May 29, 2003); 크레이그의 *Reasonable Faith*, p. 162.에서 인용됨.

있다 하더라도, 그것은 여전히 우주의 아주 특별한 시작 조건을 설명하지 못한 채 남겨둔다. 크레이그는 "세밀한 조정을 현저하게 줄이려는 어떤 시도 자체가 미세 조정을 수반하는 것으로 밝혀지는 것 같다"라고 말한다.[111]

우주가 설계되었다는 생각에 대한 보다 흥미로운 도전 중 하나는 인간 원리라고 불린다. 간단히 말해, 우리는 우리 우주가 미세하게 조정된 것처럼 보인다는 사실에 놀라서는 안 된다. 왜냐하면, 이것이 우리가 관찰할 수 있는 유일한 것이기 때문이다. 만약 다른 방법이라면, 생명체는 불가능할 것이고, 우리는 그것을 관찰할 수 있도록 존재할 수도 없을 것이다. 그래서 비록 이것이 일어날 가능성은 놀랄 만큼 작지만, 우리는 그것을 설명할 필요가 없다. 달리 말하면, 크레이그(그리고 다른 사람들)는 다음의 두 주장을 혼동하게 한다.

(1) 만일 사람들이 존재한다면, 그들은 우주를 미세 조정된 것으로 주장할 가능성이 매우 높다는 생각
(2) 미세 조정된 우주가 존재할 가능성이 매우 높다는 생각[112]

그는 이런 생각을 근거리에서 100명의 명사수 사격대와 마주친 사람에 비유한다. 모든 사격대원이 발사했지만 전부 빗나갔다. 그때 그 사람이 "음, 그들이 모두 빗나간 것에 놀라지 말아야 할 것 같아, 왜냐하면, 그들이 빗나가지 않았다면 내가 여기 와서 그것에 대해 궁금해하지 않았을 테니까, 그러니 설명할 것은 아무것도 없어"라고 생각하는 것과 같다는 것이다.

하지만, 반대로 오히려 빗나가게 하려는 의도였다는 게 합리적인 결론이다. 그 결과는 우연의 일치가 아니었다. 그것은 계획적인 것이었다.[113]

시도된 또 다른 답은 다중 세계 가설이다. 이 가설에 따르면 우리 우주는 무수히 많은 우주 중 하나일 수도 있고, 어쩌면 무한한 수의 우주일 수도 있고, 우주의 총체를 형성할 수도 있다. 우주의 수가 이렇게 많기 때문에 생명을 허용하는 하나의 우주가 존재한다는 것은 놀라운 일이 아니다. 그러나 대답하자면, 우주의 총체조차도 시작은 있어야 할 것이므로 유한한 수의 우주가 존재할 수 있고,

---

111 Moreland and Craig, *Philosophical Foundations*, p. 485.
112 Ibid., pp. 486-87.
113 Craig, *On Guard*, p. 116.

이는 우연만으로 정교하게 조정된 우주를 만들어 내기에는 충분하지 않을 수 있다는 것이다.

순전히 확률로 볼 때, 로저 펜로즈는 우리의 태양계보다 크지 않은 질서 있는 우주를 얻을 가능성이 훨씬 더 높다고 지적한다.[114] 그리고 그것은 단지 거대한 우주처럼 보이는 작은 우주를 가질 가능성이 더 높다. 당신은 당신을 둘러싼 우주를 상상하는 통 안의 뇌로 존재할 가능성이 훨씬 더 높다. 더 의미심장하게도 우주의 총체가 있다면 그것을 창조한 신이 있을 가능성은 훨씬 높다.[115]

다중 세계 가설은 순전히 추측이며, 우주 설계자 가설 못지않게 형이상학적이다. 우주 설계자 가설이 더 단순하고 과학에서는 일반적으로 더 단순한 이론이 선호되기 때문에, 그것은 열등하다고 주장할 수 있다. 우리가 이전 장에서 보았던 오컴의 면도날(윌리엄 오컴[1288-1347] 이후)이라는 원리에 따르면, 무언가를 설명하는 데 필요한 것 이상으로 원인을 증가시켜서는 안 된다. 누군가가 다수의 우주를 산출하는 데 타당하게 보이는 간단한 기제를 제안하기 전까지는 설계 가설은 선호되어야 한다.[116]

일부에서는 우주에 대한 실행 가능한 설명이 되려면 설계자는 설명을 필요로 한다며 반대한다. 우주의 복잡성이 설명을 필요로 한다면, 복잡한 설계자 역시 설명을 필요로 한다. 크레이그는 이것은 물론 설명을 오해한 것이며, 특히 과학 분야의 계획들을 오해하는 것이라고 대답한다. 만약 누군가가 화살촉을 땅에서 파낸다면 그들은 화살촉이나 그들의 문명에 대해 아무것도 알지 못하면서도 누군가에 의해 만들어졌다고 추정할 수 있다. 설명에 대한 설명이 없다면 그 설명이 타당하지 않다고 말하는 것은 불가능하다. 그것은 원래의 설명에 대한 설명에 대한 설명 요구로 이어질 것이며, 그것은 무한히 이어질 것이고, 결국 우리는 아무것도 설명할 수 없게 될 것이다.[117]

하나님의 마음의 복잡성에 관한 한, 생각은 복잡할 수 있지만 마음은 단순하다. 더욱이 지능, 의식, 의지와 같은 속성은 마음에 필수적이며, 이들은 결여할 수 있는 그런 것이 아니다.

---

114 Roger Penrose, *The Road to Reality* (New York: Knopf, 2005), pp. 762-65; 크레이그의 *On Guard,* p. 119에서 인용됨.
115 Craig, *On Guard,* pp. 117-20.
116 Moreland and Craig, *Philosophical Foundations*, p. 487.
117 Ibid., p. 490.

우주 배후에 있는 창조되지 않은 마음이 있다고 가정하는 것은, 설계되지 않은 우주를 가정하는 것과는 전혀 같은 것이 아니다.[118]

그러므로 신은 우주에 대한 최고의 설명이다.

그런데 크레이그가 개인적으로 강조하지는 않았지만, 이성으로부터의 새로운 유신론적 논증이 있다. 그것은 C. S. 루이스가 처음 제안하고 빅터 레퍼트([Victor Reppert], 크레이그는 레퍼트의 논문을 그의 공동 편집한 두 권[119]에 포함시켰다)가 데릭 바프봇(Derek Barfbot), 앵거스 메뉴게(Angus Menuge), 마이클 리아(Michael Rea)의 기고문들[120]과 함께 발전시킨 것이었다. 그것은 여러 형태로 나타나는데, 그 각각은 자연과학과 인간의 활동을 뒷받침하는 학문인 논리적, 수학적 추론의 필수 조건은 유물론 세계관에서는 찾아볼 수 없다고 주장한다.

그 논증은 둘 다 앎의 과정의 근거의 필요성으로부터 논증한다는 점에서 반틸의 초월적 주장과 희미하게 관련이 있다. 반틸에 따르면, 우리가 본 바와 같이, 오직 (개혁주의) 기독교만 합리적인 하나님이 모든 진리를 결정하고 모든 것을 완전히 통제하고 있음을 전제하기 때문에 합리성의 전제 조건을 제공한다. 이성으로부터의 논증은 심적인 실재들은 원자와 분자만 존재하는 유물론적 세계에서 충분히 근거를 마련할 수 없다고 주장한다.

예를 들어, J. P. 모어랜드[121]에 의해 최근 몇 년 동안 진전된 또 다른 논증은 의식으로부터의 논증이다. 그것은 자연주의가 특정 심적 사건들을 순전히 두뇌 사건들로 환원시킨 어려움을 지적하고, 유신론이 그들의 관계와 출현에 대해 더 잘 설명해 준다고 주장한다.

---

118 Ibid.
119 Victor Reppert, "Confronting Naturalism: The Argument from Reason," in Copan and Craig, *Contending with Christianitys Critics,* chap. 3; Reppert, "The Argument from Reason," in Craig and Moreland, *Blackwell Companion to Natural Theology,* chap. six.
120 레퍼트의 "Argument from Reason," p. 362. *Philosophia Christi* 5, no. 1(summer 2003)은 이성으로부터의 논증에 대한 심포지엄을 특집으로 다루었다.
121 J. R Moreland, *Consciousness and the Existence of God* (New York: Routledge, 2009); and Moreland, "The Argument from Consciousness," in Craig and Moreland, *Blackwell Companion to Natural Theology,* chap. 5.

6) 도덕적 논증

객관적이고 도덕적 가치로부터의 논증은 우주론적 또는 목적론적 주장만큼 잘 알려져 있지 않으며, 종종 잘못 이해되기도 한다. 만약 그것이 정말로 타당하다면, 많은 사람이 이미 그것의 전제를 받아들이기 때문에 그것은 효과적일 수 있다.

그것은 결정적으로 어떤 것들은 객관적이어서, 사람들의 의견과는 무관하다는 생각에 의존한다. 예를 들어, 사람들의 의견에 상관없이 캐나다는 멕시코의 북쪽에 있다. 어떤 디저트가 가장 좋은지 등 어떤 것이 누군가의 의견에 의존할 때 그것은 주관적이다. 가치관은 어떤 것이 좋고 나쁜지의 판단과 관계있는 반면, 의무는 우리가 어떤 것을 해야 하는지 말아야 하는지 여부와 관계있다.

그러므로 객관적인 도덕적 가치가 있다면 어떤 것들은 선이나 악에 대한 사람들의 생각과 무관하게 선하거나 악하며, 객관적인 도덕적 의무들이 있다면 인간의 의견에 상관없이 우리가 해야 하거나 해서는 안 되는 것들이 있다. 예를 들어, 홀로코스트가 터무니없이 잘못되었다고 믿는 사람들은 나치가 그것을 승인한 것은 중요하지 않으며, 그들이 전쟁에서 승리하고 자신들의 견해를 세계의 나머지 사람들에게 설득했다고 해도 그것은 중요한 문제가 아니라고 믿는다. 도덕적 논증은 다음과 같다.

(1) 신이 존재하지 않는다면, 객관적인 도덕적 가치와 의무는 존재하지 않는다.
(2) 객관적인 도덕적 가치와 의무는 존재한다.
(3) 그러므로 신은 존재한다.

이 논증은 도덕적인 삶을 살기 위해 누군가가 신을 믿어야 한다거나, 신을 언급하지 않고 윤리적인 체계를 세우는 것이 불가능하다거나, 사람이 도덕적 가치를 인식하려면 신을 믿어야 한다고 주장하지 않는다.

이 논증은 우리가 도덕적 가치를 어떻게 아는가에 관한 것(도덕적 인식론)이 아니라, 그들의 도덕적 근거를 마련하는 것에 관한 것(도덕적 존재론)이다.

우리는 이 논증이 효과가 있기 위해, 객관적으로 옳고 그른 것이 무엇인지에 대해 모두가 동의할 필요는 없다고 덧붙일 수 있다. 단지 도덕적 가치와 의무가 존재한다는 것(전제 2)에 동의하면 된다.

전제 1에 대한 지지는 단순히 무신론이나 자연주의(모든 것은 초자연적인 어떤 것도 필요 없이 자연적인 진행에 의해 설명될 수 있다는 관점)의 함축적 의미를 내리누르는 데서 나온다. 신이 존재하지 않는다면 인간에게는 특별한 것이 없으며, 그렇지 않다고 생각하는 것은 자신의 종족을 선호하는, 정당화될 수 없는 편견인 "종 차별주의"(speciesism)다. 신이 없다면 인간은 동물에 지나지 않으며, 동물은 도덕적 의무가 없다. 동물들이 서로 죽이는 것은 살인이 아니고, 가까운 친척들과 동거하는 것은 근친상간이 아니다. 개인이나 인종에 사회적으로나 생물학적으로 불리한 행동이 금기가 될 수도 있는데, 이것이 개코원숭이떼의 행동을 설명하는 데 필요한 전부다. 그들이 계발하는 규칙은 어떤 객관적 의미에서도 도덕적으로 옳거나 그른 것이 아니다.

신이 없다면 그것은 인간에게 맡겨진 것이다. 무신론 쪽으로 기울어진 많은 사람들은 이 결론을 인정하고 심지어 조장하기도 한다.

과학 철학자 마이클 루스(Michael Ruse)는 "다윈주의는 도덕에 대한 본질적인 상대주의를 가리키며, 그로 인해 도덕적 행위에 대한 모든 기독교 사상의 핵심을 강타한다"[122]라고 말한다. 일부 무신론자는 대량 학살 같은 행위는 객관적으로 잘못된 것이지, 단지 혐오스럽고 비생산적이거나 금기시되는 것이 아니라고 주장하려고 한다.

그러나 크레이그가 지적하듯이 도덕적 가치는 사람 사이에만 존재하는 추상적인 관념에 불과한 것이 아니다. 사람이 없다면 어떻게 "정의"가 존재할 수 있는지 알기 어렵다.[123]

더욱이 정의와 사랑 같은 가치들이 추상 속에서 어떻게든 존재한다고 해도, 우리가 그 가치를 따라서 행동해야 하는 이유는 무엇인가?

그것들은 단지 거기에 있다. 우리가 그것을 따라 행동하지 않을 수 없게 하는 것은 하나님이다. 그 문제에 대해 책임을 책임을 지는 분도 하나님이다.

신이 없고 죽음이 모든 것을 끝낸다면, 우리가 어떻게 사는지가 중요한 이유

---

122 115J. R Moreland, *Consciousness and the Existence of God* (New York: Routledge, 2009); and Moreland, "The Argument from Consciousness," in Craig and Moreland, *Blackwell Companion to Natural Theology,* chap. 5.116. Michael Ruse, abstract of his article, "Evolutionary Theory and Christian Ethics: Are They in Harmony?," *Zygon: Journal of Religion and Science,* 29 no. 1 (March 1994). This essay was reprinted with minor changes as chap. ten of *The Darwinian Paradigm: Essays on Its History, Philosophy and Religious Implications* (London: Routledge, 1989). The print version is quoted in Moreland and Craig, *Philosophical Foundation,* p. 491.

123 Moreland and Craig, *Philosophical Foundations,* p. 492.

는 무엇인가?

　대부분의 경우 도덕적인 삶은 우리의 이익을 위한 것일 수 있지만, 분명히 항상 그런 것은 아니며, 특히 우리가 "나쁜" 행동의 결과를 피할 수 있을 만큼 강력하다면 더욱 그렇다. 자기희생과 그 외의 이타적인 행동들은 종의 영속을 위한 적응에 지나지 않는다. 하나님이 존재하지 않는다면, 인류를 영속시키는 것이 더 이유에 대해, 개인은 의문을 제기할 수 있는 모든 권리가 있다고 덧붙일 수 있다(어쨌든 인간은 다른 생명체에 대해 손해의 원인이 되며, 그 영향력을 급격히 줄여야 한다거나, 인간이 소멸해도 손해는 없다고 믿는 사람도 있다).

　그런데 왜 엄마는 불타는 건물에서 아기를 구하기 위해 목숨을 걸어야 하는가?

　그리고 우리가 그녀를 존경하며 본보기로 삼아야 하는 이유는 무엇일까?

　전제 (1)은 신이 없다는 견해를 함축한다. 전제 (2)는 우리의 가장 깊은 도덕적 직관 중 일부에 역행하며, 관용, 열린 마음, 사랑 그리고 다른 사람들에게 자신의 가치를 강요해서는 안 된다는 생각 등과 같은 가치들에 헌신하는 많은 젊은이를 포함한 대부분의 사람에 의해 유지되고 있다.

　크레이그는 만약 이론적 논증들이 중요하고 긴급한 질문들에 대해 뚜렷한 해답을 제시하지 못한다면, 실용적인 함의를 고려할 수 있다는 윌리엄 제임스(William James, 1842-1910)의 "강력한" 실용주의적 논증을 덧붙인다. 크레이그는 신과 사후 세계에 대한 믿음이 도덕적 행동에 대한 강력한 자극이지만, 반대로 무신론은 강력한 저해 요소라는 분명한 사실을 덧붙인다.

　크레이그는 유신론 논증의 가장 강력한 지지자 중 사람이고, 동시에 기독교를 위한 광범위한 증거의 개발로 존경 받고 있다. 하지만, 그것들은 증거주의와 겹치기 때문에 그 논증들은 그 장에서 다루어지게 될 것이다.

3. 요약

　윌리엄 레인 크레이그는 개인적으로 진리를 아는 것과 그것을 증명을 통해 보이는 것을 구분한다. 다른 고전적 변증가들이 반드시 공유하지는 않는 이 이분법은 그의 견해의 한 측면이 개혁주의 인식론자인 앨빈 플랜팅가와 개념적 유사성을 갖도록 해 준다.

그런데도, 크레이그의 증명 접근 방식–보통 "변증학"으로 간주되는–은 단도직입적으로 말하자면 고전적이다. 크레이그는 기독교에 대한 논거는 먼저 유신론에 대한 논거를 제시하지 않고도 이루어질 수 있는 가능성을 어느 정도 허용한다. 앞으로 보게 되겠지만, 노르만 가이슬러는 그렇지 않다.

크레이그는 그가 칼람 우주론적 논증이라고 불렀던 것을 단독으로 다시 공적인 토론으로 끌어들였고, 다른 유신론적 논증들을 고무시켜 왔다. 그는 또한 부활의 증거에 대한 광범위한 연구를 했다. 고전적 관점에 대한 비판은 노르만 가이슬러에 관한 장의 말미에 나타난다.

4. 주요 용어

- **이성의 권위적 사용**: 크레이그는 마틴 루터와 마찬가지로 이성이 성령의 사역을 통한 은혜 없이, 복음의 참과 거짓을 판단한다는 생각을 거부한다.
- **이성의 보조적 사용**: 크레이그는 루터와 마찬가지로 이성이 복음에 굴복하고 섬김으로, 믿는 자를 도와 신앙을 이해하고 옹호할 수 있게 해야 한다는 생각을 받아들인다. 그는 이것이 이해를 추구하는 신앙이라는 어거스틴-안셀름 전통에 부합한다고 믿는다. 합리적 논증과 증거가 성령의 증언을 확인하는 역할을 할 수는 있겠지만, 신앙의 적절한 근거는 합리적인 논증과 증거가 아니라 성령의 증언이다.
- **성령의 증언**: 성령에 의해 수여되는 직접적인 인식으로 결론을 위한 근거는 아니다. 크레이그의 견해에 따르면, 믿음의 적절한 근거는 성령의 증언이지 합리적 논증과 증거가 아니다. 비록, 그들이 믿음을 확인할 수는 있지만 말이다. 그의 견해가 반드시 모든 고전적 변증가의 특징이라고 말할 수는 없다.

5. 숙고하기

1. 포스트모더니즘에 대한 크레이그의 견해는 무엇인가?
2. 변증학의 적절한 역할은 무엇인가?
3. "아는 것"과 "보여주는 것"의 차이점을 설명하라.
4. 성령의 증언은 어떤 기능을 하는가?
   그것은 플랜팅가의 신의식에 대한 견해와 어떻게 다른가?
5. 크레이그에게 합리적 논증들은 신앙을 _____, 그것들은 신앙의 _____ 아니다.
6. 하버마스, 파인버그, 프레임은 크레이그의 성령의 증언에 대한 강조에 어떻게 반응하는가?
7. 베이즈의 정리와 논증은 최선의 설명에 대해 어떤 제한을 두는가?
8. 귀납을 거부하는 사람들에 대한 크레이그의 반응은 무엇인가?
9. 가능한 한 설득력을 가지려면 어떻게 해야 할까?
10. 하나님 없는 삶의 부조리에 대한 문제를 간략하게 요약하라.
11. 크레이그는 대답하지 않았지만, 기독교가 사회에 부정적인 영향을 끼쳤다는 반대에 대한 반응은 어떠했는가?
12. 로마서 1장 20절이 추론을 말하는 것인지 아니면 즉각적인 인식을 말하는 것인지에 대한 크레이그의 생각은 무엇인가?
    철저한 기본성과 믿음의 정도를 혼동한다는 것은 무엇인가?
13. 존재론적 논증을 개략적으로 설명하라. 그것을 사용하고자 하는가?
    왜 그런가, 혹은 왜 아닌가?
14. 우주론적 논증을 요약하라.
    당신이 사용할 수 있는 형태가 있는가?
15. 미세 조정 논증은 무엇인가?
    미세 조정의 일부 예들은 무엇인가?
    인간 원리에 대한 크레이그의 대답은 무엇인가?
    다중 세계 가설은 무엇인가??
    하나님이 설명이 필요하다는 반론?
16. 도덕적 논증을 설명하라.

6. 더 나아가기

Craig, William Lane. *The Best of William Lane Craig: Debate Collection*. Vols. 1-2. La Mirada, CA: Biola University. DVD.

_____. "Classical Apologetics." In *Five Views on Apologetics,* edited by Steven B. Cowan and Stanley N. Gundry, pp. 25-54. Grand Rapids: Zondervan, 2000.

_____. *On Gimrd: Defending Your Faith with Reason and Precision*. Colorado Springs, CO: David C. Cook, 2010.

_____. *The Kalam Cosmological Argument*. Reprint. Eugene, OR: Wipf & Stock, 2000.

_____. *Reasonable Faith: Christian Truth and Apologetics*. 3rd ed. Wheaton, IL: C Cross way 2008.

_____. *The Son Rises: Historical Evidence for the Resurrection of Jesus*. Reprint. Eugene, OR: Wipf & Stock, 2000.

Craig, William Lane, and Quentin Smith. *Theism, Atheism, and Big Bang Cosmology*. NewYork: Oxford University Press, 1993.

고전적 변증학 (Classical Apologetics)

제8장

노르만 가이슬러

유신론은 부정할 수 없는 것에 의해 증명되고, 기독교는 증거를 통해 알려진다

그의 전 제자인 윌리엄 크레이그처럼, 노르만 가이슬러(1932-)는 변증학에서 50년 이상 경이적인 결과를 이루어냈다. 그는 수백 편의 논문을 썼고, 80여 권의 책을 단독으로 저술하거나 공동 저술했고, 25회의 토론에 참여했으며, 여러 주요 신학대학에서 강의했으며, 80대까지도 가르치고 있다. 그는 또한 윤리학과 신학에서 연구 활동을 해왔지만, 그가 올린 이력서 첫머리에 있는 갓돌의 싯구는 빌립보서 1장 16절, "나는 복음을 변증하기 위하여 세우심을 받았다"라는 것이다.[1]

1. 진리에 대한 올바른 검사 선택

『기독교 변증학』(*Christian Apologetics*)[2]을 시작하면서, 가이슬러는 진리에 대한 다양한 접근 방식을 비판하는 데 상당한 분량을 할애한다. 그래서 고전적 변증가로서 그는 세계관의 수준에 기초를 놓는다. 가이슬러의 많은 저서 중 어느 것보다도, 그의 접근 방식의 체계적 성격과 철학적 엄격함을 더 잘 보여준다. 다음은 몇 가지 주요 요점을 간략히 요약한 것일 뿐 거의 500 페이지에 달하는

---

1 "About Dr. Geisler," 개인 website, http://www.normangeisler.net/about/default.htm#Books-ByNorm.
2 Norman L. Geisler, *Christian Apologetics,* 2nd ed. (Grand Rapids: Baker Academic, 2013).

이 방대한 저작을 대신할 수는 없다.

첫 번째 방법론은 불가지론이다. 사람은 두 부류, 곧 단지 신이 알려져 있지 않다고 주장하는 사람들과 하나님과 모든 현실을 알 수 없다고 주장하는 사람들로 나뉘는데, 후자는 명백히 기독교와 양립할 수 없다.

가이슬러는 포스트모더니즘을 모더니즘에 반대하는 불가지론의 한 유형에 포함한다. 포스트모더니즘은 사고의 통일성보다 다양성, 이성적인 것보다 사회적인 것과 심리학적인 것, 인식론보다 해석학, 확실성보다 불확실성, 저자의 의도보다 독자의 의도를 강조한다. 그것은 다원주의적이며, 진리의 대응 이론뿐만 아니라 기초주의도 거부한다. 절대 정신으로서의 신이 없으므로, 어떤 객관적 진리나, 어떤 절대적 의미(의미론적 상대주의), 어떤 절대적 역사(재건주의)도 없는 상태가 된다. 그것은 "완전한 상대주의와 주관주의"[3]의 한 형태다.

완전한 불가지론은 자멸적인데, 왜냐하면 그것은 사실상 우리가 실재에 대해 아무것도 알 수 없다고 주장할 만큼 실재에 대해 충분히 알 수 있다고 말하기 때문이다. 가이슬러는 이것이 흄의 회의론에 문제가 되었다고 말한다.

(1) 모든 현실에 관한 판단을 유보하는 것은, 실재를 발견하려는 어떤 시도도 도움이 되지 않을 것이라는 것을 알 만큼 우리가 실재에 대해 충분히 알고 있다고 가정하는 것이다. 그는 이렇게 묻는다.

> 모든 진리의 시도가 헛되다는 것을 미리 알지 못한다면, 어째서 그것을 좌절시키는가, 그리고 이미 현실에 대해 아무것도 모르는 상태에서 어떻게 이 사전 정보를 소유할 수 있겠는가?[4]

(2) 모든 의미 있는 진술은 관념들의 관계이거나 사실 문제에 관한 것이라는 흄의 주장 자체도 그 둘 중 어느 것도 아니다.

(3) 자아란 단지 하나의 통일된 실체(즉, "자아")라는 경험적 지식이 결여된 감각적 인상의 집합에 불과하다는 그의 주장은 자기모순적이다. "나는 나 자신에 대한 인상에 불과하다"와 같은 진술을 하는 것은 그 주장을 하는

---

3 Ibid., pp. 9-10.
4 Ibid., p. 12.

"나"가 정말 있다는 것을 가정한다.[5]

칸트는 단일성이나 인과성과 같이 우리 사고 과정에서 사용하는 범주가 실재(reality)에 적용되지 않는다고 주장함으로써 스스로를 모순되게 만들었다. 그것들이 적용되지 않는다면 우리는 칸트 자신의 주장을 포함하여 실재에 대해 아무것도 주장할 수 없을 것이다.

칸트의 추종자들이 칸트는 단지 우리 지식의 한계를 드러내고 있을 뿐, 실제 자체에 대해서는 아무것도 주장하지 않는다고 말하는 것은 아무런 도움이 되지 않는다. 어디서 현상을 끝내고 어디서 실재를 시작해야 할지, 두 가지 모두를 충분히 알지 못하면 현상과 실재에 대하여 어디에 선을 그어야 할지 알 수 없기 때문이라고 한다. 언어는 신에 대해 인지적으로 말할 수 없다고 주장할 때 비트겐슈타인도 비슷한 실수를 범한다.

> 신에 대해 표현할 수 있는 어떤 것을 드러내지 않고서 신은 표현할 수 없는 존재라는 것을 어떻게 알 수 있는가?[6]

두 번째 방법론은 합리주의다. 그것은 대략 "인간의 이성에 의해 알 수 있거나 증명할 수 있는 것이 진리"[7]라고 주장하는 것으로 정의된다. 그 견해에 따르면 지식은 마음을 통해 오며, 우리는 선험적 지식, 즉 감각에서 나오지 않은 지식을 가질 수 있다. 이에 비해 경험론은 우리가 알고 있는 모든 것이 감각을 통해 나온다고 말한다.

물론, 르네 데카르트(Rene Descartes, 1596-1650)는 고전적 합리론자로, 가톨릭교회와 그 권위적인 주장들에 대한 종교개혁의 도전 이후 의심에 대처하기 위한 방법으로 자신의 생각들을 발전시켰다. 바루흐 스피노자(Baruch Spinoza, 1632-1677)의 합리주의가 그를 범신론으로 이끌었고, 고트프리드 라이프니츠(Gottfried Leibniz, 1646-1716)는 혼합적 접근 방식을 사용해서, 실재는 신이 조화롭게 한 단순한 본성("모나드")의 집합이라는 자신의 생각을 뒷받침하도록 논

---

5 Ibid., pp. 12-13.
6 Ibid., pp. 14.
7 Ibid., pp. 19.

거를 밝혔다. 데카르트는 의심의 여지가 없는 관념에 근거해 추론했고, 스피노자는 완전한 관념에 근거해 추론했으며, 라이프니츠는 충분한 관념에 근거해 추론했다.

가이슬러는 학부생이었던 윌리엄 레인 크레이그에게 영향을 준 스튜어트 해켓(Stuart Hackett, 1925-2012)의 독특한 견해를 요약한다. 해켓은 모든 지식은 우리의 감각에서 나오고, 사유 시에 우리 마음이 사용하는 범주에 의해 형성된다는 칸트가 옳다고 믿고 있지만, 그런 범주가 반드시 실재에 대해 말해 주는 것은 아니라고 말한 것은 잘못이라고 보았다. 예를 들어, 우리가 어떤 것이 다른 것을 야기한다고 생각할 때, 해켓은 인과율이 실재 세계의 특징임을 알 수 있다고 주장할 것이다. 칸트는 우리의 정신이 실재 세계와 연결되는 것을 알 수 없기 때문에 실재에 대해 불가지론적일 수밖에 없다고 말했다. 해켓은 그러한 불가지론은 회의론으로 이어질 뿐만 아니라 우리가 실재에 대해 무언가를 알고 있다고 은밀히 가정한다는 점에서 자기모순이라고 말했다.

우리 마음이 반드시 실재와 연결되지 않는다고 한 칸트가 옳다면, 칸트 자신의 진술들을 포함해서 사람들의 진술들을 이해조차 할 수 없을 것이다. 우리는 마음의 범주가 우리를 실재와 연결해 준다는 것을 확실히 알 수 있기 때문에(즉, 인과율 같은 것은 우리의 정신에만 있는 것이 아니라 세계에 존재한다는 것), 경험론은 우리의 모든 지식이 감각을 통해 오고, 따라서 확실하게 알 수 없다는 중심적인 주장에서 잘못되었음이 틀림없다.

경험론과 반대로 마음의 범주들은 참되다는 지식은 우리의 감각을 통해 오는 것이 아니며(우리는 그것을 이성에 의해 알고 있다), 또 경험론에 반하여 우리는 마음의 범주도 참된 것으로 확신할 수 있다.[8]

해켓은 부정하는 자가 존재해야 하기 때문에 모든 것의 존재를 부정할 수 없다고 주장함으로써 신의 존재에 대한 자신의 증거를 개발한다. 존재하는 것은 다른 것의 결과이거나 그렇지 않거나다. 그렇지 않다면 우리는 이미 절대적으로 필연적인 존재의 존재에 도달한 것이다. 만약 그것이 다른 것의 결과라면, 원인

8　Stuart Hackett, *The Resurrection of Theism* (Chicago: Moody Press, 1957), pp. 54, 60, 62, 65; quoted in Geisler, *Christian Apologetics*, p. 25. 가이슬러는 해켓이 이러한 논증들은 어떤 것에 대해서 합리적으로 피할 수 없다는 자신의 주장을, 그들은 "실제로 부인할 수 없는 것"이라는 주장과 같은 것으로 수정했다고 언급한다. 그는 이 개념을 자신의 *Christian Apologetics* 8장 "진리에 대한 검사로서의 부정할 수 없음"이라는 항목에서 설명한다.

과 결과의 무한 퇴행은 이성적으로 생각할 수 없기 때문에, 필연적인 존재가 존재해야 한다. 그렇다면 절대적으로 필연적인 존재,[9] 즉 신이 존재해야 한다.

고든 클라크(Gordon Clark, 1902-1985)는 진리를 규명하려는 전통적인 시도가 실패했다고 주장했다. 다양한 체계가 체계적이고 일관성 있는 보편적 원칙의 집합을 구축하지 못했으며, 일상적인 의사 결정에 대한 실질적인 지침을 제공하지 못하고 있다. 이것은 우리가 기독교의 전제를 채택할 필요가 있다는 것을 의미한다. 모든 견해는 보다 독창적인 원리에서 연역되거나 증명될 수 없는 공리에 의존한다. 그들은 다른 방법으로 증명되어야 한다. 클라크는 "계시는 증명이나 이유 없이 받아들여져야 하거나, 명시적으로 참된 무언가로부터 연역되지 않아야 한다"[10]라고 주장한다.

기독교의 계시가 공리로서 적절한지 판단하기 위해서, 그것이 지식을 가능하게 하고, 가치관과 윤리 규범(즉, 행동의 원리)을 확립하고, 정치 이론을 제시하는지 질문해야 하는가?

클라크에게는 논리적 일관성이 진리의 본질이고, 모순은 거짓의 본질이기 때문에, 그 결과들은 서로 일치해야 한다. 그는 비모순율은 하나님의 사유 과정의 특징이며, 그것이 성경에 내재되어 있다고 주장한다. 그는 요한복음 1장 1절을 "태초에 논리가 있었고, 논리는 하나님과 함께 있었고, 논리는 하나님이었다"[11]라고 번역해야 한다는 유명한 말을 남겼다. 이것은 말씀이 하나님의 표현이기 때문에 잘 부합된다.

어떤 의미에서 비모순율은 우리와 하나님 사이의 연결 고리다. 하나님의 산수뿐 아니라 우리의 산수에서도 2 + 2 = 4인 것처럼, 하나님은 우리와 동일한 원리로 운용한다. 진리는 하나님과 인간에게 동일하다. 우리의 지식과 하나님의 지식이 어느 지점에서 겹치느냐 하는 문제를 놓고 그가 반틸과 충돌한 이유를 알 수 있다.

일관성, 즉 자기 일관성에 지나치게 의존하는 것에 대한 한 가지 비판은 자기 일관성이 있는 두 체계의 딜레마다. 그러나 클라크에게는 가능한 한 가장 광범위한 일관성을 위해 더 멀리 보는 것이 답이다. 가장 많은 문제에 대해 타

---

9 Hackett, *Resurrection of Theism*, pp. 194-95; quoted in Geisler, *Christian Apologetics*, p. 26.
10 Gordon Clark, *Religion, Revelation, and Reason* (Philadelphia: P & R, 1961), pp. 59-60; 가이슬러의 *Christian Apologetics*, p. 27에서 인용됨.
11 Clark, *Religion, Reason, and Revelation*, pp. 64, 67, 68; Geisler, *Christian Apologetics*, p. 27.

당한 답을 제공하고, 삶에 더 많은 의미를 부여하며, 회의주의의 여지를 최소화하는 제도를 선택해야 한다.

클라크에게 이것은 기독교를 가리키는 귀류법(a reductio ad absurdum)이다(귀류법 논증은 반대 견해가 불합리하며, 따라서 거짓임을 보여준다는 점을 상기하라).

가이슬러는 합리론의 기본 원칙을 다음과 같이 이해한다. 실재는 합리적으로 분석될 수 있고 본유 관념이나 원리가 있으며, 진리는 자명한 원리로부터 연역에 의해 도출되고, 신에 대한 논증에서 합리적 확신이 가능하다. 또 이성적으로 불가피한 것은 실제적인 것이다. 그는 이것은 종종 이성적인 것과 현실적인 것을 혼동하는 것으로 오해되지만, 이성적인 것은 현실적인 것일 수 있을 뿐이다(예를 들어, 인어공주는 개념 자체가 모순되지 않기 때문에 현실적일 수 있을 것이다). 그의 존재를 부정하는 것은 모순이 될 것이기 때문에[12] 합리론자들에게 하나님은 실제로 존재한다.

가이슬러는 합리론의 공헌에 대해 칭찬하지만, 합리론이 사유에서 실재로, 가능한 것에서 실제적인 것으로 나아가는 것은 타당하지 않다고 믿는다. 많은 사람이 지적했듯이, 논리적 일관성은 진리가 아닌 거짓에 대한 검사로서 가장 효과적이다. 하나의 견해나 진술이 모순된다면 그것은 참일 수 없다. 그러나 만약 그것이 스스로 모순되지 않는다면 그것은 참일 수 있으나 참일 필요는 없다(소설은 모순되지 않을 수 있지만 참이 아닐 수 있다).

합리론자들은 동의할 수도 있지만, "그들이 단지 논리적으로 가능한 것에서 실제로 현실적인 것으로 옮기는 것이 아니라, 논리적으로 필연적인 것에서 존재론적으로 피할 수 없는 것으로 나아가는 것이라고 주장한다."[13]

달리 말해, 어떤 것이 논리적으로 필연적임을 보여줄 수 있다면 그것은 존재해야 한다고 주장하는 것이다. 이에 대해 가이슬러는 논리적 필연성과 부인할 수 없음의 차이를 강조한다. 예를 덧붙일 수 있을 것이다. "모든 쿼크는 쿼크다"라는 문장은 논리적으로 필연적이지만(논리학의 근본 법칙에 따라 그것은 아마 거짓일 수 없을 것이다), 그것은 쿼크가 존재한다는 것을 증명하지는 못한다.

가이슬러는 비록 부인할 수 없는 것도 있겠지만, 실제로 어떤 것을 합리적으로 증명할 방법은 없다고 말한다. 예를 들어, 어떤 것을 부인하려면 그는 반드

---

12 Geisler, *Christian Apologetics*, p. 30.
13 Ibid., p. 31.

시 존재해야 하기 때문에 사람은 자신의 존재를 부정할 수 없다.

그는 이것을 존재론적 논증에 대한 비판과 결부시킨다. 삼각형이 존재한다면 반드시 세 변이 있어야 하지만, 실제로 삼각형이 존재한다는 것을 어떤 논리적으로 필연적인 방식으로 보여줄 방법은 없다. 그는 이렇게 말한다.

> 마찬가지로, 필연적인 존재자의 존재를 단언하는 것은 논리적으로 필연적인데, 그러한 존재가 존재한다면 그것은 반드시 존재해야 한다. 그러나 삼각형이 존재하는 것이 논리적으로 필연적이지 않은 것처럼, 하나의 필연적인 존재가 존재하는 것은 논리적으로 필연적이지 않다. 물론, 어떤 것이 존재한다면 존재론적 논증은 새로운 힘을 가지게 되고, 어떤 것이 존재한다면 반드시 어떤 것이 존재하게 될 가능성이 있다. 그러나 여기서 요점은 "만약 – 라면"[14]을 제거할, 순전히 논리적인 방법은 없다는 것이다.

가이슬러는 합리론자들이 모든 제일원리(그들의 견해의 근간을 이루는 원리들)가 합리적으로 필연적임을 증명할 수 없다는 점에서 또 다른 문제를 발견한다.

모든 합리론자가 동일한 제일원리들에서 출발하는 것은 아닌데, 어떻게 어떤 것이 옳은지 정할 수 있을까?

심지어 고든 클라크의 약한 형태의 합리론조차 확실하게 진리에 대한 논리적 일관성 검사가 존재하지 않는다. 그는 오직 전지한 존재만이 진리를 위한 논리적 일관성 검사를 확실하게 적용할 수 있다는 것을 인정한다. 가이슬러는 순수한 논리는 실재에 관해 우리에게 말해 줄 수 없다고 결론짓는다. 우리는 실재에 관한 어떤 진리로부터 시작해야 하며, 그것으로부터 논리적인 추론을 이끌어내야 한다. 세계를 알기 위해서는 논리와 경험 둘 다 필요하다.[15]

세 번째 방법론은 신앙은 뒷받침될 필요도 없고, 뒷받침될 수도 없다는 견해인 신앙주의다. 그는 터툴리안(Tertullian, 230년 사망)이 신앙주의자였다는 통속적인 사상에 이의를 제기하고, 파스칼(1623-1662)이 신앙주의자라기보다 반이성주의자라고 생각하며, 키르케고르(1813-1855)도 신앙주의의 중심적인 주장

14　Ibid., p. 32.
15　Ibid., p. 33.

을 고수했다는 점을 제외하고는 반이성주의자라는 결론을 내린다.[16]

그는 자신이 "계시적 신앙주의"라고 부르는 코넬리우스 반틸의 견해를 고려한다. 그는 "기독교적 논거에 대한 유일한 '증거'는 그것의 진리가 전제되지 않는 한 어떤 것도 '증명할 가능성이 없다'라는 점"[17]이라는 반틸의 주장을 인용한다.

반틸은 우리가 기독교의 하나님을 전제하지 않고서는 한 가지 사실도 정확하게 해석할 수 없다고 주장한다. 그것들은 서로를 이해할 수 있는 관계를 갖지 않은, 불가해한 사실들(brute facts)이다. 그래서 우리는 사실들로부터 하나님에 이르는 논증을 할 수 없으며, 전통적 변증학은 반드시 실패한다. 신에 대한 증명들과 기독교에 대한 역사적 증거들은 기독교 유신론을 전제하지 않고는 아무런 의미가 없다.

가이슬러는 반틸이 "나는 '유신론적 논증들'을 거부하지 않고, 다만 성경의 교리를 타협하지 않는 방식으로 그것들을 형성할 것을 주장할 뿐"[18]이라고 말한 것을 자세히 말한 후, 이렇게 덧붙인다.

> 물론, 그의 접근 방식 전체에 신앙주의적 연결이 있으며, 명백히 순환적인 추론 과정에서 성경은, 그것의 자증적인 권위에 대한 믿음을 통해 참된 것으로 간주하는 것처럼 보일 것이다. 만일 그렇다면 신에 대한 '증명들'과 기독교의 역사적 '사실들'은 기독교가 참이라는 전제를 신앙주의적으로 수용하는 것 외에는 어떤 의미나 타당성도 없다.[19]

선험적 논증으로서 반틸의 접근 방식(즉, 사실들로부터 나온 결론으로서 직접적으로 증명하는 것이 아니라 간접적으로 우리가 그것이 없이는 할 수 없는 전제로서 증명하는 것)을 받아들임으로써 생기는 문제는 이 추론 과정이 반틸이 말하는 모든 인간적 추론과 동일한 문제를 갖는다는 것이다. 즉, 그것은 실패하며 비효율적이다.

16　Ibid., pp. 35-42.
17　Cornelius Van Til, "My Credo," in *Jerusalem and Athens: Critical Discussions on the Theology And Apologetics of Cornelius Van Til*, ed. E. R. Geehan(Phillipsburg, NJ: P &R, 1971), p. 258; 가이슬러의 *Christian Apologetics*, p. 45에서 인용됨.
18　Cornelius Van Til, *Defense of the Faith* (Philadelphia: P & R, 1955), p. 256; 가이슬러의 *Christian Apologetics*, p. 47에서 인용됨.
19　Geisler, *Christian Apologetics*, p. 47.

첫째, 인간의 추론이 죄에 의해 그렇게 영향을 받는다면, 선험적 추론은 왜 면제되는가?
둘째, 불신자가 선험적인 추론을 할 수 있고 사용할 수 있는데, 왜 그것은 신자와 불신자 사이의 공통 기반이 되지 않는 것인가?
반틸은 공통 기반이 존재하지 않는다고 주장한다.
셋째, 세계를 이해하기 위해서는 유신론적 하나님을 전제하는 것이 합리적으로 필요하다고 인정하더라도, 하나님은 삼위일체이며 성경의 저자라는 것을 안다고 말하는 것은 신앙의 비약이다.

반틸은 삼위일체만이 일과 다의 문제(특정 테이블 같은 개별적인 것이 모든 테이블 같은, 그것이 속한 범주와 어떻게 관련되는지 하는 오래된 문제)를 해결할 수 있기 때문에 하나님이 삼위일체임을 알 수 있다고 말했다. 그러나 가이슬러는 하나님의 위격은 하나의 존재 안에 있는 세 존재가 아니기 때문에 그것은 실패한다고 말한다.
그건 차치하더라도, 왜 이위(二位)나 사위(四位)가 아닌 삼위여야 하는가?
그는 반틸이 삼위일체에 대한 생각을 어떤 선험적인 논증에 의해서가 아니라 믿음으로 얻는다고 말한다. 나아가 특별계시는 세계를 이해하는 데 필수적인 것이 아니다. 그러나 그렇다고 해도 성경 전체가 어떻게 필수적인지를 보여 줄 수 있는 방법은 없다.
우리기 요한삼서를 꺼내면 어떨까?
따라서, "이것 역시 반틸에게는 믿음의 문제이므로 최종 분석을 해 보면 반틸 변증학의 핵심에 근본적인 신앙주의가 있다."[20]
가이슬러는 칼빈이 '신의식'을 증명이나 믿을 만한 이유의 이유의 필요성을 없애는 것으로 간주했다는 앨빈 플랜팅가(1932-)의 말이 맞는지 의아해한다. 그는 케네스 칸체프스(Kenneth Kantzefs)의 하버드대학교 박사학위 논문[21]을 언급한다. 그것은 칼빈이 자연신학과 유신론적 논증을 위한 여지를 찾았다는 생각을 지지한다.

---

20 Ibid.
21 Kenneth Kantzer, "John Calvin's Theory of Knowledge of God and the Word of God"(Ph. D. diss., Harvard University, 1950); 가이슬러의 *Christian Apologetics*, p. 48에서 인용됨.

어쨌든 가이슬러는 "개혁주의 인식론"이라는 이름을 잘못된 명칭으로 보는데, 그 이유는 플랜팅가의 생각보다는 전통적 변증학을 받아들이는 개혁주의 사상가가 많기 때문이며, 그중에는 B. B. 워필드, 찰스 핫지(Charles Hodge), 존 거스트너(John Gerstner), R. C. 스프롤 등이 있다.

그는 플랜팅가의 존재론적 논증에서 결함을 발견한다. 가이슬러가 설명하듯이, 플랜팅가는 "양상 논리(modal logic)는 필연적 존재, 즉 모든 가능 세계에 존재하는 것이 있어야 할 것을 요구한다"[22]라고 주장한다.

그러나 플랜팅가조차도 우발적인 상황을 인정한다. 사람은 양상 논리를 받아들일 필요가 없다. 그래서 가이슬러는 이렇게 결론 내린다.

> 그의 논증은 정말 가설적인 것이었다. 다시 말해서, 만약 당신이 양상 논리를 받아들인다면, 필연적인 존재가 존재해야 한다.[23]

플랜팅가는 "가능한 세계가 전혀 없는 것 아닌가"라는 질문에 아니라고 답했다. 그런 다음 그 논증은 어떤 것이 필연적으로 존재한다는 것을 증명하기 위해서는 어떤 세계가 반드시 존재해야 한다고 가정하는데, 가이슬러는 이것이 순환적이라는 것을 알았다.

일반적으로 가이슬러는 우리가 기본적이라고 받아들이는 것에 대해 어떤 합리적인 정당성이 있어야 하며, 위대한 호박 반론(Great Pumpkin objection)에 대한 플랜팅가의 대답에 만족하지 않는데, 그것은 우리가 신을 적절하게 기본적인 것으로 받아들일 수 있다면, 부적합한 견해들을 주장하는 사람들이 그것 역시 기본인 것이라고 주장하는 것을 막을 수는 없다고 말한다.[24]

가이슬러는 신앙주의의 중심 주장을 이렇게 요약한다. 신앙만이 하나님께 나아가는 길이며, 진리는 순전히 이성적이거나 객관적인 영역에서 찾을 수 없고, 증거와 이성이 하나님을 확실히 가리키지 않으며, 진리에 대한 검사는 실존적이지만 합리적이지 않으며, 하나님의 계시가 모든 진리의 근원이다. 그는 신앙주의의 장점들을 인정하면서도, 다음과 같이 비판한다.

---

22 Geisler, *Christian Apologetics*, p. 48. See Alvin Plantinga, *Nature and Necessity* (Oxford: Clarendon, 1974).
23 Geisler, *Christian Apologetics*, p. 48.
24 Ibid., p. 49.

(1) 신앙주의는 인식론과 존재론을 혼동한다. 우리는 하나님이 존재한다는 사실과 우리가 하나님이 존재한다는 것을 어떻게 아는지를 구별해야 한다. 하나님을 증명하려고 한다면, 우리는 그가 존재한다는 가정에서 출발할 수 없다. 이와 관련하여 아래의 한계가 발생한다.
(2) 신앙주의자는 하나님에 대한 믿음과 하나님이 존재한다는 믿음을 구분하지 못한다.
(3) 신앙주의자는 하나님에 대한 믿음과 그 믿음에 대한 지지, 혹은 정당성을 구별하지 않는다.
(4) 신앙주의자는 종종 명제적 지지의 필요성을 간과하고 개인적인 것에 초점을 맞춘다.
(5) 신앙주의자는 피할 수 없는 것과 정당화될 수 없는 것의 차이를 알지 못한다.

우리는 전제를 생각할 수 없다는 점에서 전제의 불가피성을 인정할 수 있다. 하지만, 진짜 질문은 다음과 같은 것들이다.

우리의 전제를 정당화할 수 있을까?
믿음들 사이에서 어떻게 결정할까?
진리를 위한 적절한 검사는 무엇인가?

가이슬러는 이렇게 답한다.

> 신앙주의자들은 이러한 질문에 정면으로 맞서지 않거나, 만약 맞닥뜨린다 해도 비신앙주의적인 답변을 내놓는 경향이 있다. 곧, 달리 믿는 것은 경험, 이성 또는 미래에 대한 희망에 반하는 것이거나, 혹은 바람직하지 않은 결과를 가져온다는 것 등이다.[25]

경험론은 여러 형태로 나타나는데, 가이슬러는 몇몇 영향력 있는 사례를 요약한다. 플로티누스(Plotinus, 270년 사망)는 하나님이 지식, 존재, 인격을 초월하

---

25 Ibid., p. 53.

기 때문에 말로 표현할 수 없고 알 수도 없음을 발견한다. 신은 알 수 없기 때문에 신비로운 경험에서 느끼거나 직감해야 한다.

프리드리히 슐라이어마허(Friedrich Schleiermacher, 1768-1834)는 종교에 대한 해석을 모든 인간이 공유하는 절대 의존의 경험에 집중했다. 과학은 사유의 방법이요, 윤리는 생활의 방법이요, 종교는 감정의 방법이다. 윤리는 자제력에 관한 것이지만 종교는 항복에 관한 것이다. 종교에서 감정은 일차적이고 신학적 진술들은 이차적인 성찰에 불과하다. 종교는 관념에 관한 것이 아니기 때문에 참과 거짓은 적용되지 않는다. 이것은 종교적인 감정이 실재에 대한 직접적인 이해가 아니라 자연이 우리 안에서 작용하는 방식일 뿐이라는 슐라이어마허의 견해와 부합한다. 이러한 종교적 감정은 우주의 물리적 측면에 대한 우리의 단순한 경외감과는 다르다.

루돌프 오토(Rudolf Otto, 1869-1937)는 종교 경험의 본질을 탐구한 결과, 자신이 공통적인 요소라고 믿었던 것을 발견했다. 그것은 경외심을 불러일으키고 "신비하며" "전적 타자"인 존재에 대한 종교적 경험이다. 모든 형태의 경험론은 각각의 요소를 공유하지는 않지만, 어떤 공통적 요소들을 가진다. 종교의 핵심은 경험이지 신학적 구성물이 아니며, 명제와 그와 유사한 것들이 아닌 경험이야말로 종교적인 모든 것에 대한 최고 항소 법원이다. 종교적 경험은 자증적이다. 신 혹은 궁극적인 실재는 결국 말로 표현할 수 없다.[26]

가이슬러에 따르면 긍정적인 특징들에도 불구하고,[27] 경험론은 진리와 경험을 혼동한다. 경험은 참도 거짓도 아니다. 단지 사람이 그 경험을 가지고 있을 뿐이다. 진리는 경험에 관해 우리가 말로 표현하는 것이다.

> 진리의 기초는 경험에 있지만 그 진리를 뒷받침하는 것은 아니다. 진리는 그 원천을 일차적 경험에서 찾지만, 그 입증은 찾아내지 못한다.[28]
> 진리의 원천이자 근거로서 경험자들의 주장은 옳을 수 있지만, 그 주장의 진리에 대한 검사나 정당성으로서 그것은 분명히 결함이 있다.[29]

---

26 Ibid., p. 66.
27 Ibid.
28 Ibid., p. 67.
29 Ibid., p. 70.

이것은 경험주의에 대한 표준적인 비판으로 이어지는데, 경험은 스스로 해석하지 않는다는 것이다. 가이슬러는 요한복음 12장 28-29절을 인용한다. 거기서 하늘의 소리에 대한 경험은 하나님의 음성, 천사의 말, 천둥 등 세 가지 다른 방식으로 해석된다.

회심 및 기적을 경험했다는 주장은 서로 다른 세계관을 가진 다양한 사람들에 의해 다르게 해석된다. 그때 경험들 자체는 아무 의미가 없으며, 반드시 기술되어야 하는데, 이러한 것은 말로 형언할 수 없는 하나님을 만났다고 주장하는 사람들에게는 심각한 문제다.

신비주의는 본성상 주관적이고 검사할 수 없는, 사적이고 비인지적인 종교 경험이다. 신비주의자는 보통 그 경험을 신이 아닌 것에 대한 정보만 제공할 수 있는 것으로 여긴다. 이것은 일종의 불가지론에 해당하며 두 가지 문제가 있다.

첫째, 어떤 것이 무엇이 아닌지를 알기 위해서는 그것이 무엇인지에 관한 지식이 필요하다.

둘째, 하나님과의 관계를 포함하는 관계에는 적어도 긍정적인 지식이 필요하다.

어쨌든, 신비한 경험들은 모순된 믿음을 가진 사람들에 의해 주장되기 때문에 믿음의 근거를 제공한다는 측면에서 볼 때, 그들은 사실상 서로를 상쇄한다.[30]

증거주의는 고전적 변증학에서 멀지 않으며, 가이슬러는 역사적 주장을 허용하는 원칙을 옹호하고, 유신론적 우주의 배경관을 먼저 확립하지 않고도 그러한 주장이 이루어질 수 있다는 견해를 비판한다.

역사(많은 사람이 인정하는 바와 같이)에는 사건의 맥락과 의미에 대해 해석, 심지어 어떤 사건이 우선 초점을 맞출 만한 가치가 있는 것으로 선택되는지에 대한 해석이 포함되어 있다. 역사는 "합리적인 인간이 받아들여야 할 정확하고

---

30 Norman L. Geisler, "Mysticism," in *Baker Encyclopedia of Apologetics* (Grand Rapids: Baker, 1999), pp. 516-17.

적절한 설명"이 될 만큼 객관적이며, 과학의 일부만큼 객관적일 수 있다.[31]

그것은 반복 가능한 사건을 다루지는 않는데, 모든 과학이 그렇지는 않다. 고생물학과 고고학이 그 예다. 고생물학이나 지질학과 같은 학문도 완전하지 않은 기록으로 작업하기 때문에, 역사는 과학처럼 객관적일 수 없다는 비판은 근거가 없다. 일부 반대와 달리, 역사는 가치 판단을 포함할 수 있다.

> 사건들이 그들의 본래 정황 속에 갖고 있던 가치를 부여 받는다면, 문제는 가치 언어가 객관적일 수 있느냐가 아니라, 가치 진술이 그 사건들을 실제와 같은 모습으로 객관적으로 묘사할 수 있느냐 하는 것이다. 일단 세계관이 결정되면, 가치판단은 바람직하지 않은 것도 아니고, 단지 주관적인 것도 아니며, 필수적이고 객관적으로 요구된다.[32]

역사가들은 그들의 견해, 가정, 관점 등을 결정하는 시대의 산물일 뿐이기 때문에 역사가 객관적일 수 없다는 비난은 타당하지 않다. 바로 그러한 비난 자체가 시대의 산물이기 때문이다. 그리고 만약 그 비난이 시대를 초월하여 타당할 수 있다면, 역사 또한 그럴 수 있다.[33]

역사를 바로 다시 쓴다는 것은 객관성이 가능하다는 것을 전제로 한다. 그것은 전부는 아니더라도, 대부분의 학문에 해당한다. 더욱이 완벽한 객관성이 아니라면 결코 상대주의(객관성은 불가능하고 진실은 관찰자에 상대적이라는 개념)를 정당화하지 못한다. 역사학자들이 제한된 수의 사실을 선택해야 하는 불가피성도 객관성을 위협하지 않는다. 배심원들은 법정에서 제한된 사실들만을 고려하고, 과학자들조차 제한된 지식을 가지고 일해야 한다. 중요한 것은 중요한 사실이 간과되지 않는다는 점이다.

가이슬러는 고전적 변증학과 증거주의적 변증학의 차이와 관련된 역사적 주장들의 측면으로 눈을 돌린다. 역사가는 필연적으로 세계관을 가지고 있고, 반드시 그 격자(grid)를 통해 모든 것을 해석하기 때문에 객관적인 역사는 불가능하다는 비난이 있다. 여기서 가이슬러는 역사적 사건들이 세계관 안에서만 의

31　Marc Bloch, *The Historians Craft*, trans. Peter Putnam (New York: Random House, 1953), p. 50; 가이슬러의 *Christian Apologetics*, p. 76에서 인용됨.
32　Ibid.
33　Ibid., p. 79.

미를 갖는다는 (어느 정도 흔한) 주장을 함으로써 전제주의자와 공동의 논점을 만든다. "의미는 체계 의존적이다." 따라서, "하나의 사건은 다른 체계 내에서 매우 다른 의미를 가질 수 있다."[34]

사실들은 혼돈, 순환, 선형 등 적어도 세 가지 방법으로 배열될 수 있다. 그리고 그 중 어떤 것을 결정할 지는 세계관에 달려 있다. 그러나 세계관이 해석을 결정한다는 사실이 객관성을 불가능하게 만드는 것은 아닌데, "세계관 문제를 다루는 객관적인 방법이 있기 때문이다."[35]

특히, 반센 같은 반틸학파 변증가들은 선택은 자신들의 관점에 의해 결정된다는 사실에 동의할 것이다. 그 관점에 따르면 오직 (개혁주의) 기독교 전제들만이 합리성과 담론과 윤리학의 가능성에 근거를 부여한다는 것이다.

그러나 고든 클라크에게 있어서 세계관의 선택은 비모순율을 광범위하게 사용함으로써 정당화될 수 있는 출발점이다. 고전적 변증가인 가이슬러에게 있어, 유신론자와 비유신론자 사이에는 유용하긴 하지만 제한적이면서 공통적인 기반이 존재하는데, 이것은 우주가 진정으로 유신론적이라는 것을 보여주는 데 사용될 수 있다.

가이슬러는 역사적 사실이 세계관 안에서만 의미를 가지기 때문에 부활 같은 사건부터 기독교 세계관 전체까지 논증할 방법이 없다고 주장함으로써 증거주의자들과 교제를 끊는다. 세계관으로서의 유신론이 없다면, 부활은 다른 어떤 기적과 마찬가지로 단지 기이한 사건으로 해석될 수 있을 것이다.

더욱이 역사적 방법은 과거가 현재와 같다는 단일성이라는 가정에 근거한다. 현재 기적이 없다면 과거의 기적을 주장할 근거가 없다. 그리고 현재 그것을 행할 수 있는 신이 있다고 추측할 수 있다고 해서 그것을 주장할 수는 없다.

가이슬러에 따르면 그 해답은 독립적 근거에 따라 세계에 개입할 수 있는 세계 너머에 존재하는 창조자를 확립하는 것이라고 한다. 부활이든, 다른 어떤 기적이든 하나님이 존재할 때만 하나님의 특별한 행위가 된다. 유신론이 없다면, 사람이 다시 살아나는 것이 중요할 이유가 없다. 가이슬러는 증거주의자가 그것이 매우 이례적이기 때문에 그것이 중요하다고 주장할 수 없다고 말한다. 왜냐하면, 그것은 단지 유신론의 맥락에서만 큰 의미를 가질 것이기 때문이다.

---

34 Ibid., p. 80.
35 Ibid.

가이슬러의 견해로는, 전혀 가능성이 희박한 사건조차 초자연적인 설명을 요구하지 않는다. 실용주의는 전통적 사고에 도전하게 되었고, 그 관점은 여러 형태로 존재한다. 간단히 말해서, 인식론적 추상화보다 실행 가능성을 강조한다. 가장 적절하게 C.S. 퍼스(C. S. Peirce, 1839-1914)는 실용주의를 진리에 대한 검사보다는 의미 이론으로 가장 적절하게 제시했다.

> 그는 그러한 이론 검증에 관심을 두지 않고 사고의 명료화에 관심을 기울였다.[36]

그는 진리를 얻는 것에서 의심으로부터 자유로워지는 것으로 초점을 옮겼고, 사람들이 그것을 시도하는 네 가지 방법을 제안했다.[37] 순전한 완고함은 단순해서, 다른 사람의 의견이 자기 의견만큼 좋다는 것을 깨닫는 순간, 사람들은 다시 의심을 품게 된다.[38] 아무리 잘 알려진 사람이라도 모든 것을 효과적으로 규제할 수 없기 때문에 권위는 작동하지 않을 것이다. 선험적 합리론은 이성에 동의함으로써 확실성에 도달하려고 하지만, 결국 그것을 취향의 문제로 만들게 되므로 유행에 따라 달라진다.

오직 과학만이 의심을 없애는 방법으로 믿음을 확립하기에 충분하다. 피어스는 이렇게 말한다.

> 조사하는 모든 사람이 궁극적으로 동의할 수밖에 없는 의견은 진리를 의미하는 것이며, 이 의견으로 표현되는 대상은 실재하는 것이다. 그것이 내가 실재를 설명하는 방법이다.[39]

피어스는 직접적인 경험으로 하나님을 아는 것 같다.

---

36 Ibid., p.90.
37 Charles S. Peirce, "The Fixation of Belief,*Popular Science Monthly*, November 1877, pp. 1-15, www.peirce.org/writings/p107.html.
38 가이슬러는 그것을 한 공동체 내에서의 실행 불가능성으로 요약한다. *Christian Apologetics*, p. 91.
39 Charles S. Peirce, "How To Make Our Ideas Clear:, *Popular Science Monthly*, January 1878, pp. 286-302, www.peirce.org/writings/p 1 i9.html. 나는 이것을 덧붙인다. 그것은 가이슬러에 의해 인용되거나 언급되지 않는다.

하나님에 관해서는 눈을 떠라. 그리고 지각하는 기관인 마음을 열어라. 그러면 그대가 그분을 보리라.

우리가 하나님의 정확한 본성을 오해할 수 있다 하더라도, 우리는 하나님의 실재에 관해 완전히 속을 수는 없다.[40]

윌리엄 제임스(William James, 1842-1910)는 우리가 선택한 가설들을 살아 있거나 죽은 것으로 분류하고, 살아 있는 선택이란 각각의 대안이 어느 정도 우리의 믿음에 호소하게 될 가설이라고 한다. 선택은 강요되거나 피할 수 있으며, 강요된 선택은 피할 수 없다. 그들은 중요하거나 사소한 것이기도 한데, 사소한 것들은 하찮은 것이거나 돌이킬 수 있는 것이기도 하다. 그러므로 진정한 선택은 강제되며, 살아 있고 중대한 것이다. 신의 문제가 바로 그러한 결정이다.

그러나 실제로 우리는 객관적으로 결정을 내릴 만한 충분한 여유가 없다. 하지만 우리는 반드시 해내야 한다. 충분한 정보가 있을 때까지 기다리려는 충동은 종교에 효과가 없을 것이다. 그는 그의 동시대인 중 하나인 피츠 제임스 스티븐(Fitz James Stephen)을 인용한다.

> 우리는 휘몰아치는 눈과 한 치 앞도 보이지 않는 분간하기 어려운 안개 속에서 산 고갯길에 서 있다. 그 고갯길을 통해 우리는 때때로 기만적일 수 있는 길을 엿볼 수 있다. 우리가 가만히 서 있으면 얼어 죽을 것이다. 길을 잘못 들어서면 산산조각이 날 것이다. 우리는 제대로 된 것이 있는지 확실히 알지 못한다.
> 어떻게 해야 할까?
> "강하라, 용기를 내라."
> 최선을 위해 행동하고, 최선을 기대하고, 생겨나는 일을 받아들이라. ⋯ 죽음이 모든 것을 끝낸다면 우리는 죽음을 더 잘 맞이할 수는 없을 것이다.[41]

---

40   C. S. Peirce, "Concept of God," in *Philosophical Writings of Peirce*, ed. Justus Buehler(New York: Dover, 1955), chap. 28; quoted in Geisler, *Christian Apologetics*, p. 93.

41   James Fitzjames Stephen, *Liberty, Equality, Fraternity*, 2nd ed. (London, 1874), p. 353; quoted in William James, *The Will to Believe and Other Essays in Popular Philosophy* (New York: Longman's, Green,1912), p. 31, available at *Project Gutenberg*, www.gutenberg.org/files/266 5 9/266 5 9-11/266 5 9-h.htm. 나는 이러한 인용을 덧붙였는데, 그것은 가이슬러의 *Christian Apologetics*에 나오지 않는다.

『실용주의』에서 제임스는 그의 독특한 생각들을 더 많이 발전시킨다. 예를 들어, "진리는 어떤 사상에서 생겨난다". 즉, 사상은 진실도 거짓도 아니다. 참된 것은 "우리의 사고하는 방식에 있어 쓸모 있는 것일 뿐이고, '옳음'은 우리의 행동 방식에 있어 쓸모 있는 것일 뿐이다."[42]

실용주의의 "개연성 있는 진리의 검사만이 우리를 이끄는 방식에서 가장 잘 작동하는 것이며, 삶의 모든 부분에 가장 잘 맞는 것이다 … 만약 신학적 사상이 이런 일을, 특히 신의 개념이 그것을 증명한다면, 실용주의가 어떻게 신의 존재를 부정할 수 있겠는가?"[43]

가이슬러는 변증학을 위한 실용적인 요소를 인정한다. 어떤 사람이 자신의 증언과 다른 사람의 증언을 다시 설명할 때, 그들은 일종의 실용주의적 접근 방식을 채택하고 있다. 그는 프란시스 쉐퍼가 진리의 검사로 다음과 같은 것을 포함하는 것에 주목한다.

> 이론은 모순적이지 않아야 하며 문제의 현상에 대한 답을 주어야 한다.
> 우리는 우리의 이론과 일관되게 살아갈 수 있어야 한다.

쉐퍼는 누구도 순수한 유물론과 우연이라는 철학을 가지고 살 수 없다는 점을 강조했다.[44]

진리를 위한 실용주의 검사는 대부분의 유형의 실용주의에서 발견되는 몇 가지 특징을 갖는다. 인간 경험은 진리의 검사장이며(한 개인의 삶의 결과), 개인의 현재 경험보다 장기간에 걸친 집단 경험이 종교에서 진리를 결정하는 가장 좋은 방법이고, 진리에 대한 결론들은 절대적이거나 최종적인 것이 아니라 항상 수정될 수 있다.[45] 그가 조사하는 모든 방법과 마찬가지로, 가이슬러는 많은 공헌을 발견한다. 실용주의는 종교적 진리를 갖고 있다고 주장하는 데 중요한 역할을 하는 사상들의 문제 해결(outworking)을 고려한다.

42　William James, *Pragmatism, and Other Essays* (New York: Washington Square Press, 1963); 가이슬러의 『기독교 변증학』(*Christian Apologetics*), p. 97에서 인용됨.
43　James, "What Pragmatism Means," in *Pragmatism*, p. 38; 가이슬러의 *Christian Apologetics*, pp. 97-98에서 인용됨.
44　Francis Schaeffer, *The God Who Is There* (Downers Grove, IL: InterVarsity Press, 1968); 가이슬러의 *Christian Apologetics*, p. 99에서 인용됨.
45　Geisler, *Christian Apologetics*, pp. 99-100.

세계관이나 인생관으로 제시되는 이론이라면 반드시 삶에 적용되어야 한다. 인간의 경험은 많은 아름다운 이론들이 잔혹한 사실들의 집단에 의해 파괴된 시험장이다.

만약 어떤 관점이 실제로 살아남을 수 없다면, 어떻게 그것이 삶에 대한 진정한 관점으로 간주될 수 있겠는가?

삶을 변화시킨다는 주장을 내세우는 종교적 진리는 삶에 적용될 수 있어야 하며, 그렇지 않다면 진리의 청구인으로서의 자격이 박탈되어야 하는 것은 확실하다.[46]

그 견해는 또한 인간으로서 우리가 진리에 대한 이해가 제한적이라는 것을 상기시킨다. 그리고 진리에 대한 지적인 반응 이상의 것이 있어야 하며, 이는 부분적으로 의지적인 믿음을 필요로 한다.[47]

문제가 되는 측면에서 볼 때, 실용주의는 효과적인 것과 참된 것을 혼동하는데, 이는 실용주의에 대한 공통적인 비판이다. 어떤 것이 효과가 있다 하더라도, 우리는 여전히 그것이 참인지 물을 것이다.

물론, 우리는 효과적인 것이 참인 것을 알려주는 데 도움이 될 것이라고 기대하겠지만, 그들은 여전히 다르며, 성공은 우연한 것일 수도 있을 것이다. 위약품(僞藥品)이 어떤 사람에게는 "효과가 있어서" 그들의 기분을 좋게 하고 때로 치료율을 약간 향상시키기도 하는 것은 잘 알려진 사실이다. 하지만, 그것들이 질병 치료제라는 것은 사실이 아니다. 친척이 우리 이름을 자신의 유언장에 넣었다고 믿는 것은 우리를 격려하고 행복하게 해 준다는 점에서 "효과가 있을" 수도 있지만, 그것은 사실이 아닐 수도 있다.

요시야 로이스(Josiah Royce, 1855-1916)는 무엇이 효과가 있거나 편리하다는 것이 바로 참된 것과 같다는 생각을 비판했다.[48] 그는 하버드대학교 동료 윌리엄 제임스가 "편리한 것, 완전히 편리한 것 그리고 오직 편리한 것만 말할 것을 맹세하니 앞으로의 경험을 도와달라"[49]는 선서하에, 증인석에 서는 것으로

---

46 Ibid., p. 100.
47 Ibid., pp. 100-101.
48 이 설명은 가이슬러의 것이 아니고 나의 것이다.
49 JosephL. Blau, in introduction to James, *Pragmatism*, p. xiv; quoted in Geisler, *Christian Apologetics*, p. 102; *One Hundred Twentieth-Century Philosophers*, ed. Stuart Brown, DianeCollenson and Robert Wilkinson (London: Routledge, 1998), p. 170에서 전체 인용.

만족할지 의심스럽다고 말했다.

실용주의의 다른 문제는 관점이 장기적으로 어떻게 작용할지 아는 것은 불가능하며, 관점에 개입한다 해도 그것의 진리를 결정할 수 없다는 데 있다.

열반을 추구하는 사람들은 모든 욕망의 궁극적인 종식을 원하는 반면, 기독교인들은 천국에서의 미래를 원한다는 사실을 또한 고려하라. 하늘은 소망이 소멸된 곳이 아닐 것이며, 열반도 기독교인을 만족시키지 못할 것이다. 따라서, 각 목적지는 그것을 원하는 사람들에게 효과가 있다고 하더라도, 그들의 실제 존재는 (동시에 그리고 같은 의미에서) 둘 다 참일 수는 없다.

다수의 비평가처럼 가이슬러는 실용주의적인 진리 이론과 실용주의적인 진리 검사의 차이를 강조한다. 실용주의는 효과적인 것이 참된 것과 동일하지 않기 때문에 진리 이론으로 효과적일 수 없는 반면, 참된 것은 경험 속에서 효과적일 가능성이 높다고 기대할 수 있기 때문에 그것은 진리를 위한 검사의 일부가 될 수 있다. 그러나 가이슬러는 결국 신앙주의든 경험주의든 어느 것도 진리를 규명할 수 없는 상대주의로 끝날 것이기 때문에, 우리는 진리에 대한 유일한 검사로 효력이 있는 것을 사용할 수 없다고 말한다.[50]

조합주의는 진리에 대한 한 가지 이상의 시험을 제안한다. 프레드릭 페레(Frederick Ferre, 1933~2013)는 유신론에 대한 다섯 가지 검사를 제시하는데, 주요 진술에 모순이 없을 것, 모든 지식 체계와의 외적 일관성, 인간 경험에의 적용 가능성, 감정과 인식에 대한 적용 가능성, 인간 경험의 총체적 환경에 대처하는 데 있어서의 유용성이다.[51]

E. J. 카넬(E. J. Carnell, 1919~1967)은 이론 내에서의 모순이 없어야 하며, 인간 역사의 외부적 사실과 경험의 내부적 사실 모두에 부합해야 한다고 제안한다.[52] 후에 카넬은 가이슬러가 말하는 "실존적 적합성"[53]을 덧붙였다.

가이슬러는 조합주의를 전형적으로 "일관성, 사실적 적절성, 도덕적 또는

---

50 Geisler, *Christian Apologetics,* p. 103.
51 Kent Bendall and Frederick Ferre, *Exploring the Logic of Faith* (New York: Association Press, 1962); 가이슬러의 *Christian Apologetics,* p. 108에서 인용됨.
52 Edward J. Carnell, *An Introduction to Christian Apologetics* (Grand Rapids: Eerdmans, 1950); cf. Geisler, *Christian Apologetics,* p. 108.
53 Edward J. Carnell, *Christian Commitment* (New York: Macmillan, 1957), pp. 22, 29; 가이슬러의 *Christian Apologetics,* p. 110에서 인용됨.

종교적 적합성[54]"을 통해 진리를 검사하는 것으로 요약한다. 그들은 대개 출발점을 전제로 하며, 필수적일 뿐 아니라 정당화가 필요없는 것으로 간주한다. 필연적으로 참된 출발점이란 없으며, 그들은 "형식적 논리는 공허하며, 감각적 경험만이 구조와 의미를 필요로 한다"[55]라고 주장한다. 진리를 검사하는 것은 과학적인 접근 방식을 따를 수 있다. 과학적인 접근 방식은 우선 내적 일관성에 관해 이론을 검사하고, 그 다음에는 경험적 사실들에 부합하는 능력을 검사한다.

긍정적인 기여로는 사실들은 해석적 틀이 필요하며 그 자체로는 의미가 없음을 인식하는 것, 전체 세계관을 포괄적으로 이해하기 위한 시도 및 과학적 이론들을 검사하는 것과 같은 맥락에서는 조합주의가 실제로 적절하다는 것 등이 포함된다. 그러나 가이슬러의 경우, 우리는 예를 들어, 기독교를 증명하기 위해 부활을 이용하는 사람들이 하는 것처럼, 우리가 시험하는 세계관 자체를 전제할 수는 없다. 우리가 이미 하나님이 존재한다는 것을 증명하지 않았다면, 일어나는 일은 기적이나 하나님의 행위가 될 수 없다.

고전적 전제주의자들이 비슷한 말을 하지만 또 다른 중요한 단계를 밟을 것이라는 점에 주목하라. 가이슬러 같은 고전적 변증가들은 자신들의 유신론적 논증 안에 유신론적 세계관 안에서만 존재할 수 있는 조건들을 가정하는데, 여기에는 과거와 미래는 현재를 닮았다는 것을 알게 해 주는 우주의 일관성과 논리학 규칙의 적용 가능성 같은 것들이 포함되어 있다.

나이기 전제주의자들은 이러한 가정들은 비기독교인과 공통 기반을 형성하는 것이 아니라 은밀하게 개혁주의 기독교 세계관으로부터 취해진 것이므로, 가정된 중립적 전제들로부터 논증하여 하나님이 존재한다는 결론에 이르는 것은 불법적이라고 주장한다.

가이슬러는 진리를 위해 한 가지 이상의 검사를 사용하는 것을 반대한다. 하나의 검사가 효과가 없다면, 다른 검사를 추가해도 도움이 되지 않는다. 어떤 체계의 중심 신념이 서로 모순되는지 확인하는 것(즉, 비모순율의 적용)과 같은 진리에 대한 합리적인 검사는 기껏해야 견해가 거짓인지 여부만 판별할 수 있을 것이다. 견해가 자체적으로 모순된다면, 그것은 참일 수 없기 때문이다.

---

54 Geisler, *Christian Apologetics*, p. 113.
55 Ibid., p. 114.

그러나 모순되지 않는 많은 체계가 있을 수 있다. 가이슬러는 "적합성은 세계관을 적합하게 하는 문제이기 때문에 경험적 적합성은 효과가 없을 것"이라고 말하는데, 이것이 문제의 핵심이다. 조합주의가 과학에서 효과가 있다고 해서 형이상학에서도 효과가 있는 것이 아니기 때문이다.

진리에 대한 이런 검사들이 효과가 없는 이유는 현존하는 실재 자체가 아니라 실재의 특정 측면, 즉 존재를 검사하기 때문이라고 가이슬러는 말한다.

> 존재나 현실 자체를 이해하는 유일한 방법은 존재의 제1원칙에 의해서다. 왜냐하면, 실재에 대한 모든 사유는 실재에 대한 모든 생각이 실재의 제1원칙에 근거되어 있고, 그것으로 환원될 수 있기 때문이다. 이 원칙들은 다른 모든 것이 그것들의 관점에서만 명백해지기 때문에 자명해야 한다.

따라서, 우리는 그 원칙들에 대한 근거를 제시할 필요가 없으며 그것들은 결론도 아니다.

> 일단 그들이 무엇을 말하는지를 알게 되면 그것이 진리라는 것을 '알게' 된다.[56]

여기서 가이슬러는 환원적 기초주의와 연역적 기초주의의 차이를 지적한다. 후자(기하학적 연역주의라고도 함)는 스피노자에게서 발견되며, 순수한 사상으로 시작해 그것으로부터 다른 진리를 추론한다.

그러나 가이슬러는 아퀴나스와 마찬가지로 "실재로부터 시작, 진행하여 그것에 대해 직관적으로 알고 있는 것을 자명한 제일원리로 환원하는"[57] 환원적 기초주의를 제안한다. 이러한 제일원리는 모든 현실에 적용되고, 자명하며, 그것들을 부정하려는 어떠한 시도도 그것들을 사용해야 한다는 점에서 부정할 수 없다.

가이슬러의 제일원리들은 새로운 것이 아니다. 그것들은 역사에서 몇몇 사람에 의해 사유의 필수불가결한 기초로 여겨졌다. 그는 그것들이 우리가 실재

---

56   Ibid., p. 128.
57   또한, 노르만 가이슬러의 "The Bible: Truth and/or Error?" *Journal of the American Scientific Affiliation* 32 (March 1980): 55-58, www.asa3.0rg/ASA/PSCF/1980/JASA3-80Geisler.html을 보라.

에 대해 말하는 방식만 아니라, 실재에 관한 것이라고 강조한다.

(1) 존재가 있다(존재의 원리). 무언가가 존재한다. 부정하려는 사람은 누구나 그것들이 존재한다는 것을 인정하고 있기 때문에, 이것은 부정될 수 없다.
(2) 존재는 존재다(동일성의 원리). 무언가는 그 자체와 동일하다.
(3) 존재는 비존재가 아니다(모순율). 대립하는 것들은 동시에 참일 수 없으며 같은 의미일 수 없다.
(4) 존재 또는 비존재(배중률). 어떤 것은 존재하든지 않든지 둘 중 하나여야 한다. 이것에 대한 부정은 모순이다.
(5) 비존재는 존재를 산출할 수 없다(인과율). 무언가를 일으키려면 무언가가 필요하다. 무는 원인이 될 수 없다.
(6) 존재는 자신과 비슷한 존재를 낳는다(유비의 원리). 비슷한 것이 비슷한 것을 낳는다.

가이슬러에게는 세계관의 진리를 확립하는 것과 세계관 내의 진리를 확립하는 것 사이에는 결정적인 구분이 있다. 그는 위의 기준들을 사용하여 유신론을 올바른 세계관으로 정립한다(아래에서 그 방법을 보라). 일단 유신론이 확립되면 기독교는 알려진 모든 사실들을 가장 일관된 방법(즉, 체계적 일관성)으로 설명한다는 것을 보여줌으로써 조합주의를 이용하여 기독교의 진리를 확립한다.

부정 불가능성은 기독교와 같은 관점을 증명하는 데 필요한 역사적, 경험적 문제에서는 가질 수 없기 때문에 세계관 세계관 내에서는 효과가 없다. 역사나 경험에 대한 진리는 부정할 수 없는 것은 아니다. 그것은 사실일 수도 있고 아닐 수도 있다. 우리가 그것을 알아내야 한다. 우리는 제일원리와 마찬가지로 그것들을 부정하는 것이 불가능한 까닭에 그들을 알 수 없다.

오직 하나님만이 모든 것을 알고 있고, 따라서 100퍼센트의 확실성을 가지고 역사나 경험에 관한 모든 주장을 알고 있다. 비전지적인 인간들은 거의 모든 것을 확률적으로 알고 있다. 하지만, 확률은 분명히 우리에게 결정적인 수준의 확실성을 줄 수 있다.

2. 대안적 세계관에 대한 고려

생각할 수 있는 세계관의 수는 한정되어 있고, 그들은 상호 배타적이다. 즉, 하나를 가지면 논리적으로 다른 것을 가질 수 없다.

이신론은 유신론과 마찬가지로 하나님이 세계를 창조한 것은 인정하지만, 창조 후에는 개입하지 않았다고 주장한다. 세계는 스스로 운행된다. 그래서 그리스도의 성육신을 비롯한 기적도 없고 영감된 성경 같은 초자연적인 계시도 없으며, 삼위일체도 없다.

다양한 형태[58]를 갖는 이 운동은 17세기와 18세기에 유행했고, 비록 그 영향이 일부 자유주의적인 사고에서 지속되기는 하지만, 19세기에 소멸되었다. 하나님이 무에서 우주를 창조했다는 유신론의 견해와 같은 어마어마한 사건을 물 위를 걷는 것 같은 작은 기적도 행할 수 없는 명백한 무능함과 조화시키기는 어렵다.

만약 그가 그것을 하기를 원하지 않는다면, 어째서 인류를 창조할 만큼 충분히 관심을 가지면서 결코 개입하지 않겠는가?

또한, 이신론은 우주를 기계론으로 간주하는 구시대적 시각에 기반을 두고 있다. 더욱이 한 번 창조된 우주는 신성한 힘(골 1:7; 히 1:3)에 의해 유지되어야 하는 것 같다.

그것은 우주에 대한 초자연적 작용을 구성하지 않는가?

또한, 미국의 혁명가인 토마스 페인(Thomas Paine, ca. 1737-1809)과 같은 일부 이신론자는 성경을 초자연적 계시라고 적극적으로 공격했지만, 이후 그들의 주장은 고고학과 성경 연구에 의해 약화되었다. 이신론자들이 신이 계속하여 초자연적으로 세계에 개입하는 것에 반대하여 사용하는 논증들 또한 신의 세계 창조에도 불리하게 작용할 것이다.[59]

신은 유한한 존재라고 주장하는 유한신론은 플라톤(Plato, ca. 427-ca. 347 BC), 존 스튜어트 밀(John Stuart Mill, 1806-1873), 해롤드 쿠슈너(Harold Kushner, 1935-, *When Bad Things Happen to Good People*[60]을 저술)에 의해 지지되었다. 유한한 신은 원인이 없거나 필연적인 존재일 수 없으며, 그런 신은 우주를 설명할 수 없다. 그

58　Norman L. Geisler and William D. Vetkins, *Worlds Apart: A Handbook on World Views,* 2nd ed. (Grand Rapids: Baker, 1989). pp. 148-49에 네 가지 유형이 간략히 기술되어 있다.
59　Geisler, *Christian Apologetics,* pp. 155-56.
60　Harold Kushner, *When Bad Things Happen to Good People* (New York: Schocken, 1981).

자신은 창조자가 필요하며 완전함의 기준이 되지 않을 것이다. 그런 존재가 어떻게 도덕의 기준이자 원천이 될 수 있을지는 알 수 없다.

그런 존재가 예배의 대상이 될 수 있을까?

악을 물리칠 수 있을까?

이신론이 신을 우주와 분리하고 그 위에 있는 것으로 보는 반면, 범신론은 신이 우주와 같다고 주장한다.

절대적 범신론(파르메니데스[Parmenides]와 샹카라 힌두교[Shankara Hinduism])에 따르면 우주에는 단 하나의 존재만 있고 그 외엔 모두 비존재(nonbeing)나 환상이다. 유출적 유형(플로티누스[Plotinus])은 모든 것이 신으로부터 흘러나온다고 하는 반면, 발전적 유형(헤겔)은 신은 시간이 지남에 따라 전개된다고 말한다.

양태적 범신론자(스피노자)는 유한한 것을 하나의 무한한 실체의 양태나 계기로 간주한다. 힌두교의 형태로는 발현적(manifestational) 유형의 범신론이나 다층적(multilevel) 유형의 범신론이 있고, 생명력이 만물에 스며든다고 주장하는 침투적(permeative) 범신론(선불교와 영화 <아바타>)이 있다.[61]

가이슬러는 보다 엄격한 유형의 범신론을 긍정할 수 없다고 말한다. 왜냐하면, 어떤 유한한 실재도 우리가 하나의 유한한 실재라는 사실을 수반하는 신 또는 '절대적인 것'에서 분리된 채 존재할 수 없기 때문이다.

그렇다면 우리는 어떻게 우리가 존재하지 않는다고 단언할 수 있을까?

대부분의 범신론자는 유한한 인간성을 허용하지만 여전히 인간을 신의 한 측면으로 여긴다.

하지만, 비평가들은 왜 우리가 우리 자신을 그런 존재로 경험하지 못하는지 물을 것이다. 우리는 별개의 존재인 것 같다. 만약 우리가 별개의 존재라고 생각하도록 기만 당한다면, 범신론이 참되다는 점에 관하여도 기만 당할 수 있을 것이다. 어떤 형태의 범신론은 개인과 신은 하나이므로 "나는 하나님이다"라고 말할 수 있다고 함으로써 이 딜레마를 피하려 한다.

그러나 곧 어느 순간 그들이 신이라는 것을 깨닫게 되었다면, 어떻게 신이 무언가를 모르고 있다가 그것을 알게 되었을까?

게다가 유한한 자아가 없고 우리가 신의 일부라면, 우리는 다른 존재로서의 신과 관계를 맺을 수 없다. 신의 어떤 경험도 신이 자신을 경험하는 것이다.

---

61 Geisler, *Christian Apologetics*, p. 179; Geisler and Watkins, *Worlds Apart*, pp. 77-79.

플로티누스와 철학자이자 전 인도 대통령인 사르베팔리 라다크리쉬난(Sarvepalli Radhakrishnan)은 인간이 신으로부터 유출임을 논증하고자 했는데, 그러한 유출은 그들의 존재가 그렇게 일시적임에도 불구하고 여전히 어떤 의미에서는 그들을 하나의 '자아'로 만들 것이다.

가이슬러는 이것이 문제를 해결하지 못할 것이라고 말한다. 왜냐하면, 범신론에 따르면 신의 일부인 것만이 완전히 실재하며, 따라서 "유한한 실재 속에는 개인만의 어떤 실재도 존재하지 않기"[62]때문이다. 앨런 와츠(Alan Watts) 같은 다른 범신론자들은, 한 명 이상의 인격이 있지만 하나의 존재 또는 하나의 본질이 있는 삼위일체의 유비를 사용하여 자아의 문제를 해결하려고 한다.

그러나 가이슬러는 이것 역시 효과가 없을 것이라고 말하는데, 삼위일체와는 달리 인간은 유한하기 때문에 사람이 하나가 아니라 변화하는 본질들의 집합체이기 때문이다.

범신론의 중심적 가정들 중 하나는 일원론인데, 그것에 따르면 오직 한 종류의 사물이 있을 뿐이며, 모든 것은 그것의 변형이다. 예를 들어, 만약 모든 것이 의식이라면, 바위는 낮은 수준의 그 발현인 반면, 구루(guru)는 높은 수준의 발현이다. 그러나 둘 다 의식의 형태다.

가이슬러는 사물이 단지 비슷할 뿐이지 동일하지는 않을 수 있다고 지적한다. 그렇다면 범신론에 대한 근거는 없다.

범신론은 특히 악을 설명하는 데 어려움을 겪는다.

만물이 하나여서 신이 만물이고 만물이 신이라면, 악은 어디에서 오는가?

모든 것이 신이기 때문에 신과 분리될 수 없다.

신은 악하고 선한가?

한 가지 해결책은 악이 환상이라는 것인데, 그것이 환상이라면 왜 그렇게 끈질기고 실제적인 것일까?

그것이 환상이라고 주장하는 사람들(대다수 범신론자)은 신, 즉 절대자는 모든 범주와 논리를 초월하기 때문에 선악을 초월한다고 덧붙일 것이다. 이 궁극적인 실재의 관점에 따르면 선과 악, 옳고 그름, 진리와 거짓, 당신과 나, 신과 우주 사이에 어떤 차이도 없다. 그래서 궁극적으로 "X는 나쁘고 그것을 해서는 안 된다"는 말은 "X는 좋고 그것을 해야 한다"는 말과 같다. 모든 범주를

---

62 Geisler, *Christian Apologetics*, p. 195.

초월하는 존재는 인격적이지도 않고, 친절하지도 유익하지도 않다.

> 그것은 의지적이고 사랑의 선택에 의해서가 아니라 형이상학적 필연성에 의해 움직이는 비인격적인 힘이다 … 인격적인 신은-하나가 있다면-기껏해야 최고의 비인격적 실재의 저급한 현시거나 현상이다.[63]

게다가 범신론적인 신은 창조 없이는 불완전하며, 잠재된 완전성을 잘 이끌어내려면 창조를 필요로 한다. 범신론자들은 신은 알 수 없지만 그 자체가 하나의 문제라고 강조한다. 그 주장이 지성적인 방법으로 이해되지 않는다면 그것은 무의미하다. 만일 그것이 이해될 수 있다면 그것은 스스로 모순된다. 왜냐하면, 그것은 신에 대해 무언가를 안다고 주장하고 있기 때문이다. 그것은 마치 누군가가 "나는 영어를 한 마디도 할 줄 모른다"라고 말하는 것과 같다.

덧붙여 범신론자들은 선과 악, 유한과 무한 등을 포함하는 "하나님은 모든 것"이라고 주장한다(이러한 것은 하나님은 모든 범주를 초월한다고 주장하는 것과 관계 있다고 말할 수 있을 것이다).

이런 주장은 신에 관해 전혀 말하지 않는 것과 구별하기 어렵다. 보통 우리가 어떤 것이 무엇인지 말할 때, 그것은 어떤 것이 아닌 것과 구별된다. 우리가 존이 키가 크다고 말하면 그것은 그가 키가 작지 않음을 의미하고, 산이 작다고 말하면 그것은 크지 않음을 의미한다.

그러나 신이 "모든 것"이며 범주들을 초월한다고 주장할 때, 하나의 진술과 반대되는 진술이나 다른 진술을 구분하기가 어렵다.

도대체 왜 범신론자들은 신에 대해 말하려고 하는가?

역설적으로 앨런 와츠 같은 몇몇 사람은 신에 관한 그들의 저작들이 신에 대해 아무것도 말해 주지 않는다는 것을 인정하곤 했다.[64]

이것은 보다 엄격한 범신론자들의 주장에 의해 더 훼손된다. 그들에 따르면 감각 경험은 실재를 분열되지 않고 비물질적인 것으로가 아니라, 상이한 사물로 나뉘어 있고 물질적이라고 생각하도록 오도한다는 점에서 신뢰할 수 없다.

하지만, 그들의 글을 읽거나 그들의 말을 들으려면 우리의 감각을 믿어야 하

63　Ibid., p. 197.
64　Ibid., p. 198.

지 않을까?

　범신론은 모든 것이 하나님이라는 견해인 반면, 범재신론(모든 것은 하나님 안에 있다는 견해이며, 가장 일반적인 형태는 과정신학이다)은 하나님이 영혼이 신체에 거주하는 방식으로 세계에 거주한다는 견해다. 하나님은 세계와 밀접하게 연결되어 있고 그것과 분리되어 있지 않지만(이신론의 경우처럼), 마음이 신체 이상인 것처럼 하나님은 세계 이상이다.

　그런데 하나님은 두 개의 "극"을 갖는다. 물리적인 세계인 현실적인 극과 세계를 초월하는 잠재적인 극이다. 물질은 영원하기 때문에 하나님은 무에서 세상을 창조하는 것이 아니며, 지배자가 아니라 협력자로 세상을 다스린다.

　그러므로 하나님과 세계는 마음과 몸처럼 상호 의존적이다. 세상은 그 근거를 신에 의지하고, 하나님은 그의 현현으로서 세계에 의지한다. 하나님은 세계를 감싸기 때문에 그 안에서 일어나는 일, 즉 인간의 성취에 의해 풍요로워진다. 인간의 협력을 통해 도움을 받을 것이기 때문에 가능한 한 많이 악을 극복하겠지만, 그는 무한하지 않기 때문에 악을 극복할 것이라는 보장은 없다.

　가이슬러는 하나님을 자신의 잠재적인 것들을 실현해야 하는 상태로 둘 것이기 때문에, 하나님에 대한 범재신론의 양극성적 개념은 불충분하다고 말한다. 잠재적인 것들은 스스로 실현될 수 없다. 그것은 외부의 무언가에 의해 이루어져야 한다. 창조성이 하나의 해결책으로 제시됐지만, 그것은 그 체계에 적합하지 않을 것이다.[65]

　게다가 범재신론의 하나님은 궁극적이지도, 절대적이지도, 불변적이지도 않다. 잠재적인 것은 무엇이든 변할 수 있지만, 그 잠재력을 실현하기 위해, 그것에 작용하기 위해 무언가를 필요로 한다. 그러므로 순수한 현실성이며 토대를 제공해 줄 수 있는 범재신론의 하나님 이상의 무언가가 있어야 한다.

　악의 문제와 관련해서 범재신론의 하나님은 더 나은 세계를 이루기에 적합하지 않으며, 그가 왜 노력해야 하는지도 분명하지 않다.

　대부분 인간이 하나님과 그의 의도를 모르고 있는데, 어떻게 그가 인간의 협력을 통해 더 나은 세상을 이끌어낼 수 있을까?

　성취된 가치의 증가는 인간이 겪는 커다란 고통만큼의 가치를 가진 것으로 보이지 않는다. 더욱이, "범재신론자들은 하나님의 변하는 활동과 불변적 속

65　Ibid., p. 216.

성을 혼동한다. 그러므로 하나님의 '존재'(God is)는 하나님의 '행위'(God does)로 축소된다."

결국, 하나님은 "지식, 선, 권력에서 유한하고 제한적인"[66] 존재로 전락한다. 그 반대의 주장에도 불구하고 그는 성경의 하나님이 아니다. 하나님과 세계의 상호 작용에 대한 범재신론의 견해는 하나님이 거기에 반응하지 않으면 세계와 상호 작용할 수 없다는 그릇된 생각에 바탕을 두고 있다. 그러나 성경의 하나님은 세계와 상호 작용하면서도, 완전히 그것을 통제하고 있다.

가이슬러는 범재신론적 형태의 범신론에 의해 견지되는 변화의 관점은 일관성이 없다고 말한다. 변하지만, 아무것도 변하지 않는다. 과정신학자 슈버트 오그덴(Shubert Ogden, 1928-)은 전통 신학에는 모순이 있다고 주장하지만, 가이슬러는 그것들을 "근거 없는 것"으로 간주한다. 예를 들어, 오그덴의 창조에 대한 모순은 필연적인 존재는 필연적으로 창조해야 한다는 잘못된 생각(즉, 그는 창조하거나 하지 않을 자유가 없다)에 바탕을 두고 있다.

오늘날의 다신교가 서구 문화와 멀리 떨어진 지역에만 관련된다고 보는 것은 당연하지만, 가이슬러는 그것이 단지 변두리에만 영향을 미치는 것이 아니라 서구 문화에도 영향을 끼친다고 지적한다. 그는 삼위일체론적 관점에서 인간에 대한 개념에 이르기까지 몰몬교를 다신론으로 특징짓는다.

삼신론(tritheism)으로 알려진 관점에서는, 하나님은 전통적인 삼위일체가 아니라 세 개의 분리된 존재로, 몰몬교의 창시자인 선지자 조셉 스미스(Joseph Smith)[67]의 말을 빌리자면 "복수의 신"이다. 몰몬교 신학자 브루스 맥콘키(Bruce McConkie)에 따르면, "각 신은, 신들의 끝없는 계열 속에서 앞선 신에 의해 태어났으며, 이는 연쇄적인 다신교다."[68]

신에게는 천상의 아내가 있는데, 그는 우리의 천상의 어머니로, 우리 모두는 그에 의해 태어났다. 우리 천상의 아버지는 한때 우리와 많이 닮은 사람이었고, 우리의 신이 되었다. 우리의 목표는 언젠가 이생의 배우자와 함께 하늘에서 생식하고 출산함으로써 우리의 행성 너머 몰몬 신전의 신이 되는 것이다.

---

66 Ibid., p. 217.
67 Joseph Smith, *Teachings of the Prophet Joseph Smith,* ed. Joseph Fielding Smith, 4 th ed. (Salt Lake City: Deseret News, 1938), p. 370; 가이슬러의 *Christian Apologetics,* p. 224에서 인용됨.
68 Bruce McConkie, *Mormon Doctrine,* 2nd ed. (Salt Lake City: The Church of Jesus Christ of Latter-day Saints, 1959), sec. 130.22; 가이슬러의 *Christian Apologetics,* p. 224에서 인용됨.

다신교는 종교적인 현실과 우리가 그것과의 상호 작용의 필요성을 인정하지만, 그것의 다양한 형태는 하나 이상의 문제를 갖고 있다. 그것은 합리성을 제쳐 두는 것으로, 반대가 긍정되는 것을 수반할 수 있는 움직임이며, 이는 자체 모순이다(예를 들어, "합리성은 진리에 대한 신뢰할 수 있는 지침이 아니다"는 "합리성은 진리에 대한 믿을 수 있는 지침이다"와 동일하다). 많은 형태가 상대주의적이지만, 상대주의는 비상대적 진리로 제시된다.

우리가 여러 신을 인정한다면, 물리적 실재가 과학을 통해 우리가 알고 있듯이, 어떻게 통일될 수 있을지 알기란 어렵다. 예를 들어, 자연법칙과 상수는 우주 전역에서 작용하는 것처럼 보인다. 우주는 영지(fiefdoms)가 있는 것 같지도 않고, 전쟁 중인 신들의 산물도 아닌 것 같다. 만약 신들이 더 높은 권력에 복종하거나, 조화를 산출하는 더 높은 권력으로부터 생겨난다면, 그것은 일신론처럼 보이기 시작한다고 덧붙일 수 있다.[69] 궁극적으로 무한보다 적은 수의 신들이 있다면 모든 것을 기원을 설명하기는 어렵다.

모든 유한한 것에 원인이 있다면, 그것들은 모두 어디에서 왔을까?

몰몬교는 시간을 거슬러 올라가는 무한한 수의 신이 있다고 주장하지만, 가이슬러는 그것이 모든 무한한 퇴행(예를 들어, 칼람 논증이나 아퀴나스의 우주론적 논증의 문제들에 대한 크레이그의 설명 참조)의 문제를 가지고 있다고 말한다. 게다가 현재 과학에서의 합의는 우주의 시작이 있다는 것이다.

신들이 자연에서 나왔다면, 어떻게 비인격적인 무언가가 사람을 낳는 것일까?

다신교가 모든 믿음을 포괄하기 때문에 다신교를 받아들여야 한다면, 모든 형태의 일신론(하나의 신)을 거부하는 것과 같기 때문에 실제로 다신교는 그 자체를 제외한 모든 것을 배제한다. 가이슬러는 그들의 항의에도 불구하고 신-이교도들(neopagans) 같은 다신교 신자들은 신조를 갖고 개종자를 찾고 있다고 덧붙인다. 물론, 요즘 무신론은 세간의 이목을 끄는 여러 지지자의 적극적인 노력 덕분에 더 많은 관심을 받는다. 신의 존재를 반증하려는 시도가 몇 번 있었다. 버트란트 러셀은 모든 일에 원인이 필요하다면 신도 마찬가지고, 만약 신이 원인이 필요 없다면 세상도 마찬가지라고 말했다.[70]

---

69 Geisler, *Christian Apologetics*, p. 236.
70 Bertrand Russell, *Why I Am Not a Christian* (New York: Simon & Schuster, 1957); 가이슬러의

그러나 당연히 유신론자들이 모든 일에 원인이 필요하다고 주장하는 것은 아니다. 아퀴나스는 유한하고 변화하며 의존적인 것만이 원인을 필요로 한다고 말했는데, 이로부터 자신과 다른 이들은 모든 유한한 것에는 반드시 원인이 없는 원인이 있어야 한다고 결론지었다. 원인 없는 원인에 반대하는 무신론자들은 많은 무신론자가 우주에는 아무 원인이 없다고 믿고 있음을 깨달아야 한다.

장 폴 사르트르(Jean-Paul Sartre 1905-1980)는 신이 원인을 필요로 하지 않는다면 스스로 생겨나야 하는데, 이는 불가능하다고 했다. 유신론자들은 그것이 불가능하다는 사르트르의 말은 맞지만, 신은 스스로 생겨난 것이 아니며 원인이 없다고 주장한다. J. N. D. 핀들레이(J. N. D. Findlay, 1903-1987)는 존재론적 반증을 시도했다. 신은 필연적 존재로 생각되어야 하지만, 필연성은 진술들에만 적용되지 존재하는 사물에는 적용되지 않기 때문에 신은 존재할 수 없다.[71]

그러나 가이슬러는 그 논증은 "존재에 관한 어떤 진술도 필연적이지 않다"라는 주장에 의존한다고 지적한다. 만약 그 진술이 사실이라면, 이러한 사실은 바로 그 진술에 적용되어 자멸적인 것이 되고 만다.

> 존재에 관한 어떠한 필연적인 진술도 할 수 없다고 주장하는 것은 존재에 대한 필연적인 진술이다.[72]

물론, 고통과 악으로부터의 논증들이 있는데, 이들은 종종 신 존재를 반증하려는 시도의 기초를 형성한다. 한 고전적 논증에 따르면, 신이 전능하다면 악을 제거할 수 있을 것이고, 그가 완전히 선하다면 악을 제거하기를 원할 것이다. 그러나 악은 계속된다. 따라서, 신은 전능하지 않거나 완전히 선하지 않다.

그 논증에 답하는 방법은 여러 가지가 있지만, 가이슬러는 만약 신이 지금까지 악을 물리치지 않았다면 결코 악을 물리치지 못할 것이라는 잘못된 암묵적 전제를 간단히 지적할 뿐이다. 그러나 무신론자는 장차 신이 악을 물리칠지 알

Christian Apologetics, p. 242에서 인용됨.
71 J. N. D. Findlay, "Can God's Existence Be Disproved?:' in *The Ontological Argument,* ed. Alvin Plantinga (Garden City, NY: Doubleday 1965), pp. 111-12; 가이슬러의 *Christian Apologetics,* PP- 243-44에서 인용됨.
72 Geisler, *Christian Apologetics,* p. 244.

길이 없다. 신만이 자신의 계획을 알고 있다.[73]

오래 참음, 용서 같은 미덕은 악이 있는 곳에만 존재하는 것과 같이, 신이 어떤 악을 허용하는 데는 확실한 이유가 있다. 어떤 경우에는, 어떤 악을 허용하는 것이 가장 좋은 세계로 가는 길이다. 무신론자들이 신은 악을 수반하는 일에 최선을 다해서는 안 된다고 주장한다면, 무신론자는 더이상 이 세계가 최선의 세계가 아니라고 반대할 근거가 없다.[74]

버트란트 러셀은 도덕에 근거한 또 다른 논증을 시도했다. 도덕법이 있다면 그것은 신의 주권, 즉 그가 임의로 어떤 도덕적인 것들(예를 들어, 거짓말, 잔혹 행위, 고문)을 할 수 있게 한 작정의 결과일 수도 있다. 이럴 경우 신은 선하지 않을 것이다. 또는 신은 단지 선한 것을 인식했을 뿐이라고 가정할 경우, 그는 궁극적이지 않다. 그러므로 그는 선하지 않거나, 더 높은 것에 종속되기 때문에 궁극적이지 않다. 그러나 가이슬러는 고려되지 않은 세 번째 선택지를 지적한다(그리고 그것이 신이 도덕적 지침과 맺는 관계에 대한 가장 일반적인 이해이다). 도덕법은 신의 선한 본성에 근거한다. 그것은 자의적이지도 않고 그를 능가하는 것도 아니다.[75]

알베르 카뮈(Albert Camus, 1913~1960)는 『페스트』(*The Plague*)에서 사람들이 의사에 협력하여 하나님이 죄 많은 도시에 보낸 전염병과 싸우거나, 신과 싸우기를 거부하고 사제에 협력하여 페스트와 싸우지 않는 딜레마를 설정했다. 그의 함축된 주장은 인도주의가 옳다면 유신론은 잘못됐다는 것이다.

그러나 가이슬러는 올바른 해결책은 신을 위해 일하는 방법으로 페스트와 싸우는 것일 수 있다는 점에서 이것은 잘못된 이분법이라고 말한다. 만일 유신론자가 완고한 인간의 죄악이 역병을 가져온다고 믿었다면, 그것을 다루는 유일한 방법은 회개를 장려하는 것이다. 그중 일부는 페스트와 싸움으로써 사랑을 보여주는 것을 수반할 수도 있다. 더구나 죄악된 행동의 결과로 생긴 상처를 애정을 기울여 치유하는 것을 돕지 못할 이유가 없다.

하나님의 능력에 관한 하나의 반론은 이것이다.

하나님은 자신이 들 수 없을 정도로 커다란 돌을 만들 수도 있는가?

---

73 Ibid., p. 245.
74 Ibid., p. 259.
75 Ibid., p. 246.

만약 그런 돌을 만들 수 없다면, 하나님은 전능하지 않다. 혹은 그것을 만들 수는 있지만 들어올리지 못한다면, 하나님은 전능하지 않다.

가이슬러는 일부 활동은 그의 전지전능함과 양립할 수 없지만, 그것이 하나님의 존재를 반증하지는 않는다고 말한다. 하나님은 죄를 지을 수도 없고, 존재하지도 않을 수도 없으며, 논리적으로 모순되는 일을 할 수도 없다(예를 들어, 그는 결혼한 총각을 만들 수 없다). 그러므로 그가 창조할 수 있는 어떤 돌이라도 들어 올릴 수 있는 것은 신에 대한 제한이 아니다.

가이슬러는 형세를 역전시켜 기본적인 형이상학적 질문에 대한 적절한 설명이 없는 무신론을 비판한다. 유명한 무신론자 안토니 플루(Antony Flew)조차 결국 신을 믿게 되었을 때 인정했듯이, 사람이 비인격적인 힘으로부터 생겨난다는 것은 도저히 지지할 수 없는 일이다.

> 어떤 물질적인 모체나 분야가 생각하고 행동하는 행위자를 만들어 낼 수 있다는 것은 그야말로 상상도 할 수 없는 일이다 … 살아 있고, 의식 있고, 사고하는 존재의 세계는 살아 있는 원천인 마음에서 비롯되어야 한다.[76]

무신론자는 인간의 성취를 포함한 우주의 모든 잠재적인 것이 단지 원자의 소용돌이에서 비롯되었다고 제안하지만, "강철이 저절로 초고층 빌딩이 될 수 없듯이, 잠재적인 것들은 스스로 현실화되지 않는다."[77]

무신론자는 왜 무가 아니라 무언가가 존재하는지 대답조차 할 수 없다.

가이슬러는 심리학자 폴 비츠(Paul Vitz)[78]의 매우 흥미로운 연구를 언급하는데, 그는 역사적으로 노골적이고 유명한 무신론자들이 아버지가 부재하거나 기능 장애가 있는 아버지와 함께 자랐으며 그런 경험들로 어려움을 겪었던 사실을 발견했다. 가이슬러가 간략히 언급한 것 이상으로, 비츠를 요약할 수 있다. 그는 한 사람이 아버지에 대한 그들의 태도와 신에 대한 그들의 불친절함을 잘못되게 연결할 수 있다고 말한다.

---

76 Antony Flew with Roy Abraham Varghese, *There Is a God* (San Francisco: HarperOne, 2007), p. 183; 가이슬러의 *Christian Apologetics*, pp. 261-62에서 인용됨.
77 Geisler, *Christian Apologetics*, p. 262.
78 Paul C. Vitz, *Faith of the Fatherless* (Dallas, TX: Spence, 1999).

물론, 아버지가 권위를 잃거나 자녀를 심각하게 실망시킬 수 있는 방법에는 여러 가지가 있다: 아버지는 죽음이나 자녀를 유기함으로써 부재할 수 있고, 아버지가 있기는 하지만 너무 약하고 비겁하며, 혹시 그가 그와 달리 상냥하거나 친절하다 하더라도 존경스럽지 않을 수도 있고, 존재하기는 하지만 신체적으로, 성적으로 또는 심리적으로 학대할 수도 있다.

이 저명한 무신론자들은 모두 어린 나이(쇼펜하우어를 제외하면, 5세 전에)에 아버지를 잃었는데, 프리드리히 니체(Friedrich Nitzsche, 1844-1900), 데이비드 흄, 버트란트 러셀, 장 폴 사르트르, 알베르 카뮈, 아서 쇼펜하우어(Arthur Schopenhauer, 1788-1860) 등이 그러하다. 비츠에 따르면, 한 사람이 어머니에게 덜 의존하게 되는 세 살 이후부터 또래 관계가 상실을 무디게 하는 다섯 살 사이에 아버지를 상실하게 되면 가장 큰 영향을 받게 된다고 한다.

다른 이들은 학대하거나 약한 아버지를 두었다. 토마스 홉스(Thomas Hobbes, 1588-1679), 장 멜리에(Jean Meslier, 1664-1729), 볼테르(Voltaire, 1694-1778), 장 달랑베르(Jean d'Alembert, 1717-1783년), 폴 앙리 디트리히 돌바크(Baron d'Holbach, 1723-1789), 루트비히 포이어바흐(Ludwig Feuerbach, 1804-1872), 새뮤얼 버틀러(Samuel Butler, 1835-1902), 지그문트 프로이트(Sigmund Freud, 1856-1939), H. G. 웰스(H. G. Wells, 1866-1946) 등이 그러하다. 그는 미국 학교에서 기도를 중단하는 소송을 걸었던 매들린 머레이 오헤어(Madalyn Murray O'Hair 1919-1995)와 같은 현대의 무신론자들뿐 아니라 덜 알려진 무신론자들까지 다뤘다(오헤어는 아버지를 너무나 깊이 증오해 한때 10인치 정육점 칼로 그를 죽이려 했다).[79]

비츠는 스물 한 명의 유명한 유신론자들과의 대화를 찾아낸다. 그들은 아버지의 조기 사망이나 유기가 없었고, 아버지(혹은 좋은 아버지 대리자)와 확실히 긍정적인 관계를 맺고 있었다. 그는 자신의 가설이 모든 사례에 적용되기를 기대하지는 않지만, 그것이 분명한 추세를 만들어 낼 것이라고 믿는다. 그는 자신의 연구를 많은 무신론자의 사례에 개입하는 듯한 심리학이 아니라, 증거에 근거하여 질문을 결정하기 위한 논증으로 간주한다. 그는 "공개적으로 신을 거부하는 데는 강력한 개인적 이유가 있는 것처럼" 보인다고 말한다.

---

79 W. J. Murray, *My Life Without God* (Nashville: Thomas Nelson, 1982), p. 7; quoted in Vitz, *Faith of the Fatherless*, p. 55.

그런 사람들에게 진심으로 다가가고 싶다면, 그들의 근본적인 심리에 대해 이야기해야 한다. 일반적인 피상적인 이유 외에도, 대부분의 진지한 불신자는 무신론에 대한 합리화의 기저에 고통스러운 기억을 갖고 있는 것처럼 보인다. 이같은 내부의 상처는 무관한 것이 아니며, 신자들이 충분히 인정하고 대처할 필요가 있다.[80]

비츠의 작품은 무신론을 주장하는 데 있어 있을 법한 비합리적 동기를 조사하는 독특한 사례다. 그는 "신에 대한 믿음은 온갖 비합리적이고 미성숙한 필요와 소망에 근거한 반면, 무신론이나 회의론은 있는 그대로의 사물에 대한 합리적이고 성숙하고 실제적인 견해에서 비롯된다"[81]라는 널리 퍼져 있는 가정에 도전하기 위해 이 책을 썼다.

3. 올바른 세계관으로서의 유신론

세계관을 고르는 기준을 세우고 이를 대안에 적용한 가이슬러는 이제 기독교를 선택하는 이유를 이야기한다.

1) 악의 문제

그는 변증학의 중요한 영역[82]에 대해 답하기 위해 노력해 왔다. 이는 유신론에 대한 특별한 도전인데, 유신론은 선하고 전능한 신의 존재와 악을 인정하는 반면, 무신론은 신을 부정하고 범신론은 악의 존재를 부정하기 때문이다.

악의 기원과 관련해서, 하나님은 자유 의지를 가진 존재를 창조했고, 그들만이 자유의지의 오용에 대한 책임이 있다. "자유로운" 선택은 다른 사람에 의해

80　Vitz, *Faith of the Fatherless*, p. 145.
81　Ibid., p. xiv.
82　Norman L. Geisler, with response by John W. Wenham, *The Roots of Evil*, 2nd ed. (Dallas: Probe, 1989); Geisler and Winfried Corduan, *Philosophy of Religion*, 2nd ed. (Eugene, OR: Wipf & Stock, 1988), part 4, "God and Evil," pp. 295-385; Geisler and Ronald M. Brooks, *When Skeptics Ask* (Wheaton, IL: Victor, 1990); Geisler, "Evil, Problem of," in *Baker Encyclopedia*, pp. 219-24.

결정될 수 있지만, 그렇게 되면 그들의 자유와 책임은 제거될 것이다. 미결정 상태로 있을 수도 있지만, 모든 행동에는 원인이 있어야 하기 때문에 그것은 비합리적일 것이다. 선택은 각자의 몫이 된다.

하나님은 만물을 창조하셨다. 그러나 악은 사물이 아니기 때문에 악을 창조하지는 않았다. 오히려 악은 있어야 마땅히 할 좋은 것의 부족이나 상실이다. 이런 점에서, 그것은 단순한 부재와는 다르다(돌에는 시력이 부재할 수 있지만, 맹인에게 시력 부족은 상실이다). 상실은 물질(분해된 신체 등)이나 관계(경배 대신 신성모독 등)에 있을 수 있다. 형이상학적 의미에서 상실은 총체적일 수 없는데, 어떤 사물이 아무런 쓸모도 없다면, 자동차가 100%퍼센트 녹슨 것처럼 그것은 존재하지 않을 것이기 때문이다. 그러나 악은 사람의 모든 부분을 침범한다는 점에서 도덕적인 의미에서 총체적일 수 있다.

하나님이 모든 악을 소멸하지 않는 것은 그것이 자유로운 선택의 파괴를 수반할 수밖에 없을 것이기 때문이고, 누군가에게 선을 "자유롭게" 선택하도록 강요하는 것은 모순이기 때문이다. 그리고 자유로운 선택을 파괴하는 것은 자유로운 도덕적 선택의 형태 속에 있는 선의 가능성을 없앨 것이다. 그러나 하나님은 결국 자신을 거부하는 자들을 지옥의 존재로 분리한다는 점에서, 선택을 온전하게 유지하는 방식으로 악을 물리치거나 극복할 것이다.[83]

우리가 그것을 알 수 없더라도 하나님은 악에 대한 선한 목적을 갖고 있다. 고통이 해를 입고 있다고 경고하거나 또는 도덕적인 문제에 대해 경고할 때, 우리는 고통이 가지는 어떤 좋은 목적을 알고 있다. 어떤 악은 선한 것의 부산물인데, 예를 들어, 식물과 동물의 죽음이 사람이나 다른 동물들에게 식량을 제공할 때 그러하다. 그러나 모든 악이 그에 상응하는 선을 가져야 하는 것은 아니다. 그것은 단순히 전체적인 구성(setup)이 선하다는 것일 수 있다. 예를 들어, 물은 생명을 유지하지만 익사를 유발할 수도 있다.

하나님은 악에서 선을 이끌어낼 수 있지만, 현재의 세계는 가능한 모든 세계 중에서 최고가 될 필요는 없으며, 단지 더 큰 선이라는 그의 목표를 달성하기 위한 최선의 방법일 뿐이다.

하나님이 이 세계를 창조하는 것보다 더 잘할 수 있었다고 생각하는 사람들을 위해, 가이슬러는 몇 가지 선택 사항을 검토한다. 세계를 전혀 창조하지 않

---

83 Geisler, "Evil, Problem of," p. 221.

는 것은 이 세계나 다른 세계를 창조하는 것과 어떤 식으로도 비교될 수 없다. 왜냐하면, 어떤 것도 무언가와 비교할 수 없고, 아무런 공통점도 없기 때문이다. 자유가 없는 세상은 죄는 없지만 도덕적인 세계는 아닐 것이기 때문에 더 낫지 않을 것이다. 아무도 죄를 짓지 않는 자유로운 세계는 상상할 수는 있겠으나, 이룰 수 없을 것이다. 죄가 결코 실현되지 않는 세계는 가장 바람직한 세계는 아닐 것인데, 왜냐하면 죄는 결코 패배할 수 없으며, 더 높은 덕목(예를 들어, 고통의 존재를 필요로 하는 자비, 용서하기 위하여 죄를 필요로 하는 정의)도 계발될 수 없기 때문이다.[84]

어떤 경우든 우리의 현재 세계로는 하나님을 판단할 수 없다. 그가 훨씬 더 나은 것을 약속하기 때문이다.

2) 유신론적 논증

가이슬러는 우주론적 주장을 제시하고, 이어서 그 논증을 한 줄씩 방어한다. 그는 유신론적 논증에 대한 대부분의 반대는 이 견해에는 적용되지 않는다고 주장한다.[85]

(1) 어떤 것들은 부정할 수 없이 존재한다(예를 들어, 나는 내 자신의 존재를 부정할 수 없다).
(2) 그러나 나는 필연적 존재가 아니라 변화하거나 생겨나는 존재이기 때문에, 나의 비존재가 가능하다.
(3) 존재하지 않을 가능성이 있는 것은 무엇이든 현재 다른 것에 의해 존재하게 된다.
(4) 현재의 존재 원인은 무한 퇴행이 있을 수 없다.
(5) 그러므로 나의 현재 존재에 대한 첫 번째의 원인 없는 원인이 존재한다.
(6) 이러한 원인 없는 원인은 무한하고 불변적이며 전능하며 전지적이며 완전해야 한다.
(7) 이렇게 무한히 전능하고 전지적이며 절대로 선한 존재가 유신론적 하나

84　Ibid., p. 222.
85　Geisler, *Christian Apologetics*, pp. 268-79, 282-87.

님의 의미다.

(8) 그러므로 유신론적 신은 존재한다.

(9) 존재하는 이런 신은 성경에 묘사된 하나님과 동일하다.

(10) 그러므로 성경에 묘사된 하나님은 존재한다.

그는 자신의 결론이 성경이 하나님에 대해 주장하는 모든 것이 참임을 증명한다고 말하지는 않는다(그는 추가 논증에 의해 성경의 진리를 지지한다). 우리가 내릴 수 있는 결론은 성경에 묘사된 하나님이 존재하며, "성경이 이 하나님에 대해 주장하는 것이 그의 본성과 모순되지 않는다면, 그가 실제로 행하였거나 말했을 가능성이 있다는 것이다."[86]

가이슬러의 논증은 우주가 어떻게 지속되는 지에 대한 문제를 다루는 "수직적" 유형의 우주론적 논증의 한 예이며, 지속 가능한 원인을 주장한다. 수평적 유형 또는 칼람 유형은 우주가 어떻게 생겨났는지에 관한 것으로, 기원적(originating) 원인을 주장한다.[87]

가이슬러는 후자의 유형과 관련된 한 가지 문제는 하나님이 지금 존재하거나 필연적으로 존재한다는 것을 보여줄 수 없기 때문에 이신론자들의 주장에 취약하다고 말한다. 그것은 우주의 제1원인이 지금 존재해야 한다고 입증함으로써 해결될 수 있다.

> 우연적 존재(즉, 생성될 수 있는 존재)를 일으킬 수 있는 유일한 존재는 '필연적 존재'이기 때문이다. 필연한 존재는 생성되거나 사라질 수 없다.[88]

수평적 유형의 논증의 또 다른 문제점은 범신론자라면 유한한 시공간 세계가 존재한다거나 혹은 쇠퇴하고 있다거나, 시간은 실제적이며 연속해서 지나가고 있다는 전제를 승인하려 하지 않을 것이라는 점이다. 수평적 우주론적 논증은 수직적 논증에 의존하기 때문에 단순히 수직적 논증으로 시작하는 것이 더 나을 수 있다고 가이슬러는 말한다.

---

86 Ibid., p. 279.
87 Norman Geisler, "Cosmological Argument," in *Baker Encyclopedia*, p. 160.
88 Norman Geisler, "Kalam Cosmological Argument, in *Baker Encyclopedia*, p. 401.

가이슬러는 다양한 형태의 목적론적 논증을 검토한 후, 그들은 논증으로서 개연성은 있으나 확실하지는 않으며, 세계 내의 지성적 결과로부터 지성적 원인으로 논증해 나가기 때문에 인과율에 의존한다고 결론짓는다. 그 원리는 모든 결과에는 원인이 있다고 말한다.[89] 그러므로 목적론적 논증은 세계 내 질서의 원인이 있다는, 매우 근본적인 생각을 가정한다.[90]

도덕적 논증은 오직 칸트에게만 거슬러 올라가지만, 그는 그것을 증명으로 제시한 것이 아니라 단지 도덕적으로 필연적인 전제로만 제시했다. 헤이스팅스 래쉬달(Hastings Rashdall, 1858-1924)은 일반적으로 도덕을 객관적인 구속력을 가진 것으로 이해하고, 성숙한 사람들이라면 그것을 그렇게 이해한다는 점에서 도덕은 객관적이어야 한다고 주장했다. 그렇지 않다면, 우리는 어떤 사물을 더 좋게 혹은 나쁘게 평가할 수 없으며, 도덕적 이상은 실질적으로 필요하다.

그러므로 인간의 정신과 독립된 객관적인 도덕법이 존재한다면 그것은 유한한 정신으로부터, 독립된 정신으로부터 나와야 한다. W. R. 솔리(W. R. Sorly, 1855-1935)는 "모든 유한한 정신보다 앞서고 우월하며 독립적인 도덕적 이상이 존재하기 때문에, 이러한 도덕적 이상이 도출되는 최고의 도덕적 정신이 있어야 한다"[91]라고 주장했다.

가이슬러는 로마서 2장 12-15절에서 도덕적 논증의 근원을 발견하는데, 인간의 마음에는 하나님의 율법이 기록되어 있기 때문에 변명의 여지가 없다는 것이다. 그는 우리의 도덕적 판단들은 그것이 객관적이라는 강력한 증거를 구성한다고 주장한다. 그것이 우리가 "세상이 좋아지고(혹은 나빠지고) 있다", "히틀러가 틀렸다"[92]와 같은 말을 하고, 이해할 수 있는 유일한 방법이다.

그는 또한 종교적 필요로부터 논증을 구성한다. 인간은 실제로 하나님을 필요로 한다. 인간에게 실제로 필요한 것은 아마도 실제로 존재할 것이다. 그러므로 하나님은 실제로 존재한다.[93]

그는 인간의 욕망이 실제의 필요와 같지 않음을 명확히 하면서, 그 논증은

---

89   Norman Geisler, "Causality, Principle of," in *Baker Encyclopedia*, p. 120.
90   Norman Geisler, "Teleological Arguments," in *Baker Encyclopedia*, p. 721.
91   Norman Geisler, "Moral Argument for God," in *Baker Encyclopedia*, p. 499.
92   Norman Geisler, "God, Evidence for," in *Baker Encyclopedia*, p. 279.
93   Ibid., p. 279; see also Geisler and Corduan, *Philosophy of Religion*, chap. four. 같은 제목의 장이 가이슬러가 공동 저자를 갖고 있지 않은 책의 초기 판에 나타난다. Norman L. Geisler, *Philosophy of Religion* (Grand Rapids: Zondervan, 1974).

사람들에게 필요한 것이 발견될 것이라고 주장하지 않는다(예를 들어, 사람들은 목말라 죽는다). 성경은 사람들이 실제로 하나님을 필요로 한다는 것을 보여준다 (시 42:1; 렘 29:13; 마 4:4). 어거스틴은 마음이 하나님을 찾을 때까지 안식이 없다고 말함으로써 그것을 요약한다. 역사의 가장 위대한 사람들 중 일부는 하나님의 필요성을 보여주며, 심지어 일부 무신론자조차 하나님과 같은 것을 애타게 찾는 것 같다. "사르트르는 무신론의 '잔인함'을, 카뮈는 '두려움'을, 니체는 '미치게 하는 것'을"[94] 발견했다.

인간이 그것에 대한 아무런 성취가 없는 실제적인 욕구를 가지고 있다는 것은 논리적으로 가능하지만, "믿을 수는 없는데, 그것은 인간의 희망과 역사의 바로 그 결실을 거스르기 때문이다."[95]

어떤 사람들은 유신론적 증명의 언어조차-그리고 하나님에 관한 모든 담론이-그것이 말하는 실재와 연결될 수 없다고 반대해 왔다. 왜냐하면, 그 실재가 지나치게 초월적이며 그 단어들이 일상적 맥락과 너무 다른 의미를 가지고 있기 때문이다.

가이슬러는 아퀴나스가 유명하게 만든 삼중의 구분을 사용한다. 어떤 언어의 용도는 이의적이거나, 우리가 앉기 위한 "의자"(chair)나 부서의 "의장"(chair)에 대해 말할 때와 같이 전혀 관련이 없다.

한편으로, 하나님에 대한 모든 이야기가 이의적이라면, 그것은 우리에게 아무런 의미가 없을 수도 있지만, "우리는 신에 대해 어떤 의미 있는 진술도 할 수 없다"라는 바로 그 진술은 우리가 그런 말을 할 수 있을 만큼 하나님에 대해 충분히 알고 있다는 것을 의미하므로, 우리가 하나님에 대해 아무것도 알 수 없다는 주장을 반증한다. 반면에 하나님에 대한 이야기는 일의적일 수 없다. 즉, 그것은 다른 사물들에 대해 갖는 의미와 정확히 같은 의미를 가질 수 없다. 우리가 "요한이 알고 있다"와 "하나님이 알고 있다"라고 말할 때, 요한과 하나님이 서로 다른 방식으로 알고 있기 때문에 "알고 있다"는 그 의미가 다르다. 그러므로 하나님을 묘사하기 위해 사용되는 단어들은 우리가 다른 것들을 이야기할 때 사용하는 방식과 완전히 다르지도, 완전히 동일하지도 않다.

94　Norman L. Geisler, *Philosophy of Religion* (Grand Rapids: Zondervan, 1974).
95　Geisler, "God, Evidence for," p. 282.

그렇다면 하나님에 대한 우리의 이야기는 유비적이다.[96] 예를 들어, 그것은 "도살장으로 끌려가는 어린양 같도다" 같은 비유적 표현과 비슷하다. 양과 사람은 온순하다는 점에서 비슷하다. 둘은 알지 못하는 사이에 해를 입는다. 그러나 물론 다른 면에서 둘은 다르다.

3) 기독교적 증거

고전적 변증가로서 가이슬러는 기독교를 위한 논증이 효과적이기 위해서는 반드시 유신론적 틀이 마련되어야 한다고 주장한다. 그는 그 증거들에 대해 광범위하게 글을 썼지만, 증거주의자들의 작품과 겹치기 때문에, 그 글들은 여기서 다루지 않을 것이다.

그러나 역사에 대한 가이슬러의 옹호를 간단히 요약하겠다. 이것이 중요한 이유는 객관적 역사가 불가능하다면 기독교에 대한 주장이 불가능하기 때문이다.[97]

그는 객관성이 어떻게 가능한지 설명하면서, 세계관과 사실에 대한 고전적 변증학의 관점을 강력히 주장한다. 즉 사실들이 의미를 가지기 전에 세계관이 먼저 갖추어져 있어야 한다(이것이 바로 기독교를 위한 논증이 성립되기 전에 유신론이 입증되어야 하는 이유이며, 그 논증은 그 본성상 대체로 역사적이다).

이것은 고전적 견해와 증거주의적 견해의 차이의 핵심이다. 증거주의자들은 어떤 사건이 다른 사건보다 하나의 해석적 관점(예를 들어, 하나의 세계관)에 더 잘 맞는다면, 그들은 그 해석에 대한 증거를 제공한다고 주장한다.

사실상 모든 증거주의자는 유신론을 위한 논증을 받아들이지만, 기독교를 위한 논증을 하기 전에 그것들이 수립되어야 한다고 믿지 않는다. 가이슬러는 오직 유신론만이 역사의 사실들에 대해 어떤 의미를 부여한다고 주장한다. 우리는 크레이그가 유신론이 먼저 수립되면 그 논증이 전반적으로 더 강해진다

---

96 Norman Geisler, "Analogy, Principle of," *Baker Encyclopedia,* p. 22. For a broad array of topics on religious language, see Geisler and Corduan, *Philosophy of Religion*, part four, "God and Language," pp. 209-91.

97 가이슬러는 윌리엄 크레이그의 "The Nature of History" (master's thesis, Trinity Evangelical Divinity School, n.d.)에서 발전된 객관적 역사의 가능성에 대한 10가지 반박을 사용한다; 가이슬러의 "History, Objectivity of," in *Baker Encyclopedia,* pp. 320-30을 보라.

고 믿지만, 그는 먼저 유신론을 위한 주장을 제시하지 않고도 기독교를 위한 논증을 제시하는 것이 가능하다고 믿고 있다는 것을 보아왔다.

가이슬러는 역사적 객관성에 대한 널리 퍼져 있는 반대 의견들을 언급한 다음, 그에 대한 답변을 제시한다.

(1) 역사가들은 기록물 등을 통해 사건에 간접적으로 접근할 뿐이지만, 말하자면 화석을 가지고 일해야 하는 고생물학자보다 형편이 더 나쁘지는 않다. 더욱이 과학의 "사실들"은 역사의 사실 못지않게 해석되어야 한다.

(2) 역사가는 사건의 전체 범위 중에서 극히 미미하고 단편적인 부분만 가지고 있을 뿐인데, 일부 동물의 화석만 가지고 있을지도 모르는 고생물학자 역시 그러하다. 객관성은 모든 사실에 대한 접근에서 유래하는 것이 아니라, "좋은 증거로 뒷받침되는 총체적인 유신론 체계에 사실들을 가장 부합되게 하는 관점 속에 존재한다."[98]

(3) 역사가들이 시대의 영향을 받고, 자신의 환경을 벗어나서 중립적일 수 없는 것은 사실이다. 그러나 그것이 그들의 작업이 불가피하게 편향되어 있다는 것을 의미하지는 않는다. 완벽한 객관성은 달성될 수 없을지 모르지만, 그것은 결코 역사적 상대주의를 보증하지 않는다. 정확성을 높이기 위해 끊임없이 노력하는 것이 목표다. 게다가 당대의 단순한 산물이기 때문에 어떤 견해도 정확할 수 없다면, 역사적 상대주의 자체도 단순히 시대의 산물이 될 것이기 때문에 참일 수 없다.

(4) 배심원들이 오직 선별된 증거만을 고려한다고 해서 필연적으로 편견에 빠지는 것은 아닌 것처럼, 역사가가 이용할 수 있는 모든 것 중에서 일부 자료만을 선택한다는 사실이 필연적으로 그(그녀)를 편견에 빠지게 하지는 않는다. 그러나 객관성은 사건들이 거기에 적합한 가설이나 세계관의 의미 있는 구조와 독립해서는 가능하지 않다. 의미는 보다 넓은 이론 내에서 어떤 사실이 차지하는 위치로부터 생겨난다.

객관적인 의미는 체계 의존적이다. 주어진 체계 안에서만 역사적 사건의 객관

---

98 Geisler, "History, Objectivity of," p. 325.

적 의미를 이해할 수 있다.[99]

(5) 역사는 반드시 원인과 같은 것들을 해석하지만, 바로 그 해석의 요소가 객관적일 수 없음을 의미한다. 이에 대해 가이슬러는 사건들은 혼란, 순환, 선형 등 적어도 세 가지 방법으로 해석될 수 있기 때문에 사건에 대한 기본적인 해석은 세계관을 전제로 한다고 다시 한번 단언한다.

역사의 객관적 의미에 대한 문제는 세계관에 호소하지 않고는 해결될 수 없다. 일단 골격의 밑그림이 알려지면, 그 다음에는 그 사실의 객관적 위치(의미)를 알 수 있다. 그러나 구조와는 별개로 단지 '자료'(stuff)만으로는 아무 의미가 없다.[100]

증거주의자들과 달리 이렇게 말할 수 있을 것이다.

어떤 구조가 옳은지에 대한 질문은 단순한 사실 그 자체 이외의 다른 근거로 결정되어야 한다. 만약 있는 그대로의 사실이라는 객관성이 있다면[원문 그대로임], 그것은 역사의 단순한 '내용'(what)만 제공할 것이다. 그러나 객관적 의미는 이러한 사건들의 이유를 다룬다. 그리고 이러한 것은, 사실들이 자신들의 중요성을 찾을 수 있는 의미 구조와 별개로는 불가능하다.
세계관을 떠나서는 객관적 의미는 불가능한 것일까?[101]

유신론이 증명될 수 있기 때문에 객관주의는 가능하다.

(6) 역사가들이 사건을 배열하는 데 관여하는 것은 객관성을 더욱 떨어뜨린다고 하지만, 가이슬러는 그 배열이 실제의 사건을 그대로 따를 수 있다고 대답한다.

---

99 Ibid., p. 325.
100 Ibid., p. 326.
101 Ibid.

역사가가 모든 중요한 사건들을 전체적으로 확립된 세계관과 일치되게 통합시키는 한, 객관성은 확립된다.[102]

(7) 가이슬러는 가치 판단은 정말로 피할 수 없는 것이며, "객관성은 가치 판단을 회피하기보다는, 가치 판단을 하는 것을 요구한다"라는 점을 인정한다. 진정한 물음은 "어떤 가치 진술들이 사건을 객관적으로 묘사하는가" 하는 것과 "만약 현 세계가 유신론적 세계라고 한다면, 역사의 사실들에 대해 유신론적 가치를 부여하지 않고는 결코 객관적일 수 없을 것"[103]이라는 점이다.

(8) 역사가는 먼저 세계관을 가정해야 하기 때문에 역사는 객관적일 수 없다고 주장하는 사람들의 의견에 동의한다. 앞서 살펴보았듯이, 그는 유신론이 독립적인 근거들로 증명될 수 있다고 믿는다.

(9) 어떤 사람은 우리가 기적에 대해 받아들일 수 있는 증거를 결코 가질 수 없다고 주장한다. 가이슬러는 이러한 견해를 데이비드 흄과 에른스트 트릴치(Ernst Troeltsch, 1865-1923)와 동일시하는데, 그것은 근거도 없이 과거 사건들로부터의 경험적 일반화는 가치 있는 목격자의 진술을 반박하는 데 사용되어서는 안 되며, 우리가 그런 충고를 따른다면 역사의 주목할 만한 사건들을 배제하게 될 것이라는 자연주의적 관점을 가정하고 있다고 대답한다(예를 들어, 나폴레옹의 경력과 같은 것들까지).

(10) 기적은 초역사적이기 때문에 알 수 없다고 주장하는 사람들은 앞부분은 맞는다.[104] 기적은 자연적 과정 속에 있지만 자연적 과정에 속하지는 않는다.

---

102 Ibid.
103 Ibid., p. 327.
104 역주) 앞부분은 "기적은 초자연적"이라는 주장이고, 뒷부분은 "따라서, 기적은 알려질 수 없다"라는 주장.

4. 요약

가이슬러는 리처드 스윈번과 마찬가지로 철저히 체계적이며, 변증학을 침해하는 광범위한 쟁점들을 다룬다. 스윈번은 E. J. 카넬과 다소 비슷한데, 기독교 교리의 일관성과 관련이 있기 때문에 비모순율을 보다 많이 강조한다.

가이슬러는 반대되는 주장들에 대해 비모순율을 엄격하게 적용한다. 그는 유신론에 도달하기 위한 범세계관(transworldview) 기준들로서 비모순율과 사유의 부정할 수 없는 원리들을 선호하여 진리에 관한 다양한 조사들을 거부한다. 그는 악의 문제나 언어의 한계 같은 결정적인 반론들에 답한 후, 기독교에 대한 증거들을 고려하기 위한 기초로서 객관적인 진리를 찾을 가능성을 옹호한다.

그는 게리 하버마스와는 달리 성경의 전반적인 신뢰성에 초점을 맞추고, 일관되게 (증거주의와는 대조적으로) 세계관으로서의 유신론은 기독교를 가리킬 수 있는 증거들을 검토함으로써 도달할 수 없다고 주장한다. 유신론은 별도로, 먼저 결정되어야 한다.

5. 비평

처음부터 하나님을 전제하는 것에서 출발하지 않는 유신론적 논증은 성경의 하나님을 인정하지 않고 이성적으로 추론하려는 시도로 전제주의자들에 의해 거부된다. 하나님을 결론으로 추론하기보다 하나님을 전제로 추론해야 한다.

반틸의 선험적 논증을 강조하는 반센과 같은 사람들은 명시적으로 (개혁주의) 기독교 하나님을 가정하지 않는 모든 추론이, 합리성에 대한 (선험적) 근거를 갖고 있지 않기 때문에 헛되고 불합리하다고 주장한다. 직접적으로 성경의 진리를 증명하려는 어떤 시도도, 그렇게 하기 위해서는 어떤 더 높은 권위가 필요하다는 것을 인식하지 못하며, 그럴 권위도 없음을 인식하지 못한다.

성경은 인류를 재판에 회부하는 신성한 문서인 하나님의 말씀으로 인식되고 존중되어야 한다. 하나님께서 말씀 속에서 진리를 말하고 있는지 시험하려고 시도함으로써 하나님을 재판에 회부할 수는 없다. 게다가, 전제주의자들은 중립적인 증거로 여겨지는 어떤 제안도 무엇이 진리이고 진리가 아닌지를 결정할 수 있을 만큼 자율적이며 권위가 있다고 여기도록 사람들은 부추긴다고 말한다. 필요한 것은 하나님과 그분의 말씀에 복종하는 것이지, 인간들이 그들의 생각 속에서 계속 반란을 일으키도록 부추기는 것이 아니다.

고전적 변증가들은 추론을 위한 올바른 틀이 필수적이라는 전제주의자들(증거주의자들과 대립해서)에 동의한다. 먼저 하나님을 증명하지 않으면 하나님의 아들이 죽은 자들 가운데서 살아난 것을 증명할 수 없다. 유신론적 우주가 없다면 예수의 부활은 여러 가지 결론으로 귀결될 수 있다.

플랜팅가의 개혁주의 변증학은 비록 그들의 결론이 믿음의 근거가 될 만큼 설득력이 없다 하더라도, 일부 유신론적 논증을 원칙적으로 유망한 것으로 받아들인다. '신의식', 즉 내면의 신의식은 믿음의 훨씬 더 확고한 기초가 된다. '신의식'은 어떤 것에 대해 결론을 내리기 위해 사용하는 증거가 아니라, 하나님에 대한 직접적인 인식이다. 이것은 종교 경험을 하나님이 존재한다는 결론의 증거로 받아들이는 경험주의 유형과는 다르다.

대부분의 증거주의자는 유신론적 논증에 반대하지 않으며, 많은 사람이 그것들을 장려한다. 그러나 그들은 무신론자와 싸우기 위한 첫 단계로 그것들이 필요하다고 생각하지 않는다. 그들이 보기에 가이슬러와 같은 고전적 변증가들은, 예를 들어, 부활과 같은 기적은 그것을 일으키는 하나님이 존재하지 않는다면 일어날 수 없기 때문에, 유신론이 먼저 증명되어야 한다고 주장할 때 핵심을 놓친다. 증거주의자에게는 무엇이 요구되거나 엄격하게 수반되느냐가 아니라, 무엇이 더 가능성이 높고 따라서 더 믿을 수 있느냐가 문제다.

증거주의자는 반대자가 그것은 항상 설명할 수 없는 기이한 사건일 뿐이라고 주장한다 하더라도, 예수의 예언과 극히 가능성이 낮은 자연주의적인 설명이 유신론을 가리키고 있다고 말할 것이다. 기이한 사건은 보다 더 합리적인 설명이 아니며, 합리적으로 하려면 더 나은 설명을 골라야 한다. 또 증거주의자는 그것이 사건에서 유래하는 세계관의 문제가 아니라고 말할 수도 있고, 유신론의 세계관은 독립된 토대 위에 이미 확립되어야 한다고 말할 수 있을 것이다. 추론을 사용하여 가장 좋은 설명에 이르게 된다면, 어떤 사건을 보고 그것에 관한 가장 좋은 설명을 결정한다. 세계관은 사실들에서 나올 필요도 없고, 기적이나 부활의 해석을 가능하게 하기 위해 미리 증명될 필요도 없다. 우리는 그 사건을 보면서 어떤 설명이 가장 잘 맞는지를 본다.

증거주의자는 또한 유신론적 우주에서 사람이 다시 살아나는 것이 반드시

"다른 모든 사건을 그 관점에서 이해해야 하는 그런 가장 중요한 사건"[105]은 아니라는 점을 지적할 수 있다. 부활이 그토록 중요한 사건이라는 생각은 기독교의 주장에 의해 가장 잘 설명되는데, 이는 변증적 논증에서 유신론과 보다 구체적인 기독교 신앙을 간결하고 명확하게 구분하는 것이 어려울 수 있다는 것을 보여주는 것으로, 기독교가 먼저 증명되어야 하고, 그 후에야 비로소 기독교를 증명하기 시작할 수 있다.

기독교를 증명하기 전에 세계관이 먼저 증명되어야 한다는 가이슬러의 주장에 동의하지 않는 사람들은 추론을 통해 최선의 설명에 이른다고 주장할 수 있을 것이다. 그런 접근 방식에서 우리는 어떤 상황을 보고 어떤 가설이 상황을 가장 잘 설명하는지 알아낸다. 따라서, 가설은 미리 증명될 필요가 없는데, 이는 과정이 가설을 증명하기 때문이다.

역사적 방법을 통해 부활을 증명하는 접근 방식은 대부분의 세계관에서 받아들여질 것이고, 그 후에 우리는 그 주목할 만한 사건을 가장 잘 설명하는 세계관을 가리킬 수 있을 것이다. 그것은 우리가 확인하고 있는 세계관이지 세계관 안에서 더 작은 이론이 아니라는 사실은 우리가 최선의 설명을 위해 추론을 사용할 수 없다는 의미는 아니다(덧붙여 말하자면, 전제주의자들은 그들이 최선의 설명을 위해 논증하는 것이 아니라, 유일한 설명을 위해 논증한다고 주장할 것이다).[106]

6. 주요 용어

- **범신론**: 영혼이 육체에 사는 것처럼 신이 세상에 산다는 견해. 신은 세상과 밀접하게 연결되어 있고 (유신론에서처럼) 세상과 분리되어 있지 않지만, 마음은 육체 이상이기 때문에 신은 세상 이상이다.
- **환원적 기초주의**: 가이슬러가 지지하는 견해로, 그것은 "실재와 함께 시작하여 그것에 대해서 우리가 직관적으로 알고 있는 것을 자명한 제일원리들로 환원한다."[107] 이들 제일원리들은 실재의 모든 면에 적용되고, 자명하며,

---

105 Geisler, *Christian Apologetics*, p. 81.
106 그렉 반센이 1993년 가을 캘리포니아 산타 클라리타에 있는 매스터대학(Master's College)에서 이루어진 나의 변증학 수업에 초빙되어 친절하게 강의한 후 나에게 강조했다.
107 Geisler, *Christian Apologetics*, p. 128; 또한 가이슬러의 "The Bible: Truth and/or Error?"

그것들을 부정하려는 어떠한 시도도 그것들을 사용해야 한다는 점에서 부정할 수 없다.

- **부정할 수 없음**: 어떤 주장을 부정하는 것은 이를테면 자기 자신의 존재("나는 존재하지 않는다")를 부정하는 것과 같거나, 모든 것의 존재를 부정하는 것(아무것도 존재하지 않는다면, 누가 부정하는 것인가?)과 같이 자멸적이다.

7. 숙고하기

1. 가이슬러는 어떻게 완전한 불가지론을 비판하는가?
2. 흄, 칸트, 비트겐슈타인의 주장은 자멸적인가?
3. 클라크의 견해를 요약하라.
4. 가이슬러는 합리주의를 어떻게 요약하고 비판하는가?
5. 전제주의에 대한 가이슬러의 비판을 설명하라.
6. 가이슬러가는 신앙주의에 대해 어떻게 비판하는가?
7. 경험주의의 문제점은 무엇인가?
8. 가이슬러는 어떤 방식으로 전제주의자들의 의견에 동의하는가? 그는 어떤 면에서 동의하지 않는가?
9. 가이슬러는 실용주의에서 무엇이 타당하고 무엇이 타당하지 않다고 생각하는가?
   진리의 이론으로서의 실용주의와 진리 검사의 차이점은 무엇인가?
10. 가이슬러는 왜 조합주의가 어째서 증명해야 할 세계관을 가정하고 있다고 말하는가?
    전제주의자들은 어떤 방식으로 가이슬러와 같은 고전적 변증가들이 같은 일을 하고 있다고 말하는가?
11. 존재의 제일원리는 무엇인가?
    그들은 결론인가, 아니면 직관적으로 알려지는 것인가?
    그 여섯 가지 원칙들을 자신의 말로 표현해 보라.
12. 가이슬러는 세계관을 알 수 있는 방법으로 조합주의를 거부하면서, 그것

를 보라.

을 어떻게 사용하는가?
13. 이신론에 반대하는 가이슬러의 논증은 무엇인가?
14. 범신론의 문제점은 무엇인가?
그것이 악의 문제와 신의 불가지성의 문제를 설명하는 데 어떤 어려움을 가지고 있는가?
15. 범재신론은 무엇이며, 그것은 어떻게 부적합한가?
16. 다신론에 대한 비판은 무엇인가?
17. 가이슬러는 무신론을 어떻게 뒤엎는가?
폴 비츠의 연구 결과에 대해 설명하라.
18. 악의 문제에 대한 가이슬러의 답변은 무엇인가?
19. 가이슬러의 우주론적 논증을 요약하라.
20. 목적론적·도덕적 논증에 대한 그의 결론은 무엇이며, 종교적 필요로부터의 그의 논증은 무엇인가?
21. 증거주의자, 가이슬러, 크레이그는 역사의 사실의 의미에 관하여 어떻게 다소간 다른가?
22. 역사의 객관성에 대한 가이슬러의 주장을 요약하라.
23. 가이슬러의 견해, 전제주의, 플랜팅가와 증거주의 또는 지금까지 살펴본 다른 견해에 대한 당신의 결론은 무엇인가?

8. 더 나아가기

Geisler, Norman L. *Baker Encyclopedia of Christian Apologetics*. Grand Rapids: Baker, 1998.

_____. *The Big Book of Christian Apologetics: An A to Z Guide*. Grand Rapids: Baker Books, 2012.

_____. *Christian Apologetics*. 2nd. ed. Grand Rapids: Baker Academic, 2013.

Geisler, Norman L., and William Watkins. *A Handbook on Worldviews*. 2nd ed. Eugene, OR: Wipf & Stock, 2003.

Geisler, *Norman L., and Ronald Brooks. When Skeptics Ask: A Handbook on Christian Evidences*. Rev. ed. Grand Rapids: Baker Books, 2013.

증거주의 (Evidentialism)

제9장

존 워윅 몽고메리
사실은 해석을 가리키고 비판적 사실은 기독교를 가리킨다

증거주의는 여러 가지 중요한 측면에서 반틸학파의 전제주의와 정반대이므로, 하나를 검토하는 관점에서 다른 하나를 보면 양쪽 모두 쉽게 파악할 수 있다.

반틸은 사실들이 자기 해석적이지 않기 때문에 하나의 해석이 다른 것에 관한 해석을 가리키지 않는다고 주장했다. 그가 말한 대로, "불가해한"(brute) 사실들이란 없다. "사실들"은 항상 우리의 전제하에 해석되어야 한다. 해석은 항상 전제에서 사실로, 아래로 향하며 결코 위로 향하지 않는다. 거기서 독자적으로 해석되는 사실들은 전제들을 가리킨다. 그러나 특정 전제의 선택은 자의적이거나 신앙주의적인 것이 아니라 합리적 사고에 필요한 것에 의해 좌우된다. 반틸에게 있어 오직 개혁주의 기독교만이 합리적이고 실행 가능한 세계관을 우리에게 제공하는 전제를 갖는다.

존 워윅 몽고메리로 대표되는 증거주의는 우리가 하나의 해석에 치우치지 않고 객관적으로 사실들에 접근할 수 있으며, 그 사실들이 어느 정도 적절한 해석을 가리킬 것이라고 주장한다. 그는 기독교의 반대자들이 "결코 신학에 의존하지 않는 자신의 접근 방식에 화낼 것이라고 예상했다. 그것은 오로지 정당하게 역사적 방법에 의존하는 것으로, 기독교인, 합리주의자, 불가지론자 또는 티벳의 승려 등 누구든지 역사적 자료들을 분석하는 데 사용해야 할 그런 종류의 방법이다."[1]

---

1 John Warwick Montgomery, *Where Is History Going? Essays in Support of the Historical Truth of*

몽고메리는 매우 폭넓은 관심사를 갖고 있었고, 앞으로 보겠지만 그의 관심은 변증학에까지 이르게 된다. 변증학, 신학, 현대 사상에 주력한 것 외에 골동품 자동차와 고서, 판타지 문학, 셜록 홈즈 등에 관심이 있으며 프랑스미식가 학회 학술 의장을 맡고 있다. 그는 또한 매우 예리한 법적 사고방식을 가지고 있다. 나는 그가 신학 기관 전임교수로 있으면서 캘리포니아주 사법 시험을 준비할 때 처음 만났는데, 그는 로스쿨에 간 적은 없지만 버지니아 규정에 따라 법률을 읽어본 적이 있다. 그는 아마도 미국에서 가장 어려운 것으로 알려진 캘리포니아주 사법 시험을 첫 번에 통과했다(로스쿨은 보통 3년제 정규 과정이지만, 졸업도 사법 시험의 통과를 보장하지는 않는다. 특히 첫 번에는 더 그렇다). 그는 시카고대학교(the University of Chicago)의 박사학위와 프랑스 스트라스부르그대학교(the University of Strasbourg)의 신학 박사학위를 포함하여 10개의 고급 학위를 가지고 있다.

법학 학위 중, 영국 카디프대학교(Cardiff University)의 고등 법학 박사학위를 포함하여 3개의 법학 박사학위는 출판 기록을 위해 승인되었다. 그는 5개 국어로 된 50여 권의 책을 쓰거나 편집했으며, 그 외에도 수백 편의 논문을 썼다.[2] 그는 로스쿨과 변증학 전공 대학원 과정을 개설한[3] 다음, 영국에서 법을 가르치고(영국의 법정 변호사, 파리 법정 변호사 개업), 중요한 국제 인권 소송에서 승소했다.

트리니티복음주의신학대학원(Trinity Evangelical Divinity School)에서 르네상스 수업에 참여한 한 학생은 종교개혁의 하나님에 대한 집중을 통해 완성된 르네상스 사람의 사상을 구현한 것 같다고 썼다.[4] 노르만 가이슬러는 그를 "역사적 변증학의 선구자 중 한 명"이라고 불렀는데, 그의 폭넓은 지식과 업적은 "사실상 이 분야에서 유례가 없을 정도"[5]라고 덧붙였다.

---

    the Christian Revelation (Grand Rapids: Zondervan, 1969), pp. 53-54.
2 For his official website: www.jwm.christendom.co.uk/.
3 See the International Academy of Apologetics, Evangelism and Human Rights, www.apologeticsacademy.eu.
4 David Stott Gordon, "John Warwick Montgomery: God's Universal Man," in Tough-Minded Christianity: Honoring the Legacy of John Warwick Montgomery, ed. William Dembski and Thomas Schirrmacher (Nashville: B & H, 2008), pp. 33-42.
5 Norman Geisler, "An Open Letter," in Dembski and Schirrmacher, Tough-Minded Christianity, p. 682.

그의 저작은 조시 맥도웰(Josh McDowell)에게 큰 영향을 미쳤는데, 2만 3000여 회에 이르는 대담은 1000만 명 이상의 사람에게 전달되었고, 108권의 공동 저술 또는 공동 저서는 5000만 부(*Evidence That Demands a Verdict* and *More Than a Carpenter*를 포함) 가까이 팔렸다.[6]

몽고메리에게 해석은 사실에서 해석에 이르는 한 가지 방향(상향)만 적절하다. 그는 사실, 철학, 과학, 신학 그리고 법률에 대한 충분한 언급 없이 계속되어온 사변에서 비롯되었다고 믿는 모든 종류의 오류를 검토한다.

"진리가 결국 자신의 입장에 달려있다고 믿는다면"[7] 인식론적 무책임성이 생겨난다. 대신, "철학적으로, 실제 세계와 그것을 마주치는 세계를 구별할 필요가 있다."[8]

해결책은 텍스트가 궁극적으로 올바른 해석을 가리키도록 허용해야 하는 방법에서 그리고 과학 이론이 궁극적으로 사실의 확인에 의해 신뢰할 수 있는 방법에서 예시된다.

> 사실들은 궁극적으로 그것들을 이해하려는 우리의 시도의 가치를 결정한다.[9]

사실과는 별개로 사변하는 것이 그의 "욕구와 이익"에 부합하기 때문에 그렇게 하고 싶은 유혹이 있으며, 또 사변가로 하여금 그(그녀)의 세계의 중심에 서도록 허용하려는 유혹이 있다. 흥미롭게도, 그는 그러한 관행을 반틸이 하나님과는 별개로 추론을 특징짓는다고 주장했던 바로 그 충동과 연결한다.

> 사변과 자율적인 자기중심성은 함께 간다.[10]

---

6 See the updated edition of McDowell's book, *New Evidence That Demands a Verdict: Fully Updated to Answer the Questions Challenging Christians Today*(Nashville: Thomas Nelson, 1999);and McDowell, *More Than a Carpenter,* rev. ed.(Carol Stream, IL: Tyndale House, 1999).
7 John Warwick Montgomery, "Speculation vs. Factuality: An Analysis of Modern Unbelief and a Suggested Corrective/ in *Christ as Centre and Circumference: Essays Theological, Cultural and Polemic,* Christian Philosophy Today 13 (Eugene, OR: Wipf & Stock, 2012), p. 32.
8 Ibid., p. 33.
9 Ibid.
10 Ibid., p. 37.

그러나 몽고메리에게 해결책은 기독교의 하나님을 전제하고 그에 따라 모든 사실을 바라보는 것이 아니라(반틸의 주장에 따르면 그것은 사실들이 의미를 갖는 유일한 방법이다), 반대로 사실들에 의해 이론과 가정 및 편견을 검사하는 것이다. 그것은 기독교의 하나님을 가리킬 것이다.

비록 그것이 얼마나 잘 작동하는지에 근거해 세계관을 선택할 것을 제안하지는 않지만, 몽고메리는 올바른 믿음이 실재와 더 잘 연결될 것이라고 지적한다. 그는 컴퓨터의 초기 단계에 두드러지게 영향을 미친 4대 사상가가 성경의 진리와 본질적인 기독교 교리를 어떻게 고수했는지 보여준다. 그는 컴퓨터는 이진법(binary)이므로, 명제적 진리의 부정, 형식적 논리, 주체-객체 구분보다 성경적 사고와 훨씬 잘 들어맞는 비모순율(이진법에 따르면 진술과 그 부정은 참일 수 없음)과 연관되어 있다고 말한다. 그는 "신정통 컴퓨터는 없다"[11]라고 빈정댄다.

모든 사회에는 사실들에서 더 큰 사상으로 추론하는 패러다임이 있는데, 그것은 사실들이 부합하는 이론으로 작용한다(사실들은 혼자 설 수 없으며, 해석을 제공하는 개념으로부터 사실들까지 추론해야 한다는 반틸의 견해와 대조된다). 그 패러다임은 사실의 중요한 문제, 특히 과거에 발생한 문제를 해결하기 위해 고안되었다. 이것은 법적 추론의 과정의 기초가 된다.

기독교는 역사적 사건에 바탕을 두고 있고 부활 위에 세워졌기 때문에, 법적 추론은 기독교의 주장이 신빙성이 있는지를 판단하는 데 매우 적합하다. 법적 방법은 누구에게나 익숙한 진리를 결정하는 과정으로, 추상적인 신학 또는 철학 개념과 용어에 호소하지 않고 기능한다는 장점이 있다. 그것은 사회들이 생사 문제를 포함한 가장 중요하고 중대한 문제를 결정하는 데 사용된다.[12]

역사적 논증과 사실상 모든 다른 유형의 논증(수학은 몇 개의 예외들 중 하나)처럼, 법적 증명은 귀납적이다. 귀납법은 완벽한 증거를 제공하지 않지만, 변증학에 전적으로 적합하며, 현실에서는 그것이 우리가 가진 최선이다. 사실에 대한 모든 문제는 "확률적 확인에 한정된다"라고 하지만, 일상생활과 법률 모

---

11 Montgomery, "Computer Origins and the Defense of the Faiths in Montgomery, *Christ as Centre*, p. 102.
12 이러한 이점들은 윌리엄 브로우톤(William P. Broughton)에 의해 요약되고 언급된다. *The Historical Development of Legal Apologetics: With an Emphasis on the Resurrection*(Maitland, FL: Xulon Press, 2009), pp. 118-19.

두에서 생사가 걸린 결정에도 확률적 확인은 충분하다.[13]

반대로, 반틸은 100퍼센트 확신만이 선험적 논증을 통해 얻어지는 변증학에 적절하다고 주장했다. 그래서 긍정적으로 보면, (개혁주의) 기독교는 합리성을 위해 필요하기 때문에 확실하고, 부정적으로 보면 다른 견해는 합리성을 뒷받침할 수 없기 때문에 불합리한 것으로 격하된다. 기독교를 위한 논거가 완벽하지 않다면, 불신자는 기독교를 거절할 구실을 갖게 될 것이다. 더욱이 믿음 그 자체에는 100퍼센트의 증거가 필요하다. 100퍼센트에 미치지 못하는 증거는 (플랜팅가가 상당한 시간을 할애해 논박한) 100퍼센트의 믿음을 정당화할 수 없었다.

1. 전제의 역할

몽고메리와 게리 하버마스의 변증적 접근 방식에 대한 비판은 너무 긴밀히 섞여 있어서, 12장에서 하버마스의 견해에 관한 설명 이후에 함께 다뤄질 것이다.

아브라함 카이퍼의 칼빈주의에서 영감을 얻은 사람들은 출발점, 가정, 전제라고 할 수 있는 사상의 타당한 기초를 강조한다(예를 들어, 반틸은 그런 전제가 증명될 수 있다고 했고, 도이예베르트와 고든 클라크는 같은 의미로 증명할 수 없다고 했다).

몽고메리는 전제를 강조하는 모든 변증적 접근 방식이 궁극적으로 순환적이며 효과적인 검증과는 단절된 것으로 간주한다. 예를 들어, 그는 전제가 신학의 출발점으로 우리의 사유 활동에서 역할을 한다는 것은 사실이지만, 그들은 여전히 "신학화를 위한 다른 가능한 출발점들을 능가하고, 그것들을 반박하는 정당성을 여전히 필요로 한다"[14]라고 말하곤 한다.

그는 비기독교인이 자신들의 전제들에서 출발할 권리를 가지듯, 기독교인도

---

13 John Warwick Montegomery, *Human Rights and Human Dignity* (Grand Rapids: Zondervan ; Plano, TX: Probe Ministries, 1986), p. 153. 몽고메리의 다른 출판물과 오디오 강연 및 토론 보고서뿐 아니라 이 책은 New Reformation Press(www.newreformationpress.com)에서 구입할 수 있다.

14 John Warwick Montgomery, *Tractatus Logico-Theologicus, 2nd* rev. ed. (Bonn, Germany: Culture and Science Publications, 2003) , p. 30 (2. 18211).

그들의 전제로부터 출발할 권리가 있다고 주장하는 전제주의의 유형과 기독교인의 전제가 비기독교적 전제들보다 실재를 더 포괄적이고 일관성 있게 설명하기 때문에 증명된다고 주장하는 전제주의의 유형 간에 실질적인 차이를 발견하지 못한다.

몽고메리가 알고 있듯이, 어느 형태도 기독교를 "구체적인 사실들"과 연결하지도, "종교적 진리의 궁극적인 질문들을 중재할 증거"[15]를 허용하지도 않는다. 그들은 "다원주의 세계에서 기독교의 가장 강력한 인지적 무기, 즉 실제로 증명할 수 있는 성령의 검인 하나님의 말씀을 제거한다."[16]

이는 반틸의 강조점들, 곧 "자증적인" 하나님의 말씀, (어떤 "불가해한" 사실도 아닌) 전제들을 떠나서 안다는 것이 불가능하다는 것, 어떤 것에 대한 지식을 갖기 위해서는 그것이 전제되어야 하기 때문에 (개혁주의) 기독교는 입증된다는 것 그리고 종교적 진리를 위한 논거의 궁극적 순환성 등과 대조된다.

신앙주의자가 종교적 견해는 입증될 수 없을 뿐 아니라 입증되어서도 안 된다고 주장하는 점을 제외하고, 몽고메리는 반틸학파가 전제에 호소하는 것은 신앙주의(노르만 가이슬러가 공유한 결론)와 크게 다르지 않다는 점을 넌지시 비친다.[17] 그는 전제가 사실을 결정하게 함으로써, 사실에 대한 중립적인 호소는 불가능하고, 따라서 신자와 불신자 사이의 공통점도 존재하지 않는다는 주장의 문제점으로 생각되는 것에 관해 설명한다.

그는 서로 모순되는 세계관을 가진 두 집단을 가정하는데, 이들은 사실을 제대로 해석하기 위해서는 자신들의 가정에서 시작해야 한다고 주장한다. 그들은 자신들의 전제가 사실의 의미를 제공하는 배경이며, 사실은 그 배경 속에서만 설득력을 가진다고 주장한다.[18] 각자 자신의 틀로 후퇴하면서 그들 사이의 논의는 물거품이 되고, 그 접근 방식은 "구제불능의 무지"[19]에 이르게 된다.

이와 대조적으로, 몽고메리는 사도행전 17장 22-34절에서 사도 바울이 아레오바고에서 이교의 세계관이 우리의 세속적 세계관과 다르지 않은 사람들과

15　John Warwick Montgomery, *Faith Founded on Fact: Essays in Evidential Apologetics* (1978; repr.,Edmonton, AB: Canadian Institute for Law, Theology, and Public Policy 2001), pp. x-xi.
16　Ibid., p. xi.
17　Ibid., pp. 33,121.
18　Ibid., p.117.
19　Ibid., p.69.

대화할 때 공통 기반에서 출발한다고 말한다.[20]

현대 기독교인들이 불신자들과 적절히 상호 작용할 수 있게 해 주는 엄격한 연구[21]보다, "비지성적이고 주관적인 광적인 신앙"을 배타적으로 선호하고 메가 처치를 키우려 하는 것은 불신자들에게 해를 끼친다. 효과적인 상호 작용은 증거에 대한 지식뿐만 아니라 변하지 않는 메시지를 변화하는 개인적·사회적·문화적 맥락에 따라 조정하는 기술을 필요로 한다.

몽고메리는 불신자와 상호 작용하기 위한 네 가지 전략을 확인한다.

첫째, 기독교인들은 "만족된 삶을 위해 예수 그리스도가 필요하지 않다는 완전히 잘못된 생각"[22]에 도전하면서 그 필요성을 알려야 한다. 장 폴 사르트르(1905-1980)나 알베르 카뮈(1913-1960) 같은 무신론 존재론자들은 인간 상태의 비참함을 강조하는데, 그것은 기독교인들이 효과적으로 이용할 수 있다.

둘째, "지배적인 비기독교적 세계관에 대한 정면 공격"[23]이 있어야 한다. 기독교인들은 사람들이 그러한 견해에 부응하지 못하는 것 같은 주변적인 문제가 아니라, "그들의 믿음의 전제적 핵심"[24]에 초점을 맞춰야 한다.

그는 "정면 공격"을 건물의 기초를 파괴하는 것에 비유한다. 전제주의자들은 증거주의자들이 자신들의 견해에 불신자들이 몇 가지 적응만 필요한 것으로 본다고 비난하지만, 여기서 몽고메리는 불신자들의 전제조차 특별히 맞서 무너뜨려야 한다고 말한다.

그러나 앎의 과정의 가장 근본적인 측면을 다루고자 한다는 점에서 몽고메리는 전제주의자들과 다르다. 그는 비기독교인들이 자신들의 세계관에 근거한 지식을 가질 수 없고, 오직 기독교 세계관의 전제들 위에서 은밀히 활동함으로써 사물들을 알 수 있을 뿐이라고 주장한다. 비기독교인들은 그들의 세계관에 결코 부합되지 않는 전제들에 대한 인식론적 도용에 의해서만 안다.

따라서, 기독교는 결론이 아니라 근본적인 가정이어야 한다. 기독교인은 기

---

20 Montgomery, "A. Short History of Apologetics," in *Christ as Centre*, p. 125.
21 Ibid., pp. 124-25.
22 John Warwick Montgomery, "Apologetics for the 21st Century," in *Christ as Centre*, p. 132 (본래의 강조).
23 Ibid., p. 133(본래의 강조).
24 Ibid(본래의 강조).

독교적 세계관으로부터 이치를 따져야 한다. 증거주의자들과 비전제주의자들은 일반적으로 비기독교인들이 그들 자신의 세계관으로부터 어떤 것들에 대한 지식을 가질 수 있다는 것을 주장하는데, 이것은 기독교인들이 올바른 세계관을 어느 정도 추론할 수 있게 해 준다.

이것은 전제주의자들이 기독교만이 유일한 설명(지식을 허용하는 유일한 설명)이라고 주장하는 반면, 비전제주의자들(이런 노선들을 따라 이치를 논하는 사람들)은 기독교만이 가장 좋은 설명이라고 주장하는 또 하나의 이유다. 전제주의자에게 그것은 전부이거나 아무것도 아니다. 기독교는 연역적으로 확실하며, 다른 세계관들을 불합리하게 만든다(*a reductio ad absurdum of other worldviews*).[25] 사실상 모든 비전제주의자에게 그것은 귀납적으로 확실하다(그리고 그러한 논증들은 매우 강할 수 있고 실제 세계와 연결될 수 있다고 덧붙일 것이다).

몽고메리는 비기독교인의 전제에 맞서는 몇 가지 예를 제시한다.

마르크스주의는 생산 수단을 변경하면 "새로운 인간"을 산출하고, 그로 인해 유토피아가 생긴다는 중심 개념에 직면해야 한다. 그러나 외부의 변화는 결코 이기적인 인간의 본성을 바꾼 적이 없다. 같은 오류가 자유주의적인 서구 유토피아적 핵심 계획에 있다. 하지만, 빈민가를 멋진 건물로 교체하고 같은 사람들을 다시 들여 보낸다 해도, 그들은 변하지 않을 것이며, 당신은 곧 다시 빈민가를 보게 될 것이다.

기독교는 문제를 외부가 아닌 인간 내부적인 것으로 올바르게 인식한다. 사람은 그리스도 안에서 새롭게 창조되어야 한다(막 7:20-23; 고후 5:17). 우리는 비기독교적 입장의 잘못된 추론에 도전해야 한다. 물론, 다른 것들이 불충분하다는 것을 보여주는 것만으로 우리의 입장을 증명할 수는 없다. 왜냐하면, 거의 무한한 수의 견해가 있고 우리가 고려하는 것 중 하나라도 참이라는 보장이 없기 때문이다.[26]

최종 생존자 접근법(the-last-man-standing approach)은 통하지 않을 것이다. 그러나 우리는 대안들의 잘못된 추론에 의해 제시된 잘못된 희망을 없애야 한다.

---

25 반틸은 자신의 논증을 귀류법, 즉 대안을 불합리한 것이 되도록 하는 것으로 간주한다. 즉, 비기독교적 견해는 우리가 어떤 것에 대해 어떻게 아는지에 관한 적절한 설명을 줄 수 없기 때문에 불합리하다. 환원 논증은 일종의 연역법이다. 그러므로 반틸은 그가 개혁주의 기독교를 위한 연역적 증명을 제공할 수 있다고 믿는다.

26 Montgomery, *Faith Founded on Fact*, p. 119.

예를 들어, 창조주 역시 창조주를 가져야 하기 때문에 창조주를 지지하기 어렵다고 주장하는 사람들은 설명의 무한 퇴행의 문제를 깨닫지 못하고, 우주는 스스로 설명할 수 없기 때문에(그 안에 있는 것은 아무것도 설명될 수 없기 때문에), 비우연적이고 절대적인 창조자가 훨씬 더 합리적이다.[27]

셋째, 비판을 하기에는 역부족이므로 긍정적인 논거가 마련되어야 한다. 우리는 우리가 가진 희망의 이유를 제시해야 한다(벧전 3:15). 그러므로 변증은 설교와 같지 않다. "신약성경 문서의 건전성, 거기에 담긴 예수님에 대한 증언의 신뢰성 그리고 그의 주장에 대한 최종적 증거로 죽은 자들로부터의 부활의 사실성을 지지하기 위한 논쟁"을 피할 길이 없다.[28]

넷째, 불신자의 가장 어려운 문제들이 다뤄져야 한다.

예를 들어, 왜 하나님은 끔찍한 불법을 허락하는 것일까?

몽고메리는 답변의 요지를 다음과 같이 제시한다.

문제는 존재하는 악의 양이 아니다.[29] 오히려 그 문제들은 질적인 것으로, 하나님은 사랑으로써 피조물에게 자유를 주는데, 그들은 악을 행함으로써 자유를 남용하는 것을 포함한다. 또 누구도 타락하지 않을 자유를 가지는 세상을 창조하는 것은 기능적으로 불가능할 수도 있다.[30]

중요한 것은 하나님께서 우리를 위해 부당하게 고통 받으실 용의가 있다는 것, 혼란을 일으킨 자들은 그것에 대해 우주적으로 무언가를 행하시는 유일한 분을 비난하려는 특히나 비천한 위치에 있다[31]는 점이다.

실용적인 차원에서 몽고메리는 변증학이 목회 사역과 복음 전도의 모든 면으로 통합되어야 할 것을 권고한다. 신앙은 "내면의 경험과 개인적 증언의 제의적(cultic) 문제"[32]로 축소되어서는 안 된다. 그는 전제주의에 대한 일반적인 비판을 반복한다. 주장을 약간 단순화하면서, 그는 우리가 믿는 것과 그것을 어떻게 아는지를 구분해야 한다고 말한다.

27　Montgomery, "Apologetics for the 21st Century," p. 134.
28　Ibid., p. 135.
29　또한, James Warwick Montgomery, "Pain in Theological Perspective," in *Christ as Centre*, p. 171, sec. 4.891도 보라.
30　Ibid., p. 170, sec. 4.861.
31　Ibid., p. 171, sec. 4.8834.
32　Montgomery, "Apologetics for the 21st Century," p. 136.

우리가 어떻게 그것을 참인 것으로 아는지(인식론)를 고려하지 않고서는 우리가 믿는 것(존재론)을 시작할 수 없다. 인식론이 아니라 존재론으로 시작하는 것은 우리가 증명해야 할 것을 가정하는 것으로, 논점 회피의 논리적 오류다.[33]

몽고메리의 의견에 동의하는 사람들은 만약 우리가 우리 믿음의 보다 상세한 내용을 가정하는 것으로 시작한다면 우리는 신자와 불신자 사이의 공동의 기반을 제거할 위험을 무릅쓰는 것이라고 덧붙일 수 있다. 우리가 기독교적 세계관으로 시작하고 다른 누군가가 그들의 불교적 관점으로 시작할 때, 사람들은 각자 분리된 인식 세계에 머물게 된다.

몽고메리는 우리의 믿음의 내용에서 출발하는 대신, 논리를 이용하는 것과 같은 진리를 얻는 방법에서 출발할 것을 제안한다.[34] 이것은 일반적으로 법과 과학과 같은 분야(토마스 쿤[Thomas Kuhn]의 해석에도 불구하고)에서 행해진다.[35]

논리는 진리를 찾는 데 유용한 도구다. 하지만, 그것이 하나의 방법으로서 확실성을 제공한다 하더라도, 그것은 또한 사실의 세계에서 제거된다는 것을 깨달아야 한다. 그것은 단지 전제가 사실이라면 그 결론이 뒤따른다는 것만 말해 줄 수 있을 뿐이다.

그러므로 어떤 믿음이 논리적이라고 말하는 것은 그것이 실제 사실에서 참이라고 말하는 것과 같지 않다. 세계에서 무엇이 진리인지 결정하기 위해서는 경험적 방법을 사용해야 하는데, 경험적 방법은 경험을 다룰 것을 요구한다.[36] 그리고 그것은 타당성,[37] 가능성 그리고 귀납 같은 것들에 달려있다. 이들은 우리에게 절대적 확신을 주지는 않지만, 우리를 실제 세계와 연결한다. 비행기를 타거나 길을 건널 때처럼, 우리는 귀납적인 결론에 목숨을 건다.[38] 질대직 획실성은 분석적 진리(예를 들어, "원은 둥글다")와 수학 같은 것에 대해서만 효력이 있다.[39]

---

33 Montgomery, *Tractatus*, 2.194, p. 31.
34 Ibid., 2.2 and following, pp. 31-32. *Where Is History Going?*, pp.178-79; and in *Christ as Centre*, pp. 34-35에서 그는 비슷한 주장을 한다.
35 Thomas Kuhn, *The Structure of Scientific Revolutions*, 3rd ed.(Chicago: University of Chicago Press, 1996을 보라.
36 Montgomery, *Tractatus*, 2.3 and following, p. 35.
37 Montgomery, *Faith Founded on Fact*, pp. 126-27.
38 Motgomery, *istory, Law, and Christianity*, p. 92.
39 Ibid.

몽고메리는 귀납과 연역의 가교는 최선의 설명에 이르는 추론(또는, C. S. 퍼스가 "귀추법"이라고 부르는 것)이라고 말한다. 우리는 사실을 보고 그것을 설명하는 해석에 이르게 된다.

전형적으로 사실들은 의심의 여지가 없으며 오직 해석이 의심의 대상이 될 뿐이다. 우리는 사실을 이해할 수 있는 방식으로 보면서 일종의 형태(gestalt)로서 그것에 도달한다. 그래서 우리가 경험하는 것(경험적 현상)은 우리의 가설(경험적 가설)에 의해 이해할 수 있게 된다.[40] 타이어가 끼익 소리를 내고 나서 충돌하는 소리가 들리고, 밖으로 뛰쳐나와 나무 옆에서 파손된 자동차를 본다면, 우리는 그 자동차가 나무에 부딪혔다고 결론짓는다.

설명은 우리가 경험하는 것을 이해한다. 이것은 몽고메리에게 두 가지 중요한 통찰력을 가져다 준다.

첫째, 우리는 사실을 보고 그것을 해석하는 정확한 가설을 형성한다. 가설은 사실에서 나온다.

둘째, 사실은 스스로를 해석한다. 이는 해석적 틀에 대한 선행적 참여의 관점에서만 사실을 해석할 수 있다는 전제주의자들의 주장과는 정반대다. 그것은 또한 사실들은 세계관을 떠나서는 아무런 의미가 없으며, 세계관은 사실에 호소하지 않고 결정되어야 한다고 말하는 노르만 가이슬러와 같은 고전적 변증가들의 견해에 도전한다.

몽고메리는 순진하게 모든 사람이 사실을 객관적으로 볼 것이라고 가정하지 않는다. 그러나 죄악된 사리사욕에 의한 편견은 비종교적 조사에서와 마찬가지로 종교적인 조사에서도 밝혀질 수 있다.[41]

사람들은 자신의 개인적 믿음을 불안정하게 하거나 생활 방식의 변화를 요구하는 주장에 가장 강하게 저항하지만, "그런 주장은 원칙적으로 설득할 수 없다고 말하는 것과는 다르다. 삶의 모든 영역에서 사람들은 자신들의 강한 편견(예를 들어, 인종 평등의 영역)과 반대되는 압도적인 증거 앞에서 그들의 믿음을

---

40 Montgomery, *Tractatus*, 2.362-2.364, p. 42.
41 Montgomery. *Faith Founded on Fact*, p. 34.

바꾼다."⁴² 대부분의 노력에서 기독교인과 비기독교인 모두 화학이나 역사 같은 분야를 포함하여 진리를 탐구하는 것이 가능하다. 지식의 발전은 심지어 중생하지 않은 사람들조차도 세상을 적절히 이해하고 해석할 수 있는 증거를 제공한다.⁴³

몽고메리는 비기독교인이 사실들을 적절하게 해석하기 위해(우리가 방금 본 전제뿐 아니라), 오직 기독교의 전제 위에서만 명백하게든 은밀하게든 기능할 필요가 없다고 주장한다. 그것은 유신론적 세계관을 가정하거나 하나의 변증적 방법론으로 기독교적 전제를 도입하는 문제가 아니다. 지식이 가능하다거나, 우주가 구조를 갖고 있고, 우리의 감각이 믿을 수 있다는 본질적인 가정은 비기독교인에 의해서도 가능해야 하며, 그렇지 않다면 진리나 의미를 발견하려는 어떠한 노력도 결코 이루어질 수 없을 것이다. 그런 가정 없이는 기독교인과 비기독교인은 결코 의미 있는 토론조차 진행할 수 없을 것이다.⁴⁴

전제주의자들에게는 비기독교인들이 은밀하게 기독교적 가정으로 작업하기 때문에 생각하고 결론을 도출한다는 사실은 실제적인 문제, 곧 불신자들의 지적인 반란을 가리킨다. 따라서, 반틸학파는 학문적 문제의 세부 사항에 대해 비기독교인과 논쟁하기보다 학문적 문제의 영적인 근원으로 보는 것을 강조하는 경향이 있다.

그러나 몽고메리(그리고 전형적으로 증거주의자들도)에게 있어서, 비기독교인들은 자신의 세계관에 따라 어느 정도 정신적으로 기능할 수 있기 때문에, 사실은 그들의 관점을 바꿀 수 있고, 궁극적으로 그들의 사상의 전제 (또는 기초)를 바꿀 수 있다. 만약 그렇지 않다면 성경은 바알의 예언자들과 엘리야의 마지막 대결, 자신이 요구한 증거를 얻었던 도마, 부활에 대한 목격담을 말하는 것 등과 같은 그렇게 많은 사실을 증거로 제시하지는 않았을 것이다.

전제주의자들과 몽고메리는 어떤 변명도 하지 않고, 복음을 거부하는 비기독교인을 떠나려 한다. 반틸은 오직 연역적 확실성만이 그것을 할 수 있다고

---

42 저자와의 개인적인 이메일 교류, Oct. 4. 2013.
43 Montgomery, *Faith Founded on Fact*, p. 33.
44 John Warwick Montgomery, "A Note from Our Editor: Boa and Bowman's *Faith Has Its Reasons;* the 'Open Theism' Debate,"*Global Journal of Classical Theology* 3, no.1(March 2002): www.phc.edu//gj_jwm_intro_v3n 1 .php. He is referring to Kenneth D. Boa and Robert M. Bowman Jr., *Faith Has Its Reasons: An Apologetics Handbook* (Colorado Springs, CO: NavPress, 2001), pp. 241-44.

주장하는데, 이것은 (개혁주의) 기독교 견해를 제외한 모든 견해는 우리가 무엇을 어떻게 아는지 설명할 수 없기 때문에 불합리하다는 논증을 필요로 한다. 나아가 그들의 지식은 진리를 결정하는 하나님에게서가 아니라, 자신들로부터 시작된다.

매우 대조적으로 몽고메리는 오직 귀납적인 과정만이 우리를 세계와 연결하기 때문에, 비기독교인이 핑계할 수 없도록 한다고 주장한다. 이런 사실들은 기독교가 참이라는 해석을 가리키기 때문에 비기독교인과 대립한다. 따라서, 참된 해석에 대한 사람들의 저항이 분명해지고, 유일한 공격으로서 그들에게 십자가를 지운다. 하지만, 그들은 비합리적으로 행동하고 있기 때문에 변명의 여지가 없다.

전제주의자 로버트 레이몬드(Robert Reymond)는 다른 많은 해석이 가능할 것이기 때문에 사실들이 하나의 기독교적 해석을 가리킬 수 없다는 것에 반대한다.[45] 몽고메리는 무엇이 가능한지가 아니라 무엇이 타당할 것 같은지가 문제라고 대답한다. 사람이 단지 가능한 것에 근거하여 일한다면 하루도 살아남을 수 없을 것이다(예를 들어, 우리를 치려고 하는 트럭은 우리의 상상력의 산물일 수 있다). 그런 사람은 "자신을 보호하려면 본래 위치로"[46] 돌아와야 한다.

사실상 학문적이고 실용적인 모든 인간의 노력은 가장 타당한 설명을 선별할 것을 요구한다. 그리고 전세계적으로, 사회는 그렇게 하기 위한 방법을 체계화하는 법적 절차를 사용한다. 밀접하게 연관된 과정에서 인간은 과거에 무슨 일이 일어났는지 판단할 수 있는 방법을 가지고 있다. 하나님의 계시가 역사적·법적 검증에 적합한 종류의 증거를 제공하는 것은 우연이 아니다.

몽고메리와 증거주의자들이 대체로 하나님의 존재 증명에[47] 반대하지 않는다는 것을 깨닫는 것이 중요하다. 그러나 고전적 변증들과는 달리, 그들은 기독교에 대한 증거를 효과적이게 만드는 유신론적 개념틀을 확립하기 위해 그것들이 필요하다고 생각하지는 않는다. 그래서 제1단계 논증이 가능성이 있지만, 제2단계 논증(먼저 유신론을 증명하고, 그 다음에 기독교를 증명하는 것)은 불필

---

45 Robert L. Reymond, *The Justification of Knowledge,* 3rd ed. (Darlington, UK: Evangelical Press, 1984).
46 Montgomery, *Faith Founded on Fact,* p. 127.
47 Gary Habermas, "Evidential Apologetics, in *Five Views On Apologetics,* ed. Steve Cowan (Grand Rapids: Zondervan, 2000), p. 98 n. 20.

요하다고 믿는다.

몽고메리가 말하는 것처럼, "예수께서 스스로 신성을 주장하신다는 것이 무엇을 의미하는지 이해하거나, 부활의 의의에 대한 논증의 힘을 높이 평가하기 위한 그런 구조는 필요하지 않다."[48] 그는 일부 유신론적 논증을 위한 이유를 찾지만, 몇몇은 결함이 있다고 믿는다. 그는 안셀름의 존재론적 논증에 대한 일반적인 반박에 동의하는데, 곧 존재는 속성이 아니라는 것이다. 오히려 그것은 속성을 가진 대상의 이름이다. 그는 또한 임마누엘 칸트(1724-1804)의 주장과 같은, 유신론적 논증에 대한 다른 일반적인 반박에도 동의한다. 그리고 설사 그들이 성공적이라 해도, 유신론적 논증은 오직 신의 한 측면(예를 들어, 창조주, 설계자)만을 증명할 뿐, '초월적인 절대자', 아브라함과 이삭과 야곱의 하나님, 주 예수 그리스도의 아버지를 증명하는 것은 아닐 것이다.

그는 우발성으로부터의 우주론적 논증을 수용한다. 그의 설명을 달리 표현하면 다음과 같다.

(1) 세계의 그 무엇도 스스로 설명될 수 없다.
(2) 세계는 그 안에 있는 모든 것의 총합이다.
(3) 세계 전체는 우발적이고 자기 자신을 초월하는 설명을 필요로 한다(즉, 초월적인 신).
(4) 초월적인 신은 비우발적이거나 설명을 필요로 한다.
(5) 만약 신이 설명을 필요로 한다면, 그를 설명할 더 높은 신이 있어야 하고, 그 신을 무한히 설명할 더 높은 신도 있어야 한다.
(6) 그러나 무한한 계열은 끝이 없으므로 그 어떤 신에 대한 설명도 있을 수 없으며, 세상 자체도 설명이 없을 것이다.
(7) 그러므로 절대적이고, 비우발적이며, 현존하는 신은 우발적인 세계에 대한 궁극적인 설명으로 간주되어야 한다.[49]

왜 우리는 설명 없이, 세계를 있는 그대로 받아들이지 않는 것일까?

설명이 없는 세계는, "모든 경험적 지식이 스스로 설명할 수 없는 특성에도

---

48 Montgomery, *Tractatus*, 3.812, p. 115.
49 Ibid., 3.851, p. 118.

불구하고, 세계의 우연적 성격을 부인하고 신화적으로 그것을 절대적인 것으로 만들 것이다."[50]

하지만, '누가 신을 창조했는가' 하는 질문은 무의미하다. 왜냐하면, 절대적인 것은 무엇이든 설명이 필요 없기 때문이다. 설명이 필요한 존재라면, 그것은 절대적이지 않을 것이다. 세상은 분명 우발적이지만 신이 존재한다고 암시할 만한 증거는 없다.

우리 피조물들이 합리적이기 때문에 신은 합리적이어야 한다. 그의 존재에 대한 합리적 논증을 펴온 우리가 합리적임은 분명하다. 사람들은 비인격적인 것(무신론적 진화론의 견해와는 대조적으로)에서 온 존재가 아니기 때문에 하나님은 인격적이어야 한다. 인간과 그들의 사회가 도덕적이기 때문에, 비록 이런 사실이 우리에게 경쟁하는 도덕률들 중 어떤 것이 옳은지 말해 주지는 않지만, 신은 도덕적이어야 한다.[51]

과학도 하나님의 존재를 가리킨다. 열역학 제2법칙에 따르면 닫힌 시스템(외부에서 에너지를 받지 않는 시스템)은 궁극적으로 "멈추는 것"이 불가피하다. 만약 우리 우주가 창조되지 않았다면 그것은 무한히 오래되었을 것이고 지금쯤이면 사용할 수 있는 에너지가 없는 열죽음(heat death)을 초래했을 것이다. 모든 우주는 같은 문제를 가지고 있을 것이고, 게다가 우주가 연속된다는 증거는 없기 때문에, 우리 우주가 다른 우주의 산물이라고 주장하는 것은 도움이 되지 않을 것이다. 끊임없이 순환하면서 그 자체로 폭발하고 붕괴되는 진동하는 우주도 마찬가지로 제2법칙과 충돌할 것이다.

빅뱅만으로도 역시 문제를 해결하지 못한다. 왜냐하면, "'불꽃'(Banger)[52]을 확인하는 것이 우리에게 짐으로 지워질 것이기 때문이다."

빅뱅이 이전 우주에서 왔다고 주장하는 것은 단지 두 번째 법칙과 같은 문제로 우리를 되돌려 놓을 뿐이므로, 빅뱅만으로는 이 문제를 해결할 수 없다. 반면, 빅뱅은 절대적이며 비우발적이라고 주장하는 사람들은 (위의) 우발성으로부터의 논증의 결론인 바로 그 하나님에 도달했다.

우주는 몽고메리가 윌리엄 뎀스키(William Dembski)로부터 받아들이는, 상세

50　Ibid., 3.8521, p. 118.
51　Ibid., 3.8541, 3.8542, 3.8543; pp. 123-24.
52　Ibid., 3.8625, p. 120.

히 명시된 복잡한 지적 설계에 관한 충분한 증거를 제공한다. 그는 또한 우주가 놀랄 만큼 미세하게 조정되어 있다는 증거를 받아들인다. 더욱이 우리는 박테리아의 편모와 같은 (마이클 베헤[Michael Behe]의) 환원 불가능한 복잡한 사례들도 갖고 있다.[53] 더 나아가 인간의 뇌는 인간의 마음을 설명할 수 없다.

유신론적 논증들은 로마서 1장 20절의 신학적 진술을 다른 용어로 표현한다.

> 창세로부터 그의 보이지 아니하는 것들 곧 그의 영원하신 능력과 신성이 그가 만드신 만물에 분명히 보여 알려졌나니 그러므로 그들이 핑계하지 못할지니라(롬 1:20).[54]

비록 일부 유신론적 논증의 논리는 수용할 수 있지만, 몽고메리는 실제적인 의미에서는 그것들이 지나치게 강조되어 왔다고 지적한다. 결국, 구원은 단순히 하나님을 인정하는 문제가 아니라 구세주이신 그리스도께로 나아가는 것이다.[55]

몽고메리는 유신론적 논증들을 부활에 대한 논거와 연결하면서, "모든 한계에도 불구하고, 전통적으로 '자연신학'으로 불리던 것에 의해 제공된 증거는 초월적인 하나님의 존재를 지지하는 데 그리고 역사적으로 증명된 예수의 신성과 관련한 주장의 의미를 강조하는 데 매우 강력하다"[56]라고 말하면서 고전적 변증학의 입장에 가까이 다가간다.

몽고메리는 스윈번을 인용하여 베이즈의 정리를 이용해 자연신학과 예수의 부활을 위한 증거가 연관될 수 있다고 믿는다. 부활의 결과적 확률은 90퍼센트 이상이다. 우리가 이미 하나님이 존재한다고 믿는 이유를 감안할 때, 예수가 정말로 죽음에서 부활했다면, 부활에 대한 증거를 기대할 것이므로 그것은 매우 잘 확인된다.

더 기술적으로 말하면, 하나님이 존재한다고 믿는 우리의 배경적 이유(b)(즉, 자연신학의 신 존재에 대한 논증 때문에)를 고려할 때, 예수님이 부활하셨다는 가설이 참이라면 부활을 위한 증거(e)를 기대할 것이기 때문에, 예수님이 부활하셨

---

53 Ibid., 3.8643, p. 123.
54 Ibid., 3.871, p. 124.
55 Montgomery, "A Short History of Apologetics," p. 125.
56 Montgomery, *Tractatus*, 3.87, p. 124.

다는 가설(*h*)은 확증된다. 하나님(*b*)에 대한 증거가 있기 때문에 역사적 증거(*e*)가 없어도 부활(*h*)을 믿을 만한 이유가 있다. 예수님이 부활하시지 않았다면(즉, *b*가 거짓이라면), 부활을 위한 증거를 찾을 것으로 기대하지 않을 것이라는 사실로부터 더 큰 확증을 얻는다.[57]

스윈번 등이 베이즈의 정리를 잘 활용하도록 했지만 몽고메리는 그 한계를 지적한다. 개략적으로, 가설의 설명력(즉, 달리 설명할 수 없는 것을 얼마나 잘 설명하는지)과 그것의 사전 확률(모든 것이 관련이 있는 배경 지식을 고려하는 가설은 얼마나 좋은 가설인가)을 고려하여 가설이 참일 가능성을 계산한다.[58]

그러나 몽고메리는 사전 확률을 계량하는 것은, 기적이 아닌 이전 사건들의 수 때문에 극히 어려우며, 특히 부활이나 어떤 기적의 경우에 그렇다고 지적한다.[59] 그래서 그는 부활에 대해 베이즈의 정리보다 법률적 분석을 선호한다. 그는 방대한 양의 증거를 정밀하게 분류하고 도표를 작성하는 존 헨리 위그모어(John Henry Wigmore, 1863-1943)를 따라, 위그모어 법률적 분석의 관점에서 그것을 구상한다. 전형적으로 서로 다른 기호들은 정황 증거나 추론, 경험적 자료, 증언, 널리 수용되는 일반화 및 대안적 설명을 나타낸다.[60]

부활에 대한 긍정적인 주장과 부정적인 주장을 비교했을 때, 그의 결론은 "부활의 사실성에 반대하는 사람은 사실적인 자료가 아닌 추측, 추론 그리고 가정된 보편적인 일반화에 전적으로 의존한다. 이것은 그 자체로 부정적인 논거를 최악의 상황에 놓이게 한다"[61]라는 것이다. 긍정적인 측면에서 부활을 위한 논거는 "철학적, 전제주의적 또는 사회학적 논증"이 아닌, 신약성경의 신뢰성에 달려 있다.[62]

고전적 접근 방식의 여러 측면들과 조화를 이루는 입장임에도 불구하고, 몽고메리는 여전히 증거주의자로 여겨져야 하는데, 그는 비록 유신론적 논증이

---

57 Ibid., 3.873-3.8732, pp. 124-25. 그는 스윈번의 말을 인용하여 부활 확률은 "약 97% 정도"라고 말한다.
58 몽고메리가 아닌 나의 요약, 브라이언 K. 몰리(Brian K. Morley), "Swinburne's Inductive Argument for Theism"(PhD diss., Claremont Graduate School, Claremont, CA, 1991)을 보라.
59 Montgomery, "A New Approach to the Apologetic for Chrisf's Resurrection by Way of Wigmore's Juridical Analysis of Evidence, in *Christ as Centre*," p. 188.
60 Ibid., p. 186.
61 Ibid., p. 193.
62 Ibid.

없더라도 부활만으로도 하나님을 위한 논거는 명백하다고 주장하기 때문이다. 그가 알고 있듯이, 사실들은 정확한 해석을 가리키기 때문에, 전제주의자들이 주장하는 바와 같이, 우리는 먼저 사실을 제대로 해석하기 위해 정확한 해석을 채택할 필요가 없다.

2. 아래로부터의 변증학

전제주의자들은 변증학은 기독교적 가정과 믿음(최소한 잠정적으로 불신자들이 기독교의 안경을 통해 세상을 바라볼 때, 모든 것을 얼마나 잘 이해하는지)을 수용함으로써 "위로부터" 시작되어야 한다고 주장한다.

고전적 변증가들 역시 기독교를 증명하기 전(무신론자들과 대화할 때)에 유신론적 세계관을 확립하는데, 이는 느슨한 하향식 접근이다. 그러나 몽고메리 같은 증거주의자들은 그리스도와 성경의 기록으로 "아래로부터" 시작하는 것을 선호하며 전형적으로 부활과 예언에 초점을 맞춘다. 그는 자연신학보다 그리스도로부터 시작하는 것을 선호했던 루터를 고려한다.

위로부터의 접근은 과학 철학의 지지를 받는 것 같다. 토마스 쿤은 과학 이이론 의존적 패러다임에 개입함으로써 큰 영향을 받는 것으로 특징지었다. 그러나 몽고메리는 과학자들은 어떤 설명이 정확한지를 결정적으로 시험할 수 있는 중요한 실험을 구성하기 위해 많은 주의를 기울인다고 말한다. 결국, 과학은 보다 상향적인 과정이다.

「앵거스 메뉴」(Angus Menuge)는 몽고메리의 주장을 지지하면서, "듀엠과 콰인(Duhem and Quine)이 강조하듯이, 아무리 다루기 어려운 증거라 하더라도 엄격한 논리가 가설을 유지하게 해 준다는 사실은, 가설 이외의 다른 것이 책임이 있기 때문에, 가설이 틀렸을 가능성이 높다는 것을 보여주는 것을 막지는 못한다"[63] 라고 덧붙인다. 법적으로도 증거에 대한 면밀한 검토는 논거에 대한 정확한 해석을 가리키는데, 이러한 것은 상향식 과정이다.

---

63 Angus J. L. Menuge, "The Transcendent Incarnate, J. W Montgomery's Defense of a Christo-centric Weltanschauung," in Dembski and Schirrmacher, *Tough-Minded Christianity*, p. non. 9 「메뉴」지의 논문은 몽고메리의 변증적 사유의 흐름을 표현한다.

몽고메리는 분명히 전제주의자가 아닌 셜록 홈즈(Sherlock Holmes)의 말을 인용하며 "사실을 미리 이론화하는 것은 중대한 실수"[64]라고 말한다.

법적 추론이라는 렌즈를 통해 역사적 자료들을 보려면 어떤 표준을 사용해야 하는가?

민사 사건에서는 피고인이 무죄라고 추정하지 않으므로 단순히 어느 쪽의 주장이 설득력이 있는지, 즉 증거의 우세에 따라 결정된다. 그러나 형사 사건에서 피고인은 무죄로 추정되며 검찰은 합리적 의심을 넘어 혐의를 입증해야 하는 부담을 안고 있다.

형사적 기준이 채택되면, 기독교가 입증되지 않는 한에서는 무신론이나 불가지론이 가정되거나, 플랜팅가가 비난조로 말했듯이 무죄가 입증될 때까지 믿음은 유죄로 인정된다. 이렇게 보다 엄격한 기준을 선호하는 것은 많은 사람이 종교만큼이나 중요한 사항에 관한 생각을 바꾸기 위해서는 높은 수준의 증거를 요구하기 때문이다.

그러나 민사적 기준을 선호하는 것은 기독교가 다른 세계관과 경쟁하기 때문이다. 모든 사람은 어떤 관점을 가지고 활동하기 때문에, 마치 아무 관점을 갖지 않는 것이 기본값인 것처럼, 기독교를 믿느냐 아니면 아무런 관점도 갖지 않느냐는 선택 사항이 아니다. 예를 들어, 전형적 무신론자들은 유물론적 세계관을 가정한다.

몽고메리는 이런 이론적 함의들을 강조하지 않고, 증거는 "합리적으로 다른 모든 설명을 배제할 수 있기"[65] 때문에 법률적인 증거의 수준까지[66] 올라오며, 사실들과 일치하는 다른 합리적인 설명은 없다고 단언한다.[67] 그는 평결은 "자신을 대변할 수 있는 사실의 능력",[68] 즉 정확한 해석을 가리키는 사실의 능력에 달려 있다고 강조한다.

그는 홀로코스트에 대한 두 가지 해석을 제시하는 폴 파인버그를 인용한다. 홀로코스트가 광적인 반유대주의에 의한 살인이었다는 해석과 유대인을 사랑했고 그들의 역사가 불공평한 박해의 역사라고 느낀 히틀러가 그들을 바로 천

64　Montgomery, *History, Law, and Christianity*, p. 11.
65　Montgomery, *Tractatus*, 3.665, p. 102.
66　Ibid.
67　Montgomery, *History, Law, and Christianity*, p. 92.
68　Ibid., p. 97.

국의 영원한 축복 속에 들어가기를 원했다는 해석이 그것이다. 사실들이 어느 정도 해석을 가리킬 때 우리는 두 번째 해석을 배제할 수 있다.[69]

몽고메리가 사실들이 해석을 가리킨다고 말할 때, 그들 사이에 필연적인 연관성이 있는 것처럼, 오직 하나의 가능한 해석이 있음을 뜻한 것은 아니다. 오히려 사실들은 가장 가능성이 높거나 가장 좋은 해석을 가리킨다. 사실이 가리키는 지점을 받아들이지 않는다면, 그것은 합리성에서 벗어나게 되는 귀납적 과정이다. 사실과 해석 사이의 적합성을, 더 정확하게 말해 귀추법(aduction)의 하나라고 생각하는 경우에도 마찬가지다.[70]

그리스도에 관한 신약성경의 주장을 받아들이거나 거부하는 결정은 우리가 무시할 수 없는 중대한 결정 중 하나다. 다른 많은 중요한 결정처럼, 100퍼센트의 증거가 부족하다는 이유로 그것을 미룰 수 없다. 실존주의자들이 삶은 결정을 수반하며, 결정을 거부하는 것 자체도 하나의 결정이라고 한 것은 옳다.

그러므로 진짜 질문은, '그리스도를 위해 결정을 내리지 않을 더 좋은 이유가 있는가' 하는 것이어야 한다.[71] 몽고메리에게 믿음은 높은 개연성과 확실성 사이의 간격을 메운다.[72] 실례를 위해, 어떤 수치를 제시하기 위해서는 95퍼센트 수준으로 그것을 증명할 수 있고, 나머지 5퍼센트를 차지하는 믿음이 확신을 제공한다.

몽고메리는 믿음 결정의 실제적인 측면을 강조하기 위해, 파스칼의 유명한 내기를 가리킨다. 기독교의 진리에 찬성하고 반대하는 증거가 정확히 균형을 이루었다고 해도, 여전히 믿을 만한 강력하고 실제적인(공리주의적인) 이유가

---

69 Paul D. Feinberg, "History: Public or Private? A Defense of John Warwick Montgomerys Philosophy of History," *Christian Scholar's Review* 1 no. 4 (Summer 1971): 325-31.
70 파인버그(Ibid., pp. 129-30)는 몽고메리에 대해 내쉬(Nash)가 제시한 비판이 사실과 해석 간의 관계에 대한 표식에서 벗어났다고 생각한다. 로날드 내쉬(Ronald H. Nash)의 "The Use and Abuse of History in Christian Apologetics," *Christian Scholar's Review* 1, no. 3 (Spring,1971): 217-26을 보라. 신학과 과학에 대한 보다 광범위한 맥락 속에서 이론과 사실 간의 상호 작용에 대한 풍부하고 복잡한 견해에 대해서 몽고메리의 "The Theologian's Craft," in *The Suicide of Christian Theology* (Minneapolis: Bethany House, 1970), pp. 267-313을 보라.
71 Montgomery, *Tractatus*, 3.9-39.23, pp. 125-26
72 John Warwick Montgomery, "God and Other Lawmakers,"*Beyond Culture Wars,* special "sue of *Modern Reformation* 2, no. 3 (May/June 1993): 21-25. 나는 이것을 Ross Clifford, *John Warwick Montgomery's Legal Apologetic* (Edmonton, AB: Canadian Institute for Law, Theology, and Public Policy, 2004), p. 51에서 알게 되었다.

있을 것이다.

 기독교를 받아들이고 그것이 사실이라면 천국에 가서 모든 것을 얻는다. 반대로 그것이 거짓이라면 아무것도 잃지 않고 여전히 좋은 삶(예를 들어, 도덕적인 것)을 갖게 된다. 그러나 기독교에 대한 배척이 옳다고 판명되면, 얻는 것이 아무것도 없지만, 믿음을 거부하는 일이 잘못된 것으로 밝혀지면 모든 것을 잃게 된다. 그러므로 기독교인은 모든 것을 얻거나 아무것도 잃지 않는 반면, 무신론자는 아무것도 얻지 못하거나 모든 것을 잃게 된다. 어떤 도박꾼도 그런 내기를 받아들이지 않을 것이다. 몽고메리는 기독교에 대한 찬·반 논증은 결코 동등하게 균형이 맞지 않는다고 재빨리 덧붙인다.[73]

 몽고메리는 그 과정의 영적인 역동성을 강조하면서 "그리스도의 주장을 증명하는 또 다른 방법"[74]을 언급한다. 요한복음 7장 17절에서 예수님은 누구든지 '하나님의 뜻을 행하려고 하면 그 가르침이 하나님에게서 온 것인지 알 수 있을 것'이라고 말씀하시며, 로마서 10장 17절은 '믿음은 하나님의 말씀을 들음'으로써 생긴다고 말한다. 몽고메리는 "이는 어떤 사람이든 정직하게 그리스도인의 주장을 발견하기를 바란다면 성경과 교회에서 하나님의 말씀과 접촉하기만 하면 된다는 것을 의미하며, 하나님의 말씀은 그의 개인적인 경험에서 증명될 것이다. 단지 불신[75]을 멈추기만 하면 된다"(막 9:24)라는 결론을 내린다.

 전제주의자들은 동의할 것이고, 나아가 영적인 반란은 불신자의 핵심 문제이기 때문에 정보와 논증들은 일차적인 해결책이 아니라는 점을 강조한다. 플랜팅가는 몽고메리의 말에 동의하지만, 우리 안에서 쉽게 솟아나는 '신의식'을 가리킬 수도 있다.

 그러나 플랜팅가가 '신의식'과 성령의 역사를 주된 믿음의 원천으로 간주하는 반면, 몽고메리는 여하한 일들을 주관적이고 부차적인 것으로 본다. 그는 "성령의 조명이 없으면 말씀은 아무것도 할 수 없다"[76]라는 칼빈의 주장은 도

---

73 Montgomery, *Tractatus,* 3.96-97, p. 127. 파스칼은 『팡세』(*Pensees*) 233절에서 "내기"를 건다.
74 Montgomery, *Where Is History Going?,* p. 35.
75 Ibid., p. 36.
76 John Calvin, *Institutes of the Christian Religion,* trans. Ford Lewis Battles, ed. John T. McNeill (Philadelphia: Westminster, 1960), 3.2.33; "The Holy Spirit and the Defense of the Faith," in *Christ as Centre,* p. 140에서 인용됨. 칼빈은 또한 성령은 "모든 증거보다 강하다"라고 말

움이 안 된다고 본다. 주관성을 강조하면, 그것이 마치 주관적인 문제(바르트와 신정통주의의 오류)인 것처럼, 이미 그것을 믿고 있는 사람들에게만 "참되다"라는 인상을 남길 수 있다.[77] 그는 여러 표본 구절에서 볼 수 있듯이, 칼빈이 말하는 성령의 내적 증언은 증거의 대용이 아니라고 말한다.

이를테면, 항상 대답할 준비를 갖추고 있으라는 베드로의 권고(벧전 3:15), 중풍병자를 치료함으로써 죄를 용서할 수 있는 능력과 권위를 증명한 것과 같은 예수의 기적들(예. 막 2장), 부활하신 그리스도께서 영이 아님을 보여주는 누가의 서술(눅 24:39), 그리스도의 부활에 관한 "많은 틀림없는 증거"를 포함하는 누가(행 1:3), 부활하신 그리스도가 500명 이상의 사람에게 보이신 것에 관한 바울의 언급(고전 15:6)[78] 등이 그러하다.

문제는 성령의 역사가 신뢰성이 독립적으로 검증될 수 있는 성경을 통해 일어나는지, 아니면 성령의 사역이 성경이 믿을 만하다는 인식을 하기 위한 전제 조건인지 여부다.[79] 구원을 가져오는 믿음의 유일한 효과적 원인으로서, 구원을 이루시는 성령의 역사와 변증학에서 성령의 역할은 혼동할 수 없다. 조금 달리 말하면, 구원론에서의 성령의 역할은 그것이 생물학과 관계할 때의 역할과는 다르다. 나아가 성령은 증거를 만들지 않고, "복음을 인격적으로 의미 있게 만든다."[80] 성령의 역할에 대한 혼란은 성경의 진리가 주관적인 문제라는 인상을 줄 수 있으며, 성경의 신빙성을 "비계시적 경쟁자들"[81]과 더불어 "검증 불가능의 심연"으로 밀어넣을 수 있다.

몽고메리는 반틸학파가 불신자들의 정신 상태를 잘못 평가했기 때문에, 이와 밀접하게 관련된 문제를 지니고 있다고 믿는다. 그는 변증학은 불신자의 필요에서 시작되어야 한다고 주장하기 때문에,[82] 이 문제는 특히 중요하다. 복음주의자로서뿐 아니라 루터교도(미주리노회)인 그의 신학적 관점에서 볼 때, 타

하며, "성경은 자증 능력을 갖고 있다"라고도 말한다. Calvin, *Institutes* 1.7.4-5; "The Holy Spirit and the Defense of the Faith"에서 인용됨.
77 Montgomery, "The Holy Spirit and the Defense of the Faith," in *Christ as Centre*, p. 143.
78 John Warwick Montgomery, "The Holy Spirit and the Defense of the Faith," in *Christ as Centre*, p. 140.
79 Ibid., p. 141.
80 Ibid., p. 142.
81 Ibid., p. 144.
82 저자와의 개인적인 이메일 교류, Oct. 10, 2013.

락한 불신자의 마음은 논리를 이용하고 증거를 처리할 충분한 능력이 있다. 그는 『합의서』(*the Book of Concord*)[83]에서 몇 가지 "근본적인 변증적 공리"를 도출한다.

(1) 타락한 사람은 연역적으로 추론할 수 있는 능력을 보유하고
(2) 귀납적으로(귀납법은 그가 "경험적 자료에서 정확한 사실 추론을 이끌어낼 수 있게" 해 준다.)
(3) 논리와 사실은 신자와 불신자 사이의 공통점을 형성하며 그것을 통해서 신자는 그를 반대하는 불신자의 추론을 이용할 수 있다.
(4) 공통 기반은 신자가 유비를 사용하여 불신자를 효과적으로 설득할 수 있게 한다.
(5) 타락한 인간은 신의 존재, 성경의 사건과 "명료한 성경 본문"에 대한 자연적인 지식을 얻을 수 있다.
(6) 하지만, 이러한 능력들 중 어떤 것도 하나님과의 관계를 개선할 수 없다. 하나님 - 오직 성령만이 회심을 일으킬 수 있다.[84]

타락한 인류는 신의 목소리를 이해할 수 있고 이성적으로 반응할 수 있다. 아담이 타락한 후(창 3:9-10) 그랬던 것처럼 말이다.

"전적 타락"은 타락한 인간이 하나님과 완전히 단절되어 "자신의 이성이나 힘에 의해"(루터의 소요리문답, 신조의 제3조), 지성적 논증을 포함하여 그 자신의 행위를 통해서는 스스로를 구원할 수 없다는 것을 의미한다. 그러나 칼빈에 대한 반틸학파의 해석은, 비록 불신자들이 비종교적인 결론을 가지고 있는 유사한 구조의 논증에 문제가 없을지라도, 그들이 신앙의 진리에 대한 사실적인 논증을 적절히 처리할 수 있다는 확신을 제거한다.

몽고메리는 사람들이 개인적인 믿음과 생활 방식에 도전하는 논증들에 저항한다는 것에 동의하지만, 문제는 그들이 적절한 결론에 도달하는 데 어려움을 겪는 것이 아니라, 그것을 받아들이는 데 문제가 있다는 것이다. 그는 반틸학

---

83 역주) 루터교회의 교리적 기준을 모아놓은 책. 이에 대해 다음 백과, https://100.daum.net/encyclopedia/view/b24h3301a를 참조하라.
84 Montgomery, "Christian Apologetics in the Light of the Lutheran Confessions," in *Christ as Centre,* pp. 159-61.

파 사람들이 그 차이점에 대해 충분히 명확하지 않다고 믿는다. 또한, 그들은 신앙에 대한 긍정적인 논증들을 허용하지 않으면서도, 불신자가 그들의 견해에 대한 비판을 파악할 수 있다고 확신하는 일관성이 없는 것처럼 보인다.

몽고메리는 기독교를 위해 긍정적인 논증을 제공한다고 해서 불신자 속에 있는 자율성에 대한 죄책감을 조장하는 것도, 하나님의 주권을 빼앗는 것도 아니며, 오히려 합법적으로 마음속에 희망의 이유를 제공한다고 결론짓는다(벧전 3:15).

3. 부활에 대한 성경의 기록의 논거

몽고메리는 기독교는 검증할 수 있으며, 단지 자증적인 경험을 제공하지 않는다는 점에서 다른 종교 전통과 다르다고 말한다. 주관적인 경험은 어쨌든 종교적인 진리를 증명할 수 없다.[85] 그 대신 기독교는 "절대적 주장의 진리는 통상적인 조사에 열려 있는 특정한 역사적 사실에 전적으로 의존한다"[86]라고 선언한다.

오직 두 개의 다른 위대한 종교만이 역사적 근거를 주장하지만, 그들에 대한 증거는 불충분하다. 유대교의 경전은 BC 1세기까지만 거슬러 올라간다. 따라서, 주요 사건들과 기록들 사이에 너무 많은 시간이 존재한다. 만약 신약성경의 예수님의 생애가 입증될 수 있다면 구약성경은 입증할 수 있겠지만, 유대교 자체는 예수님을 거부하기 때문에 입증할 수 없을 것이다. 이슬람은 코란에 의지하지만, 오직 무함마드의 개인적인 주장이 있을 뿐 어떤 종류의 기적적인 사건도 없다. 주요 종교는 아니지만 몰몬교는 역사성을 주장하지만, 몽고메리는 역사적 신빙성이 부족하다고 말한다.[87]

몽고메리는 복음서를 역사적 시각뿐만 아니라[88] 법적인 것에서도 검토하기 때문에, 그는 구두증거배제법칙(parol evidence rule)[89]과 같은 것들을 고려한다.

---

85   그는 카이 닐슨스(Kai Nielsens)의 "Can Faith Validate God-Talk?" in *New Theology No. 1*, ed. Martin E. Marty and Dean G. Peerman (New York: Macmillan, 1964), esp. p. 147. Montgomery *History, Law, and Christianity*, p. 67 n. 1을 포함하여 여러 편의 저작을 인용한다.
86   Montgomery, *History, Law, and Christianity*, p. 67.
87   예를 들어, in Montgomery, *Where Is History Going?*, pp. 37-74.
88   Montgomery, *Tractatus*, 3.14311-3.14313, p. 73.
89   역주) 구두증거배제의 법칙 또는 외부증거배제의법칙(parol evidence rule)이란 "계약 당사

이 법칙에 따르면 유언장 등 일부 문서는 그들의 해석을 방해한다고 주장할 수 있거나, 검토 중인 문서가 작성자 메시지의 불완전한 표현이라고 주장할 수 있는 다른 문서와 별도로 (법원이) 검토해야 한다. 그는 복음서가 "수행되고 완성된"[90] 것과 같은 독립된 방식으로 고려되어야 한다고 믿는다.

그는 또한 전문(傳聞)증거배제법칙(the hearsay rule)[91]을 고려한다. 이에 따라 법정에서 나온 진술은 대질 심문이 불가능해서 증거로 채택할 수 없다.

복음서들이 교차 심문을 받을 수 없다는 사실에도 불구하고 받아들여질 수 있을까?

몽고메리는 복음서의 작성을 둘러싼 적대적 상황이 이 문제를 "소실점"(vanishing point)[92]이 되게 한다고 말한다. 복음서 기자들이 글을 쓸 당시 복음서에 대한 극도의 반대로 인해 현실 세계의 대질 심문을 받게 되었을 것이고, 그것을 통해서 제자들의 잘못된 진술, 과장, 심지어 허황된 언행이 있었다면 모두 발각되었을 것이라는 말이다.[93]

신약학자인 크레이그 블롬버그(Craig Blomberg)는 기독교 비평가들이 거짓과 왜곡을 발견할 수 있었다면, 그 운동이 "매우 취약하고 허술한" 초기 단계에서 그들을 공격하는 데 사용했을 것이라는 관찰을 덧붙인다.

자간 협상을 끝내고 서면 계약서에 서명을 한 때에는 그동안 당사자 간의 구두 또는 서면으로 협상한 내용이 완전히 수렴하여 흡수 통합된 것으로 보는 것을 말한다. 그래서 당사자 간에 최종적으로 완성된 계약이 존재하는 경우 당해 계약 성립 이전에 당사자가 행한 합의 또는 구두 증거는 당해 계약 내용을 변경, 추가 또는 부정하기 위한 증거로서 채택될 수 없다는 원칙을 말한다." 이에 대해 네이버 위키백과를 참조하라. https://ko.wikipedia.org/ /wiki/%EA%B5%AC%EB-%91%90%EC%A6%9D%EA%B1%B0%EB%B0%B0%EC%A0%9C%EC%9D%98_%EB%B2%95%EC%B9%99.

90 John Warwick Montgomery, *The Law Above the Law* (Minneapolis: Bethany House, 1975), pp. 87-88.

91 역주) 이에 대해 네이버 영어사전, https://en.dict.naver.com/#/entry/enko/b4834f40043d-49edb016c66d106e34ce 참조하라.

92 Montgomery, Human Rights and Human Dignity, p. 149. 그는 대륙 민법에는 그러한 전문 배제 법칙이 없으며, 비록 미국과 영국의 형사 재판에서 예외가 그 규칙을 거의 삼켜 버리긴 했지만, 영미 관습법에는 있다는 점에 주목한다. 클리포드(Clifford[John Warwick Montgomery's Legal Apologetic, p. 81])는 몽고메리가 적대감이 대질 심문과 동등한 것을 제공한다고 주장할 필요가 없다고 믿는다. 그것은 동등할 만큼 엄격하지 않으며, 어쨌든 문서는 그 자체로 장점이 있다.

93 Montgomery, *History, Law, and Christianity*, pp. 85-86; and Montgomery, *Human Rights and Human Dignity*, p. 149.

그러나 우리는 그런 공격을 알지 못하며, 기독교는 그리스도의 삶이 직접 알려진 예루살렘에서도 뿌리를 내렸다. 후에 유대 문헌은 예수님이 마법사인 것을 근거로 공격했지만, 이는 예수님이 "정말 놀라운 일을 했다"라는 것을 인정하면서 오직 그 힘의 원천만 논쟁의 대상으로 삼고 있다.[94]

극도의 반대가 대질 심문으로서 기능했는지 여부에 관계없이, 고문서는 대질 심문을 할 수 없지만 증거적 가치를 갖는 것으로 받아들여지기 때문에 전문배제법칙(the hearsay rule)에 예외를 제공한다. 19세기의 법률적 권위자인 사이먼 그린리프(Simon Greenleaf)에 이어 몽고메리는 고대 문서가 변조되었다는 증거가 없고 "합리적으로 보관"[95]되어 왔다면, 수용될 것이라고 말한다. 물론, 문서를 증거로 인정하는 것은 그 내용의 유효성을 입증하는 것은 아니므로, 찬성자와 반대자는 그것의 신빙성에 대한 주장을 제시한다.[96]

따라서, 신약성경의 날짜, 저자 그리고 출처를 입증하면, 성경이 포함하는 증언을 받아들일 수 있다.[97] 적절한 출발점은 믿을 만한 출처인지 판단하기 위해 성경 기록을 조사하는 것이다.

이 신약성경 기록들은 얼마나 타당한가?

그들은 전달의 신빙성(본문은 쓰일 때부터 우리 시대까지 정확하게 전달되었다), 내적 신빙성(일차 자료 문서가 그 자체로 참되다고 주장한다), 외적 신빙성(저자와 날짜는 전도자 요한의 제자로서 요한으로부터 첫 세 복음서들이 전통적인 저자들에 의해 실제로 기록되었다고 들었던 2세기 초의 저자 파피아스[Papias]의 증언 같은 견고한 외적 증언에 의해 뒷받

94　Lee Strobel, *The Casefor Christ* (Grand Rapids: Zondervan, 1998), p. 51에서 인용됨; 클리포드(*John Warwick* Montgomery's *Legal Apologetic*, p. 81)는 내게 이 인용을 상기시켜 주었다.

95　Montgomery, *Human Rights and Human Dignity*, p. 137. Simon Greenleaf *The Testimony of the Evangelists*, reprinted in John Warwick Montgomery; *The Law Above the Law*, appendix, pp. 91-140, and available at *Project Gutenberg*, www.gutenberg.org/files/34989/34989-h/34989-h.html. 고문서 규칙에 대해 변호한 것을 몽고메리가 편집하는 온라인 학술지에서 찾을 수 있다: Boyd Pehrson, "How Not to Critique Legal Apologetics: A Lesson from a Skeptic's Internet Page Objections, *Global Journal of Classical Theology* 3, no. 1 (March 2002): 1-9, _boydpehrson.php. 클리포드(*John Warwick Montgomery's Legal Apologetic*, p. 59)가 내게 퍼슨(Pehrson)을 알려주었다. 고문서 규칙에 대하여 ibid., pp. 59-72를 보라.

96　Montgomery; *Human Rights and Human Dignity*, p. 139; Montgomery, *Tractatus*, 3.2912, p. 80. 클리포드(*John Warwick Montgomerys Legal Apologetic*, p. 68)는 내게 이 두 인용구를 알려주었다.

97　Montgomery; *Tractatus*, 3.29121, p. 80

침된다)에 대한 역사학자들의 요구 사항을 훌륭하게 충족시킨다.[98]

전승의 신뢰성과 관련해서, 하부 비평(lower criticism)[99]은 가장 신뢰할 수 있는 문서임을 보여준다. 우리는 다른 고대 문헌보다 훨씬 더 많은 원고 그리고 실제 사건에 더 가까운 원고들을 가지고 있다. 일부 단편, 인용문, 성구집 독본(lectionary readings)은 1세기 초와 아마도 그 이전까지 거슬러 올라갈 것이다. 대조적인 예로, BC 1세기에 쓴 카툴루스(Catullus)가 있다. 그에 대한 우리의 모든 지식은 잃어버린 이탈리아 르네상스의 단 한 권의 원고에서 나온다.

우리가 신약성경의 원본을 가지고 있지 않은 것은 사실이지만, 그것은 모든 다른 고대 문헌에도 해당된다. 우리는 셰익스피어 원작의 희곡을 하나도 가지고 있지 않다. 보존된 신약성경 필사본에는 약간의 차이가 있지만, 그 중 어떤 것도 중요한 교리에 영향을 미치지 않는다. 게다가 변종들의 수는 어느 정도는 이용 가능한 수많은 원고의 결과물이다.

이슬람교도들은 코란이 변형이 적기 때문에 우수한 원고 전통을 갖고 있다고 주장하지만, 몽고메리가 지적하듯이 그것은 제3의 칼리프인 우스만(Uthman)이 메디나(Medina)의 원고를 경전화하고 나머지를 모두 파괴함으로써 변종 문제를 해결했기 때문이다. 지금은 어떤 원고가 최선이었는지 판단할 방법이 없다.

몽고메리는 신약성경 문서의 신빙성을 의심하면서도 고대의 다른 어떤 문서를 신뢰하는 사람은 무지하거나 맹목적으로 편향된 사람이라고 결론짓는다.[100]

내적 검사는 문서가 스스로 주장하는 바를 고려한다. 역사적, 법률적, 문학적 연구는 의심의 이점이 문서 그 자체로 돌아간다는 아리스토텔레스의 격언을 따른다.[101] 일상생활에서도 우리는 반대되는 증거가 없는 한, 사람들을 진실하다고 여긴다. 편집증 환자만이 모든 사람을 의심한다(스윈번의 원리 증언과 비교하라).

신약성경 문서는 목격자나 그들의 측근에 의해 쓰였다고 주장한다. 누가는 "목격자"의 자료들을 사용했으며 "모든 것을 주의 깊게 조사했다"(눅 1:2-3)라

---

98   Montgomery, *Human Rights and Human Dignity*, p. 137(원래의 강조).
99   역주) 성경 원문의 재구성을 목적으로 하는 성경적 비평의 한 형태: 출처: http://www.dictionary.com/browse/lower%20criticism.
100 Montgomery, *Tractatus*, 3.241-3.258, pp. 73-76. 우스만(Uthman)에 관하여, 몽고메리는 A. Jeffery, *Materials for the History of the Text of the Quran* (Leiden: E. J. Brill, 1937)을 인용한다 (p. 75).
101 *Tractatus*, 3.261, p. 76. Aristotle, *De Arte Poetica* 1460b-1461b, 몽고메리에 의해서 인용됨.

는 말로 복음서를 시작한다. 요한은 "본 자가 증언하였다"(요 19:35)라고 말하고, "우리가 보고 들은 것"(요일 1:3)을 선포한다.

신약성경 저자들은 목격자 증언의 가치를 인정하고(행 1:22; 2:22), 예수님을 인용하는 것과 자신의 권위와 말하는 것(고전 7:12)을 신중하게 구분했다. 그들은 부정확성을 맹렬히 지적했을 적대적인 청중과 마주했을 것이다.[102]

더 나은 자료가 있다면 그리스도에 대한 성경의 기록을 깎아 내릴 수 있었겠지만, 그런 자료는 존재하지 않는다. 외적인 증거는 외부 자료들이 말한 내용을 자세히 살핀다. 신약성경은 다른 문서들(영지주의와 외경에 대해서는 그렇지 않다)에 의해 지지를 받는다.[103]

그런데 이런 일은 지금까지 남아 있는 자료가 제한된 고대 문서에는 드문 일이다. 히에로폴리스(Hieropolis)의 주교였던 파피아스는 사도 요한이 베드로를 마가복음의 원천으로 신뢰했다고 썼다(AD 130년경). 그리고 베드로가 누락하거나 거짓으로 포함한 것이 없다고 주장했다고(130년경) 덧붙였다.

리옹(Lyons)의 주교 이레니우스는 폴리캅에 의해 훈련 받았고, 폴리캅은 사도 요한에게 훈련을 받았다. 그는 AD 180년경 베드로와 바울이 설교할 때 마태가 그의 복음을 널리 알렸다고 썼고, 마가는 베드로의 말을 그대로 썼으며, 누가는 바울을 따라다니며 하나의 원천으로서 그가 말한 것을 썼고, 요한은 에베소에 살면서 복음서를 기록했다.

복음서의 연대가 상당히 늦어져서 비현실적인 왜곡이 일어나기도 했지만, 다양한 필사본의 발견은 그 연대를 사건 당시로 훨씬 더 가까워졌다. 시내 사본(Codex Sinaiticus)이나 바티칸 사본 같은 초기의 완전한 원고 외에도, 1세기 말이나 그 이전까지 거슬러 올라가는 단편, 인용문, 성구집 독본(lectionary readings) 등이 있다(요한복음서에 대한 존 릴랜드[John Ryland]의 단편이 2세기 초까지 거슬러 올라가므로, 요한복음이 2세기 후반에 기록되었기 때문에 요한이 그것을 기록할 수 없었다는 주장을 반박할 수 있을 것이다).

몽고메리는 사도행전이 AD 64년부터 65년 사이에 일어난 바울의 죽음을 언급하지 않기 때문에 더 일찍 기록되었을 것이라고 덧붙인다. 그러므로 누가복

---

102 F. F. Bruce, *The New Testament Documents: Are They Reliable?*, 5th ed. (London: Inter-Varsity Fellowship, i960), pp. 45-46; 몽고메리의 *History, Law, and Christianity*, p. 35에서 인용됨.
103 Montgomery, *Tractatus* 3.274, p. 78.

음서는 그 전에 기록되었다(누가복음은 1부, 사도행전이 2부다). 마가복음은 더 일찍 기록되었을 것이다. 왜냐하면, 누가의 자료 일부가 누가복음(그리고 마태복음)에 사용된 것처럼 보이기 때문이다.[104] 다른 사람들은 복음서가 70년대의 예루살렘 파괴나 67년대의 네로의 박해 그리고 바울과 베드로의 죽음에 관해 언급하지 않기 때문에 틀림없이 일찍 기록되었을 것이라고 말한다.

존 A. T. 로빈슨(John A. T. Robinson)은 마태복음에는 일반적으로 유대교 문화처럼 AD 70년 이후 매우 심각하게 약화된 사두개인들의 영향에 대한 일곱 가지 경고가 포함되어 있으므로, 유대교와의 공존은 필요 없었다는 점을 반영하고 있다고 말한다.[105] 그러므로 신약성경의 신뢰성을 인정하는 것은 그리스도에 관한 성경의 증언의 신뢰성을 지지하는 것과 같다.

기록의 신뢰성에 대한 문제에서 옮겨서, 증인들 자신과 기록의 신뢰성에 대하여는 뭐라고 말할 수 있을까?

아마도 그 주제에 대해 가장 존경 받는 작품에서 도출해 보면, 네 가지 검사를 적용할 수 있다.

(1) 증인들에 결함이 있는가, 그들의 배경에 신뢰할 수 없거나 믿을 수 없음을 나타내는 것이 있는가?
그들은 사실과 환상을 구별할 수 있을까?
그들은 믿을 만하고, 솔직하며, 사실과 허구를 확실히 구분할 수 있는 것처럼 보인다. 예를 들어, 베드로는 그들이 교묘하게 꾸며진 신화를 따르지 않아야 하며, 그들은 증인들이라고 말할 때 이런 능력을 강조한다(벧후 1:6).

(2) 그들이 거짓말을 할 동기가 있었는가?
결코 그렇지 않다. 그들은 재산과 사회적 수용성을 잃었다. 그들은 거짓말은 마귀적인 것이라고 가르친 주님을 따라갔다(요 8:44).

(3) 그 설명은 내부적으로 일관성이 있는가, 아니면 모순적인가?
네 명의 독립적인 증인이 있는데 그들은 서로 다른 관점으로 사건을 본다. 그들의 설명은 담합이나 조작을 의심할 정도로 비슷하지는 않다. 한 구절만 제시하면, 예수께서 그들을 "마음에 더디 믿는 자들"(눅 24:25)이

---

104 Montgomery, *Tractatus*, 3.2771, p. 79.
105 Clifford, *John Warwick Montgomerys Legal Apologetic*, p. 93.

라고 함으로써, 사도들을 호의적이지 않은 관점으로 기술하는 점에서 신뢰성을 더한다.
(4) 설명과 우리가 역사나 고고학 등 다른 출처로부터 알고 있는 것 사이에 모순이 있는가?
복음서들에는 검증 가능한 세부적인 사항이 풍부하다.

> 디베료 황제가 통치한 지 열다섯 해 곧 본디오 빌라도가 유대의 총독으로, 헤롯이 갈릴리의 분봉 왕으로, 그 동생 빌립이 이두래와 드라고닛 지방의 분봉 왕으로, 루사니아가 아빌레네의 분봉 왕으로, 안나스와 가야바가 대제사장으로 있을 때에 하나님의 말씀이 빈 들에서 사가랴의 아들 요한에게 임한지라(눅 3:1-2).[106]

놀랄 만큼 세부적인 설명과 더불어, 성경의 기록이 고대사 및 고고학과 매우 잘 조화된다는 것은 의미심장하다. 예를 들어, 비판적인 학자들은 1961년 가이사랴에서 "빌라도 비문"이 발견되기 전까지 빌라도가 존재했다는 사실을 의심했다.

몽고메리는 흔히 생각하는 것보다 속임수를 저지르는 것이 더 어렵다는 사실에 주목한다. 가짜가 만들어질 당시 살던 사람들은 문제를 보지 못할 수도 있지만, 후세대는 보다 쉽게 그것이 기록되었다고 공언한 시대가 아니라 위조자 시대의 스타일에 적합하다는 것을 알 수 있다.[107]

위조자는 자신이 전에 한 말과 일치시켜야 할 뿐만 아니라, 자신의 이야기를 조사하는 누군가가 알고 있다고 생각되는 것과도 일치시켜야 한다. 그는 반대되는 자료에 비추어서 검증이 가능한 정도의 상세한 설명을 하지 말아야 할 것이다. 이는 앞서 언급한 누가복음 3장 1-2절과 같은 구절이 증명하듯이, 명백히 복음서 기자들의 전략이 아니다.

부활을 설명하기 위한 대안적 시도들은 실패했다. 호전적인 무신론학자 안

---

106 Montgomery, *History, Law, and Christianity*, pp. 76-80. 그는 그의 사중적 검사를 Patrick L. McCloskey and Ronald L. Schoenberg, *Criminal Law Advocacy* (New York: Matthew Bender, 1984), vol. 5, para. 12.01 [b]에서 도출했다고 말한다(p. 76 n. 16).

107 Montgomery, *Tractatus*, 3.2921, p. 80. 몽고메리는 *Lord Hailsham of St. Marylebone*(출판 정보 없음)을 인용한다.

토니 플루(Antony Flew)는 (하나님을 믿기 전에)[108] 기독교인들은 단순히 제자들이 거짓으로 알고 있는 것을 위해 죽었다고 설명하는 심리적 기적의 입장보다 생물학적 기적으로서의 부활을 선호한다고 주장했다. 그러나 몽고메리가 보기에 이것은 증거의 문제라는 점을 완전히 놓치고 있다. 제자들이 심리적으로 비정상적이었다는 증거는 없다. 오히려 그들은 예수가 죽은 사람들 가운데서 살아났다는 "대단히 강력한 당사자의 증거"를 제공한다.[109]

휴 숀필드(Huhg Schonfield)는 『유월절 음모』(The Passover Plot)에서 예수님이 십자가에 못 박히도록 유도하고 자신이 부활했다는 것을 제자들을 납득시킬 수 있을 정도로 오래 살아남기 위해 약을 먹었다고 주장한다. 그러나 이것은 예수님의 도덕적인 가르침과 맞지 않으며 예수님의 몸에 무슨 일이 일어났는지 설명하지 못한다. 몽고메리가 특징짓듯, 에리히 폰 다니켄스(Erich Von Danikens)의 『신들의 마차』(Chariots of the Gods)는 "예수는 교묘하게 예수 복장을 한 일종의 화성인이었다"라고 주장한다.

엄밀히 말해, 그러한 이론들이 가능할 수는 있겠지만, 가능성은 없다. 몽고메리는 이런 주장을 받아들이는 것을 보이지 않는 화성인들이 그 범죄를 저질렀다는 이유로 터무니없는 무죄 판결을 내리는 배심원들에 비유한다.[110]

몽고메리는 초대 교회가 변증학에서 두 가지 주요 주제를 사용했다고 말한다. 초대 교인들은 이방인과 교류할 때는 기적에 호소하고, 유대인 공동체와 교류할 때는 예언에 호소했다.[111] 그 두 가지 주제는 처녀 탄생 같은 중심적인 기적이 예언에도 나타났다는 점에서 연결되었다.

오늘날 "예언적인" 방언으로 말하는 기적에 관한 은사적인 호소는 그런 말이 "언어의 구조적 특성이 결여되어 있고," 불신자가 무슨 말을 했는지 알 방

108　Antony Flew with Roy Abraham Varghese, *There Is A God: How the World's Most Notorious Atheist Changed His Mind* (San Francisco: Harper One, 2008). Interview with Gary Habermas, "Atheist Becomes Theist: Exclusive Interview with Former Atheist Antony Flew," 2004, Biola Universitywebsite, http://www.epsociety.org/library/ articles.asp?pid=33.
109　Montgomery, *Human Rights and Human Dignity*, p. 152.
110　Ibid., p. 152.
111　John Warwick Montgomery, *Christ Our Advocate: Studies in Polemical Theology, Jurisprudence, and Canon Law* (Bonn, Germany: Verlag fur Kultur und Wissenschaft, 2002), p. 255. He recomm-ends Mark Edwards et al., eds., *Apologetics in the Roman Empire: Pagans, Jews, and Christians* (Oxford: Oxford University Press, 1999).

법이 없기 때문에 변증으로서 부적절하다.[112] 종말 예언에 대한 변증적인 호소 또한 문제가 많은데, 현재의 사건들을 예언과 연결시킬 수 있는 관점을 결여하고 있기 때문이다.

그러나 역사상 주목할 만한 방법으로 이루어진 예언은 매우 효과적이며, 특히 그리스도의 초림 때 이루어진 예언들이 그렇다. 구약성경은 그가 태어나기 전에 끝났기 때문에 예언들이 결코 그의 삶에 부합되게 쓰였을 수 없다. 그리고 유대인 지도자들은 성경과 그리스도의 삶을 모두 알고 있었으므로, 어떤 적합성의 결핍에 대해서도 크게 주목 받았을 것이다.

두 사건이 함께 발생할 확률을 계산하려면 두 사건이 개별적으로 발생할 확률을 곱해야 한다. 한 개의 주사위에서 2가 나올 확률은 1/6, 또 다른 주위에서도 1/6이라면, 두 개의 주사위 각각에서 2가 나올 확률은 1/6 x 1/6로, 1/36이 된다.

그리스도가 예언을 수행할 확률을 4분의 1이라고 가정한다면, 25개의 예언을 수행할 확률은 $1/4^{25}$, 즉 천조분의 1이다.[113] 이 계산은 매우 합리적인데, 4분의 1은 극히 보수적인 수치고, 하나를 성취하는 것이 자동적으로 다른 것을 성취하거나 그것이 더 많이 발생하게 하는 방식으로 중첩되지 않기 때문이다.

예수님은 의도적으로 예언을 성취할 수 없었을 것이며, 예언에 맞게 예수님의 삶의 사실을 바꾸려는 사도들의 어떤 시도도 구약성경의 예언과 예수님의 생에 관한 세부 사항을 모두 알고 있는 적대적인 사람들에 의해 들통났을 것이다.[114]

예수님 재판에 관한 복음서 설명의 역사성에 대한 몇 가지 도전에 답하기 위해 몽고메리는 파리대학교의 법률학자 장 임버트(Jean Imbert) 작품의 실례들을 열거한다.[115]

---

112 Montgomery, *Christ Our Advocate*, p. 256.
113 Ibid., p. 262; and Montgomery, "Why Human Rights Are Impossible Without Religion," in *A Place for Truth: Leading Thinkers Explore Life's Hardest Questions*, ed. Dallas Willard (Downers Grove, IL: InterVarsity Press, 2010), pp. 275-76.
114 Montgomery, *Christ Our Advocate*, p. 265. He ako recommends his *Where Is History Going?* and *Human Rights and Human Dignity*.
115 John Warwick Montgomery, "The Trial of Christ Defended: Jean Imberfs Le Proces De Jesus," in *Christ Our Advocate*, pp. 309-12; Reprinted from "Jesus Takes the Stand: An Argument to Support the Gospel Accounts, 5, *Christianity Today*, April 9, 1982.

첫째, 율법적인 바리새인들은 복음서에 묘사된 율법적 절차의 위반을 결코 허용하지 않았을 것이기 때문에, 그것들이 비역사적일 가능성이 높다는 주장이다. 그러나 임버트는 예수님 당시의 재판에서 저질러진 여러 가지 다른 정의의 침해를 인용한다. 게다가 이 재판은 유대인들 사이에서 예수님의 위신을 떨어뜨리기 위한 "의사-재판"(pseudo-judicial)으로 의도된 것이었다.

둘째, 미슈나(Mishnah)에 대한 중대한 위반이 될 수 있었기 때문에 재판이 하룻밤과 다음날에 완전히 열릴 수는 없었을 것이라는 주장이다. 그러나 "주빌리-쿰란"(Jubilees-Qumran) 달력의 발견은 3일 동안의 사건 연대기를 허용한다. 이는 에세네(Essene) 축제 주기가 화요일 저녁 유월절에 시작되었음을 보여주는 원고들이 발견되면서 뒷받침되고 있는데, 이 원고는 화요일을 최후의 만찬과 재판 연대기의 날로 확정한다.

셋째, 요한복음에는 재판에 관한 상세한 설명이 없다고 하면서, 판결에 관한 전적인 책임은 로마인에게 있고 유대인은 이와 무관하다고 한다. 임버트는 상세한 설명들은 앞서 기록된 다른 복음서들에 의해 충분히 설명되었다는 것을 요한이 알고 있었다고 대답한다.

넷째, 빌라도는 단지 행정장관이었으므로 사형을 선고할 수 없었을 것이다. 개인의 역동성에 대해 추측컨대 그는 아마도 예수님을 헤롯에게 넘겨주지 않았을 것이며, 예수님 대신 바라바를 석방하라는 압력을 받지도 않았을 것이라는 주장이다. 이에 대해 1961년 발견된 "빌라도 비문"은 그가 "장관"이었을 수도 있음을 보여주는데, 이는 그에게 사형을 선고할 권한이 있었음을 의미한다. 또한, 로마 총독들이 피고를 지방 치안판사에게 넘길 수 있다는 증거가 있으며, 지방 총독들이 군중의 압력에 굴복하여 형을 집행한 온전한 사례집이 있다.

부활에 관해 합리적인 결정을 내리는 사람이라면 증거가 가리키는 곳을 보아야 한다. 이런 일은 절대로 일어나지 않는다는 단순한 확신만으로 흄이 이를 기각한 것을 받아들일 수 없다.[116] 그런 식으로 추론한다면, 예를 들어, 불활성 기체는 어떤 조건에서 다른 원소들과 실제로 결합할 수 있다는 과학적인 발견을 결코 받아들이지 않게 될 것이다.

---

116 Montgomery, *Human Rights and Human Dignity*, p. 151.

부활처럼 특이한 사건을 검증하는 일에 특별히 어려운 것은 아닌가?

그렇지 않다. 그것은 사람이 죽었다는 것과 지금 살아 있음을 확인하는 것만큼 간단하다. 우리는 확실히 누군가 죽었는지 살았는지 확인할 능력이 있다. 그리고 그 개인이 잘 알려져 있을수록 죽은 사람은 현재 살아 있는 사람과 같음을 더 확실하게 결론 내릴 수 있다. 그러므로 도마와 같은 목격자들은 의심의 여지가 없다.[117]

증거 외에도 간단한 논리가 있다. 몽고메리는 프랭크 모리슨(Frank Morrison, 부활을 조사하다가 그리스도께 돌아온 사람)의 주장을 자세히 말한다. 예수가 살아나지 않았다면 누군가 시체를 훔쳐갔을 것이다. 그 일에 연루된 사람들은 로마 당국과 유대 종교 지도자들 그리고 제자들뿐이었다. 그러나 로마인들은 이 지역에서 아무런 문제도 일으키지 않기를 바랐기 때문에 아니었고, 유대인 지도자들은 그들의 영향력을 보존하기를 원하기 때문에 아니었다. 그러나 제자들은 시체를 훔쳐서 거짓말로 죽지는 않았을 것이다.[118]

일부에서는 부활에 대한 상반된 해석이 있다고 주장하지만, 몽고메리는 그러한 설명들은 다시 살아난 사람이나 그밖의 누군가로부터 나온다고 답한다. 부활한 사람이 적절한 해석을 주기 위한 훨씬 더 좋은 위치에 있음은 분명하다. 그는 본 다니켄(Von Daniken)이나 다른 누군가가 죽은 사람들 가운데서 살아날 때까지, 무슨 일이 일어났는지에 관한 예수의 설명을 더 좋아할 것이라고 익살스럽게 덧붙인다.[119]

예수님은 부활에 관한 전통적인 기독교의 견해뿐만 아니라 구약성경 전체를 입증한다. 왜냐하면, 그는 그것을 신적으로 권위 있는 것으로 간주했기 때문이다. 그리고 그는 성령께서 사도들이 자신의 가르침(요 14:26; 16:12-15)을 확실히 기억할 수 있게 해 주신다고 하셨기 때문에, 그는 그들의 미래의 가르침을 유효함을 확인했다.[120]

신약성경에 나타나는 그림은 일관적이다. 예수님은 하나님이시다. 이 결론은 다수의 비판적인 학자가 제기한 그의 현저히 다양한 이미지에 도전한다.[121]

---

117 Ibid., pp. 155-56.
118 Ibid., pp. 151-52. Frank Morrison, *Who Moved the Stone?* (Grand Rapids: Zondervan, 1987).
119 Montgomery, *Human Rights and Human Dignity*, p. 158.
120 Ibid., p. 159
121 Montgomery, *Where Is History Going?*, pp. 54-63.

4. 문학적 변증학

몽고메리는 자연신학에 의해 강화된 법적 논거의 가치를 믿지만, 점점 더 많은 사람에게 전혀 다른 접근법이 유용할 수 있다고 제안한다. 어떤 사람은 객관적 사실을 추구한다는 점에서 "강인한 사고방식"을 가진 반면, 다른 사람들은 삶을 주관적이고 실존적인 관점으로 본다는 점에서 "부드러운 사고방식"을 갖고 있다. 그들은 열역학 제2법칙 같은 것에는 관심이 없으며, 변증학이 "건조하고 부적절하다"[122]라는 결론을 내린다. 그들은 현명하지 못하게 객관성에서 벗어나 "자신의 영혼의 주관적 깊은 곳에 숨어 있을지 모를"[123] 해답을 찾고 있을 수도 있다.

로마서 1장 20-21절은 하나님에 대한 의식이 억압될 수는 있지만 근절될 수는 없음을 나타낸다. 아마도 창조자에 대한 감각 그리고 그와 잃어버린 관계와 구원의 필요성 같은 것들이 개인과 사회에 잘 솟아나면서, 문학에서 지속적이고 널리 퍼진 주제를 통해 표현될 것이다.

이에 대한 증거는 문화 전반에 걸쳐 공통적인 주제를 현저하게 보여주는 민속과 신화에 관한 많은 연구일 것이다. 예를 들어, 미르체아 엘리아데(Mircea Eliade, 1907-1986)는 역사의 시작과 끝에 낙원에 대한 공통적인 갈망이 있음을 관찰했다.[124] 다른 연구자들은 거의 광범위하게 퍼져 있는 홍수에 대한 설명과 "괴물"을 죽이는 반복되는 주제를 기록했다. 클라우드 레비 스트로스(Claude Levi-Strauss, 1908-2009)는 다른 연구자들에 의해 뒷받침된 사실로서 "세계의 다양한 지역에서 수집된 신화들 사이에 놀라운 유사성이 있다"[125]라고 결론짓는다.

몽고메리는 민화가 복음서의 주제들과 연결될 수 있는 방법을 제안한다. 『잠

122　John Warwick Montgomery, "Neglected Apologetic Styles," in *Evangelical Apologetics: Selected Essays from the 1995 Evangelical Theological Society Convention,* ed. Michael Bauman, David Hall and Robert Newman (Camp Hill, PA: Christian Publications, 1996), p. 119.

123　Ibid., p. 126.

124　Mircea Eliade, "The Yearning for Paradise in Primitive Tradition," in *Myth and Mythmaking,* ed., Henry A. Murray (New York: George Braziller, 1960), p. 73; 몽고메리의 "Neglected Apologetic Styles," p. 128에서 인용됨.

125　Claude LeviStrauss, *Structural Anthropology* (New York: Basic Books, 1963), 1:208; 몽고메리의 *Tractatus,* 6.41, p. 188에서 인용됨.

자는 숲 속의 미녀』(Sleeping Beauty)에서 공주는 사악한 마녀에 의해 죽음 같은 혼수상태에 빠지고, 성 주위에는 불가사의한 검은 딸기나무들이 자란다. 그 비극은 예언이 성취되어, 왕자가 사랑의 입맞춤으로 그녀를 일으켜 세울 때만 해결된다. 결혼 잔치가 열리고, "그들은 그 후로 행복하게 살았다."

몽고메리는 공주를 인류에, 마녀는 악마에, 왕자는 그리스도에 비유한다. 공주는 자기를 구원할 수 없고, 성 안에 있는 누구도 그녀를 구원할 수 없다. 구원은 성 밖에서 와야 한다.

> 인간의 몰락과 그 결과로서 물리적 세계 전체에 미칠 영향, 초월적인 신의 구원 행위 그리고 마지막 순간에 어린 양의 결혼 잔치가 이 이야기 속에서 통합된다.

전형적으로 "옛날 옛적에"로 시작하는 그런 이야기들이 역사의 실제 사건인 복음에 의해 실현된다.[126]

청자가 복음 자체를 민화의 유형에 맞는 또 다른 이야기로 간주하는 것을 가로막는 것은 무엇인가?

그 답은 여기에 그것이 실제 역사라는 설득력 있는 증거 기관이 있다는 것이다.

몽고메리는 기독교 문학 변증가가 "인간 존재의 깊은 곳을 확실히 꿰뚫고, 그로 세계의 신화와 전설을 완성한 그리스도를 향하게 하는"[127] 원형적 동기들을 가지고 이야기를 만들어 낼 수 있을 것이라고 말한다. 그는 C. S. 루이스와 J. R. R. 톨킨(J. R. R. Tolkien)[128]에서 매우 효과적인 예를 본다.

몽고메리의 신학 박사학위는 17세기 루터교 목사가 복음 이야기에 대한 연금술적 우화를 썼을 때 이단적이지도 혼합주의적이지도 않았다고 주장한다. 오히려 그는 창조적이고 신화적인 방법으로 복음을 전달하고 있었다.[129]

---

126 Ibid., 6.42-6424, pp. 186-87.
127 Montgomery, "Neglected Apologetic Styles, p. 129.
128 John Warwick Montgomery, "Tolkien: Lord of the Occult?," in *Christ the Centre*, pp. 393-99를 보라.
129 John Warwick Montgomery, *Cross and Crucible: Johann Valentin Andrea (1586-1654), Phoenix of the Theologians*, 2 vols.(The Hague: Martinus Nijhoff, 1973)을 보라. 로스 클리포드(Ross Clifford)는 UC Berkeley의 역사학자인 윌리엄 J. 보우즈마(Wiliam J. B- ouwsma)가 몽고메리의 해석을 호의적으로 논평한 것에 주목한다. Clifford, *John* Warwick Montgomery's *Legal*

주관적인 변증학에 대한 관심이 그의 학업 경력에 있어서 그렇게 일찍이까지 거슬러 올라간다는 것은, 이것이 단지 부차적인 관심이 아님을 보여준다. 그는 이것을 그리스도가 삶의 모든 국면과 어떻게 관련이 있는지를 보여주는 것으로 본다.

문학적인 접근이 사람들과 연결될 수 있는 더 깊은 이유가 있다. 우리 모두는 기독교적 진리에 의해서만 충족될 수 있는, 동일한 욕구를 가지고 있다. 인간으로서 우리 모두는 통합된 인격, 진정한 유대감 그리고 삶은 궁극적인 목적을 가지고 있다는 확신을 필요로 한다. 문학이 보편적인 인간의 문제와 해결책을 주제로 가지듯, 일부 심리학과 종교현상학도 "오직 하나님의 구원 방법을 통해서만 우리가 추구하는 통합된 인격을 제공할 수 있다는 성경의 주장을 강화한다."[130]

몽고메리는 그들의 다양하고 상반된 견해의 더 넓은 측면을 지지하지는 않지만, 일부 심리학자가 단지 단편적인 방법으로만 하더라도 보편적인 필요와 문제를 드러내는 것으로 본다. 예를 들어, 자크 라캉(Jacques Lacan, 1901-1981)은 "타락한 인간 상태의 자기 중심적인 마음을 보았다"라고 말했다. 칼 융(Carl Jung, 1875-1961)은 프로이트의 인간 동기에 관한 지나치게 단순한 관점을 거부하면서, "늙은 현인(하나님의 상징), 지구 어머니, 가면"(배후에 참된 자아를 숨긴 사회적 가면) 등과 같은 보편적인 상징 유형으로 표현된 공통의 정신적 삶을 확인했다. 융은 인간이 분열되어 있으며 치유가 필요하다고 보았는데, 이는 "변형의 상징"을 통해, 주로 십자가(융이 그것을 심리적으로 이해했음에도 불구하고)를 통해 이루어질 수 있다.

엘리아데와 다른 사람들이 문화 전반에 걸쳐 발견하는 것은 이런 공통적인 동기들이다. 몽고메리의 경우 이러한 것들은 인간의 일반적인 욕구를 나타내며, "성경적 종교가 바로 그것에 대한 해결책을 제시한다"[131] (비록 기독교가 모순 없이 경험적 사실들과 잘 맞으며 위선 없이 살아갈 수 있게 하기 때문에, 기독교는 참되다는 것을 증명하는 일을 그의 전체적인 전략의 일부로 삼았지만, E. J. 카넬은 기독교가 해답인 광범위한 인간의 욕구와 경험들을 그의 변증학 속에 통합한 점을 상기하라).

Apologetic, p. 184 n. 96. (안드레아[Andrea]의 책 제목은 *The Chemical Wedding of Christian Rosenkreutz*다).
130 Montgomery, *Tractatus*, 6.3, p. 184.
131 Ibid., 6.36, p. 186.

5. 인권의 기초로서 기독교

몽고메리는 모든 사람이 인권을 위하며, 심지어 잔인한 독재자들도 마찬가지라는 점에 주의한다. 그러나 근거는 분명하지 않으며, 그것을 제시하는 것은 "세속적인 시대에 복음의 효과적인 선포를 위해 필수적인"[132] 변증적 접근 방식을 제공한다.

고대 그리스를 시작으로 18세기까지 서구는 자연법 이론에 따라 운영되었다. 법률은 사물의 방식을 따라 유형화될 수 있다고 보았기 때문에, 종교적인 용어로 말하면 법률은 하나님이 만드신 방식을 의미한다고 생각했기 때문에, 그것은 "자연적인" 것이었다. 이런 관점은 인간의 본성과 세계의 본성을 윤리와 법률과 결합했다. 또 사물의 질서로부터 우리가 행동해야 하는 방식을 추론할 수 있다는 점에서 윤리와 법을 합리적인 것으로 만들었다.

법률은 객관적인 질서를 따랐기 때문에, 법률 체계 외부로부터 심지어 그 나라 밖에서도 객관적으로 평가될 수 있었다. 사람들은 법을 객관적인 도덕 질서와 자연법에 부합하는 것으로 여겼기 때문에 왕조차 절대적인 권력을 가지고 있지 않았다. 6세기에 그리스 로마법을 기독교의 틀에 넣은 유스티니아누스 황제 치하에서 만들어진 『유스티니아누스 법전』(the Justinianus Code)은 전형적인 예다. 간단히 말해, 그것은 어느 누구도 해치지 않도록, 정직하게 살도록 그리고 마땅히 받아야 할 것을 각자에게 줄 것을 요구했다.

그러나 기독교 세계관의 지배력이 약해지면서 자연법의 기초로 여겨지던 자연 질서에 관한 다른 생각들이 생겨났다. 그것은 나르게 해석될 수도 있을 것이다. 이것은 나중에 나치 치하에서 비극적으로 묘사되었는데, 나치는 '그들 각각에게 주어야 할 것을 각자에게'라는 제3원리의 한 해석을 부헨발트강제수용소(the Buchenwald concentration camp)의 문에 붙였다.[133]

자연법 이론은 18세기에 정부를 구성하기 전 인간의 자연 상태를 설명하

---

132 John Warwick Montgomery, "God and Other Lawmakers." p. 21. 또한 몽고메리의 "The Need for Epistemological Sophistication in Human Rights Teaching," in *Christ the Centre*, pp.194-209를 보라.

133 *Jadem das Seine*, "각자에게 맡긴다"(to each his own)라는 의미다. 다른 수용소에는 *Arbeit Macht Frei*, "노동은 자유를 만든다"(work makes free)라는 글이 붙어 있었다. 자연법에 대한 비판은 몽고메리의 *Tractatus*, 5.3-4, pp. 167-68에도 나타난다.

려는 노력이 이루어지면서 문제에 부딪히기 시작했다. 토마스 홉스(Thomas Hobbes, 1588-1679)는 원시 생활을 "끔찍하고, 잔인하고, 짧다"라는 말로 잘 묘사했으며, 사람들은 서로에게서 안전을 지키기 위해 정부에 대한 개인의 권리를 포기하는 것에 동의했다고 말했다.

장 자크 루소(Jean Jacques Rousseau, 1712-1778)는 사람들은 자유롭게 태어나서 자유와 보호를 모두 확보하기 위한 사회적 계약에 들어간다는 거의 정반대의 견해를 가지고 있었다. 미국 건국의 아버지들에게 큰 영향을 미친 존 로크는 일부 권리만 국가에 양도되며, 다른 권리들은 양도할 수 없고, 그 권리들은 국가에 근거하지 않기 때문에 국가가 정당하게 빼앗을 수 없다고 믿었다("독립선언문"에 반영된 사상).

19세기에 자연법은 법률이 국가의 산물에 지나지 않는다는 법적 실증주의에 자리를 내주었다. 법은 더 높은 권위를 가지지 않으며, 따라서 더 높은 기준에서 그것을 비평할 방법도 없다는 것이다. 그러나 제2차 세계 대전 이후 나치 전범들을 재판에 회부하면서 큰 약점이 드러났다. 나치는 단지 자국의 법에 따라 행동했을 뿐이라는 주장을 펼쳤다.

한 나라의 법률을 판단할 수 있는 더 높은 권위는 존재하지 않는다는 법실증주의가 옳다면, 무엇을 근거로 전범들에게 책임을 물을 수 있을까?

로버트 잭슨(Robert Jackson) 대법관은 검찰팀에 있으면서 국제법의 기초와 문명의 가정(假定)들인 "법철학의 법리학"의 기초를 마련했다. 그러나 몽고메리는 이런 가정들이 어디에서 유래하는지, 어떻게 그것들을 확인하고 정당화할 수 있는지를 보여주려는 시도는 없었다고 지적한다.[134]

자연법을 고수하고 양심을 따라 옳고 그름을 결정하는 사람들은 양심이 왜 곡될 수 있고 어느 정도 문화에 의존하고 있다는 것을 깨달을 필요가 있었다. 예를 들어, 『올리버 트위스트』(Oliver Twist)에서 파긴(Fagin)은 길거리 아이들이 도둑질을 하도록 훈련시키고, 만약 그에게 쓸 만한 것들을 가져오지 못하면 죄책감을 느끼게 한다.

현대에 법률의 밑그림을 그리기 위한 가장 잘 알려진 시도 중 하나는 존 롤스(1921-2002)에 의해 제공되었는데, 그는 '모든 사람이 하기를 바라는 것만을 법으로 받아들이라'는 임마누엘 칸트의 격언을 반영했다(몽고메리는 그것이 너무

134　Montgomery, "God and Other Lawmakers," p. 22.

모호하다고 생각한다. 가학 피학성 변태 성욕자 같은 사람은 모든 사람이 그가 하는 대로 하기를 원할 것이다).[135]

이상적으로, 나이, 종교, 재산, 능력 등을 포함한 개인적인 상황을 공개되지 않도록 하면 이성과 사익은 모든 사람이 국가의 적절한 헌장에 동의하도록 이끌 것이다. 대략적으로 말하면 모든 사람은 다른 사람들만큼 자유를 가질 권리가 있고, 상황들은 최소한의 혜택을 받을 수 있도록 조정되어야 하며, 모든 지위는 모든 사람에게 개방되어야 한다.[136] 아래는 몽고메리의 주장이다.

첫째, 롤스의 시도는 사람들이 항상 자신의 상황을 인식하고 자기 이익에 따라 어떻게 행동해야 할지를 알아낼 것이기 때문에, 그리고 "만약 실제로 그들의 특수한 이익과 특권에 의해 행동하려고 한다면, 이론적으로는 아무 의미가 없을 것"[137]이기 때문에 실패한다.

둘째, 비록 개인과 국가가 그 요건을 따르기로 동의한다 하더라도, 그들이 그렇게 할 것이라는 보장은 없다.

셋째, 최악의 독재자들은 어떤 요건에도 동의하지 않을 것이다. 몽고메리는 칭기즈 칸이 계몽된 통치자가 되라는 제안에 반응하는 것을 상상한다. 그는 자신을 막지 못하는 사람들을 계속 공포에 떨게 할 것이며, 다른 사람들은 우표 수집과 같은 것들을 즐기는 반면, 자신은 강간과 약탈을 즐긴다고 대답할 것이다. 그리고 나서 자기에게 이 모든 것을 제안하는 사람을 계속 내쫓을 것이다.[138]

몽고메리에 따르면 인권을 위해 두 가지가 필요하다. 위로부터 인류에게 주어진 절대적인 윤리적 지침이 필요하고, 자기중심적인 인간이 실제로 그 지침을 따를 수 있는 변화된 마음이 필요하다.

기독교는 두 가지 모두를 제공한다. 부활과 성경의 신빙성에 대한 객관적 증거는 사람들에게 하나님과 관계를 맺을 수 있는 근거를 제시하며, 그렇게 할

---

135 Montgomery, *Tractatus*, 5.541, p. 172. 그는 다른 결함도 발견한다. 5.53-5.572를 보라.
136 My paraphrase of Rawls.
137 Montgomery, "Why Human Rights Are Impossible Without Religion," p. 270.
138 Ibid., pp. 270-71.

때 사람들은 "그들 자신보다 다른 사람에게 더 많은 관심을 갖는다."[139]

몽고메리는 (오늘날에도 계속 존재하는) 다양한 종류의 노예 제도는 자연법과 신칸트주의 논증으로써 효과적으로 다룰 수 없지만, 그랜빌 샤프(Granville Sharp), 존 뉴턴(John Newton), 윌리엄 윌버포스(William Wilberfoce) 같은 사람들의 복음주의적인 기독교 논증들은 그 시대에 효과적이었다는 점에 주목한다. 올바른 종류의 선험적인 논증과 인간 마음의 진정한 변화가 필요하다. 노예 제도에 대해 참인 것은 인간의 존엄성을 공격하는 다양한 관습에 대해서도 참이다.[140]

인권에 대한 계시철학은 다른 주요 접근 방식의 결함을 바로잡는다. "최대 다수의 최대 행복"을 주장하는 공리주의는 너무 많은 것을 정의하지 않고 남겨둠으로써 실패한다. 하지만, 기독교는 구체적이다. 예를 들어, 기독교는 선을 명확하게 정의한다. 법실증주의는 기독교가 제시하는 법의 초월적 근거를 제공하지 못한다. 자연법은 인간의 본성과 자연법의 내용을 정의하지 않고 그대로 두지만, 기독교는 두 가지 모두를 정의한다. 사회학적 법학은 자연주의적 오류(사실상 '무엇이 사실인지' 기술하는 것만으로 '무엇이 되어야 하는지'를 도출할 수 없다)에 빠지고, 절대적인 것(모든 사람들에 의해 항상 이루어져야 하는 것)을 확립할 수 없다.

기독교는 절대적인 용어로 무엇이 있어야 하는지 명시한다. 롤즈와 다른 사람들의 신칸트주의는 그것이 가정하는 것의 근거를 전위(up front)에 제시하지 못하지만, 기독교에서는 보편적 규정이 증거에 의해 증명되고 최후 심판에 의해 확인된다. 마르크스주의는 환경을 변화시킴으로써 인간을 변화시키려 하지만, 동기를 바꿀 수 있는 방법을 제시하지 못한다.

기독교는 개인적인 구원을 제공하는데, 이것은 인간의 동기를 변화시킴으로써 외부 조건을 변화시킨다. 정책 지향에 기초한 접근 방식들은 사회학적 기반을 넘어 인간 마음을 변화시킬 수 없다. 기독교는 계시에 근거된 건전한 정책과 이를 보존할 수 있는 새로운 마음을 제공한다.[141] 몽고메리는 성경에 공정한 재판소(말 2:9), 공정한 심리(출 22:9), 이중 위험 없음(나 1:9), 법 앞에서 인종,

---

139　Ibid., p. 278.
140　John Warwick Montgomery, "Slavery, Human Dignity, and Human Rights," in *Christ the Centre*, PP. 438-39.
141　Montgomery, *Human Rights and Human Dignity*, p. 183. 그의 도표로부터 조정됨.

성별 또는 의무, 재산과 시민권에 관한 평등 같은 인권의 기본 원칙이 많이 포함되어 있음을 발견한다(예를 들어, 출 12:49; 갈 3:28; 약 2:1-7).[142]

기독교인들이 성경의 도덕을 실천하는 일에 흠잡을 데 없는 것은 아니다. 그러나 성경적 지침이 아니라, 그것에 복종하지 않는 것이 문제다(몽고메리가 보기에 기독교는 여성을 차별하고 잔인한 처벌을 명령하는 것으로 간주하는 이슬람교 같은 종교와 다르다).[143]

몽고메리는 그의 법적 능력을 이용하여 공통의 걸림돌을 다루며, 마법 재판에서 자백을 받아내기 위해 사용한 고문 사용을 다룬다. 고문 사용은 오래 전부터 교회를 비판하는 원천이 되어 왔다.[144] 전체적으로 보자면 일반적으로 주장되는 기소 건수는 훨씬 적었다. 자백을 끌어내는 데 사용된 고문은 원래 기독교적 관행이 아닌 로마의 것이었고, 교회는 처음에 그것을 규탄했다. 그것은 로마의 몰락과 함께 사라졌으나 정치적 야망으로 로마법이 부활하면서 다시 행해졌고, 14세기에 다시 일반화되었다. 비극적이게도 교회가 로마법을 교회법의 모델로 받아들였을 때 고문도 채택되었다. 대륙법에서 고문이 사용되었다. 영국에서 사용되고 미국에 수출된 관습법 체계에서는 약간의 오류가 있긴 했지만, 고문은 결코 공식적으로 받아들여진 적이 없었다.

몽고메리는 기독교인들이 일찍이 로마 당국의 손에서 끔찍한 고문을 견뎌냈지만, 교리를 이탈한 자들에 대해서도 동일한 방법을 채택한 사실에서 비극적이고 역설적인 상황을 본다. 그는 이것이 교회의 실패임을 인정하면서, 적어도 그리스도의 가르침이 실패한 것이 아니라, 단지 그의 가르침을 따르는 데 실패한 것일 뿐이라고 하였다.

---

142 그의 완전한 목록에 대해서, Montgomery, *Tractatus*, 5.83, p. 176-77.
143 Montgomery, *Human Rights and Human Dignity*, p. 185.
144 Montgomery, *The Law Above the Law,* chap. two, "Witch Trial Theory and Practice," pp.58-83.

6. 기적에 대한 현대 사상가들의 관점

기적의 가능성과 증거의 중요성(evidentiary weight)은 증거주의자들 등에게 큰 관심사였고, 이 대목은 다른 사상가들의 귀중한 통찰력을 더해 준다.[145]

물론, 고전적 변증가들과 심지어 일부 조합주의자 역시 기적에 관심이 있다. 가이슬러의 말처럼 "기적이 증거적 가치가 없다면, 역사적이고 정통적인 기독교의 주장을 뒷받침할 객관적이고 역사적인 증거가 없다."[146] 예언과 부활은 때로 기적으로 간주되기 때문에 주제의 중요성을 쉽게 알 수 있다.

그러나 고전적 변증가들은 세계관의 확립 없이도 기적이 종교에 대한 적절한 결론을 가리킬 수 있다고 보는 증거주의자들보다 확신이 덜하다. 가이슬러에 의하면 기적의 가능성을 입증하는 것은 유신론적 논증을 통해 확립된 유신론적 하나님에 대한 전반적인 주장이다. 그러나 기적의 불가능성을 입증하는 유일한 방법은 신의 존재를 반증하는 것이다(우리는 그것이 벅찬 과제라고 덧붙일 수 있다). 그렇다면 역사만이 기적의 실상을 보여줄 수 있다. 가이슬러는 더 나아가 유신론이 기적을 가능케 한다고 말한다.[147]

성서 고고학, 예언과 기적에 대한 역사적 탐구에서 고전적 변증가들과 증거주의적 변증가들은 상호 중첩되고, 서로를 확증한다(전제주의자인 존 프레임조차 고전적 변증가 윌리엄 레인 크레이그와 증거주의자 게리 하버마스 등 많은 다른 변증가의 역사적인 업적을 높이 평가한다).[148]

다작의 증거주의자인 게리 하버마스는 더 넓은 개념적 맥락의 제공이 도움이 된다는 데 동의하며, 이것이 기적을 더욱 개연성 있게 만든다. 그는 예수 그리스도의 비범한 삶과 주장이 그런 것처럼, 임사 체험을 한 사람들의 광범위한 증언이 부활 사상을 뒷받침해 준다는 것을 발견한다. 또 그는 유신론적 논증들이 좀 더 적절한 맥락을 제공할 수 있도록 허용하고 있으며, 이 이론에 반대하는 증거주의자들을 본 적이 있다고 생각하지 않는다고 덧붙였다.

---

145 여기에서 우리는 사상가들을 추가함으로써 그 형식에서 다소 벗어난다.
146 Norman L. Geisler, "Miracles, Apologetic Value of," in *Baker Encyclopedia of Christian Apol-ogetics* (Grand Rapids: Baker, 1999), p. 452. 그의 백과사전에는 8개의 논문과 40페이지의 기적에 관한 글들이 담겨 있다.
147 Geisler, "Miracle's Apologetic Value of," p. 450.
148 John Frame, "Presuppositional Apologetics," in Cowan, *Five Views on Apologetics*, p. 229 n. 39.

그러나 고전적 변증가들은 종종 먼저 신의 존재를 주장한 다음에 부활을 주장하지만, 증거주의자들은 그런 순서로 진행할 필요가 없다고 생각한다. 실제로 "역사적 증거는 기독교 유신론을 위한 합법적인 논증의 길일 뿐만 아니라, 많은 경우에 그들은 진행하기에 가장 좋은 방법일 수도 있다."[149]

『인간 오성에 관한 탐구』(*An Enquiry Concerning Human Understanding*, 1748)에서 기적에 반대하는 흄의 논증을 고려하는 것은 중요한데, 수많은 토론이 오늘날까지 그것과 교류하고 있기 때문이다. 그 책이 출간됨으로써 성경의 기적이 변증적 자산에서 부채로 바뀌었다. 증거주의자들과 많은 다른 변증적 접근 방식이 기적을 다루기 때문에 흄의 도전을 살펴보는 것이 중요하다.

많은 중요한 작품이 그렇듯이, 그가 정확히 무엇을 의미했는지[150]에 관해서는 약간의 견해 차이가 있지만, 몇 가지 요점을 요약할 수 있다. 흄에 따르면, 현명한 사람은 증거의 양에 따라 믿음의 수준을 조절한다(플랜팅가가 이러한 견해를 반박하는 데 많은 시간을 들인다는 점을 상기하라). 기적이 일어났다는 주장은 언제나 자연법칙에 의해 지탱되는 우리의 폭넓은 배경 지식과 충돌한다. 그 기적이 거짓이라는 보고가 더 큰 기적이 될 경우에만 그 기적을 믿는 것이 합리적일 것이다.[151]

게다가 우리가 경험하지 않은 것은 우리가 경험한 것을 닮는다는 것을 감안할 때, 우리는 뒷받침하는 관찰의 수가 가장 많은 주장을 선호해야 한다.[152] 그는 "이렇게 충분한 증거로 기적적인 사건이 확립된 적이 없었다"[153]라고 말했다. 어떤 기적도 속거나 속이지 않을 만큼 학식과 진실성을 갖춘, 충분한 수의 사람들에 의해 증명된 적이 없었으며, 소위 기적이라는 것이 공개적으로 발견되지 않을 수 없는 "세계의 유명 지역에서" 실행된 적도 없었다. 그 외에도 사람들은 이야기를 듣고 말하는 것을 좋아하는데, 이것은 가짜 기적 주장들이 확

149　Gary Habermas, "Closing Remarks," in Cowan, *Five Views on Apologetics*, pp. 337-38.
150　예를 들어, David Johnson, *Hume, Holism, and Miracles,* Cornell Studies in *the Philosophy of Religion* (Ithaca, NY: Cornell University Press, 1999)을 보라.
151　David Hume, *An Enquiry Concerning Human Understanding* 10.1. "그런 종류의 증언이 아니라면, 어떤 증언도 기적을 세우기에 충분치 않다는 것은, 그 거짓이 기적을 세우려고 노력하는 사실보다 더 기적적일 것이라는 것이다."
152　Ibid., 10.2.
153　Ibid.

산되는 것을 가능하게 한다.[154]

흄에 대한 반응은 일찍부터 시작되었고 여전히 활발하다. 우선 흄은 미래에 어떤 일이 일어날 확률은 과거 그 빈도와 같다는, 이른바 직선 규칙에 대한 하나의 해석을 받아들이는 것 같다.[155] 과거에 a의 90퍼센트가 b의 경우였다면, 미래에도 그 가능성이 90퍼센트다.

그러나 이것은 과거의 모든 사건이 어떤 방법이었고, 또 앞으로 모든 사건 역시 그렇게 될 것을 보장하는가?

거기에 문제가 있다. 흄의 동시대의 비평가들 중 최고의 수학자이며 비국교도 목사인 리처드 프라이스(Richard Price)와 토마스 베이즈(Thomas Bayes, 리처드 스윈번이 광범위하게 사용하는 정리를 고안함)가 있다. 현대 역사학자이며 과학철학자인 존 어만(John Earman)이 다시 말하듯, 결론은 과거에 a가 얼마나 많이 b였는지에 상관없이, 미래의 모든 a가 b가 될 것이라는 결론이 나오는 것은 아니다. 그러므로 과거에 우리가 기적에 의해 위반된 자연법칙을 본 적이 없다는 사실이, 미래에도 그것을 보지 못할 것이라는 주장으로 귀결되는 것은 아니다.[156]

과거의 관찰에만 근거했을 때 예측이 틀릴 수 있음을 보여주는 전형적인 예는, 지금까지 흰색 백조만 관찰되었기 때문에 모든 백조는 흰색이어야 한다는고 결론을 내린 경우다. 그러나 1697년 호주에서 검은 백조가 발견되었을 때 모든 백조가 흰색일 필요는 없다는 일부 사람의 주장이 옳다는 것이 증명되었다.

이런 추론은 전에 차가 한 번도 고장 난 적이 없기 때문에 결코 고장이 나지 않을 것이며, 우리가 전에 죽은 적이 없기 때문에 결코 죽지 않을 것이라고 추론하는 것을 막아준다. 이런 예들은 자연법 위반을 수반하지는 않지만, 과거에 관한 제한된 관찰에 의존하여 미래에 무엇이 가능한지를 결정하는 일의 위험

154　Ibid.
155　직선 규칙의 보다 현대적이고 세련된 형태에 대해서 한스 라이헨바하(Hans Reichenbach)의 *The Theory of Probability: An Inquiry into the Logical and Mathematical Foundations of the Calculus of Probability*, trans. E. H. Hutten and M. Reichenbach(Berkeley: University of California Press, 1949)를 보라. 또한, 그의 견해에 대한 현대적 비평들에 주목하라. 접근 가능한 토론에 대해서, Clark Glymour and Frederick Eberhardt, "Hans Reichenbach," in *The Stanford Encyclopedia of Philosophy* (winter 2012 ed.), ed. Edward N. Zalta, http://plato.stanford.edu/archives/win2012/entries/reichenbach/를 보라.
156　John Earman, *Humes Abject Failure: The Argument Against Miracles* (New York: Oxford University Press, 2000), pp. 24-30.

성을 보여준다.

어떤 의미에서, 고전적 변증가는 유신론적 논증에 의해서 이용 가능한 세계관에 있어서 더 높은 수준의 지식을 사용한다. 엄격한 증거주의자는 기적이 일어났다는 증언의 신빙성에 더 많이 의존할 가능성이 높다.

흄은 순수한 경험론(모든 지식은 감각에서 나온다는 관점)을 추구하면서 우리가 어떤 것이 다른 것의 원인임을 알 수 있다는 생각을 제거했는데, 그것은 우리의 감각으로부터 알 수 있는 알 수 있는 관념이 아니기 때문이다(즉, 우리는 a가 b를 초래했다는 것을 알지 못한다고 결론을 내린다). 그는 기적이 불가능하다고 주장하기보다 믿을 수 없다고 주장했다. 그러나 기적이 일어날 것 같지 않기 때문에 믿을 수 없다고 암시하는 것은 기적이 불가능하다고 말하는 것과 크게 다르지 않다. 흄은 그의 장(章) 1부에서 신빙성이 문제가 되지 않는 곳에서 기적의 보고가 있었다고 해도, 현명한 사람이라면 자연법이 일관성이 있다는 방대한 양의 증거 때문에 기적을 거부할 것이라고 주장한다. 그리고 2부에서 그는 실제로 기적에 관한 믿을 만한 보고는 없었다고 주장한다.

물론, 흄의 논증은 기적을 공격하는 방법의 하나일 뿐이다. 바루흐 스피노자(1632-1677)는 기적이 불가능하다는 것을 암시하면서, 우주는 결정론적이라고 주장했다(합리론자로서 그는 우주의 궁극적인 본성에 관해 주장하는 데 거리낌이 없었다).

우주와 그 자연법칙이 결정론적이라는 뉴턴의 사상은 양자역학, 특히 하이젠베르크(Heisenberg)의 불확정성 원리(1927)에 의해 쓸모없게 되었다. 그 원리에 따르면 아원자 입자의 궤도는 예측할 수 없다. 알버트 아인슈타인(1879-1955)과 같은 몇몇 사람은 단지 우리는 단지 예측을 할 만큼 충분히 알지 못한다고 말했지만, 대부분의 사람은 우주는 결국 결정론적이지 않다고 결론지었다. 이 때문에 몽고메리가 강조하듯이 기적의 가능성에 대해 논박하기가 훨씬 어려워진다.[157]

기적은 믿을 수 없다는 흄의 논증은 물리적 증거의 가능성을 배제한다. 직접

---

[157] 크레이그는 뉴턴적 확정성으로부터 양자의 불확정성까지의 변화를 알고 있다. 그러나 그는 "뉴턴 물리학에서 기적일 수 있는 어떠한 사건도 양자물리학에서는 매우 특별할 것 같지는 않기 때문에 그것이 실제로 일어난다면 기적으로 간주되어야 할 것"이라고 덧붙인다. William Lane Craig, "Doctrine of Creation (Part 16)"(transcript of William Lane Craig's Defender's Two class), Reasonable Faith, http://www.Lreasonablefeith.org/defenders-2-podcast/transcript/s8-16.

적인 증언 외에, 예를 들어, 사람들은 종종 시신에 접근할 수 있다(예, 사도행전 12장 23절에서 헤롯[Herod]은 벌레의 공격을 받았다. 그리고 요세푸스[Josephus]의 *Antiquities of the Jews* 17.6을 참조하라). 부활의 경우, 아무도 그리스도의 시신을 일종의 부정적인 물리적 증거로 제시할 수 없었다. 그리고 흄은 같은 것을 말하는 복수의 목격자들의 힘을 고려하지 않았다.

기적에 대한 보고를 그러한 기적이 일어나지 않는다는 주장과 대조해야 한다는 흄의 주장은 너무 지나치다. 만약 일반적으로 매우 이례적인 일이 일어났다는 보고를 믿을 수 없다면, 우리는 많은 지식에서 스스로를 단절시킬 것이다. 예를 들어, 과학에서 빛은 파동이 될 수도 입자가 될 수도 있다거나, 불활성 기체가 화합물을 형성할 수 있다거나, 비전도체가 매우 낮은 온도에서 전기를 통과한다는 것을 결코 믿지 않을 것이다. 우리는 뉴스나 역사 속의 몇몇 사건을 믿지 않을 것이다. 1950년 네브라스카의 한 교회를 파괴했던 폭발 사고에 대해 「라이프」(*Life*)에 잘 기록된 기사가 있다. 각각 다른 이유로 지각했기 때문에 15명의 성가대원 중 한 명도 다치지 않았다. 확률은 100만분의 1로 계산되었다. 물론, 그들의 지각은 자연법칙을 위반하지 않았다. 그럼에도 불구하고 흄의 설명으로라면 우리는 그것을 믿지 말아야 한다.[158]

우리가 성경의 매우 있음직하지 않은 요소들을 믿어서는 안 된다는 흄의 생각은 1819년 리처드 와틀리(Richard Whately) 주교에 의해 『나폴레옹 보나파르트와 관계된 역사적 의심』(*Historic Doubts Relative to Napoleon Buonoparte*)에서 풍자되었다.[159]

확률에 대한 흄의 계산은 약간의 편견을 보여준다. 기적이 일어날 가능성이 없다고 말할 수 있는 유일한 방법은 애초에 기적이 일어나지 않는다고 가정하는 것이다. 예를 들어, 그는 "죽은 사람이 살아나야 한다는 것은 기적이다. 왜냐하면, 그것은 어느 시대나 어느 나라에서나 관찰된 적이 없기 때문이다"[160]라고 말한다.

---

158 George Edeal, "Why the Choir Was Late," *Life*, March 27, 1950, pp. 19-23. 나는 프란시스 J. 벡위드(Francis J. Beckwith)의 *David Humes Argument Against Miracles* (Lanham, MD: University Press of America, 1989), p. 33에 의해 그 이야기가 생각났다.

159 Richard Whately; *Historic Doubts Relative to Napoleon Buonoparte* (London: Longmans, Green, 1865); available at Project Gutenberg, www.gutenberg.org/files/18087/ 18087-h/ 18087-h.htm.

160 Hume, *Enquiry* 10.1

그러나 바로 그것이 쟁점이다.

그런 일이 있었나?

인터넷 검색을 통해, 죽은 줄 알았지만 살아난 14명의 다양한 이야기가 나왔다.[161]

흄은 자신이 증명해야 할 것을 가정하는데, 이것은 논점 절취의 오류로 알려진 논리적 오류다. 충분히 "좋은 감각"과 학식과 성실성을 가졌으므로 속거나 속이지 않는 충분한 수의 사람들에 의해 증명된 기적은 없었다고 주장할 때, 그는 증명할 수 없는 철저하고도 주목할 만한 주장을 펴고 있다.

누군가가 죽었고 현재 살아 있음을 판단하기 위해서는 얼마나 많은 학문이 필요한가?(처형을 집행한 로마 군인들은 누군가가 죽었는지를 판단하는 데 상당한 경험이 있었다)

또한, 이 기적이 세계의 유명한 지역들에서 발생해야 한다고 요구했을 때, 그는 기독교의 가장 중요한 기적이 고대 세계의 주요 도시인 예루살렘에서 일어났다는 사실을 무시하고 있다. 또 사람들이 이야기를 말하고 듣는 것을 좋아한다고 말할 때, 그것은 어느 정도는 사실일지 모르지만, 많은 경건한 사람은 거짓말을 하거나 심지어 오해를 야기하는 과장을 죄악으로 여긴다.

콜린 브라운(Colin Brown)은 흄의 요구 조건이 "서구의 대학 교육을 받지 않은 사람, 곧 16세기 이전 서유럽의 주요 문화의 중심지 밖에서 살았고, 공인이 아니었던 사람들의 증언을 배제할 것"[162]이라고 말한다.

7. 주요 용어

- **고대의 문서 규칙**: 고대의 문서들은 상호 검토될 수 없기 때문에, 고대의 문서들은 전문배제법칙의 예외라고 명시한 규칙. 몽고메리는 19세기 법률학자 사이먼 그린리프를 따르는데, 그는 고대의 문서가 위조한 증거를 보

---

161 예를 들어, "Seven Bizarre Tales of People Coming Back from the Dead," *The Week*, http://theweek.com/article/index/228986/7.

162 Colin Brown, *Miracles and the Critical Mind* (Grand Rapids: Eerdmans, 1984), p. 97. 프랜시스 벡위스(Francis Beckwith, *David Hume's Argument*, p. 50)는 내게 이 인용문을 상기시켜 주었다.

여주지 않고 "합리적인 보관"을 유지한다면, 사전 승인을 받을 것이라고 말한다.
- 위로부터의 변증학: 세계관에서 "상위의" 해석적 문제로 시작하는 방법. 전제주의자들은 비기독교인이 어떻게 모든 것을 더 잘 이해할 수 있는지 보기 위해, 기독교 안경을 통해 세상을 바라보도록 노력해야 한다는 점에서 최소한 기독교적 가정과 신념을 수용하는 것으로 변증학이 시작되어야 한다고 주장한다. 고전적 변증가들은 유신론적 세계관으로 시작하는 것이 필요하다고 믿는다.
- 아래로부터의 변증학: 몽고메리와 그 이전에 루터가 주창한 이 방법은 그리스도, 성경 기록과 함께 변증학을 시작한다.
- 외적 신뢰성: 자체 외부의 증거에 기초한 문서의 신뢰성.
- 전문배제법칙(Hearsay rule): 법정에서 이루어진 진술들은 대질 심문이 불가능하기 때문에 증거로 채택할 수 없다.
- 내적 신뢰성: 그것이 주요 출처라는 주장과 그것이 그러한 존재에 대한 증거를 제공한다는 주장을 근거로 하는 문서의 신뢰성.
- 구두 증거 규칙(Parole evidence rule): 특정 문서들은 법정에서 그들에게 도전한다고 주장하는 어떠한 다른 문서들과는 별도로 법원이 검토해야 한다는 법률 원칙.
- 귀추법(Retroduction): 개연적 삼단 논법의 또 다른 용어, 또는 최고의 설명에 이르는 추론. 우리는 사실(대개 의심하지 않는다)을 보고, 최선의 설명으로 결론을 도출한다.
- 이상적인 사람들(Tender-minded): 인생을 주관적이고 실존적인 관점에서 보며, 따라서 유신론적 논증 등에 관심이 없는 사람들.
- 현실적인 사람들(Tough-minded): 객관적인 사실을 찾고 이에 대응하는 사람들.
- 전달의 신뢰성: 문서가 작성 시점부터 오늘날까지 정확하게 전달되었다.

8. 숙고하기

1. 증거주의는 반틸의 전제주의와 크게 어떻게 다른가?
2. 몽고메리가 사실들이 어떻게 기독교를 가리키는 것으로 보는지 서술하라.
3. 몽고메리에 따르면, 기독교를 확인하는 데 어째서 법률적 패러다임이 특히 적합한가?
4. 몽고메리는 어째서 귀납이 변증학에 적합하다고 생각하는가?
   반틸은 왜 다른 견해를 견지하고 있는가?
5. 몽고메리의 관점에서 현대 교회에서 문제가 되는 경향은 무엇인가?
6. 몽고메리가 기독교가 어떻게 그릇된 믿음의 기초를 파괴해야 한다고 제안하는지 설명하라.
   그의 견해는 반틸의 견해와 어떻게 다른가?
7. 몽고메리는 악의 문제에 대해 어떤 접근 방식을 제시하는가?
8. 전제주의는 우리가 믿는 것과 그것을 아는 방법을 어떻게 혼동하는가?
   몽고메리는 우리 믿음의 _____에서 출발하는 대신에, _____으로부터 출발할 것을 제안한다. 어떤 분야에서 이런 접근 방식을 사용하는가?
9. 몽고메리의 견해에 따르면 그 가설은 자기를 해석하는 사실에서 나온다.
   이것은 어떻게 반틸과 반대되는가?
   가이슬러의 견해와는 어떻게 다른가?
10. 몽고메리는 사실에 대한 적절한 해석에 도달하는 것에 대한 일부 사람의 거절을 어떻게 설명하고 있는가?
11. 반틸과 몽고메리는 비기독교인이 정신적으로 기능할 수 있다는 데는 동의하지만 그 이유에 대해서는 의견이 다르다. 그들의 불화의 본질은 무엇이며, 당신은 누가 옳다고 생각하는가?
    그 이유는 무엇인가?
12. 반틸과 몽고메리는 각각 자신들의 관점이 어떻게 비기독교인들을 변명의 여지가 없도록 한다고 믿는가?
13. 많은 해석이 가능하다는 레이몬드의 반대에 몽고메리는 어떻게 대답하는가?
14. 여러 가지 유신론적 논증에 대한 몽고메리의 관점은 무엇인가?
15. 그는 베이즈의 정리를 어떻게 생각하는가?

그는 무엇을 더 좋아하며, 왜 그러한가?
16. "위로부터의 변증학"은 "아래로부터의 변증학"과 어떻게 대비되는가?
17. 기독교에 대한 논거는 어째서 법률적 증거의 수준까지 올라가는가?
18. 현실 세계의 문제에 대한 인간의 추론이 그렇듯, 100퍼센트의 증거를 갖는 것이 불가능하다면, 어떻게 확실성에 도달할 수 있을까?
19. 증거의 존재 외에 믿음의 영적 원동력은 무엇인가?
진정으로 찾는 자에 대한 하나님의 보증은 무엇인가?
20. 몽고메리는 예를 들어, 칼빈과 플랜팅가 등이 수행했던 것으로, 주관적 요소를 1차적인 것으로 만든 것에는 어떤 문제가 있다고 생각하는가?
21. 몽고메리는 어떻게 반틸 추종자들이 타락한 마음의 상태를 부정확하게 평가했다고 믿고 있는가?
몽고메리가 반틸 추종자들의 접근 방식에서 일관성이 없다고 생각하는 것은 무엇인가?
22. 역사적 근거가 있는 종교는?
몽고메리의 견해로는 왜 기독교만 증명할 수 있는가?
23. 구두 증거 규칙이란 무엇인가?
전문배제법칙은 무엇인가?
왜 몽고메리는 복음서의 규칙이 복음서의 문제가 아니라고 생각하는가?
24. 고문서 규칙이란 무엇인가?
25. 외적 신뢰성, 내적 신뢰성, 전송의 신뢰성을 설명하고, 성경 기록이 그것을 어떻게 어떻게 나타내는지 설명하라.
26. 성경의 목격자들의 신빙성에 대해 어떻게 말할 수 있을까?
27. 어째서 속임수가 일반적으로 이해되는 것보다 더 어려운가?
28. 예언에서 나온 증거는 무엇인가?
29. 누가 "이상적인 사람들"이며, 문학적인 변증학이 어떻게 도움이 될 수 있을까?
어떻게 문학적 변증학이 사용될 수 있을까?
30. 보편적으로 필요한 것은 무엇인가?
그것이 어떻게 변증학에 쓰일 수 있을까?
31. 자연법이란 무엇이며, 올바른 행위를 규정하는 그것의 능력이 어떻게 제한되는가?

32. 롤스의 접근 방식은 무엇이며, 몽고메리에 따르면 왜 실패할 운명인가?
33. 인권을 위해 필요한 것은 무엇인가?
    기독교는 그러한 필요를 어떻게 충족시킬까?
34. 흄의 기적에 대한 견해에 일부의 반응은 무엇인가?

9. 더 나아가기

Broughton, Wiliiam P. *The Historical Development of Legal Apologetics: With an John Warwick Montgomery Emphasis on the Resurrection*. Maitland, FL: Xulon Press, 2009.

Clifford, Ross. *John Warwick Montgomery's Legal Apologetic*. Reprint. Edmonton, AB: Canadian Institute for Law, Theology, and Public Policy, 2004.

Dembski, William, and Thomas Schirrmacher. *Tough-Minded Christianity: Honoring the Legacy of John Warwick Montgomery*. Nashville, TN: B &H, 2008.

Montgomery, John Warwick. *Christ as Centre and Circumference: Essays Theological, Cultural and Polemic*. Christian Philosophy Today 13. Eugene, OR: Wipf & Stock, 2012.

_____. *Christ Our Advocate: Studies in Polemical Theology, Jurisprudence, and Canon Law*. Reprint. Bonn, Germany: Verlag für Kultur und Wissenschaft, 2002.

_____. *Faith Founded on Fact: Essays in Evidential Apologetics*. Reprint. Edmonton, AB: Canadian Institute for Law, Theology, and Public Policy, 2001.

_____. *Human Rights and Human Dignity*. Plano, TX: Probe Ministries, 1986.

_____. "The Jury Returns: A Juridical Defense of Christianity." in *Evidence For Faith: Deciding the God Question*, edited by John Warwick Montgomery, pp. 319-41. Dallas, TX: Probe Books, 1991.

_____. *The Law Above the Law*. Minneapolis: Bethany House, 1975.

_____. *Myth, Allegory, and Gospel*. Minneapolis: Bethany House, 1974.

_____. *The Shape of the Past: A Christian Response to Secular Philosophies of History of History*. Reprint. Eugene, OR: Wipf & Stock, 2008.

_____. *The Suicide of Christian Theology*. Minneapolis: Bethany House, 1970.

_____. *Tractatus Logico-Theologicus*. 2nd ed. Bonn, Germany: Verlag fur Kultur und Wissenschaft, 2003.

_____. *Where Is History Going? Essays in Support of the Historical Truth of The Christian Revelation*. Grand Rapids: Zondervan, 1969.

증거주의 (Evidentialism)

제10장

게리 하버마스

기독교는 광범위하게 수용되는 결정적인 사실들에 의해 증명될 수 있다

N. T. 라이트(N. T. Wright)와 마이클 리코나(Michael Licona)의 저서들을 포함하여 그의 역사적 변증학을 진척시키는 수많은 탁월한 저작들이 최근 몇 년 동안 출간되었다.[1]

게리 하버마스는 오랫동안 뛰어난 작품을 써온 사람들 중 하나로, 1970년대 이후 증거주의 변증학에 꾸준한 영향력을 행사해 왔다.

하버마스는 리버티대학교 철학과 학과장을 맡고 있으며, 38권의 책과 100여 편의 논문을 썼다(이 장에서는 그를 증거주의의 주요 대표로 쉽게 그릴 수 있었다).[2] 박사학위 논문과 그 이후, 그는 부활에 대한 소위 "최소 사실" 접근 방식을 개발했는데, 그것은 강한 증거가 있고 대부분의 학자들, 심지어 무신론자들까지도 동의하는 몇 가지 사실에 초점을 맞추고 있다.

그는 12개의 "알려진 역사적 사실들"[3] 목록을 작성했다. 심지어 무신론자인 안토니 플루조차 하버마스와의 토론에서 그들의 의견에 동의했다. 그는 이 목록에서 그 분야의 "대다수" 학자에 의해 확인되는, 매우 잘 검증된 네 개에서

---

1 N. T. Wright, *The Resurrection of the Son of God* (Minneapolis: Fortress Press, 2003); Michael Licona, *The Resurrection of Jesus: A New Historiographical Approach* (Downers Grove, IL: IVP Academic), 2010.
2 나는 부분적으로는 그가 변증학에 기여했던 관심의 폭 때문에 몽고메리를 선택했다. 내가 기대하는 바는 그의 창조적인 사유의 모델이 다른 사람들을 고무시켜서 그들 또한 창조적으로 사유하도록 하는 것이다.
3 Gary R. Habermas, *The Historical Jesus* (Joplin, MO: College Press, 1996), pp. 158-67.

여섯 개까지의 사실들을 선택했다.[4]

학자들 간의 합의를 계량화하는 것을 돕기 위해, 그는 지금까지 3,400개의 영어, 프랑스어, 독일어 자료들의 목록[5]을 작성했다. 그는 급진적인 급진적인 저자들을 포함시키기 위하여 특별한 노력을 기울였는데, 심지어 학자적 자격이 없는 사람들까지 포함시키고자 했다. 그래서 어느 편인가 하면, 대다수가 받아들이는 것에 대한 그의 결론은 복음에 대한 전통적인 이해에 어긋난다.[6]

고전적 변증가인 윌리엄 레인 크레이그는 하버마스의 접근 방식을 칭찬하면서, 대부분의 비전문가는 "오늘날 대부분의 신약 성경 비평가들이 예수의 부활을 귀납적으로 함축하는 중심적 사실에 동의한다는 것을 깨닫지 못한다"라고 지적한다. 그는 "이런 얘기가 믿을 수 없게 들린다는 것을 알지만 사실"이라고 말하면서 "문제는 증거에 있지 않고 철학적 전제 속에 있다"[7]라고 덧붙임으로써 고전적 변증학에 대한 자신의 생각을 보여준다.

하버마스는 성경의 일반적인 신뢰성을 논증한 다음, 그것을 활용해 영감이나 그리스도의 신성과 부활과 같은 다양한 초자연적인 주제들을 논증하는 보다 전통적인 접근 방식에 약점이 있다고 본다. 책 전체의 신뢰성을 주장하면서도 문제가 되는 특정 구절(예. 부활)에 대한 증거에는 초점을 맞추지 않는 데 있어서의 문제점은 저작물을 일반적으로 신뢰할 수 있는 것으로 받아들이면서도 초자연적인 것과 관련된 특별한 이례적인 주장들을 무시한다는 것이다.

그는 일반적으로 무시되는 초자연적 설명을 포함시키는 매우 존경 받는 고대 역사 작가 몇 명을 활용하여 이러한 점을 설명한다. 타키투스(Tacitus)는 "운명과 신들의 행동 및 몇몇 황제의 신성을 허용했다"[8] 수에토니우스(Suetonius)

---

4 Gary R. Habermas, "The Minimal Facts Approach to the Resurrection of Jesus: The Role of Metho- dology as a Crucial Component in Establishing Historicity," *Southeastern Theological Review* 3, no. 1(Summer 2012): 15-26, http://garyhabermas.com/articles/southeastern_theological_ review/minimal-facts-methodology_o8-02-20i2.htm.
5 그는 그 숫자를 이렇게 설명한다. "나는 이 모든 부활의 자료들을 철저히 연구했다고 주장하지 않는다. 내가 제시하는 수치는 이전에 있었던 대표적인 자료들 간의 차이를 반영한다. 그 자료들은 모든 중요하고 철저히 연구된 모두 상세한 내용들로 목록이 작성되었는데, 더 간략하게 설문 조사한 항목, 현재 진행 중인 참고 문헌에 단순히 나열된 항목까지 목록으로 작성되었다." Habermas, "The Minmal Facts Approach," p. 18 n. 8.
6 Ibid., p. 18.
7 William Lane Craig, "Closing Remarks, in Cowan, *Five Views on Apologetics*, pp. 325-26 n. 17.
8 Gary R. Habermas, "An Evidentialist's Response"(파인버그에 대답함), in Cowan, *Five Views on*

는 최초의 십여 명의 황제 중 다섯 명의 신성을 포함한, 예언들과 다른 종교적 믿음을 포함시켰다.[9]

성경의 초자연적 주장은 신뢰할 수 있지만, 고대의 다른 저자들의 주장은 그렇지 않다는 것을 보여주는 방식으로 성경의 일반적 신빙성을 논하기는 어려울 것이다. 그들의 기록은 요한복음이 예수님의 생애와 가까운 것보다, 그들이 연대기순으로 기록한 많은 의심스러운 사건에 시간적으로 더 가깝다. 그들은 공식 기록과 같은 좋은 자료들을 사용했고, 수에토니우스는 자신이 증인들을 사용했다고 주장하기도 한다.[10]

하버마스는 성경의 초자연적인 주장은 신빙성이 있지만, 고대 작가들의 주장은 신빙성이 없다는 것을 보여주는 더 쉬운 방법은, 일반적인 신빙성에서 논점을 만들려고 하기보다 구체적으로 문제의 구절들에 초점을 맞추는 것이라고 말한다. 그런데도, 그는 특별한 주의를 기울이면 신약성경에 대한 "신빙성" 접근 방식이 효과적일 수 있다고 믿는다.[11]

하버마스는 자신의 접근 방식을 신학으로 의도하지 않았고, 성경 기록의 신빙성에 의심을 제기하려는 의도도 전혀 없었다. 그것은 전적으로 변증학을 위한 것이다.[12]

그는 성령의 역할이 필수불가결하고 사람들을 신앙으로 이끌어야 하지만, 그 과정에서 신자들을 활용한다고 강조한다. 그는 베드로전서 3장 15절을 인용하면서 신자들이 (진심으로 관심이 있는 사람들은 증거를 요구하지 않을 수도 있지만) 불신자의 진지한 질문에 대답할 준비가 되어 있기를 촉구한다. 복음의 메시지는 바뀌지 않지만 제시 방법은 청중에게 적합해야 한다.

사도행전에서 바울은 유대인과 대화할 때는 성경을 인용하지만, 이방인과 대화할 때는 그들에게 알려진 세속적인 작가와 시인을 인용한다(행 17:16-31).

Apologetics, p. 188. 그는 타키투스의 *Annals* 1.11,19, 28, 42, 55; 12.43을 인용한다.

9 Habermas, "An Evidentialifs Response: p. 188. Gaius Suetonius Tranquillas, *The Twelve Caesars*, trans. Robert Graves(Baltimore, MD: Penguin, 1957): Tiberius, 74-75; Gaius Caligula, 57, 59; Titus,10; Domitian, 23; Julius Caesar, 88; Augustus, 100; Claudius, 45-46; Nero, 56; Vespasian, 4, 25.

10 Habermas, "An Evidentialist's Response"(파인버그에 답하면서), p. 189 n. 10. 수에토니우스의 증인들 사용에 대하여, 하버마스는 Suetonius, *Twelve Caesars*, p. 7을 인용한다.

11 Gary Habermas, 저자와의 개인적인 이메일 교류, Nov. 1, 2013.

12 Habermas, "The Minimal Facts Approach," p. 26.

증거를 가지고 복음을 뒷받침하려는(즉, 신앙주의자) 것이 잘못이라고 생각하고 오직 신자의 증언만을 원하는 사람들에 대답하면서, 증거를 가지고 지지하는 것이 잘못이라면 증언을 가지고 지지하는 것도 잘못이라고 말한다.

사도들은 증거를 가지고 복음을 뒷받침했다. 그럼에도 불구하고 복음에 반대하는 모든 사람이 지성적인 이유로 그렇게 하는 것은 아니며, 따라서 그들에게는 어떠한 증거도 도움이 되지 않을 것이라고 하버마스는 말한다.[13]

리코나(Licona)와 공동으로 집필한 책에서 그는 네 가지 사실들을 가지고 작업을 하면서 빈 무덤을 다섯 번째 사실[14]로 추가했는데, 이 빈 무덤을 "거의 모든 사람은 아니지만, 인상적인 다수의 학자들이 수용한다."[15] 그것의 수용도는 (크레이그가 핵심 증거의 일부로 그것을 포함하기는 하지만) 다른 네 가지에 비해 높지 않다.[16]

그런데 하버마스는 "불가사의한" 특성으로부터 초자연적인 것으로 논증할 수 있다는 크레이그의 주장에 동의하지 않는다. 왜냐하면, 그렇게 할 경우 비평가들은 부활의 비자연성 자체가 그것이 단지 자연의 변종에 불과함을 보여준다고 주장할 수 있기 때문이다.[17] 물론, 하버마스는 증거론자로서 부활과 같은 기적의 '비자연적' 본성이 아니라 증거를 통해 신의 존재까지 논증할 수 있

13　Gary R. Habermas and Michael R. Licona, *The Case for the Resurrection of Jesus* (Grand Rapids: Kregel, 2004), pp. 33-35.

14　하비마스는 더 최근의 논문에서 다음 여섯 가지를 사용한다. (1) 로마 십자가에 못 박히는 과정에서 예수께서 죽으셨다. (2) 한때 기독교 박해자였던 바울은 부활하신 예수님이 나타난 것으로 믿었던 경험 때문에 신앙인이 되었다. (3) 제자들은 부활하신 예수님의 실제 모습이라고 생각했던 것을 이미 경험했다. (4) 사도들이 부활을 선포한 것은 예수님이 죽으신 후 대단히 이른 시기부터다. (5) 예수님의 형제이자 회의론자였던 야고보 역시 부활하신 예수님이 실제로 나타났다고 생각한 것을 경험한 후 개종했다. (6) 제자들은 부활하신 예수님을 보았다는 확신에 의해 완전히 변화되었고, 이런 믿음을 위해 기꺼이 목숨을 바치고자 하였다." Gary R. Habermas, "The Core Resurrection Data: The Minimal Facts Approach, in *Tough-Minded Christianity : Honoring theLegacy of John Warwick Montgomery* (Nashville: B & H, 2008), pp. 387-405.

15　Habermas and Licona, *Case for the Resurrection,* p. 48.

16　약간의 다른 차이점에 대하여 그레이 R. 하버마스의 "The Resurrection of Jesus and Contemporary Scholarship: A Review Essay," *Bulletin of the Evangelical Philosophical Society* 14 no. 2(1991): 44-51을 보라.

17　Habermas, "An Evidentialist's Response"(to Craig), in Cowan, *Five Views on Apologet- ics,* p. 60. 그는 윌리엄 레인 크레이그의 *Historical Argument for the Resurrection*(Lewiston, NY: Edwin Mellen Press, 1985), p. 500을 인용한다.

다고 믿는다.

하버마스와 리코나는 역사가들이 증언의 증거적 가치를 평가하기 위해 자주 사용하는 다섯 가지 상식 원리로 시작한다.

(1) 여러 명의 독립적인 증언이 보통 한 명보다 낫다.
(2) 중립적이거나 적대적인 증언은 유리한 편향 가능성이 적기 때문에 우호적인 것보다 낫다.
(3) 증언은 보통 그 이야기를 약화시키는 세부 사항을 작성하지 않는다.
(4) 목격자는 전해 듣거나 재인용한 자료보다 낫다.
(5) 시간적으로 사건에 가까운 증언은 몇 년 후의 증언보다 낫다.[18]

첫 번째 최소 사실은 예수님이 십자가에 못 박혀 죽으셨다는 것이다. 그것은 네 개의 복음서뿐만 아니라 다른 여러 자료에서도 입증된다. 요세푸스는 빌라도가 "그를 십자가에 못 박도록 선고했다"[19]라고 말한다. 타키투스는 "그리스도"가 빌라도의 손에 의해 티베리우스 통치하에서 십자가에 못 박혔다고 기록하였다.[20] 풍자가 사모사타의 루시안(Lucian of Samosata)은 기독교인들이 십자가에 못 박힌 지도자를 경배한다고 쓰고 있다.[21]

마르 바르-세라피온(Mar Bar-Serapion)은 유대인들에게 "그들의 현명한 왕을 살해함"으로써 무슨 유익이 생겼는지 질문한다.[22] 탈무드는 유월절 전날 밤에 예슈아(예수)가 "교수형에 처해졌다"고 말한다.[23] 심지어 비판적인 학자인 존 도미닉 크로산(John Dominic Crossan)조차 <예수세미나>에서 "그가 십자가에 못

---

18 Habermas and Licona, *Case for the Resurrection*, p. 40.
19 Josephus, *Antiquities* 18.64; 하버마스와 리코나의 *Case for the Resurrection*, p. 49에서 인용됨.
20 Tacitus, Annals 15.44 (ca. A.D. 115); 하버마스와 리코나의 *Case for the Resurrection*, p. 49에서 인용됨.
21 Lucian of Samosata, *The Death of Peregrine* 11-13 (ca. mid-second century); 하버마스와 리코나의 Habermas and Licona, *Case for the Resurrection*, p. 49에서 인용됨.
22 Habermas and Licona, *Case for the Resurrection*, p. 49. 그들은 그 원고가 런던박물관에 있다는 점에 주목한다. Syria mss. Additional 14,658(1세기 후반부터 3세기까지 올라간다[ca. late first century to third century]).
23 The *Babylonian Talmud, Sanhedrin* 43a (probably second century); 하버마스와 리코나의 Case for *the Resurrection*, p. 49에서 인용됨.

박혔다는 것은 역사적인 어떤 것만큼이나 확실하다"[24]라고 결론짓는다.

두 번째 사실은 예수님의 제자들이 예수님께서 일어나 그들에게 나타났다고 믿었다는 것이다. 이는 그가 살아났다는 주장이 아니라, 제자들이 믿었다는 주장일 뿐이다. 그것에 대해서는 거의 의심의 여지가 없을 것이다. 그들은 분명히 그것을 주장했고, 투옥과 고문, 기꺼이 죽음을 감수하는 대담한 복음 선포자로 변모했다. 하버마스는 그것이 신학적으로 중요하다 하더라도 이 사실을 받아들이는 것은 성경의 영감을 믿는 것에 달려 있지 않다고 강조한다. 그것은 단지 "27권의 분리된 책과 글자가 들어 있는 고대 문헌"[25]이라고 가정할 뿐이다.

네 개의 복음서 모두 1세기에 쓰여졌으므로 예수님으로부터 70년 이내에 쓰여졌다는 것은 잘 받아들여진다. 바울은 고린도전서 15장 3-5절에서 그리스도가 죄 때문에 죽으시고 사흘 만에 부활하시어 게바(베드로)와 열두 제자에게 나타나셨다는 매우 초기의 신조를 인용한다. 이것은 사도들의 뒤를 이은 사도적 교부들에 의해 지지를 받는다. 이레니우스(ca. 185)는 로마의 주교 클레멘트(Clement, ca. 30-100)가 사도들을 알고 있었다고 말한다.

터툴리안(Tertulian, ca. 200)은 폴리캅이 사도 요한을 알고 있었다고 하고, 이레니우스는 폴리캅이 사도들에게 가르침을 받았다고 말한다. 터툴리안은 베드로와 바울이 네로 치하에서 순교했다고 쓰고 있는데, 이 사실은 공적인 기록에서 찾아볼 수 있는 사실이다. 110년 시리아 안디옥(Antioch)의 주교 이그나티우스(Ignatius)는 로마에서의 순교를 위해 여행을 떠났고, 도중에 여섯 개 교회와 나중에 순교한 그의 친구 폴리캅에게 편지를 썼다. 오리겐(Origen, ca. 185-254)과 유세비우스(Eusebius, ca. 263-339)도 기록을 남겼는데, 후자는 지금은 사라진 책을 인용할 수 있다는 장점이 있다. 이 모든 것은 최소한 그리스도를 따르는 사람들이 그리스도가 부활했다고 믿었음을 보여준다.

이것은 시간이 흐르면서 종종 사실을 윤색하는 신화와는 매우 다르다. 부활 설명은 가장 이른 시기로 거슬러 올라갈 수 있으며, 기독교인들이 매우 진지하게 믿었으므로 그것을 위해 기꺼이 목숨을 바치고자 했다. 이것은 또한 제자들

---

24 John Dominic Crossan, *Jesus: A Revolutionary Biography* (San Francisco: HarperSanFrancisco, 1991), p. 145; 또한 154, 196, 201을 보라; 하버마스와 리코나의 *Casefor the Resurrection*, P. 49에서 인용됨.

25 Habermas and Licona, *Casefor the Resurrection*, p. 51

이 시체를 훔쳤다는 이론을 반박한다.

세 번째 사실은 교회를 박해하던 바울이 갑자기 변했다는 것이다. 그는 분명 강력하고 열성적인 적이었지만 기독교의 대사도가 되었다. 그는 고린도(Corinth), 갈라디아(galatia), 빌립보(Philippi)에 보낸 편지에서 자신의 개종을 기록하였고, 그의 증언은 사도행전에 나타나 있다. 로마의 클레멘트, 폴리캅, 터툴리안, 고린도의 디오니시오스와 오리겐의 설명도 있다.[26]

바울의 갑작스럽고 극적인 개종은 강력한 증언을 제시하는데, 이는 그가 부활한 그리스도를 만났다고 주장했고, 그의 새로운 확신으로 인해 큰 고통을 겪었기 때문이다. 그의 회심은 단순히 이미 일어나고 있던 내적 변화의 완성이 아니었다. 그는 자신의 유대교 종파가 참이라는 것과 기독교를 억압할 필요가 있음을 확신하고 있었으나, 갑자기 정반대의 견해를 믿게 되었다. 그가 겪은 고통은 그가 진지했음을 시사하고, 변화의 급진성은 자연스러운 설명을 넘어선 무언가를 시사한다.

네 번째 사실은 예수님의 회의적인 형제인 야고보가 갑자기 변했다는 것이다. 그의 형제들처럼[27] 야고보는 경건한 것처럼 보였으나 예수님의 주장을 믿지 않았다.[28] 초기 신조 자료에는 예수님이 그에게 나타났다고 되어 있는데(고전 15:3-7), 사도행전 1장 14절의 모임에서 그는 성도들 가운데 있었다. 후에 그는 기독교의 중심인 예루살렘 교회의 지도자로 등장한다(행 15:12-21; 갈 1:19). 그는 자신의 믿음을 너무나 확신하였으므로, 요세푸스, 헤게시푸스(Hegesippus), 알렉산드리아의 클레멘트(Clement of Alexandria)가 증언하듯이 순교자로 죽었다.[29] 바울과 마찬가지로, 분명히 야고보에게도 무슨 일이 일어났다.

다섯 번째 사실인 빈 무덤은 다른 네 개의 사실만큼 널리 받아들여지지 않아서 따로 취급한다. 그런데도, 리코나와 이 책을 쓸 당시 하버마스는 학자들의 75퍼센트가 무덤이 비어 있었던 것으로 믿고 있다는 사실을 알아냈다.[30] 십자

---

26 Ibid., p. 279 n. 4.
27 하버마스와 리코니아(Ibid., p. 284 n. 16) 는 우리에게 마 12: 46-50; 막 3: 31-35; 눅 8: 19-21; 요 2:12; 7: 3, 5,10; 행 1: 13-14; 고전 9:5; 갈 1:19을 상기시킨다.
28 Ibid., p. 68. 막 3:21, 31; 6:3-4; 요 7:5.
29 Ibid., p. 68. 요세푸스의 구절의 진실성에 관하여는 p. 284 n. 17을 보라.
30 Ibid., p. 70. 그 책을 읽은 후에 그는 자신이 조사한 자료의 수를 3,400개로 크게 늘렸다는 점에 주목하라. Habermas, "The Minimal Facts Approach," p. 18.

가에서 처형 당하고 예루살렘에 매장된 후(흄에게는 실례지만[31] 외딴 곳이 아니라고 덧붙일 수 있다), 기독교 운동은 단순히 예수님의 시신을 꺼냄으로써 많은 유대인과 로마의 적들에 의해 즉각 중단될 수 있었다. 그러나 단 한 사람의 비평가도 그런 일이 일어났다고 암시한 적이 없었다.

최근의 한 가지 의견은 유월절 십자가 처형 50일 후인 오순절에 복음의 공개적인 선포가 시작된 이래, 시신은 이미 알아볼 수 없을 정도로 부패해 있었다는 것이다. 그것을 꺼내는 것은 아무 의미가 없었을 것이다. 그러나 그것은 건조한 지방 기후가 부패를 늦춘다는 사실(버지니아의 검시관 사무소의 담당의사가 검증한 사실, 심지어 부패를 가속화시키는 습한 기후에서도)과 최소한 머리카락과 신장(키)과 상처는 분명했을 것이라는 사실을 무시한다.[32]

어떤 상태로든 무덤에서 시체를 꺼냈다면 기독교는 매우 심한 피해를 입었을 것이고, 그 사건은 적대적인 설명들에서 언급되었을 것이다. 제자들이 시체를 훔쳤다는 적대적인 주장은 (마 28:12-13; 순교자 저스틴, *Dialogue with Trypho*; 터툴리안, *De Spectaculis*, 80) 무덤이 비어 있다는 것을 확증하고 있었다.

빈 무덤의 최초 목격자와 1차 목격자가 여성이라는 사실은 매우 의미심장하다. 유대인과 로마 사회는 여성의 증언을 매우 경시했다. 이야기를 만들어 내거나 심지어 조작하는 사람이라면, 여성을 두드러지게 함으로써 그 신빙성을 손상시키지 않았을 것이다.

확립된 사실들은 부활에 대한 도전에 맞서 서로를 지지한다. 예를 들어, 부활한 그리스도가 단순한 슬픔의 환각이라는 생각은 빈 무덤도, 바울의 개종도, "또한 결정적으로 아주 초기 자료에 기록된 집단 출현"도 설명할 수 없다.[33] 제자들이 시체를 훔쳤다는 가설은 그들이 진심으로 믿었다는 증거와 맞지 않는다(그리고 그들은 그 믿음을 위해 기꺼이 고난을 받고자 했다). 부활은 매우 이른 것으로 보여질 수 있기 때문에 시간이 지남에 따라 발전된 신화가 아니었다.[34]

---

31   흄은 그의 *Enquiry* 10.2에서 의심스런 보도들은 "시골과 지방 도시들" 그리고 "무지하고 야만스운 국가들에서" 확산되는 경향이 있다고 말했다. 예루살렘은 그런 조건과 거의 맞지 않는다. 그의 저작에 대한 온라인 복사를 위해서 웹사이트 *Eighteenth-Century Studies*, http://18.eseserv.http://18th.eserver.org/hume-enquiry;html#10.2.를 보라.

32   Habermas and Licona, *Case for the Resurrection*, p. 287 n. 32.

33   Gary Habermas, 저자와의 개인적인 이메일 교류, Nov. 1, 2013.

34   Habermas and Licona, *Case for the Resurrection*, p. 76.

하버마스와 리코나는, 가령 부활은 전설이었다거나, 완전한 사기였다거나, 그 설명이 편견에 근거된 것들로 제자들이 단지 잘못된 무덤에 갔을 뿐 죽음은 겉보기였을 뿐이라거나, 예수님은 외계인이었다거나 심리적인 설명(환상, 망상, 환영)이 있다는 등의 대안적 이론들에 더욱 반론을 제기했다.

1. 비평

예상대로, 몽고메리의 입장에 대한 가장 날카로운 우려는 전제주의자들과 사실이 해석을 뒷받침할 수 있다는 것을 부정하는 카이퍼주의적 경향에 동조하는 사람들로부터 나온다.[35]

폴 파인버그는 로널드 내쉬의 비판으로부터 몽고메리의 입장을 옹호하며 사실과 해석의 관계에 대한 논쟁에 몇 가지 유용한 통찰을 제공한다.[36] 몽고메리가 사실들이 해석을 지니고 있다고 말할 때, 그는 한 가지, 오직 한 가지 해석만 가능하다는 것을 의미하지 않는다. 오히려 철학자 루트비히 비트겐슈타인(Ludwig Wittgenstein, 1889-1951)과 비슷하게, 그는 진술의 의미는 그들이 공개적으로 알려진 맥락, 특히 그러한 진술을 할 때 사용하는 단어들(그리고 때로는 비언어적인 몸짓)에 관한 우리의 이해에서 나온다고 주장한다. 따라서, 의미는 사적인 것이 아니라 공적인 것이다.

그러나 우리가 본 것처럼, 몽고메리는 역사적 사실들이 가능한 모든 해석 중에서 올바른 해석들을 가리킨다고 믿는다. 그렇지 않다면, 매우 다른 해석들 사이에서 선택할 수 있는 방법은 없을 것이라고 파인버그는 주장한다. 합리성 자체가 위협받을 것이다. 그는 자신이 생각하는 중요한 수정안을 제시한다.

내쉬는 반틸에 공감하면서 "사실" 같은 것은 없다고 말한다.[37] 파인버그에게 이것은 "사실"이 불가해한 사건과 정신에 의존하는 해석의 조합이라는 것을 암시한다. 그러나 역사의 "사실"은 대략 역사의 "사건"과 같다. 그것은 발생

---

35 그 요약은 이번의 보다 광범위한 비평 절로 요약된다.
36 Ronald Nash, "The Use and Abuse of History in Christian Apologetics," *Christian Scholar's Review* 1, no. 3 (Spring 1971): 217-26. Paul D. Feinberg, "Historicity: Public or Private," *Christian* Scholar's *Review* 1, no. 4 (Summer 1971): 325-31.
37 Nash, "Use and Abuse," p. 222; 파인버그의 "History: Public or Private?," p. 328에서 인용됨.

했고, 해석될 수 있다. 그것은 객관적이다.

중요한 것은 사건의 중요성이 정신에 의해 주어지는 것이 아니라, 정신이 인식할 뿐이라는 것이다. 그런 의미에서 사실은 어떤 해석과도 동등한 타당성을 가질 수 없다. 사실은 올바른 해석을 가리킨다. 이것이 불신자가 변명할 여지가 없도록 만드는 유일한 방법이며, 그들의 반항적인 의지가 유일한 문제다.

그 증거주의자는 고전적 변증가들로부터 비슷한 이유로 비난을 받는다. 노르만 가이슬러는 진리는 객관적이고 공적이며, "주어진 맥락에서 어떤 사실에 대해서도 그냥 아무렇게 해석될 수 없다"[38]는 것을 인정하는 증거주의를 칭찬한다. 그러나 그는 사실이 맥락에서만 의미를 가지며, 그것은 결코 맥락을 가리킬 수 없고, 어느 정도도 가리킬 수 없다고 주장한다. 그래서 예를 들어, 부활은 하나님이 존재해야만 기적이 될 수 있다. 무신론자로서는 이례적인 사건일 뿐이다. 그 세계관에 하나님이 부재하기 때문에, 구약성경(민 16:31-32)의 고라를 삼킨 지진은 지질학적 용어로만 설명될 것이다. 다시 반틸에 공감하면서 그는 "어떠한 있는 그대로의 사실도 고유한 의미를 가지고 있지 않다. 모든 사실은 '해석적 사실'(interprafact)[39]"[40]이라고 말한다.

그는 또한 특정 사건을 특별한 의미를 갖는 것으로 선택하는 행위 자체가 해석적 틀에 대한 사전 헌신을 요구하다고 주장한다. R. C. 스프롤, 존 거스트너, 아서 린들리(Arthur Lindsley)의 책에서 말하듯이, "기적은 하나님을 증명할 수 없다. 사실 하나님만이 기적을 증명할 수 있다. 즉 하나님이 존재한다는 선행 증거에 의해서만 기적이 가능하나."[41]

조금 다른 접근 방식을 취하면서 윌리엄 레인 크레이그는 하나님의 존재가 부활을 더욱 타당하게 만든다고 말한다. 하나님이 존재한다면 부활에 대해 믿을 수 없는 것은 없다. 여기에 유신론에 대한 논증의 가치가 있다. 다시 말해,

---

38 Norman Geisler, *Christian Apologetics* (Grand Rapids: Baker, 1976), p. 98.
39 역주) 모든 사실은 "해석적 사실"(interprafact)이며 그것은 순수 사실 자체와 특정 관점이나 세계관에 의해 그것에 주어진 의미의 필연적 결합으로 이해될 수 있을 것이다. No bare fact possesses inherent meaning; every fact is an "interprafact" by virtue of a necessary combination of both its bare facticity and the meaning given to it in a given context by a specific perspective or world view. in https://en.wikiquote.org/wiki/Norman_Geisler.
40 Ibid., p. 96.
41 R. C. Sproul, John, *Gerstner and Arthur Lindsley Classicsal Apologetics: A Rational Defense of The Christian Faith and Critique of Presuppositional Apologetics* (Grand Rapids: Zondervan, 1984), p. 146.

그들은 유신론의 고유한 타당성이 낮지 않고, 따라서 부활의 고유한 타당성이 낮지 않다는 것을 보여줄 수 있다. 그러나 그는 하나님이 존재한다는 것을 보여주는 것만으로 부활의 확신을 매우 높게 만드는 것은 아니라고 서둘러 덧붙인다. 왜냐하면, 우리는 하나님이 무엇을 하실지 알 수 없으며, 그분은 자신이 원하는 것은 무엇이든지 하실 수 있기 때문이다.

그렇지만 기독교인이 흔쾌히 인정하는 부활이 극히 드물다는 사실만으로 예수님의 경우에 그것이 일어나는 것에 반대할 이유는 없다.

> 오로지 아들의 근본적인 주장과 사역을 뒷받침하기 위해서 그러한 놀라운 기적을 보존하려는 것이 하나님의 의도일 수도 있기 때문이다.[42]

하나님의 존재는 우리의 배경 믿음(즉, 하나님에 대한 믿음)에 부합한다는 점에서 부활을 더욱 타당성 있게 만든다. 부활은 이전에 일어난 적이 있다는 점에서 이전의 사건들과 일치할 필요는 없다.

크레이그는 증거주의자들처럼 부활부터 하나님의 존재까지 논증하려 한다면, 하나님이 임시방편(ad hoc) 가설이라는 비난에 우리 스스로를 열어 두는 것이라고 말한다. 임시방편(ad hoc, 라틴어로 "이것을 위해") 가설은 특히 특정한 경우를 위해 고안된 가설로, 다른 어떤 것을 설명하는 데 사용되지 않으며, 우리의 생각에는 그 어디에도 나타나지 않는다.

변호사가 의뢰인이 결백하며 화성인을 닮은 사람이 범행을 저질렀다는 것을 주장하기 위해 임시방편 가설을 세운다. 이 외계인을 닮은 사람은 알려지지 않았고 그 특징에 대해 어떤 다른 설명도 없다. 그것은 오로지 그 의뢰인을 무죄하게 보이게 하기 위해 만든 것처럼 보인다.

크레이그는 만약 다양한 유신론적 증명에 의하여 우리의 세계관 속에 하나님이 계시며, 따라서 오직 기적과 관련해서만 그를 고안해 낸 것처럼 보이지 않는다면 우리는 훨씬 강한 위치에 있을 거라고 추론한다. 그는 "자연신학의 논증만으로 유신론에 대한 믿음이 충분히 정당화될 수 있다면, 기독교적 증거가 할 수 있는 자연스러운 역할은 유신론에 대한 논거를 강화하는 것이 아니

---

42 William Lane Craig, "A Classical Apologist's Response"(하버마스에게), in Cowan, *Five Views on Apologetics*, p. 127.

라, 유신론의 기독교적 형식을 정당화하는 데 초점을 맞추는 것"[43]이라고 덧붙였다.

증거주의자들에 반대하여, 전제주의자들과 고전적 변증가들은 부활을 포함해서 기적들이 하나님의 존재를 위한 증거가 될 수 없다는 것에 대해 동의하지만, 어떻게 우리가 사실을 해석하는 틀에 도달하는지에 대해서는 의견이 다르다.

검토해 보면, 그 틀이 세계관 수준에 있고 세계관들이 우리의 생각에 최대의 영향을 미침에도 불구하고, 고전적 변증가들은 하나의 추론의 결과로서 (유신론의) 틀에 도달할 수 있다고 믿는다. 하나님의 존재 여부는 우리의 많은 사상(예를 들어, 그것은 인과율, 목적, 도덕 등의 본질을 결정한다)에 대한 많은 함의를 가지고 있다. 전제주의자들은 이 경우 어떤 것도 틀 바깥에 있지 않기 때문에, 이것은 효과가 없을 것이라고 말한다. 즉, 그 틀은 우리가 세계관을 증명하기 위해 사용하게 될 모든 사실을 포함하여, 모든 것을 포괄하는 우리의 전체 세계관이라는 것이다.

게다가 가장 높은 권위는 하나님의 말씀이며, 그것이 참이라고 결론짓기 위해서는, 존재하지도 않는 더 높고 권위 있는 것을 필요로 할 것이다. 나아가 인류의 문제는 근본적으로는 지성적인 것이 아니라, 하나님과 독립적으로 사고하려는 바로 그런 욕망에서 나타나며(manifested), 이것은 다른 종교나 종파의 글이 아니라 성경이 하나님의 말씀인지를 확인하기 위해서 우리가 성경을 평가해야 할 때 하게 될 바로 그런 일인 것이다.

그래서 반틸과 반센은 개혁주의 기독교가 우리가 무엇이든 지식을 가질 수 있는 유일한 틀을 제공할 수 있다는 점에서 간접적인 증거를 가질 수 있다고 주장한다.

증거주의자들에 따르면 일부 전제주의자와 고전적 변증가가 놓치고 있는 것은 사실들은 확실하게, 틀림없이 혹은 연역적으로 해석되지 않고도 최선의 해석을 가리킬 수 있다는 점이다. 그것은 사실들은 해석에 아무런 영향도 미치지 않으며, 관점(예: 유신론 또는 기독교)이 지식을 결정하는 전부 또는 전무의 과정이 아니다. 누군가 현상적으로 예상하지 못한 사건을 수행하겠다고 말한 다음 정확히 그가 예측한 대로 일어난다면, "그냥 일어났다"라는 해석과 그 사람이

43　Ibid., p. 128.

나 예언자가 특별한 지식과 능력에 접근할 수 있다는 해석은 대등한 위치에 있지 않다.

기이한 사건으로 설명될 수 있을까?

물론이다. 하지만, 그것은 대안적인 견해만큼 좋은 설명은 아닐 것이다. 따라서, 기이한 사건이라는 관점이 다른 어떤 것만큼 실행 가능하거나 합리적으로 받아들여질 수 있다고 반대하는 것은 최선의 설명에 이르는 귀납과 추론의 핵심을 놓치는 것이다.

어떤 사람이 신성한 힘을 가지고 있다고 말하고 나서 즉시 사람들을 치료하고, 죽은 사람을 일으키고, 물 위를 걷고, 음식을 증가시키고, 물을 포도주로 바꾸고, 심한 폭풍을 진정시키고, 세세한 예언을 성취시킨다고 가정해 보자. 그가 정말로 어떤 특별한 힘을 가지고 있다는 견해는 모든 것이 우연의 문제라는 견해 보다 합리적으로 선호될 수 있다.

반틸학파 전제주의자인 그렉 반센은 한 논문에서 몽고메리의 변증적 접근 방식을 약간 길게 비판한다(여백은 매우 간략한 개요만 허용된다).[44] 몽고메리의 전제주의 비판에 대해, 반센은 그의 전제를 정당화하려는 반틸의 전제주의와 그렇지 않은 도이예베르트 및 토론토 ICS 학교의 전제주의를 몽고메리가 구별하지 못한다고 말한다. 개혁주의 기독교가 가정되지 않는다면 어떤 지식의 근거도 없다(단정이나 도덕과 같은 다른 필수 요소에 대해서도 마찬가지다)는 점에서, 개혁주의 기독교는 연역적으로 간접적으로 증명된다는 반틸의 주장을 기억하라.

몽고메리를 대신해서 우리는 그가 전제주의자에 의해 설정된 기준이 신자들에게 유리하게 "판을 짜놓은 것"처럼 보이는 것으로 믿을 것이라고 말할 수 있다. 전제주의자는 세계관을 위해 유일하게 허용 가능한 자격 기준들을 설정한다. 그리고 오직 전제주의자들만이 그것을 충족시킬 수 있다고 하는 것은 놀랄 일이 아니다.

예상한 대로, 몽고메리의 귀납법 사용은 비판의 주요 핵심이다. 반틸처럼 반센에게 있어서 빈틈이 없고, 100퍼센트 확실한 추론이 결여되는 것은 불신자에게 반역에 대한 평계를 허용할 것이다. 그러므로 부활에 관한 결론이 매우

44　Greg Bahnsen, "A Critique of the Evidentialist Apologetical Method of John Warwick Montgomery," Covenant Media Foundation, www.cmfnow.com/articles/pao 16.htm. 논문의 어조의 중요한 것을 나타내기 위해 그것은 93개의 감탄사를 포함하고 있다.

가능성이 높은 것으로 보이는 것만으로는 충분하지 않다. 반틸/반센 유형의 전제주의에 따르면, 높은 확률이 믿음을 강제하지 않는다.

이것은 전제주의자와 이 책의 시작 부분에 있는 도표의 오른쪽에 있는 사람들(진실주의자, 조합주의자, 고전적 변증가, 증거주의자) 사이의 주요한 차이점이다. 오른쪽에 있는 사람들은 귀납이 궁극적으로 우리가 이용할 수 있는 가장 좋은 증거라고 믿고 있으며, 종교적 진리의 문제를 포함하여 인생에서 가장 진지한 결정(포함)에 적절하다고 믿는다. 따라서, 높은 확률은 실제로 결정적일 수 있으며 우리는 일상적으로 사람들에게 확률에 따라 책임을 묻는다.

반센은 몽고메리가 어떤 가정도 도입하지 않고 순전히 사실들로부터 상향식으로 기독교에 대한 자신의 주장을 증명해야 한다고 주장한다. 예를 들어, 몽고메리는 "그리스도가 하나님이라면, 그는 진리를 말씀한다"[45]라고 주장하지만, 반센은 일부 종교적인 관점에서는 신이 정말로 정직하지 않을 수 있다고 응수한다(예를 들어, 그리스 신들).[46]

반센에게 있어서 이것은 전제에 호소하여 위에서 아래로 작업하는 대신, 사실들로부터 위로 논증하는 것이 불가능하다는 것을 다시 한번 보여준다. 전통적 변증가로서 크레이그는 의심할 여지 없이 도덕적 논증을 통해 전통적인 유신론적 틀을 확립하는 것의 중요성을 지적할 것이다.[47] 그는 (존 프레임과 유사하게) 기독교 하나님의 모든 속성이 어떻게 지식과 단정을 위해 선험적으로 필요한지를 아는 것이 어렵다고 대답할 수 있을 것이다.

다시 말해, 인산이 시식을 갖고 소통하기 위해서, 하나님은 완벽하게 사랑하고 지혜롭고 정의로운 분이어야 하는가?

반센은 몽고메리가 사실에서 기독교 하나님처럼 보이는 것으로 갈 수 없다고 말하지만, 어떤 사람들은 반틸의 선험적 논증 역시 거기에 도달할 수 없다고 말할 것이다. 우리가 기억하듯이 프레임은 반틸과는 대조적으로 선험적 증명은 완전히 결정적이고 한 단계적인 증명이 아니라, (전통적인 논증을 포함하여)

---

45 같은 책에서 반센이 비판한 몽고메리의 6가지 요점 논증 중 일부. 그 논증은 몽고메리의 *Where Is History Going?*, p. 35; and Montgomery, *The Shape of the Past: A Christian Response to Secular Philosophies of History* (1975; repr., Eugene, OR: Wipf & Stock, 2008), PP. 138-39에 나타난다.

46 Bahnsen, "Critique of the Evidentialist Apologetic Method."

47 예를 들어, 윌리엄 레인 크레이그의 "Closing Remarks," in Cowan, *Five Views on Apologetics*, p. 321을 보라.

여러 가지 논증을 필요로 하는 목표에 가깝다고 믿는다.

몽고메리가 편견이 없으면 그리스도를 둘러싼 사실들이 부활을 가리킬 것이라고 믿는 반면, 밴센은 불신자에게 부활은 "과학적으로 터무니없다"[48]라고 대답한다. 그는 아무리 많은 증거가 있어도 그것을 뒤집을 수는 없다고 암시한다.

몽고메리가 자신의 추론이 근거가 없을 수 있다는 것에 동의한다면, 밴센은 이것을 그의 주장이 "논리적으로 결함이 있다"[49]라는 의미로 받아들인다. 그러나 변증적인 맥락에서 귀납적인 주장을 받아들이는 사람들은 그 전제가 사실일 수 있지만 결론은 거짓일 수 있는 작은 가능성에도 불구하고 매우 강한 귀납적 논증을 설득력 있는 것으로 간주할 것이다.

따라서, 고려하고 있는 논증이 (1이 절대적 확실성인 곳에서) 0.97을 나타낸다면 그것은 결론이 거짓이 될 수 있는 0.03의 가능성에도 불구하고 설득력이 있을 것이다. 이 논증은 결코 "논리적으로 결함이 있는" 것으로 간주되지 않을 것이다. 그러나 다시 말하지만, 밴센(그리고 반틸)에게는 절대적 확실성이 부족한 것은 어떤 것도 가치가 없다. 왜냐하면, 그들이 보기에 그것은 불신자에게 변명할 여지를 남기기 때문이다.

몽고메리는 예수님이 하나님이시라는 주장은 곧 다가올 그의 부활에 의존한다고 주장하지만, 밴센은 제자들이 그 주장을 기억했을 것이라는 점을 의심한다. 몽고메리는 그들이 하나님의 능력으로 그의 말을 기억할 수 있게 될 것이라는 예수님의 약속을 언급하지만, 밴센은 그러한 약속은 예수님의 영적인 권위에 달려 있으므로, 몽고메리의 논증을 순환적으로 만든다는 점을 들어 반대한다. 그러나 그것이 후에 일어났다(그리고 그들은 아마도 많은 것이 기억에 맡겨진 반문맹적인[semiliterate] 문화 속에 있었을 것이다)는 점을 고려하면, 그러한 주목할 만한 주장을 기억하는 것은 그다지 어렵지 않아 보인다. 또 몇 년 후 복음서를 쓸 때가 되어서야 비로소 약속과 부활을 생각한 것 같지는 않다. 그 사건은 그들이 그것을 처음 깨달은 때부터 그들의 삶과 기독교공동체의 삶을 형성했고, 아마도 그 이야기는 여러 번 반복해서 말해졌을 것이다.

밴센은 누군가 예언을 성취한다고 해서 그것이 그들의 신성을 증명하는 것

48　Ibid.
49　Ibid.

은 아님을 계속해서 보여준다.⁵⁰ 그러나 몽고메리가 구약과 신약의 개인들이 많은 예언을 상당히 잘 알고 있고, 예언자들이 신성하다고 주장하는 사람이 아무도 없다는 것이 확실하다는 점을 고려하면, 몽고메리가 그런 논증을 하고 있다고 생각하기는 어렵다.

하버마스는 몽고메리가 개략적으로 설명한 여섯 가지 논증은 결코 상세하게 전개된 것이 아니며, 전개된 주장으로 의도된 것으로 보이지 않는다는 말로 그를 옹호한다. 그러므로 반센은 그것을 그렇게 비판해서는 안 된다. 하버마스는 논리적으로 자선의 원칙을 인용하는데, 이에 따르면 상대의 가장 강력한 주장에 대응하기 위해서는 그들의 논증을 강화함으로써 의심의 혜택을 주어야 한다.⁵¹

반센은 몽고메리가 사실들은 중립적으로 관찰될 수 있고, 불가해한(brute) 사실들은 그 의미와 불가분의 관계에 있으며, 지식은 객관적인 것으로 믿고 있다고 주장한다.⁵² 하버마스는 몽고메리가 사실은 해석되어야 한다는 것에 동의하며, 그의 고전적인 논문 "신학자의 기교"⁵³에서 그 효과에 대해 40번 이상 언급했다고 답한다.

몽고메리는 더 나아가 해석은, 예를 들어, 개개인의 전제, 희망, 두려움에 의해 왜곡될 수 있다는 것에 동의한다. 변증적인 맥락에서, 예수님에 대한 다양한 해석은 어느 것도 맞는지 알아보기 위해 역사적 자료들에 비추어서 검사되어야 한다. 그런데도, 하버마스는 몽고메리가 변증학에서 이것이 어떻게 작용하는지 보여주는 더 나은 일을 할 수 있었다는 것을 인정한다.⁵⁴

하버마스에 따르면, 몽고메리는 반센이 주장하는 관점을 구체적으로 비판하면서, 역사 속에서 완전한 객관성이 가능하다고 주장하는 사람들(실증주의자들)은 우리의 "생철학이 항상 역사에 대한 다른 해석들을 가져왔고 앞으로도 그

---

50 Ibid.
51 Gary R. Habermas, "'Evidential Apologetic Methodology: The Mongomery-Bahnsen Debate," in *Tough-Minded Christianity: Honoring the Legacy of John Warwick Montgomery* (Nashville: B&H Publishing, 2008), p. 433.
52 Ibid., p. 427.
53 John Warwick Montgomery, "The Theologian's Craft," in *Suicide of Christian Theology,* pp. 267.313.
54 Habermas, "Evidential Apologetic Methodology," p. 429. 그는 유사한 점을 "Evidential Apol-ogeti-cs," pp. 94-95 n. 10에서 지적한다. 10 그리고 비평가와 지지자의 목록을 열거한다.

럴 것"이라는 점을 깨닫지 못한다고 말한다. 게다가 인간은 "독특하고 자유로 우며 놀라울 정도로 예측할 수 없다."[55] 더구나 인간의 본성이 죄악되다는 것을 깨닫지 못하면 역사의 해석에 중대한 결과를 초래할 것이다.[56]

하버마스는 오늘날 사실상 모든 사람이 완전히 중립적인 관점이 없고 그 성향은 중요하다는 것에 동의하지만, 이런 사실을 인정한다고 해서 결코 누군가를 전제주의자로 만들지는 않는다고 덧붙인다.

분명히 말하자면, 반센은 역사로부터의 논증과 같은 귀납적 논증을 받아들이지만, 이는 기독교인만을 위한 것이며 비기독교인을 위한 것은 아니다. 그는 이렇게 말한다.

> 신자는 계시적 전제라는 맥락 안에서 사고하고 있기 때문에 증거의 효과를 느끼지만, 역사적 증거는 배교적 전제에 의해 사고가 인도되기 때문에 그 자체로 (이론적으로도) 불신자의 마음을 바꾸기에는 불충분하다. 비기독교인의 전제가 허용된다면, 그는 귀납적인 증거로 구성된 단순한 역사적 변증을 거절할 충분한 이유가 있다. 이것이 거듭나지 않은 자들에 대한 우리의 변증이 더 강한 내용으로 구성되어야 하는 이유다.[57]

그래서 증거주의자는 역사로부터의 논증과 같은 사실들로부터의 귀납적 논증과 부활과 같은 기적으로부터의 귀납적 논증은 그의 상위 수준의 믿음들, 대략적으로 말해 그들의 전제를 변화시킬 수 있다고 믿는다.

일부 고전적 변증가(예. 가이슬러)는 그런 변화는 불가능하다고 믿는다. 그래서 사실들을 해석하는 틀을 마련하기 위해 유신론적 증거가 필요하다. 다른 사람(예. 크레이그)들은 그것이 가능하지만 어려운 것이며, 또한 유신론적 증거는 확실히 전체적인 논거를 강화하는 데 도움이 된다고 주장한다. 전제주의자들은 일반적으로 그것이 불가능하다고 믿으며, 그렇기 때문에 전제나 불신자의 영적 상태가 변증적인 만남의 초점이 되어야 한다. 전제주의자들에게 있어서 성경의 자기증명적 성격에 대한 믿음은 중요한 역할을 한다.

55　Montgomery, *Shape of the Past,* pp. 73-74.
56　Ibid., p. 16.
57　Bahnsen , "Critique of the Evidentialist Apologetic Method."

반센은 이렇게 쓴다.

> 그리스도와 사도들이 기적을 행했다는 사실은 성경의 기적들에 대한 귀납적이고 역사적인 확신이 우리의 중심적인 변증의 요점이라는 것을 함축하지는 않는다. 전혀 그렇지 않다. 하나님은 우리가 각자 그리스도께서 주신 권위에 따라 사도들의 말씀과 증언을 받아들이기를 기대하신다. 사도적 선포(그것은 결국 기적과 부활에 관한 우리가 가진 정보의 원천이다)의 권위에 복종하지 않는 것은 심각한 일이다. 그러한 선포는 자증적으로 하나님 말씀이기 때문이다.[58]

그는 하나님과 아담의 대면이 타락한 존재들을 다루는 데 통찰을 제공한다고 믿는다. 하나님은 아담에게 진실을 납득시키려 하지도 않고, 증거를 제시하지도 않는다. 오히려 하나님은 권위에 관한 문제로 그와 대면하고 있다. 하나님 말씀에 대한 인간의 "자율적인 검증"을 제공하고자 하는 욕구는 인간이 하나님의 특별한 피조물이며, 따라서 자연스럽게 그의 말씀을 인식한다는 사실을 이해하지 못한 데서 비롯된다. 그들은 증거가 필요하지 않다.

그는 "우리의 변증은 하나님에 대한 책임 있는 지식이 상실되었다고 가정해서는 안 된다(따라서, 인간의 지성을 만족시키기 위해서 하나님 말씀에 대한 자율적인 입증을 요구하지 말아야 한다)"[59]라고 말한다.

그러나 인간의 지성이 타락으로 인해 손상되지 않았다고 생각해서는 안 된다. 반센은 몽고메리가 두 가지 실수를 저지른다고 믿는다.

첫째, 증거들을 제시하는 것
둘째, 타락한 인간 정신으로 그것들을 처리하는 능력에 대해 과대평가하는 것

이 모든 것으로 인해 하버마스는 자신의 몇 가지 비판을 제시하게 되었다. 가장 영향력 있는 세 명의 전제주의자(반틸, 반센, 프레임)는 증거의 사용을 칭찬하지만 그들 자신의 증거물을 생산하는 데 거의 아무 것도 하지 않았다고 그는

---

58 Ibid.
59 Ibid.

말한다. 구체적으로, 그들은 역사적 변증학을 중시한다고 말하고, 다른 사람이 어떻게 하는지는 비판하지만, 수십 년이 지나도 어떻게 해야 한다고 생각하는지에 대한 예가 나오지 않았다. 그는 프레임을 인용하여, "불행히도 반틸을 따르는 전제주의 변증학 학파에서는 실제적으로 증거에 대한 분석이 거의 없었다"[60]라는 점을 인정한다.

하버마스는 그들이 어떻게 해야 하는지 보여주기를 환영한다.

그리고 그들이 "직접 작업을 수행하려 하지 않고 끊임없이 꾸짖고, 바로 잡고, 제안하기 때문에"[61] 그들이 그렇게 하기 바라는 것이 합리적이지 않은가? 라고 반문한다.

그런 저작이 나오기 전까지, 전제주의는 여전히 불완전한 변증학 체계라는 비난에 열려 있다.[62]

그런 다음 하버마스는 반센이 너무 성급하게 무시했다고 생각되는 성경 구절을 다시 살펴본다. 반센은 귀납적 연구를 통해 부활을 증명하라고 촉구하는 성경은 없으며, 사도들은 부활이 "자체의 권위 있는 증언"[63]에 의해 받아들여지기를 기대한다고 말한다. 그는 부활 신앙의 본보기가 되는 사람은 의심하는 도마가 아니라, "모든 경험적 가능성과 귀납적 추론에 거스르면서"[64] 하나님을 믿는 아브라함이라고 말한다.

그러나 하버마스는 아브라함에게 놀라운 양의 증거가 주어진 것을 지적한다. 그는 하나님으로부터 직접 듣고(창 12:1-3; 13:14-17; 22:1-2), 하나님이 약속을 이행할 증표(창 15:8-21)를 구하여 받고, 하나님과 두 천사의 방문을 받고(창 18:1-33), 소돔과 고모라(창 19:1-29)에 대한 하나님의 가시적 심판을 목격하며, 천사에게서 두 번(창 19:1-29) 듣는다. 그러나 그는 몇 가지 신앙의 위기를 겪는다(창 12:11-20; 15:8; 17:15-17; 20:1-7). 그러므로 아브라함의 신앙이 감각 경험

60　John Frame, *The Doctrine of the Knowledge of God* (Phillipsburg, NJ: P &R, 1987), p. 352; 하버마스의 "Evidential Apologetic Methodology," p. 434에서 인용됨.

61　Habermas, "Evidential Apologetic Methodology," p. 436.

62　Ibid., p. 436. 그는 하버마스의 "An Evidentialist's Response"(to Frame), in Cowan, *Five Views on Apologetics*, pp. 238-41과 "Closing Remarks," pp. 343-44를 인용하면서, 이것은 반틸을 따르는 전제주의에 대한 그의 주요 비판들 중의 하나라고 덧붙인다(p. 448 n. 50).

63　Bahnsen, "Critique of the Evidentialist Apologetic Method." 나는 그의 요지를 명확히 하기 위해 반센에게서 이용한 내용을 덧붙인다.

64　Bahnsen, "Critique of the Evidentialist Apologetic Method."

에서 나온 자료와는 별개로 존재했다거나, 또는 심지어 그것에 반대하여 존재했다는 것은 사실과 거리가 멀다.

도마와 관련하여, 그리스도께서는 자신의 출현을 요구하지 않고(요 20:29) 믿었더라면 더 좋았을 거라고 그에게 말씀하신다. 그럼에도 불구하고 제자가 그것이 없이는 믿지 않겠노라고 말한 후에 증거로써 자신을 나타낸다. 그것은 바로 도마의 신앙으로 이어진다.

예수께서는 또한 경험적으로 설득하는 방법으로 다른 사람들에게 자신을 보이며, 자신을 붙잡게 하고(마 28:9; 요 20:17), 먹는 것뿐만 아니라 자신의 몸과 흉터도 보여주신다(눅 24:36-43; 요 20:19-20). 바울은 부활하신 예수께서 자신을 따르는 사람들에게 몇 번이나 나타나셨고, 오백 명이 넘는 사람들이 예수님을 보았으며, 그들 중 대부분은 그때도 살아 있었다고 보도한다.

하버마스는 몽고메리가 대부분의 주석가와 마찬가지로, 바울의 요점은 당시에도 목격자들은 여전히 조사할 수 있었다고 주장한다고 말한다. 부활 출현은 직접적으로 바울과 예수의 형제 야고보의 개종으로 이어졌다. 부활을 전하는 것은 바울이 복음을 전하는 관습적인 방식이었다(행 17:2).

몽고메리의 변증적 접근 방식으로는 대부분의 불신자를 설득하는 데 실패할 거라는 반센의 요지는 거의 적절하지 않다고 하버마스는 주장한다. 아레오바고에서 바울에게 응답한 사람은 거의 없었고(행 17:32-34), 사람들은 보통은 믿지 못하고 예수님에게서 떠나갔다.[65] 사람들은 증거로부터 믿음을 얻을 뿐만 아니라, 하나님의 백성은 예언자라고 주장하는 사람들을 시험하려면 그들의 예언이 실현되는지 살펴보라고 한다(신 18:21-22).

엘리야는 어떤 신이 참 신인지 시험하자고 제안한다. 즉, 자신의 희생을 밝히는 신이 진짜 신이다. 그리고 여호와가 빛을 밝히셨다(왕상 18:20-45). 예수는 세례 요한의 의심에 대해 기적(눅 7:18-23)으로 대답하고, 이후 부활이 자기 신분의 주요 표징이 될 것이라고 말한다(마 12:38-40; 16:1-4). 베드로(행 2:22-24; 벧전 1:3-4)와 바울(행전 17:31)은 부활이 예수의 가르침을 확증한다고 말한다.

하버마스는 하나님은 증거들을 확인하는 것이 "우리가 도를 넘었다"거나 그들이 어떻게 해서든지 그의 말씀을 받아들이지 못했다"고 생각하시지는 않은 것으로 보인다고 말했다.

---

65 Habermas, "Evidential Apologetic Methodology," p. 443.

결국, 시험할 것까지 명령한 분은 바로 하나님이시다![66]

2. 주요 용어

- **최소 사실 접근 방식**: 전통적인 접근 방식은 먼저 성경의 신빙성을 확립한 다음 영감, 신성, 부활과 같은 초자연적인 주제를 논한다. 대신 하버마스는 문자 그대로의 부활에 대한 믿음을 강력히 거부하는 사람들을 포함하여, 대다수의 학자가 동의한 사실들로부터 논증한다.

3. 숙고하기

1. 최소 사실 접근 방식은 무엇인가?
   하버마스는 전통적 접근 방식의 문제점을 무엇이라고 생각하는가?
2. 하버마스는 신앙주의자들에게 어떻게 반응하는가?
3. 역사가들이 증언의 증거적 가치를 평가하기 위해 자주 사용하는 다섯 가지 상식적 원칙은 무엇인가?
4. 최소 사실 네 가지에 한 가지를 더해서 요약하라.
5. 파인버그는 내쉬에 반대하면서 몽고메리의 관점을 어떻게 방어하는가? "사실" 같은 것은 없다는 것인가?
6. 크레이그는 부활을 증명하기 전에 어떻게 유신론을 증명해야 한다고 주장하는가?
   먼저 유신론을 논증하지 않는 것의 문제점은 무엇이라고 그는 말하는가?
7. 증거주의자들은 사실과 해석에 관하여 고전적 변증가들과 전제주의자들이 무엇을 놓치고 있다고 생각하는가?
8. 몽고메리가 구별하지 못한다고 반센이 말하는 전제를 정당화하기 위한 두 가지 접근 방식은 무엇인가?
9. 반센은 사실에서 위로 올라가는 것을 어떻게 논박하는가?

---

66 Ibid., p. 444.

비평가라면 반틸 역시 전제에서 기독교 하나님으로 나아갈 수 없다고 어떻게 주장할 것인가?
10. 하버마스는 몽고메리가 사실을 중립적으로 관찰할 수 없고 반드시 해석되어야 한다고 믿는다는 것을 어떻게 주장하는가?
11. 하버마스가 제시하는 전제주의에 대한 비판은 무엇인가?

4. 더 나아가기

Baggett, David J., ed. *Did the Resurrection Happen? A Conversation with Gary Habermas and Antony Flew.* Downers Grove, IL: InterVarsity Press, 2009.

Habermas, Gary R. *Dealing with Doubt.* Chicago: Moody Press, 1990.

_____. "Evidential Apologetics:' In *Five Views on Apologetics,* edited by Steven B. Cowan, pp. 91-121. Grand Rapids: Zondervan, 2000.

_____. *The Historical Jesus: Ancient Evidence for the Life of Christ.* Joplin, MO: CollegePress, 1996.

_____. *The Risen Jesus and Future Hope.* Lanham, MD: Rowman & Littlefield, 2003.

Habermas, Gary R., and Michael R. Licona. *The Case for the Resurrection of Jesus.* GrandRapids: Kregel, 2004.

結론

종합

  변증하는 방법에 관한 질문은 복잡하며, 탁월하고 경건하며 헌신적인 사람들의 의견이 다를 수 있음은 분명하다. 나는 이 분야에 종사해 온 지성인들을 충분히 존중하여, 내가 중요하다고 믿고 있고, 상당한 정도로 상호간 대조적인 견해를 보여주는 네 가지 의견 불일치 영역에 관해 몇 가지를 제안하고자 한다. 믿음과 증거의 관계, 귀납 사용의 가능성, 사실과 이론의 관계(특히 사실로부터 이론을 추론할 수 있는 지 여부)와 타락한 마음의 합리적 능력 등이다.

1. 믿음과 증거

  서론에서 분명히 밝혔듯이, 나는 신앙주의가 성경적으로 실행 가능한 선택이라고 생각하지 않는다. 믿음이 필요하고 때로는 욥처럼 증거 없이 믿어야 하기 때문에 많은 사람은 부분적으로 참되다고 생각한다.

  그런데 신앙주의에 따르면, 신앙은 결코 입증될 수 없다. 그러므로 믿어야 할 어떤 이유가 있다고 생각한다면, 당신은 신앙주의자가 아니다. 때로 우리가 증거가 없는 것들을 믿어야 한다는 통찰은 믿음의 다양한 본성을 가리킨다. 많은 경우에 믿음은 합리적인 증거를 가질 수 있다. 예를 들어, 예수님은 자신(눅 24:25)과 그의 기적(요 10:37-38)에 대한 예언의 증거를 가리켰다. 바울은 부활을 가리켰다(롬 1:4; 17:31). 그러나 때로 믿음은 거의 또는 전혀 증거를 가지지 않는다. 그러한 사실은 욥을 시험하였고(욥 23:8-9), 히브리서의 기자에 의해 "믿음은 바라는 것들의 실상이요 보이지 않는 것들의 증거니"(히 11:1)라고 표현되었다.

  우리는 우리가 믿는 대부분의 것에 대해, 증거(proof)라는 말의 표준적인 의미에서, 100퍼센트의 증거를 가질 것이라고 기대할 수 없다. 비전지적 존재로서, 우리는 현실 세계에 대한 절대적이고 완벽한 증거를 가지고 있지 않다. 증거는 다면적이고, 증명되는 것에 따라 다르다. 예를 들어, 우리는 물리학이나 수학의 진리와는 다르게 역사적 진리를 증명한다. 게다가, 우리는 다른 사물들에 대해 다른 수준의 확실성을 가지고 있다. 우리는 "부스가 링컨을 쏘았다"(그 당시 그의 법적인 이름이 "부스"가 아니고, 기록이 없어졌다면 어떻게 되겠는가?)라는 진술보다 "원은 둥글다"(동어 반복)라는 진술에 관해 더 높은 수준의 확실성을 가지고 있다.

그러나 그것은 우리가 확신, 곧 어떤 것이 참이라는 내적인 보증을 가질 수 없음을 의미하는 것은 아니다. 우리는 앨빈 플랜팅가가 우리가 증명하기 어려운 것들(예를 들어, 지구가 몇분 전에 명백한 세대에 창조되지 않았다)을 확신하는 것에 대해 합리적이라고 생각할 수 있으며, 따라서 우리의 확신 수준이 증거 수준을 능가할 수 있다고 주장하는 것을 보았다.

우리는 서로 다른 수준의 증거를 가지고 있는 두 가지를 내적으로 확신할 수 있다. 어떤 것은 본성상 합리적으로 부정할 수 없다. 노르만 가이슬러와 마크 한나가 지적하는 바와 같이, 예를 들어, 사람은 자신의 존재를 부정할 수 없는데, 그러려면 누군가가 자신의 존재를 부정해야 하기 때문이다. 사람들은 적어도 어떤 것이 존재한다는 것을 합리적으로 부정하거나(그것은 자신의 존재를 부정하는 것이기 때문에), 비모순율을 부정할 수는 없다. 그러한 것들은 아마도 모든 세계관에서는 사실일 것이며, 따라서 모든 세계관에 공통적일 것이다(한나는 그러한 것들을 인지 중립적 기반으로 간주한다).

우리는 또한 우리 자신의 존재와 같은 어떤 것들에 대한 직접적인 인식을 가지고 있다. 아침에 일어나서 합리적 논증을 통해 자신이 존재한다는 결론을 내리고 하루를 시작하는 사람을 나는 알지 못한다. 그럴 필요가 없다. 우리는 단지 우리가 존재한다는 것을 안다. 사실, 우리가 존재하지 않는다는 것을 증명하기 위해 누군가가 우리에게 논증을 제시하려고 했다면, 그것이 아무리 정교하다고 해도 그것은 우리가 실제로 존재한다는 우리의 단순한 인식보다 더 설득력이 있을 수 없었을 것이다. 우리의 대답은 "그 논증은 옳은 것처럼 보이지만 잘못되었다"가 아니라, "나는 항상 내가 존재한다고 생각했지만, 나는 존재하지 않는 것 같다"일 것이다.

이런 의미에서, 우리가 알고 있는 잘못된 연역 논증은 그 논증을 거부할 수 있는 근거를 제공할 수 있다. 어떤 의미에서 본래의 논증은 우리에게 다음과 같은 공식을 제공한다(논리학에서는 '전건 긍정식'[modus ponens]이라 불린다),

만약 p라면 q다.
p다.
그러므로 q다.

그러나 q를 부정한다면, 우리는 반론을 형성한다(논리학에서 '후건 부정식'[modus tollens]이라 불린다):

만약 p라면 q다.
q가 아니다.
그러므로 p가 아니다.

그것은 개인적 믿음의 배후에 있는 이유를 적어도 세 가지 측면으로 생각하는 데 도움이 될 것이다. 원래 우리를 믿음으로 이끌었던 이유가 있는데, 예를 들어, 그것들은 우리가 신뢰할 수 있다고 생각하는 경건한 부모와 관계가 있을 수 있다. 그리고 우리가 현재 믿고 있는 이유가 있다. 그 다음엔 우리에게 묻는 사람에게 제공하게 될 이유가 있는데, 그것은 공개적으로 접근하기 더 쉬운 이유들을 강조할 것이다.

기독교가 참이라는 강한 직관을 갖고 있으면서 다른 이들에게 객관적 증거를 제시했던 윌리엄 레인 크레이그처럼, 이 모든 것 간에는 상당한 차이가 있을 수 있다.

그러므로 100퍼센트의 믿음을 갖기 위해서 100퍼센트의 증거가 필요한 것 같지는 않다. 비록 우리가 우리 자신에 대한 100퍼센트의 증거를 가지고 있다고 느낀다고 해도, 우리는 같은 수준의 증거를 다른 사람들에게 제공하지 못할 수도 있다. 다시 말해, 공개적으로 증명할 수 있는 절대적인 증거를 제공하지 못할 수도 있다.

2. 귀납

이것은 우리를 수용 가능한 추론 방법에 관한 핵심적인 문제로 이끈다.
귀납법이 변증학에 적합한가?
그렇지 않으면 연역법으로 만족해야 하는가?
회상해 보면, 연역법은 한편으로는 전제 (그리고 형식이 타당하다)가 참이라면 결론은 참이어야 하는 구조로 되어 있다. 결론은 이미 전제에서 부여된 것을 넘어가지 않기 때문에 그것은 효과가 있다.

만약 내가 한 방의 모든 의자가 약 226 킬로그램을 수용할 수 있다고 말한다면, 그리고 이것이 그 의자들 중 하나라고 한다면, 나는 이 의자도 약 226 킬로그램을 수용할 수 있다고 확신하며 결론을 내릴 수 있다. 이미 모든 의자가 약 226 킬로그램의 무게를 가지고 있다고 인정했기 때문에 결론이 틀릴 리가 없다. 추론은 우리가 이미 사실로 인정한 것 이상도 이하도 아니기 때문에 빈틈이 없다. 그것은 단지 그 전제가 함축하는 것을 이끌어낼 뿐이다.

반면에 귀납 논증의 결론은 그 전제에서 부여된 것을 넘어선다. 따라서, 연역법과는 달리 그 전제는 참일 수 있지만 결론은 거짓일 수 있다. 이 의자를 제외한 방 안의 의자를 모두 검사하여 각각 약 226 킬로그램을 수용한다고 말할 수 있는데, 이 의자는 나머지 의자와 똑같기 때문에 나는 이 의자도 약 226 킬로그램을 수용할 있을 것이라고 결론짓는다. 결론이 참이라는 것은 매우 좋은 내기이긴 하겠지만, 우리가 틀렸을 수도 있다. 만약 우리가 강한 귀납 논증의 결론을 지식으로 받아들일 수 있다면, 우리는 실제로 많은 것을 알 수 있을 것이다. 모든 경우를 실험하지 않아도, 우리는 약이 병을 치료한다는 것을 알 수 있고, 비록 그 종의 모든 구성원을 다 찾을 수 없더라도 동물의 각 종들에 관해 알 수 있으며, 또 우리는 브레이크가 작동하고 차를 운전하는 것이 안전하다는 것을 알 수 있다.

전지한 존재는 남은 의자가 약 226 킬로그램을 견딜 수 있는지, 그 약이 우리가 실험할 수 없는 사례도 치료할 수 있는지, 한 종의 모든 구성원이 특정한 특성을 가지고 있는지, 우리의 브레이크가 작동할지 여부를 절대적으로 확실하게 알고 있다.

하지만, 우리는 그렇지 않다. 우리는 귀납적으로만 알고 있다. 그러나 우리가 알고 있는 대부분의 지식은 귀납법에 의한 것이며, 귀납법은 매우 강력할 수 있다. 사회는 귀납을 바탕으로 사람들을 감옥에 보내고 심지어 죽음에 이르게도 한다. 우리는 일상적으로 거기에 목숨을 걸고 운전 중이나 심지어 길을 건너는 동안 우리의 안전 수준을 판단하면서, 해변의 물속에서 얼마나 멀리 나갈 수 있는지, 또는 얼마나 절벽의 가장자리에 가까이 서 있는지, 혹은 뇌우에서 언제 피난처를 찾아야 하는지를 결정한다.

당신이 이 페이지를 읽고 있기 때문에, 이것은 지금까지 당신에게 효과가 있었다!

우리는 또한 귀납법을 사용하여 가치를 결정하고 행동의 결과를 평가하고 중요한 선택을 한다. 이것은 우리가 매우 특이한 상황에서 틀릴 수 있는 것들을 안다고 주장할 수 있음을 의미한다.

우리가 오늘 대화한 사람이 정말 우리의 친구였다는 것을 알고 있는가?

그렇다. 비록 가능성이 미약하다고 해도, 우리는 그들이 일란성 쌍둥이임을 몰랐을 수 있다.

우리의 대통령이 누구인지 아는가?

그렇다. 비록 가능성이 미약하긴 하지만, 그가 지난 몇 분 동안 죽었을 가능성이 있고, 그 소식이 아직 전해지지 않았을 수 있다.

우리 부모님이 누군지 아는가?

그렇다. 비록 가능성이 미약하긴 하지만 우리가 입양되었고 그들은 우리에게 말하지 않기로 결정했으며, 가족 파일에 대한 가짜 출생 증명서를 만들었을 수 있다.

그럴 가능성이 미미하지만, 우리가 그것에 관해 틀릴 수도 있을 것을 알 수 있을 때만 −만약 "폐기될 수 있는" 지식을 갖는 것이 가능하다면− 우리는 우리의 친구, 대통령, 부모 등을 알 수 있을 것이다.

종교적 믿음과 관련해서, 우리는 이성에 의해 뒷받침되는 믿음을 가질 수 있지만, 동시에 그것이 100퍼센트의 확실성에 부족할 경우에는 우리는 이유가 부족할 때 믿는 믿음을 가질 수 있다. 후자가 필요한 이유는 비전지적 존재로서 현실 세계의 믿음에 대한 우리의 이유(예를 들어, 동어 반복과 일부 수학적 증거들)가 일반적으로 절대적이지 않을 것이기 때문이다.

실제적인 측면에서 연역법과 귀납법은 보이는 것만큼 멀리 떨어져 있지 않다. 연역적 사례는 전제가 참일 경우에만 결론이 확실하다고 제안한다. 그러나 우리의 결론을 아직 받아들이지 않는 사람들과 벌이는 현실 세계의 것(사건, 신의 존재)에 관한 논쟁에서는 하나 이상의 전제에 대한 진리가 도전 받을 가능성이 있다.

전제를 어떻게 증명할 것인가?

우리는 또 다른 연역적 논증을 설정할 수 있고, 그건 괜찮지만, 어느 순간 우리는 역사, 과학, 상식, 전문가 의견, 권위 등과 같이 100퍼센트 확신할 수 없는 것을 사용해 전제를 증명해야 할 것이다. 따라서, 실질적으로 우리가 구성해야 할 전체 논증을 고려할 때, 전제가 참이라면 결론은 따른다는 주장으로부터, 전제가 실제로 참이고 그 결론은 현실 세계에서 따라 나온다는 주장으로 이행하게 되면, 우리는 실제로 귀납적 확실성만을 가질 수 있을 뿐이다.

귀납법은 강력하고 보편화되어 있으며, 비전지적 존재인 우리는 합법적으로 그것에 의존하고, 예를 들어, 법률적으로 우리의 결론에 대해 책임을 진다. 하나님 또한, 많은 행동이 그렇듯이 귀납법에 의존하는 도덕적인 행동에 대해 분명히 우리에게 책임을 물으신다. 우리는 어느 정도의 힘이 누군가를 다치게 할 수 있고, 그러면 책임이 있다는 것을 알아야 한다. 매우 더운 날에 창문을 올린 차량이 어린이에게 치명적인 온도에 도달할 수 있으며, 그러한 조건하에서 죽음에 대한 책임을 져야 한다는 것을 알고 있어야 한다.

그리스도는 또한 증거 앞에서, 예를 들어, 사람들이 그의 기적 앞에서(예: 마 11:20-24) 불신하는 것에 대해 인지적으로 책임을 물으시는데, 그것에 관한 지식은 최소한 약간의 귀납법을 수반한다(예를 들어, 그들은 과거의 사건들에 대한 기억에 근거해서, 이것이 특이한 사건임을 깨달아야 했다).

말할 수 있는 것이 훨씬 더 많지만, 나는 귀납법이 변증학에 매우 유용할 수 있다고 결론짓는다. 강력한 귀납 논증을 통해 우리가 무엇인가를 알 수 있다면, 우리는 그것을 분명히 알고 있고 하나님은 정말로 우리에게 물으실 수 있다. 더 나아가 강력한 귀납적 사례의 결론은 우리가 일반적으로 지식으로 간주하는 것에 해당할 수 있다. 그리고 우리는 우리가 귀납적으로 알고 있는 무언가에 대한 확신, 곧 그것이 참이라는 내적 감각을 가질 수 있다.[1]

나는 이것이 반틸과 관련된 문제들을 해결하는 데 도움이 된다고 생각한다. 그래서 나는 그가 귀납법을 거부하는 것에 동의하지 않는다(존 프레임도 그것을

---

[1] 우리는 한편으로는 명제의 객관적인 확실성의 측면에서, 다른 한편으로는 명제가 참되다는 주관적인 확신의 측면에서 말할 수 있다. 후자는 "확신"이라고 할 수 있다.

다르게 진술하겠지만, 그도 마찬가지다).

우리가 귀납법을 받아들인다면, 그것은 때때로 "귀추법"(abduction)[2]이라고 불리는 최선의 설명 추론의 사용을 받아들이기 위한 짧은 단계일 것이다. 연역법과 달리, 귀납법과 귀추법은 완벽한 증거를 제공하지 않는다. 하나가 다른 것의 하나의 형태인지에 대한 논의는 제쳐두고,[3] 귀추법은 하나의 논증에 대해 양쪽의 사람들이 무엇을 설명해야 할지에 대해서는 동의할 때(예를 들어, 세계에 질서가 있다), 어떻게 설명되어야 하는지에 대해서는 의견이 다르다(예를 들어, 우연, 또는 창조자).

법률적 논증은 귀추법(즉, 최선의 설명에 이르는 논증으로서)으로 해석될 수 있는데, 여기서 양측은 증거에 대한 더 나은 설명을 제시하기 위해 노력한다. 의학적 진단(이 경우, 증상)에 대한 하나의 설명이 될 수 있다.

변증학에서 우리는 우주의 존재와 그 안에서 우리가 발견하는 것과 빈 무덤의 기록에 대한 최선의 설명을 고려한다. 숫자를 고정하는 것은 당연히 논란의 여지가 있지만 베이즈의 정리 또한 유용할 수 있다. 정확한 숫자보다는 매우 광범위한 추정치를 사용하는 경우(예를 들어, 6.75보다 0.6 또는 0.7), 문제가 조금 덜할 것이다.

그것이 보여주는 것 중 하나는 증거 요소들 간의 관계다. 예를 들어, 높은 설명력(다른 방법으로 설명할 수 없는 것을 설명할 수 있는 능력)은 낮은 사전 확률을 보충할 수 있다(어떤 이론이 우리가 알고 있는 다른 모든 것과 잘 맞지 않는 경우). 반대

---

2 역주) 귀추법(abduction)은 "과학적 발견에 이르게 되는 추론 과정의 하나로서 귀추법은 최선의 설명으로 이어지는 추론을 뜻한다. 즉, 어떤 놀랄 만한 현상이 나타났을 때 그 현상을 가장 잘 설명해 주는 가설을 추론하는 과정을 말한다. 과학자(특히, 물리학자)는 과학적 발견에 이르게 될 때 가설에서 출발하지 않고 자료나 사실에서 출발하며, 법칙은 자료로부터의 추론에 의해 얻어진다는 것이다." 즉, "귀추법은 사실을 연구하고 그 사실을 설명하기 위해 이론을 고안해 나가는 과정이다. 귀추법은 논리 규칙에 의해 거의 방해받지 않지만, 그 자체는 논리적 추론이다. 그 추론 과정은 다음과 같다. (1) 어떠한 놀랄 만한 현상 P가 관찰된다. (2) 만일 가설 H가 참이라면, P는 당연히 설명될 것이다. 여기서 현상에 내재하고 있는 패턴(pattern)을 인식하는 것이 중요하게 된다. (3) 따라서, 가설 H를 참이라고 생각하게 해 주는 충분한 근거가 존재하게 된다. 이러한 추론 과정에서 가설의 추론은 사실에 의존하기 때문에, 현상 P는 가설 H를 통제한다." 과학사 사전, 귀추법 https://terms.naver.com/entry.nhn?docId-=419909&cid=60277&CategoryId=60277에서 인용됨.

3 예를 들어, John R. Josephson and Michael C. Tanner, "Conceptual Analysis of Abduction," in *Abductive Inference, Computation, Philosophy, Technology*, ed. John R. Josephson and Susan G. Josephson(Cambridge: Cambridge University Press, 1996), pp. 15-16을 보라.

로 낮은 설명력(대안적인 설명이 우리가 증명하려는 설명만큼 거의 효과가 있는 경우)은 높은 사전 확률(이론이 우리가 알고 있는 모든 것에 잘 들어맞는 경우)에 의해 보충될 수 있다. 그러나 설명적 관계가 변증학에 유일하게 유용한 것은 아니다.

3. 사실과 이론

이론과 사실 사이의 일반적인 관계는 중요하며 다양한 변증 방법의 지지자들을 구분하는 주요 요소들 중 하나다. 우리는 이론의 범위가 세계관의 최대 수준으로 확장됨에 따라 배경 지식이 어떻게 축소되는가에 관한 문제에서 그것을 한 차원에서 본다.

세계관이 모든 것의 해석에 영향을 미칠 경우, 그것은 어떻게 평가될 수 있을까?

리처드 스윈번은 단순한 이론이 더 자주 참된 것으로 판명된다고 대답한다. 노르만 가이슬러는 부정할 수 없는 첫 번째 원칙들에 호소하는데, 비공식적으로 언급되는 첫 번째 원칙은 다음과 같다

> 무언가가 존재하며, 그것은 그 자체와 동일하며, 반대되는 것은 참일 수 없다(비모순율). 무언가를 야기하는 것은 무언가가 필요하다. 그리고 닮은 것이 닮은 것을 낳는다.

무엇이 먼저 확립되어야 하는가에 대해, 스윈번은 기독교에 대한 귀납적 사례의 성격상 먼저 유신론을 확립해야 한다고 생각한다. 가이슬러는 설명이 세계관 안에서만 효과적이라는 주장에 동의한다. 반틸은 세계관이 모든 해석과 설명을 결정하므로 먼저 확립되어야 한다는 데 동의한다. 그리고 그는 오직 개혁주의 기독교의 관점이 어떠한 종류의 지식도 가능하게 하여, 그것 없이는 추론도 할 수 없다는 주장으로 그렇게 한다.

따라서, 유신론이나 기독교에 반대하는 주장도 은밀히 그것을 긍정한다. 동료인 고전적 변증가 노르만 가이슬러와 달리, 윌리엄 레인 크레이그는 먼저 유신론을 논증하는 것이 낫다고 믿지만, 그렇지 않으면 불가능하기 때문이 아니다. 우리가 부활로부터 하나님의 존재까지 논증한다면, 하나님은 임시방편적

(ad hoc)으로 보일 수 있다(즉, 우리의 이론을 구하기 위해 발명되었지만 우리가 이미 믿고 있는 것들과 거의 또는 전혀 관련이 없다).

존 워윅 몽고메리는 우리가 먼저 유신론을 확립할 수 있다고 믿지만, 그것은 결코 필요한 것이 아니며, 동료 증거주의자인 게리 하버마스도 동의한다. 그래서 그는 유신론적 논증들은 유용하지만, 갈등을 해결하는 적절한 방법은 사실을 조사하고 어떤 이론이 들어맞는지를 보는 것이라고 믿는다. 이것은 이론들을 완전하거나 또는 거의 완전하게 보는 최근 수십 년의 경향과는 정반대다. 이론이 사실을 결정하는 것은 반틸의 지적 형성기의 초기 단계의 경향이었다.

몽고메리는 "우리의 현존하는 세계관은 우리가 특정 문제를 볼 수 있는 구조를 제공한다"라는 것에 동의한다.

> 그러나 우리가 실제로 편집증 환자가 아닌 한, 사실들이 우리 세계관의 일부 측면과 모순될 때, 우리는 사실에 맞게 후자를 수정해야 한다.[4]

그는 신발과 발에 대한 비트겐슈타인-포퍼(Popper) 유비를 사용하여 이를 설명한다.

> 우리는 우리의 이론들(신발)을 세계의 사실들(발)에 맞게 조절할 필요가 있다. 나는 과학, 역사, 법률, 또는 종교에서 이러한 작업 사이에는 아무런 차이가 없다고 생각한다. 우리의 성숙도는 사실적 현실을 우리의 인생 철학의 궁극적 결정요인이 되게 하려는 우리의 의지에 따라 결정될 것이다.[5]

존 프레임은 사실과 이론의 관계를 전일적(全一的)으로 본다. 상호 보완은 사실에 근거하여 검증될 수 있는데, 이는 우리의 믿음의 내용을 외부 세계와 비교하는 것에 해당한다. 비록 어느 것도 "맹목적이고 교정할 수 없는 표준"[6]은 아니다. 둘 중 하나를 다른 것과 비교해서 서로 검증할 수 있다. 해석은 사실과 비교함으로써 검증될 수 있으며, 당신이 사실이라고 생각하는 것은 당신의 해

---

4 John Warwick Montgomery, 저자와의 이메일 교류, Oct. 12, 2013.
5 Ibid.
6 John Frame, 저자와의 이메일 교류, Aug. 24, 2013.

석과 비교할 수 있다.⁷

몽고메리(프레임의 견해를 구체적으로 언급하지 않은 채)는 모든 전후 비교, 즉 "균형"을 문제로 볼 것이다. 왜냐하면, 그것은 "세계관과 사실들이 일종의 상호 의존적이며 역동적이고 역설적인 관계에서 동일한 평면 위에 있음을 암시하기 때문이다."

이런 두 가지 기준을 갖게 됨으로써, 그가 생각하기에는 E. J. 카넬이 뒤를 따랐던 E. S. 브라이트만의 접근 방식에 내재되어 있던 것과 동일한 문제가 생겨난다. 즉, 진리를 위한 다면적인 검사의 요소들이 충돌할 때 우리는 어떻게 해야 하는가의 문제다.⁸

몽고메리의 해결책은 사실에 특권을 부여하는 것이므로 사실과 이론(또는 세계관) 사이의 충돌에서 사실이 항상 승리한다. 이것은 우리가 "문제가 처음 나타났을 때 세계관"을 포기해야 포기해야 한다는 것을 의미하는 것이 아니라, "그것에(역주: 문제)에 반대하는 증거가 너무 강해서 위협적이지 않은 유사한 상황에서도 그 증거를 받아들일 수 있을 때, 자신의 믿음을 바꿀 의지가 있다는 것을 의미한다."⁹

우리의 이론은 우리가 사실이라고 여기는 것과 그것을 어떻게 해석하는가에 영향을 미치는 것 같다.

그 이론이 세계관이라면, 그것은 차이를 만드는가?(반틸, 반셴, 가이슬러, 스윈번은 그렇다고 말한다. 몽고메리는 아니라고 하고, 크레이그는 결정적으로는 아니라고 말한다)

부활에 관한 것과 같은 사실들이 우리에게 유신론과 같은 올바른 세계관을 가리킬 수 있을까?(반틸, 반셴, 가이슬러는 아니라고 말하고, 스윈번과 크레이그는 사실상 말하지 않고, 프레임은 상호 작용에 의해 그렇다고 하며, 몽고메리와 하버마스는 그렇다고 말한다)

성경적으로, 사실에서 이론으로 가는 분명한 길이 있다. 출애굽기 4장 1-9절에서 모세가 백성들에게 신적인 권위를 보여 주기 위해 하나님으로부터 신임장을 얻으려고 할 때 하나님은 표징을 허락하신다. 증거의 전형적인 예는 엘리야

---

7 Ibid.
8 John Warwick Montgomery, 저자와의 이메일 교류, Oct. 12, 2013.
9 Ibid.

가 누가 참 하나님인지 확인하기 위해 시험을 제안하는 것이다(왕상 18:23-24).

참된 예언자와 거짓 예언자는 공통 기반에 동의한다. 살아 계신 하나님은 자신의 제물을 불태우실 것이다. 이 문제와 관련해서 여호와가 하나님이시라는 이론은 그가 자신의 제물을 불태우신다는 사실로 증명된다. 바알에게 헌신한 사람들은 바알이 신이라는 이론에 비추어 그 사건을 볼 것이기 때문에, 그 시험이 효과적이지 않을 것이라는 암시는 결코 없다. 그 호소는 불태워진 제물의 사실에 대한 것으로, 이것은 결정적인 것으로 받아들여진다. 그렇다면 사실을 직시하기를 거부하는 것은 반증된 이론에 대한 맹목적인 헌신이다.

예수님은 예언을 성취하심으로써 자신을 나타내시는데, 이는 그의 삶과 행위의 사실들에 비추어 확인될 수 있다. 예를 들어, 사실에 호소하는 것은 그가 세례 요한(눅 7:20-22), 도마(요 20:27-28), 사도들(눅 24:39-43) 그리고 거짓말이 "확실한 많은 증거"를 주었던 의심을 해소하는 방법이다. 그는 더 적대적인 청중, 즉 자신에 대해 다른 이론을 고수하는 청중에게 비슷한 호소를 한다.

반면에 그리스도는 그것을 전혀 고려하려 하지 않는 자들에게는 증거를 제시하지 않으신다(대제사장[막14:6]; 빌라도[막15:4-5]). 그들은 예수님에 대한 자신들의 견해에 집착하고 있으며, 어떤 것도 도움이 되지 않을 것이다. 이것은 증거 방법의 문제가 아니라, 폐쇄적인 마음의 영적 상태 문제다. 그러한 고의적인 무지(사실상 명확한 사실에로 이론의로의 전환을 거부하는 것)는 성경적으로 인지 기능 장애로 간주되며, 그 사람들의 책임으로 만든다.

그리스도는 그의 기적에 반응하지 않은 사람들을 심판하신다(마 11:21; 눅 10:13, 고라신, 벳새다). 그러한 비난은 그리스도의 직무에만 있는 것이 아니다. 예를 들어, 시편 기자와 선지자 이사야는 우상에 대한 믿음과 사실 사이의 부조화에 대해 말하는데, 그것들은 나무로 만들어졌기 때문에 사람들을 구원할 수 없다(시 115:4-8; 135:15-18; 40:20; 44:9-20; 57:13).

우리는 또한 우리의 공통된 이해에서 우리의 이론이 적절하게 확인되고 지속되는 사실들에 의해 수정되는 것을 허용하지 않는 것은 선입견, 즉 편견으로 간주된다는 점에 유의할 수 있다. 물론, 오늘날 기적에 대한 어떤 호소도 기적을 직접 목격한 사람들이나 기적을 목격한 사람들과 이야기할 수 있는 사람들에게 있었던 힘이 부족하다(고전 15:6). 사도 요한의 예상대로(요 20:30), 이제 기적(및 예언)에 대한 보고는 성경 기록을 통해 매개되고 있다.

성경의 진실성은 2세기 넘게 도전 받아 왔기 때문에, 그 신빙성을 위해 신중한 논거가 개발되어야 한다. 그러나 요점은 성경의 추론은 사실을 사용하여 이론을 증명하는 것을 승인한다는 것이다.

세계관 수준의 이론에도 같은 과정을 사용할 수 있을까?

그것은 더 어려운 질문이다. 특히, 우리가 무신론자들을 염두에 두고 있다면 성경의 인물들과 저자들은 그들과 거의 마주치지 않았다. 그러나 근동의 매우 다양한 신 중 하나 이상을 선호하여 여호와를 거절한 사람들을 향한 호소가 있었다. 또한, 그리스도는 (내세를 믿지 않는) 사두개인들과 만났고, 바울은 에피쿠로스와 스토아 철학자들(행 17:18)을 만났다. 요한계시록의 두 증인은 당대의 사람들 그리고 그들의 종교적 믿음과 대결했다(계 11:3-13; 그들이 죽은 후의 기적과 기사에 주목하라).

적어도 어떤 경우에는 세계관으로 간주될 수 있는 이러한 광범위한 다른 견해들은, 사실에서 이론에 이르는 호소가 더 이상 통하지 않는 것처럼, 완전히 다른 방식으로 다루어지지 않는 것같다. 예를 들어, 바울은 대부분 에피쿠로스학파와 스토아학파를 포함한 청중들 앞에서 부활에 호소한다(행 17:18, 31-32). 비철학적인 그리스 이교도의 신자들과 대화할 때, 그는 하나님께서 "자기를 증언하지 아니하신 것이 아니니 곧 여러분에게 하늘로부터 비를 내리시며 결실기를 주시는 선한 일을 하사 음식과 기쁨으로 여러분의 마음에 만족하게 하셨느니라"(행 14:17)고 말한다. 그가 말하는 것은 섭리 질서에 나타난 사실로부터 하나님의 존재에 이르는 호소로 구성될 수 있을 것인데, 우리는 그것을 우주론적 논증으로 간주한다(시 19:1-4과 비교하라).

물론, 다른 방법으로 논증할 수도 있다. 예를 들어, 유신론이 추론, 윤리학, 논리 등을 위한 최고의 근거(귀납적 논증)를 제공한다는 것을 보여줄 수도 있다. 유일하게 기독교적 유신론만이 그러한 모든 것을 설명할 수 있다는 것을 연역적으로 확실하게 보여줄 수 있다는 주장(반틸의 선험적 논증)을 하는 것은, 프레임이 지적한 것처럼 훨씬 더 어렵다.

프레임은 또한 독특한 기독교 하나님의 속성과 특성(예를 들어, 사랑, 정의, 인내, 지혜)이 지식의 기초를 놓는 데 필요하다는 것을 보여주는 것의 어려움을 지적한다. 갈등이나 의심에 직면하면 이론과 사실 사이에는 약간의 긴장이 있을 수 있다. 우리가 들었던 누군가가 다른 도시로 여행하고 있는 것을 멀리서 본다면, 우리는 단지 그들과 닮은 사람(사실)인지, 아니면 그들이 떠났다는 보고가 잘못된 것인지에 대해 의문을 가질 수 있다(그 보도는 우리의 믿음의 기초가 되고, 그것은 이번 논의의 측면에서 보면 이론이 될 것이다). 당사자에게 더 가까이 갈 수 없다면, 서로를 더 주의 깊게 살펴볼 수 있다. 보고서가 믿을 만한 것인지 결정하기 위해 그 보고서를 다시 생각해 보고, 또한 그들의 버릇, 걸음걸이 등을 인식할 수 있는지 확인하기 위해 멀리서 그 사람을 좀 더 주의 깊게 관찰하려고(사실을 재검토하려고) 노력할 수도 있다. 사건의 세부 사항에 따라 그 보고서에 찬성하거나 그 사람에 대한 우리의 관찰에 찬성하여 결정할 수 있다.

그러나 우리가 더 가까이 다가갈 수 있고 그들의 모습이 더 분명해진다면, 우리는 그 보고서가 틀린 것이 "분명하다"라고 결정할 수도 있다. 그리고 만약 우리가 그들에게 말을 걸고, 그들이 우리를 알고 있고, 우리의 친구만이 가질 수 있는 사적인 지식을 가지고 있음을 알게 된다면, 우리는 그 보고서가 틀렸다고 확신하게 될 것이다. 하지만, 그 보고서가 만약 그 사람이 여행 중이 아니라 사망했다는 것이었다면, 비슷한 과정을 거치게 되겠지만, 일반적으로 우리가 여행 계획 보고서를 신뢰할 수 없다고 결정할 때보다 사망 보고서를 신뢰할 수 없다고 결정할 때 더 많은 확인을[10] 요구할 것이다. 사망에 대한 보고가 부정확할 가능성보다 여행 계획에 대한 보고가 부정확할 가능성이 훨씬 높다(마크 트웨인은 한때 씁쓸하게 "내 죽음에 대한 보고는 과장된 것이었다"라고 말하면서 병이 난 것은 자신이 아니고 사촌이었다는 점을 분명히 밝혀야 했지만[11]).

특정 사례에서 우리가 어떻게 결정할 것인가는 그 사람에 대한 보고서나 경험 중 어떤 것이 더 강하다고 판단하느냐에 달려 있다. 만약 우리가 그 보고에 대해 확신하지만 그 사람에 대해 잘 알지 못한다면, 우리는 그들이 단지 죽은 사람처럼 보인다거나 누군가 우리에게 장난을 친다고 결정할 수도 있다. 이 경우 이론을 더 확신하기 때문에, 우리는 사실(사람과의 만남)에 대한 이론(죽음의 보고)을 받아들일 수 있다. 일반적으로 "사실"이라고 부르는 것은 관찰과 같은 것에 근거해 있어서 경험에 더 가깝기 때문에 우리는 그것을 더 확신한다. 따라서, 그들은 일반적으로 이론과 사실 사이의 충돌에서 우선권을 갖는다.

그러나 그 사람이 어떻게 생겼는지보다 보고서를 더 확신하는 경우처럼 이론에 우선권을 줄 수도 있다. 사실에 관한 한, 우리가 "보는" 것 자체가 이론에

---

10 스윈번에게서 차용한 설명.
11 그의 사촌은 병이 났고 런던에는 그것이 트웨인(Twain)이라는 보고가 돌았다. 잘못된 인용문 및 실제 인용문의 자세한 내용은 Snopes.com,www.snopes.com/quotes/twain.asp를 보라.

의해 정의되고, 경쟁하는 이론들에 의해 해석에 열려 있는 경우도 있다. 예를 들어, 입자물리학의 측면에서는 가시적 증거(오래된 예를 들자면, 양극(陽極)의 줄무늬나 안개 상자[12]의 흔적)를 이론으로 해석해야 하는 경우가 이에 해당할 수 있다. 과학철학자 토마스 쿤은 이론과 실험 자료 사이의 잠재적 긴장을 설명했다.[13] 이론이 사실보다 우선하는 변칙에도 불구하고 이론은 성립될 수 있다. 그러나 결국 변칙이 너무 커져서 이론이 거부될 수 있는데, 그 경우에는 사실이 이론을 압도한다.

과학에 관한 한, 우리는 사실에서 이론에 이르기까지 잘 알려진 길이 있다는 것을 기억해야 한다. 좋은 예는 1919년 개기일식 중 이루어진 중요한 관찰로, 아인슈타인의 상대성 이론이 예측한 만큼 태양이 빛을 굴절시킨다는 것이었다. 그 관찰은 사실로부터 이론의 해석적 관점까지 이르는 상대성 이론의 확인으로 받아들여졌다.

그러나 설명을 한 단계 더 발전시키고 사실-이론 관계의 복잡성을 보여주기 위해, 관찰에 대한 약간의 논란이 있었다. 빛의 휘어짐은 아인슈타인 이론이 미리 예측한 것만큼 크지 않았고, 또한 일부 사람은 다른 망원경의 반대되는 증거들이 무시되었다고 생각했다. 어떤 이는 계측의 정확성에 관하여, 다른 이론은 동일한 사실의 해석에 어떻게 영향을 미치는지 보여주면서, 그 당시의 계측기가 그러한 정밀한 차이를 측정할 만큼 정확했는지 또한 의심했다.[14]

그들은 휘어진 빛, 즉 빛이 큰 질량 주위에서 휘어진다는 "사실"을 관찰하고 있었던 것일까?

적어도 여기서 그 문제는 일식 동안 빛의 관측, 즉 "사실"에 대한 추가 연구에 의해 해결되었다는 점에 유의하자.

성경적으로 말하면, 니고데모는 예수님이 행하신 사실들을 보고, 이론을 바꾼 일부 사람을 대변한다.

12　역주) 고속 원자나 원자적 미립자가 지나간 자취를 보는 장치로서, 이에 대해 위키백과 "안개 상자" https://ko.wikipedia.org/wiki/%EC%95%88%EA%B0%9C_%EC%83%81%EC%9E%90을 보라.

13　Thomas Kuhn, *The Structure of Scientific Revolutions,* 3rd ed.(Chicago: University of Chicago Press, 1996).

14　Richard Ellis, Pedro G.Ferreria, Richard Massey and Gisa Weszkalnys, "90 Years On: The 1919 Eclipse Expedition at Principe," A&G, August 2009, www.astro.caltech.edu/~rjm/Principe/press/ coverage/AAG0809_article.pdf, pp. 4.12-4.13.

랍비여 우리가 당신은 하나님께로부터 오신 선생인 줄 아나이다 하나님이 함께 하시지 아니하시면 당신이 행하시는 이 표적을 아무도 할 수 없음이니이다(요 3:2).

다른 많은 사람은 이런 행위를 보고도 그들의 이론을 바꾸지 않기로 결정한다(마 11:21; 눅 10:13). 어떤 사람들은 그리스도로부터 비판을 불러일으키는 방식으로 더 많은 행위를 요구한다.

너희는 표적과 기사를 보지 못하면 도무지 믿지 아니하리라(요 4:48).

예수님의 행위를 보는 바리새파 사람들 중 일부는 그것이 초자연적인 것이라고 확신하였지만, 그가 하나님으로부터 온 것이 아니라는 믿음을 고수하기 위해 그 행위가 사탄의 힘(마 12:24)에 의해 이루어진 것이라고 이론을 조정한다. 이에 그리스도는 그렇게 하면 사탄이 사실상 자기 자신과 다툰다는 불합리한 결론, 곧 귀류법에 이르게 된다는 것을 보여주심으로써(마 12:26) 그들의 조정된 이론을 반증한다. 따라서, 예수께서는 사실에 호소함(그들이 정말로 기적이라는 것을 보여주는 것)으로써가 아니라, 그들의 이론 자체가 가진 문제를 지적함으로써 반증한다. 귀류법이기 때문에 그것은 연역적인 논증이지만, 하나의 논증으로서 그것의 실질적 성공은 경험에서 비롯되는 귀납적인 지식에 의존하는 바, 같은 생각을 가진 존재들은 자기 자신과 싸우지 않으며, 따라서 사탄은 자기 자신과 싸우지 않을 것이라는 것이다.

그리스도께서는 그들의 잘못된 결론에 대해 꾸짖으신다(마 12:30-31). 이것은 현실 세계에 대한 어떤 논쟁에서도 귀납법 없이 논증한다는 것은 어렵다는 또 다른 본보기다.

욥은 자신의 끔찍한 건강 상태와 가족의 죽음이라는 사실에 직면해 있지만, 이 경우 하나님은 의로우시며 자신을 돌보신다는 그의 (이론적) 믿음을 고수하는 것이 옳다. 그의 건강이나 죽음에 관한 사실들을 자세히 조사해 보았다 해도 그것에 대한 올바른 이론, 즉 그것에 대한 올바른 해석으로 이어지지는 않았을 것이다. 그의 극단적인 경우에는 하나님은 선하시고 의로우시다는 이론(믿음)을 단호히 고수하고, 이를 통해 고통의 사실을 해석하는 문제인 것이다. 이것은 그리스도께서 자신의 기적에 관한 사실들이 자신에 대한 적절한 이론을 가리키기를 기대하시는 것과는 다르다.

사실과 이론이 충돌하면 결과는 예측하기 어렵다. 대부분의 경우 우리는 이론보다 사실을 보다 더 확신할 수 있는 더 나은 위치에 있다. 우리가 여행하고 있다고 생각했던 사람이 실제로 거리에 있는지 아닌지를 결정하기 위해, 우리는 그들에게 다가가서 그들의 신원을 확인할 것이다.

어떤 사람은 (그는 약간 다른 주장을 하고 있지만) 철학자 콰인의 진술에 관해 생각한다.

> 만약 우리가 체계 내의 다른 곳에서 충분히 과감한 조정을 한다면, 어떠한 진술이 나오든지 유지될 수 있다. 반대로, 같은 의미에서 수정에서 면제될 수 있는 진술은 없다.[15]

우리는 사람이 순전히 합리적 관심보다는 자신이 원하는 결과에 의해 움직이는 인지적 절충을 이룰 수 있을 있다고 덧붙이고 싶다. 어떤 선택은 (편집증 환자가 무고한 사람을 공격하고 자기 방어를 주장할 때처럼) 비이성적이고 심지어 과실이 있는 것으로 간주될 수 있다.

궁극적으로 참인 것(존재론)의 관점에서 보면, 옳은 이론은 전지적 존재에 의해서도 알려지는 "사실"이다. 그러나 우리는 사물을 어떻게 아는가(인식론)의 관점에서 사물을 고려하고 있기 때문에 일반적으로 사실이라고 부르는 것을 보다 해석적인 이론들과 분리한다. 조금 지나치게 단순화하고 있지만, 우리는 우리 믿음의 일부 측면(그리고 위에서 언급된 성경적 인물들의 측면)을 해석적이고, 따라서 이론적인 것으로 간주하고, 다른 측면들은 전형적으로 경험에 가까운 사실들로 간주하고 있다. 사람들은 조명이 켜져 있거나 의자가 테이블 위에 있는 것과 같이 경험에 가까운 더 단순한 관찰을 옳다고 더 확신하며, 다른 세계관을 가진 사람들도 동의하는 경향이 있으며, 이는 어느 정도 인지적 공통점을 형성한다. 무신론자, 이슬람교도, 불교도, 기독교인은 모두 불이 켜져 있고, 방에 무엇이 있는지에 관하여 더 많은 것에 동의할 수 있다. 그들은 심지어 "방"의 정의와 그 안의 대상을 보게 해 주는 빛의 본성과 그 시각적 과정 자체

---

15 W. V. O. Quine, "Two Dogmas of Empiricism," in From a Logical Point of View, 2nd ed. (NewYork: Harper & Row, 1963), p. 43. 그는 분석적이라는 것과 종합적인 것을 구분하는 것에 의문을 제기한다.

에 대한 보다 이론적인 문제에 대해서도 동의할 수 있을 것이다. 단순한 관찰에서 약간 벗어나서 범위를 넓히면, 이 다양한 그룹은 질서를 구성하는 것에 관한 몇 가지 가정에 의존하는 생물 내의 질서의 존재에 관해 동의할 수 있을 것이다.

보다 해석적인 믿음은 종종 다양한 가정과 결론에 의존한다. 그러므로 그들을 입증하는 것은 더 복잡하며, 사람들 간의 동의는 그들이 가진 다른 것들에 의존할 가능성이 크다. 예를 들어, 사람들이 육체적으로 죽는 것에 대해서는 다른 세계관을 가진 사람들이 동의하는 반면, 사후 세계의 가능성과 본성에 대해서는 다양한 세계관에 따라 다르게 간주될 가능성이 크다.

세계관 사이에 얼마나 많은 인지적 공통 기반이 있는지를 고려할 때, 최소한 다음의 세 가지 사실이 그것을 감소시키는 경향이 있다.

(1) 사실을, 그것을 해석하는 이론들에 의해 완전하게 정의되고 규정된 것으로 보는 것
(2) 우리가 아는 것은 매우 상호 연계되어 있어서, 사실들은 누군가가 믿는 전체와 뗄 수 없이 복잡하게 연결되어 있으므로, 다른 세계관을 가진 사람들은 인지적으로 공통적인 것이 거의 또는 전혀 없다는 것을 수반한다고 보는 것
(3) 진리에 도달하는 공통적인 방법(예를 들어, 비모순율과 다른 추론 규칙들 같은 것) 보다는 공통적인 믿음에 대해 더 많은 가정을 시작하고 잠재적인 공통 기반을 만드는 것

모든 가정(또는 출발점, 또는 전제들)이 같지 않음을 알아야 한다. 우리가 다른 사람이 먼저 채택해야 한다고 주장하는 내용이 많을수록 대화 과정이 더 적어지고, 우리의 입장으로 더 많이 도약하게 되며(잠정적으로 논쟁의 여지가 있거나, 회심에 수반되는 신념의 변화), 이성에 의거한 방법으로는 거기에 도달할 수 있는 방법이 없다. 반대로 누군가가 먼저 공유해야 한다고 주장하는 내용이 적을수록, 우리에게는 더 많은 공통 기반이 있다. 전통적 변증학은 진전을 이루기 위해서는 신자와 불신자 간에 더 적은 내용이 공유될 필요가 있다고 가정한다.

또한, 내용이 실제적인 믿음보다는 올바른 결론에 도달하는 방법과 관련 있을수록 다양한 사람들과 더 많은 대화가 열려 있다. 물론, 기독교인은 자신의

믿음이 존재론적으로 참되다는 것을 분명하게 주장한다. 그러나 우리는 그것들이 참인지를 어떻게 알고, 그것을 다른 사람들에게 어떻게 보여주는지의 문제를 고려하고 있는데, 이는 인식론이며, 변증학의 재료가 된다.

4. 마음의 능력

타락한 인간의 마음이 얼마나 많은 것을 처리할 수 있는지의 문제는 변증학 방법을 나누는 또 하나의 주제다. 대부분의 사람은 의약 발명품과 우주 여행과 같은 것들을 처리할 때 마음이 매우 효과적으로 작용한다는 점에 동의한다. 그러나 영적이고 도덕적인 문제들은 일을 복잡하게 만들 수 있다.

그렇다면 정신적·도덕적 문제를 고려할 때 마음의 능력은 작동을 멈출까?
아니면 마음을 움직이는 우리의 타락한 본성이 문제인가?
사람들은 종교적 진리를 위한 논증을 어느 정도까지 처리할 수 있을까?

만약 (성령의 도움이나 어떤 방식으로든) 그들이 반틸의 선험적 논증을 처리할 것으로 기대가 된다면, 그들은 실질적으로 무엇이든 처리할 것으로 기대가 될 것인데, 그것은 내가 아는 가장 추상적이고 철학적인 변증적 논증이다.

이것에 답하기 위해, 우리는 성경의 인물들이 모든 종류의 불신자와 마주치고, 여호와와 그리스도를 위한 논증을 포함하여 광범위하고 다양한 다양한 논증을 제시하는 것을 본다(예를 들어, 바울은 회당에서 "변론한다"[행 17:2; 18:19]).

또 우리가 본 것처럼 로마서 1장 20절은 "창세로부터 그의 보이지 아니하는 것들 곧 그의 영원하신 능력과 신성이 '그가 만드신 만물에 분명히 보여 알려졌나니' 그러므로 그들이 핑계하지 못할지니라"고 말씀한다(추가된 강조; 시 19:1-4과 비교하라).

만약 이것이 (창조가 하나님에 대한 직관을 제공하는 것이 아니라, 또는 창조와 더불어 하나님에 대한 직관을 갖게 되는 것이 아니라; 앨빈 플랜팅가를 보라) 우리가 피조물을 보면서, 하나님의 존재를 도출할 수 있다는 것을 의미한다면, 인간 마음은

종교적인 추론을 할 때 매우 효과적으로 작동한다.[16]

그래서 만약 바울이 실제로 어떤 종류의 결론에 관해 말하고 있다면, 그것은 사람들이 적절한 결론을 끌어낼 수 있다는 사실 자체로 "변명할 여지가 없게" 한다. 만약 그들이 그렇게 할 수 없다면, 그들은 아무 죄가 없을 것이다. 그리고 로마서의 이 부분에 관한 바울의 전반적인 주장의 맥락에서 이 구절의 요점은 그들이 유죄라는 것이다.

그러나 바울이 어떠한 추론도 없이, 피조물에 의해 자극된 하나님에 관한 직접적인 인식(플랜팅가, 한나)에 관하여 말하고 있다면, 사람들은 그러한 인식을 억누름으로써 유죄라고 할 수 있으며, 그 구절은 종교에 관해 결론을 내릴 수 있는 타락한 마음의 능력에 대하여 반드시 말해 주는 것은 아니다. 만약 마음이 작동하지만, 타락 상태에 있는 사람들이 이르게 되거나 이르게 될 수 있는 결론(롬 1:20)을 억누른다면, 논증을 제시하는 것은 완전히 합법적이다. 변증적으로 말하자면, 이유를 제시하는 것이 우리의 일이고 성령은 우리의 무지와 완고한 편견을 잘라내 버린다(요16:8)

결론적으로, 인생의 가장 중요한 질문, 즉 우리의 세계관과 관련하여 궁극적으로 무엇이 진리인가를 결정하는 방법보다 더 중요한 질문이 있을까?

그러므로 변증 방법의 주제는 가장 중요하며 해야 할 일이 훨씬 많다. 이 책이 몇몇 사람을 고무시켜 경주를 마친 사람들에게서 배턴을 이어받아 경주를 계속하도록 하는 것이 나의 소망이자 기도다.

---

16 나는 타락한 마음이 얼마나 잘 작동하는지에 대한 플랜팅가의 견해에 대하여 어떤 것도 주장하지 않는다.

2024년 제41회 한국기독교출판문화상
" 신학국내 우수상 "

변증이 신학이다

김요환 지음 / 신국판 양장 / 824면

이 책은 교부시대부터 현대에 이르기까지 걸출한 신학자들의 변증 방법론을 상세히 다룬다. 또한, 과학, 철학, 해석학 등의 세속 학문이 복음의 변증 도구로 어떻게 활용될 수 있는지 안내한다.

무엇보다 이 책의 가장 큰 장점은 특정 교단 신학에 얽매이지 않고 교과서적 정보를 균형 있게 소개한다는 점이다. 그래서 이 책에서는 복음주의, 개혁주의, 신정통주의, 심지어 로마가톨릭과 동방정교회의 기독교 변증 방법론까지 폭넓게 등장한다.

기독교 역사 속에서 등장한 다양한 복음의 변증 방법론을 폭넓게 습득하길 원하는 이들에게 큰 도움이 될 것이다.

CLC 변증학 시리즈

1 개혁주의 변증학
로버트 L. 레이몬드 지음 / 신국판 / 216면

2 성서적 선교 변증학
박영지 지음 / 신국판 / 248면

3 변증학
코넬리우스 반틸 지음 / K. 스코트 올리핀트 편집 / 신국원 옮김 / 신국판 양장 / 632면

4 기독교 변증학
더글라스 그로타이스 지음 / 구혜선 옮김 / 신국판 양장 / 1088면

5 개혁파 변증학
존 M. 프레임 지음 / 김진운 옮김 / 신국판 / 608면

6 복음주의 변증학(개정판)
윌리엄 레인 크레이그 지음 / 오성민 외 5인 옮김 / 신국판 / 400면

7 비블리컬 변증학
양정모 지음 / 신국판 / 372면

8 변증이 신학이다 (2024년 제41회 한국기독교출판문화상 우수상)
김요환 지음 / 신국판 양장 / 824면

9 현대 기독교 변증학
브라이언 몰리 지음 / 오수영 옮김 / 신국판 / 464면